河南专门史大型学术文化工程丛书

主编 谷建全

执行主编 张新斌

河南史学史

王记录等 著

中原出版传媒集团
中原传媒股份公司
大象出版社
·郑州·

图书在版编目(CIP)数据

河南史学史／王记录等著.— 郑州：大象出版社，2021.5
（河南专门史大型学术文化工程丛书／谷建全主编）
ISBN 978-7-5711-1026-0

Ⅰ.①河… Ⅱ.①王… Ⅲ.①史学史-研究-河南 Ⅳ.①K092

中国版本图书馆 CIP 数据核字(2021)第 064254 号

河南专门史大型学术文化工程丛书

河南史学史

HENAN SHIXUE SHI

王记录　等著

出 版 人	汪林中
选题策划	王刘纯　张前进
项目统筹	李建平
责任编辑	石更新
责任校对	安德华　张绍纳　牛志远
装帧设计	张　帆

出版发行	大象出版社(郑州市郑东新区祥盛街27号　邮政编码450016)
	发行科 0371-63863551　总编室 0371-65597936
网　　址	www.daxiang.cn
印　　刷	北京汇林印务有限公司
经　　销	各地新华书店经销
开　　本	720 mm×1020 mm　1/16
印　　张	29
字　　数	469 千字
版　　次	2021 年 5 月第 1 版　2021 年 5 月第 1 次印刷
定　　价	130.00 元

若发现印、装质量问题，影响阅读，请与承印厂联系调换。
印厂地址　北京市大兴区黄村镇南六环磁各庄立交桥南200米(中轴路东侧)
邮政编码　102600　　　　电话　010-61264834

"河南专门史大型学术文化工程丛书"
编辑委员会

顾　　　问	魏一明	张占仓	袁凯声	丁同民
主　　　任	谷建全			
副　主　任	周　立	王承哲	李同新	张新斌
主　　　编	谷建全			
执 行 主 编	张新斌			
执 行 副主编	唐金培	陈建魁	李　乔	

编　委
(以姓氏笔画为序)

卫绍生	王记录	王玲杰	王景全	毛　兵
田　冰	田国行	代　云	朱海风	任崇岳
李　龙	李　暖	杨　波	杨世利	张玉霞
张佐良	陈习刚	赵广军	赵保佑	赵炳清
贾兵强	徐春燕	高丽杨	郭建慧	程有为

河南专门史总论

张新斌

河南专门史研究,是河南历史的细化研究,是河南历史的全面研究,是河南历史的深入研究,也是河南历史的综合研究。河南历史研究,不仅是地方史研究,也是中国史研究,是中国史的核心研究,是中国史的主干研究,更是中国史的精华研究。

一、河南称谓的区域变迁及价值

(一)河南:由地理到政治概念的演变

河南是一个地理概念。河南概念的核心是"河",以黄河为指向形成地理方位概念,如河南、河东、河西、河内、河外等。《史记·殷本纪》:"盘庚渡河南,复居成汤之故居。"又,《战国策·齐策》:"兼魏之河南,绝赵之东阳。"魏惠王徙都大梁(今开封),而河南地区为魏之重要区域。《史记·项羽本纪》:"彭越渡河,击楚东阿,杀楚将军薛公。项王乃自东击彭越。汉王得淮阴侯兵,欲渡河南。"这里的"河南"明显不是一个政区概念,而是一个地理概念。

河南也是一个政治概念。《史记·货殖列传》所云"三河"地区为王都之地。"昔唐人都河东,殷人都河内,周人都河南。夫三河在天下之中,若鼎足,王者所更居也。"可见河南为周之王畿之地。又,《史记·周本纪》:"子威烈王午立。考王封其弟于河南,是为桓公。"《史记·项羽本纪》:"故立申阳为河南王,都洛阳。"这也从一个侧面反映出河南在战国、秦汉之际与王都连在一起,无疑应为政治中心。《通志·都邑略》对河南有一个重要评价:"故中原依大河以为固,吴越依大江以为固。中原无事则居河之南,中原多事则居江之南。自开辟以来皆河南建都,虽黄帝之都、尧舜禹之都于今皆为河北,在昔皆为河南。"

(二)河南:以洛阳为中心的政区概念

1. 河南郡。汉代始设,至隋唐之前设置。《汉书·地理志》云,河南郡,辖县22,有洛阳、荥阳、偃师、京、平阴、中牟、平、阳武、河南、缑氏、卷、原武、巩、谷成、故市、密、新成、开封、成皋、苑陵、梁、新郑。以上地区包括今洛阳市区周边,含今新安、孟津、伊川、偃师,今郑州市的全部,今开封市区,以及今原阳县,今汝州市。据《晋书·地理志》,河南郡领河南、巩、安、河阴、新安、成皋、缑氏、新城、阳城、陆浑。西晋时,汉河南郡东部析置荥阳郡,而西晋时的河南郡大致包括今洛阳市区及嵩县、新安、偃师、伊川等,以及巩义、登封、新密,还有荥阳的一部分和今汝州市。《宋书·州郡志》:南朝宋司州有三郡,包括河南郡,领河南、洛阳、巩、缑氏、新城、梁、河阴、陆浑、东垣、新安、西东垣等,其范围与西晋河南郡差不多。《魏书·地形志》说河南郡仅领县一个,其区划郡县叠加。《隋书·地理志》记述隋设河南郡,统领18个县,为河南、洛阳、桃林、阌乡、陕、熊耳、渑池、新安、偃师、巩、宜阳、寿安、陆浑、伊阙、兴泰、缑氏、嵩阳、阳城,涉及今三门峡市区及灵宝、渑池、义马等,今洛阳市区及新安、偃师、嵩县、宜阳等,今郑州所辖巩义、登封等。

2. 河南尹。东汉时洛阳为都,在都城设河南尹。《后汉书·郡国志》:河南尹,辖洛阳、河南、梁、荥阳、卷、原武、阳武、中牟、开封、苑陵、平阴、缑氏、巩、成皋、京、密、新城、偃师、新郑、平。其所辖范围与西汉河南郡基本相当。三国魏时亦有"河南尹",如《三国志·魏志》:夏侯惇曾"转领河南尹",司马芝于"黄初中,入为河南尹"。

3. 河南县。西汉时设县,沿至东汉、西晋、刘宋、北魏、隋、唐、宋等,金代已无河南县,洛阳的"河南""洛阳"双城结构正式瓦解。

4. 河南府。唐代始设,沿至宋、金、元,但元代已称之为路。据《旧唐书·地理志》,河南府辖河南、洛阳、偃师、巩、缑氏、告成、登封、陆浑、伊阙、伊阳、寿安、新安、福昌、渑池、永宁、长水、密、河清、颍阳、河阳、氾水、温、河阴、阳翟、济源、王屋。《新唐书·地理志》载,河南府共辖20县,有河南、洛阳、偃师、巩、缑氏、阳城、登封、陆浑、伊阙、新安、渑池、福昌、长水、寿安、密、河清、颍阳、伊阳、王屋。由此可以看出,其地含今洛阳绝大部分,今郑州的巩义、登封,甚至今豫西北的济源。《宋史·地理志》有河南府,辖河南、洛阳、永安、偃师、颍阳、巩、密、新安、福昌、伊阙、渑池、永宁、长水、寿安、河清、登封共16县。《金史·地理志》载,金时河南府仅辖9个县,即洛阳、渑池、登封、孟津、芝田、新安、偃师、宜阳、巩。以上县名与今县名比较接近,主要分布在今洛阳周边。《元史·地理志》载,在河南行省下有"河南府路",实相当于河南府,相关县有洛阳、宜阳、永宁、登封、巩县、孟津、新安、偃师,以及陕州的陕县、灵宝、阌乡、渑池,相当于今三门峡市一部分、洛阳市一部分及郑州市一部分。《明史·地理志》记录的河南省下有河南府,属地有洛阳、偃师、孟津、宜阳、永宁、新安、渑池、登封、嵩县、卢氏及陕州的灵宝、阌乡2县。其地较元代河南府稍大。

5. 河南道。仅在唐代、五代时实行。据《旧唐书·地理志》载,"河南道"辖河南府、孟州、郑州、陕州、虢州、汝州、许州、汴州、蔡州、滑州、陈州、亳州、颍州、宋州、曹州、濮州等,其范围"约当今河南、山东两省黄河故道以南(唐河、白河流域除外),江苏、安徽两省淮河以北地区"[①]。《新唐书·地理志》也讲到"河南道",相当于古豫、兖、青、徐四州之域。据《旧五代史·郡县志》载,五代时有"河南道",含河南府、滑州、许州、陕州、青州、兖州、宋州、陈州、曹州、亳州、郑州、汝州、单州、济州、滨州、密州、颍州、濮州、蔡州等,可见其范围是极大的。

(三)河南:以开封为中心的政区概念

自元代开始,"省"成为地方最高级行政建制。元代正式设立"河南江北等处行中书省"。《元史·地理志》云,河南行省辖路12、府7、州1、属州34、属县182。其中,汴梁路,领录事司1(县17,开封一带),还领郑、许、陈、钧、睢等5州21县。河南府路,领录事司1(县8,洛阳一带),还领陕州及4县。南阳府,领南阳、镇平2县及邓、唐、嵩、汝、裕5州11县。汝宁府,领汝阳、上蔡、西平、确山、遂平5县及颍、息、光、信阳4州10县。归德府,领睢阳、永城、下邑、宁陵4县及徐、宿、邳、亳4州8县。襄阳路,领录事司1县6,还领均、房2州4县。蕲州

[①] 复旦大学历史地理研究所《中国历史地名辞典》编委会:《中国历史地名辞典》,江西教育出版社1988年版,第538页。

路,领录事司1县5。黄州路,领录事司1县3。以上仅为"河南江北道肃政廉访司",所领范围已包括今河南省黄河以南部分,以及今湖北省江北部分地区,今苏北、皖北部分地区。

明代正式称河南行省(承宣布政使司),《明史·地理志》记录河南省辖府8、直隶州1、属州11、县96。府有开封府、河南府、归德府、汝宁府、南阳府、怀庆府、卫辉府、彰德府,以及直隶州汝州。总的来看,明代的河南省已经与现在的河南省大体范围相当,成为一个跨越黄河南北的省。

清代沿袭了相关的行政建制。需要注意的是,其治所在开封。直到民国及新中国成立初期,开封一直为省会所在。

从以上的史料罗列中可以看出,"河南"是一个重要的概念。先秦时期,河南是一个重要的地理概念,而这个概念中实际上包含了非常深刻的政治含义,河南实际上是天下政治中心的具体体现。从西汉开始到清代,河南成为一个非常重要的行政建制名称。隋唐之前是河南郡(尹),隋唐之后则为河南府(路)。元代之前,河南郡、府、道、尹、县的治所,以及地理概念、政治概念的核心,均在今洛阳。可以说,河南的范围时有变化,作为河南中心的洛阳地位始终是不变的,洛阳甚至是河南的代名词。元代以后行省设立,开封成为行省治所(省会)所在,数以百年。虽然如此,但河南的根源、灵魂在洛阳。

二、河南历史的高度与灵魂

(一)河南历史的高度:河南史的实质就是中国史

河南是个大概念,不仅涉及地理、政区,也涉及政治,研究中国历史是绕不开以洛阳为中心的河南的。《元和郡县志》卷六对"河南"有一个解读:"《禹贡》豫州之域,在天地之中,故三代皆为都邑。"这里对夏至唐的洛阳为都有一个清晰的勾勒,如禹都阳翟、汤都西亳、成王都成周,东汉、曹魏、西晋、北魏等均都洛阳,隋炀帝号为东京,唐代号称东都或东京,"则天改为神都",到了北宋则成为西京。可以说,一部王朝史,绕不开以洛阳为中心的河南。《说苑·辨物》载"八荒之内有四海,四海之内有九州,天子处中州而制八方耳",而这个"中州"就是河南。

对于河南的认识,其战略地位的重要性不言而喻,还有另外一个角度的分析。《读史方舆纪要》卷四十六:"河南,古所称四战之地也。当取天下之日,河南在所必争;及天下既定,而守在河南,则岌岌焉有必亡之势矣。周之东也,以河南而衰;汉之东也,以河南而弱;拓跋魏之南也,以河南而丧乱。朱温篡窃于汴梁,延及五季,皆以河南为归重之地。以宋太祖之雄略,而不能改其辙也,从而都汴。都汴而肩背之虑实在河北,识者早已忧之矣。"在这里,作者将洛阳的战略地位定性为"四战之地",讲到得天下者首先要得河南,反映了作者的敏锐性。但是,将洛阳定位于岌岌可危之地则有所不妥。河南对关中的承接,实际上反映了中国古代的两大政治中心相互补充完善的作用。中国历史上的统一王朝,基本上都经历了定都于关中长安和河洛洛阳两个阶段。所以,从某种意义上讲,河南历史既是河南地方的历史,也是中国古代的历史;从区域角度来看,可以说河南区域史是极为精练的中国史,是影响甚至决定王朝走向的关键历史;从中国历史的大视野考察,具备这种关键作用的区域,在中国这种大格局中,也就是那么一两个地区,而河南无疑是其中之一。

(二)天地之中:中国历史最具灵魂的思维探寻

中国古代都城的选择是与中国人特定的宇宙观联系在一起的。在中国人的观念中,"中"具有极为特殊的意义。中国古代历史上最具影响力的都城中,最能体现这种观念的非洛阳莫属。[①]

周灭商之后,周公受命探寻"天地之中"。《太平寰宇记》卷之三云:"按《博物志》云:'周在中枢,三河之分,风雷所起,四险之国也。昔周武王克殷还,顾瞻河、洛而叹曰:"我南望三涂,北望岳鄙,顾瞻有河,粤瞻雒、伊,毋远天室。"遂定鼎郏鄏,以为东都。'《周书》又曰:'周公将致政,乃作大邑,南系于洛水,北因于郏山,以为天下之大凑也。'皇甫谧《帝王世纪》云:'周公相成王,以丰、镐偏在西方,职贡不均,乃使召公卜居涧水东、瀍水之阳,以即中土。而为洛邑,而为成周王都。'"周朝建立后,最大的问题是"择中而居"。选择"天下之中"与"天地之中",关键是"中"。《路史》卷三十:"古之王者,择天下之中而立国,择国之中而立官,择官之中而立庙。"又,《周礼订义》卷十五:"夫天不足西北,地不足东南,有余不足皆非天地之中,惟得天地之中,然后天地于此乎合土播于四时,所

[①] 张新斌:《"天地之中"与"天下之中"初论》,《中州学刊》2018年第4期。

以生长收藏万物一时之气,不至则偏而为害。惟得天地之中,然后四时于此而交,通风以散之,雨以润之,偏于阳则多风,偏于阴则多雨。惟得天地之中,然后阴阳和而风雨以序,而至独阴不生,独阳不成。阴阳之和不成则反伤夫形。"这里论述了天地之中的阴阳秩序。但从众多文献看,天地之合、四时之交、风雨之会、阴阳之和是个立体的概念。"天地之中"刻意强调了思想观念上的特殊性,着重关注了本质文化上的特质性,重点强化了政治统治上的正当性,具有综合意义。

"天地之中"所在地,以洛阳(洛、洛地、洛师、洛邑、洛之邑、洛河之邑、洛水之涯、洛邑之地、河洛等)之说为绝对主流观点;与"天地之中"对应的"天下之中",则更多强调了位置适中,交通便利,其地方文献也多以洛阳为主。《河南通志》卷七:"河南居天下之中,嵩岳表其峻,大河、淮、济萦流境内。"这里所说的河南实则是大河南,河南的本质是洛阳。所以,洛阳为都的观念思想特征的探寻,反映了中国古代的思维方式与思维特点,其理论的深刻性极大丰富了中国古代的思想宝库,也是中国古都历史的灵魂所在。

三、河南历史:既是地方史也是区域史

河南地方史同时还是河南区域史,这是我们对河南专门史进行研究时时常要注意的关键性问题。我们应该如何对待我们的研究?

(一)作为地方史的河南专门史

地方是相对中央而言的。每一个王朝,都有中央与地方。中央就是皇帝,以及三省六部;地方则是郡县、省府县。对中央而言,省及以下建置都是地方。地方史就是研究一定行政建制内的历史,比如县的历史、市的历史、省的历史。

关于地方史,有人认为"所谓地方史研究,就是专门考察、分析某一地区历史变迁的史学工作"[1],或认为"地方史的书写往往是一种以国家宏大历史叙事为背景,又兼具本土地方特色的历史书写","地方历史的建构既是对国家宏大

---

[1] 叶舟:《地方文献与地方史研究》,载《上海地方志》编辑部编《2017年地方志与地方史理论研讨会论文汇编》,第199~203页。

历史叙事的补充,也是新时期国家与地方共同致力于民族地方形象、软实力及文化生态打造的努力"。① 一般而言,地方史是与一定级别的行政建置有关联的。河南长期为地方行政建置,从河南郡与河南县,到河南尹与河南县,到河南府与河南县,到河南路与河南县,再到河南省,作为省级建置也有七百余年的历史。相对王朝而言,河南的历史理所当然地就是地方史。换句话说,河南地方史就是研究河南地方的历史,就是研究在省的建置下河南这一特定范围内所发生的历史。河南地方史,就是对河南特定行政建置(省)内所有历史大事、历史人物、历史规制、历史机构、历史社会、历史文化等总的汇集、总的提炼、总的评价,是一部中国特定地方的小通史,是中国通史的河南卷。河南专门史,则是河南地方历史的细化,是河南专门历史的汇集,是作为地方的河南的历史的总的盘点。

河南地方史的研究,在河南是个"偏科"。河南史学界研究中国史,研究世界史,研究考古学,研究史学理论,当然,大家的研究无疑必然会触及河南,因为在中国史的研究范畴中,如果回避了河南,中国史肯定就不是完整的中国史。一方面,从夏到北宋,河南是王朝的政治中心所在,从某种意义上讲,这期间河南史中的重大事件无疑也是中国史中的重大事件,河南的历史也是中国的核心历史、中国的精英历史。另一方面,关键是要从河南的角度来研究中国的历史,从历史纵的时间轴来研究河南史,从历史横的空间区域比较中研究河南历史。所以,对于研究中国史的学者而言,河南地方史既是熟悉的,又是陌生的。

(二)作为区域史的河南专门史

区域是相对总体而言的。区域可以是一个地方行政建置,如河南、郑州、新郑,也可以是一个地区,如豫北、河朔、齐鲁、三秦、华北。当然,区域也可以是永恒的,对全球而言,中国、东亚、远东,都是区域。在全球史的背景下,区域史是个很时尚的东西,研究中国史与世界史(世界各国的历史),实质上研究的都是区域史。

学界有关区域史的讨论,是非常复杂的。例如,将地方史等同于区域史就

---

① 杨旭东:《近年来地方史研究评述》,《中原文化研究》2016年第1期。

是一种常见的声音,如:"地方史,或称区域史,是历史学科的一个重要分支。"①有的直接将区域史的研究范式等同于地方史的研究范式;②也有的将区域史作为地方史的支脉,"地方史内部也演化出了新的支系"③。尽管区域史和地方史有一定的契合点,但两者还不能完全画等号。区域史研究一般多关注区域的特殊性,但是,"区域史研究的意义不仅仅在于认识作为个案的区域本身,而且有助于对国家整体史的认识。于是,区域史研究的一个重要归宿还在于对中华帝国整体史的理解和把握,并不是局限于孤零零的区域个案,也非仅凭借一两个新线索的发现来填补漏洞、空白,而是从局部、微观、特殊性中找到一些带有普遍性的反映整体的现象和规则"④。区域史,就是由诸地理要素所构成的特定地理空间,有较长时段的经济交流与政治联系,以及内部所共生的以文化为纽带的规律性问题的研究。区域史更多关注点在基层社会,是对特定的人群、组织架构、民间信仰,以及形成的民风进行的研究。除利用正史、正志之外,区域史也要更多关注地方文献,如家谱、文书、契约、方志等,只有这样,区域史才会更加丰满。

河南历史,就河南而言,其起点是地理概念。从历代史志可以看出,行政区划的河南是立足于地理概念河南之上而设置的,在中国古代由特定地理概念而产生的政区并不多见,仅从这一点而言,河南历史既可以是地方史,又可以成为区域史,甚至由于以洛阳为核心的河南在历史上特殊的政治地位,河南史在某些时段可以上升为中国史。这就是河南历史的特殊价值所在。

四、河南历史的研究现状与努力目标

(一)河南历史的主要研究成果

改革开放以来,河南省社会科学院及全省学界陆续推出了一系列河南历史

---

① 叶舟:《地方文献与地方史研究》,载《上海地方志》编辑部编《2017年地方志与地方史理论研讨会论文汇编》,第199~203页。
② 段建宏:《地方史研究的思考》,《忻州师范学院学报》2007年第1期。
③ 姚乐:《如何理解地方史与区域史?——以〈江苏通史·魏晋南北朝卷〉为例的分析》,《南京晓庄学院学报》2014年第3期。
④ 孙竞昊、孙杰:《中国古代区域史中的国家史》,《中国史研究》2014年第4期。

的研究成果：

一是通史类。如《简明河南史》（张文彬主编，1996）、《河南通史》（4卷本，程有为、王天奖主编，2005）。以上成果有首创意义，但分量不足，不足以反映河南历史文化的厚重与辉煌。

二是专门史类。如《河南航运史》（河南省交通厅史志编审委员会，1989）、《河南少数民族史稿》（马迎洲等，1990）、《河南陶瓷史》（赵青云，1993）、《河南新闻事业简史》（陈承铮，1994）、《河南考试史》（李春祥、侯福禄主编，1994）、《河南文学史·古代卷》（王永宽、白本松主编，2002）、《河南文化史》（申畅、申少春主编，2002）、《河南教育通史》（王日新、蒋笃运主编，2004）、《河南农业发展史》（胡廷积主编，2005）、《河南经济通史》（程民生主编，2012）、《河南生态文化史纲》（刘有富、刘道兴主编，2013）、《中原科学技术史》（王星光主编，2016），以及即将出版的《中原文化通史》（8卷本，程有为主编，2019）等。总体来讲，质量参差不齐，形成不了河南专门史体系类的成果。

三是市县通史类。如《驻马店通史》（郭超、刘海峰、余全有主编，2000）、《商丘通史（上编）》（李可亭等，2000）、《洛阳通史》（李振刚、郑贞富，2001）、《南阳通史》（李保铨，2002）、《安阳通史》（王迎喜，2003）、《嵩县通史》（嵩县地方史志编纂委员会，2016），以及我们即将完稿的《郑州通史》（张新斌、任伟主编，2020）等。

（二）河南历史的研究机构与研究重点

河南历史研究以河南省社会科学院历史与考古研究所为核心。河南省社会科学院历史与考古研究所是专门从事河南历史研究的权威机构，该所前身为成立于1958年的河南省历史研究所。1979年河南省社会科学院成立之际，河南省历史研究所正式成为河南省社会科学院历史研究所，以后又成立了河南省社会科学院考古研究所，2007年正式合并为河南省社会科学院历史与考古研究所。该所现有工作人员19人，其中研究员4人、副研究员10人、博士或在读博士7人，其研究涉及中国历史的各个方面，尤以中国古代史研究实力最为雄厚，在省级社科院中位列前茅。该所主编的"河南历史与考古研究丛书"已出版第一辑（9本）、第二辑（6本），在中原文化、河洛文化、姓氏文化研究方面均有标志性成果。郑州大学的历史研究在以刘庆柱研究员领衔的中原历史文化重点学科、王星光教授为代表的中原科技史方向、吴宏亮教授为代表的河南与近现代中国方向、陈隆文教授为代表的河南史地方向等方面成果卓著。河南大学以黄河文明研究作为主轴,李玉洁教授的河南先秦史研究、程民生教授为代表的以汴京为核心的宋史研究等较为突出。河南师范大学、新乡学院立足新乡,开展牧野文化研究。安阳师范学院则形成了以甲骨文、殷商史为代表的特色学科。河南理工大学立足于焦作,研究太行文化、太行发展。河南科技大学、洛阳师范学院、洛阳理工学院及文物部门的徐金星、蔡运章、薛瑞泽、毛阳光、扈耕田等先生立足于洛阳,开展河洛文化和洛阳学研究。商丘师范学院立足于商丘,对三商文化与商起源的研究颇有建树。许昌学院对汉魏许都的研究、黄淮学院对天中文化的研究、南阳师范学院对东汉文化的研究则各具特色。信阳师范学院以尹全海教授为代表的根亲文化研究、以金荣灿教授为代表的淮河文化研究及三门峡职业技术学院李久昌教授的崤函文化研究等均独树一帜。这些都已经成为河南历史研究的重要力量,也总体反映出河南历史研究的特色。

(三)河南专门史大型学术文化工程运作的过程与目标

2007年以来,为了进一步整合力量,推出标志性成果,我们在已完成的《河南通史》等研究成果的基础上,提出加大对河南历史研究的力度,并以"河南专门史"作为深化河南历史研究的重要抓手。河南专门史的研究工作得到了河南省社会科学院历任领导的重视。早在2008年,河南省社会科学院副院长赵保佑研究员就积极支持专门史研究的工作构想,积极推动该项工作的落实。2010年,院长张锐研究员、副院长谷建全研究员,专门带历史与考古研究所的相关人员到北京社科院进行调研,向他们学习北京专史集成研究的工作经验。2015年,院党委书记魏一明、院长张占仓研究员、副院长丁同民研究员积极推动,将河南专门史正式纳入河南省社会科学院重大专项工作,并于年底召开了河南专门史的正式启动会。在河南专门史创研期间,院领导积极关注工作进展,副院长袁凯声研究员统筹协调,有力地推动了后续工作。2019年,院领导班子对河南专门史工作给予了大力支持,尤其是院长谷建全研究员更是将专门史作为院哲学社会科学创新工程的标志性成果,院办公室、科研处等相关部门为本套书的出版做了大量的后勤保障工作,使河南专门史第一批成果能够按时高质量地出版。河南省社会科学院历史与考古研究所在承担繁重的创研工作的同时,也承担了大量的学术组织工作,张新斌、唐金培、李乔、陈建魁多次在一起商议工程的组织与推动,唐金培在学术组织工作方面,在上下联动、督促、组织上付出了大量的艰辛。大家只有一个想法:尽快拿出一批高质量的学术成果。

为了有效推动河南专门史大型学术文化工程,我们在工作之初便编辑了《河南专门史研究编写实施方案》《河南专门史大型学术文化工程第一批实施方案》《河南专门史大型学术文化工程工作方案》《关于征集河南专门史重大专项书稿的函》等文件,成立了以魏一明、张占仓为组长的"河南专门史大型学术文化工程"领导小组,工程实行首席专家制,由河南省社会科学院历史与考古研究所所长张新斌研究员为首席专家。整个工程坚持"三为主、三兼顾"的原则,即以河南省社科院科研人员为主,兼顾河南史学界;以在职科研人员为主,兼顾退休科研人员;以团队合作为主,兼顾个人独著。在写作上,采用"三结合"的方法,即史实考证与理论提高相结合、学术价值与当代意义相结合、学术性与可读性相结合。

在第一批书稿创研中,我们结合各自的研究基础,自动组成团队,不但河南省社会科学院历史与考古研究所全体科研人员参与了该项工程,文学研究所、哲学与宗教研究所等单位的科研人员也都承担了相关的任务。河南大学、河南师范大学、河南农业大学、华北水利水电大学、郑州市委党校等同行均参与了创研。最终确定了第一批15本书稿的创研目标:《河南考古史》《河南水利史》《河南移民史》《河南园林史》《河南哲学史》《河南水文化史》《河南道教史》《河南城镇史》《河南行政区划史》《河南基督教史》《河南古都史》《河南家族史》《河南书院史》《河南诗歌史》《河南史学史》。我们的总体目标是推出100部具有学术意义的河南专门史成果。

从第一批15部书稿中我们归纳出以下几个特点:一是极大丰富了河南历史研究的内容。这些书稿所涉及的门类有大有小,其研究不仅梳理了相关门类的历史脉络,也丰富了通史类成果无法容纳的分量。如考古史、基督教史时段较短但内容更为丰满,有的甚至可以形成重大事件的编年。二是从更高的视角研究河南。现代考古学在河南的发展对中国考古学的分期具有标志性意义,实际上我们是从中国考古史的角度来研究河南考古史的。正因为这样,我们对河南考古学在中国考古学中的地位有了更为清晰的看法。三是从史料梳理中探寻发展规律。对于每一个专题的研究者,我们更多地要求大家在对史实进行研究的基础上,要探寻相关门类发展的规律,寻找兴衰的规律,以及决定这种兴衰规律的内在因素。我认为在这批成果中,有的已经超越了地方史的范畴,而进入区域史的研究探索之中。当然,研究是一个永无止境的过程,我们期待着河南专门史在以后的创研过程中不断有更多的学术精品问世。

2019 年 8 月

目 录

绪 论 001
    一、先秦时期河南史学的地位 002
    二、两汉时期河南史学的拓展和影响 003
    三、魏晋南北朝时期河南史学的发展和特征 005
    四、隋唐时期河南史学的地位 006
    五、宋元时期河南史学的特点 007
    六、明代河南史学的特征 009
    七、清代河南史学的衰落 010
    八、民国时期河南史学的崛起 011
    九、研究河南史学史的意义 012

第一章 先秦时期：河南史学的开端 015
    第一节 从远古传说到成文记事：河南地区历史意识的萌芽
           与史学的诞生 016
        一、河南地区的远古传说与历史意识的萌芽 016
        二、甲骨文、金文与成文记事的开端 019
    第二节 河南地区历史典籍的产生 021
        一、河南地区典籍的出现及其史学价值 021
        二、《竹书纪年》与河南史学的发展 024

第三节　史官制度与河南史学　026
一、殷商史官的建置及其职掌　026
二、卫国史官群体及文化影响　029

第四节　诸子学与河南史学　031
一、老、庄的历史哲学　031
二、墨子的历史观　036
三、商鞅、韩非、李斯的历史思想　040
四、《吕氏春秋》的历史思想　047

第二章　两汉时期：河南史学的成就与贡献　051

第一节　贾谊、贾山、晁错与西汉初期的历史借鉴思想　052
一、贾谊的"过秦"论　053
二、贾山对秦亡的论述　056
三、晁错对历史盛衰的思考　057

第二节　《东观汉记》与官修当代史　061
一、《东观汉记》的编纂与体例创新　061
二、《东观汉记》的史学思想及影响　063

第三节　荀悦《汉纪》的价值和地位　064
一、荀悦生平及著述　065
二、《汉纪》的历史编纂学思想和成就　066

第四节　应劭的史学成就　068
一、汝南应氏家族的学行与应劭的著述活动　068
二、应劭的史学成就　070

第五节　河南地区史学研究领域的拓展　075
一、《史记》《汉书》的音注、集解和补续　075
二、各类杂传、地志、谱牒、史钞的出现及特点　081

第三章　魏晋南北朝时期：河南史学的多途发展　087
第一节　河南史学的特点　088
一、门阀观念、民族意识与河南史学　089
二、玄学、儒学与河南史学　091
第二节　史官制度在河南地区的发展　093
一、史官制度之发展演变　093
二、史官之执掌、选任与秩品　095
第三节　司马彪、袁宏、范晔的东汉史撰述　097
一、司马彪与《续汉书》　098
二、袁宏与《后汉纪》　102
三、范晔与《后汉书》　107
第四节　王隐、干宝的晋史编纂与李彪的史论　113
一、王隐及其《晋书》　113
二、《晋纪》与干宝的史学思想　116
三、李彪的史论　121
第五节　河南地区图书目录的编纂　124
一、四部分类法的发展　125
二、阮孝绪与《七录》　127
第六节　河南史学研究领域的继续扩大　128
一、家传、杂传与方志　129
二、史钞与史论　132
第七节　颍川荀氏经史之学　134
一、颍川荀氏家族的兴衰演变　134
二、颍川荀氏家族的经史之学及特点　135

第四章　隋唐时期：河南史学的继续发展　139
第一节　隋唐时期史学发展的特点与河南史学的地位　140
一、隋唐时期史学发展的特点　140
二、河南史学的地位　143

第二节　李延寿及其《南史》《北史》　　　　　　　　145
　　一、李延寿的家世与生平　　　　　　　　　　　146
　　二、《南史》《北史》的编纂体例　　　　　　　　147
　　三、《南史》《北史》的价值　　　　　　　　　　149
第三节　《贞观政要》的编纂与吴兢的史学思想　　　151
　　一、吴兢的生平及修史经历　　　　　　　　　　151
　　二、《贞观政要》的内容与思想　　　　　　　　154
　　三、《贞观政要》的影响　　　　　　　　　　　158
第四节　长孙无忌与《唐律疏议》　　　　　　　　　159
　　一、长孙无忌的经历与事功　　　　　　　　　　159
　　二、《唐律疏议》的编纂　　　　　　　　　　　161
　　三、《唐律疏议》的成就及影响　　　　　　　　162
第五节　玄奘与《大唐西域记》　　　　　　　　　　165
　　一、玄奘其人　　　　　　　　　　　　　　　　165
　　二、《大唐西域记》的内容和体例　　　　　　　167
第六节　韩愈的修史活动与史学思想　　　　　　　　170
　　一、韩愈的生平及文化地位　　　　　　　　　　170
　　二、《顺宗实录》的编纂及韩愈的史学思想　　　172
第七节　司马贞的《史记索隐》　　　　　　　　　　175
　　一、《史记索隐》编纂缘起与体例　　　　　　　176
　　二、《史记索隐》在注释上的特点和价值　　　　177
第八节　河南地区野史笔记的发展　　　　　　　　　179
　　一、刘仁轨与《河洛行年记》　　　　　　　　　180
　　二、韩琬与《御史台记》　　　　　　　　　　　182
　　三、赵璘与《因话录》　　　　　　　　　　　　183
　　四、郑处诲的《明皇杂录》　　　　　　　　　　185

第五章　宋元时期：河南史学繁荣中的衰落　　　189
第一节　宋代的修史机构及官修史书的成就　　　　　190
　　一、宋代的修史机构　　　　　　　　　　　　　190

二、宋代官方的修史成就　　196

第二节　北宋初期河南地区私家史学的成就　　199
　　一、丁度的经史之学　　199
　　二、王洙的文献学贡献　　202
　　三、孙甫与《唐史论断》　　204
　　四、尹洙与《五代春秋》　　206

第三节　北宋初期河南政治家的历史见解　　210
　　一、富弼的史学成就　　210
　　二、张方平的史论　　211
　　三、韩琦的史论　　214

第四节　《资治通鉴》：编年史的巨著　　216
　　一、司马光与《资治通鉴》的编修　　217
　　二、《资治通鉴》的内容、特点及影响　　219
　　三、司马光的史学思想　　221

第五节　纪传体正史编纂的成就　　223
　　一、薛居正与《旧五代史》　　223
　　二、宋祁与《新唐书》　　225

第六节　二程和邵雍：理学影响下的历史观　　228
　　一、二程的历史观　　228
　　二、《皇极经世》和邵雍的历史哲学　　234

第七节　元代河南思想家的历史思想　　237
　　一、许衡的治乱兴衰论　　237
　　二、王恽诗文中的历史观念　　241
　　三、姚燧的史学见解　　243
　　四、许有壬的史学思想　　244

第八节　宋元时期河南地区方志与杂史笔记的发展　　246
　　一、方志的编修　　246
　　二、杂史笔记的成就　　248

第九节　宋元时期河南地区文献学的发展　　257
　　一、王尧臣与《崇文总目》的编修　　257

二、《宣和博古图》的编纂 259

第六章 明代:河南史学的拓展 261
第一节 明代河南史学的特点 262
一、河南史学的义理化倾向 262
二、走向社会深层:河南史学的光彩 264
第二节 曹端的理学与史学思想 267
一、曹端的理学贡献 268
二、曹端的义理化史观 269
三、曹端义理化史学思想的特点 272
第三节 王廷相的历史观 273
一、王廷相的生平与著作 274
二、王廷相的历史观 275
第四节 高拱的史学成就 278
一、高拱的经史著述 279
二、高拱的史学认知 281
第五节 吕坤的史学思想 283
一、吕坤的著述活动 283
二、吕坤的史学思想 286
第六节 王惟俭的史学成就 288
一、《宋史记》《史通训故》与《王损仲史钞》 289
二、王惟俭的史学旨趣 291
第七节 陈耀文与《天中记》 292
一、陈耀文生平及其著作 292
二、《天中记》的编撰、类目与评价 294
第八节 多姿多彩的撰史活动:河南史学走向社会深层 297
一、荒政史著述及其思想 298
二、边防史和军事史著述及其价值 301
三、何瑭的史学评论 305

　　　　　　四、李濂的开封地方史研究　　　　　　　　　　307
　　　　　　五、范守己的《肃皇外史》　　　　　　　　　　309
　　第九节　河南地区方志编纂的成就　　　　　　　　　　310
　　　　　　一、河南地区方志源流　　　　　　　　　　　　310
　　　　　　二、李贤与《大明一统志》　　　　　　　　　　312
　　　　　　三、王崇庆的方志学　　　　　　　　　　　　　313
　　　　　　四、崔铣、曹金等人的修志成就　　　　　　　　314

第七章　清代：河南史学的衰落　　　　　　　　　　　　317
　　第一节　夏峰北学的崛起与孙奇逢的学术史观　　　　　318
　　　　　　一、孙奇逢的学行与夏峰北学的崛起　　　　　319
　　　　　　二、《理学宗传》的编纂与思想　　　　　　　321
　　第二节　汤斌的史学成就和史学思想　　　　　　　　　325
　　　　　　一、《洛学编》的学术史观　　　　　　　　　326
　　　　　　二、《明史稿》的史学价值与汤斌的史学思想　328
　　第三节　顺康雍时期河南地区的学术史研究　　　　　　330
　　　　　　一、耿介、张沐的学术思想与学术史研究　　　331
　　　　　　二、窦克勤的学术思想与《理学正宗》　　　　334
　　　　　　三、张伯行的理学思想与学术史编纂　　　　　337
　　　　　　四、李来章的学术史观　　　　　　　　　　　340
　　　　　　五、刘青莲、刘青芝兄弟的经史之学　　　　　343
　　第四节　彭而述与韩程愈的历史评论　　　　　　　　　345
　　　　　　一、彭而述的历史评论　　　　　　　　　　　345
　　　　　　二、韩程愈与历史人物研究　　　　　　　　　347
　　第五节　郑廉与宋荦的历史研究　　　　　　　　　　　348
　　　　　　一、郑廉与《豫变纪略》　　　　　　　　　　349
　　　　　　二、宋荦与《商丘宋氏家乘》　　　　　　　　351
　　第六节　乾嘉中州汉学第一人：武亿的经学与史学　　　354
　　　　　　一、武亿的生平及与汉学结缘　　　　　　　　354
　　　　　　二、武亿的金石学成就　　　　　　　　　　　355

　　　　　三、武亿的经学疏证　　　　　　　　　　356
　　　　　四、武亿的方志学成就　　　　　　　　　358
　　第七节　张宗泰、苏源生的文献学成就　　　　　359
　　　　　一、张宗泰的目录学成就　　　　　　　　359
　　　　　二、苏源生与《鄢陵文献志》《国朝中州文征》362
　　第八节　嘉道年间河南地区的史地学　　　　　　364
　　　　　一、段长基的历史地理学　　　　　　　　365
　　　　　二、蒋湘南的方志学　　　　　　　　　　367
　　　　　三、宋继郊与《东京志略》　　　　　　　370

第八章　民国时期：河南史学的发展　　　　　　373
　　第一节　民国时期史学的发展与河南史学的特点　374
　　　　　一、民国时期史学的基本状况　　　　　　374
　　　　　二、民国时期河南史学的特点　　　　　　377
　　第二节　河南地区"新史学"的崛起　　　　　　378
　　　　　一、徐旭生的古史研究　　　　　　　　　379
　　　　　二、董作宾的甲骨学研究　　　　　　　　381
　　　　　三、郭宝钧、尹焕章的考古学成就　　　　385
　　　　　四、谢国桢的文献学成就　　　　　　　　386
　　　　　五、姚从吾的边疆史研究与郭廷以的近代史
　　　　　　　研究　　　　　　　　　　　　　　　387
　　　　　六、冯友兰的中国思想史研究　　　　　　389
　　第三节　河南地区马克思主义史学的发展　　　　391
　　　　　一、嵇文甫对马克思主义史学的贡献　　　391
　　　　　二、赵纪彬的中国哲学史研究　　　　　　393
　　　　　三、"从考古到史学研究"：尹达的史学成就394
　　　　　四、韩儒林的蒙元史研究　　　　　　　　395
　　　　　五、尚钺的学术个性与史学成就　　　　　397
　　　　　六、白寿彝在民族史、史学史和中国通史领
　　　　　　　域的开拓　　　　　　　　　　　　　397

  第四节 李时灿与中州文献的收集整理 400
    一、李时灿与中州文献征辑处 400
    二、中州文献的价值 403
  第五节 河南方志的编修与方志学理论的发展 405
    一、张凤台与河南地方志的修纂 407
    二、蒋藩的修志活动与方志学理论 408
    三、张嘉谋的修志活动与成就 409
    四、陈铭鉴、刘盼遂等人的方志学成就 411

结　语　 413

参考资料 419

后　记 436

绪论

用长时段的历史眼光来看,先秦至近代河南史学的发展可以划分为三个大的阶段:从先秦到北宋是第一个阶段,从南宋到清末是第二个阶段,民国时期是第三个阶段。先秦至北宋,中国的政治、经济、文化中心一直在河南地区和关中地区,较其他地区而言,河南地区有着得天独厚的自然条件,总体来看,经济发达,文化繁荣。这一时期,中国史学的重心在以河南为中心的中原地区,河南史学一直引领中国史学的发展方向。抽掉河南史学,中国史学史几乎无法书写。从南宋以后,随着经济重心南移和政治中心北移的彻底完成,河南丧失了得天独厚的条件,再加上学术传承的僵化和学术思想的保守,河南学者无法得风气之先,河南史学渐趋衰落,逐渐丧失了在中国史学史上的引领地位,且越来越偏离中国史学发展的主流,变得封闭与保守。民国时期,西学东渐,随着社会更加开放,河南学人打破因袭保守的学术局面,开始走向全国、走向世界,河南史学再度崛起,在"新史学"大潮的涌动下,出现了一大批在近现代史学史上引领学术风尚的史学家,徐旭生、姚从吾、董作宾、谢国桢、冯友兰、嵇文甫、尹达、赵纪彬、尚钺、白寿彝等都是其中的佼佼者。

长时段的考察可以看到河南史学总的发展状况,具体到每一个时期,河南史学的发展又各有侧重和特点,为中国史学的发展做出了重要的贡献。

一、先秦时期河南史学的地位

先秦时期,位居中原地区的河南有着得天独厚的自然条件,成为中华文明的发祥地之一,其史学也发源甚早。这一时期的河南史学基本上是中国史学的代名词。白寿彝先生等一大批史学家都把远古传说看作中国史学最初的源头。而远古传说的绝大多数人物和事件,诸如有关氏族部落的起源、同自然的斗争、部落间相互之间的原始战争以及对英雄人物的赞美等传说,几乎都发生在河南地区。远古时期的传说,保存了人类先辈对历史的记忆,为文明时期史学的产生奠定了基础。

文字和历法是真正意义上的史学产生的必备条件,而这两个条件均最早产生在河南。甲骨文发现于河南安阳殷墟,是殷商人对人类的巨大贡献。夏历产生在河南地区,自此以后,中国人有了精确的计时工具。有了文字,人类终于可以将历史上和现实中发生的事情记载下来,彻底摆脱了口口相传的模糊记忆;有了历法,人类终于可以把历史发展排出时间顺序,建立起了史学的时间概念。自此以后,中国就进入了有成文历史记载的新阶段。

有文字可考的史官制度最早也产生在河南地区。殷商甲骨文中就有史官活动的记载。此后,史官制度又得到了发展。春秋战国时期,河南地区卫国的史官文化非常发达,远远超越晋国之外的其他诸侯国,形成了发达的区域文化,标志着河南史学所达到的高度。产生于河南区域内的史学思想,诸如天命与人事、以史为鉴等思想观念,对后世史学思想的发展有着深远的影响。先秦诸子的历史观对后世影响深远,老子、庄子、墨子、商鞅、韩非、吕不韦等道家、墨家、法家、杂家的代表人物都是河南人士,他们不同的历史观念丰富了中华文化的内涵,一直是中华文化宝库中熠熠生辉的思想精华。春秋战国时期的河南史学,除了儒家传统外,涉及诸子百家的主要领域。

二、两汉时期河南史学的拓展和影响

汉代河南史学的发展在整个中国史学史上占有极其重要的地位,对中国史学的贡献甚巨。虽然当时的河南史家没有编纂出《史记》《汉书》这样的鸿篇巨制,但在史学诸多领域的开拓,却具有引领史学风尚、开启史学新风的作用,为此后中国史学的发展奠定了基础。

《东观汉记》是中国历史上第一部官修史书,对后来东汉历史的研究和撰述影响深远。在体裁上,《东观汉记》新创"载记"一体以叙述那些既非本纪又非列传所能容纳的对历史有特殊影响且有一定等级名分的历史人物。这是适应社会需要而创立的新体裁,这一创新影响到唐初修《晋书》。《晋书》继承《东观汉记》而设立"载记",以记述十六国割据政权的历史。《东观汉记》还为妇女单独立传,开创了纪传体史书设立列女传的先河。由于《东观汉记》保存了大量原始资料,晚出的很多私家后汉史书都是以它为底本的。刘知幾《史通·古今正史》云:"华峤删定《东观记》为《后汉书》。"就是列入二十四史的范晔的《后汉书》,采摘《东观汉记》资料也不在少数。可见该书对诸家后汉史书的影响之大。

荀悦的《汉纪》完善和发展了编年史体,确立了编年体史书的规模,使编年体获得了与纪传体并驾齐驱的地位,直接影响了后世编年体史书的发展。早于荀悦《汉纪》的编年体史书是《春秋》《左传》。《春秋》记事极其简略,尚无法反映丰富的历史内容;《左传》虽然克服了《春秋》记事简略的缺点,但体例庞杂,限制了自身的表现力,没有把编年体的规模建立起来。荀悦的《汉纪》在谋篇布局上独具匠心,吸纳了其他史体的优点,避免了前世编年体史书的缺陷,伸缩自如,张弛有度,能够充分表达丰富的历史内容,在历史编纂学上取得了巨大的成功,刘知幾赞赏它"依左氏成书,翦截班史,篇才三十,历代褒之,有逾本传"①。众所周知,秦汉时期,由于《史记》《汉书》的体大思精,纪传体独领风骚,备受青睐,而编年体却相形见绌,备受冷落。《汉纪》编纂的成功,使人们对这一体裁刮目相看,认识到了它的优势,于是编年史体重新崛起,"自是每代国史,皆有斯作"②。刘知幾在对前代史书做了全面研究后,按体裁体例归纳为"六家""二体",其中的"二体"就是纪传体和编年体,其代表性史著就是班固的《汉书》和荀悦的《汉纪》,"班、荀二体,角力争先,欲废其一,固亦难矣"③。编年体与纪传体并驾齐驱,中国史学迈向了进步发展的坦途。

汉代,河南地区史家热衷于对《史记》《汉书》等史著进行音注、集解、校补等,开创了为史书作注的先河。从《春秋》三传开始直到汉代,为经书作注蔚然成风,但未见有为史书作注者。特别是两汉时期,经学繁荣,经籍注释名家辈出。西汉的孔安国、董仲舒,东汉的郑玄、马融、贾逵、卫宏、郑众、服虔、杨终、何休、卢植等,都是博洽的经学大师,他们纷纷为《尚书》《春秋》《诗经》《三礼》等经书作注,推动了两汉经学的发展。经注兴盛的同时,是史注的寂寥。可是,就

---

① 刘知幾:《史通·二体》,赵吕甫:《史通新校注》,重庆出版社,1990年版,第65页。
② 刘知幾:《史通·六家》,赵吕甫:《史通新校注》,重庆出版社,1990年版,第32页。
③ 刘知幾:《史通·二体》,赵吕甫:《史通新校注》,重庆出版社,1990年版,第65—66页。

在汉代,河南地区的史家首开风气,为《史记》《汉书》等史书作注,开了注史的先例,延笃的《史记音义》《汉书音义》、服虔的《汉书音训》、应劭的《汉书集解音义》等,都是汉代史注的代表。正是这些河南史家的努力,使得注史活动成为一种学术自觉,为此后《史记》三家注、《汉书》颜师古注、《资治通鉴》胡三省注的地位的确立奠定了基础。

汉代河南史学的另外一个特点,也可以说是对中国史学的一大贡献,就是开拓了新的史学研究领域,如耆旧传、风俗传、家传、别传、家谱、族谱、官谱等新史体出现。这些新的史学著述,把历史研究的触觉伸展到社会生活的各个领域,丰富了传统史学的内容和表达形式。这些著述,绝大多数都出自河南史家之手,或者说,绝大多数都是由河南史家创立的。周天游曾指出,由刘秀提倡并撰写的"《南阳风俗传》的问世,开先贤传、耆旧传、家传、别传的先河",众多此类著述的出现,"为常璩《华阳国志》等地方志的产生,起到了催化的作用"。这些由河南史家创立的诸种史体的涌现,"使汉代史学呈现出前所未有的繁荣景象,为史学在魏晋时期成为独立的学科门类奠定了坚实的基础"[①]。汉代河南史家创立的这类史著,成为中国史学史上重要的著述形式。

三、魏晋南北朝时期河南史学的发展和特征

魏晋南北朝时期,河南史学依然引领中国史学的发展,并在诸多领域继续拓展,显示出不断创新的活力。

在正史编纂领域,范晔的《后汉书》成就卓著,远超当时出现的《魏书》《宋书》和《南齐书》,成为与《史记》《汉书》《三国志》并列的"前四史",是中国优秀史著的绝唱。

编年体史书的编纂成绩辉煌。袁宏的《后汉纪》和干宝的《晋纪》是继荀悦《汉纪》之后出现的优秀的编年体史著。河南史家特别钟情于编年体,从两汉时期的荀悦,到魏晋南北朝时期的袁宏、干宝,到宋代的司马光,一步步把编年体

[①] 周天游:《汉代中原史籍考》,河南大学历史文化学院编:《史学新论:祝贺朱绍侯先生八十华诞》,河南大学出版社,2005年版,第180页。

史书的编纂推向高峰,与蔚为大观的纪传体史书相抗衡,反映出河南史学在发展过程中的继承与创新。

史学思想的玄学化倾向明显。魏晋南北朝时期,经学衰落,玄学兴起,出现了"贱经尚道"的思潮,史学思想深受玄学影响,袁宏的《后汉纪》和范晔的《后汉书》是史学玄学化的代表。两书受到玄学"有"与"无"、"一"与"多"、"名教"与"自然"等问题的影响,特别重视总结历史发展之势,从具体史事出发而不拘泥于具体事物,其史学思想表现出哲理思辨的倾向,这是中国史学思想史领域出现的新气象。

开创了目录学编纂的新局面。这一时期,文献目录的分类开始从《七略》的六分法向新的四分法转变。而这一转变的成功,恰恰是河南学人郑默、荀勖、谢灵运、殷钧、殷淳、谢朏等人努力的结果。

在汉代史学基础上,继续拓展新的史学领域。这一时期,家传、杂传、方志、史钞、史论均有发展,河南史家在这些领域贡献良多。魏晋南北朝时期,由于门阀士族占统治地位,其思想观念深深渗透在这一时期的史学著作中。杂传的勃兴、家传的发达以及方志的繁盛,都受到门阀士族观念的影响。

四、隋唐时期河南史学的地位

隋唐时期,大一统的政治局面为史学的发展提供了良好的条件,河南史学在这样的条件下继续发展,依然在各个领域处于领先地位。

唐初,借助朝廷的力量,修成了八部纪传体正史,占全部二十四史的三分之一。这八部正史中,李延寿的《南史》《北史》占据极其重要的地位。李延寿秉承贯通南北、客观公正的原则,纠正了南北分裂时期各方史书的种种偏见,力求实事求是地描述历史,不带狭隘的地域观念,把中华民族是一个多民族的政治、经济、文化共同体的面貌展示出来,体现出华夷一体、民族大融合的思想观念,在唐初八史中独具一格,成为后世修纂多民族国家历史的样板之一。吴兢的《贞观政要》是一部帝王教科书,影响深远。该书总结贞观君臣的治国经验,撰成之后被后世帝王当作座右铭。不仅如此,《贞观政要》还在9世纪前后传到日本,成为日本统治者的必读书,影响波及海外。长孙无忌等人编撰的法典《唐律疏议》奠定了中华法系的基石。该书实现了"礼"与"法"的统一,确立并完善了古代法律中一系列重要原则和制度,不但是李唐王朝近三百年最具权威的国家法典,还对此后中国各朝的法制及东亚各国的法律都产生了重要的影响。正是因为有了《唐律疏议》,中华法系才得以在世界法律文明史上与其他法系并肩而立。玄奘的《大唐西域记》是研究我国新疆地区和中亚、南亚各国历史的珍贵材料,在学术上具有不朽的价值。司马贞的《史记索隐》继承前代史注的传统并有所创新,广泛参稽,音义并重,注文翔实,司马贞也由此成为与颜师古、胡三省等一流史注家并肩的人物。

总之,隋唐时期河南史家的这些成就,或光耀千古,或影响深远,或承前启后,或硕果仅存,无不是史坛之佳构、各类之翘楚。

五、宋元时期河南史学的特点

宋元时期,尤其是两宋时期,是中国史学发展的一个高峰,陈寅恪就曾说:"中国史学莫盛于宋。"[①]宋代在继承前代史学传统的基础上多有创新,名家辈出,名著璀璨,史书数量空前增多,史学思想空前活跃,盛况前所未见。

北宋建都开封,文化的繁荣和发展对河南史学影响至深。在这样的文化氛围之中,河南史学本应有更大的发展,但事实上,这一时期河南史学出现了分化的现象,有些方面代表了当时的最高水平,有些方面则贡献鲜少,乏善可陈。这种发展的不均衡实际上预示了河南史学往后的道路,即创新越来越少,僵化和保守越来越明显,直到20世纪上半叶才打破这一僵局。

司马光主修《资治通鉴》,不仅是河南史学史上,同时也是中国史学史上值得大书特书的盛事。司马光在洛阳修《资治通鉴》,终于成就了中国专制社会后半期最有影响力的史学著作,并形成了一门学问——"通鉴学",围绕"通鉴"产生了大量著述,其盛况前所未有。这部著作不仅是编年体史书的高峰,也是中国史学的高峰。在纪传体正史编纂方面,薛居正的《旧五代史》和宋祁、欧阳修

---

① 陈寅恪:《陈垣明季滇黔佛教考序》,《金明馆丛稿二编》,上海古籍出版社,1950年版,第240页。

的《新唐书》值得关注。这两部史书虽然在史学思想上没有更多值得称道之处，但它们延续了正史编纂的传统，在内容、体例上不断做出调整，以适应新的历史形势，其传承之功亦不可没。宋代文化发达，在史学领域的表现之一就是杂史笔记越来越多，影响也越来越大。在这方面，河南史学处于领先地位，出现了一批颇有学术价值和史料价值的野史笔记。孟元老的《东京梦华录》是对中国古代城市面貌和生活最全面完整的记载，开创了城市史记述和研究的新局面，成为古代史学发展史上的一支新生力量，后世相关著作如《梦粱录》《武林旧事》《都城纪胜》等纷纷仿效，所留传下来的城市史资料弥足珍贵。其他如《洛阳搢绅旧闻记》《邵氏闻见录》《侯鲭录》《却扫编》《北狩闻见录》等，也是宋代杂史笔记中的佼佼者。宋代文献学发展很快，产生于河南地区的《崇文总目》和《宣和博古图》都是颇有影响的文献学著作，前者代表了宋代目录学所能达到的高度，后者是宋代金石学著作中最值得称道者。

以上所述，是宋元时期河南史学对中国史学的贡献。另外，我们还要看到这一时期河南史学的缺陷，那就是创新不够，缺乏活力。以历史编纂学的发展为例，先秦时期，编年体萌芽，河南地区有《竹书纪年》；两汉时期，纪传体发达，荀悦作《汉纪》，发展编年体，与纪传体并驾齐驱；魏晋南北朝时期，范晔完善纪传体，撰写《后汉书》，跻身"前四史"，袁宏发展编年体，作《后汉纪》，与范晔之书《后汉书》号称后汉的双璧；隋唐时期，吴兢创新记言体，编《贞观政要》，成为后世效仿的范本。仅就史书体裁来看，宋以前的河南史家不断创新，或创造新史体，或完善旧史体。到了宋代，除了司马光《资治通鉴》把编年体发展到极致之外，另外几种新的史书体裁如纪事本末体、纲目体等，都非河南学者所创设。《资治通鉴》产生于河南，纪事本末体和纲目体都是在《资治通鉴》研究基础上新创的，但它们不是出于河南史家之手，所反映的自然是河南史学的衰落。我们这样反思，绝非苛求古人，而是要更加清楚地看待河南史学的特点及走向。

宋元时期河南史学还有一个最大的特点，即理学对史学影响很大，很多学者兼通理学和史学，很少有纯粹意义上的史学家。北宋时期，由于程颢、程颐在洛阳讲学，河南地区理学发达，风气使然，大批学者格物穷理，体认天道，以研习天理为先，史学成了格物穷理的工具。这一时期产生的史学大家，除司马光外，欧阳修、刘攽、郑樵、袁枢、李心传、李焘、马端临等，都不在河南史学的范围之内。相反，河南地区在史学上较有成就或对史学贡献较大的人物，几乎都有理学家身份,二程、邵雍自不待言,丁度、王洙、孙甫、尹洙以及元代的许衡、王恽、姚燧、许有壬等,也都有着浓厚的理学色彩。他们的优点是能够打通天人、打通自然与社会看待历史问题,把历史纳入天理流行的运动之中;缺点是他们不能从历史本身来解释历史的盛衰变动,而且很少作史,即或有之,也是为说明天理服务的。他们对人类历史运动发展以及历史人物所作所为的认识与较为纯粹的史学家的认识还是有很大差别的。

六、明代河南史学的特征

明代河南史学基本上朝着两个方向发展:其一,朝着义理化史学发展。宋元时期,理学在河南地区广泛传播,深深影响了河南学者的治学风格。明代前期,程朱理学受人尊崇,尤其是河南学人唯程朱是尊。于是明代河南地区的史学就表现出与理学纠葛的特点,并朝着义理化的道路走下去。曹端、王廷相、高拱、吕坤等人都是著名的程朱学派传人,虽然他们的思想存在很大差异,但贯通理学与史学来思考问题,却是他们的共同点。他们对天人关系、经史关系、道德与事功、王朝正闰、君民关系、公私、理欲、时与势、自然与社会、改革与保守等一系列涉及历史发展和史学发展的问题都进行了讨论,提出了很多在思想史上值得重视的思想观点。其二,朝着社会底层发展。在中国史学史上,明代史学有不同于其他时代的地方。从表面上看,明代没有出现司马迁、司马光式的史坛巨匠,也缺少体例严谨、富有原创性的史学巨著,但是,这并不意味着明代史学就迟滞落后。相反,明代史学有着新颖别致的一面,史学著述非常活跃,内容丰富多彩,涉及社会生活的方方面面。顺应这样的潮流,河南史学也多关注社会下层的社会活动,出现了《救荒本草》《饥民图说》《汴京遗迹志》《九边图论》《平播全书》等有关荒政、地志、边防、军事的著作。

如果仔细审视明代河南史学的发展,我们就会看到存在的问题。除了王惟俭、陈耀文之外,河南地区没有再出现真正在全国有影响力的史家,更没有出现过像郑晓、何乔远、陈建、薛应旂、冯应京、王世贞、丘濬、胡应麟、李贽、王圻、焦竑、谈迁这样的史家。曹端、王廷相、高拱、吕坤诸人以理学知名于世,那些关注下层社会生活的史家又往往寂寂无闻。这也从一个侧面说明明代河南史学在中国史学发展中的引领地位已经式微。

七、清代河南史学的衰落

1644年,清军入关,朱明王朝灭亡,清王朝建立,历史又翻开了新的一页。王朝的变更引起学术的变化,史学也不例外。如果把这一时期河南史学的发展放到整个中国史学发展的大背景下进行考察,我们就会发现河南史学逐渐偏离中国史学的主流,慢慢走向衰落。清初,北学领袖孙奇逢主张融通程朱陆王之学,与黄宗羲、李颙等人相呼应,彰扬力行、慎独、讲求实际、学在躬行的学风,河南史学出现了短暂的繁荣,汤斌、耿介、窦克勤、张伯行等人均有学术史著作的编纂,总结和反思程朱陆王的得失,使得河南史学研究出现了一个高潮。但是,清初河南史学的注目点在学术史的编纂上,学术史的编纂和研究一枝独秀,可在明史、南明史、历史地理学、历史评论等领域却鲜有可称道者,史学研究内容的偏颇,还是非常明显的。

自乾嘉以后,河南史学逐渐偏离中国史学的主流,没有"预流",更没有任何领先,而是一路下滑,处于衰落状态。

乾嘉时期,中国史学的主流是考据学。当时的著名史家均以"实事求是"相标榜,倡导治史求真求实,强调在历史文献上下功夫,通过文献考证之真达到历史研究结果之真。与此同时,经世致用依然得到彰扬。这一时期,学术研究的中心在江、浙、皖和北京地区,这些地区人文荟萃,学者林立,是史学研究的前沿阵地,形成了"浙江的浙西史学和浙东史学,江苏的苏州史学、嘉定史学、扬州史学、常州史学,安徽的皖南史学以及北方的直隶史学等"[①]。这些地方出现了一大批以文献考证著称的史学大家。反观这一时期的河南地区,只有武亿一位以考证著称的史学家。江藩《汉学师承记》及支伟成《清代朴学大师列传》收录朴学家几百位,河南地区只有武亿一人。在中国史学主流崇尚考据的潮流下,河南史学几乎处在寂寂无声的状态。

道咸时期,随着帝国主义的入侵,民族危机刺激了思想先进的中国知识分

[①] 王记录:《中国史学思想通史·清代卷》,黄山书社,2002年版,第376页。

子,传统史学处在不断调整之中,以应对所面临的内外挑战和民族危机。这一时期,思想敏感的中国史家也相应地做出了自己的抉择,转换研究方向,出现了史学研究的新气象,边疆史地、外国史地、明史、当代历史的研究成为热点,传统史学开始蜕变,传统经世致用的史学观念在新形势下转变为以救亡图存为主旨的爱国主义史学思想。张穆、姚莹、俞正燮、何秋涛、龚自珍、魏源、王韬、黄遵宪、夏燮等一大批学者,或从事边疆史地研究,或从事外国史地研究,或从事明史和当代史研究,前后相随,蔚为大观。但是,此时的河南史学没有呼应这一潮流,依然在传统的路子上前进,从事传统历史地理、方志学的研究,河南史家段长基、蒋湘南、宋继郊等人都和以上诸人有过交往,如蒋湘南曾与龚自珍、俞正燮讨论过学问,但学术研究的惯性和对外部世界的迟钝,使得他们没有办法"预流",似乎永远留在了传统史学的硬壳里,无法化茧成蝶。

清代河南史学之所以无法赶上时代的步伐,可能有两个主要原因。一是学术上的原因。河南是洛学的发源地,自宋以来,河南地区的学术发展就一直深受程朱理学的影响。谈论性理天道是河南地区的学术主流,学者们无论怎样对待理学、心学,都没有逃出原有的研究领域。这在清初即可看出端倪。夏峰北学虽然屡有创新,也试图扭转程朱陆王空谈性理的学术局面,但毕竟是在传统的学术圈子里打转。再加上"理学重臣"汤斌、张伯行在河南地区的影响以及耿介、张沐等人在河南地区设立书院宣讲理学,都深刻地影响了此后河南学术的走向。当乾嘉时期考据学兴起之时,河南学人依然在谈论理学问题,越来越偏离学术主潮。二是社会和地域的原因。河南地处中原,在古代社会,是政治、经济、文化的中心,得天独厚,史学自然发达。可是,清代中后期以后,随着外来侵略的刺激,沿海和京畿地区的先进知识分子闻风而动,睁眼看世界蔚然成风,出现了学术研究的新气象。这个时候,地处中原的河南就显得比较封闭和保守,没有了得风气之先的条件,对社会变迁反应迟钝,与江、浙、皖、粤学界的联系和互动减少,自然就被学术主流边缘化了。

八、民国时期河南史学的崛起

晚清民国时期,国家内外交困,激起了一大批有志青年走向全国,走向世界,开阔眼界,救亡图存。地处内陆、相对闭塞的河南也渐渐开放,人们渐渐觉醒。这一时期,沐浴着欧风美雨,接受着"新史学"的洗礼,河南史学终于从旧史学的硬壳里破茧而出,紧跟"新史学"的时代潮流,重新焕发出青春的力量,涌现出一大批在国内外具有巨大影响力的史学家。徐旭生、姚从吾、董作宾、谢国桢、尹焕章、郭宝钧、刘盼遂、郭廷以、冯友兰、嵇文甫、尹达、尚钺、赵纪彬、白寿彝、韩儒林等,都是史学队伍中的佼佼者。他们的治学涵盖历史研究的各个领域,或是该领域的奠基人物,或是该领域的开拓人物,或是该领域的领军人物,或是该领域的创新人物,他们提出的学术见解具有穿越时空的力量。

民国以来河南史学能够崛起主要有两个原因。一是自觉打破了相对封闭保守的社会和文化环境,走向全国,走向世界。徐旭生、姚从吾、冯友兰都曾留学国外,与西方学术有过密切接触;谢国桢曾是梁启超的学生,并任教于梁家,深受梁启超"新史学"思想的熏陶;嵇文甫、尹达、白寿彝等人接受马克思主义唯物史观,用全新的理论看待历史问题。所有这些,都为河南史学的崛起准备了条件。二是河南是历史新材料的重要发现地。中国近代史学的发展得益于新材料的发现。20世纪初,甲骨卜辞、居延汉简、敦煌文书以及内阁大库档案的发现彻底改变了历史研究的面貌,有力促进了"新史学"的发展。其中甲骨卜辞就发现于河南安阳。安阳殷墟的考古发掘引发了殷商史、上古史、古文字学等研究的热潮,成就了一大批学者。著名的"甲骨四堂"罗振玉、王国维、郭沫若、董作宾的研究都与殷墟新材料密不可分;郭宝钧、尹焕章的考古发掘,为使历史研究建立在科学可靠的历史资料上打下了基础。可以这样说,殷墟甲骨卜辞的发现,是河南史学崛起的催化剂。

九、研究河南史学史的意义

研究河南史学史,梳理、考察河南史学的发展演变过程,至少有两个重要的意义:其一,向人们展示河南史学的博大精深。河南史学是中国史学的正脉和主干,从先秦到民国,名家名著层出不穷,无论是官方修史还是私家撰述,均成就斐然,在史学思想、历史编纂、治史方法方面一度引领中国史学的发展。其二,为中国传统史学研究提供一个历史的和逻辑的视角。就历史而言,中国传统史学是从河南史学衍生发展出来的,研究河南史学史,有助于梳理出中国传统史学发展的内在线索,把握中国传统史学的本质;就逻辑而言,河南史学是中国传统史学的"童年",它的诸多特性在某种程度上决定了后世中国传统史学的特性,只有首先认清中国传统史学原点处的河南史学的思想和价值理念,才能为中国史学研究找到恰切的理论起点。

第一章 先秦时期：河南史学的开端

从口口相传的远古传说到文字出现,从文字出现到零散片段的文字记载,从零散片段的文字记载再到正式的史书出现,这是先秦时期河南史学发展的基本情况,也是中国史学发展的基本情况。可以说,先秦时期的河南史学基本上是中国史学的代名词。

第一节 从远古传说到成文记事:河南地区历史意识的萌芽与史学的诞生

白寿彝先生在考察中国史学发展时,把史学的源头追溯到传说时代,他说:"中国史学的历史,可以从远古的传说说起。"[①]这些以口头讲述为形式的非文字的口述历史,大多发生在河南地区,成为中国史学的源头。

一、河南地区的远古传说与历史意识的萌芽

根据现有考古发掘和人类学家的研究,距今约五十万年前,河南地区就有了原始人类生存,南召猿人便是迄今为止发现的河南境内最早的原始人类。有了人类,便有了人类的历史;有了人类的历史,便有了对这种历史的记忆。在文字尚未产生的漫长的原始社会,生活在河南地区的先民依靠口口相传来记忆、传播本部落、本氏族过往的事迹,于是便有了流传在口头上的远古传说。文字

---

① 白寿彝:《中国史学史》第一卷,上海人民出版社,2006年版,第129页。

产生以后,这些传说逐渐被记录下来,零散地保存在先秦和秦汉时期的各类典籍中。虽然这些记录在很大程度上经过了后人的加工,但其中毕竟包含有丰富的历史内容,映射出河南地区先民最初的历史意识,成为河南史学的源头。

从内容上来看,这些远古传说大致可以分为四类,每一类都包含着不同的"史影",而几乎所有的"史影"都主要出现在黄河流域。

一是有关氏族的起源,即始祖诞生的传说。传说黄帝之母附宝,"之祁野,见大电绕北斗枢星,感而怀孕,二十四月而生黄帝于寿丘"[1]。夏后氏的始祖禹相传是从鲧的腹中生出来的,《山海经·海内经》云:"鲧复(腹)生禹。"商始祖契之母简狄吞鸟卵而生契,所谓"天命玄鸟,降而生商"[2]。周始祖弃(后稷)之母姜嫄践巨人迹生后稷,"履帝武敏歆,攸介攸止,载震载夙,载生载育,时维后稷"[3]。依据人类学等相关学科所提供的知识,这些笼罩着神话色彩的传说,实际上反映了母系社会知有母不知有父的婚姻关系,不是后人凭空臆造的。从现存的文献看,《左传》《国语》《竹书纪年》《吕氏春秋》《史记》等著述中关于黄帝、炎帝、东夷、苗蛮等族部落传说的记载,都为我们提供了一些有关氏族部落形成、发展的历史轨迹,包含了一定的历史真实性。

二是有关氏族、部落间原始战争的故事。这样的传说有很多,诸如有熊国(在今河南新郑一带)的国君黄帝(又称轩辕氏)与曾活动于今河南周口淮阳一带的炎帝(又称神农氏)战于阪泉,黄帝取得了胜利。后来,黄帝又大战蚩尤。"蚩尤作兵伐黄帝,黄帝乃令应龙攻之冀州之野……蚩尤请风伯、雨师纵大风雨。黄帝乃下天女曰'魃',雨止,遂杀蚩尤。"[4]经过惊心动魄的战争,蚩尤被黄帝制服。这些传说保留了华夏族早期原始部落间激烈争斗和相互融合的史迹。相传黄帝的孙子颛顼(又称高阳氏)都帝丘(今河南濮阳一带),曾孙帝喾(又称高辛氏)都亳(今河南偃师一带),地处黄河中下游的河南地区成了黄帝部族活动的中心区域。

三是有关氏族、部落的生产、生活和同自然界进行斗争的传说。在社会生活方面,有巢氏教会人们"构木为巢,以避群害",改变穴居野处的境况;燧人氏

---

[1] 司马迁:《史记》卷一《五帝本纪》,张守节正义,中华书局,1959年版,第2页。
[2] 程俊英:《诗经译注》,上海古籍出版社,2004年版,第564页。
[3] 程俊英:《诗经译注》,上海古籍出版社,2004年版,第436页。
[4] 李润英、陈焕良注译:《山海经》,岳麓书社,2006年版,第371页。

"钻燧取火,以化腥臊","教民熟食,养人利性"。① 在社会生产方面,伏羲氏(包牺氏)教会人们"结绳而为罔罟,以佃以渔";神农氏"斫木为耜,揉木为耒,耒耜之利,以教天下"②,带领先民进行农耕生产,使耕织结合,衣食得到保障。此外,神农氏还"尝百草之滋味、水泉之甘苦"③,使医药开始服务于人类健康。在同自然界进行斗争方面,传说古时"十日并出",天气酷热,草木枯槁,善射的英雄后羿射落九日,从此天上只剩一个太阳,解除旱情,"万民皆喜"④。很多氏族中都流传着治水的故事。在河南北部居住的共工氏,是一个能治水的氏族,他们通过筑堤的方式防水,取得很好的效果。其氏族首领后土因善平水土而成为社神,共工氏的后代四岳还协同禹一起治水。⑤ 传说中最大的治水活动是大禹治水。当尧之时,黄河流域遇到了特大水患,"洪水横流,泛滥于天下"⑥,大禹接受前人筑堤堵塞洪水而遭致失败的教训,依据地势,采取疏导治水法,平息了水患,使人民得以安居和生产。禹也因此成为帝舜的接班人,建都阳城(今河南登封东南)。这些带有神秘色彩的传说蕴含了远古先民生产、生活及不断与自然抗争的历史真实。

四是有关英雄人物的传说。世界上很多民族的先民都有颂扬英雄的传统,"在某些古代文化里,人们推崇英雄为民族之父……或者推崇英雄为国家的缔造者"⑦。同样,河南地区先民们流传下来的传说故事,有很多也是对英雄的颂扬。中国的远古传说,无论是氏族部落的起源、战争,还是先民的生产、生活,都与英雄人物密不可分。传说中,部落的英雄首领有黄帝、炎帝、蚩尤等,治水的英雄有共工氏、鲧、大禹等,耕稼的英雄有燧人氏、伏羲、神农等。部落战争、畜牧、耕稼和治水,是蒙昧时代或野蛮时期人类争取生存的重要事项,因而,先民们把在这些方面做出贡献的人神化为英雄,甚至奉为神灵,给予极大尊重。"在中国史学史上,这种颂扬的方式在阶级社会里还被继承下来。"⑧可见英雄史观

---

① 王先慎:《韩非子集解》,《诸子集成》第5册,上海书店,1986年版,第339页。
② 黄寿祺、张善文:《周易译注》,上海古籍出版社,2004年版,第533页。
③ 高诱:《淮南子注》,《诸子集成》第7册,上海书店,1986年版,第331页。
④ 高诱:《淮南子注》,《诸子集成》第7册,上海书店,1986年版,第117—118页。
⑤ 邬国义等:《国语译注》,上海古籍出版社,1994年版,第126页。
⑥ 杨伯峻:《孟子译注》(上),中华书局,1960年版,第124页。
⑦ 悉尼·胡克:《历史中的英雄》,上海人民出版社,1964年版,第7页。
⑧ 白寿彝:《中国史学史》第一卷,上海人民出版社,2006年版,第131页。

在传说时代就已初露端倪。

今天看来,这些远古传说可能有很多荒诞的成分,但它至少在两个方面富有意义:其一,保存了远古的一些历史真实,是文字记载出现之前人类活动的缩影,是当时人类生产、生活和斗争在人们头脑中的反映。其二,反映了氏族社会时期河南先民的历史意识。这主要表现在三个方面:一是认识到人与外部自然之间的关系,有了与自然(当然包括异化的上天)争斗的意识;二是认识到劳动生产的重要性,"在我国神话当中,响彻了劳动的回音"[1];三是有了英雄史观的萌芽,只是远古传说"所歌颂的具有威望的神,或是神性的英雄,几乎无一不与劳动有关"[2]。这些历史意识是中华文化最初的基因,在进入阶级社会以后,不断展延、发展,并与其他思想融合,成为中华文化的重要组成部分。从史学史的角度看,远古传说从原始意义上为文明时代史学的产生准备了一定的条件。

二、甲骨文、金文与成文记事的开端

真正意义上的史学的产生需要具备两个基本条件,那就是"文字和历法"[3]。有了文字,就可以把所发生的事情记载下来,编纂成史书;有了历法,才能推算时间,确定历史事件发生的前后顺序。具备这两个条件,口头传说才能被记述保存下来,并形成典籍,催生真正意义上的史学。

中国的文字究竟创始于何时,学术界并无一致意见。出土于河南地区的裴李岗文化时期、仰韶文化时期以及龙山文化时期的龟甲、陶器上已经有了类似于文字的刻画符号,只不过这些原始符号均未被释读出来。我们目前能够认知的中国最早的成熟的古代文字,是河南安阳殷墟出土的甲骨文。我国历法的产生时间也相当早,据研究,以太阴月为一月的方法,可以追溯到夏以前。到了夏代,历法已经相当精密了。战国时期流行的夏历和《夏小正》一书,应该保存了相当一部分夏代历法。由此看来,夏商时期,河南地区已经产生了文字和历法,

---

[1] 袁珂:《中国古代神话传说》上册,人民文学出版社,1998年版,第33页。
[2] 袁珂:《中国古代神话传说》上册,人民文学出版社,1998年版,第33页。
[3] 仓修良:《中国古代史学史》,人民出版社,2009年版,第5页。

这标志着河南史学——也可以说是中国史学,已经摆脱纯粹的口头传说,迈向了真正的文字记事。

甲骨文是殷商奴隶主贵族占卜的文辞,所以又称卜辞。商人信奉神灵,事无大小,都要占卜吉凶,并将占卜的原因和结果记录下来,刻在甲骨上。从发掘出的甲骨文看,它记载着殷商时代的各种情况,如职官制度、阶级压迫与军事征伐、边远方国、宗教观念、思想风俗、农业、手工业、畜牧业、生产工具、天文历法、医学科技等,其可信度远非古代经籍所能比。甲骨文的文字,有的几个字为片,有的长达百余字,以王侯贵族及其行事为主要记载对象,以当时人记当时事为基本方式,具有官方文书的性质。甲骨卜辞对史事的记载虽较为原始,但历史意识有了明显进步。首先是时间观念和世系观念有了进展,"时间观念的发展是人类最初的意识生产"①,"殷代世系称号可以说是意识生产的最有特征的符号"②。其次是重视现实生产生活和部族交往、战争的记载,并有关心氏族未来命运的意识。③

踵接甲骨文的是金文。金文始于商末而盛行于西周,是铸在青铜器上的铭文,因此又称钟鼎文。它的表达形式较多,有以记事为主的,如《宗周鼎》《曶鼎》《散氏盘》;有以记言为主的,如《大盂鼎》《大克鼎》《毛公鼎》。金文的记言记事,有的语言简洁,字数不多;也有的叙事清晰,上百字、几百字的长篇铭文也占有相当数量。总体来看,金文的记事比甲骨文要详尽丰富。金文以反映当时的王臣庆赏、贵族纠纷、财产关系为主,其在征伐、俘获、赐臣仆、赐土地、赐车马之类史事的记载上颇为具体详细,其作为官方文书的性质更加明显。和甲骨文相比,金文对历史记载的重要性的认识提高了,金文在结尾处常有"子子孙孙永宝用"的话,反映出进入文明社会以后人们自觉的历史记载意识的萌芽。

今天看来,甲骨文和金文已经具备了后世历史记载的初步形态,它们对时事的记载包含了时间、地点、人物和事件,如甲骨文"癸亥卜黄贞,王旬,亡尤,在九月,征夷方,在雇"④,就包括了时间、地点、人物和活动,但是记事过于简略,没有形成规范的形式。金文的记载更臻成熟,如《䣙攸比鼎》的铭文:"佳卅又二年

---

① 侯外庐:《中国思想通史》第一卷,人民出版社,1957年版,第61页。
② 侯外庐:《中国思想通史》第一卷,人民出版社,1957年版,第59页。
③ 吴怀祺、林晓平:《中国史学思想通史·总论 先秦卷》,黄山书社,2005年版,第185—186页。
④ 罗振玉:《殷虚书契前编》2.6.6,珂罗版1913年影印本。

三月初吉壬辰,王在周康宫徲(夷)大室。鬲比以攸卫牧告于王曰:'汝觅我田,牧弗能许鬲比。'王令省史南以即虢旅。虢旅乃事(使)攸卫牧誓曰:'我弗具付鬲比,其祖射分田邑,则杀。'攸卫牧则誓。比作朕皇祖丁公、皇考惠公尊鼎,鬲攸比其万年子子孙孙永宝用。"这种记事显得丰富了很多,有完整的年月日,事情的前因后果也交代得非常清楚。这样的记事形式,在以后的史学发展中得到了广泛运用。

第二节　河南地区历史典籍的产生

随着历史的发展,记载过往历史的载体也逐步发展,到了殷商晚期和西周时期,在河南地区出现了比甲骨文、金文记事内容更为丰富的比较正规的典籍。这些较为正规的典籍对历史的阐述已经超越甲骨文、金文,有了一定的系统性和思想性,开辟了中国史学发展的新局面。

一、河南地区典籍的出现及其史学价值

自文字产生以后,书写记事日益方便,除了前面提到的甲骨文、金文外,"典册"也开始出现,所谓"惟殷先人,有册有典"①。这些典册的内容比甲骨文、金文更为丰富,已经具有史书的雏形。

我国第一部档案资料汇编《尚书》、以记载占筮为主要内容的《周易》、最早的诗歌总集《诗经》等,或创作于河南地区,或其内容大量反映了河南地区的社会生活,虽非完全意义上的史籍,却有着重要的史学价值,其思想观念对后世史学产生了重要影响。

《尚书》原称《书》,一般认为是古代历史档案资料汇编。在中国文化史上,

---

① 王世舜:《尚书译注》,四川人民出版社,1982年版,第209页。

《尚书》的流传与真伪是一大公案，众说纷纭。经过前人反复考订，基本确定古文《尚书》为伪，而今文《尚书》二十八篇基本可信。《尚书》虽然只有二十八篇，但它涉及的历史却很长——上起尧舜，下至春秋时代的秦穆公。全书包括《虞书》《夏书》《商书》《周书》四部分。其中《虞书》两篇，即《尧典》和《皋陶谟》，反映的是尧舜时代的历史。《夏书》两篇，即《禹贡》《甘誓》，反映了夏代两件大事：大禹治水和夏王伐有扈。《商书》有五篇，《汤誓》记载了商王朝的建立，《盘庚》《高宗肜日》记载了商王朝的中兴，《西伯戡黎》《微子》记载了商王朝的衰亡。《商书》中的这五篇基本上反映了商王朝产生、发展与衰亡的过程。其中《盘庚》篇最受史学界重视，该篇记载了商王盘庚关于迁殷问题的三次谈话，完整地记载了迁殷的经过、围绕迁殷所产生的矛盾等，是研究殷商时期政治、经济、文化的珍贵文献。《周书》有十九篇，在《尚书》中所占分量最多。这些篇章主要记载了周王朝建立过程中的重大历史事件以及建立政权后所采取的巩固政权的措施。如《牧誓》篇记载了殷王的暴虐无道和周师灭殷的信念，《大诰》篇主要记载了平定武庚禄父及三监的叛乱，等等。

从史学思想上看，《尚书》最重要的思想就是历史盛衰总结的意识增强，"稽古""殷鉴"的思想观念特别突出。《尚书·召诰》云"我不可不监于有夏，亦不可不监于有殷"，反映周人已经有了自觉的"以史为鉴"的思想。《尚书》还认识到，夏、商、周的兴盛衰亡取决于"天"的喜厌、"德"的得失和"民"的向背。其基本的思路是："天命"支配社会的变动，其支点是人间君王的"德政"，而"德政"的核心内容是"保民"。君主谨慎修德，"敬天保民"，可以祈求永命。自此以后，"鉴戒"就成了后世史家作史的重要目的，一直影响至今。

《周易》由《易经》和《易传》两部分组成，本是占筮用书，后被列为儒家经典。对于《周易》的作者和成书时代，历来争议很大。神农、伏羲、禹、周文王、周公、孔子等都曾被纳入《周易》作者队伍中。通常的说法是伏羲画八卦，文王囚羑里（在今河南汤阴）演六十四卦，孔子作"十翼"。而实际上，《周易》的作者并非一人，大多可能出自先秦史官之手。学术界多数学者认为《周易》卦、爻辞形成于西周前期，《易传》的各部分主要写成于战国，也有后人窜入的。无论是《易经》还是《易传》，不仅表达了作者的政治主张和哲学观念，而且保留了有关先秦政治经济、社会制度、社会生活、思想意识等内容，具有重要的史料价值。

最为重要的是，《周易》用变通的眼光看待历史的变化，充满了变通的历史哲学。《周易·系辞下》云:"神农氏没,黄帝、尧、舜氏作,通其变,使民不倦,神而化之,使民宜之。《易》穷则变,变则通,通则久,是以自天佑之,吉无不利。"《周易》的核心思想是"变易",司马迁说:"《易》著天地阴阳四时五行,故长于变。"①《周易》认为人类社会处在盛衰消长的变动之中,有兴盛,也有衰亡,见盛观衰,及时变革,是维持社会长治久安的根本之道,"天地革而四时成,汤武革命,顺乎天而应乎人"②。《周易》把"变""通""久"看成一个整体来思考自然和社会,对后世影响很大。"《周易》中的变通思想对历代思想家、史学家考虑社会前途,提供了很多启迪。有的直接借用《周易》的语言,有的按照《周易》的变通思维方式,提出自己解决社会危机的方案。"③

《诗经》是中国最早的诗歌总集,从表面上看,《诗经》应归属文学。但是,《诗经》有着丰富的历史内容,是诗家之史、历史之音。从史学史的角度看,《诗经》具有较高的史料价值,其中的《雅》和《颂》对了解商、周王室的历史提供了极大帮助,《商颂》中的《玄鸟》《长发》《殷武》各篇反映了殷人的起源与发展,《大雅》中的《生民》《公刘》《绵》《皇矣》《大明》则反映了周人从弃(后稷)、公刘、古公亶父、季历到周文王、周武王的发展史。《诗经》中的《国风》则主要反映了下层民众的生产、生活与情感,同样有着丰富的内容。可以说,《诗经》反映了部族起源、先王功绩、各阶层社会生活等内容,是一幅绚烂的社会文化风俗史画卷。

更为重要的是,《诗经》还蕴含着丰富的史学思想。首先,《诗经》与《尚书》一样有了历史借鉴的思想。《诗经·荡》云:"殷鉴不远,在夏后之世。"这句话与《尚书》中的"不可不监于有夏,亦不可不监于有殷"一起成为中国史学史上最早论述史学社会价值的言论。其次,《诗经》中有"原始察终、见盛观衰"的观念,前面所举《大雅》中有关周族的诗篇,连缀在一起就是一部周人的完整的历史。这种观念对后世史家"通古今之变"思想有很大影响,司马迁撰《史记》,就是"继《春秋》,本《诗》《书》《礼》《乐》之际"而进行的神圣工作。

---

① 司马迁:《史记》卷一百三十《太史公自序》,中华书局,1959年版,第3297页。
② 黄寿祺、张善文:《周易译注》,上海古籍出版社,2004年版,第377页。
③ 吴怀祺、林晓平:《中国史学思想通史·总论 先秦卷》,黄山书社,2005年版,第249页。

二、《竹书纪年》与河南史学的发展

西周末年和春秋时期,随着历史记载的不断发展,中国史学上出现了最早的国史,即周王室和各诸侯国正式的历史撰述。关于各诸侯国国史发展的情况,《左传》中有不少记载,如《左传·庄公二十三年》:"君举必书,书而不法,后嗣何观?"《左传·僖公七年》:"夫诸侯之会,其德、刑、礼、义,无国不记。"《左传·襄公二十年》:"卫宁惠子疾,召悼子曰:'吾得罪于君,悔而无及也。名藏在诸侯之策。'"《左传·昭公二年》:"晋侯使韩宣子来聘……观书于大史氏,见《易》《象》与鲁春秋。"从这些资料中可以看出,卫、鲁、齐等国都有自己的国史,所谓"君举必书,书而不法""无国不记""名藏在诸侯之策""见《易》《象》与鲁春秋",说的都是各诸侯国国史的情况。当时的国史绝大多数都统称"春秋",所以墨子说"吾见百国春秋",并提到"周之春秋""燕之春秋""宋之春秋""齐之春秋"等,[①]都是各国的国史。《孟子·离娄下》也说:"王者之迹熄而《诗》亡,《诗》亡然后《春秋》作。晋之《乘》,楚之《梼杌》,鲁之《春秋》,一也。其事则齐桓、晋文,其文则史。"综合以上资料可以看出,当时不仅河南地区的卫、宋、韩、魏有国史,东边的齐、南边的楚都有国史。可以这样说,这一时代应该是我国历史上典籍比较丰富的时期。这些国史一般都采用编年纪事的方式编排史事,"形成了以事系日、以日系月、以月系时(春、夏、秋、冬)、以时系年的规范"[②]。编年体史书成为先秦时期历史编纂的大宗。然而,这些国史均毁于后来的秦始皇焚书,没有一部保存流传下来,让人深感惋惜。

春秋战国时期,学在官府的局面被打破,就在国史发展的同时,一批私人撰述的史书也产生了,《春秋》《左传》《国语》《战国策》《竹书纪年》《世本》等都是当时的代表作,而其中产生于河南地区的《竹书纪年》尤其值得关注。

《竹书纪年》是成书于战国时期的魏国的编年体通史,因为陪葬地下而躲过了秦始皇焚书,得以保存下来。《竹书纪年》出土于西晋武帝时,据《晋书·束皙

[①] 孙诒让:《墨子间诂》,《诸子集成》第4册,上海书店,1986年版,第138—154页。
[②] 瞿林东:《中国史学史纲》,北京出版社,2005年第二版,第129页。

传》载,汲郡(今河南卫辉)有个盗墓人不準,盗掘魏王的墓冢,得"竹书数十车",后被官府收缴,命荀勖、和峤等人整理,是为《竹书纪年》,又称《汲冢竹书》《汲冢纪年》《汲冢竹书纪年》等。关于《竹书纪年》出土的时间,有晋武帝咸宁五年、太康元年、太康二年等多种说法。关于汲冢墓主的身份,有魏襄王、魏安釐王两种说法。关于《竹书纪年》的整理、卷数、流传、亡佚以及辑佚,也存在很多争议。对此,学术界均有认真考证。

《竹书纪年》因为深埋地下,没有经过后世加工篡改,故而记事非常真实可信,很多史事记载都与儒家经传和《史记》极不相同。如对"舜囚尧""夏年多殷""益干启位,启杀之""太甲杀伊尹""文丁杀季历""自周受命,至穆王百年,非穆王寿百岁也""厉王既亡,有共伯和者摄行天子事,非二相共和"等史事的记载,与儒家的传统说法均有很大不同。如果比较一下《竹书纪年》与《春秋》的记事,就会看得更加清楚。《竹书纪年》"鲁隐公及邾庄公盟于姑蔑",《春秋》却将"邾庄公"改为"邾仪父"。《竹书纪年》作"邾庄公"是纪实,孔子改成"邾仪父"是正名分、寓褒贬。再如《竹书纪年》"周襄王会诸侯于河阳",《春秋》记为"天王狩于河阳"。《竹书纪年》如实记载,《春秋》为尊者讳。由此可见,成于魏国的《竹书纪年》与流传后世的其他史书有所不同,那些流传后世的史书受到儒家思想的影响,有"为尊者讳"的观念,或改动,或回避,造成史事扭曲,而《竹书纪年》没有受到这些外界因素的影响,比较真实可信。

《竹书纪年》是编年体史书,记事起于黄帝,止于魏襄王。它与档案文献汇编类的《尚书》、经过孔子加工的《春秋》、传注解说性质的《左传》都不相同,是一部贯通上古至春秋战国时期的真正意义上的编年体通史。我们在前面说过,春秋战国时期,国史编纂兴盛,类似的史书绝非《竹书纪年》一家,其珍贵之处就在于有幸流传后世,不仅保存了许多珍贵的历史传说和可信的史事,而且为后人准确了解春秋战国史学的发展提供了实物佐证。从这点上看,《竹书纪年》是具有标志意义的史著。

第三节 史官制度与河南史学

我们在前面讨论了远古传说及其蕴含的历史意识,这些远古传说,可能是由巫、瞽等一些特殊人物来承担的,他们沟通天人,兼有天官与记事官的职责,在上古蒙昧时代扮演了重要角色。但是,讨论先秦河南史学的发展,还必须深入讨论先秦时期的史官及史官制度,这是我们认识河南史学面貌的关键。

一、殷商史官的建置及其职掌

中国古代史官究竟出现于何时,已经难以考证清楚。根据传说,四五千年前的黄帝时代就有了史官仓颉。许慎《说文解字》自序:"黄帝之史仓颉。"又《汉书·古今人表》于黄帝下列仓颉,注为黄帝之史。《吕氏春秋》:"史皇作图。"高诱注:"史皇即仓颉。"黄帝时代有无史官,迄今都难以认定。及至夏代,国家建立,据古籍记载,夏代已经设有太史令。如《吕氏春秋·先识》说夏桀荒淫无道,太史令终古出其图法进行劝谏,劝谏无效,即弃而奔商。"夏太史令终古出其图法,执而泣之。夏桀迷惑,暴乱愈甚,太史令终古乃出奔,如商。"但是,夏代史官的职掌如何呢?实际上是文献无征,尚无法说清。

有文字记载的"史官",始于殷商。根据甲骨卜辞和金文的记载,殷商史官大致可分三类:一是"作册";二是"大史(太史)";三是"四方之史",亦即"御史"。另外还有"内史""尹""卿史"等,也属于史官。

根据殷代金文作册般三器及甲骨卜辞的记载,"作册"主要履行以下职责:其一,参与殷王举行的祭祀活动,或奉王命到外地主持祭祀。其二,参与殷王的赏赐活动,甚至参加主持殷代的册命礼。其三,掌图法典册等重要文书。殷商史官"作册",《周礼》称为"作册内史""作命内史"等。《周礼·春官·内史》说作册内史的职掌有"掌书王命"。所谓"作册",其原义正是"掌书王命"。如所周知,殷人用文字记事的历史可以上溯到成汤时期,《尚书·多士》有"唯殷先人,有册有典,殷革夏命"的说法,殷先人可能曾将商汤灭夏之事记载了下来,只可惜记下这些历史内容的典册已经散佚不见,但"作册"以文字记载一些史事,应该是可信的。关于"作册"掌图法,《吕氏春秋·先识》记载"夏太史令终古出其图法","殷内史向挚见纣之愈乱迷惑也,于是载其图法,出亡之周",印证了甲骨卜辞和《周礼》所载应该不是杜撰。《周礼·春官·内史》记载"作册内史":"掌王之八枋(柄)之法,以诏王治。""执国法及国令之贰,以考政事,以逆会计。掌叙事之法,受纳访,以诏王听治。"其中所说诸"法",应该就是图法典册之类。由此可以印证殷商"作册"的职责之一就是掌图法典册等重要文书。

和"作册"相比,"大史"在殷王庭的地位似乎略逊一筹,不过仍在王朝的祭祀、占卜和记时日中起着重要作用。据甲骨卜辞所载,"大史"参加殷王举行的祭祀,偶尔也会主持其中的某一祭祀。"大史"在祭祀中还承担占卜的职责,还可能参加祭典的制作。更为重要的是,"大史"还做记时日的工作。"大史"亦称"天官",擅长天文历法。《周礼·春官·大史》明确记载他们负有记时之职责,如"正岁年以序事,颁之于官府及都鄙","颁告朔于邦国","闰月,诏王居门终月",等等,当非凭空杜撰。从现存殷商史料看,记时日应该是殷代大史最起码的工作。殷墟卜辞中对年月日的记载最频繁,作为巫史不分、参与祭祀和占卜以及天文历法工作的大史,记时日几乎是每天都要做的工作。从甲骨卜辞及后世文献来看,殷商有名字的大史有"大史壬""大史夹""太史辛甲",大史的治所称为"大史寮",西周金文亦有"大史寮"的记载。

卜辞中还有"四方之史"的记载,具体有"东史""西史""才(在)北史"等,未见"才南史"。"四方之史"的职责主要是与周边各方国部落交涉,甚至参与征伐打仗。四方之史又叫"我史""御史",原因就是这类官职主要负责管理邦国事务,有"防御"之义。[①]

由于资料匮乏,殷代史官建置更为详尽的情况我们已经不得而知,但就是这些有限的资料,已经让我们看到彼时史官已分"作册""大史"和"御史"(四方之史),各有分工,职掌不同。"作册""大史"因为掌图籍、记时日、书典册而与史学发生关系,"御史"担负防御之责,与史学了无干涉,这是殷代史官制度的特

---

① 刘桓:《殷代史官及其相关问题》,《殷都学刊》1993年第3期。

点。总之,殷商的史官制度虽然并不完善,但已初具规模,为后世史官制度的发展奠定了基础,在制度史和史学史上影响深远。

殷商时期的人们在看待历史问题时,普遍持天命史观。在殷人看来,上天决定国家的兴亡、战争的胜败、年成的丰歉甚至风雨阴晴。总之,上帝决定着人类社会的一切。殷商史官的主要职责是祭祀,巫史合一,沟通天人,就说明了这一点。他们每事必卜,就是乞灵于上帝。这种思想在甲骨卜辞中有明显的反映,兹不一一举例。《诗经·商颂·长发》云:"帝立子生商……上帝是祗,帝命式于九围。"《尚书·盘庚》载:"先王有服,恪谨天命。"都是把天、帝、上帝当作人格神。殷商史官的历史观念还沉浸在上帝神的氛围中,尚未将人间的力量与上帝神剥离。

到了西周,史官制度更加完备。周代史官职名比较复杂,有太史、小史、内史、外史、御史、柱下史、守藏室史、女史、左史、右史、瞽史、工史、刑史、中史、书史等等,名目繁多。周代史官的职掌,较殷商时期更为明晰,主要有记事、宣读册命、书写册命、宣读文告、诵读往事之要戒来为王提供各种经验教训、为王诵读文书、登录保管契约、记录刑书、书写盟誓、管理文字、占筮、祭祀、祝祷、占星、相术、交通神人、从军参战、制历颁朔、保管政府档案、典藏图书文献、管理氏族档案、司会同朝觐之礼、司射礼、司丧葬之礼、司籍礼、司威仪、监察、受命赏赐大臣、受命安抚地方诸侯、受命出使等等。[①] 这些史官因分工不同,任务也不同。有的史官如大史,职掌较多;有的史官如女史,职掌较少。

与殷商时期的史官相比,周代史官与史学的关系更加密切。除了其他复杂的职掌之外,记事编年成为一项重要工作。周代史官记录君臣言行,屡屡见诸文献,如《大戴礼记·保傅》:"(天子)食以礼,彻以乐,失度则史书之。"《左传·襄公二十五年》:"大史书曰:'崔杼弑其君。'崔子杀之,其弟嗣书,而死者二人。"史官所记内容非常丰富,包括君臣言行、君王世系、王庭及诸侯国发生的事件、成败经验等。虽然周代史官记事编年的目的是监察君臣行为,性质与后来的历史学有较大差别,但却对中国古代史学传统的形成产生了巨大影响。

与殷人相比,周人的历史观念已经开始从天命史观中走出,形成了信天命重人事的历史观。这是因为殷商的灭亡让周人看到了"天命转移"。他们一方

---

① 许兆昌:《先秦史官的制度与文化》,黑龙江人民出版社,2006年版,第54—156页。

面承认上帝、天仍是至高无上的神,一方面又提出"敬天保民""敬德保民"的思想,开始认识到人在历史中的作用,有了重人事的观点。这是先秦时期历史观的进步。有了重人事的历史观念,就有了历史借鉴的思想。因为只有人的活动才可以借鉴,神的活动是无法借鉴的。这种历史借鉴思想在前面的叙述中已经论及,此不赘述。

二、卫国史官群体及文化影响

就在周天子设立史官的同时,诸侯国也设立了相应的官职。诸侯国史官的设置,可以上溯到西周初期。由于资料匮乏及诸侯国史官的不完备,我们对西周时期诸侯国史官的情况知之甚少。东周以后,随着政治权力的下移,诸侯国史官体制开始逐渐健全。据文献记载,诸侯国史官主要以太史为主,鲁、齐、晋、郑、宋、卫等,都有太史设置。在一些文化发达的诸侯国,还设有内史,如地处中原的郑国,就有内史设置,叔上匜铭文云:"郑大内史叔上作叔妘滕匜。"

有学者对春秋战国时期见于文献记载的有名姓的各国史官进行了统计,共得47人,其中周10人、晋10人、齐3人、鲁3人、楚4人、卫7人、秦5人、虢1人、郑2人、莒1人、宋1人。[①] 从这个数据我们可以看出,各诸侯国中,晋国和卫国的史官见于记载者最多,说明这两个诸侯国文化较为发达。下面我们就以卫国为例,窥一斑而见全豹,考察一下这一时期河南地区史官文化的发展水平。

春秋战国时期,卫国并非强国,但它立国时间最长,前后共计800余年,并多次迁都,先后建都于朝歌(今河南淇县)、楚丘(今河南滑县)、帝丘(今河南濮阳)、野王(今河南沁阳)等地。在当时的政治舞台上,卫国并没有什么地位,但在当时的文化舞台上,卫国却占有举足轻重的地位,其中一个重要原因就是卫国拥有众多博学多识的史职人员。

卫是周武王弟康叔所封之国,西周时期,卫国在文化发展方面一直处于领先地位,一方面是因为卫国所处乃殷商旧都,是文化最为发达的地区之一,卫人可以学习"大国殷"的先进文化;另一方面,卫国靠近西周王朝的东部政治中心

---

① 许兆昌:《先秦史官的制度与文化》,黑龙江人民出版社,2006年版,第343—345页。

洛邑,在文化交流上占据有利地位。此外,卫国统辖的区域内存在大量殷商王朝的子民,因此卫国统治者采取了兼顾商人和周人两种文化的灵活政策,在文化发展上具有特殊性。除了文化发展一直处于领先地位外,卫国的文化体制建设,特别是史官的体制建设也走在各诸侯国的前头。从《尚书》《左传》的记载来看,卫国特别重视史官设置,连殷商的史官都要收留下来。正因为这样,史官在卫国的政治、文化舞台上是一股非常活跃的力量。《国语·楚语上》载楚国左史倚相追溯卫武公时期卫国的政治情况,云:"昔卫武公年数九十有五矣,犹箴儆于国……在舆有旅贲之规,位宁有官师之典,倚几有诵训之谏,居寝有亵御之箴,临事有瞽史之导,宴居有师工之诵。史不失书,蒙不失诵,以训御之。"这从一个方面说明了卫国史官文化的发达。

见之于文献记载的有名姓的卫国史官有华龙滑、礼孔、柳庄、史朝、史苟(又称史狗)、史鳅(又称史鱼、祝鮀、祝佗)、祝史挥(又称祝史)等。这些史官博学多识,不仅在卫国,而且在春秋战国时期的政治生活与文化生活中扮演了重要的角色。如《左传·昭公七年》记载史朝通过解释《周易》,力促卫正卿孔成子立卫灵公,影响了卫国历史的发展。再如史鳅,极为博学,《左传·定公四年》记载史鳅论周初大分封,从"武王克商,成王定之,选建明德,以藩屏周"开始,纵论各国分封之情况,洋洋洒洒,纵横捭阖,成为研究西周初年分封制度的最重要的史料。史鳅有着非同一般的政治智慧,与晋国的史赵、史墨,楚国的左史倚相等人皆可并称为春秋中晚期诸侯国中最杰出的史臣。他熟悉诸侯之间的政治事务,更熟悉卫国国内的政治动向。《史记·管蔡世家》记载蔡侯与卫侯会盟,提到史鳅的作为:"(蔡昭侯)十三年春,与卫灵公会邵陵。蔡侯私于周苌弘以求长于卫;卫使史鳅言康叔之功德,乃长卫。"史鳅认识到政治形势的复杂,曾劝导卫公叔文子与国君交往要谨守臣道,不可骄横,"富而能臣,必免于难,上下同之……富而不骄者鲜,吾唯子之见。骄而不亡者,未之有也"[①]。史鳅处理复杂政治关系的态度反映出他具有丰富的政治经验。史鳅的为人和智慧得到孔子的赞扬,《论语·卫灵公》云:"子曰:'直哉史鱼!邦有道,如矢;邦无道,如矢。'"盛赞史鳅的正直。

从传世文献所保存的卫国史官的言论看,卫国史官所论,广泛涉及早期政

---

① 杜预:《春秋经传集解》,上海古籍出版社,1988年新一版,第1692页。

治、宗教、外交、文化、哲学等诸多方面,说明卫国史官群体具有较高的文化修养,是春秋战国政治文化舞台上的中坚力量。吴公子季札访卫,与卫国史官史苟、史鰌等人会谈,曾感叹"卫多君子"。《左传·襄公二十九年》记载此事云:"(季札)适卫,说蘧瑗、史狗、史鰌、公子荆、公叔发、公子朝,曰:'卫多君子,未有患也。'"可见当时卫国的政治风气、文化氛围是非常好的。正是因为在卫国有这么一批充满智慧与学识的学者,而且代代相传,形成了极具特色的地域文化,所以对与其近邻的三晋及齐鲁地区诸子文化的发展都产生了重要影响。虽然卫国在春秋战国的政治舞台上无甚建树,但由于史官文化的发达,为社会培养了如子贡、吴起、商鞅等春秋战国时期的杰出人物。

第四节　诸子学与河南史学

春秋战国时期诸侯争霸、礼崩乐坏,导致王官之学散裂,士大夫阶层出现,诸子百家崛起,各种学说并存,思想极其活跃。诸子为了宣传自己的学说和主张,往往"以史为鉴""借史论政",运用历史知识来丰富自身的理论,驳斥政敌,构建思想体系。兴起于河南地区的道家、墨家、法家、杂家等各家代表人物借助历史知识著书立说,成为先秦时期河南史学最为亮丽的风景。

一、老、庄的历史哲学

老子和庄子被后世看成是道家学派的代表人物,而实际上二人思想有很大差别,为了叙事方便,我们在此仍将二人放在一起阐述。

(一)老子的历史哲学

老子(生卒年月无考),姓李,名耳,字聃,号伯阳,春秋末期思想家,道家学派的创始人,楚国苦县(今河南鹿邑东)厉乡曲仁里人。老子曾担任"周守藏室之史"①,是中国早期史官的代表人物,其代表作《老子》具有丰富的历史哲学思想。

其一,对立转化的历史辩证法。老子认为,天地万物都是由矛盾对立双方组成的,"万物负阴而抱阳,冲气以为和","有无相生,难易相成,长短相形,高下相倾,音声相和,前后相随"。② 他认为矛盾都是互相依存、互相转化、对立统一的,"祸兮,福之所倚;福兮,祸之所伏"。矛盾双方在转化的过程中,总是向自己的反面转化。"人之生也柔弱,其死也坚强。草木之生也柔脆,其死也枯槁。故曰:坚强死之徒也,柔弱生之徒也。是以兵强则不胜,木强则拱。"③人与草木一样,初生时是柔弱、柔脆的,到死的时候都变成僵硬、干枯的了。军队强大反而不能取胜,树木强大反而出现弯曲,都走向了自己的反面。"弱"会逐渐发展为"强","强"到极致便会走向"弱"。

老子还认识到,事物发展都有一个由小到大、由低到高、由易而难的变化过程,这已经触及了从量变到质变的变化规律。老子说:"其安易持,其未兆易谋;其脆易判,其微易散。为之于其未有,治之于其未乱。合抱之木,生于毫末;九层之台,起于累土;千里之行,始于足下。为者败之,执者失之。是以圣人无为故无败,无执故无失。民之从事,恒于几成而败之。故曰:慎终如始,则无败事。"④老子认识到事物转变总是从无到有、从小到大、从低级到高级的从量变到质变的过程。这非常难能可贵。但是,他认为人在这种变化面前最好不要主动而为,忽视了人的主动性的发挥,于人的历史创造活动无益。老子触及了很多历史辩证法的问题,富有进步意义。但是他很少提到人在历史辩证发展中的作用,严重限制了他的辩证法思想的价值。

其二,理想社会构想中的复古观。老子对人类社会的发展有自己的设想,即"小国寡民"。"小国寡民:使有什伯之器,而不用;使民重死,而不远徙;虽有舟舆,无所乘之;虽有甲兵,无所陈之;使民复结绳而用之。至治之极。民各甘其食,美其服,安其居,乐其俗。邻国相望,鸡犬之声相闻,民至老死,不相往

---

① 司马迁:《史记》卷六十三《老子韩非列传》,中华书局,1959年版,第2139页。
② 张松如:《老子说解》,齐鲁书社,1998年版,第19页。
③ 张松如:《老子说解》,齐鲁书社,1998年版,第392页。
④ 张松如:《老子说解》,齐鲁书社,1998年版,第345—346页。

来。"①这是一种理想化的社会,这个社会安宁平和,内无争夺,外无战争,舟舆甲兵,弃之不用;这个社会自给自足,人们"甘其食,美其服,安其居,乐其俗",衣食无忧;这个社会至为俭朴,生产力水平低下,"民复结绳而用之";这个社会与外界隔绝,自给自足,"邻国相望,鸡犬之声相闻,民至老死,不相往来"。

老子对理想化人类社会的构想,反映了他向往那种人民安居乐业、个体人人平等、国家互不侵犯的社会制度。在春秋末期战乱频仍、民不聊生的历史背景下,这样的观念充分表达了老子对现实政治的批判。但同时我们也要看到,老子所构想的理想社会不是眼光向前的,而是眼光向后的。他的"小国寡民"社会,不是经过争斗而形成的更高级的社会,而是一种抛弃舟舆甲兵甚至文字而形成的生产力极其落后的、近乎愚昧原始的社会。因现实的残酷而否定历史的进步性,是老子思想的重要方面。

其三,政治治理中的重民观。老子论历史变化和政治治理,特别关注民众的生存。他说:"民之饥者,以其上食税之多也,是以饥。民之难治者,以其上之有为也,是以难治。民之轻死者,以其上求生生之厚也,是以轻死。夫唯无以生为者,是贤于贵生也。"②民众之所以饥饿、难治、不怕死,都是统治者所为。老子认为,统治者对民众的盘剥应该有个度,超出民众所能承受的限度,民众就会起来反抗。"民不畏死,奈何以死惧之"③,"民不畏威,则大威至矣"④。老子看到了民众力量的强大,要求统治者为民众着想,"贵必以贱为本,高必以下为基"⑤。老子很看重圣人,原因就在于"圣人恒无心,以百姓之心为心"⑥。他认为"天之道,损有余而补不足",而"人之道,则损不足而奉有余",人之道与天之道相违背,能做到顺从天道,"损有余以奉天下"的,只有圣人。

老子反对统治者横征暴敛、奢靡腐化,主张无为而治:"我无为而民自化,我好静而民自正,我无事而民自富,我无欲而民自朴。"⑦不扰民自然会赢得人民的

---

① 张松如:《老子说解》,齐鲁书社,1998年版,第411—412页。
② 张松如:《老子说解》,齐鲁书社,1998年版,第389页。
③ 张松如:《老子说解》,齐鲁书社,1998年版,第385页。
④ 张松如:《老子说解》,齐鲁书社,1998年版,第378页。
⑤ 张松如:《老子说解》,齐鲁书社,1998年版,第224页。
⑥ 张松如:《老子说解》,齐鲁书社,1998年版,第278页。
⑦ 张松如:《老子说解》,齐鲁书社,1998年版,第312—313页。

支持,从而赢得天下。他尤其痛恨战争这样一种极端的政治手段,认为天下无道,才有战争:"天下有道,却走马以粪;天下无道,戎马生于郊。"①战争给民众生活造成严重破坏:"师之所处,荆棘生焉;大军之后,必有凶年。"②因此老子说:"兵者非君子之器也,不祥之器也,不得已而用之。"③在所有的政治手段中,战争最不可取、最不吉利,只有在迫不得已时才选择它。老子重民,同时又主张愚民,所谓"古之善为道者,非以明民,将以愚之",反映了他思想中落后的一面。

(二)庄子对"圣王史观"的批判

庄子(约前369—前286),名周,战国时期著名思想家,宋国蒙(今河南商丘东北)人。《庄子》书中包含了丰富的辩证法思想,代表了战国时期哲学思辨所达到的高度。他的历史观主要是通过批判"圣人史观"而表达出来的,富有批判理性精神。

在先秦历史观中,"先王""后王"是重要的概念,儒家学派的代表人物如孔子、孟子都有着浓厚的先王观念,言必称先王。庄子则不然,他以批判的态度对待尊崇圣王的历史观,具有强烈的历史批判精神。

在《庄子·天运》中,庄子借老子之口,对儒家极力推崇的"三皇五帝"进行了猛烈批判:"三皇五帝之治天下,名曰治之,而乱莫甚焉。三皇之知,上悖日月之明,下睽山川之精,中堕四时之施。其知憯于蛎虿之尾、鲜规之兽,莫得安其性命之情者,而犹自以为圣人!不可耻乎,其无耻也?"庄子用"乱莫甚焉"来描述三皇五帝之世,给三皇戴上"可耻""无耻"的帽子,这在当时具有极大的思想冲击力。庄子还借庚桑楚之口,猛烈批判尧舜:"且夫二子(尧舜)者,又何足以称扬哉?是其于辩也,将妄凿垣墙而殖蓬蒿也。简发而栉,数米而炊,窃窃乎又何足以济世哉?举贤则民相轧,任知则民相盗。之数物者,不足以厚民。民之于利甚勤,子有杀父,臣有杀君,正昼为盗,日中穴阫。吾语女,大乱之本,必生于尧舜之间;其末存乎千世之后。千世之后,其必有人与人相食者也!"④庄子直接把尧舜时期看作乱世,不仅没有什么值得赞扬的,而且还是"大乱之本",甚至

---

① 张松如:《老子说解》,齐鲁书社,1998年版,第263页。
② 张松如:《老子说解》,齐鲁书社,1998年版,第177页。
③ 张松如:《老子说解》,齐鲁书社,1998年版,第182页。
④ 郭庆藩撰,王孝鱼点校:《庄子集释》,中华书局,2016年版,第777页。

把"千世之后"可能出现的人相食现象,也与尧舜联系了起来。

除了三皇五帝之外,庄子对儒家赞美有加的夏、商、周三代圣王也进行了抨击。在庄子看来,一部被儒家圣人传统所标榜的所谓正义的历史,实际上是一部道德堕落、人性虚伪的被扭曲和遮蔽的历史。庄子向往的是远古时期的"至德之世",这个世界与老子的"小国寡民"有相似之处。《庄子·胠箧》云:"当是时也,民结绳而用之,甘其食,美其服,乐其俗,安其居,邻国相望,鸡狗之音相闻,民至老死,而不相往来。若此之时,则至治也。"《庄子·盗跖》云:"神农之世,卧则居居,起则于于,民知其母,不知其父,与麋鹿共处,耕而食,织而衣,无有相害之心,此至德之隆也。"庄子认为,上古"至德之世"是一个自然真实的社会,人们没有善恶、利害、美丑等观念,但是,从黄帝开始,这种状况就发生了变化,历史陷入混乱。在《庄子·盗跖》中,庄子借盗跖之口,对儒家所塑造的尧、舜、禹圣王历史进行了抨击,尧舜立"君臣"、商汤放夏桀、武王伐纣,乃至春秋时期诸多的征伐,使社会日甚一日地陷入沉沦,"汤武以来,皆乱人之徒也"。但人们却给所谓的"乱人之徒"戴上了"正义""仁爱"的桂冠,把一部充满了血腥屠杀的历史涂饰成圣王的正义的历史,这是庄子所不能认可的。在《庄子·盗跖》中,庄子又借盗跖之口,对古代"圣王"逐一评论:"世之所高,莫若黄帝,黄帝尚不能全德,而战涿鹿之野,流血百里。尧不慈,舜不孝,禹偏枯,汤放其主,武王伐纣,文王拘羑里。此六子者,世之所高也。孰论之,皆以利惑其真而强反其情性,其行乃甚可羞也。"孔子曾极力讴歌尧舜等上古先王,孟子更是"言必称尧舜"。但在庄子眼里,人们心目中辉煌粲然的先王时代,竟是乱世。那些被人称道的圣王,穷兵黩武,不慈,不孝,不忠,哪有什么圣王的影子?庄子对先王的描绘与论述,在当时可谓是惊世骇俗,振聋发聩。

庄子对圣王史观的批判,在历史认识论方面有一定的意义。其一,打破了三代开国君王为圣王的僵化思维定式,破除了历史认识上的迷信,具有一定的思想解放的意义。其二,揭露了人们涂饰在圣王身上的光环,更多地从历史层面而非道德层面评价他们,使"先王"的面目更接近于历史的真实。

二、墨子的历史观

墨子(约前468—前376),名翟,春秋战国之际思想家、政治家,墨家学派的创始人。关于墨子的籍贯,有宋国(今河南商丘)说、鲁国(今山东滕州)说、鲁阳(今河南鲁山)说。墨家学说在春秋战国思想界影响很大,与儒家同为显学。《墨子》一书保留了墨子丰富的政治思想、伦理思想、哲学思想、逻辑思想等,其历史观也值得总结。

墨子的历史观比较庞杂,甚至前后充满矛盾,有着鲜明的个性,反映了春秋战国之际思想的复杂性,但如果贯通来看,又有一以贯之的思想体系。

其一,劳动与历史发展。墨子对生产劳动在历史发展中的作用极为重视,《墨子·非命下》云:"今也农夫之所以早出暮入,强乎耕稼树艺,多聚菽粟,而不敢怠倦者何也?曰,彼以为强必富,不强必贫,强必饱,不强必饥,故不敢怠倦。今也妇人之所以夙兴夜寐,强乎纺绩织纴,多治麻丝葛绪,捆布縿,而不敢怠倦者何也?曰,彼以为强必富,不强必贫,强必暖,不强必寒,故不敢怠倦。"墨子的生活经历使他认识到生产劳动是人们物质生活资料的来源,民众之所以要早出暮入从事劳作,是因为他们的贫富、饥饱、寒暖与劳动密切相关。

1876年,恩格斯在《劳动在从猿到人转变过程中的作用》一文中阐述了劳动创造人类的科学理论,他说:"人类社会区别于猿群的特征又是什么呢?是劳动。"两千多年前的墨子当然不可能提出这样的科学理论,但他却天才般地注意到这个问题。他也从劳动的角度论述了人与动物的区别,《墨子·非乐上》云:"今人固与禽兽麋鹿蜚鸟贞虫异者也。今之禽兽麋鹿蜚鸟贞虫,因其羽毛以为衣裘,因其蹄蚤以为绔屦,因其水草以为饮食。故唯使雄不耕稼树艺,雌亦不纺绩织纴,衣食之财固已具矣。今人与此异者也,赖其力者生,不赖其力者不生。"墨子可谓是我国最早探讨人与动物区别的学者,虽然他并没有就此构建一个理论体系,但他已直观地通过自己的体会和观察看到了人与动物的根本区别是生产劳动。与此同时,他还看到了年岁"善凶"与民众"仁良吝恶"之间的关系,《墨子·七患》云:"时年岁善,则民仁且良;时年岁凶,则民吝且恶。"这是把物质生活条件与人们的道德品行联系在一起来看问题,和管子"仓廪实而知礼节,衣食足而知荣辱"的观点异曲同工,皆为先秦诸子历史观的闪光点。

其二,"非命""天志""明鬼"与社会发展。"天命""鬼神"都是中国古代思想文化史上的重要命题,墨子在这方面的认识是非常矛盾的。一方面,墨子否定天命的存在。他借助夏、商、周历史的发展阐述自己的观点:"古者桀之所乱,汤受而治之。纣之所乱,武王受而治之。此世未易,民未渝,在于桀、纣则天下乱,在于汤、武则天下治,岂可谓有命哉!"① 在他看来,桀纣和汤武时期的社会和民众并没有发生变化,但桀纣统治则乱,汤武统治则治,皆因为桀纣实施"暴人之道",而汤武与百姓"兼相爱,交相利",都是人事所为,并非天命在起作用。墨子还认为,听从天命会造成很多恶果,凡希望天下"富且治"的有为之士君子,都要摒弃天命。《墨子·非命上》云:"今用执有命者之言,则上不听治,下不从事。上不听治则刑政乱,下不从事则财用不足。上无以供粢盛酒醴祭祀上帝鬼神,下无以降绥天下贤可之士。外无以应待诸侯之宾客,内无以食饥衣寒、将养老弱。故命,上不利于天,中不利于鬼,下不利于人。而强执此者,此特凶言之所自生,而暴人之道也。是故子墨子言曰:今天下之士君子,忠实欲天下之富而恶其贫,欲天下之治而恶其乱,执有命者之言,不可不非。此天下之大害也!"

另一方面,墨子虽然否定天命,但却承认"天"与"鬼"。他作《天志》《明鬼》,认为天有赏罚爱憎的能力,是有意志的,是人类社会的主宰。鬼神是存在的,也具有超自然的力量。墨子一方面"非命",一方面"天志""明鬼",对这样的矛盾,我们要做一番分析。墨子论"天",有很深的寓意。《天志下》云:"子墨子置立天志以为仪法,若轮人之有规,匠人之有矩也。"很显然,墨子把"天"当作"标尺"和"规矩",来衡量与约束人们的言行。"天"既然是"标尺"和"规矩",那又包含哪些内容呢?墨子在《墨子·天志》上、中、下三篇中反复讲到这一问题,所谓"天欲义而恶不义","天之意,不欲大国之攻小国也,大家之乱小家也;强之暴寡,诈之谋愚,贵之傲贱,此天之所不欲也","天子为善,天能赏之;天子为暴,天能罚之","顺天意者,兼相爱,交相利,必得赏;反天意者,别相恶,交相贼,必得罚",等等。可见,"天志"的内容与墨子"兼爱""非攻"等政治主张是一致的。墨子无非是想借助"上天"这一神秘的力量宣传自己的主张,让更多的人接受。墨子论鬼,将鬼神分成"天鬼神""山水鬼神"和"人死而为鬼者"三类,反

---

① 孙诒让:《墨子间诂》,《诸子集成》第4册,上海书店,1986年版,第164页。

复论证世上有鬼神,神秘色彩更重。但是,和论天的逻辑一样,墨子同样认为"鬼神"能赏贤罚暴、明辨是非,是天的意旨的执行者。他在《明鬼下》中分析说,因为人们"不明乎鬼神之能赏贤而罚暴也",所以天下混乱,而"今若使天下之人,皆若信鬼神之能赏贤而罚暴也,则夫天下岂乱哉"!在墨子看来,人们畏惧鬼神,便不敢肆意妄为,天下就不会乱。桀纣因违背鬼神旨意而败家丧国,汤武则因遵从鬼神旨意而取代了桀纣。由此看来,墨子所明之"鬼"与"天志"大致相通,功能相似。

墨子所处的时代,天命观一方面受到人们的尊奉而顽强地存在着,另一方面又受到人们的怀疑而遭受到批评。墨子既论"非命",又借助"天""鬼"宣扬自己的主张,将二者统于一身,恰是那个时代思想者的特征。

其三,历史发展的过程是"一乱一治"。墨子相信"一治一乱"的历史演化论,认为夏、商、周三代就是"治乱交替"发展的。《墨子·非命上》云:"古者桀之所乱,汤受而治之;纣之所乱,武王受而治之。"西周之后,出现了春秋战国时期的大动乱局面。按此规律,春秋战国动荡的"乱"局也一定会被"治"所代替。

在治乱交替的历史发展面前,墨子强调人的作为。人与人不能相爱,就会起祸乱。《墨子·兼爱上》云:"当察乱何自起,起不相爱。臣子之不孝君父,所谓乱也。子自爱,不爱父,故亏父而自利。弟自爱,不爱兄,故亏兄而自利。臣自爱,不爱君,故亏君而自利。此所谓乱也。"在墨子看来,"兼相爱,交相利"是社会达到"治"的关键。墨子对"生死有命,富贵在天"的言论非常反感,认为"命富则富,命贫则贫,命众则众,命寡则寡,命治则治,命乱则乱,命寿则寿,命夭则夭"的说法是妖言惑众。在历史的变化面前,人必须有所作为,"君子不强听治即刑政乱,贱人不强从事即财用不足"[①]。士君子更要奋发有为,"兴天下之利,除天下之害",整饬社会,造福于民众。

受"一乱一治"思想的支配,墨子在历史到底是倒退的还是进步的这一问题的认识上充满了矛盾。他有"今不如古"的思想,《墨子·三辩》云:"周成王之治天下也,不若武王;武王之治天下也,不若成汤;成汤之治天下也,不若尧舜。"国家治理,后王不如先王。他又有"今胜于古"的思想,《墨子·节用中》云:"古者人之始生,未有宫室之时,因陵丘掘穴而处焉,圣王虑之……于是作为宫室而

---

① 孙诒让:《墨子间诂》,《诸子集成》第4册,上海书店,1986年版,第159页。

利。"从"因陵丘掘穴而处"到"作为宫室而利",这显然是一种历史进步的观念。有鉴于此,有学者认为"墨子的社会历史观是一种二元史观"[①]。其实,墨子历史观中的这一矛盾,与他的"一乱一治"思想是相统一的。当他关注历史之"乱"时,后王不如先王,历史就是不断倒退的;当他关注历史之"治"时,前世不如后世,历史发展的大趋势就是不断进步的。

其四,明君贤臣与历史发展。墨子认为,在历史发展中,起决定性作用的是君主和大臣,而君主又是其中最关键的力量。他指出,历史上的君主可分两大类:"圣王"和"暴王"。尧、舜、禹、汤、文、武是"圣王"的代表,"上利于天,中利于鬼,下利于人";桀、纣、幽、厉是"暴王"的代表,"上不利于天,中不利于鬼,下不利于人"。墨子赞扬"圣王",鞭挞"暴王",并论证了"圣王"对国家治乱兴亡的影响。

墨子认为"圣王"是推动社会进步的关键力量,作为"圣王",首先必须举贤。《墨子·尚贤上》云:"尧举舜于服泽之阳,授之政,天下平。禹举益于阴方之中,授之政,九州成。汤举伊尹于庖厨之中,授之政,其谋得。"其次要爱民。《墨子·法仪》曰:"昔之圣王禹、汤、文、武,兼爱天下之百姓。"作为君主,要心怀天下,不求一己之私。最后要去害利民。墨子出身平民,颇能体会下层民众疾苦,在他眼里,去害利民是"明王"的职责。《墨子·非乐上》云:"饥者不得食,寒者不得衣,劳者不得息,三者民之巨患也。"圣王的任务就是要解决"民之巨患"。《墨子·节用中》云:"古者明王圣人,所以王天下、正诸侯者,彼其爱民谨忠,利民谨厚。忠信相连,又示之以利。是以终身不餍,殁世而不卷。"此外,贤臣也是国家长治久安的重要因素,《墨子·所染》指出,君主身边有贤臣辅佐,便可成就大业。齐桓公身边有管仲、鲍叔,晋文公身边有舅犯、高偃,楚庄王身边有孙叔、沈尹,吴王阖闾身边有伍员、文义,越王勾践身边有范蠡、文种。这五位君主得到这些贤臣的辅佐,"故霸诸侯,功名传于后世"。君主身边多为奸佞之辈,必然国破家亡。范吉射身边有长柳朔、王胜,中行寅身边有籍秦、高强,吴王夫差身边有王孙雒、太宰嚭,智伯瑶身边有智国、张武,中山王尚身边有魏义、偃长,宋康王身边有唐鞅、佃不礼。这些目光短浅、昏庸奸诈之人辅助君主,必然导致"国家残亡,身为刑戮,宗庙破灭,绝无后类,君臣离散,民人流亡"。墨子

[①] 吴怀祺、林晓平:《中国史学思想通史·总论 先秦卷》,黄山书社,2005年版,第286页。

从正反两个方面论证了辅佐大臣在国家治理中的重要作用。

三、商鞅、韩非、李斯的历史思想

商鞅、韩非和李斯在春秋战国时期的历史舞台上是影响深远的历史人物，他们的政治作为和思想观念深深影响了中国历史的发展。三个人都是法家思想的代表人物，在历史观上都有独特的见解。

（一）商鞅的历史观

商鞅，又名公孙鞅、卫鞅，战国时期卫国（今河南濮阳）人。秦孝公下令求贤，商鞅西入秦，提出一系列政治主张，主持了著名的商鞅变法，使秦国从此走上富强之路，为其后统一六国打下了基础。

其一，"上世""中世"和"下世"的历史阶段论。在先秦诸子之中，商鞅的历史变化观最为引人瞩目。他认识到人类社会和自然界都存在着一种客观的"必然之理"，在这种"必然之理"的支配下，人类社会是发展的、不断进化的。他率先对历史发展的阶段性进行了论述，并描述了人类历史的发展变化过程。《商君书·开塞》云："上世亲亲而爱私，中世上贤而说仁，下世贵贵而尊官。"在商鞅看来，自人类产生以来，其历史大致经历了"上世""中世"和"下世"这样三个发展阶段，其中每一阶段都有自身的历史特点。商鞅还对不同社会阶段的社会风俗、社会问题及社会矛盾进行了论说：远古的"上世"，"民知其母而不知其父，其道亲亲而爱私，亲亲则别，爱私则险。民众而以别、险为务，则民乱。当此时也，民务胜而力征，务胜则争，力征则讼，讼而无正，则莫得其性也"。中古的"中世"，"贤者立中正，设无私，而民说仁。当此时也，亲亲废，上贤立矣。凡仁者，以爱利为务，而贤者以相出为道。民众而无制，久而相出为道，则有乱"。近古的"下世"，圣人"作为土地、货财、男女之分。分定而无制，不可，故立禁；禁立而莫之司，不可，故立官；官设而莫之一，不可，故立君。既立君，则上贤废而贵贵立矣"。可见，商鞅力图从人类社会发展本身来说明人类历史的发展变化，"上世""中世"和"下世"实际上朦胧地反映了人类从原始状态向阶级社会发展的情况。商鞅认为不同时期统治方式的不同，决定于当世人们的需要和社会的具体情况。人们追求私利和相互竞争,才导致社会发生混乱,由于有乱才产生了"立禁""立官""立君"。商鞅当然不可能从生产力和生产关系以及阶级之间的矛盾运动方面去揭示历史发展的根本原因,但他所具有的历史发展的眼光以及从社会内部寻找历史发展路径的视角,在先秦诸子中是比较少见的。

《商君书·画策》中也有一段关于历史发展阶段的论述,与上面的论述相似。所谓"昔者昊英之世,以伐木杀兽,人民少而木兽多";"神农之世,男耕而食,妇织而衣,刑政不用而治,甲兵不起而王";黄帝之世,"以强胜弱,以众暴寡。故黄帝作为君臣上下之仪,父子兄弟之礼,夫妇妃匹之合。内行刀锯,外用甲兵。故时变也"。这里以"昊英""神农""黄帝"代表三个时代,与《开塞》篇的"上""中""下"三世说是对应的。在这段话中,商鞅着眼于从不同时代经济生产和政治情况的变化考察历史发展的阶段性特点,有一定的思想深度。

其二,"世事变而行道异也"的历史变化观。商鞅不仅有历史阶段论思想,还有深刻的历史变化观。在《商君书·君臣》中,商鞅列举历史事实,指出历史是不断发展变化的,所谓"世事变而行道异",并触及国家政治设施的产生及国家的社会职能等问题,他说:"古者未有君臣上下之时,民乱而不治。是以圣人别贵贱,制爵位,立名号,以别君臣上下之义。地广、民众、万物多,故分五官而守之。民众而奸邪生,故立法制,为度量,以禁之。是故有君臣之义,五官之分,法制之禁。"商鞅指出,从"未有君臣上下"的时代发展到"别君臣上下"的时代,历史是变化发展的。他已经朦胧认识到,国家是人类社会发展到一定阶段的产物,并非天然存在。由于"民乱而不治""民众而奸邪生",社会出现了分化和斗争,为了"别上下而求治",就逐渐建立了国家机器。从原始状态发展到阶级状态,最核心的观念就是"时变也"。在这个过程中,人类的物质文明、精神文明都在发展变化。历史发展之所以有阶段性,原因就在于"世事变而行道异也"①。也就是说,社会情况有了变化,政治设施等也就不能不跟着改变。通过对历史的考察,商鞅总结出社会必变的思想,明确指出:"圣人不法古,不修今,法古则后于时,修今则塞于势。"②"先王当时而立法度,临务而制事。法宜其时则理,

---

① 高亨:《商君书注译》,中华书局,1974 年版,第 74 页。
② 高亨:《商君书注译》,中华书局,1974 年版,第 76 页。

事适其务故有功。"①现实与历史一样,其出路不在于因循,而在于变革。由此,商鞅提出了他的变法主张:"治世不一道,便国不法古。故汤武不循古而王,夏殷不易礼而亡。反古者不可非,而循礼者不足多。"②"不法古,不修今,因世而为之治,度俗而为之法。"③商鞅变法的理论来源之一就是对历史变革的总结。

其三,"因时顺势"的社会变革观。商鞅在《商君书·画策》中说:"圣人知必然之理,必为之时、势,故为必治之政,战必勇之民,行必听之令。是以兵出而无敌,令行而天下服从。"在这段话中,商鞅提到了"时"和"势",这两个概念是商鞅历史观的核心概念。

《商君书》说到"时"的地方很多。如《商君书·开塞》云:"法古则后于时。"《商君书·更法》云:"及至文、武,各当时而立法,因事而制礼。"《商君书·画策》还提到"时异也""时变也""适于时"等。商鞅还批评"今世主""安其故而不窥于时"④,"不观时俗,不察国本"⑤,拘泥于旧制度、旧观念,而不去了解时代的需要,考察治国的根本。通过商鞅的论述,我们看到他所谓的"时"是指历史的客观实际,或者说是当时整个社会的经济状况和人们的心理、习俗等。一切礼法、刑政、甲兵等上层建筑都是建立在"时"之上的,所谓"礼法以时而定"⑥。就是说,礼制、法度的制定必须以"时"为依据,而且要随着时代的变化而变化。

商鞅论"势",往往与"时"对举。《商君书·开塞》云:"圣人不法古,不修今。法古则后于时,修今则塞于势。"此处的"时",是对"古"而言的,指当时的历史实际;"势"则是对"今"而言的,指社会的发展趋势。"法古"就要落后于时代,"修今"就会阻碍社会的发展。这里的"势",是指客观的历史形势或条件。要想推动历史发展,必须乘势而为,顺势而成。《商君书·开塞》云:"周不法商,夏不法虞,三代异势,而皆可以王。"《商君书·禁使》又云:"先王不恃其强,而恃其势……今夫飞蓬遇飘风,而行千里,乘风之势也。"虞、夏、商、周虽然客观之"势"不同,但都能根据当时的情况进行变革,从而成就了王业。

---

① 高亨:《商君书注译》,中华书局,1974年版,第194页。
② 司马迁:《史记》卷六十八《商君列传》,中华书局,1959年版,第2229页。
③ 高亨:《商君书注译》,中华书局,1974年版,第84页。
④ 高亨:《商君书注译》,中华书局,1974年版,第84页。
⑤ 高亨:《商君书注译》,中华书局,1974年版,第69页。
⑥ 高亨:《商君书注译》,中华书局,1974年版,第17页。

在先秦诸子中,商鞅的历史观有很多值得称道之处。如先秦诸子或多或少都有天命鬼神观念,但商鞅却不谈天命、上帝与鬼神,其言论没有天命论的痕迹,这在先秦诸子中是罕见的。他重视人力在历史发展中的作用,认为社会治乱和政权得失全在人为,社会历史演化的"必然之理"也要仰仗人的努力,所谓"自恃者得天下,得天下者,先自得者也"①。又如,先秦诸子中普遍盛行道德决定论,认为人们的道德状况是社会治乱的决定性因素,如孔子的"仁爱"、墨子的"兼爱"等。对这种道德决定论,商鞅颇不以为然,《商君书·画策》云:"仁者能仁于人,而不能使人仁。义者能爱于人,而不能使人爱。是以知仁义之不足以治天下也。"又云:"圣王者不贵义而贵法,法必明,令必行,则已矣。"可见,商鞅几乎完全否认仁义道德在国家治理中的作用,坚持以法取代道德,"贵法"而"不贵义"是他一以贯之的主张。

(二)韩非的历史观

韩非(约前280—前233),先秦法家思想的集大成者,出身韩国贵族。其丰富的哲学思想、政治思想和历史观都保存在《韩非子》一书中。

其一,"世异则事异"的历史变化观。关于历史的变化,《韩非子·五蠹》有一段著名论述:"上古之世,人民少而禽兽众,人民不胜禽兽虫蛇。有圣人作,构木为巢,以避群害,而民悦之,使王天下,号曰有巢氏。民食果蓏蚌蛤,腥臊恶臭而伤害腹胃,民多疾病。有圣人作,钻燧取火,以化腥臊,而民悦之,使王天下,号之曰燧人氏。中古之世,天下大水,而鲧禹决渎。近古之世,桀纣暴乱,而汤武征伐。今有构木、钻燧于夏后氏之世者,必为鲧禹笑矣。有决渎于殷周之世者,必为汤武笑矣。然则今有美尧舜禹汤武之道于当今之世者,必为新圣笑矣。是以圣人不期修古,不法常可。"这段话的内涵非常丰富:一是韩非把上古历史分为上古、中古、近古三个时期,已经有了为历史发展划分阶段的思想;二是描述了不同历史阶段人们的生活状况,从上古人类与自然的斗争,到近古邦国部落之间的征伐,暗含了历史由野蛮向文明的发展;三是历史不断发生变化,人们就要不断进行变革,"不期修古,不法常可"。

韩非的历史观是为变法改革服务的,他反对"法先王"。《韩非子·南面》

---

① 高亨:《商君书注译》,中华书局,1974年版,第143页。

云:"不知治者,必曰:无变古,毋易常……夫不变古者,袭乱之迹。"他认为"以先王之政,治当世之民"与守株待兔一样可笑。韩非有"古今异俗"的观念,主张历史变革必须具体情况具体对待,要学会"察今","法与时转则治,治与世宜则有功",也就是要因"时"因"世"而施"法",反之,就会造成混乱,所谓"时移而治不易者乱"。

其二,圣王史观与"众助"思想。韩非是英雄史观论者,《韩非子》中明确表达了圣君明主是历史创造者和社会主宰者的思想。韩非把人类社会的演进几乎描绘成了一部"有圣人作"的历史。他极力赞赏圣王的非凡智慧和才能,《韩非子·解老》称圣王能"观其玄虚,用其周行",《韩非子·说林上》称圣王能"见微以知萌,见端以知末"。圣王治国,必然顺应民意,洞察秋毫而天下大治,连鬼神都不敢出来作祟。与此同时,韩非有轻蔑、卑视民众的思想。《韩非子·心度》认为"夫民之性,恶劳而乐佚","喜其乱而不亲其法",主张厚赏重罚以治民,视民众为社会发展中消极、被动的因素。韩非把民众看作愚蠢之辈,认为他们对有利于自己的治国措施不理解、不领情,总是与圣君贤相对着干。"昔禹决江浚河,而民聚瓦石;子产开亩树桑,郑人谤訾。禹利天下,子产存郑,皆以受谤,夫民智之不足用亦明矣。故举士而求贤智,为政而期适民,皆乱之端,未可与为治也。"①韩非认为国家治理可以不必考虑民众的感受。

同时我们也要看到,韩非虽然美化圣王而痛骂"民愚",但他并不过分神化圣王,也不完全否定民众。他能指出圣王的种种局限,也能看到"民心""众助"的重要意义。因此,韩非认为,无论什么样的圣贤,都会有缺陷和不足。在国家治理中必须依靠"众助"。在《韩非子·功名》中,韩非论证了"众助"的重要性,指出"一手独拍,虽疾无声",国家治理,必须"众人助之以力"。韩非甚至认为"众助"就是一种治国的境界,只有"上君"才能达到这种境界。他说:"力不敌众,智不尽物。与其用一人,不如用一国。故智力敌而群物胜,揣中则私劳,不中则有过。下君尽己之能,中君尽人之力,上君尽人之智。是以事至而结智,一听而公会。"②只有群策群力,国家才能大治。

韩非之所以能提出"众助"的思想,是因为他看到了民众的力量。在对待民

---

① 王先慎:《韩非子集解》,《诸子集成》第5册,上海书店,1986年版,第357页。
② 王先慎:《韩非子集解》,《诸子集成》第5册,上海书店,1986年版,第331页。

众的问题上,韩非的思想是矛盾的。他轻蔑鄙视人民群众,但又认为在国家治理中民众必不可少。《韩非子·解老》云:"人君重战其卒则民众,民众则国广。"《韩非子·饰邪》云:"无地无民,尧、舜不能以王,三代不能以强。"民众是国家治理的基础,没有民众就没有国家和君王。但是,有了民众还必须得民心,这样才能长治久安,所谓"民安而国治"①,"民怨则国危"②。王朝更迭,兴亡交替,关键还在于民心。正因为韩非看到了民心向背与国之兴亡的关系,所以他说:"君人者,以群臣百姓为威强者也。群臣百姓之所善,则君善之;非群臣百姓之所善,则君不善之。"③显然,韩非认为君主之善恶与群臣百姓之善恶相一致,是社会发展的重要因素。

其三,物质生活与社会风尚。韩非认识到历史上的兴衰存亡是由人决定的,要从事物内部寻找历史发展变动的原因。《韩非子·有度》云:"国无常强,无常弱。奉法者强,则国强;奉法者弱,则国弱。"《韩非子·饰邪》云:"乱弱者亡,人之性也;治强者王,古之道也。"更为重要的是,韩非看到了社会物质生活对人们的思想意识和社会道德的影响,能够从物质利益出发去分析人们思想与道德的发展变化。《韩非子·五蠹》曾说,上古人口少,衣食足,"财有余,故民不争",用不着厚赏重罚。后来,随着人口的迅速增长,民众财寡,必然发生争斗,出现混乱,"是以人民众而货财寡,事力劳而供养薄,故民争,虽倍赏累罚而不免于乱"。韩非对上古人少财丰和近世民众财寡的分析不一定正确,但他能从社会财富的多寡分析人们思想道德的不同,是值得肯定的。韩非还说:"古之易财,非仁也,财多也;今之争夺,非鄙也,财寡也。"在他看来,社会道德、习俗的好坏取决于人们物质生活水平的高低和物质财富占有的多寡。

(三)李斯的历史意识

李斯,战国时期楚国上蔡(今河南上蔡)人。他辅佐秦始皇建立了我国历史上第一个中央集权的专制国家,被后人誉为"千古一相"。因为他的政治家身份,其历史思想颇有特色。

---

① 王先慎:《韩非子集解》,《诸子集成》第5册,上海书店,1986年版,第22页。
② 王先慎:《韩非子集解》,《诸子集成》第5册,上海书店,1986年版,第271页。
③ 王先慎:《韩非子集解》,《诸子集成》第5册,上海书店,1986年版,第37页。

李斯有"天下一统"的观念。李斯所处的战国后期,诸侯国间经过多年的征战,天下一统的趋势已初见端倪。李斯以自己的政治敏感西入秦,在向秦王的进言中历数自秦孝公以来的历史形势,提出"天下一统":"自秦孝公以来,周室卑微,诸侯相兼,关东为六国,秦之乘胜役诸侯,盖六世矣。今诸侯服秦,譬若郡县。夫以秦之强,大王之贤,由灶上骚除,足以灭诸侯,成帝业,为天下一统,此万世之一时也。"①李斯善于总结历史经验,当秦始皇下"逐客令"欲驱逐秦国客卿时,李斯据理力争,上书反驳:"昔缪公求士,西取由余于戎,东得百里奚于宛,迎蹇叔于宋,来丕豹、公孙支于晋……孝公用商鞅之法,移风易俗……惠王用张仪之计,拔三川之地……昭王得范雎,废穰侯,逐华阳,强宫室,杜私门,蚕食诸侯,使秦成帝业。"②他从秦国发展的历史实际出发,总结出秦国逐渐强大的原因就在于秦王能充分利用"外国"人才,"使秦成帝业"。秦要成就一统大业,仍然要善待客卿。

李斯有"师今"的历史态度。秦统一之始,曾展开了一场封建与郡县的争论。王绾等人主张效法西周,在国家治理上实行分封制,"诸侯初破,燕、齐、荆地远,不为置王,毋以填之,请立诸子",其言论得到大多数人拥护,所谓"群臣皆以为便"。李斯的观点与此不同,他力驳王绾,抨击分封,坚决主张建立郡县,"天下无异意,则安宁之术也。置诸侯不便"③。李斯的主张最终被秦始皇采纳,全国分为若干郡,郡守等职由中央直接任免。这种把郡县制与中央集权相结合的政治制度加强了国家对地方的控制,以强权巩固了天下统一。此后"百代皆行秦政制",郡县制为两千多年的专制国家地方行政体制奠定了基础,其影响是划时代的。

秦统一以后,在"师古"与"师今"问题上又发生了一场论战,这实际上是一场要不要总结历史经验的争论。齐人淳于越主张"师古",提出"事不师古而能长久者,非所闻也",过分强调历史经验而忽视现实的变化;李斯则提出"各以治,非其相反,时变异也",指出国家治理要随着形势的变化而变化,不能固守成法。李斯是荀子的学生,又是具有法家思想的政治家,其思想中有着明确的"法

---

① 司马迁:《史记》卷八十七《李斯列传》,中华书局,1959年版,第2540页。
② 司马迁:《史记》卷八十七《李斯列传》,中华书局,1959年版,第2541—2542页。
③ 司马迁:《史记》卷六《秦始皇本纪》,中华书局,1959年版,第236页。

后王"的观念。"孟夫子一派主张后法先王,厚古薄今,反对秦始皇。李斯是拥护秦始皇的,属于荀子一派,主张先法后王,后王就是齐桓、晋文,秦始皇也算。"[1]李斯"法后王"的历史思想与现实政治搅在一起,完全忽视"旧法",结果酿成了"焚书坑儒"事件,反映了秦帝国试图统一思想、法制和文化的极端做法。

李斯是一个具有深沉历史意识的政治家,他深入分析历史、现实与未来之间的关系,以历史知识来指导自己的政治活动,诸多见解都值得后人深思。

四、《吕氏春秋》的历史思想

吕不韦(？—前235),卫国濮阳(今河南濮阳)人。他一生经历了从"巨贾"到"相国"的身份转化,有着从"定国立君"到"定天下立天子"的思想发展过程。他早年是一位精明的商人,战国时期的风云际会,又使他成为一位杰出的政治家。秦国统一天下前夕,吕不韦组织一批学者撰写了《吕氏春秋》一书,该书内容广博,思想庞杂而深邃,在中国思想史上占有重要地位。

从史学史的角度看,《吕氏春秋》与"史"有密切的联系,该书《序意》云:"凡十二纪者,所以纪治乱存亡也。"所谓"纪治乱存亡",正是史学的重要内容。司马迁认为该书"上观尚古,删拾《春秋》,集六国时事"[2],有着明确的历史探索精神。《吕氏春秋》"备天地万物古今之事",不仅广泛涉及古今史事,而且蕴含着丰富的历史思想,其历史观对后世产生了重要影响。

其一,"人法天地"与历史发展论。在《吕氏春秋》产生的战国末期,"天命""神意"的迷信已逐渐被破除,在对历史发展进程的探讨上,人们开始把"天人关系"还原到世俗世界中,现实社会的政治生活和个人的作为成为人们关注的重心。在这样的背景下,《吕氏春秋》对社会历史进程的看法颇值得重视。

《吕氏春秋》认识社会历史进程,首先从"天人关系"入手,以"法天地"为宗旨,把天地运行的自然之道作为人事的依据。在吕不韦等人看来,天与人相辅

---

[1] 陈晋:《毛泽东读书笔记解析》,广东人民出版社,1996年版,第1155页。
[2] 司马迁:《史记》卷十四《十二诸侯年表》,中华书局,1959年版,第510页。

相成,所谓"始生之者,天也;养成之者,人也"①。"人与天地也同,万物之形虽异,其情一体也。"②"天地万物,一人之身也,此之谓大同。"③"功名大立,天也;为是故,因不慎其人不可。"④很显然,这些言论已经由殷商及西周初年的"天支配人"变成了"天人相成",在《吕氏春秋》中,天的神秘性大大降低,变成了自然之物。以此为基点,《吕氏春秋》讨论了人类社会的产生与发展,认为"始生人者天也"⑤,人是自然的产物,人的产生是人类历史的起点。有了人,才有了人类社会的形成,"凡人之性,爪牙不足以自守卫,肌肤不足以扞寒暑,筋骨不足以从利辟害,勇敢不足以却猛禁悍,然且犹裁万物,制禽兽,服狡虫,寒暑燥湿弗能害,不唯先有其备,而以群聚邪!群之可聚也,相与利之也"⑥。作为个体的人非常脆弱,为了抵御外部侵害,就需要群聚,以抵御一切不测之灾,而群聚便形成了社会。《吕氏春秋》已经朦胧地意识到,社会的出现,不是上帝的安排,而是人类生存的必需。

在讨论历史进程问题时,《吕氏春秋》能够用联系的观点看问题,具有古、今、后世统一的观念,古、今、后世既相关联,又处在不同的发展阶段。《吕氏春秋·长见》云:"今之于古也,犹古之于后世也。今之于后世,亦犹今之于古也。故审知今则可知古,知古则可知后,古今前后一也。故圣人上知千岁,下知千岁也。"《吕氏春秋》的作者已经认识到,历史、现在和未来是相互联系的,并存在着某种传承关系,今日由古代发展而来,未来则由今日发展而成。正因为古今历史是一个完整的统一体,所以古代历史是可以被"圣人"认识的,历史发展的趋势也是可以预测的。

基于人类社会是联系、发展的观点,《吕氏春秋》提出了"因时而化"的思想,《察今》篇云:"治国无法则乱,守法而弗变则悖,悖、乱不可以持国。世易时移,变法宜矣……故凡举事必循法以动,变法者因时而化。"吕不韦等人认识到,历史的联系与发展的联结点是变法改革,"世易时移",便不能固守传统,必须变

---

① 许维遹:《吕氏春秋集释》,中华书局,2009年版,第12页。
② 许维遹:《吕氏春秋集释》,中华书局,2009年版,第45页。
③ 许维遹:《吕氏春秋集释》,中华书局,2009年版,第283页。
④ 许维遹:《吕氏春秋集释》,中华书局,2009年版,第336页。
⑤ 许维遹:《吕氏春秋集释》,中华书局,2009年版,第110页。
⑥ 许维遹:《吕氏春秋集释》,中华书局,2009年版,第544页。

法以适应新形势的发展。变法不是无所顾忌地改变或抛弃传统,而是"因时而化",根据历史和现实的具体情况而变。这样的认识实属难能可贵。

其二,君主与历史发展。在历史发展的过程中,《吕氏春秋》特别重视君主对历史发展的作用。吕不韦等人为了迎接即将到来的一统天下,对君主的产生及其在人类社会中的地位、作用等问题进行了探讨。

吕不韦等人认为,在历史发展的过程中,君主是社会进步的产物,对社会的安定、发展都具有重要的意义。他们对君主的产生进行了精辟的论述。《吕氏春秋·恃君》云:"昔太古尝无君矣,其民聚生群处,知母不知父,无亲戚、兄弟、夫妻、男女之别,无上下、长幼之道,无进退揖让之礼,无衣服、履带、宫室、畜积之便,无器械、舟车、城郭、险阻之备,此无君之患。"在吕不韦他们看来,上古"知母不知父"的社会,没有上下等级差别,没有争斗,生产力水平极度低下。对于这样的社会,他们不是像老子、庄子那样给以赞赏,而是认为这种生产力水平低下的原始状态不值得肯定,原因就是没有君主领导人们"利而物利章"。随着社会的发展,无君之国开始出现争斗,"其民麇鹿禽兽,少者使长,长者畏壮,有力者贤,暴傲者尊,日夜相残,无时休息,以尽其类。圣人深见此患也,故为天下长虑,莫如置天子也;为一国长虑,莫如置君也"①。《吕氏春秋·荡兵》还指出:"未有蚩尤之时,民固剥林木以战矣,胜者为长。长则犹不足治之,故立君。君又不足以治之,故立天子。天子之立也,出于君。君之立也,出于长。长之立也,出于争。"从以上论述可以看出,《吕氏春秋》意识到君主并不是天生的,而是社会历史发展到一定阶段的产物。君主的产生伴随着杀戮与征伐,是"争"的结果,君主制是在斗争中逐步建立起来的。这基本上是从人类社会本身来寻找君主产生的原因,具有朴素的唯物主义因素。

吕不韦等人认为君主的产生对社会发展是有利的。"利之出于群也,君道立也。故君道立则利出于群,而人备可完矣。"②君主是为了社会"公"利服务的。《吕氏春秋·谨听》也说:"乱莫大于无天子,无天子则强者胜弱,众者暴寡,以兵相残,不得休息。"正是因为看到君主在社会治理和历史发展中的重要作用,吕不韦对君道特别重视,要求君主先治身再治国,《吕氏春秋·先己》云:"昔

---

① 许维遹:《吕氏春秋集释》,中华书局,2009 年版,第 545—546 页。
② 许维遹:《吕氏春秋集释》,中华书局,2009 年版,第 544 页。

者先圣王,成其身而天下成,治其身而天下治。"《吕氏春秋·为欲》云:"故古之圣王,审顺其天而以行欲,则民无不令矣,功无不立矣。圣王执一,四夷皆至者,其此之谓也。"这是一种将国家存亡系乎君主一人之身的观念,反映的是"治身与治国一理"的思想。这种把君主看作关乎社会治乱兴衰关键的思想,成为后世思想家、政治家和史学家反复讨论的话题。

吕不韦等人一方面重视君主的作用,另一方面也认识到臣子也是推动历史发展的力量。他们认为"天下非一人之天下也,天下之天下也"[1]。贤臣在国家治理中起了很大的作用。《吕氏春秋·先识》称:"地从于城,城从于民,民从于贤。故贤主得贤者而民得,民得而城得,城得而地得。"《吕氏春秋·圜道》篇说:"百官各处其职、治其事以待主,主无不安矣。以此治国,国无不利矣;以此备患,患无由至矣。"

吕不韦等人对民众作用的认识值得我们思考。他们认为君主在国家治理中要顾及民众利益,《吕氏春秋·顺民》云:"先王先顺民心,故功名成。夫以德得民心以立大功名者,上世多有之矣。失民心而立功名者,未之曾有也……故凡举事,必先审民心,然后可举。"《吕氏春秋·用众》云:"凡君之所以立,出乎众也。立已定而舍其众,是得其末而失其本。得其末而失其本,不闻安居。"从这些论述来看,吕不韦等人论君主的国家治理,并不忽视民众的作用。但是,他们只是把民众当作一种影响历史发展和国家治理的客观因素,就像天时、地利一样,是不可违抗的力量。对于民众推动历史发展的主观能动性,他们始终是否定的。

---

[1] 许维遹:《吕氏春秋集释》,中华书局,2009年版,第25页。

第二章 两汉时期：河南史学的成就与贡献

公元前221年,秦灭六国,结束了春秋战国以来五百多年诸侯分裂割据纷争的局面。秦始皇废分封,立郡县,统一货币、文字、度量衡,建立专制主义的中央集权制度,奠定了中国大一统王朝的统治基础。秦虽二世而亡,然两汉继起,垂四百年,统一共融的多民族中央集权制国家正式形成。秦汉时期对中华民族的形成、中华文明的发展产生了深远的历史影响。河南史学在海内一统的条件下,在先秦史学积累的基础上,有了划时代的发展。

第一节 贾谊、贾山、晁错与西汉初期的历史借鉴思想

公元前202年,刘邦称帝,西汉建立。汉初之人回望历史,不禁感慨万千,被自己推翻的秦朝曾经那样不可一世,它摧枯拉朽般扫灭六合、吞并四海,建立了中国历史上第一个大一统的专制王朝,国势之强大、疆域之广阔,前无古人。彼时的秦朝可谓"六合之内,皇帝之土。西涉流沙,南尽北户,东有东海,北过大夏,人迹所至,无不臣者"[1]。然而,如此强大的帝国,却只统治了十六年,便终结了自己的命运,其间变化如此迅速急剧,令人目眩。强大统一的秦朝遽然崩塌,虽然没有来得及留下多少史书,但却成了后世鉴戒的对象。强秦何以速亡,怎样总结强秦速亡的历史教训,避免重蹈覆辙,成为汉初统治者关注的时代主题。他们迫切需要史学家、思想家们对此做出合理的解释,以秦为鉴,以便更好地进行政治统治。于是乎"过秦"便成为汉初这一特定历史条件下史学思潮的主题,

---

[1] 司马迁:《史记》卷六《秦始皇本纪》,中华书局,1959年版,第245页。

西汉前期杰出的政治家、思想家和史学家陆贾、贾谊、贾山、晁错等人都对强秦之亡这一历史现象进行了深入思考。除陆贾外,贾谊、贾山、晁错皆为河南人,他们都有着较高的政治才能、丰富的治国思想和深刻的历史见解。面对"过秦"这一现实需要,他们积极从事历史著述,总结和反思秦亡的教训,继而阐发自己对于历史治乱兴亡的认识,其纵横捭阖、气吞山河的政论文章,以古鉴今,表现出强烈的忧患意识和对现实的积极参与精神,推动了西汉初期历史鉴戒思想的发展。

一、贾谊的"过秦"论

贾谊(前200—前168),洛阳(今河南洛阳市东)人,西汉初著名的政论家、文学家。18岁即有才名,由河南郡守吴公推荐,20岁被汉文帝召为博士,不到一年即被破格提为太中大夫,多次上疏议论政事。23岁时,因遭群臣忌恨,被贬为长沙王太傅。后被召回长安,为梁怀王太傅。后梁怀王坠马而亡,贾谊深自歉疚,忧伤而死,年仅33岁。《贾谊新书》是贾谊文著的汇集,由西汉后期刘向整理编辑而成,最初称《贾子新书》,《汉书·艺文志》记:"《贾谊》,五十八篇。"当即为此书。1976年上海人民出版社出版的《贾谊集》中除收录《贾谊新书》篇目外,还收录有疏7篇、赋5篇及佚文等,资料较全。贾谊文章主要有政论文和辞赋两类,政论文有《过秦论》《论积贮疏》《陈政事疏》等,辞赋以《吊屈原赋》《鵩鸟赋》最为有名。

贾谊对秦亡汉兴的历史经验进行了系统的总结,其"过秦"的主要论旨,是如何安民的问题。他从各个方面分析秦王朝的过失,并深刻地指出,秦朝灭亡的根本原因在于统治者没有认识到取天下与守天下的不同,即取守不同术,只有相时以立仪,才能随时把握时势变化而做出相应调整,确保国家的长治久安。

在贾谊看来,秦国能够灭六国而一统天下,足以证明其强大,"振长策而御宇内,吞二周而亡诸侯,履至尊而制六合,执敲扑而鞭笞天下,威振四海"[①]。可是,强大的秦朝为什么会败在"瓮牖绳枢之子,氓隶之人,而迁徙之徒也,才能不

---

① 《贾谊集·过秦上》,上海人民出版社,1976年版,第2页。

及中人"的陈胜之下,而二世而亡呢?贾谊认为其根本原因在于统治者没有根据时局的变化而调整其治国思想。"然秦以区区之地,致万乘之势,序八州而朝同列,百有余年矣;然后以六合为家,崤函为宫;一夫作难而七庙隳,身死人手,为天下笑者,何也?仁义不施而攻守之势异也"①。在贾谊看来,取天下使用诈力权谋是必要的,但是在取得天下以后,还是用这样的手段而不知变通,危险就可想而知了。"夫兼并者高诈力,安危者贵顺权,此言取与守不同术也。秦离战国而王天下,其道不易,其政不改,是其所以取之守之者无异也。孤独而有之,故其亡可立而待也。"②当秦统一天下之后,天下之势发生了变化,民众寄希望于秦统治者,渴望他们以仁治国,与民休息,让百姓安居乐业。然而秦始皇反而"怀贪鄙之心,行自奋之智,不信功臣,不亲士民,废王道而立私爱,焚文书而酷刑法,先诈力而后仁义,以暴虐为天下始"③。秦二世则更是"重以无道,坏宗庙与民,更始作阿房之宫;繁刑严诛,吏治刻深;赏罚不当,赋敛无度。天下多事,吏不能纪,百姓困穷而主不收恤;然后奸伪并起,而上下相遁,蒙罪者众,刑戮相望于道,而天下苦之"④。秦王朝没有顺从民意,不施仁义,不改暴政,结果导致迅速败亡。因此,贾谊指出英明的君主应该"相时而立仪,度务而制事",随时根据时势的变化来调整治国方略,唯此才能长久保有自己的统治。贾谊认识到因时制宜地治理国家的重要性,提出了"取守不同术"的见解,十分深刻。他不仅看到秦二世而亡与其不施仁政、刑罚严苛有着密切的关联,更看到了不施仁政背后统治者的治国思想没有转变过来,继续沿用取天下时的诈力权谋,致使强大的秦国轰然倒塌。

贾谊的"过秦"之论,落脚点在汉朝,其用意实际在"戒汉"。通过总结秦亡教训,他深刻认识到人心向背决定国家兴亡。正因为此,他同情下层民众的苦难,关切下层民众的处境,并敏锐地体察到汉初的社会问题。他对粉饰太平之论极为反感,批评"曰安且治者,非愚则谀,皆非事实知治乱之体者也。夫抱火厝之积薪之下而寝其上,火未及燃,因谓之安,方今之势,何以异此!本末舛逆,

---

① 《贾谊集·过秦上》,上海人民出版社,1976年版,第3页。
② 《贾谊集·过秦中》,上海人民出版社,1976年版,第5页。
③ 《贾谊集·过秦中》,上海人民出版社,1976年版,第5页。
④ 《贾谊集·过秦中》,上海人民出版社,1976年版,第6页。

首尾衡决,国制抢攘,非甚有纪,胡可谓治"[1]!他认为汉初社会存在着严重危机,远未达到"安且治"的程度。首先是诸侯王尾大不掉,威胁中央政权。他主张加强朝廷权力,使诸侯王听命于汉朝廷,提出了"欲天下之治安,莫若众建诸侯而少其力"的主张,以达到"力少则易使以义,国小则无邪心。令海内之势如身之使臂,臂之使指,莫不制从,诸侯之君不敢有异心,辐辏并进而归命天子"[2]的效果。此论对此后晁错的"削藩策"和主父偃的"推恩法"有很大的启发,为文景之世的"削藩"和汉武之世的"推恩"提供了理论依据。其次,豪富奢侈而隐伏危机。贾谊指出,豪富们一方面生活奢靡,奴婢成群,物质享受几乎超过帝王,消耗了大量社会财富,影响了农业和手工业生产;另一方面独自坐大,与王侯公卿分庭抗礼,形成一股几乎不为政权左右的经济势力,在经济上出现逾制现象,对中央政权稳定极为不利,也败坏风俗。"今世以侈靡相竞,而上亡制度,弃礼谊,捐廉耻,日甚,可谓月异而岁不同矣"[3],因此必须"移风易俗,使天下回心而乡道"[4],使逐利转向为义,以礼义教太子,以礼义待君子,才能使政权兴而不亡。贾谊不回避社会矛盾,并根据历史经验和社会现实提出改革意见,中肯而实用。

贾谊看到了民众的力量,对陈涉起义在秦亡汉兴过程中所起的历史作用给予充分肯定,并提出"自古至于今,与民为仇者有迟有速,而民必胜之"的著名论断。他对秦朝兴亡历史经验和教训的总结,为汉初的政治改革提供了历史根据。而"君子为国,观之上古,验之当世,参以人事,察盛衰之理,审权势之宜"[5]的论断,更是贾谊将历史经验与现实政治相结合而提出的治国理政的极其宝贵的理论。

---

[1] 班固:《汉书》卷四十八《贾谊传》,中华书局,1962年版,第2230页。
[2] 班固:《汉书》卷四十八《贾谊传》,中华书局,1962年版,第2237页。
[3] 班固:《汉书》卷四十八《贾谊传》,中华书局,1962年版,第2244页。
[4] 班固:《汉书》卷四十八《贾谊传》,中华书局,1962年版,第2245页。
[5] 《贾谊集·过秦下》,上海人民出版社,1976年版,第10页。

二、贾山对秦亡的论述

贾山(生卒年不详,约公元前179年前后在世),颍川(郡治今河南禹州)人,西汉政论家。幼从其祖父贾祛受学,涉猎较广,不专崇儒学。曾为颍阴侯灌婴给事。文帝时作《至言》,借秦兴亡事,以言治乱之道,主张用贤纳谏,薄赋轻徭,以成德化。文字通畅,层层深入,条理清楚,言词恳切。文帝前元五年(前175)废除铸钱令,他上书谏净,认为不应变更先帝之法。翌年,淮南王刘长谋反,事觉,被召入京;他又讼淮南王无大罪,宜急令返国。《汉书·艺文志》著录其文八篇,归入儒家。今仅存《至言》一篇及《对诘谏除铸钱令》片断,均载《汉书》卷五十一本传。

贾山与贾谊同时代,对"过秦"也有重要的论述,并且有其特点。首先是对秦政暴虐的揭露更加尖锐有力。他认为"秦王贪狼暴虐,残贼天下,穷困万民,以适其欲"①,结果"赋敛重数,百姓任罢,赭衣半道,群盗满山"②,使民众"力罢不能胜其役,财尽不能胜其求","劳罢者不得休息,饥寒者不得衣食,亡罪而死刑者无所告诉,人与之为怨,家与之为仇",被迫起义反抗,最终"天下四面而攻之"③,致使秦朝迅速灭亡。一句话,秦之速亡,皆因"不笃礼义",暴虐横行,民众无以为生,群起反抗而将其一举推翻。其次用文学化的语言对秦皇奢靡、滥用民力进行了严厉的批评。"为阿房之殿,殿高数十仞,东西五里,南北千步,从车罗骑,四马骛驰,旌旗不桡。为宫室之丽至于此,使其后世曾不得聚庐而托处焉。为驰道于天下,东穷燕、齐,南极吴、楚,江湖之上,濒海之观毕至。道广五十步,三丈而树,厚筑其外,隐以金椎,树以青松。为驰道之丽至于此,使其后世曾不得邪径而托足焉。死葬乎骊山,吏徒数十万人,旷日十年。下彻三泉,合采金石,冶铜锢其内,漆涂其外,被以珠玉,饰以翡翠,中成观游,上成山林。为葬埋之侈至于此,使其后世曾不得蓬颗蔽冢而托葬焉。"④贾山由此而对汉文帝放

---

① 班固:《汉书》卷五十一《贾山传》,中华书局,1962年版,第2332页。
② 班固:《汉书》卷五十一《贾山传》,中华书局,1962年版,第2327页。
③ 班固:《汉书》卷五十一《贾山传》,中华书局,1962年版,第2332页。
④ 班固:《汉书》卷五十一《贾山传》,中华书局,1962年版,第2328页。

弃早先的节俭,与近臣接连外出射猎提出切直的批评,希望文帝能爱惜民力,减轻徭役,"少衰射猎,以夏岁二月,定明堂,造太学,修先王之道,风行俗成"①,才能定万世之基,长有天下。

最有特色、前人鲜有道及而贾山着重阐述分析的一条秦朝灭亡的重要原因,是君主肆其淫威,堵塞言路。他认为:"秦皇帝居灭绝之中而不自知者何也?天下莫敢告也。其所以莫敢告者何也?亡养老之义,亡辅弼之臣,亡进谏之士,纵恣行诛,退诽谤之人,杀直谏之士,是以道谀偷合苟容,比其德则贤于尧、舜,课其功则贤于汤、武,天下已溃而莫之告也。"②他还进一步结合"昔者夏、商之季世,虽关龙逢、箕子、比干之贤,身死亡而道不用。文王之时,豪俊之士皆得竭其智,刍荛采薪之人皆得尽其力,此周之所以兴也"③的历史事实,总结出"人主不得闻其过失,则社稷危"的规律。主张仿照古圣王之制,"以天子之尊,尊养三老,视孝也;立辅弼之臣者,恐骄也;置直谏之士者,恐不得闻其过也;学问至于刍荛者,求善无餍也;商人庶人诽谤己而改之,从善无不听也"。如此则可以"闻其过失而改之,见义而从之,所以永有天下也"④。

贾山根据历史事实,通过周秦对比,言深意切,逐层递进,强调了君主应该善于听取意见,广开言路。无论进谏者何种身份,无论是诽谤之词还是善者之言,都应采纳,有则改之,无则加勉。君主的重要职责之一就是求谏言、养贤臣,以人之长补己之短,从而增长自己治国的才智和力量,永保社稷安宁。

三、晁错对历史盛衰的思考

晁错(前200—前154),颍川(治今河南禹州)人,西汉政论家。初从张恢学申不害、商鞅的法家之学。文帝时任太常掌故,后为太子家令,得太子(即景帝)信任,号"智囊"。景帝即位,任为御史大夫。他坚持"重本抑末"的政策,主张纳粟受爵,建议募民充实塞下,积极备御匈奴贵族的攻掠,削夺诸侯王国的封

---

① 班固:《汉书》卷五十一《贾山传》,中华书局,1962年版,第2336页。
② 班固:《汉书》卷五十一《贾山传》,中华书局,1962年版,第2333页。
③ 班固:《汉书》卷五十一《贾山传》,中华书局,1962年版,第2330页。
④ 班固:《汉书》卷五十一《贾山传》,中华书局,1962年版,第2330页。

地,巩固中央集权制度,得到景帝采纳。不久,吴楚等七国以诛晁错为名,发动武装叛乱,晁错亦被袁盎谮杀。所著政论,议论深刻。《汉书》本传收录了晁错多篇奏章,现存《晁错集》共包括8篇奏章和摘自类书中的片断佚文。

与贾谊、贾山偏向儒家不同,晁错是汉初偏向法家的代表人物,相对于二贾单纯地以秦为鉴的思想,晁错对于历史的思考和对现实的参与要更加深入和积极。

首先,他对法家的人性论进行了调整。法家讲求刑名法术,其理论基础是人性恶,认为人类的自私观念是其行为的根本动力,趋利避害是其必然的选择。对于君主来说,利用人们好赏恶罚的本性就可以进行有效统治。可是,这一思想发展到秦,走向了极端,统治者目中无民,只把民众当作耕战工具进行驱使,一味严刑峻法,滥用民力,最终付出了沉重代价。在这样的历史事实面前,晁错一方面继承传统法家关于人性"趋利避害"的观点,另一方面又总结秦亡教训,完善自己的思想,吸收儒家人性善的观念,强调"人情"的重要性。在《举贤良对策》中,晁错以三王为例,说明"因顺人情"的重要性,"其为法令也,合于人情而后行之;其动众使民也,本于人事然后为之"。三王时代重视"人情"和"人事",君臣相辅,使得"百姓和亲,国家安宁"。"明于人情"对于国家治理极为重要,"人情莫不欲寿,三王生而不伤也;人情莫不欲富,三王厚而不困也;人情莫不欲安,三王扶而不危也;人情莫不欲逸,三王节其力而不尽也",人都有"欲寿""欲富""欲安""欲逸"的本性,三王对待他们的办法就是顺乎人情,"生而不伤""厚而不困""扶而不危""节其力而不尽",并非违背民情而施政。体察民情,换位思考是统治者施政的关键:"取人以己,内恕及人。情之所恶,不以强人;情之所欲,不以禁民。"[1]很显然,晁错的思想糅合了儒家的观念,与先秦法家已有所不同。晁错所论三王治国的原则与方法未必符合历史事实,但借助于三王以表达自己的政见则是明确的。他要借"人情"这一理论警醒汉朝统治者接受秦朝"赋敛不节""民力疲尽"以致内外咸怨、天下大溃的历史教训,避免覆灭之祸,长保"名位不失",使"天下乐其政,归其德,望之若父母,从之若流水"[2]。晁错结合汉初形势,反思秦政,吸收儒家"仁者爱人"的思想元素,自觉更新法家严刑峻法

---

[1] 班固:《汉书》卷四十九《晁错传》,中华书局,1962年版,第2292页。
[2] 班固:《汉书》卷四十九《晁错传》,中华书局,1962年版,第2292页。

的治国理念，使得法家思想变得相对温和宽容，提出的很多治国理政的策略也较为温和平实。

其次，他在通察古今之变的基础上，继承法家"治法随时变"精神的同时，将法家直线进化的历史观进行了发展。在《举贤良对策》中，晁错将五帝至秦的历史分为五帝、三王、五霸、秦四个阶段，并从君臣关系的角度阐发历史的古今之变。第一阶段是五帝时代，"五帝神圣，其臣莫能及，故自亲事"①，此时臣不如君，君主能力强，故而事必躬亲，德泽天下。第二阶段是三王时代，"三王臣主俱贤，故合谋相辅，计安天下"②，此时君明臣贤，故君臣合力治国，国家安宁。第三阶段是五霸时代，"五伯不及其臣，故属之以国，任之以事"，此时君不如臣，要依靠臣子"救主之失，补主之过"，辅助君主成为"天下之贤主"。③ 第四阶段是秦朝，"其主不及三王，而臣不及其佐"，君臣素质退化，德能皆无，致使"吏不平，政不宣，民不宁"，最终陷于"天下大溃，绝祀亡世"的境地。④ 而汉朝的建立，则开始了新的循环，"今以陛下神明德厚，资材不下五帝……今执事之臣皆天下之选已，然莫能望陛下清光，譬之犹五帝之佐也"⑤。今天看来，晁错对历史阶段的划分并不符合历史实际，其以君臣为中心的历史观也存在很多问题，但是他看到了君主臣子的德行和能力对国家治乱兴亡的影响，其借古喻今，解决汉朝所面临的现实问题的意图非常明显。

君臣、君民关系是古代思想家论证国家治理好坏的有力武器，晁错也不例外。晁错认为，君主要想治理好国家，必须处理好君臣关系和君民关系，但秦朝在这方面犯下了严重错误，秦统治者一味"征大吞小，威震天下"，结果导致"事逾烦天下逾乱，法逾滋而奸逾炽，兵马益设而敌人逾多"。⑥ 汉初吸取秦朝因暴虐而亡国的教训，改变治国方略，实行"黄老无为"之策，与民休息，"垂拱而治"。这种貌似"消极"的治国之术在稳定统治和恢复经济方面成效显著，但也积累了不少新的社会矛盾。贾谊就曾指出长期"无为而治"必然导致"偷安"：

---

① 班固：《汉书》卷四十九《晁错传》，中华书局，1962年版，第2293页。
② 班固：《汉书》卷四十九《晁错传》，中华书局，1962年版，第2293页。
③ 班固：《汉书》卷四十九《晁错传》，中华书局，1962年版，第2294页。
④ 班固：《汉书》卷四十九《晁错传》，中华书局，1962年版，第2296页。
⑤ 班固：《汉书》卷四十九《晁错传》，中华书局，1962年版，第2298页。
⑥ 王利器：《新语校注》，中华书局，1986年版，第71页。

"抱火措之积薪之下而寝其上,火未及燃,因谓之安,偷安者也。"①晁错则通过对五帝至秦朝历史演变的探讨,从君臣关系变化的角度指出当时的历史进入了新的五帝时代:"今以陛下神明德厚,资财不下五帝,临制天下,至今十有六年,民不益富,盗贼不衰,边竟未安。其所以然,意者陛下未之躬亲而待群臣也。今执事之臣皆天下之选已,然莫能望陛下清光,譬之犹五帝之佐也。陛下不自躬亲,而待不望清光之臣,臣窃恐神明之遗也。"他认为天下之所以还有种种不能令人满意的地方,就是因为皇帝未按照五帝时代的做法事必躬亲而事事依靠大臣,因此要求皇帝积极有为,在解决社会矛盾的条件已经成熟之时,不能一味因循无为,坐待形势恶化,而要勇敢决断,将问题扼杀在摇篮中。在此观念的支配下,晁错根据历史经验和朝廷面临的形势,提出了削藩、务农力本、守边备塞、打击匈奴等处置当时急务的措施,为加强和巩固汉王朝的专制制度和国家政权提供了思想武器和具体策略。

贾谊、贾山、晁错的政论和史论具有深刻的现实意义,它们集中反映了汉初政治家、思想家和史学家的历史智慧。吸取秦亡教训,不重蹈历史的覆辙,转变治国政策,基本是汉初君臣的共识。自高祖刘邦到文帝、景帝,治国方略一脉相承,均执行着由总结"过秦"而制定的宽省政治的治国路线。正因为汉初统治者重视历史,尤其重视对秦亡历史的总结,并把这种历史教训转化为治国安邦的决策,适时而变,故而产生了巨大的威力,使得汉代在半个多世纪的时间里,政治稳定,生产得到恢复和发展,民生得到保障,推动了历史的进步。西汉立国之时,经济凋敝,社会残破,经过六七十年的休养生息,社会财富不断积聚,民给家足,所谓"国家无事,非遇水旱之灾,民则人给家足,都鄙廪庾皆满,而府库余货财。京师之钱累巨万,贯朽而不可校。太仓之粟陈陈相因,充溢露积于外,至腐败不可食。众庶街巷有马,阡陌之间成群,而乘字牝者傧而不得聚会"②。"过秦"的思想教育了统治者,促进了社会的发展,奠定了武帝时期鼎盛局面的基础。总之,中国历史上第一个盛世的出现,与统治集团重视反思历史、总结历史教训的历史鉴戒思想直接相联。

---

① 《贾谊集·数宁》,上海人民出版社,1976年版,第15页。
② 司马迁:《史记》卷三十《平准书》,中华书局,1959年版,第1420页。

第二节 《东观汉记》与官修当代史

光武中兴,定都洛阳,建立东汉王朝,河南地区成为当时的政治、经济、文化中心,史学也取得了令人瞩目的成就。这一时期,统治者出于强化思想控制的需要,加强了对史学的干预,通过官方的力量,修纂了我国第一部官修纪传体王朝史《东观汉记》,史学日渐成为为统治者提供政治服务的工具。

一、《东观汉记》的编纂与体例创新

《东观汉记》原名《汉记》,因主要撰于皇家藏书处东观,后人遂称《东观汉记》。东汉之初,撰写国史的地方在兰台,随着书籍的日益增多,兰台处所局促,汉明帝时开始大规模修建宫殿。章帝、和帝时期,为了便于阅读书籍,将东汉皇室的主要藏书移至东观,东观遂成为典藏汉代重要典籍的处所。因修史与图籍档案的典藏密不可分,东观便成为东汉重要的修史基地。正如《通典》所言:"汉之兰台及后汉东观,皆藏书之室,亦著述之所。多当时文学之士,使雠校于其中,故有校书之职。后于兰台置令史十八人,又选他官入东观,皆令典校秘书,或撰述传记。"[①]

《东观汉记》原书143卷,记事起自光武,讫于灵帝,含纪、表、志、传、载记五个部分,为东汉时人所撰之本朝史巨著。唐宋以后,逐渐散佚,自元以下,几无完篇传世。清代,有康熙时人姚之骃辑佚本《东观汉记》8卷,乾隆时四库全书馆馆臣辑佚本《东观汉记》24卷。今人吴树平在此基础上,披览群籍,增益佚文,标明由来,详为校注,厘为22卷,含纪3卷,表、志各1卷,传15卷,载记1卷,散句1卷,是目前较好的辑本。此书原题刘珍等撰,实际上从开始编纂到最

---

① 杜佑:《通典》卷二十六,浙江古籍出版社,1988年版,第175页。

终完成首尾凡130年左右,是东汉一朝几代史学家连续撰述的成果。此书撰述大致可分为几个阶段:汉明帝时始修,班固与陈宗、尹敏、孟异共同撰作《世祖本纪》及功臣列传,新市、平林、公孙述、隗嚣等载记凡28篇;安帝永宁年间,刘珍等两度奉诏著作东观,撰"中兴"以下史事,其所撰为光武至永初诸纪、表、名臣传、节士传、儒林传、外戚传等,奠定了此书的规模,并始有《汉记》之名;后又由伏无忌主持,补修《诸王表》《王子表》《功臣表》《恩泽侯表》《南单于传》《西羌传》《地理志》,于是诸体始全;桓帝元嘉年间,边韶领衔作孝穆、崇二皇传及《顺烈皇后传》《安思阎后传》《儒林传》《百官表》《宦者传》。此时,《汉记》已有114篇。灵帝熹平年间至献帝时,马日䃅、蔡邕、杨彪等再次撰补,蔡邕两度主持撰作《朝会》《车服》《律历》诸志并续作纪传。汉末丧乱,蔡邕被诛,《汉记》修撰之事遂告终结。由此可见,《东观汉记》历经多次大规模撰修,参与修纂者众多,其贡献最大者有初修时期的班固、续修阶段的刘珍以及成书时期的蔡邕。此书自刘珍起,以东观为主要撰作场所,所以刘昭称其书为《东观书》。后郦道元《水经注》始称其为《东观汉记》,《隋志》沿用此称,并流传至今。

作为纪传体史书,《东观汉记》在体例上有所创新,即在吸收《史记》《汉书》纪、传、表、志的基础上设立"载记"一目。"载记"主要记载那些既与新王朝无臣属关系,又非正统王朝者的事迹。如刘玄、刘盆子、公孙述、隗嚣、王元、延岑、田戎等,或为地方割据势力,或为农民起义领袖,在两汉之际天下纷扰的背景下,与刘秀争夺天下,《东观汉记》将之列入"载记",一方面将他们排斥在正统王朝之外而又能保留他们的事迹,另一方面又衬托了东汉皇朝建立者刘秀平定这些势力的丰功伟业。正是通过创设"载记"这一新的体例,使本纪成为真正的正统帝王的编年大事记,很好地贯彻了"帝王中心论"的政治思想。至此,由司马迁《史记》首创的纪传体,经过班固《汉书》及《东观汉记》的不断改造,在思想倾向上更能适应专制统治者的政治需要,更能表达专制统治者的意志。另外,《东观汉记》还设立十篇志,多出蔡邕之手。这十篇志虽多所亡佚,今仅知有律历、礼、乐、郊祀、天文、地理、朝会、车服,但仍然可以看出其在《史记》八书和《汉书》十志基础上进行了发展,其中的朝会、车服二志便是新的创造。总之,《东观汉记》在体例上的创新对后来纪传体史书的撰写都有一定的影响。

二、《东观汉记》的史学思想及影响

作为中国历史上第一部官修史书,《东观汉记》在思想上愈来愈与统治者步调一致,愈来愈偏重于对本朝功业的宣扬和对统治者功德的赞颂,彻底成为统治者论证自身政权合法性与合理性的工具。

其一,借用天人感应论和谶纬迷信,宣扬君权神授,神化东汉政权。如记光武帝诞生,大讲符瑞:"建平元年十二月甲子夜上时生,有赤光,室中尽明,皇考异之,使卜者王长卜之。长曰:'此善事不可言。'是岁嘉禾生,一茎九穗,大于凡禾,县界大丰熟,因名上曰'秀'。是岁凤凰来集济阳,故宫皆画凤凰。圣瑞萌兆,始形于此。"[1]显然,这是借符瑞把皇权与神权打通,目的就是要通过渲染刘秀的与众不同,来证明刘秀受命于天,是真命天子,其建立的政权具有天然的合法性。

其二,以东汉续接西汉皇统的观念作为其编撰的指导思想。《东观汉记》开篇伊始就对刘秀先祖的世系及刘秀身为西汉皇室后裔的身份进行了详细的介绍:"世祖光武皇帝,高祖九世孙,承文、景之统,出自长沙定王发,定王生春陵节侯。春陵本在零陵郡,节侯孙考侯以土地下湿,元帝时,求封南阳蔡阳白水乡,因故国名曰春陵。"[2]这种追溯刘秀世系的做法,无疑为刘秀建立东汉、继承西汉刘氏德运做好了铺垫,也进一步证明了东汉承西汉正统,其政权具有天然的合理性。

其三,《东观汉记》还吸收班固《汉书》"汉绍尧运"的思想,用"五德终始说"来宣扬东汉建立是对西汉刘氏政权的复兴。

通过以上分析,我们可以看到,《东观汉记》的官方性质,就使得它与当朝政治的关系更加密切,更加主动地通过对东汉历史的描述神化东汉政权,颂扬最高统治者的"功德",宣扬东汉统治的正统性。

由于《东观汉记》没有完本存留下来,因此其价值长期以来没有得到足够的

---

[1] 吴树平:《东观汉记校注》卷一《世祖光武皇帝纪》,中州古籍出版社,1987年版,第1页。
[2] 吴树平:《东观汉记校注》卷一《世祖光武皇帝纪》,中州古籍出版社,1987年版,第1页。

重视。实际上,《东观汉记》对中国史学的影响很大。《东观汉记》因出于东汉史家之手,故在记述东汉历史方面,保存了丰富的史实,这是其后的各种东汉史所不能替代的。其所创"载记"之例,则为唐修《晋书》仿效,足见它具有不可忽视的社会影响和史学价值。《东观汉记》还开创了后世官修国史之例,从而形成了历代设官修撰本朝史的传统。《东观汉记》修纂过程中史官的任命、资料的搜集、体例的确定、修史制度的确立等一系列措施,为此后历代统治者设馆修史提供了非常宝贵的经验。从官方修史的角度讲,《东观汉记》在我国修史制度的发展过程中占有极其重要的地位,影响巨大。另外,隋唐以前,人们常常把它与《史记》《汉书》合称"三史",足见它是中国史学史上曾产生过深远影响的史学巨著。一直到清代,虽《东观汉记》已非完璧,然《四库全书总目》还以"瑰宝"称颂之,所谓"虽残珪断璧,零落不完,而古泽斑斓,罔非瑰宝"①,这也进一步验证了该书的价值。

第三节 荀悦《汉纪》的价值和地位

作为政治、经济、文化中心的河南地区,经过近两百年的孕育,在东汉末年诞生了一位著名的史家荀悦及其所编著的我国最早的编年体王朝史《汉纪》。梁启超曾历数中国史学大家,明确指出:"自有左丘、司马迁、班固、荀悦、杜佑、司马光、袁枢诸人,然后中国始有史。自有刘知幾、郑樵、章学诚,然后中国始有史学矣。"②梁启超把荀悦与左丘明、司马迁、班固、杜佑、司马光、袁枢等人并列,足见荀悦是中国史学史上屈指可数的富有成就的史学大家之一,其所纂《汉纪》也是我国史学发展史上的杰作。

---

① 永瑢等:《四库全书总目》卷四十七《史部·编年类》,中华书局,1965 年版,第 419 页。
② 梁启超:《中国历史研究法》,上海人民出版社,2014 年版,第 27 页。

一、荀悦生平及著述

荀悦(148—209),字仲豫,颍川颍阴(今河南许昌)人,东汉史学家、政论家、思想家。颍川荀氏是东汉时期的儒学世家。荀悦祖父荀淑,博学高行,汉安帝时征拜郎中,后又迁当涂长,出补朗陵侯相,"当世名贤李固、李膺等皆师宗之"[1]。荀淑有子八人:荀俭、荀绲、荀靖、荀焘、荀汪、荀爽、荀肃、荀专,皆知名于世,时号"八龙"。其中荀悦六叔荀爽,最受时人推重。荀爽幼而好学,耽思经书,汉桓帝时被太常赵典举为至孝,拜郎中,后弃官隐遁汉滨十余年,专以著述为事,号为"硕儒"。献帝即位之初,被董卓强征为司空,与王允密谋欲除董卓,未成而病卒。荀爽博通群经,"著《礼》《易传》《诗传》《尚书正经》《春秋条例》,又集汉事成败可为鉴戒者,谓之《汉语》。又作《公羊问》及《辩谶》,并它所论叙,题为《新书》。凡百余篇,今多所亡缺"[2]。荀悦之父荀俭早卒,荀悦受叔父荀爽影响较大,在其著作《申鉴》和《汉纪》中,都可以看到对这位叔父的赞美,其中的不少观点,也承袭于荀爽。荀悦一生,于政治、学术均有建树。传称"悦年十二,能说《春秋》。家贫无书,每之人间,所见篇牍,一览多能诵记。性沉静,美姿容,尤好著述"[3]。汉灵帝时,宦官专权,荀悦隐居不出。献帝时,应曹操之召,任黄门侍郎,累迁至秘书监、侍中,侍讲于献帝左右,日夕谈论,深为献帝嘉许。"时政移曹氏,天子恭己而已。悦志在献替,而谋无所用,乃作《申鉴》五篇"[4],抨击谶纬符瑞,反对土地兼并,主张为政者要"兴农桑以养其性,审好恶以正其俗,宣文教以章其化,立武备以秉其威,明赏罚以统其法",均切中时弊。后奉汉献帝命以《左传》体裁改班固《汉书》,成《汉纪》30篇,史称"辞约事详,论辨多美"[5]。建安十四年(209)去世,年六十二。其另著《崇德》《正论》及诸论数十篇,多佚。明人张溥辑有《荀侍中集》。

---

[1] 范晔:《后汉书》卷六十二《荀淑传》,中华书局,1965年版,第2049页。
[2] 范晔:《后汉书》卷六十二《荀爽传》,中华书局,1965年版,第2057页。
[3] 范晔:《后汉书》卷六十二《荀悦传》,中华书局,1965年版,第2058页。
[4] 范晔:《后汉书》卷六十二《荀悦传》,中华书局,1965年版,第2058页。
[5] 范晔:《后汉书》卷六十二《荀悦传》,中华书局,1965年版,第2062页。

二、《汉纪》的历史编纂学思想和成就

《汉纪》编撰于汉献帝建安三年(198),完成于建安五年(200),历时两年左右。《汉纪》的编纂,缘起于汉献帝。因献帝"好典籍,常以班固《汉书》文繁难省"①,于是命荀悦依《左传》体例改编《汉书》,始有《汉纪》的问世。

《汉纪》系改编《汉书》而来,但荀悦又有自己的编纂方法,他说:"谨约撰旧书,通而叙之,总为帝纪,列其年月,比其时事,撮要举繁,存其大体。"②也就是说,《汉纪》专取《汉书》,以帝王系年,排比史事,删繁就简,略有订补,叙述自汉高祖斩蛇起义至新莽覆亡的西汉一朝历史。在《汉纪·序》中,荀悦提出了自己一以贯之的历史编纂思想:"夫立典有五志焉:一曰达道义,二曰彰法式,三曰通古今,四曰著功勋,五曰表贤能。于是天人之际,事物之宜,粲然显著,罔不备矣。"③所谓"达道义",即修史的指导思想,就是要宣传专制社会的伦理道德,具体就是以儒家三纲六纪为核心,施之当时则为道德,垂之后世则为典经。所谓"彰法式",即表明修史的原则与方法,就是要彰显汉王朝的成规,宣传统治者中的丰功伟业和典制中的成功部分,中心则是维护皇权。所谓"通古今",即贯通古今,着意考察西汉王朝政治统治的得失。所谓"著功勋",就是突出明君贤臣对社会发展的贡献。所谓"表贤能",就是表扬有道德、有才干,可以劝善惩恶、立功兴业的人物。荀悦提出"立典五志",就是要强调把这五条作为撰写与衡量史籍的标准,目的就是要发挥史书知往鉴今的社会效用。

荀悦的历史见解在《汉纪》的30篇史论中有充分的反映。荀悦重视在历史过程的考察中提出自己的见解,所谓"自汉兴以来至于兹,祖宗之治迹可得而观也"④,由此,他对西汉高、文、武、宣、元诸帝治国的利弊进行了分析,提出教化与刑法并用的理念,并阐述二者都应"通于天人之理,达于变化之数,故能达于

---

① 范晔:《后汉书》卷六十二《荀悦传》,中华书局,1965年版,第2062页。
② 荀悦、袁宏著,张烈点校:《两汉纪》,中华书局,2002年版,第1页。
③ 荀悦、袁宏著,张烈点校:《两汉纪》,中华书局,2002年版,第1页。
④ 荀悦、袁宏著,张烈点校:《两汉纪》,中华书局,2002年版,第406页。

道","然后用于正矣"。① 他还结合秦汉之际历史,分析立策决胜之术有三条,即形、势、情,并把客观形势同人的心理、志向结合起来考察。荀悦强调用人的重要性,他甚至公然批评深得后世赞誉的汉文帝在这方面的失误,认为"以孝文之明也,本朝之治,百僚之贤,而贾谊见逐,张释之十年不见省用,冯唐白首屈于郎署,岂不惜哉! 夫以绛侯(周勃)之忠,功存社稷,而犹见疑,岂不痛乎"②。从这些史论可以看出,荀悦十分强调现实政治统治和历史经验之间的密切关系,常常把具体的历史事件与现实统治结合起来论述,并且着意记载和评论统治者的不当之处,有意使《汉纪》变成一部供统治者"参得失""广视听"的历史教科书。和班固相比,荀悦的史论不流于空泛说教,而是紧扣现实问题而发论,有司马迁史论之遗风,所以范晔称其"论辨多美"。

正像《汉纪》在内容上主要取材于《汉书》,而在史论上有超出《汉书》的地方一样,《汉纪》在体裁上效法《左传》,但在体例上比《左传》更加严整。《汉纪》在历史编纂学上的贡献,主要表现在三个方面。

一是开编年体王朝断代史之先河。《汉纪》之前,已有编年体史籍,其中影响最大者当数孔子据鲁国国史而删削润色的《春秋》,随后左丘明为《春秋》作《传》,是为《左传》,该书事具首尾,条理细密,奠定了编年史的体例。然《左传》以鲁国为主,杂记列国史实,并非一代完整之史。直到《汉纪》,才在《左传》的基础上进一步完善,形成了编年体断代王朝史,并为后世所承袭。袁宏的《后汉纪》、孙盛的《魏氏春秋》、干宝的《晋纪》、裴子野的《宋略》、吴均的《齐春秋》、何之元的《梁典》、王劭的《齐书》等等,皆为仿《汉纪》而作,断代成书,渐成系列。从这个意义上讲,荀悦的《汉纪》是编年体断代史的奠基之作。

二是开抄书别创新体之例。《汉纪》系荀悦选取《汉书》纪、传、表、志之文,大体按年月顺序编连而成。《汉书》之外,采录资料极少。荀悦将长达80余万字的《汉书》删节为18万字的《汉纪》,除了不便采入的《艺文》《地理》两志外,《汉书》各篇的主要内容几乎全被吸收在《汉纪》之中,并能做到祖宗功勋、先帝事业、国家纲纪、天地灾异、功臣名贤、奇策善言、殊德异行、法式之典大略具载,十分不易。《汉纪》既吸收了《汉书》的精华,又以年系事,将一代之史条理清晰

---

① 荀悦、袁宏著,张烈点校:《两汉纪》,中华书局,2002年版,第408页。
② 荀悦、袁宏著,张烈点校:《两汉纪》,中华书局,2002年版,第119页。

地呈现在人们面前,并且比《汉书》更能突出各个帝王治政之优劣,更能展示西汉由兴而盛、又由盛转衰的变化过程。考察中国史学史,以抄撰史书而别创新体的最早的史著,要首推荀悦的《汉纪》。"约撰旧书",既能做到取材不出原书,保留精华,又能再创新体,完善编年,实属不易,以致仿效者接续不断,此功不可泯灭。

三是运用类叙之法,突破编年体以年月记事的限制,把同类的人或事巧妙地联系起来加以记载。首先是在记述某人事迹时,引出他过去相类似的事迹,首尾完整,褒贬自见。其次是在记述某人事迹时,引出与之相关的其他人的事迹来,丰富了记事内容。尤为突出的是,有时为了说明问题,荀悦还引出西汉以前的历史来,上下贯通。以上几种方式的运用,开阔了编年史家驰骋笔墨的领域,极大地拓展了编年体史书的包容性和涵盖力。

《汉纪》编成之后,即获得"辞约事详,论辨多美"的赞誉,因此大行于世,深受后世重视。唐代史学评论家刘知幾在《史通·六家》中将《汉纪》作为"左传家"的典范来颂扬,推崇备至。唐人取士,曾以《汉纪》与《史记》《汉书》为一科,可见《汉纪》影响之大。《汉纪》远非尽善尽美,但它却无愧于我国史学遗产中的珍品,时至今日,仍能从这宝贵的文化遗产中汲取到不少有益的营养。

第四节　应劭的史学成就

汝南应氏是汉代河南地区名门望族。应氏家族不仅活跃在汉代政治舞台上,而且在经史领域也颇有建树,并出现了应劭这样的史学大家。

一、汝南应氏家族的学行与应劭的著述活动

应劭(约153—196),字仲瑗,汝南南顿(今河南项城)人。应劭高祖父应顺,官至河南尹、将作大匠,公正廉洁。曾祖父应叠,有才学,曾为江夏太守。祖

父应郴,曾任武陵太守。父应奉,史称"少聪明,自为童儿及长,凡所经履,莫不暗记。读书五行并下"①,曾为郡决曹史,后举为茂才,永兴元年(153)任武陵太守,有威恩,为蛮夷所服。延熹七年(164)从车骑将军冯绲征武陵蛮,以功荐为司隶校尉,"纠举奸违,不避豪戚,以严厉为名"②。党人事起,愤然以疾自退。隐居期间,追愍屈原以自伤,著《感骚》30篇。另著有《汉书后序》,《后汉书》李贤注引《袁山松书》曰:"奉又删《史记》《汉书》及《汉记》三百六十余年,自汉兴至其时,凡十七卷,名曰《汉事》。"③应奉的事迹和著述,尤其是重视教化风俗的思想,对应劭的影响是比较大的。应劭"少笃学,博览多闻。灵帝时举孝廉,辟车骑将军何苗掾"④。中平六年(189),拜太山太守。初平二年(191)纠率文武抵御黄巾军,郡内以安。兴平元年(194),徐州牧陶谦追杀曹嵩于太山境内,应劭害怕被曹操诛杀,弃郡投奔冀州牧袁绍。建安二年(197)拜为袁绍军谋校尉,后卒于邺(今河南安阳一带)。

东汉末年,社会急剧动荡,"王室大坏,九州辐裂,乱靡有定,生民无几。私惧后进,益以迷昧"⑤,应劭意欲辨正风俗,匡正风气,以挽救东汉王朝世风日下的颓废局面,改变当时日益混乱的社会秩序。此外,由于汉末"逆臣董卓,荡覆王室,典宪焚燎,靡有孑遗"⑥,致使"旧章堙没,书记罕存",文化典籍遭到了继秦焚书后的又一次浩劫,应劭在惋惜典籍惨遭浩劫之余,缀集整理了不少因战乱而散失的各种典籍。应劭一生著述繁多,据《后汉书》本传述及的就有据正典刑而作的《驳议》,删定律令而作的《汉仪》,缀集所闻而作的《汉官礼仪故事》。"初,父奉为司隶时,并下诸官府郡国,各上前人像赞,劭乃连缀其名,录为《状人纪》。又论当时行事,著《中汉辑序》。撰《风俗通》,以辩物类名号,释时俗嫌疑。文虽不典,后世服其洽闻,凡所著述百三十六篇。又集解《汉书》,皆传于时。"⑦《三国志·王粲传》注引华峤《汉书》,称应劭"博学多识,尤好事。诸所撰

---

① 范晔:《后汉书》卷四十八《应奉传》,中华书局,1965年版,第1607页。
② 范晔:《后汉书》卷四十八《应奉传》,中华书局,1965年版,第1608页。
③ 范晔:《后汉书》卷四十八《应奉传》,中华书局,1965年版,第1608页。
④ 范晔:《后汉书》卷四十八《应劭传》,中华书局,1965年版,第1609页。
⑤ 王利器:《风俗通义校注》,中华书局,1981年版,第4页。
⑥ 范晔:《后汉书》卷四十八《应劭传》,中华书局,1965年版,第1612页。
⑦ 范晔:《后汉书》卷四十八《应劭传》,中华书局,1965年版,第1614页。

述《风俗通》等,凡百余篇"①。这些著作为今人所知者有《状人纪》《中汉辑序》《汉仪》《驳议》《汉官礼仪故事》《风俗通义》《十三州记》《地理风俗记》等,代表着应劭在史学上取得的多方面成就。

二、应劭的史学成就

其一,对《汉书》的注释、集解。应劭的《汉书集解音义》是唐以前最具影响力的《汉书》注解之作,也是东汉注解《汉书》最早最有规模的一部。后世学者注解《汉书》,多把此书当作参考资料,引述其文以证成己说,并附于史书正文之后,天长日久,注文尚在,原书却亡佚不存了。颜师古注《汉书》,共收《汉书》注解28家,其中以应劭注数量最多,共1117条。尽管《汉书集解音义》已经亡佚,但从颜师古《汉书注》所引相关条目,仍可看出应劭注解《汉书》的规模、内容及特点。

一是《汉书集解音义》以释义为主,以释音为辅。对于识者绝少的生僻字,应劭通常都有注音。如《五行志下》"史记鲁哀公时,有隼集于陈廷而死,楛矢贯之,石砮,长尺有咫",应劭注:"砮,镞也,音奴,又乃互反。"②《地理志上》"琅邪郡"有"柼"名,应劭注:"音神。"③可以看出,应劭为《汉书》注音,或以通俗字注音,或用"反切"注音,或两者兼而有之,方式多样。但综合来看,应劭《汉书集解音义》重在释义,轻于注音,不能因书名含"音义"而将其视为以注音为主的著作。二是应劭注解《汉书》,重在地理沿革。如《地理志上》"河东郡"下有"闻喜",应劭注:"今曲沃也。秦改为左邑。武帝于此闻南越破,改曰'闻喜'。"④"汝南郡"下有"南顿",应劭注:"顿迫于陈,其后南徙,故号'南顿',故城尚在。"⑤"河内郡"中有"隆虑",应劭注:"隆虑山在北,避殇帝名改曰林虑也。"⑥

---

① 陈寿:《三国志·魏书》卷二十一《王粲传》,中华书局,1959年版,第601页。
② 班固:《汉书》卷二十七下《五行志第七下之上》,中华书局,1962年版,第1463页。
③ 班固:《汉书》卷二十八上《地理志第八上》,中华书局,1962年版,第1587页。
④ 班固:《汉书》卷二十八上《地理志第八上》,中华书局,1962年版,第1551页。
⑤ 班固:《汉书》卷二十八上《地理志第八上》,中华书局,1962年版,第1562页。
⑥ 班固:《汉书》卷二十八上《地理志第八上》,中华书局,1962年版,第1555页。

对于地名方位、区域范围、地理沿革、名称改易等都作了清晰的注解,简洁明了,明白易懂。三是大量引用典籍文献以佐成己说。《地理志下》"鲁国"下有"汶阳"地名,应劭引《诗经》:"汶水汤汤。"①《司马相如传》载《大人赋》有"涉丰隆之滂濞"句,应劭引《楚辞》和《淮南子》注云:"丰隆,云师也。《楚辞》曰:'吾令丰隆乘云兮。'《淮南子》曰:'季春三月,丰隆乃出以将雨。'"②据不完全统计,应劭注释《汉书》,引用的文献就有《周易》《尚书》《诗经》《春秋》《左传》《国语》《世本》《山海经》《战国策》《楚辞》《尔雅》《孟子》《淮南子》《史记》等十余种,几乎包括了东汉时所能看到的大部分著述。如果《汉书集解音义》没有亡佚,想必引用的典籍会更多、更丰富。

  应劭注解《汉书》,涉及的内容较为丰富。一是注明典章制度。如《惠帝纪》:"民有罪,得买爵三十级以免死罪。"应劭注:"一级直钱二千,凡为六万,若今赎罪入三十匹缣矣。"③《平帝纪》有"安汉公奏立明堂、辟廱",应劭注:"明堂所以正四时,出教化。明堂上圜下方,八窗四达,布政之宫,在国之阳。上八窗法八风,四达法四时,九室法九州,十二重法十二月,三十六户法三十六旬,七十二牖法七十二候。《孝经》曰:'宗祀文王于明堂,以配上帝。'上帝谓五時帝太昊之属。黄帝曰合宫,有虞曰总章,殷曰阳馆,周曰明堂。辟廱者,象璧圜,雍之以水,象教化流行。"④对"买爵三十级""明堂""辟廱"的注解均具体而清晰。二是注明事实。如扬雄《解嘲赋》有"或枉千乘于陋巷,或拥彗而先驱"句,应劭注:"齐有小臣稷,桓公一日三至而不得见,从者曰:'可以止矣!'桓公曰:'士之傲爵禄者,固轻其主;主傲霸王者,亦轻其士。纵彼傲爵禄者,吾庸敢傲霸王乎!'遂见之。"又注:"邹衍之燕,昭王郊迎,拥彗为之先驱也。"⑤没有注解,后世之人就不明事情原委,自然也就无法理解原文。三是注明名物常识。《宣帝纪》涉及"地节"年号,应劭注:"以先者地震,山崩水出,于是改年曰'地节',欲令地得其节。"⑥将"地节"之来历解释得清清楚楚。《何并传》有"初,邛成太后外家

---

① 班固:《汉书》卷二十八下《地理志第八下》,中华书局,1962年版,第1637页。
② 班固:《汉书》卷五十七下《司马相如传下》,中华书局,1962年版,第2599页。
③ 班固:《汉书》卷二《惠帝纪》,中华书局,1962年版,第88页。
④ 班固:《汉书》卷十二《平帝纪》,中华书局,1962年版,第357页。
⑤ 班固:《汉书》卷八十七下《扬雄传下》,中华书局,1962年版,第3570—3571页。
⑥ 班固:《汉书》卷八《宣帝纪》,中华书局,1962年版,第246页。

王氏贵"语,应劭注:"宣帝王皇后父奉光封邛成侯,成帝母亦姓王,故以父爵别之也。"①通过注释,把人与人之间的关系交代得清楚明白。四是注明词义。扬雄《校猎赋》有"辟历列缺"句,应劭注:"辟历,雷也。列缺,天隙电照也。"②短短数语,极易理解。班固《幽通之赋》有"胥仍物而鬼谋兮,乃穷宙而达幽"句,应劭注:"胥,须也。仍,因也。諏,谋也。《易》曰:'人谋鬼谋,百姓与能。'往古来今曰宙。圣人须因卜筮,然后谋鬼神,极古今,通幽微也。"③将词语和用典一并注出,文意明白。《酷吏传》有"徒请召猜祸吏与从事"语,颇费解,应劭注:"徒,但也。猜,疑也。取吏好猜疑作祸害者,任用之。"④在注明词义的基础上进而注明句意,释疑解惑。此外,应劭注《汉书》,不仅释文,还增补人物生平、历史事实,甚至还订正错讹,非常全面。

通过《汉书集解音义》可以看出,应劭在注解《汉书》方面具有开创之功,有着自己的特色和风格,为后人注解《汉书》奠定了基础。在真正意义的注史方面,应劭是当之无愧的古代第一家。⑤《汉书集解音义》随文释义,训释典制、名物、事实、词语等,言简意赅,没有繁冗复杂的文献考证或玄虚缥缈的义理发挥,继承了东汉兴盛的古文家注经的训诂方法,彰显了汉代学术朴实的风格,对后世史书及其他典籍的注释产生了一定影响。不仅如此,应劭注《汉书》所保存下来的注释体例和内容对于我们研究汉末语言文字、风俗礼仪、思想观念等,都是宝贵的文献资料。

其二,对汉代典章制度的整理研究。两汉垂四百年,官制与礼制虽几经变易,至东汉中后期已逐渐定型。为宣扬治国规范,典章制度的相关著作应运而生,其中的代表作就是应劭的《汉官仪》《汉官礼仪故事》。

在应劭之前,河南史家蔡质就曾整理研究过汉代典章制度。蔡质,字子文,陈留郡圉城(今河南杞县)人,蔡邕叔父。汉灵帝时任卫尉,后任下邳相,终因罪下狱论死。蔡质最主要的著作是《汉官典职仪式选用》,该书杂记汉代官制及上书、谒见等仪式,又称《汉官典仪》。从图书著录来看,《隋书·经籍志》著录该

---

① 班固:《汉书》卷七十七《何并传》,中华书局,1962年版,第3267页。
② 班固:《汉书》卷八十七上《扬雄传上》,中华书局,1962年版,第3546页。
③ 班固:《汉书》卷一百上《叙传上》,中华书局,1962年版,第4221页。
④ 班固:《汉书》卷九十《酷吏传》,中华书局,1962年版,第3657页。
⑤ 闫崇东:《应劭之〈汉书〉注》,《文献》1999年第1期。

书为 2 卷,《新唐书·艺文志》则作 1 卷,可知唐宋时期已有散佚。其遗文续有整理,今人周天游《汉官六种》收有该书,是研究汉代官制的重要典籍。在诸多有关汉代官制典章的著述中,最成功也影响最大的要数应劭的《汉官仪》和《汉官礼仪故事》两书,前者由律本章句、尚书旧事、廷尉板令、决事比例、司徒都目、五曹诏书、春秋断狱等 7 部分组成,共 250 篇,系删定汉代律令而成。后者乃缀集旧闻而成,以典故见典制。经过应劭的努力,"凡朝廷制度,百官典式,多劭所立"①。如今应劭的著作大都散佚了,幸赖众多典籍的引用,后人才有《汉官仪》辑本传世。就《汉官仪》辑本,我们可以窥见该书的编纂特点。一是追根溯源,厘清汉代官制的演变脉络。如侍御史一官:"侍御史,周官也,为柱下史。冠法冠,一曰柱后,以铁为柱。或说古有獬豸兽,触邪佞,故执宪者以其角形为冠耳。"②二是详细解说和考证汉代官职的官秩、职能及隶属情况。如"执金吾,车驾出,从六百骑,走六千二百人也"③,"屯骑、越骑、步兵、射声各领士七百人"④,等等。三是详细记载汉代礼仪、兵制等情况。如"民年二十三为正,一岁为卫士,一岁为材官、骑士","平地用车骑,山阻用材官,水泉用楼船"⑤,等等。四是围绕汉代官僚制度,收录诏令、人口、典故等相关史料,补充相关史料。如补充永和年间人口资料,"永和中,户至千七十八万,口五千三百八十六万九千五百八十八"⑥。这条史料确切记载了永和年间人口的数量,极为稀见。《汉官仪》前承《汉书·百官公卿表》,后启《后汉书·百官志》,是六种汉官之作中最为系统而翔实的著述,补充了两《汉书》史志的不足,为今天研究汉代典章制度提供了极大便利。

其三,对社会风俗民情的研究。应劭研究社会风俗民情的代表作是《风俗通义》。这是一部具有特殊意义的史著,"以记述历代风俗礼仪为中心,上至考察古代历史,下至评论时人流品,旁及音乐、地理、怪异传闻等"⑦,对当时的民风民情、典制名物、人物、史实、地理、传闻等都进行了详尽记述,试图通过"辩物类

---

① 范晔:《后汉书》卷四十八《应劭传》,中华书局,1965 年版,第 1614 页。
② 应劭撰,孙星衍校集:《汉官仪》,中华书局,1985 年版,第 23 页。
③ 应劭撰,孙星衍校集:《汉官仪》,中华书局,1985 年版,第 25 页。
④ 应劭撰,孙星衍校集:《汉官仪》,中华书局,1985 年版,第 27 页。
⑤ 应劭撰,孙星衍校集:《汉官仪》,中华书局,1985 年版,第 31 页。
⑥ 应劭撰,孙星衍校集:《汉官仪》,中华书局,1985 年版,第 51 页。
⑦ 瞿林东:《中国史学史纲》,北京师范大学出版社,2010 年版,第 129 页。

名号,释时俗嫌疑",将社会风俗纳入封建正统的规范,来稳定东汉统治秩序,以起到齐风俗、明义理、正人心的作用。《风俗通义》以社会生活为中心的著述方式,打破了以帝王将相为中心的史学书写模式,开辟了历史撰著的新道路。该书虽以"风俗"为名,实际内容却极为丰富。宋人苏颂根据《意林》所载,在《校风俗通义题序》中列出了该书20卷名称,分别为心政、古制、阴教、辨惑、析当、恕度、嘉号、徽称、情遇、姓氏、讳篇、释忌、辑事、服妖、丧祭、宫室、市井、数纪、新秦、狱法。[①] 实际上,《风俗通义》原本30卷,每卷为1篇,分134个子目。《隋书·经籍志》著录为30卷,附录1卷,两《唐志》皆云30卷。北宋时已多散佚,元丰年间苏颂取官私藏本互校,考其篇目,写定为10卷。《崇文总目》《郡斋读书志》《直斋书录解题》皆作10卷。《姓氏篇》自宋已佚,后自《永乐大典》辑出附录于末,所以《四库全书总目》著录为《风俗通义》10卷,附录1卷。今所存10卷分别为皇霸、正失、愆礼、过誉、十反、声音、穷通、祀典、怪神、山泽。从这些卷目上看,《风俗通义》包罗万象,涵盖社会生活的方方面面,对社会生活的记载非一般史籍所能及。书中所载内容还多有正视听、解疑惑的作用,其有益世用,亦超过一般政治史。据吴树平考证,《古制》记古代制度,《宫室》述古代建筑形制及制度,《市井》讲井田制度,《数纪》论数之发展演变,《姓氏》载姓氏产生和来源,诸多研究均为首创。[②] 由于《风俗通义》主要以反映社会生活、风俗民情为主,其中的许多内容,诸如典章制度、行政组织、名物典故、丧葬祭祀、术数音声、少数民族、灾异神怪等,均不见于正统史书,具有极高的史料价值。

尽管应劭的许多著作均已散佚,但由于包含诸多极有历史价值的史料,故常被后世典籍引用和摘录。司马贞、裴骃、张守节注《史记》,颜师古注《汉书》,李贤注《后汉书》,裴松之注《三国志》,刘昭注《续汉志》,李善注《文选》,均大量引录应劭著述以证成己说;《晋书》《搜神记》《水经注》《艺文类聚》《北堂书钞》《通典》《唐六典》《初学记》《意林》《广韵》《太平御览》《通志》《子抄》等各类典籍,也大量摘抄应劭著述以丰富相关内容,足见应劭著述的生命力。应劭通古知今、博学多识,赢得了后世的肯定和赞扬。范晔称应劭"文虽不典,后世服其

---

① 苏颂:《苏魏公文集》,中华书局,1988年版,第1007页。
② 吴树平:《秦汉文献研究》,齐鲁书社,1988年版,第319—323页。

洽闻"①。刘勰说"汉世善驳,则应劭为首","仲瑗博古,而铨贯有叙"。②刘知幾把应劭与南史氏、司马迁、扬雄等人相提并论,"若使直若南史,才若马迁,精勤不懈若扬子云,谙识故事如应仲远,兼斯具美"③。四库馆臣评论应劭:"其书因事立论,文辞清辨,可资博洽,大致如王充《论衡》,而叙述简明则胜充书冗漫多矣。"④近人章炳麟把司马迁、班固、应劭、陈寿、郑樵并列,认为自古有创作之才者不过此五家而已。由此可见,应劭在中国史学史上具有不可替代的历史地位。

第五节 河南地区史学研究领域的拓展

两汉时期,史学研究领域得到了极大的拓展,不仅产生了《史记》《汉书》这些纪传体通史、断代王朝史的皇皇巨著,还产生了许多专门针对这些巨著的续补、注释、音训、集解等著作,另外诸多的典章制度、杂传、地志、谱牒、史钞等各种类型的史书也大量出现。河南地区作为当时的文化发达地区,引领风气之先,在各领域都涌现了不少佳作,有力地推动了中国史学的发展。

一、《史记》《汉书》的音注、集解和补续

司马迁的《史记》撰成之后,"藏之名山,副在京师,俟后世圣人君子"⑤,并没有马上流传开来,汉宣帝时才由其外孙杨恽公布于世。问世之初,它的开创性成就即吸引了历史学家的注意,纷纷对之揣摩、研习。又因为其书记事止于

---

① 范晔:《后汉书》卷四十八《应劭传》,中华书局,1965年版,第1614页。
② 王运熙、周锋:《文心雕龙译注》,上海古籍出版社,1998年版,第218页。
③ 赵吕甫:《史通新校注》,重庆出版社,1990年版,第603页。
④ 永瑢等:《四库全书总目》卷一百二十《子部杂家类四》,中华书局,1965年版,第1033页。
⑤ 司马迁:《史记》卷一百三十《太史公自序》,中华书局,1959年版,第3320页。

武帝时期,其文又有残缺,所以从宣帝时开始,补续、评论《史记》形成一种风气,而最早对它进行补续的就是褚少孙。

褚少孙,颍川(今河南许昌)人,寓居在沛,大约生活在汉宣帝至汉成帝时期。梁相褚大弟之孙,年长后师从大儒王式研习《鲁诗》,汉宣帝五凤四年(前54)应博士弟子选。甘露年间,课试高第为郎中,迁为侍郎。汉元帝永光、建昭年间由侍郎而为《鲁诗》博士,约卒于汉成帝时。[①] 褚少孙博闻强识,除精通《鲁诗》《公羊春秋》《论语》《荀子》等经书、子书外,还深谙史书,对《史记》有浓厚的兴趣,数次表明自己"好览观太史公之列传"[②]"窃好太史公传"[③]。正是基于对《史记》的推崇和热爱,褚少孙对《史记》从几个方面进行了补续:一是补原作未见之篇目。他依据《太史公自序》中司马迁对各篇内容的简要归纳,搜求《史记》在流传过程中亡佚的篇目或内容,整理归纳,补缀完善,以"令后世得观贤主之指意","令览者自通其意而解说之"[④],"可以览观扬意,以示后世好事者读之,以游心骇耳"[⑤]。二是补《史记》断限之后事迹。如《三王世家》后褚氏续文记至昭、宣时,又"复修记孝昭以来功臣侯者,编于左方,令后好事者得览观成败长短绝世之适,得以自戒焉"[⑥]。褚少孙补续《史记》,包含"补亡"和"补续"两个方面的内容。所谓"补亡",即补写《史记》亡篇的内容,附骥《史记》而行;所谓"补续",即续写《史记》记载断限以后的历史事件。褚少孙补《史记》,目的是完善《史记》内容,绝非对《史记》的随意更改和肆意窜乱。

褚少孙补续的《史记》,只是在《史记》原有的篇目中增记与司马迁所作内容相关的人物及其轶事,并附在原文之后,注名"褚先生曰"以作标识,并未另立篇目。在今本《史记》中,标有"褚先生曰"的续补篇目共有 10 篇。《三代世表》补 810 字,《建元以来侯者年表》补 3052 字,《陈涉世家》补 953 字,《外戚世家》补 1180 字,《梁孝王世家》补 1153 字,《三王世家》补 1888 字,《田叔列传》补

---

① 张大可对于褚少孙的生平有考证云:"褚少孙生于宣帝本始三年,五凤四年十八岁应博士弟子选,甘露元年以高第为郎,出入宫禁十余年,元成间为博士。"见《史记研究》,甘肃人民出版社,1985 年版,第 196 页,其说可资参考。
② 司马迁:《史记》卷六十《三王世家》,中华书局,1959 年版,第 2114 页。
③ 司马迁:《史记》卷一百二十八《龟策列传》,中华书局,1959 年版,第 3225 页。
④ 司马迁:《史记》卷六十《三王世家》,中华书局,1959 年版,第 2114、2115 页。
⑤ 司马迁:《史记》卷一百二十六《滑稽列传》,中华书局,1959 年版,第 3203 页。
⑥ 司马迁:《史记》卷二十《建元以来侯者年表》,中华书局,1959 年版,第 1059 页。

1158 字,《滑稽列传》补 4145 字,《日者列传》补 409 字,《龟策列传》补 7664 字,共计 22412 字。另外张大可认为"《张丞相列传》后之续补,《将相表》武帝之后记事,虽无'褚少孙曰',而留下类似褚少孙之所为的痕迹,可以推论为褚补"[1]。这样算来,褚少孙所补《史记》大约就有 2.5 万字。他不仅是西汉最早也是后世补续《史记》最多的学者。

尽管褚少孙为补续《史记》付出了诸多的努力,也取得了很大的成绩,但后世学者对其所补续内容颇有微词。张晏说他所补内容"言辞鄙陋,非迁本意也"。司马贞说他"非才妄续"。《史通·古今正史》《后汉书·班彪传》《直斋书录解题》等也以"鄙俗"评其补续之作。实际上,褚少孙续补《史记》仍有其不可忽略的价值。与其他补续《史记》之文相比,褚氏补续之文在体例、内容和叙事手法上有其独到之处,如每篇都交代缘由,详叙补续之意,所补续内容广泛,情节生动,笔法细腻,形象鲜活,并时有议论,见解深刻。在史料剪裁上,褚少孙补录了不少朝廷公文、相关制度、宫廷秘事等,搜集了诸多卜筮材料。在思想上,褚少孙之补续强调功成身退的处世哲学,挑战神话传说的天命理念,崇尚经术平乱的治国方针。续写某些历史人物,如描写气焰嚣张的窦太后与软弱的汉景帝以及敢于挑战神权、保护百姓、大兴水利的西门豹时,都体现出他作为一个史学家的强烈批判精神与历史使命感。褚少孙补续《史记》,既丰富了历史的内容,又有着深厚的文学素养,还表现了进步的历史观念,为研究汉史提供了重要的资料。诚如张大可所言:"褚补潜精研思,述所闻以增益《史记》,言辞练达,旨意可观,言辞鄙陋云云,可以说是信笔妄议。"[2]总之,应该正确看待褚少孙续补《史记》的功绩与不足,给予其客观公正的评价。

除对《史记》的补续外,到东汉时期还出现了对《史记》的注解之作。司马贞《史记索隐后序》曰:"太史公之书,既上序轩辕,中述战国,或得之于名山坏壁,或取之以旧俗风谣,故其残文断句难究详矣。然古今为注解者绝省,音义亦希。始后汉延笃,乃有《音义》一卷。"[3]延笃(?—167),字叔坚,南阳犨(今河南鲁山东南)人。年轻时随颍川人唐溪典学习《左传》,又请教马融,通晓经传及诸

---

[1] 张大可:《史记研究》,甘肃人民出版社,1985 年版,第 194 页。
[2] 张大可:《史记研究》,甘肃人民出版社,1985 年版,第 194 页。
[3] 司马贞:《史记索隐后序》,《史记》(十)附录,中华书局,1959 年版,第 9 页。

子百家典籍,善于著文,闻名京师。举孝廉,任平阳侯相。后因其师离世,弃官奔丧。汉桓帝以博士征召,拜为议郎。与朱穆、边韶等著作东观。不久,升任侍中,桓帝多次召见,询问政事得失,延笃则引经据典,隐喻对答。后升任左冯翊,又转为京兆尹。在职期间,宽仁为政,选拔任用有识之士,关心黎民疾苦,劝导百姓从事农桑。百姓得益于其政教,丰衣足食,安居乐业,人口增加,邻郡之人纷纷迁入。关中吏民对延笃赞颂不已。在延笃之前,陈留人边凤任京兆尹,也很著名,所以京兆人编了两句谚语:"前有赵、张、三王,后有边、延二君。"后因病免官,回乡教书,遭党锢之祸,卒于家。所著诗、论、铭、表、敕令等20篇,均佚。延笃《史记音义》不见载于《隋书·经籍志》及新旧《唐书·艺文志》,司马贞作《史记索隐》追溯《史记》音注之始,以为始于延笃,当时此书已不传,所以没有征引及之。虽然延笃《史记音义》具体情况今已无从知晓,但其对于《史记》注解的开创之功是不能磨灭的。

《汉书》是继《史记》之后的又一部史学鸿篇巨制,开纪传体断代史之先河。该书记事详赡,意蕴宏深,文辞典雅,旁贯五经,上下洽通,当世之人即甚重其书,学者莫不讽诵。但班固喜用古字古训,古奥难懂。《后汉书·班昭传》曾云:"时《汉书》始出,多未能通者。同郡马融伏于阁下,从昭受读。"①马融乃当时学问大家、郑玄之师,曾注释《尚书》《论语》等,他都要从班昭受读《汉书》,足以说明《汉书》之难懂。正因为此,东汉以降,为《汉书》作注者在在多有,蔚然成风。

延笃不仅为《史记》注解之开山,也是最早对《汉书》进行注解者。陈直《汉书新证自序》云:"《汉书》最早之注解,当始于东汉桓帝时之延笃,自司马贞《索隐后序》,谓延笃有《史记音义》一卷,近世鲜有其本。今《汉书·天文志》记昭帝始元中,'流星下燕万载宫极,东去'。李奇注说'延笃谓之堂前阑楯也'。疑延笃所注,在《史记音义》之外另有《汉书音义》。李奇为西晋时人,尚见此本,似为不过江之书,唐人所引,只片鳞半爪而已。延笃盖为注《汉书》最早之一人,《风俗通·声音篇》两引《汉书注》,疑即为延笃之注。详见《天文志》征文。"②可惜其他资料无多。

许慎也曾注《汉书》。许慎(约58—约147),字叔重,汝南召陵(今河南漯河

---

① 范晔:《后汉书》卷八十四《班昭传》,中华书局,1965年版,第2785页。
② 陈直:《汉书新证》,天津人民出版社,1979年版,第1页。

市召陵区)人,《后汉书·儒林传》言其"性淳笃,少博学经籍,马融常推敬之,时人为之语曰'五经无双许叔重',为郡功曹,举孝廉,再迁除洨长"。撰有《五经异义》《说文解字》《孝经孔氏古文说》《淮南鸿烈解诂》《六韬注》等。王鸣盛《十七史商榷》云:"许慎尝注《汉书》,今不传,引见颜师古注中者尚多,不知五种中是何种。所采叙例,不列其名,不知何故。慎所注全部,惟《说文》存。余《五经异义》《淮南子注》,皆不存,但引见他书。"[1]实际上,颜师古《汉书》注引许慎说凡32处,而《叙例》不载其名。今人管雄以为:"按许氏注《史》《汉》,史无明文,颜注所引标明《说文》者,凡十一条,他亦无佚出《说文》《淮南注》之域。颜监珥笔撰著,从心所欲,故于出处,或注或否,非许君另有《汉书注》或《史记注》也。"[2]录此存疑,俟方家之详考。

许慎《汉书注》有无待考,而延笃《汉书音义》则早已散佚,不见流传,现存最古的东汉注解《汉书》之作当推服虔《汉书音训》与应劭《汉书集解音义》。《隋书·经籍志》著录有:"《汉书》一百一十五卷,汉护军班固撰,太山太守应劭集解;《汉书集解音义》二十四卷,应劭撰;《汉书音训》一卷,服虔撰。"[3]应劭之作前文已经论述,下面讨论服虔《汉书音训》的价值。

服虔,字子慎,河南荥阳人。少年时期家境清苦,但颇有志向,曾入太学学习,有文才,擅长多种文体,赋、碑、诔、书记等均有涉及。后举孝廉,汉灵帝中平末,拜九江太守,后"免,遭乱行客,病卒",其具体生卒年、生平及其他经历,皆不详。《世说新语·文学》有服虔旧事两则:一则曰昔日郑玄欲注《左传》,道遇服氏,宿于客舍,然则二人向未相识,但听其与人谈及注《左传》意,多与己同,遂"就车与语曰:'吾久欲注,尚未了,听君向言,多与吾同。今当尽以所注与君。'遂为服氏注"[4]。一则曰服虔善注《春秋》,为能博采众长,广泛采纳不同意见,竟隐匿于崔烈门下,"每当至讲时,辄窃听户壁间。既知不能逾己,稍共诸生,叙其短长。烈闻,不测何人,然素闻虔名,意疑之。明早往及,未寤,便呼:'子慎!子慎!'虔不觉惊应,遂相与友善"[5]。服虔当时已颇负盛名,但为了著书,却肯

---

[1] 王鸣盛撰,黄曙辉点校:《十七史商榷》,上海古籍出版社,2013年版,第71页。
[2] 管雄:《魏晋南北朝文学史论》,南京大学出版社,1998年版,第306页。
[3] 魏征:《隋书》卷三十三《经籍二》,中华书局,1973年版,第953页。
[4] 余嘉锡:《世说新语笺疏》,中华书局,1983年版,第227页。
[5] 余嘉锡:《世说新语笺疏》,中华书局,1983年版,第229页。

匿名隐于崔烈门下,取长补短,可见其求学之心切、治学之严谨。勤苦好学终使服虔成为东汉著名的古文经学家,与郑玄齐名,南北朝时更有"宁道孔圣误,不言郑服非"之语,成为汉代经学的集大成者,对后世经学、史学的发展都产生了重要影响。服虔善注《春秋》,精通《汉书》,熟悉古代典章制度,长于释义注音,其著述颇丰,计有《春秋左氏传解谊》31卷、《春秋成长义》9卷、《春秋左氏膏肓释痾》10卷、《春秋塞难》3卷、《通俗文》1卷、《汉书音训》1卷等。

服虔《汉书音训》在注音释义、名物训诂方面多有发明,影响深远,后世注释家如晋灼、臣瓒、蔡谟、萧该、颜师古、李善、裴骃、司马贞等均频繁引用。颜师古《汉书叙例》云:"《汉书》旧无注解,唯服虔、应劭等各为音义,自别施行。"①《隋书·经籍志》《旧唐书·经籍志》《新唐书·艺文志》尚载《汉书音训》1卷,说明宋初此书尚存。但《宋史·艺文志》《郡斋读书志》《直斋书录解题》《通志·艺文略》《文献通考·经籍考》等均未著录此书,有学者认为"此书在北宋初尚存或有残本,至王应麟生活的南宋中叶,殆已全佚矣"②。晚清杨守敬作《汉书二十三家注钞》,辑录服虔《汉书音训》645条,今人孙亚华撰有《杨守敬〈汉书二十三家注钞·服虔〉校补》,对杨守敬所辑服虔文的缺失进行了勘正、辨析和补充,并补辑了107条,是迄今为止服虔《汉书音训》最完备的辑本。由杨守敬、孙亚华辑佚勘正的服虔752条注文来看,服虔《汉书音训》可谓发明甚多,胜义迭见。如《汉书·武帝纪》有"春,起柏梁台"句,服虔曰:"用百头梁作台,因名焉。"③《汉书·成帝纪》有"客土疏恶"句,服虔曰:"取他处土以增高,为客土也。"④《汉书·食货志》有"女工一月得四十五日"句,服虔曰:"一月之中,又得夜半为十五日,凡四十五日也。"⑤服虔注文,或释得名之由,或解非常之事,把难懂之文注释得清楚明白,极易理解。杨辑孙补的752条服虔注语中,有音注者124条,从这124条辑文可以看出,《汉书音训》是首开"音义"注释体例的典范性著作之一,该书所使用的音切类目和音注术语丰富、准确,对后世音义学的发展影响很大。颜之推谓郑玄以前之人全不解反语,陆德明《经典释文序录》亦承其说,谓

---

① 颜师古:《汉书叙例》,见《汉书》,中华书局,1962年版,第1页。
② 孙亚华:《服虔〈汉书音训〉亡佚时间考略》,《辽宁行政学院学报》2006年第6期。
③ 班固:《汉书》卷六《武帝纪》,中华书局,1962年版,第182页。
④ 班固:《汉书》卷十《成帝纪》,中华书局,1962年版,第320页。
⑤ 班固:《汉书》卷二十四上《食货志上》,中华书局,1962年版,第1121页。

反切起自三国魏孙炎,实际上早在服虔为《汉书》作音训时,已使用反切之法。服虔的《汉书音训》尤其重视为生僻字、易误读字注音,特别是对那些专有名词,如国名、地名、姓名、事物名、译名等,或音变或音不变,均加注音。对那些别义异读的音变构词、古今字、异体字、通假字、方言词等,亦加以音注,但数量较少。这些都为后来的音义书提供了范例。

二、各类杂传、地志、谱牒、史钞的出现及特点

随着地方经济的发展和豪强势力、世家大族的崛起,各种地志、谱牒著作也纷纷涌现。由刘秀提倡而撰写的《南阳风俗传》的问世,开后世先贤传、耆旧传、家传的先河;应劭《十三州记》总述东汉十三州地理风俗,为后世地理总志的滥觞;《邓氏官谱》昭示家族显赫,《万姓谱》则博赅天下姓氏;卫飒《史要》、应奉《汉事》、荀爽《汉语》则是史钞的开端。可以看出,两汉时期的河南史学在这些方面皆有引领风气之先的重要作用。

《南阳风俗传》为南阳郡书。南阳郡,东汉治今河南南阳市。刘秀即南阳蔡阳人,其左辅右弼亦以南阳人为多,故刘秀建立东汉后,即诏南阳撰作风俗传,以旌表乡里,彰益名德、先贤,《南阳风俗传》因而成之,属于侧重人文的早期方志。《隋书·经籍志》曰:"后汉光武,始诏南阳。撰作《风俗》,故沛、三辅有耆旧、节士之序,鲁、庐江有名德先贤之赞。郡国之书,由是而作。"认为《南阳风俗传》是郡国之书的开端。事实也确实如此。自从刘秀诏撰《南阳风俗传》以后,冠以"风俗传""先贤传""耆旧记""岁时记""故事"之类的专著日益增多。可惜《南阳风俗传》原书亡佚,作者、卷数至今无考,但它开创了郡县专志的先河,影响深远,功绩不可磨灭。

东汉时有两部《陈留耆旧传》:一为东汉袁汤所纂。袁汤字仲河,汝南汝阳(今河南汝南)人,初为陈留太守,桓帝时为司空,封安国亭侯。累迁司徒、太尉,以灾异策免,卒谥曰康侯。《后汉纪·孝桓帝纪上》略曰:"永兴元年,太尉袁汤致仕。汤字仲河。初为陈留太守,褒善叙旧,以劝风俗。尝曰:'不值仲尼,夷、齐西山饿夫,柳下东国黜臣,致声名不泯者,篇籍使然也。'乃使户曹吏追录旧

闻,以为《耆旧传》。"①可知此书并非出自袁汤之手,乃是其属吏所为,袁汤只是主持其事者。袁书不见载于《隋书·经籍志》,卷数无考,散佚已久。一为东汉圈称所纂。圈称,字孟举,一作伯举,陈留(今河南开封)人,官议郎。《隋书·经籍志》著录有圈称《陈留耆旧传》2卷,又有《陈留风俗传》3卷,两书分别著录于"地理"类和"杂传"类中。圈称以当地人自述当地风俗人事,可观之处甚多,颜师古在注释陈留郡襄邑地望时,曾引圈称之说,以纠应劭之误,②可见其推重之意。圈称所著《陈留耆旧传》,与袁汤使属吏所著之书名称雷同,二人生活年代恰又相值,如此推测二书实为一书的可能性较大。③ 因史籍缺载,其详不复可考。圈称所著《陈留耆旧传》和《陈留风俗传》两书久佚,郦道元《水经注》曾多处征引,保留了二书的部分内容。由于郦道元仅征引与地理有关的文字,故《水经注》中所存两书佚文,与风俗相关者已是凤毛麟角,但仍有端倪可寻。如《水经注》在叙述陈留郡己吾县的历史沿革、置县及改易名称的过程中,引圈称之语而述其风俗渊源:"县,故宋地也,杂以陈楚之地……犹有陈楚之俗焉。"④此外,《艺文类聚》《太平御览》诸书有所征引,今人刘纬毅《汉唐方志辑佚》录有遗文。

东汉时期,河南史家不仅有地方志的撰著,还有全国性的总志的撰述,其中代表作就是应劭的《十三州记》和《地理风俗记》。《十三州记》,正史艺文志无著录。《水经注》《史记索隐》皆曾征引,称"应劭《十三州记》",可知有此书无疑。从书名来看,此书应为东汉地理总志。刘纬毅、郑梅玲、刘鹰辑校的《汉唐地理总志钩沉》录有遗文数条,佚文按东汉十三州分列。《地理风俗记》也未见于正史艺文志著录。《寰宇记》曾征引,称"应劭《地理记》"。王谟《汉唐地理书钞》有辑佚,《汉唐地理总志钩沉》也录有遗文数条。

西汉中期以后,宗族势力的复苏与蔓延,使得家谱的撰述迅速增加。史载东汉桓帝建和三年(149)曾诏责太邱长呈家状姓谱,以齐贵贱之由来,品源流之优劣,德懋懋官,功懋懋赏,由此全国竞相修谱,著名的有应劭的《士族篇》、颍川太守聊氏的《万姓谱》(即《颍川谱》)以及《邓氏官谱》等。《士族篇》为《风俗通

---

① 转引自中国地方志指导小组办公室编:《中国方志通鉴(上册)》,方志出版社,2010年版,第5页。
② 班固:《汉书》卷二十八上《地理志上》,中华书局,1962年版,第1559页。
③ 孙家洲:《两汉政治文化窥要》,泰山出版社,2001年版,第163页。
④ 郦道元:《水经注》,上海书店,1989年版,第240页。

义》中之一篇,兹不赘述。《万姓谱》总括天下姓氏,述其源流、名人、地望,为后世万姓统谱类著作之开山,可惜本书已佚。《邓氏官谱》,《隋书·经籍志》著录曰后汉有之,晋乱已亡。《后汉书·邓禹传》载:"邓氏自中兴后,累世宠贵,凡侯者二十九人,公二人,大将军以下十三人,中二千石十四人,列校二十二人,州牧、郡守四十八人,其余侍中、将、大夫、郎、谒者不可胜数,东京莫与为比。"[1]有如此显赫之家世,故能成如此炫目之《官谱》,亦可见东汉世家大族势力之强大。

两汉时期《史记》《汉书》《东观汉记》这些大部头史书的编纂,在中国史学史上具有里程碑意义,但限于当时的条件,再加之部头较大,流传不便,于是便产生了摘录各书的史钞著作,河南史家卫飒的《史要》、应奉的《汉事》、荀爽的《汉语》是其中的代表。

卫飒(? —51),字子产,河内修武(今河南获嘉)人。少时好学,家贫,从师无粮,常替人做佣工以自给。王莽时为州郡吏。东汉建武二年(26),辟大司徒邓禹府,数迁,历任侍御史、襄城令、桂阳太守。桂阳郡为越人故地,民众散居深山,吏治不便。卫飒在郡兴办教育,移风易俗,传播中原先进文化,凿通山路五百余里,列亭传,置邮驿,省息劳役,便利吏民往来。于是流民归集,渐成乡邑。又因郡内耒阳县出铁石,置铁官,禁私铸,一岁增收五百余万钱。任职十年,郡内安定。建武二十五年(49),征还,拟任少府,因病未就,后卒于家。《隋书·经籍志》著录有东汉桂阳太守卫飒撰《史要》10卷,"约《史记》要言,以类相从"[2]。《史记》虽成书较早,但直至东汉才逐渐流传开来。卫飒此书,创按类摘录《史记》精义之例,有利于扩大《史记》的传布和影响,这也是后世节抄《史记》之始,可惜现在已经亡佚了。

应奉,字世叔,汝南南顿(今河南项城)人。应劭之父。少时聪明善记,初为郡决曹史,举秀才。永兴元年(153)武陵蛮反,经四府荐举,任武陵太守,实行安抚政策,民族和睦。在任兴学校,举人才,后坐公事免官。延熹中,武陵蛮复侵荆州,经车骑将军冯绲推荐,复征拜为从事中郎,助绲安定荆州。因功迁司隶校尉,在朝纠举污吏,不避豪戚。党锢祸起,托病辞官。据《后汉书》本传称,应奉

---

[1] 范晔:《后汉书》卷十六《邓禹传》,中华书局,1965年版,第619页。
[2] 魏征:《隋书》卷三十三《经籍志二》,中华书局,1973年版,第961页。

著有"《汉书后序》,多所述载"①。又李贤注引《袁山松书》曰:"奉又删《史记》《汉书》及《汉记》三百六十余年,自汉兴至其时,凡十七卷,名曰《汉事》。"②由此可知《汉书后序》为撰著,而《汉事》则是史钞。两书今皆散亡。

荀爽(128—190),字慈明,颍川颍阴(今河南许昌)人。东汉名士荀淑之子。年十二能通《春秋》《论语》,太尉杜乔赞其"可为人师"。延熹九年(166)征拜郎中,后遭党锢,隐居十余年,专事著述。党锢解,五府并辟,皆不就,献帝即位,拜司空,从献帝迁都长安。曾与司徒王允等谋诛董卓,董卓未除而病死。著有《礼》《易传》《诗传》《尚书正经》《春秋条例》,又作《汉语》《新书》等,均佚。《汉语》为荀爽"集汉事成败可为鉴戒者"③,应该也属史钞一类。

东汉时期,值得一提的河南史家还有蔡邕。蔡邕(132—192),字伯喈,陈留圉(今河南杞县西南)人,东汉文学家、书法家。曾官郎中,校书东观,后迁议郎。因上疏论朝政阙失而流朔方。赦后,亡命江湖十余年。董卓时官侍御史、尚书、侍中、左中郎将。董卓被诛后,下狱死。通经史、音律、天文,善辞章,工篆隶,尤以隶描著称。熹平四年(175),灵帝诏蔡邕与堂谿典等写定"六经"文字,部分由邕书丹于石,立于太学门外,史称"熹平石经"。著作编为《蔡中郎集》,已佚,有辑本。《后汉书》本传载:"邕前在东观,与卢植、韩说等撰补《后汉记》,会遭事流离,不及得成,因上书自陈,奏其所著《十意》。"④李贤注曰:"犹前书十志也。"又引《邕别传》曰:"邕昔作《汉记》十意,未及奏上,遭事流离,因上书自陈曰:'……臣自在布衣,常以为《汉书》十志下尽王莽而止,光武以来唯记纪传,无续志者。臣所事师故太傅胡广,知臣颇识其门户,略以所有旧事与臣。虽未备悉,粗见首尾,积累思惟,二十余年。不在其位,非外史庶人所得擅述。天诱其衷,得备著作郎,建言十志皆当撰录。会臣被罪,逐放边野,恐所怀随躯朽腐,抱恨黄泉,遂不设施,谨先颠踣,科条诸志,臣欲删定者一,所当接续者四,前志所无,臣欲著者五。'"并列"有《律历意》第一,《礼意》第二,《乐意》第三,《郊祀意》第四,《天文意》第五,《车服意》第六"⑤,其他四意未列。《十意》已佚,吴树

---

① 范晔:《后汉书》卷四十八《应奉传》,中华书局,1965年版,第1607页。
② 范晔:《后汉书》卷四十八《应奉传》,中华书局,1965年版,第1608页。
③ 范晔:《后汉书》卷六十二《荀爽传》,中华书局,1965年版,第2057页。
④ 范晔:《后汉书》卷六十下《蔡邕传》,中华书局,1965年版,第2003页。
⑤ 范晔:《后汉书》卷六十下《蔡邕传》,中华书局,1965年版,第2004页。

平《东观汉记校注》中录有佚文。

  综上所述,两汉河南史学的成就,一是《东观汉记》开创了官修当代史的先例;二是荀悦《汉纪》奠定了断代编年王朝史的地位;三是开《史记》《汉书》音义、集解、补续之风,为后世史注奠定了良好的基础;四是整理汉代典制礼仪,垂范后世;五是风俗传、耆旧传、家谱、官谱、史钞等史体的出现,对后世史学的繁荣起到了积极的推动作用。

第三章 魏晋南北朝时期：河南史学的多途发展

魏晋南北朝时期，河南史学呈现出多途发展的态势，出现了范晔《后汉书》、袁宏《后汉纪》、司马彪《续汉书》、王隐《晋书》、干宝《晋纪》等一大批史学名家和史学专著；史学研究领域也进一步扩大，有以《荀氏家传》为代表的家传类史著，有以《晋书地道记》、先贤传、耆旧传为代表的方志类史著，有以《孝子传》《列女传》《名士传》等为代表的人物杂传类史著，有以《晋略》《正史削繁》为代表的史钞类史著，还有以江统《徙戎论》为代表的史论性史著；在文献学研究领域，亦取得长足发展。郑默《魏中经簿》可谓四部分类法的筚路蓝缕之作，荀勖将天下图书分成甲、乙、丙、丁四类并按顺序排列，形成了四部分类法的雏形，中经谢灵运、殷钧、殷淳、谢朓等人的继续推动，至阮孝绪时，又编撰成了目录学巨著《七录》，在中国目录学史上影响深远。

史学的多途发展离不开史官制度的设置和完善。魏晋南北朝时期的史官设置，主要有著作郎和著作佐郎，著作郎主要负责国史修撰，著作佐郎"职知博采"，主要负责收集史料，给著作郎提供修撰国史的依据。北魏孝文帝迁都洛阳后，还设立了专门的修史机构修史局，北齐时则将修史局改为史馆。史官制度的发展和完善，必然会进一步促进史书的编纂和史学的繁荣发展。除此之外，魏晋南北朝时期还出现了以荀顗、荀粲、荀伯子等为代表的颍川荀氏经史之学，颇具影响。

第一节 河南史学的特点

魏晋南北朝时期，河南史学的发展，带有明显的时代特征和地域特征。究其原因,与门阀观念、民族意识以及玄学、儒学等时代思潮有着极为密切的关系。

一、门阀观念、民族意识与河南史学

魏晋南北朝时期,在政治上有两大特征:一是门阀士族迅速发展,成为专制王朝的统治者;二是民族关系错综复杂,影响中原王朝的政治格局。这两大特征反映在河南史学上,使得河南史学具有了自己的特点。

魏晋南北朝时期是门阀士族占据统治地位的历史时期,重视门第、炫耀家族成为社会风气。反映在河南史学上,就是这一时期谱牒的修纂呈现出繁荣发展的局面。诚如白寿彝所言:"在史学领域里,魏晋南北朝隋唐时期的撰述中反映门阀地主的要求和趣味,就颇为显著。"[1]魏晋南北朝时期,各门阀竞相撰修包括姓氏、世系、先人官爵、婚姻关系等内容的家传、家谱等。史载:"自隋唐而上,官有簿状,家有谱系。官之选举,必由于簿状,家之婚姻,必由于谱系。"[2]就家传而言,河南地区主要有《江氏家传》《荀氏家传》《范氏世传》《司马世本》《庾氏家传》《袁氏家传》《殷氏世传》《李氏家传》《谢车骑家传》等。这些家传有三个共同的特点:一是非常重视对家族内显赫人物官职的记述,二是非常重视渲染家族内重要人物的言行事迹,三是非常重视描写家族内重要人物的风韵神貌及家风等。在家传的基础上,还产生了以家族世系为脉络,把家族中所有族众都贯串起来,并明晰其血缘关系的族谱,如《阮氏谱》《袁氏世纪》《荀氏谱》《谢氏谱》等。司马彪《续汉书》亦非常注重世系,现存不多的史料中,光家族附传就有20篇,如在《袁安传》中,不仅详载袁安事,还附带记载有其孙及曾孙事。此外还有"簿状谱牒",也就是为了选授官员而修纂的谱牒。这类谱牒往往按士族姓氏和郡望排列,详列家族成员的名字、官位及血缘关系,方便官员选授,所谓"考

---

[1] 白寿彝:《中国史学史》第一册,上海人民出版社,1986年版,第57页。
[2] 郑樵:《通志》卷一《氏族序》,王树民校点本,中华书局,1995年版,第1页。

之簿册,然后授任"①,"有司选举必稽谱籍"②。如刘湛"《百家谱》二卷"③,即属此类谱牒;又史载"晖业之在晋阳也,无所交通,居常闲暇,乃撰魏藩王家世,号为《辨宗室录》,四十卷,行于世"④,亦是此类著述。

在门阀士族的影响下,魏晋南北朝时期还出现了大量的名人传记,促使这一时期的人物传记发展成为独立的史学门类。这些人物传记,有的专记一方门阀,有的则偏重一类士族,有的是专题性的人物传记,如"先贤传""名士传""忠良传""孝子传""列女传"等,代表作主要有袁宏的《名士传》、周斐的《汝南先贤传》、赵姬的《列女传解》等。

魏晋南北朝时期,国家长期处于分裂状态,民族关系错综复杂,社会矛盾异常尖锐。在这样的政治背景下,河南史家普遍怀有一种强烈的民族忧患意识。西晋时期的河南史家江统作《徙戎论》,纵论古今,列举少数民族为患中原的事实,申述"内诸夏而外夷狄"⑤的观点。鉴于当时中原地区民族杂居、社会动荡的现实,提出将关中地区的"蛮夷戎狄"全部迁回原地,"申谕发遣,还其本域"⑥,使互不相扰,各安生计。《徙戎论》被称为"经国远图"之作。范晔作《后汉书》亦极力"强调少数民族对中原皇朝的威胁"⑦,所作《西羌传》,将少数民族的侵扰视为心腹大患,其言曰:"虽外患,实深内疾,若攻之不根,是养疾疴于心腹也。"⑧针对张奂所提出的"戎狄一气所生,不宜诛尽,流血污野,伤和致妖"论点,范晔直接评论说:"是何言之迂乎!"⑨尽管以江统、范晔为代表的河南史家关于民族关系的认识没有跳出传统的夷夏观念,对于民族融合的历史事实也认识不足,但却从另外一个角度反映了河南史家在复杂民族关系背景下对专制国家处理夷夏问题的忧虑。

---

① 王应麟著,武秀成、赵庶洋校证:《玉海艺文校证》卷十六《谱牒》,凤凰出版社,2017年版,第758页。
② 欧阳修:《新唐书》卷一百九十九《柳冲传》,中华书局,1975年版,第5677页。
③ 魏征:《隋书》卷三十三《经籍志二》,中华书局,1973年版,第988页。
④ 魏收:《魏书》卷十九上《济阴王传附》,中华书局,1974年版,第448页。
⑤ 房玄龄:《晋书》卷五十六《江统传》,中华书局,1974年版,第1529页。
⑥ 房玄龄:《晋书》卷五十六《江统传》,中华书局,1974年版,第1534页。
⑦ 白寿彝主编:《中国通史》第一卷,上海人民出版社,2015年版,第14页。
⑧ 范晔:《后汉书》卷八十七《西羌传》,中华书局,1965年版,第2901页。
⑨ 范晔:《后汉书》卷八十七《西羌传》,中华书局,1965年版,第2900—2901页。

二、玄学、儒学与河南史学

玄学兴盛于魏晋,持续发展于南朝,其特征"是用老庄思想解释儒经,并且只把儒经作为一种凭借,重点不在疏通经义,而在发挥注释者自身的见解"①。玄学是魏晋南北朝时期兴起的一股哲学思潮,注重对玄妙之理的辨析。在玄学的影响下,这一时期的河南史学明显带有援玄入史的倾向。袁宏、范晔、司马彪堪为其中代表。

袁宏作《后汉纪》,带有鲜明的玄学特色。所谓"夫君臣父子,名教之本也"②,看似有浓厚的儒家色彩,但在讨论这一问题时,袁宏用"天地之性""自然之理"来论证君臣父子这一儒家政治伦理,认为君臣父子的高下尊卑,符合"天地之性"与"自然之理",显然带有玄学的痕迹。《后汉纪》品评历史人物,亦带有玄学色彩。在袁宏看来,"才气志略,足为风云之器"的东汉开国功臣马援,死后之所以遭受怨谤,就与其不懂得"顺势"有关。其言道:"天下既定,偃然休息,犹复垂白,据鞍慷慨,不亦过乎!"③也就是说,智者应顺势而为,不应"过其才"。袁宏坚持"贵在安静"的为政之道。其言曰:"古之有天下者,非欲制御之也,贵在安静也。故修己无求于物,治内不务于外。"④基于此,袁宏指出,尽管三代以后的"瞿然"政治能成一时之功,但仍与高尚的无为之道——三代以前的"穆然"政治相距甚远。关于这一点,在范晔《后汉书》中亦有体现。如《后汉书·光武帝纪》中,范晔对于光武帝"厌武事","未尝复言军旅","退功臣而进文吏"的做法给予充分肯定,而对于东汉的安边政策提出批评,认为"寇敌略定矣,而汉祚亦衰焉"⑤。司马彪则推崇无为而治,认为圣人不应当刻意建立各种功勋以立名,而是要顺应自然,无为而治。其言道:"神人无功,言修自然,不立功也。

---

① 任继愈主编:《中国哲学发展史(魏晋南北朝)》,人民出版社,1988年版,第628页。
② 袁宏:《后汉纪》卷二十六《孝献皇帝纪》,张烈点校本,中华书局,2002年版,第509页。
③ 袁宏:《后汉纪》卷八《光武皇帝纪》,张烈点校本,中华书局,2002年版,第147页。
④ 袁宏:《后汉纪》卷十四《孝和皇帝纪》,张烈点校本,中华书局,2002年版,第281页。
⑤ 范晔:《后汉书》卷八十七《西羌传》,中华书局,1965年版,第2901页。

圣人无名,不立名也。"①基于此,司马彪提出"治大国如烹小鲜",应精简机构,减少政令,与民休息,崇尚节约。所有这些,显然都带有玄学痕迹。

汉武帝"罢黜百家,独尊儒术",儒家学说逐渐成为中国社会的正统思想。自是以后,历朝历代的绝大多数政治家和士人都把儒学作为自己立身行事的指导思想。

魏晋南北朝时期,虽然玄学发展起来,但儒学对于史学的影响依然深远。如《后汉书》对于忠义的表彰不绝于书。范晔笔下,有"国统三绝,太后称制,贼臣虎视"情况下"据位持重,以争大义,确乎而不可夺"的李固,对此,范晔以"至矣哉,社稷之心乎"②相誉,亦有"能树立风声,抗论惛俗","驱驰崄厄之中,与刑人腐夫同朝争衡","以仁心为己任,虽道远而弥厉"③的陈蕃,还有多次上言汉顺帝,力主改革选举的忠贞尽职之臣左雄,等等。对此,范晔极力表彰:"处士鄙生,忘其拘儒,拂巾衽褐,以企旌车之招矣。至乃英能承风,俊乂咸事……东京之士,于兹盛焉。"④司马彪《续汉书》则带有明显的"崇礼"倾向。其言云:"夫威仪,所以与君臣,序六亲也。若君亡君之威,臣亡臣之仪,上替下陵,此谓大乱。大乱作,则群生受其殃,可不慎哉!故记施行威仪,以为《礼仪志》。"⑤又云:"礼尊尊贵贵,不得相逾,所以为礼也。非其人不得服其服,所以顺礼也。顺则上下有序,德薄者退,德盛者缛。"⑥不难看出,司马彪著史,主要的目的就是要树立"君威""臣仪",帮助君王建立一个以"礼"为核心的"上下有序"的等级秩序。干宝则主张以德治民,认为德治的好坏关乎国家的兴亡,故君子要"动以成德,无所苟行"⑦,主张恢复封建礼制,强调忠信笃敬的伦理道德等,显然都是受到了儒家思想影响的结果。

---

① 郭庆藩撰,王孝鱼点校:《庄子集释·逍遥游第一》,中华书局,2016年版,第22页。
② 范晔:《后汉书》卷六十三《李杜列传》,中华书局,1965年版,第2094—2095页。
③ 范晔:《后汉书》卷六十六《陈蕃传》,中华书局,1965年版,第2171页。
④ 范晔:《后汉书》卷六十一《左周黄列传》,中华书局,1965年版,第2042页。
⑤ 范晔:《后汉书》志第四《礼仪上》,中华书局,1965年版,第3101页。
⑥ 范晔:《后汉书》志第二十九《舆服上》,中华书局,1965年版,第3640页。
⑦ 干宝:《周易干氏注》卷上《乾》,马国翰《玉函山房辑佚书》,光绪九年琅嬛仙馆本。

第二节　史官制度在河南地区的发展

魏晋南北朝时期,不论是汉族政权,还是少数民族政权,大都设置有史官著作郎、佐著作郎等。至于史官之选任,或由皇帝直接任命,或由他官推荐,或由他官兼任,形式可谓多样。

一、史官制度之发展演变

曹丕建立新朝,即成立秘书监"掌艺文图籍之事",初属少府。到魏明帝景初(237—239)前后,王肃认为"魏之秘书即汉之东观之职,安可复属少府,自此不复焉"[①]。秘书监设有令、丞,魏文帝黄初年间开始有左、右丞之分。据《通典·职官典八》"秘书丞"条记载,曹丕本来欲用何祯为丞,"主者"却用为郎,文帝以为未尽其才,治"主者"罪后,将何祯由秘书郎改为秘书丞。由于原来秘书丞并未迁转,只好任命何祯为右丞。除了令和丞,秘书监还有秘书郎、秘书校书郎等职。秘书郎主要负责管理图书经籍,秘书校书郎则主要负责图籍的整理校订。秘书监外,还有著作郎,魏明帝太和年间(227—232)置,有著作郎官一人,负责国史修撰。著作郎外,还有佐著作郎,主要协助著作郎工作。

晋承魏制,设有秘书监。秘书监在西晋武帝时期曾一度被并入中书省,同时改秘书丞为中书秘书丞。晋惠帝时,又复置秘书寺,使其专掌图书管理。公元291年晋惠帝诏称:"秘书典综经籍,考校古今;中书自有职务,远相统摄,于事不专。宜令复别置秘书寺,掌中外三阁图书。"[②]"自是秘书之府,始居于外"。秘书寺开始有了独立的办公地点和办事机构。其人员组成,有秘书监一人,秘

[①] 徐坚:《初学记》卷十二《秘书监》,中华书局,1962年版,第294页。
[②] 李林甫:《唐六典》卷十《秘书省》,中华书局,1992年版,第296页。

书丞两人,秘书郎四人。两晋时期,还置有著作局,设著作郎一人,又称大著作郎,除了专领史任,还负责撰写起居注;设佐著作郎八人,主要负责收集各种史料,以备著作郎撰写之用。著作令史则是著作局中辅助著作郎以及佐著作郎工作的一般属官。

五胡十六国时期,匈奴、鲜卑、羯、氐、羌相继入主中原,并建立了自己的政权,虽然其立国时间都不是很长,但都设有专职的史官。后赵设有秘书、著作官员。史载,石勒曾"署参军事徐光为中书令、领秘书监"①,又"擢拜太学生五人为佐著作郎,录述时事"②,"其著作郎王度奏曰……"③,可知其著作官设置有著作郎、佐著作郎。前燕政权不仅设有秘书监,还设有著作郎,不过其著作官多为汉族文人,如出身清河望族的崔逞,"补著作郎,撰《燕记》"④。前燕还设有典书令,皇甫真就曾"入为典书令"一职,后皇甫真从慕容评攻拔邺都,邺都虽有"珍货充溢",然皇甫真"唯存恤人物,收图籍而已"⑤。刘知幾说"前燕有起居注,杜辅全录以为《燕纪》"⑥,可知前燕时已有记注制度。后燕亦设有秘书监,史载慕容盛曾"引中书令常忠、尚书阳璆、秘书监郎敷于东堂"⑦。

北朝时期,北魏、东魏、北齐等政权也都十分重视本国历史的编撰。北魏设有秘书省,与尚书、中书、门下、集书合称"五省"。有著作郎、佐著作郎。史载邓渊"博览经书,长于《易》筮。太祖定中原,擢为著作郎……太祖召渊撰《国记》,渊造十余卷,惟次年月起居行事而已,未有体例"⑧。还有占授著作郎,天赐三年四月,"占授著作郎王宜弟造《兵法孤虚立成图》三百六十时"⑨,说明此时的史官与巫史还没有完全区分开来。节闵帝普泰以后,还别置修史局,"普泰以来,

---

① 房玄龄:《晋书》卷一百〇五《石勒载记下》,中华书局,1974年版,第2746页。
② 房玄龄:《晋书》卷一百〇五《石勒载记下》,中华书局,1974年版,第2751页。
③ 房玄龄:《晋书》卷九十五《佛图澄传》,中华书局,1974年版,第2487页。
④ 魏收:《魏书》卷三十二《崔逞传》,中华书局,1974年版,第757页。
⑤ 房玄龄:《晋书》卷一百一十一《皇甫真载记》,中华书局,1974年版,第2860—2861页。
⑥ 刘知幾:《史通》卷十二《古今正史》,浦起龙通释,王煦华整理,上海古籍出版社,2009年版,第333页。
⑦ 房玄龄:《晋书》卷一百二十四《慕容盛载记》,中华书局,1974年版,第3100页。
⑧ 魏收:《魏书》卷二十四《邓渊传》,中华书局,1974年版,第635页。
⑨ 魏收:《魏书》卷二《太祖道武帝纪》,中华书局,1974年版,第42页。

三史稍替,别置修史局,其职有六人"①,并建立起了记注官制度,史载"后魏始置起居令史,每行幸宴会,则在御左右,记录帝言及宴宾客训答,后又别置修起居注二人,以他官领之"②。而监修制度的建立,则是北魏史官制度的一个重大变化。北魏的监修制度开始于崔浩总领史任一职,到高允、李彪、崔光、崔鸿先后典领国史,逐渐形成制度,"及洛京之末,朝议又以为国史当专任代人,不宜归之汉士。于是以谷纂、山伟更主文籍"③。然谷纂"监国史,不能有所缉缀"④,山伟则"时事荡然,万不记一"⑤。由胡人监修国史,虽乏善可陈,但这一制度却被东魏、西魏、北齐、北周所沿袭。东魏史官制度承袭北魏,仍设著作郎、著作佐郎掌修国史,但著作官多由中书省的官员兼领。起居注之撰写则始于天平初,其撰集制度沿袭北魏,仍设大臣监修,皆由中书、门下的长官兼领,撰集者也多由侍官充任。北齐史官有著作郎、著作佐郎、修史臣、校书郎等。著作郎共设两人,著作佐郎员额为八人。修史臣则是临时性的修史官吏,校书郎主掌校雠典籍,订正讹误。北齐时还将修史局改为史馆,《魏书·自序》有言:"受诏撰魏史,除魏尹,故优以禄力,专在史阁,不知郡事。"⑥这里的"史阁"即史馆。

二、史官之执掌、选任与秩品

由上述可知,魏晋南北朝时期的史官设置主要有著作郎(晋时又称大著作郎)和佐著作郎(著作佐郎)、著作令史、修史臣等。

史官之执掌。著作郎主要负责国史修撰,"著作郎,周左史之任也……谓之大著作郎,专掌史任"⑦。佐著作郎则"职知博采",主要负责收集史料,给著作

---

① 刘知幾:《史通》卷十一《史官建置》,浦起龙通释,王煦华整理,上海古籍出版社,2009年版,第292页。
② 杜佑:《通典》卷二十一《职官三·秘书郎》,岳麓书社,1995年版,第294页。
③ 刘知幾:《史通》卷十一《史官建置》,浦起龙通释,王煦华整理,上海古籍出版社,2009年版,第292页。
④ 魏收:《魏书》卷三十三《谷纂传》,中华书局,1974年版,第782页。
⑤ 魏收:《魏书》卷八十一《山伟传》,中华书局,1974年版,第1794页。
⑥ 魏收:《魏书》卷一百〇四《自序》,中华书局,1974年版,第2326页。
⑦ 房玄龄:《晋书》卷二十四《职官志》,中华书局,1974年版,第735页。

郎提供修撰国史的依据。"旧事,佐郎职知博采,正郎资以草传。"①"著作佐郎……掌贰著作佐郎修国史,初俱隶中书,谓之中书著作佐郎。"②著作郎还会负责起居注的撰写,"又按《晋令》,著作郎掌起居注,撰录诸言行勋伐旧载史籍者"③。事实上,著作郎和佐著作郎的分工并没有严格区分,有时候佐著作郎也可以修国史,如干宝就曾以佐著作郎的身份领著国史:"中兴草创,未置史官,中书监王导上疏曰:'……陛下圣明,当中兴之盛,宜建立国史,撰集帝纪,上敷祖宗之烈,下纪佐命之勋,务以实录,为后代之准……宜备史官,敕佐著作郎干宝等渐就撰集。'元帝纳焉。宝于是始领国史……著《晋纪》,自宣帝迄于愍帝五十三年,凡二十卷,奏之。"④著作令史则是著作局中辅助著作郎及佐著作郎工作的一般属官。《通典·职官十九》记载:"秘书著作治书、主书、主图、主谱令史。"⑤此即为著作令史之具体职责。修史臣则是临时性的修史官吏,别名修国史,没有固定编制,也没有名额限制,一般由别职充任,如国子博士、中书侍郎、舍人、通直常侍、司空司马、尚书郎等职位低下的文吏,一旦修撰结束,即返还原职。

史官之选任。有关著作郎、佐著作郎这两种史官的选任,形式可谓多样。一是由皇帝直接任命,如王隐、干宝等。史载:"太兴初,典章稍备,乃召隐及郭璞俱为著作郎,令撰晋史。"⑥干宝则以佐著作郎的身份,受晋元帝之命,领修国史。二是由中书监、秘书监或吏部官员推荐。如西晋时期著名文学家陆机,"以文学为秘书监虞濬所请为著作郎"⑦。南朝裴子野则是由吏部尚书徐勉推举为著作郎。史载"其叙事评论多善……咸称重之。至是,吏部尚书徐勉言之于高祖,以为著作郎,掌国史及起居注"⑧。晋惠帝元康后,著作佐郎亦可由中书监或

---

① 刘知幾:《史通》卷十一《史官建置》,浦起龙通释,王煦华整理,上海古籍出版社,2009年版,第287页。
② 徐坚:《初学记》卷十二《著作郎》,中华书局,1962年版,第299页。
③ 刘知幾:《史通》卷十一《史官建置》,浦起龙通释,王煦华整理,上海古籍出版社,2009年版,第296页。
④ 房玄龄:《晋书》卷八十二《干宝传》,中华书局,1974年版,第2149—2150页。
⑤ 杜佑:《通典》卷三十七《职官十九·秩品二》,岳麓书社,1995年版,第532页。
⑥ 房玄龄:《晋书》卷八十二《王隐传》,中华书局,1974年版,第2143页。
⑦ 虞世南辑录,孔广陶等校注:《北堂书钞》卷五十七《设官部九·著作总六十》,学苑出版社,2015年影印本,第一册,第433页。
⑧ 姚思廉:《梁书》卷三十《裴子野传》,中华书局,1973年版,第442—443页。

者秘书监调补,史载"晋佐著作郎八人……秘书监自调补之"①。如史官华峤,所撰《十典》未成而终,后秘书监缪徵奏峤少子畅为佐著作郎,畅终"克成《十典》,并草魏晋纪传"②。三是由他官兼领。曹魏时期,著作郎多由尚书、侍中兼任,如魏明帝时期,卫觊就是以尚书身份兼著作郎,职掌国史修撰及著述事。西晋时期荀勖就曾以中书监兼领著作。四是士族子弟的起家之选。据《晋书·外戚王濛附王脩传》所载,王脩明秀有美称,且善隶书,号曰"流奕清举",十二岁时,即作《贤全论》,"起家著作郎"③。又按《晋书·外戚·王蕴传》所载,王蕴乃司徒左长史王濛之子,"起家佐著作郎"④。五是解褐或者释褐著作官,即脱去布衣换上官服。如南朝时何求"元嘉末为宋文帝挽郎,解褐著作郎"⑤。又如萧藻,乃萧衍长兄萧懿次子,因"少立名行,志操清洁,齐永元初,释褐著作佐郎"⑥。

史官之秩品。著作郎、佐著作郎同属第六品。史载:"著作郎,品第六,进贤一梁冠,绛朝服。"又曰:"著作佐郎,品第六,进贤一梁冠,绛朝服。"至于著作令史之品级,《唐六典·秘书省》"书令史"条注曰:"自晋以来,秘书著作皆有令史,史阙其员品。"又《晋书·舆服志》"进贤冠"条载:"中书郎、秘书丞郎、著作郎、尚书丞郎、太子洗马舍人、六百石以下至于令史、门郎、小史,并冠一梁。"⑦由此可以判断,著作令史不过是俸禄在六百石以下的八品官员。

第三节　司马彪、袁宏、范晔的东汉史撰述

魏晋南北朝时期,涌现出了大量的东汉史著作,据有的学者统计,见于史书著

---

① 杜佑:《通典》卷二十六《职官八》,岳麓书社,1995年版,第383页。
② 房玄龄:《晋书》卷四十四《华峤传》,中华书局,1974年版,第1265页。
③ 房玄龄:《晋书》卷九十三《王脩传》,中华书局,1974年版,第2419页。
④ 房玄龄:《晋书》卷九十三《王蕴传》,中华书局,1974年版,第2420页。
⑤ 萧子显:《南齐书》卷五十四《何求传》,中华书局,1972年版,第937页。
⑥ 姚思廉:《梁书》卷二十三《萧渊传》,中华书局,1973年版,第361页。
⑦ 房玄龄:《晋书》卷二十三《舆服志》,中华书局,1974年版,第767页。

录的东汉史著述就不下 20 种。①而河南史家司马彪的《续汉书》、袁宏的《后汉纪》、范晔的《后汉书》则是其中的佼佼者,代表了当时东汉史撰述的最高水平。

一、司马彪与《续汉书》

司马彪(？—约 306),字绍统,今河南温县人,高阳王司马睦的长子,因"好色薄行,为睦所责,故不得为嗣",被剥夺了继承权。自此司马彪痛定思痛,幡然醒悟,开始潜心经史。"由此不交人事,而专精学习,故得博览群籍,终其缀集之务。"②晋武帝泰始中为秘书丞,在博览群书的基础上,乃注《庄子》,作《九州春秋》《续汉书》《战略》等,其中最能反映司马彪史学成就并为人所称道的是《续汉书》。

《续汉书》共 80 卷,纪传体体裁,主要记载东汉光武帝至孝献帝间两百年的历史,设有纪、传、志,并自创序传,颇有特色。司马彪自述作史动机云:"汉氏中兴,讫于建安,忠臣义士亦以昭著,而时无良史,记述烦杂,谯周虽已删除,然犹未尽,安顺以下,亡缺者多。"③也就是说,东汉"忠臣义士"众多,但无论是官修史书《东观汉记》,还是谢承《后汉书》和薛莹《后汉记》等私家著述,都未能很好地将东汉历史记载下来,因此,他要"讨论众书,缀其所闻,起于世祖,终于孝献,编年二百,录世十二,通综上下,旁贯庶事"④。司马彪撰《续汉书》,取材广泛,官修《东观汉记》、谢承《后汉书》、薛莹《后汉记》、王沈《魏书》、韦昭(韦曜)《吴书》、鱼豢《魏略》《典略》以及汉灵帝、汉献帝时期的各类档案文献等,都在取材之列,故而具有很高的史料价值。南朝宋范晔撰《后汉书》时,在比较诸书同一记载时,往往舍其他而取《续汉书》,足见此书之重要。因为《续汉书》记事翔实,可与官修《东观汉记》、范晔《后汉书》、袁宏《后汉纪》互参,庶几可以弥补东汉史事记载晦而不详或漏落失误之不足。

后世学者对《续汉书》评价较高。南朝梁刘勰比较诸家东汉史,认为司马彪

---

① 谢保成:《中国史学史(一)》,商务印书馆,2006 年版,第 291—292 页。
② 房玄龄:《晋书》卷八十二《司马彪传》,中华书局,1974 年版,第 2141 页。
③ 房玄龄:《晋书》卷八十二《司马彪传》,中华书局,1974 年版,第 2141 页。
④ 房玄龄:《晋书》卷八十二《司马彪传》,中华书局,1974 年版,第 2141 页。

《续汉书》为诸家之冠:"至于后汉纪传,发源《东观》。袁(山松)、张(莹)所制,偏驳不伦;薛(莹)、谢(沈)之作,疏谬少信;若司马彪之详实,华峤之准当,则其冠也。"①唐代刘知幾则认为司马彪著史,集班彪、华峤之术与班固、荀悦之才于一身,且有"独见之明":"假令其间有术同彪、峤,才若班、荀,怀独见之明,负不刊之业,而皆取窘于流俗,见嗤于朋党。"②唐太宗则以"前史殚妙词,后昆沉雅思。书言扬盛迹,补阙兴洪志。川谷犹旧途,郡国开新意"③一诗独咏《续汉书》,可谓褒扬有加。对《续汉书》中的"八志",后人亦多赞扬,刘昭赞曰:"王教之要,国典之源,粲然略备,可得而知矣。"④刘知幾亦称八志"虽未能尽善,大较多实""精审"⑤。除此之外,司马彪《续汉书》还有诸多特点。

(一)惩恶扬善,以史资鉴

司马彪所著《续汉书》,是将"书时事,载善恶以为沮劝,撮教世之要"⑥的著史原则作为指导思想的。而在具体撰写的过程中,司马彪注重善恶俱书,以资鉴戒。如在帝纪中,司马彪赞扬"柔远以德,爱慎人命,下及至贱"⑦的光武帝,亦批评"收天下田,亩十钱,以治宫殿"⑧,"于西园造万金堂,以为私藏,别司农金钱缯帛,积之于中。又还河间买田业,起第观"⑨的汉灵帝。他批评汉武帝好大喜功,在官制上"多所改作,然而奢广,民用匮乏"的恶政,也推崇光武帝"务从节约,并官省职,费减亿计,所以补复残缺,及身未改,而四海从风,中国安乐者也"⑩的善政。司马彪还对秦始皇、汉武帝的大规模封禅活动进行了严厉批评,认为这些大规模的封禅活动,违背"天道质诚",所谓"帝王所以能大显于后者,

---

① 刘勰:《文心雕龙·史传》,黄叔琳注,纪昀评,戚良德辑校,刘咸炘说本,上海古籍出版社,2015年版,第100页。
② 刘知幾:《史通》卷九《核才》,浦起龙通释,王煦华整理,上海古籍出版社,2009年版,第233页。
③ 王促铺:《唐诗纪事校笺》卷一《咏司马彪续汉志》,巴蜀书社,1989年版,第5页。
④ 范晔:《后汉书·后汉书注补志序》,中华书局,1965年版。
⑤ 刘知幾:《史通》卷三《书志》,浦起龙通释,王煦华整理,上海古籍出版社,2009年版,第61页。
⑥ 房玄龄:《晋书》卷八十二《司马彪传》,中华书局,1974年版,第2141页。
⑦ 欧阳询:《艺文类聚》卷十二《帝王部·后汉光武帝》引《续汉书》,文渊阁四库全书本。
⑧ 李昉:《太平御览》卷九十二,河北教育出版社,2000年版,第806页。
⑨ 李昉:《太平御览》卷九十二,河北教育出版社,2000年版,第806页。
⑩ 范晔:《后汉书》志第二十四《百官一》,中华书局,1965年版,第3555页。

实在其德加于民,不闻其在封矣"①。《续汉书》设《天文志》《五行志》,意图通过记录天人相应的变化,警戒统治者。诚如他在《天文志》序中所言:"言其时星辰之变,表象之应,以显天戒,明王事。"②所有这些,无不表现出其惩恶扬善、旨在沮劝和教世的史学思想。

(二)重家族世系

魏晋时期的门阀士族观念对司马彪影响很大,《续汉书》为人物立传,往往注明世系,特别是为出身世家大族者立传,更是连篇累牍,记载其世系传衍。这既是司马彪个人的喜好,也是那个时代史家著史的特色。在《续汉书》现存不多的传记中,家族附传就有20篇,足见其对记载家族世系的重视。如现存《袁安传》佚文中,司马彪不仅记载袁安之事,所谓"安字邵公,质性清严,不交异类。为功曹,奉檄谒从事"③云云,而且附记其孙及曾孙诸人事迹,所谓"袁彭,字伯楚。祖父安,历广汉、南阳太守。顺帝初,为光禄勋,行至清,为吏粗袍粝食,终于议郎"④。"袁汤字仲河,桓帝初为司空,迁太尉。有子逢、成、隗。逢字周阳,灵帝时为司空。隗字次阳,亦至司徒、太傅,封都乡侯,四叶五公。"⑤这一特色的形成实与晋代重门第的世风颇有关系,因"门阀士族最注重门第、血统、婚宦,其勋阶阀阅和门第高低的评定,端赖于对其祖宗世系的追述"⑥。加之司马彪又出身皇族,对家族世系必然愈发重视。

(三)玄学化思想倾向

从司马彪现存著述来看,其玄学化的思想倾向较为明显。清人孙冯翼曾在《司马彪庄子注序》中指出:"今考《文选》注引彪《人间世》篇题注文'与人群者不得离人'数语,郭象注本正复大同。岂象之窃不仅向氏耶?抑彪与秀义不谋

---

① 范晔:《后汉书》志第九《祭祀下》,中华书局,1965年版,第3205页。
② 范晔:《后汉书》志第十《天文上》,中华书局,1965年版,第3215页。
③ 汪文台辑:《七家后汉书》,司马彪《续汉书》卷第三,河北人民出版社,1987年版,第251页。
④ 汪文台辑:《七家后汉书》,司马彪《续汉书》卷第三,河北人民出版社,1987年版,第252页。
⑤ 汪文台辑:《七家后汉书》,司马彪《续汉书》卷第三,河北人民出版社,1987年版,第252页。
⑥ 庞天佑:《门阀士族与魏晋南北朝时期的史学》,《湛江师范学院学报》1994年第3期。

而合耶?"①这实际上间接指出了司马彪注《庄子》与向秀注《庄子》有不谋而合之处,均有明显玄学倾向。司马彪还曾为《逍遥游》篇解题,其言曰:"言逍遥无为者能游大道也。"②倡导顺应自然,逍遥无为,以得大道,所蕴含的玄学思想不言自明。实际上,司马彪极力推崇无为而治。众所周知,儒家"三不朽"是立功、立德、立言,终极目标则是立名,但在司马彪看来,刻意建立各种功勋以立名者非神人、圣人,神人、圣人均顺应自然,不求功与名。其言道:"神人无功,言修自然,不立功也。圣人无名,不立名也。"③在政治实践上,司马彪认为"无为而治"就是典型的"治大国如烹小鲜",而最合理的形式无外乎精简机构、减少政令、戒奢尚俭、与民休息等,因此,在司马彪所著史书中,我们可以看到其对汉武帝"多所改作"的批判,而对光武帝"务从节约,并官省职"的盛赞,甚至提出"世祖节约之制,宜为常宪"④,希望"节约之制"成为后世治国的政治原则。司马彪还从天道角度来论证"节约之制"的合理性,所谓"虽诚天道难可度知,然其大较犹有本要。天道质诚,约而不费者也"⑤。所有这些,都体现出司马彪史学思想的玄学化倾向。

当然,受时代局限,司马彪的历史观中常有神秘主义的色彩,这一思想在《五行志》《天文志》中表现得淋漓尽致。如他把彗星的出现与战争、叛乱、治狱甚至后宫之事联系起来:"(建武)十五年正月丁未,彗星见昂,稍西北行入营室,犯离宫,三月乙未,至东壁灭,见四十九日。彗星为兵入除秽,昂为边兵,彗星出之为有兵至。十一月,定襄都尉阴承反,太守随诛之。卢芳从匈奴入居高柳,至十六年十月降,上玺绶。一曰,昂星为狱事。是时大司徒欧阳歙以事系狱,逾岁死。营室,天子之常宫;离宫,妃后之所居。彗星入营室,犯离宫,是除宫室也。是时郭皇后已疏,至十七年十月,遂废为中山太后,立阴贵人为皇后,除宫之象也。"⑥类似这样把星象变化与人事感应联系起来的记载,在《天文志》中尚有许多。在《五行志》中,司马彪将地震与窦太后摄政联系起来:"《春秋汉含孳》曰:

---

① 孙冯翼辑:《司马彪庄子注》,中华书局,1991年版,第1页。
② 郭庆藩:《庄子集释·逍遥游第一》,王孝鱼点校本,中华书局,2016年版,第2页。
③ 郭庆藩:《庄子集释·逍遥游第一》,王孝鱼点校本,中华书局,2016年版,第22页。
④ 范晔:《后汉书》志第二十四《百官一》,中华书局,1965年版,第3555页。
⑤ 范晔:《后汉书》志第九《祭祀下》,中华书局,1965年版,第3205页。
⑥ 范晔:《后汉书》志第十《天文上》,中华书局,1965年版,第3222页。

女主盛,臣制命,则地动坼,畔震起,山崩沦。是时窦太后摄政,兄窦宪专权,将以是受祸也。后五日,诏收宪印绶,兄弟就国,逼迫皆自杀。"①事实上,地震仅仅是一种自然现象,与外戚专政并无必然联系。司马彪把彗星、地震等自然变化与政治联系在一起,目的无非是借天象戒人事,因为过于神秘,所以并不足取。

二、袁宏与《后汉纪》

袁宏(328—376),字彦伯,陈郡阳夏(今河南太康)人。祖上乃钟鸣鼎食之家,至袁宏时,家道中落,"少孤贫,以运租自业"。然"有逸才,文章绝美","机对辩速",号为"一时文宗"②,时人王珣以"当今文章之美,故当共推此生"③相誉。豫州刺史谢尚非常赏识袁宏,"引宏参其军事,累迁大司马桓温府记室。温重其文笔,专综书记"④。但天生"强正亮直"的袁宏,"虽被温礼遇,至于辩论,每不阿屈,故荣任不至"⑤。桓温死后,谢安令其出任东阳太守,直至终老。

袁宏一生著述颇多,有诗、赋、诔、表等三百余篇,史学著作尤以《后汉纪》为代表。由于当时社会上所流传的东汉史著多"烦秽杂乱","阙略错谬",袁宏"睡而不能竟也,聊以暇日,撰集为《后汉纪》"⑥。该书的撰写耗费了袁宏多年心血,"经营八年,疲而不能定。颇有传者,始见张璠所撰书,其言汉末之事差详,故复探而益之"⑦。《后汉纪》取材广泛,所参考的诸家东汉史主要有《东观汉记》、谢承的《后汉书》、司马彪的《续汉书》、华峤的《后汉书》、谢沈的《后汉书》等等。此外还有起居注、各种奏折等,所谓"缀会《汉纪》、谢承《书》、司马彪《书》、华峤《书》、谢沈《书》、《汉山阳公记》、《汉灵献起居注》、《汉名臣奏》,旁及诸郡耆旧先贤传凡数百卷"⑧。《后汉纪》保存了大量范晔《后汉书》所没有的

---

① 范晔:《后汉书》志第十六《五行四》,中华书局,1965年版,第3328页。
② 房玄龄:《晋书》卷九十二《袁宏传》,中华书局,1974年版,第2391页。
③ 房玄龄:《晋书》卷九十二《袁宏传》,中华书局,1974年版,第2398页。
④ 房玄龄:《晋书》卷九十二《袁宏传》,中华书局,1974年版,第2391页。
⑤ 房玄龄:《晋书》卷九十二《袁宏传》,中华书局,1974年版,第2398页。
⑥ 袁宏:《后汉纪·序》,张烈点校本,中华书局,2002年版。
⑦ 袁宏:《后汉纪·序》,张烈点校本,中华书局,2002年版。
⑧ 袁宏:《后汉纪·序》,张烈点校本,中华书局,2002年版。

史料,是研究东汉历史的重要资料。后人常将班固《汉书》、荀悦《汉纪》、范晔《后汉书》、袁宏《后汉纪》并提,"读荀、袁之《纪》,如未尝有班、范之《书》;读班、范之《书》,亦如未尝有荀、袁之《纪》也"①,而且认为《后汉纪》"比诸家号为精密"②。然自《资治通鉴》问世以后,人们普遍认为"(袁)宏所采亦云博矣,乃竟少有出范书外者,然则诸书精实之语,范氏撷拾已尽"③。袁宏《后汉纪》的价值一直没有被充分揭示出来。

(一)"言行趣舍,各以类书"的编纂方法

袁宏《后汉纪》是编年体史书,为了更好地叙事,袁宏对编年体进行了完善,提出了"古者方今不同,其流亦异,言行趣舍,各以类书"④的编纂方法,即按照人物之言行进行归类叙述,以达到"观其名迹,想见其人"⑤的叙事效果。这是袁宏对编年体史书体例的发展,在中国古代史学发展史上具有重要意义。

袁宏《后汉纪》中,把时代相去不远而品行或事迹类似的历史人物连类而书的情况在在多有。如卷十一将孝行突出的人物连类而书,所载人物有"居家专心于孝养,不为修饰之行,务适亲意而已"的孝子江革,"弃官行服,进退必以礼,贤良公车征,皆不至"的孝子毛义,被后母赶出家门仍"日夜号泣,不肯去,被殴打,不得已庐住门外,旦夕洒埽进养"⑥的孝子薛苞。卷十九将恤民勤政的良吏连类而书,所载人物有"选文武吏各尽其用,发剔奸盗"的任峻,"勤恤百姓,摧破豪侠"的苏章,"与吏士同寒苦"⑦的陈琦以及开仓赈民、威服边境的第五访,等等。这种连类而书的编纂方法,将同类人物的事迹集中叙述,以类相从,突出了历史人物的特征及贡献,大大扩展了编年体史书的叙事空间。

在叙及具体历史人物时,袁宏还经常采用追叙和预叙等方法,增强叙事的

---

① 袁宏:《后汉纪·附录四·序跋》,周天游校注本,天津古籍出版社,1987年版,第889页。
② 袁宏:《后汉纪·附录三·历代著录及杂论》,周天游校注本,天津古籍出版社,1987年版,第883页。
③ 王鸣盛:《十七史商榷》卷三十八《后汉书十》,黄曙辉点校本,上海古籍出版社,2013年版,第433页。
④ 袁宏:《后汉纪·序》,张烈点校本,中华书局,2002年版。
⑤ 袁宏:《后汉纪·序》,张烈点校本,中华书局,2002年版。
⑥ 袁宏:《后汉纪》卷十一《孝章皇帝纪》,张烈点校本,中华书局,2002年版,第207—208页。
⑦ 袁宏:《后汉纪》卷十九《孝顺皇帝纪》,张烈点校本,中华书局,2002年版,第368页。

完整性。所谓追叙法,有两种情况:一是叙及某一人物的重要活动时,顺便将其之前的情况加以交代,常用"初""先是"等字眼提起;二是在所记人物去世时,将其生平事迹一次追叙完毕。所谓预叙法,就是在记述人物的现状时,顺便将其今后的情况预作交代,有时候甚至还会兼记其子孙情况。

(二)"通古今而笃名教"的撰述旨趣

"通古今而笃名教"是袁宏撰写《后汉纪》之旨趣。袁宏说:"夫史传之兴,所以通古今而笃名教也。丘明之作,广大悉备。史迁剖判六家,建立十书,非徒记事而已,信足扶明义教,网罗治体,然未尽之。班固源流周赡,近乎通人之作;然因籍史迁,无所甄明。荀悦才智经纶,足为嘉史,所述当也,大得治功已矣。然名教之本,帝王高义,韫而未叙。今因前代遗事,略举义教所归,庶以弘敷王道。"①在袁宏看来,尽管《左传》"广大悉备",《史记》"扶明义教,网罗治体",《汉书》乃"通人之作",《汉纪》"足为嘉史",然而从"名教"的角度来看,诸史均在彰显"名教之本,帝王高义"方面存在严重不足。所以袁宏要"通古今而笃名教",以成一代之史。从根本上来说,袁宏"通古今而笃名教"的撰述旨趣,是为了"弘敷王道"。②诚如刘隆有所言:"借史以敷王道,这正是袁宏史学思想的中心内容。"③

《后汉纪》在记载刘秀"即皇帝位于鄗。改年为建武元年,大赦天下,改鄗为高邑"后,有一段评论曰:"长安犹存,建武之号已立,虽南面而有天下,以为道未尽也。"④显然,袁宏从"名教"的角度对刘秀进行了批评。在他看来,只要"成为君矣",哪怕短暂如更始帝,仍然是合法的存在,是不能随意取而代之的。刘秀取代更始,并不符合"王道"。在曹魏代汉的历史记载中,《后汉纪》用了三卷的篇幅叙述了董卓等人由觊觎皇权到迅速覆灭、曹氏由辅弼汉室到取而代之的过程,指出"假人之器,乘人之权,既而以为己有,不以仁义之心终,亦君子所耻也"⑤,将董卓、曹操等人视为贼祸、恶逆。对于曹丕"以不可取之实,而冒揖让

---

① 袁宏:《后汉纪·序》,张烈点校本,中华书局,2002年版。
② 汪高鑫:《论袁宏史学思想的玄学倾向》,《史学史研究》2005年第1期。
③ 刘隆有:《〈汉纪〉和〈后汉纪〉在史学上的地位和影响》,《历史教学》1984年第5期。
④ 袁宏:《后汉纪》卷三《光武皇帝纪》,张烈点校本,中华书局,2002年版,第39—40页。
⑤ 袁宏:《后汉纪》卷三十《孝献皇帝纪》,张烈点校本,中华书局,2002年版,第582页。

之名"的禅让,袁宏则以"汉苟未亡,则魏不可取"①定论。《后汉纪》还痛斥篡汉的王莽,认为"王莽篡汉,刘氏抑废"②,"王莽暴虐,盛夏斩人,此天亡之时"③,"王莽暴虐,百姓分崩……此亦天亡之时"④。《后汉纪》之所以这样评论历史人物,显然都是出于"弘敷王道"的需要。

(三)历史评论的玄学化倾向

袁宏深研玄理,其历史评论带有明显的玄学化倾向。援玄入史、玄儒合一是其学术思想与方法的基本特征。袁宏重视"名教",但他又用"自然之理"来解释"名教":"夫君臣父子,名教之本也。然则名教之作,何为者也?盖准天地之性,求之自然之理,拟议以制其名,因循以弘其教,辩物成器,以通天下之务者也。是以高下莫尚于天地,故贵贱拟斯以辩物;尊卑莫大于父子,故君臣象兹以成器。天地无穷之道,父子不易之体。夫以无穷之天地,不易之父子,故尊卑永固而不逾,名教大定而不乱,置之六合,充塞宇宙,自今及古,其名不去者也。未有违夫天地之性而可以序定人伦,失乎自然之理而可以彰明治体者也。"⑤在袁宏看来,君臣父子乃名教之本,而君尊臣卑、父贵子贱和天高地卑是一致的,是"自然之理",不可逆转。袁宏以所谓的"天地之性"和"自然之理"来论说名教,极具欺骗性,必须指出来。当然,其将玄学运用于历史评论,仍有诸多值得肯定的思想观念。

其一,为政贵在安静。从道家"自然无为"的精神出发,袁宏强调为政"贵在安静"。他说:"古之有天下者,非欲制御之也,贵在安静之。故修己无求于物,治内不务于外。"⑥一言以蔽之,就是要清静无为。基于此,袁宏主张法先王无为之道。他认为三代以前君臣"穆然",是无为政治,而五霸、秦汉时期君臣"瞿然",是有为之道。尽管五霸、秦汉时期的君臣"可以济一时之务",然由于"去

---

① 袁宏:《后汉纪》卷三十《孝献皇帝纪》,张烈点校本,中华书局,2002年版,第590页。
② 袁宏:《后汉纪》卷一《光武皇帝纪》,张烈点校本,中华书局,2002年版,第1页。
③ 袁宏:《后汉纪》卷一《光武皇帝纪》,张烈点校本,中华书局,2002年版,第2页。
④ 袁宏:《后汉纪》卷一《光武皇帝纪》,张烈点校本,中华书局,2002年版,第5页。
⑤ 袁宏:《后汉纪》卷二十六《孝献皇帝纪》,张烈点校本,中华书局,2002年版,第509页。
⑥ 袁宏:《后汉纪》卷十四《孝和皇帝纪》,张烈点校本,中华书局,2002年版,第281页。

夫高尚之道,岂不远哉"①,也就是与三代的无为而治相去甚远。这显然是基于玄学立场而作出的评论。袁宏还充分肯定三代实行"羁縻而弗有"的政策,从而使得"君臣泰然,不以区宇为狭也",故能"享国长久"。他反对秦汉的开疆拓土,认为秦汉统治者的"西通诸国,东略海外",其结果是"地广而威刑不制,境远而风化不同,祸乱荐臻,岂不斯失"②。对于班超出使西域,袁宏是这样说的:"班超之功非不谓奇也,未有以益中国,正足以伏四夷,故王道所不取也。"③这显然也是袁宏清静无为玄学思想的一种反映。《后汉纪》中还对统治者因"多欲"而导致"民疲"的现象提出了严厉批评。其言曰:"然富有天下者,其欲弥广,虽方丈黼黻,犹曰不足;必求河海之珍,以充耳目之玩,则神劳于上,民疲于下矣。"④袁宏尤其严厉批评了秦汉以来的奢靡之君:"末世之主,行其淫志,耻基堂之不广,必壮大以开宫;恨衣裳之不丽,必美盛以修服;崇屋而不厌其高,玄黄而未尽其饰。于是民力殚尽,而天下咸怨,所以弊也。故有道之主,睹先王之规矩,察秦汉之失制,作营建务求厥中,则人心悦固,而国祚长世也。"⑤在袁宏看来,统治者的多欲,只会导致民疲国破。袁宏的这些认识,都是他清静无为的玄学思想在历史评论中的反映。

其二,智者顺势而为。魏晋时期,玄学家对于才性的认识,大都肯定性本自然,人们应该顺性而为。袁宏也不例外,其在评论历史人物时,极为强调"顺性""顺势",认为智者应"顺势而为"而不能"过其才"。袁宏提出著名的"三患论",他说:"夫世之所患,患时之无才也;虽有其才,患主之不知也;主既知之,患任之不尽也。彼三患者,古今所同,而御世之所难也。"⑥袁宏的"三患论"强调世道艰难,人生在世,要想有番作为,既取决于自身的才气,更取决于君主的知遇与重用,这些都是人们主观所无法掌握的,最好的办法还是明哲保身。袁宏还指出,大凡历史上"过其才"者,往往不会有好的下场。《后汉纪》卷八评论东汉名将马援时指出,马援之所以能成为东汉开国著名功臣,既有其主观原因,那就是"才气志略,

---

① 袁宏:《后汉纪》卷四《光武皇帝纪》,张烈点校本,中华书局,2002年版,第66页。
② 袁宏:《后汉纪》卷十四《孝和皇帝纪》,张烈点校本,中华书局,2002年版,第281—282页。
③ 袁宏:《后汉纪》卷十四《孝和皇帝纪》,张烈点校本,中华书局,2002年版,第282页。
④ 袁宏:《后汉纪》卷十八《孝顺皇帝纪》,张烈点校本,中华书局,2002年版,第347页。
⑤ 袁宏:《后汉纪》卷九《孝明皇帝纪》,张烈点校本,中华书局,2002年版,第166页。
⑥ 袁宏:《后汉纪》卷六《光武皇帝纪》,张烈点校本,中华书局,2002年版,第108页。

足为风云之器",也有客观原因,当时恰逢乱世用人之际,马援的才气正"遇其时"。但是马援死后颇遭怨谤,袁宏认为与其不懂"顺势"而"过其才"有关。他说:"天下既定,偃然休息,犹复垂白,据鞍慷慨,不亦过乎!"袁宏认为,马援以安天下时的作为行于治天下,不懂顺势而改,故而产生不智之举。袁宏说:"善为功者则不然,不遇其主则弗为也。及其不得已,必量力而后处,力止于一战则事易而功全,劳足于一役则虑少而身安,推斯以往,焉有毁败之祸哉!马援亲遇明主,动应衔辔,然身死之后,怨谤并兴,岂非过其才为之不已者乎!"①在此,袁宏严厉批评马援不懂"顺势",身后遭谤完全是自己"过其才"的不明智之举所致。

三、范晔与《后汉书》

范晔(398—445),字蔚宗,小字砖,"母如厕产之,额为砖所伤,故以砖为小字"②。南朝宋顺阳(今河南淅川)人,祖父范宁为晋豫章太守,曾注《穀梁传》。父范泰,官至南朝宋左光禄大夫、国子祭酒,有文集传于世。范晔虽"长不满七尺,肥黑,秃眉须",然"少好学,博涉经史,善为文章,能隶书,晓音律"③,颇有才学,十七岁步入仕途,官至太子詹事。

公元 445 年,范晔以首谋罪被处死。其死因,一般记载是说大臣孔熙先谋反,范晔知情未报,被同僚徐湛之告发,结果以首谋罪被处死。其实,说范晔知情未报是实,这从他与审问他的政敌何尚之的谈话可知,范晔说:"谋逆之事,闻孔熙先说此,轻其小儿,不以经意。今忽受责,方觉为罪。"④但他决不是"首谋之人"。范晔之所以被以"首谋罪"处死,一是成为了皇室斗争的牺牲品。史载,孔熙先素不为范晔所重,但孔熙先"藉岭南遗财,家甚富足",与范晔外甥谢综博戏时,"故为拙行,以物输之",于是,谢综"乃引熙先与晔为数,晔又与戏,熙先故为不敌,前后输晔物甚多。晔既利其财宝,又爱其文艺。熙先素有词辩,尽心事

---

① 袁宏:《后汉纪》卷八《光武皇帝纪》,张烈点校本,中华书局,2002 年版,第 148 页。
② 沈约:《宋书》卷六十九《范晔传》,中华书局,1974 年版,第 1819 页。
③ 沈约:《宋书》卷六十九《范晔传》,中华书局,1974 年版,第 1819 页。
④ 沈约:《宋书》卷六十九《范晔传》,中华书局,1974 年版,第 1826 页。

之,晔遂相与异常,申莫逆之好"①。孔熙先密谋拥立刘义康为帝,因范晔与孔熙先有莫逆之交而被牵涉其中,也就不足为怪了。二是官僚集团内部矛盾所致。史载范晔"善弹琵琶,能为新声,上欲闻之,屡讽以微旨,晔伪若不晓,终不肯为上弹。上尝宴饮欢适,谓晔曰:'我欲歌,卿可弹。'晔乃奉旨。上歌既毕,晔亦止弦"②。"伪若不晓",足见范晔之恃才傲物,对皇帝尚且如此,更不用说一般的朝臣了。因此,范晔在朝中树敌较多,不仅揭发他的徐湛之以及权臣何尚之等人嫉恨他,而且当时朝中权贵大多与他不和,范晔被告发后,他们都恨不得置范晔于死地而后快。三是思想矛盾所致。南朝是一个佛教大盛的时代,宋文帝信佛,当时朝中大臣绝大多数都信佛,何尚之就是一个狂热的佛教徒,宋文帝曾将其比作佛门门路。然而,范晔却是一位坚决反佛的唯物论者。《宋书·范晔传》说:"晔常谓死者神灭,欲著无鬼论。"又常说:"天下决无佛鬼。"③神灭与神不灭是当时思想界斗争的中心问题,在这个斗争中,范晔站在了当权者的反面,这是宋王朝要置他于死地的重要原因。

《后汉书》大约开始写作于公元432年,即范晔被贬为宣城太守的那一年。史载,元嘉九年(432)冬,彭城王刘义康的母亲去世,其僚故并集东府助理丧葬事宜,时范晔之弟范广渊当值,范晔与其"夜中酣饮,开北牖听挽歌为乐"。彭城王刘义康听说此事后大怒,左迁范晔为宣城太守,时年35岁。官场失意的范晔,开始埋头著述,"乃删众家《后汉书》为一家之作"④。根据他本人的计划,此书要写成100卷。其被处死时,尚有10个志未完成。南朝梁刘昭在为《后汉书》作注时,便取了近人司马彪《续汉书》中8个志共30卷补入进来,基本完备了《后汉书》的体例。对于为何要撰《后汉书》,范晔在《狱中与诸甥侄书》中是这样说的:"详观古今著述及评论,殆少可意者。班氏最有高名,既任情无例,不可甲乙辨,后赞于理近无所得,惟志可推耳。博赡不可及之,整理未必愧也。"⑤由此可见,范晔不但对当时各家《后汉书》的撰述不满,而且对班固的《汉书》也表示不满,所以他要重撰《后汉书》,以展示自己的史学才华和历史见解。

---

① 沈约:《宋书》卷六十九《范晔传》,中华书局,1974年版,第1820—1821页。
② 沈约:《宋书》卷六十九《范晔传》,中华书局,1974年版,第1820页。
③ 沈约:《宋书》卷六十九《范晔传》,中华书局,1974年版,第1828—1829页。
④ 沈约:《宋书》卷六十九《范晔传》,中华书局,1974年版,第1820页。
⑤ 沈约:《宋书》卷六十九《范晔传》,中华书局,1974年版,第1830页。

(一)"因事就卷内发论,以正一代得失"

"欲因事就卷内发论,以正一代得失"[1]是范晔撰写《后汉书》的宗旨。范晔力图在《后汉书》中展示自己的"精深意旨",也就是要总结出一些带规律性的历史经验来。

其一,得民心者得天下。在考察光武帝中兴的前因后果时,范晔得出了得民心者得天下的论点。《后汉书·王刘张李彭卢列传》:"夫能得众心,则百世不忘矣。观更始之际,刘氏之遗恩余烈,英雄岂能抗之哉!然则知高祖、孝文之宽仁,结于人心深矣。周人之思邵公,爱其甘棠,又况其子孙哉!刘氏之再受命,盖以此乎!"[2]在范晔看来,由于西汉初期长达百年的深入人心的仁政,中间虽然经历王莽新朝的波折,然人心思汉,汉皇朝最终得以复兴。范晔把人心向背作为影响政权兴亡的重要因素,无疑是十分深刻的见解。

其二,以仁治国,宽爱百姓。《后汉书》中多次出现"盛德必百世祀""宽则得众"等语。在范晔看来,统治者一定要施行仁政,对百姓仁爱宽厚,只有这样,才能维持政权的长治久安。故而,范晔对于汉明帝时期"朝廷莫不悚栗,争为严切"[3]的苛政提出了严厉的批评,说"明帝察察"[4]。相反,范晔对于汉章帝的仁爱之政则给予了高度评价,认为汉章帝能够摒弃刻薄之吏,产生了很好的社会效果,"人俗和平,屡有嘉瑞"[5],并赞扬汉章帝为"长者"。"章帝素知人厌明帝苛切,事从宽厚。感陈宠之义,除惨狱之科。深元元之爱,著胎养之令。奉承明德太后,尽心孝道。割裂名都,以崇建周亲,平徭简赋,而人赖其庆。又体之以忠恕,文之以礼乐。故乃蕃辅克谐,群后德让。谓之长者,不亦宜乎!"[6]评价极高。

其三,社会风气的好坏事关王朝兴衰存亡。范晔重视对社会风俗的探讨,认为"声教废于上,而风俗清乎下"[7]。《后汉书·党锢列传》通过对两汉风俗几

---

[1] 沈约:《宋书》卷六十九《范晔传》,中华书局,1974年版,第1830页。
[2] 范晔:《后汉书》卷十二《王刘张李彭卢列传》,中华书局,1965年版,第508—509页。
[3] 范晔:《后汉书》卷四十一《钟离意传》,中华书局,1965年版,第1409页。
[4] 范晔:《后汉书》卷三《肃宗孝章帝纪》,中华书局,1965年版,第159页。
[5] 范晔:《后汉书》卷四十六《陈宠传》,中华书局,1965年版,第1549页。
[6] 范晔:《后汉书》卷三《肃宗孝章帝纪》,中华书局,1965年版,第159页。
[7] 范晔:《后汉书》卷六十二《荀韩钟陈列传》,中华书局,1965年版,第2069页。

次变化的分析,得出了"上好则下必甚,矫枉故直必过,其理然矣"①的结论。对于范晔的这一认识,清代学者王鸣盛评曰:"《党锢传》总叙,说两汉风俗之变,上下四百年间,了如指掌。下之风俗,成于上之好尚,此可为百世之龟镜。蔚宗言之切至如此,读之能激发人。"②

其四,王朝兴亡有一个逐渐变化的过程。在范晔看来,王朝兴亡并非一蹴而就,而是有一个渐变的过程,"自古丧大业绝宗禋者,其所渐有由矣"③。范晔作《宦者传》,描述了宦官从"中官始盛"到"手握王爵,口含天宪",再到"权归宦官,朝廷日乱",让人清楚地看到宦官乱国是一个渐变的过程。范晔云:"《易》曰:'履霜,坚冰至。'云所从来久矣。今迹其所以,亦岂一朝一夕哉!"④此论可谓卓识。

(二)体例上的创新

自司马迁创立纪传体以后,为了史事叙述的方便,历代史家都不断完善和创新这一体裁,范晔作《后汉书》,同样追求体例的创新,并获得极大成功。

一是增设《皇后纪》,代替《外戚传》。所谓外戚,即是指帝王的母族或妻族,因其权势显赫,历来在正史中占据重要地位。但是,外戚再尊贵,也不能置身帝纪之中,所以《史记》设《外戚世家》(只有吕太后破格立为本纪),《汉书》设《外戚传》。范晔著《后汉书》,打破了这一原则,改《外戚传》为《皇后纪》。范晔的这一做法并非标新立异,而是对东汉历史事实的真实记录。"东京皇统屡绝,权归女主,外立者四帝,临朝者六后,莫不定策帷帟,委事父兄,贪孩童以久其政,抑明贤以专其威。"⑤范晔改《外戚传》为《皇后纪》,就是要将东汉皇权旁落、皇后专权、外戚专国的历史真实呈现出来。当然,《皇后纪》主要载录皇后事迹,并不能完全代表"外戚"。对此,范晔专门为东汉时执掌朝廷重权的外戚设立专传,如《梁冀传》《窦宪传》《何进传》等,这是范晔在编纂体例上所作的变通。

二是在人物列传的编纂上,多设"类传",而不拘泥于时间先后的限制。"类

---

① 范晔:《后汉书》卷六十七《党锢列传》,中华书局,1965年版,第2185页。
② 王鸣盛:《十七史商榷》卷三十八《后汉书十》,黄曙辉点校本,上海古籍出版社,2013年版,第418页。
③ 范晔:《后汉书》卷七十八《宦者列传》,中华书局,1965年版,第2537页。
④ 范晔:《后汉书》卷七十八《宦者列传》,中华书局,1965年版,第2538页。
⑤ 范晔:《后汉书》卷十《皇后纪上》,中华书局,1965年版,第401页。

传"这一形式在《史记》《汉书》中就已经出现了,如《儒林传》《循吏传》等。较之《史记》《汉书》,《后汉书》更加偏重以类相从,新立《党锢传》《方术传》《宦者传》《文苑传》《独行传》《逸民传》《列女传》七个类传。对此,后人颇有微词,认为范晔这样做不过是为了"多立名目",殊不知,这正是范晔的创新之举。范晔新增的这些类传独具时代特点,比较全面地反映了东汉二百年间历史的特征,进一步拓展了纪传体史籍收录史事的范围。另外,《后汉书》中不少合传的安排也坚持以类相从的原则,如班固和班超两兄弟,范晔把班固附于《班彪传》,而将班超与梁懂合传作《班梁传》,因为班彪、班固都以修史著名,而班超、梁懂两人都坚持奋战西域,"卒能成功立名"①。范晔的这一创意,使得《后汉书》所容纳的历史人物达五百多人,远远超过了《史记》和《汉书》。

三是"一事不两载"的叙事方法。纪传体是以人物为中心来反映历史的,然而,历史事件与人物之间往往是一人数事、一事数人。为解决这一难题,范晔在司马迁"互见法"的基础上,创新出"一事不两载"的叙事方法。如《后汉书·何进传》对何进谋杀宦官不成反为其害的经过记载得非常详细,而在与何进关系密切的《张让传》中就记载得极为简略。再如《后汉书·董卓传》详细记载了王允与吕布谋诛董卓一事,但在《王允传》及《吕布传》中,仅以"语在《卓传》""事已见《卓传》"两语言之。这样的记事方法被刘知幾赞为"简而且周,疏而不漏,盖云备矣"②。

(三)历史文学的典范

重文采是汉晋时期史学著作的特色,这一时期的史学著作在"历史文学"上达到高峰,前四史就是代表,而范晔《后汉书》就是其中的一部。对于《后汉书》在文采上的成就,范晔本人也颇为自信。其在《狱中与诸甥侄书》中这样说道:"吾杂传论皆有精意深旨,既有裁味,故约其词句。至于《循吏》以下及六夷诸序论,笔势纵放,实天下之奇作。"③这并非范晔口出狂言,事实上其"文辞之美,异口同声"④。刘师培对范晔《后汉书》之文采给予较高评价,称其"'抽其芬芳,振

---

① 范晔:《后汉书》卷四十七《班梁列传》,中华书局,1965年版,第1594页。
② 刘知幾:《史通》卷五《补注》,浦起龙通释,王煦华整理,上海古籍出版社,2009年版,第123页。
③ 沈约:《宋书》卷六十九《范晔传》,中华书局,1974年版,第1830页。
④ 汪荣祖:《史传通说·后汉诸史第十》,中华书局,1989年版,第130页。

其金石',字句声律,并臻佳妙。导齐梁之先路,树后世之楷模也,宜蔚宗自诩为'天下之奇作'矣"①。黄侃更是对《后汉书》的文采赞誉有加:"赞之精整可法,以范蔚宗《后汉书》赞为最。自云'赞自是吾文之杰思,殆无一字空设'。由今观之,自陆、袁以降,诚未有美于詹事者也。"②

  首先,范晔有意识地将音律运用于《后汉书》之赞语创作中,《后汉书》共有90篇赞语,篇篇押韵,朗朗上口。如"光武十子,胙土分王。沛献尊节,楚英流放。延既怨诅,荆亦觖望。济南阴谋,琅邪骄宕。中山临淮,无闻夭丧。东平好善,辞中委相。谦谦恭王,实惟三让"③。不仅如此,范晔《后汉书》中还有大量的隶事用典,并大量运用比喻等修辞手法。如《后汉书·朱浮传》论曰:"吴起与田文论功,文不及者三,朱买臣难公孙弘十策,弘不得其一,终之田文相魏,公孙宰汉,诚知宰相自有体也。故曾子曰:'君子所贵乎道者三,笾豆之事则有司存。'而光武、明帝躬好吏事,亦以课核三公,其人或失而其礼稍薄,至有诛斥诘辱之累。任职责过,一至于此,追感贾生之论,不亦笃乎!朱浮讥讽苛察欲速之弊,然矣,焉得长者之言哉!"④短短几句话,就用了"吴起与田文""朱买臣、公孙弘十策""曾子之语""贾生之论""欲速之弊""长者之言"六个典故。《后汉书》用语亦颇具锤炼之功,范晔自言"殆无一字空设",诚哉斯言也。如《宦者列传》中有"举动回山海,呼吸变霜露"⑤一语,一个"回"、一个"变",极为夸张地展现了宦官翻手为云、覆手为雨的形象。又如"是时裂冠毁冕,相携持而去之者,盖不可胜数"⑥,一个"裂"、一个"毁",传神地再现了士人对新莽政权的不满。此外,还有大量比喻的运用。如"吴公鸷强,实为龙骧"⑦,就用了两个比喻,塑造了像鸷鸟一样刚强、像龙一样威严的吴汉形象。再如"寻、邑百万,貔虎为群。长毂雷野,高锋彗云"⑧,短短十六个字,就形象地描绘了王寻、王邑的百万大军浩浩荡荡凶猛如虎,兵车如雷震撼山野,兵器锋利高耸入云的场面。类似这样的描述,在《后汉

---

① 刘师培:《中古文学论著三种》,辽宁教育出版社,1997年版,第105—106页。
② 黄侃:《文心雕龙札记》,中国人民大学出版社,2004年版,第72页。
③ 范晔:《后汉书》卷四十二《光武十王列传》,中华书局,1965年版,第1452页。
④ 范晔:《后汉书》卷三十三《朱浮传》,中华书局,1965年版,第1146页。
⑤ 范晔:《后汉书》卷七十八《宦者列传》,中华书局,1965年版,第2510页。
⑥ 范晔:《后汉书》卷八十三《逸民列传》,中华书局,1965年版,第2756页。
⑦ 范晔:《后汉书》卷十八《吴盖陈臧列传》,中华书局,1965年版,第698页。
⑧ 范晔:《后汉书》卷一《光武帝纪下》,中华书局,1965年版,第87页。

书》中俯拾即是。范晔文采精良,但又不轻视史实,是文史结合的典范。

第四节　王隐、干宝的晋史编纂与李彪的史论

唐代官修《晋书》之前,号称有十八家"晋书"存在。在这十八家"晋书"当中,河南史家王隐的《晋书》和干宝的《晋纪》较具代表性。虽然两书均已散佚,但从后世辑文中仍可窥见其价值所在。另外,李彪在史学上的系列见解,也代表了当时河南史家的看法。

一、王隐及其《晋书》

王隐,字处叔,陈郡陈(今河南周口淮阳)人,大约生于太康五年(284)前后,卒于永和十年(354)前后。其父王铨,"历阳令,少好学,有著述之志,每私录晋事及功臣行状,未就而卒"[1]。王隐"受父遗业",潜心晋代史事,深得时人赞赏,称其"清纯亮直,学思沈敏,《五经》群史多所综悉,且好学不倦,从善如流。若使修著一代之典,褒贬与夺,诚一时之俊也"[2]。

"明乎得失之迹"则是王隐撰述晋史的指导思想,其言曰:"君子疾没世而无闻,《易》称自强不息,况国史明乎得失之迹。"[3]面对"天下大乱,旧事荡灭"的社会现实,王隐感到必须将所闻所见"记述而有裁成",以"明乎得失之迹"。也就是说,王隐欲借撰写《晋书》,成一家之言,探究晋之得失成败,以之垂戒。王隐的这一想法得到了时任丞相军咨祭酒祖纳的高度认可,祖纳于是向司马睿推荐王隐修国史,然晋元帝时"草创务殷,未遑史官",事遂停。大兴元年(318),王

---

[1] 房玄龄:《晋书》卷八十二《王隐传》,中华书局,1974年版,第2142页。
[2] 房玄龄:《晋书》卷六十二《祖纳传》,中华书局,1974年版,第1699页。
[3] 房玄龄:《晋书》卷八十二《王隐传》,中华书局,1974年版,第2142—2143页。

隐被征召为著作郎,与干宝、郭璞等同修晋史。有关王隐撰述晋史之缘起与经过,《晋书》王隐本传有详细记载:"太兴初,典章稍备,乃召隐及郭璞俱为著作郎,令撰晋史。豫平王敦功,赐爵平陵乡侯。时著作郎虞预私撰《晋书》,而生长东南,不知中朝事,数访于隐,并借隐所著书窃写之,所闻渐广。是后更疾隐,形于言色。预既豪族,交结权贵,共为朋党,以斥隐,竟以谤免,黜归于家。贫无资用,书遂不就,乃依征西将军庾亮于武昌。亮供其纸笔,书乃得成,诣阙上之。"① 由此可见,从东晋建立之初王隐奉命撰修国史,历20余年方大功告成。但由于该书早佚,其史学价值并未为后世学者所充分认识。

(一)《晋书》之褒贬

对于王隐《晋书》的价值,后世褒贬不一。唐修《晋书·王隐传》称:"隐虽好著述,而文辞鄙拙,芜舛不伦。其书次第可观者,皆其父所撰,文体混漫义不可解者,隐之作也。"②后来史家,只要说到王隐《晋书》,大都因袭唐修《晋书》的这一说法。一直到今天,有学者在论述六朝史籍因质量不高而导致亡佚的情况时,也把王隐《晋书》和虞预《晋书》作为主要的例证,"王隐的书本来就很差,(虞预)根据并窃取很差的书,质量当然也不会高。像这两种史书,恐怕是因为质量太差,被自然淘汰而亡佚的"③。但是,刘知幾、高似孙两人并没有像唐修《晋书》那样对王隐《晋书》持简单否定的态度,而是既有褒扬又有批评。刘知幾认为王隐《晋书》乃"史官之尤美,著作之妙选"④。高似孙誉之以"才之俊、笔之英"⑤,但同时又批评王隐所列诸传中遗漏史事,乃"网漏吞舟,过为迂阔"⑥。《隋书·魏澹传》则有"班固、范晔、陈寿、王隐、沈约参差不同"⑦的评价,《隋书·许善心传》亦有"假班嗣之书,徒闻其语,给王隐之笔,未见其人"⑧之语。

---

① 房玄龄:《晋书》卷八十二《王隐传》,中华书局,1974年版,第2143页。
② 房玄龄:《晋书》卷八十二《王隐传》,中华书局,1974年版,第2143页。
③ 王俊杰:《魏晋南北朝时期的史学》,《史学史资料》1980年第2期。
④ 刘知幾:《史通》卷十一《史官建置》,浦起龙通释,王煦华整理,上海古籍出版社,2009年版,第288页。
⑤ 高似孙:《史略》,周天游校笺本,书目文献出版社,1987年版,第61页。
⑥ 刘知幾:《史通》卷八《人物》,浦起龙通释,王煦华整理,上海古籍出版社,2009年版,第222页。
⑦ 魏征:《隋书》卷五十八《魏澹传》,中华书局,1973年版,第1417页。
⑧ 魏征:《隋书》卷五十八《许善心传》,中华书局,1973年版,第1430页。

这些史家及史著把王隐与班固、范晔等人相提并论,足以说明王隐《晋书》在中国史学发展史上具有重要的地位。

(二)《晋书》之体例

在史书体例的设置上,王隐《晋书》较此前诸史有一定的创新。一是设立《外戚纪》,收入后妃事迹,并置于列传之首。王隐之前的史书,如《史记》《汉书》,分别以《外戚世家》和《外戚列传》记载后妃事迹。西晋时,华峤在其所撰《后汉书》中创立《皇后纪》,编次仅在帝纪之后。王隐综合改造以上诸家的做法,取其所长,设《外戚纪》。《外戚纪》虽名为"纪",但以列传的形式撰写,且又越过将相列传而置于列传之首。此举对纪传体史书的撰写影响颇大,后世诸史虽将后妃称"传"而不再称"纪",但将《后妃传》置于列传之首,却成为定例。二是改"书""志"为"记",但所记内容均为典章制度,与此前诸史并无多大不同。三是增设《鬼神传》《处士传》《寒俊传》等类传。《鬼神传》记荒诞不经、鬼怪神异之事,《处士传》记德行超俗之人,《寒俊传》记社会地位较低但行事可嘉的寒门庶族。王隐能够在《晋书》中扩大记事范围,为那些被人忽略的人和事立传,史识超人,值得肯定。

王隐《晋书》还创新编纂方法,以类叙法、存疑法补充传统编纂方法的不足。所谓类叙法,不仅于列传中分类记叙人物,而且还针对人物的行为方式点明其特征,且在文末以"皆此类也""类皆如此也"加以概括。比如阮籍放达不羁,王隐记云:"籍邻家处子有才色,未嫁而卒。籍与无亲,生不相识,往哭,尽哀而去。其达而无检,皆此类也。"[1]这种记事方法准确地把握了人物特点,深受魏晋时期品评人物之风的影响。所谓存疑法,就是对不同的说法予以存疑,以待后人辨正。如《晋书》李贤注引《地道记》载兖州高平国金乡县"凿而得金"的金山之由来,王隐便存二说,"或云汉昌邑所作,或云秦时"[2],并不妄下结论。存疑法的使用,充分说明王隐运用史料的严谨。

---

[1] 刘义庆:《世说新语》卷下之上《任诞第二十三》,徐传武校点本,上海古籍出版社,2013年版,第304页。

[2] 范晔:《后汉书》志第二十一《郡国三》李贤注,中华书局,1965年版,第3456页。

(三)《晋书》之价值

王隐《晋书》虽已久佚,然王隐以身为著作郎之便,能够广泛占有秘阁所藏各类文献,具备史料来源上的原始性,故而该书史料价值较高,能够弥补后世《晋书》记载的不足。

其一,王隐《晋书》的内容多为后世史家采用。臧荣绪撰《晋书》,多采用王隐《晋书》。如臧荣绪所记《羊祜传》中羊祜让职事、《杜预传》中朝野称美杜预事、《逸民传》中记孙登事等,均与王隐《晋书》略同。唐修《晋书》也有多处记载类于王隐《晋书》,采纳王隐的记载,说明王隐《晋书》是晋代史书撰述发展中的重要环节。

其二,王隐《晋书》可弥补后世诸家晋史记载的不足。王隐《晋书》的翔实记载,还在一定程度上弥补了唐修《晋书》或缺或简的不足。如王隐《晋书·郑默传》有"为秘书郎,删省旧文,除其浮秽,著《魏中经》"①一语,但唐修《晋书·郑默传》中对于《魏中经》这一目录学史上的重要著作却只字未提,王隐的记载正可补此缺漏。

其三,王隐《晋书》具有重要的校勘价值。王隐《晋书》所载内容,可用来校正唐修《晋书》和臧荣绪《晋书》之讹误以及刊正宋朝刻唐修《晋书》因避时讳而改的文字等。如唐修《晋书·郑默传》载:"默字思元。"而王隐《晋书》则作"默字思玄"。据宋朝皇家始祖名玄朗宋时多讳"玄"为"元"的史实,唐修《晋书》中此处"元"字当是宋代刻书时避讳,改"玄"为"元"而成。有鉴于此,对于王隐《晋书》,应给予足够的重视。

二、《晋纪》与干宝的史学思想

干宝(?—336),字令升,今河南新蔡人,大约生活在西晋太康中期至东晋成帝咸康年间。干宝"少勤学,博览书记",一生著述颇丰,主要有《晋纪》《搜神记》《百志诗》《干宝集》《春秋左氏义外传》等二十余部,可谓经学、文学、史学兼

---

① 徐坚:《初学记》卷十二《秘书郎第十一》,中华书局,1962年版,第298页。

通。其在史学方面的贡献最为显著,其史学代表作首推《晋纪》。

干宝《晋纪》是受诏而作的官书,史称,干宝"著《晋纪》,自宣帝迄于愍帝五十三年,凡二十卷,奏之"①。该书不仅文字简略婉约,工于叙事,而且还在荀悦"立典有五志"的基础上,提出史书还应包括"体国经野之言""用兵征伐之权""忠臣烈士孝子贞妇之节""文诰专对之辞""才力技艺殊异"等诸项内容,②这对于后世史家著史产生了深远影响。干宝《晋纪》还重新确立了编年体史书之体例。众所周知,自司马迁创立纪传体后,几百年间纪传独行。东汉末年,荀悦受命"依左氏传体,以为《汉纪》三十篇"。受此影响,干宝著《史议》一文,"盛誉丘明而深抑子长"③,认为"丘明能以三十卷之约,括囊二百四十年之事,靡有孑遗。斯盖立言之高标,著作之良模也"④,史家著史"宜准丘明"。《晋纪》正是干宝这一理论的成功实践。

《晋纪》虽已散佚,但在当时深受好评,"咸称良史",是十八家晋史中比较完备的西晋史书之一,多为后世史家所取资。作为两晋时期著名的史学家,干宝具有丰富的史学思想。

(一)"参得失"的鉴戒史观

鉴戒史观是我国史学的一个古老传统,司马迁的"原始察终,见盛观衰"⑤,荀悦的"一时之事,明主贤臣,规模法则,得失之轨,亦足以监矣"⑥,司马彪的"先王立史官以书时事,载善恶以为沮劝,撮教世之要也"⑦,等等,都在公开表白史书的鉴戒作用。干宝继承了前辈史家的这一优良传统。其在《晋纪总论》中,总结历史上成功的经验和失败的教训,希望统治者能够鉴前朝得失,以谋成功之术。他指出,晋宣帝能够"知人善采拔",故"贤愚咸怀,小大毕力";晋景帝和文帝能够"咸黜异图,用融前烈",晋武帝能够"重言慎法,仁以厚下,俭以足用,和而不弛,宽而能断"。正是因为这样,宣、景、文、武四帝政绩斐然,"民咏惟

---

① 房玄龄:《晋书》卷八十二《干宝传》,中华书局,1974年版,第2150页。
② 刘知幾:《史通》卷八《书事》,浦起龙通释,王煦华整理,上海古籍出版社,2009年版,第212页。
③ 刘知幾:《史通》卷一《二体》,浦起龙通释,王煦华整理,上海古籍出版社,2009年版,第25页。
④ 刘知幾:《史通》卷九《烦省》,浦起龙通释,王煦华整理,上海古籍出版社,2009年版,第244页。
⑤ 司马迁:《史记》卷一百三十《太史公自序》,中华书局,1959年版,第3319页。
⑥ 荀悦:《汉纪》,中华书局,1965年版,第547页。
⑦ 房玄龄:《晋书》卷八十二《司马彪传》,中华书局,1974年版,第2141页。

新,四海悦劝","民乐其生,百代之一时也"。其用意无疑是希望东晋统治者能够以宣、景、文、武为榜样,以宽仁治国。干宝还通过对惠、怀、愍三帝当政 20 多年的分析,得出结论曰:"树立失权,托付非才,四维不张,而苟且之政多也"①,直接导致西晋速亡。在干宝看来,西晋后期,"朝寡纯德之士,乡乏不二之老,风俗淫僻,耻尚失所,学者以庄老为宗而黜六经,谈者以虚薄为辩而贱名俭,行身者以放浊为通而狭节信,进仕者以苟得为贵而鄙居正,当官者以望空为高而笑勤恪⋯⋯礼法刑政,于此大坏"②。面对这样的民风国势,晋惠帝非但不改弦易辙,挽国祚于危难之中,反而"以荡荡之德临之",而"怀帝承乱之后得位,羁于强臣;愍帝奔播之后,徒厕其虚名。天下之政,既已去矣"③,以此希望东晋统治者能够保持清醒头脑,避免重蹈覆辙。

　　正因为有"参得失"的历史观,干宝敢于秉笔直书,不为时讳。陈寿所写《三国志》,多有曲笔回护之处,如高贵乡公曹髦本为司马昭的党羽所杀,但《三国志》在记述这一历史事实时,仅用了"高贵乡公卒,年二十"④八个字,紧接着全文照录司马昭的一篇奏议。通观该篇奏议,司马昭俨然从弑君的罪魁祸首变成了讨伐逆贼的大功臣。相反,干宝却能据事直书:"高贵乡公之杀,司马文王召朝臣谋其故。"⑤又曰:"成济问贾充曰:'事急矣,若之何?'充曰:'公畜养汝等,为今日之事也。夫何疑!'济曰:'然。'乃抽戈犯跸。"⑥高贵乡公被杀的历史真相昭然若揭。不仅如此,干宝在《晋纪》中,还敢于揭露各种社会黑暗面,借别人之口,痛斥晋武帝连汉桓帝、汉灵帝都不如:"桓、灵卖官,钱入于官,陛下卖官,钱入私门。"能够不畏强权,批判统治者,无疑凸显了干宝超人的胆略和卓识。

---

① 萧统:《文选》卷四十九《史论上·晋纪总论》,海荣、秦克标校本,上海古籍出版社,1998 年版,第 412—413 页。
② 萧统:《文选》卷四十九《史论上·晋纪总论》,海荣、秦克标校本,上海古籍出版社,1998 年版,第 415 页。
③ 萧统:《文选》卷四十九《史论上·晋纪总论》,海荣、秦克标校本,上海古籍出版社,1998 年版,第 416 页。
④ 陈寿:《三国志》卷四《魏书四·三少帝纪》,中华书局,1964 年版,第 143 页。
⑤ 刘义庆:《世说新语》卷中之上《方正第五》,徐传武校点本,上海古籍出版社,2013 年版,第 118 页。
⑥ 陈寿:《三国志》卷四《魏书四·三少帝纪》注引干宝《晋纪》,中华书局,1964 年版,第 145 页。

(二)重人事、崇儒学

东晋南迁后,神不灭的神秘主义思潮甚嚣尘上,当时盛行一种招魂葬,很多名士皆以为然。对此,干宝撰写《驳招魂葬议》,和神不灭论者展开了针锋相对的论战。他指出:"今失形于彼,穿冢于此,知亡者不可以假存,而无者独可以伪有哉?……冢圹之间,有馈席本施骸骨,未有为魂神也,若乃钉魂于棺,闭神于椁,居浮精于沉魄之域,匿游气于壅塞之室,岂顺鬼神之性,而合圣人之意乎,则葬魂之名,亦几于逆矣。"①这就从根本上否定了人死魂灵犹在的神秘主义思想。面对西晋王朝迅速倾覆的社会现实,时人或归因于贾后,或归因于玄虚放诞之风。在西晋王朝兴亡问题上,干宝表现出难能可贵的唯物主义的看法。他认为:"天下,大器也;群生,重畜也。爱恶相攻,利害相夺,其势常也。"②也就是说,人与人之间为了各自的利益相互攻杀和争夺,乃是历史的必然和常态。由此出发,他历数西晋君主无能、朝臣结党营私对社会造成的恶劣影响,指出西晋灭亡乃是弊政积累的结果,不能将原因归结到贾后头上,所谓"其所由来者渐矣,岂特系一妇人之恶哉"③。干宝还认识到,国家之兴亡,并非天命鬼神在作祟,而是人力之所为。他说:"愍帝,盖秦王之子也,得位于长安。长安,固秦地也。而西以南阳王为右丞相,东以琅琊王为左丞相。上讳业,故改邺为临漳。漳,水名也。由此推之,亦有征祥,而皇极不建,祸辱及身,岂上帝临我而贰其心?将由人能弘道,非道弘人者乎。"④由此不难看出,干宝是在结合客观形势的基础上,从主观人谋角度来探讨国家之兴亡治乱的,这显然是一种重人事的历史观。

魏晋时期,崇尚"自然""无为"的老庄思想及佛道两教垄断了当时社会精英的精神世界,朝野充满了虚无放诞之论。为纠正玄风所带来的弊病,干宝崇

---

① 严可均辑:《全晋文》下,卷一百二十七引干宝《驳招魂葬议》,商务印书馆,1999年版,第1364页。
② 萧统:《文选》卷四十九《史论上·晋纪总论》,海荣、秦克标校本,上海古籍出版社,1998年版,第413页。
③ 萧统:《文选》卷四十九《史论上·晋纪总论》,海荣、秦克标校本,上海古籍出版社,1998年版,第416页。
④ 萧统:《文选》卷四十九《史论上·晋纪总论》,海荣、秦克标校本,上海古籍出版社,1998年版,第416页。

尚儒学,提出以儒家思想来匡时救世。他主张以德治民,认为德治好坏关乎国家兴亡,故君子要"动以成德,无所苟行"①。他提出恢复礼制,强调忠信笃敬的伦理道德,认为"言必忠信,行必笃敬,然后可以取信于神明,无忧于四海也"②。他还提倡妇德,所谓"天不地不生,夫不妇不成"③,指出"女躬四教,然后可以配君子"。又号召"女德光于夫"④,鼓励妇女努力修习女德。当然,干宝的这些主张基本上都是旧有的儒学道义,对于当时的社会现实而言,颇显苍白无力。

(三)以《周易》为根基的历史变化论

干宝史学思想深受《周易》变易观的影响。在他看来,自然界的事物是在不断地发展变化的。其言曰:"天有四时,日月相推,寒暑迭代,其转运也,和而为雨,怒而为风,散而为露,乱而为雾,凝而为霜雪,立而为蚑蜢,此天地之常数也。"⑤从这一变易的自然观出发,干宝指出"凡国与天地有兴亡焉"⑥,"帝王之兴"有"代谢"⑦。人类社会与自然界一样,也是不断地处在变化之中的,所谓"道非常道,事非常事也,化而裁之,存乎变"⑧。在此基础上,干宝还充分肯定了变革对于社会发展的重要作用,"革天地,成四时,诛二叔,除民害,天下定,武功成,故大矣哉也"⑨。干宝的变易观中还带有朴素的辩证法思想,认为事物发展到一定程度就可能向其对立面转化,"武功即成,义在止戈,盈而不返,必陷于悔"⑩,因此人们必须顺势而变,方能走出困境。在事物的发展变化过程中,干宝还注意到了"时运"。所谓"时运",实际上就是历史条件。每个时代都有各自不同的时运,如历史上的尧舜禅代、汤武征伐、伊尹废立、周公摄政等,"凡此皆

---

① 干宝:《周易干氏注》卷上《乾》,马国翰《玉函山房辑佚书》,光绪九年琅嬛仙馆本。
② 干宝:《周易干氏注》卷上《坤》,马国翰《玉函山房辑佚书》,光绪九年琅嬛仙馆本。
③ 干宝:《周易干氏注》卷下《周易序卦》,马国翰《玉函山房辑佚书》,光绪九年琅嬛仙馆本。
④ 干宝:《周易干氏注》卷上《坤》,马国翰《玉函山房辑佚书》,光绪九年琅嬛仙馆本。
⑤ 干宝《搜神记》卷六《论山徙》,岳麓书社,2015年版,第46页。
⑥ 干宝:《周易干氏注》卷中《丰》,马国翰《玉函山房辑佚书》,光绪九年琅嬛仙馆本。
⑦ 萧统:《文选》卷四十九《史论上·晋纪论晋武帝革命》,海荣、秦克标校本,上海古籍出版社,1998年版,第412页。
⑧ 干宝:《周易干氏注》卷下《周易杂卦》,马国翰《玉函山房辑佚书》,光绪九年琅嬛仙馆本。
⑨ 干宝:《周易干氏注》卷中《革》,马国翰《玉函山房辑佚书》,光绪九年琅嬛仙馆本。
⑩ 干宝:《周易干氏注》卷上《乾》,马国翰《玉函山房辑佚书》,光绪九年琅嬛仙馆本。

圣贤所遭遇异时者也"①。一旦"时运"到来,就要把握"时运",顺应变化,"有为以为之"②,"应天顺民,以发号令"③。正是因为干宝吸取了《周易》变易的思想,所以他在剖析具体历史问题时,更能看到问题的本质。

三、李彪的史论

李彪(444—501),字道固,北魏顿丘卫国(今河南清丰)人,"家世寒微,少孤贫,有大志"。因"笃学不倦"④,"识性严聪,学博坟籍",故"刚辩之才,颇堪时用"⑤,成为北魏孝文帝所重用的大臣之一,为北魏政权的巩固和发展做出了巨大贡献。

太和十二年(488),李彪曾向孝文帝提出七条有关政治、经济方面的改革主张,即著名的"上封事"七条。李彪所提出的行俭之道以及行枲籴、兴屯田,解决饥荒的措施,都是直接关系北魏统治长治久安的大问题。孝文帝"览而善之,寻皆施行"⑥。自此以后,北魏饥荒和贮积的情形有了很大改变,即使连遭饥馑,也能有所赈施。《魏书·食货志》云:"自此公私丰赡,虽时有水旱,不为灾也。"⑦从太和七年(483)至太和十五年(491),李彪先后六次以员外散骑常侍、假通直散骑常侍的身份,代表北魏出使萧齐政权,与南齐交好。由于李彪的努力,南齐与北魏之间很长一段时间内无边界纷争,为北魏孝文帝改革的推行创造了有利条件,同时也大大促进了南北双方的经济文化交流。太和十八年(494),李彪因功迁御史中尉,领著作郎。在任期间,不徇私情,执法严明,在打击豪强和澄清吏治方面做出了很大努力,京师风气为之大变。北魏孝文帝曾高度评价李彪:"吾之有

---

① 干宝:《周易干氏注》卷下《周易杂卦》,马国翰《玉函山房辑佚书》,光绪九年琅嬛仙馆本。
② 萧统:《文选》卷四十九《史论上·晋纪总论》,海荣、秦克标校本,上海古籍出版社,1998年版,第415页。
③ 干宝:《周易干氏注》卷中《夬》,马国翰《玉函山房辑佚书》,光绪九年琅嬛仙馆本。
④ 魏收:《魏书》卷六十二《李彪传》,中华书局,1974年版,第1381页。
⑤ 严可均辑:《全后魏文》,商务印书馆,1999年版,第46页。
⑥ 魏收:《魏书》卷六十二《李彪传》,中华书局,1974年版,第1389页。
⑦ 魏收:《魏书》卷一百一十《食货志》,中华书局,1974年版,第2857页。

李生,犹汉之有汲黯。""崔光之博,李彪之直,是我国家得贤之基。"①但也正是李彪的正直无私触犯了一些权贵的利益,最终被免官为民,不免"末路蹉跎"。

李彪在史学方面的成就,主要体现在两个方面:一是提出"从迁固之体",确立纪传体的国史地位;二是就史学功能、史书内容、史官职守等问题提出了自己的见解。

(一)"从迁、固之体"

中国史学向来重视体例,而纪传和编年二体又各有优长,"欲废其一,固亦难矣。后来作者,不出二途……各有其美,并行于世"②。就北魏早期的国史编纂来看,采用的都是编年体,"自成帝以来至于太和,崔浩、高允著述《国书》,编年序录,为《春秋》之体,遗落时事,三无一存"③。如拓跋珪时就曾让邓渊编写《代记》十余卷,但"惟次年月起居行事而已,未有体例"④。崔浩所修《国书》三十卷,亦为编年。文成帝时高允负责撰修国史,但"大较续崔浩故事,准《春秋》之体"⑤。为使"大明之德功,光于帝篇,圣后之勋业,显于皇策。佐命忠贞之伦,纳言司直之士,咸以备著载籍"⑥,太和十一年(487),李彪上奏,提出改变编年之法,"从迁、固之体,创为纪传表志之目"⑦。其疏曰:"臣等闻典谟兴,话言所以光著;载籍作,成事所以昭扬。然则《尚书》者记言之体,《春秋》者录事之辞。寻览前志,斯皆言动之实录也。夏殷以前,其文弗具。自周以降,典章备举。史官之体,文质不同;立书之旨,随时有异。至若左氏,属词比事,两致并书,可谓存史意,而非全史体。逮司马迁、班固,皆博识大才,论叙今古,曲有条章;虽周达未兼,斯实前史之可言者也。至于后汉、魏、晋咸以放焉……愚谓自王业始基,庶事草创,皇始以降,光宅中土,宜依迁固大体,令事类相从,纪传区

---

① 魏收:《魏书》卷六十二《李彪传》,中华书局,1974年版,第1390—1391页。
② 刘知几:《史通》卷一《二体》,浦起龙通释,王煦华整理,上海古籍出版社,2009年版,第26—27页。
③ 魏收:《魏书》卷六十二《李彪传》,中华书局,1974年版,第1381页。
④ 魏收:《魏书》卷二十四《邓渊传》,中华书局,1974年版,第635页。
⑤ 魏收:《魏书》卷四十八《高允传》,中华书局,1974年版,第1086页。
⑥ 魏收:《魏书》卷五十七《高祐传》,中华书局,1974年版,第1260—1261页。
⑦ 魏收:《魏书》卷六十二《李彪传》,中华书局,1974年版,第1381页。

别,表志殊贯,如此修缀,事可备尽。"①在这篇奏议中,李彪强调指出,用纪传体体裁编纂国史是历史发展及史学发展的必然要求。他以"随时"的观点分三个阶段,从"史意"和"史体"两个层面阐述了史书体裁从编年到纪传的发展。其中,《尚书》《春秋》为"言动之实录"阶段,《左传》为"存史意,而非全史体"阶段,《史记》《汉书》为"论叙今古,曲有条章"阶段。在李彪看来,只有运用纪传体,北魏国史之美才能予以充分反映,故而强调"宜依迁固大体,令事类相从,纪传区别,表志殊贯,如此修缀,事可备尽"。同年十二月,高祖"诏秘书丞李彪、著作郎崔光改析《国记》,依纪传之体"②,标志着北魏国史编撰从编年到纪传的根本转型。尽管李彪未能亲自完成这项工作,但他确立了用纪传体编撰北魏国史的原则。"彪在秘书岁余,史业竟未及就,然区分书体,皆彪之功。"③这个评价是比较公允的。

(二)"国史明乎得失之迹"

李彪不仅确立了纪传体的国史地位,对于史学功能、史书内容等问题亦有自己独到的见解。李彪在其奏折中充分肯定史学在建设王朝意识形态方面的巨大作用,认为"史职不修,事多沦旷,天人之际,不可须臾阙载也"④。从历史上来看,三代以下至两汉出现了以孔子、左丘明、司马迁、班固等为代表的史家,三代至两汉的历史,人们可以通过《春秋》《左传》《史记》《汉书》等"明乎得失之迹"。但是,"皇魏"的"史官叙录,未充其盛。加以东观中圮,册勋有阙,美随日落,善因月稀",这就与它"奄有中华也,岁越百龄,年几十纪"⑤的伟业极不相称。李彪对"皇魏"在北魏孝文帝时代所发生的巨变进行了描述,"合德二仪者,先皇之陶钧也;齐明日月者,先皇之洞照也;虑周四时者,先皇之茂功也;合契鬼神者,先皇之玄烛也;迁都改邑者,先皇之达也;变是协和者,先皇之鉴也;思同书轨者,先皇之远也;守在四夷者,先皇之略也;海外有截者,先皇之威也;礼由岐阳者,先皇之义也;张乐岱郊者,先皇之仁也;銮幸幽漠者,先皇之智也;燮伐

---

① 魏收:《魏书》卷五十七《高祐传》,中华书局,1974年版,第1260页。
② 魏收:《魏书》卷七《高祖纪下》,中华书局,1974年版,第163页。
③ 魏收:《魏书》卷六十二《李彪传》,中华书局,1974年版,第1398页。
④ 魏收:《魏书》卷六十二《李彪传》,中华书局,1974年版,第1396页。
⑤ 魏收:《魏书》卷六十二《李彪传》,中华书局,1974年版,第1394页。

南荆者,先皇之礼也;升中告成者,先皇之肃也;亲虔宗社者,先皇之敬也;衮实无阙者,先皇之德也;开物成务者,先皇之贞也;观乎人文者,先皇之蕴也;革弊创新者,先皇之志也;孝慈道洽者,先皇之衷也"①。如此勋德鸿业,正是编纂魏史所必须关注的具体内容。

为保证国史编纂的顺利开展,李彪还从制度建设的角度强调指出,一定要重视史官制度。李彪批评诸葛亮不重视史官,"孔明在蜀,不以史官留意,是以久而受讥"。他对司马谈诫其子司马迁作史非常赞赏,认为"史谈之志贤亮远矣","是以久而见美"。李彪不仅重视史官,而且主张史职世袭,"太史之职,如有其人,宜其世矣"。李彪还充分认识到史职的神圣和史著的伟大,"史官之达者,大则与日月齐明,小则与四时并茂","故能声流于无穷,义昭于来裔。是以金石可灭而流风不泯者,其唯载籍乎"。李彪渴望编纂一部魏史,"窃寻先朝赐臣名彪者,远则拟汉史之叔皮,近则准晋史之绍统。推名求义,欲罢不能,荷恩佩泽,死而后已"②。《魏书》本传论云:"李彪生自微族,才志确然,业艺夙成,见擢太和之世,辀轩骤指,声骇江南,秉笔立言,足为良史。"③只可惜他最终也没有写出一部魏史。

第五节　河南地区图书目录的编纂

魏晋南北朝时期是古代历史文献学成长、发展的重要历史时期。这一时期,目录学开始从《七略》的六分法向新的四部分类法转变。而这一转变,与河南学人郑默、荀勖、谢灵运、殷钧、殷淳、谢朓、阮孝绪等人的努力密不可分。

---

① 魏收:《魏书》卷六十二《李彪传》,中华书局,1974年版,第1395—1396页。
② 魏收:《魏书》卷六十二《李彪传》,中华书局,1974年版,第1396—1397页。
③ 魏收:《魏书》卷六十二《李彪传》,中华书局,1974年版,第1402页。

一、四部分类法的发展

魏晋南北朝时期河南地区的图书分类有了飞速发展，在郑默、荀勖、谢灵运、殷钧、殷淳、谢朓等人的推动下，四部分类法确立起来。

郑默（213—280），字思元，荥阳开封（今河南开封）人，是我国目录学史上的一位重要人物。据史书记载，郑默"宽冲博爱，谦虚温谨，不以才地矜物，事上以礼，遇下以和，虽僮竖厮养，不加声色"[1]。其在目录学上的贡献，就是他任曹魏秘书郎一职时，利用主管图书工作之便，"考核旧文，删省浮秽"，著成《中经》，也就是《魏中经簿》。对此，《隋书·经籍志》序曰："魏氏代汉，采掇遗亡，藏在秘书中外三阁，魏秘书郎郑默，始制《中经》。"[2]由于该书久佚，我们已经很难知晓郑默《中经》的整体情况及分类内容，但从魏中书令虞松"自今而后，朱紫别矣"[3]这一评价来看，郑默撰著《中经》后，图书馆藏改变了此前分类混乱的局面。更为重要的是，《中经》还是我国四部分类法的筚路蓝缕之作。阮孝绪在《七录》序中说："荀勖因魏《中经》更著《新簿》。"[4]一个"因"字，说明荀勖《新簿》源于郑默《中经》。据此推论，《新簿》所采用的四部分类法，也极可能就是《中经》已经采用的方法。如果说荀勖是四部分类法的奠基人，郑默就是四部分类法的开路人。

荀勖，生年不详，卒于公元289年，颍川颍阴（今河南许昌）人。按房玄龄《晋书》所载，荀勖"年十余岁能属文……既长，遂博学"[5]。公元274年，荀勖领秘书监，与中书令张华合作，"依刘向《别录》，整理记籍"[6]。由于当时整理图书的工作十分繁重，荀勖还特意请求辞去"既掌乐事，又修律吕"[7]的职务，其在《让乐事表》中曰："臣掌著作，又知秘书。今复校错误十万余卷书，不可仓卒，复

---

[1] 房玄龄：《晋书》卷四十四《郑默传》，中华书局，1974年版，第1252页。
[2] 魏征：《隋书》卷三十二《经籍志一》，中华书局，1973年版，第906页。
[3] 徐坚：《初学记》卷十二《秘书郎第十一》，中华书局，1962年版，第298页。
[4] 魏征：《隋书》卷三十二《经籍志一》，中华书局，1973年版，第906页。
[5] 房玄龄：《晋书》卷三十九《荀勖传》，中华书局，1974年版，第1152页。
[6] 房玄龄：《晋书》卷三十九《荀勖传》，中华书局，1974年版，第1154页。
[7] 房玄龄：《晋书》卷三十九《荀勖传》，中华书局，1974年版，第1153页。

兼他职,必有废顿者也。"① 在此基础上,荀勖以郑默《中经》为依据,编制了一部综合性的国家藏书目录《中经新簿》(又叫《晋中经簿》)。按《隋书·经籍志》所载,该书"分为四部,总括群书。一曰甲部,纪六艺及小学等书;二曰乙部,有古诸子家、近世子家、兵书、兵家、术数;三曰景(丙)部,有史记、旧事、皇览簿、杂事;四曰丁部,有诗赋、图赞、汲冢书"②。荀勖将天下图书按甲、乙、丙、丁四部排列,这就形成了四部分类法的雏形,对于确立图书四分法起到了极大的促进作用。但因属草创,"录题及言……至于作者之意,无所论辩"③,也就是说,荀勖对刘向已校古书及近出新书只是著录书名和略作题解,并没有像刘向那样评说是非。《中经新簿》的最后,还附录有两卷佛经目录,但未对这些佛经文献作出适当的分类。

荀勖之后,谢灵运、殷钧、殷淳、谢朏等人进一步推动了目录学的编纂和发展。

谢灵运(385—433),原名公义,字灵运,以字行于世,小名客儿,世称谢客。出身陈郡谢氏,祖籍陈郡阳夏(今河南太康)。谢灵运不仅是我国历史上第一位全力创作山水诗的诗人,还兼通史学,在目录编撰方面有很大成就。据《宋书》《南史》本传所载,南朝宋元嘉八年(431),时任秘书监的谢灵运,受命"整理秘阁书,补足遗阙"④,最终撰成《宋元嘉八年秘阁图书目录》一书。据史载,该书著录图书一万四千五百八十二卷,佛经四百三十八卷,从篇幅上来讲,已经大大超过了李充的《晋元帝四部书目》。

殷钧(484—532),字季和,陈郡长平(今河南西华)人。据《梁书·殷钧传》所载,殷钧"起家秘书郎、太子舍人、司徒主簿、秘书丞"。在其任职期间,"启校定秘阁四部书,更为目录。又受诏料检西省法书古迹,别为品目"⑤,终成《梁天监六年四部书目录》。

殷淳(403—434),字粹远,陈郡长平(今河南西华)人。《宋书·殷淳传》称

---

① 严可均辑:《全晋文》卷三十一《荀勖〈让乐事表〉》,商务印书馆,1999年版,第303页。
② 魏征:《隋书》卷三十二《经籍志一》,中华书局,1973年版,第906页。
③ 魏征:《隋书》卷三十二《经籍志一》,中华书局,1973年版,第906页。
④ 沈约:《宋书》卷六十七《谢灵运传》,中华书局,1974年版,第1772页。
⑤ 姚思廉:《梁书》卷二十七《殷钧传》,中华书局,1973年版,第407页。

其"少好学,有美名"①。少帝景平初,为秘书郎,因不满于"不能辨其流别,但记书名而已"②的官修目录书,而在秘书阁私撰《四部书目》。殷淳所作《四部书目》在沿袭四部分类法的同时还撰写有序录,即对每一种图书都进行了详尽的说明,对其学术源流也有一定的剖析。

谢朓(441—506),字敬冲,陈郡阳夏(今河南太康)人,十岁能属文。其父谢庄曾带其陪皇帝出游姑苏,游玩过程中,皇帝命其作《洞井赞》,谢朓挥笔而就,"文不加点,援笔即成",皇帝称其为"奇童",谢庄则抚其背曰:"真吾家千金。"③历任太子舍人、中书郎、临川内史。萧道成辅政,引为长史,进侍中,领秘书监,掌管文化典籍、诏令奏议等。他利用工作之便,与秘书丞王亮合撰《齐永明元年秘阁四部目录》,是河南学者对目录学的又一贡献。

二、阮孝绪与《七录》

阮孝绪(479—536),字士宗,南朝梁陈留尉氏(今河南尉氏)人,一生隐居不仕。其在《七录·序》中有言:"孝绪少爱坟籍,长而弗倦,卧病闲居,傍无尘杂。晨光才启,缃囊已散。宵漏既分,绿帙方掩。"二十多岁时,对于图书目录就有了一定的研究。对于"遗文隐记,颇好搜集",在广征博采的基础上,"穷究流略,探尽秘奥"④。四十五岁时,正式开始编纂新录,历经十三年,终于编撰成了全国图书分类目录巨著《七录》,在中国图书目录史上建起了一座丰碑。

从现存史料来看,《七录》分内篇五录、外篇二录。内篇五录分别为经典录(易部、尚书部、诗部、礼部、乐部、春秋部、论语部、孝经部、小学部)、记传录(国史部、注历部、旧事部、职官部、仪典部、法制部、伪史部、杂传部、鬼神部、土地部、谱状部、簿录部)、子兵录(儒部、道部、阴阳部、法部、名部、墨部、纵横部、杂部、农部、小说部、兵部)、文集录(楚辞部、别集部、总集部、杂文部)、术伎录(天文部、纬谶部、历算部、五行部、卜筮部、杂占部、刑法部、医经部、经方部、杂艺

---

① 沈约:《宋书》卷五十九《殷淳传》,中华书局,1974年版,第1597页。
② 魏征:《隋书》卷三十三《经籍志二》,中华书局,1973年版,第992页。
③ 姚思廉:《梁书》卷十五《谢朓传》,中华书局,1973年版,第261页。
④ 严可均辑:《全梁文》卷六十六《阮孝绪〈七录序〉》,商务印书馆,1999年版,第735页。

部),外篇二录分别为佛法录(戒律部、禅定部、智慧部、疑似部、论记部)、仙道录(经戒部、服饵部、房中部、符图部)。由此不难看出,第一大类为儒家经典,第二大类为历代史籍,第三大类为诸子百家,第四大类为辞赋文学,第五大类为术数方伎,第六大类为佛经法典,第七大类为仙道符图。

《七录》的编撰,集中体现了阮孝绪在中国目录学发展史上的突出成就。首先阮孝绪以官修《文德殿五部目录》为底本,对《七略》《七志》的分类进行了总结和改进,同时遍采其他目录著作以及图书源头最丰富的私人藏书目录,可谓取众家之长。就数量而言,《七录》与官修《文德殿五部目录》相比,多出二万一千余卷。就解题而言,《七录》与《七志》相比,更胜一筹,分类也更有条理,著录图书也更为丰富,所标立目,"皆讨论研核,标判宗旨"[①]。史部中的《伪史》则是阮孝绪所新创。不仅如此,阮孝绪还开启了私人著录的先声。阮孝绪之前,不论是刘向还是王俭,都是朝廷命官,而阮孝绪身为"处士",完全是由个人来进行著录的。此外,阮孝绪对目录学理论也多有创见。其在《七录·序》中指出:"刘氏之世,史书甚寡,附见春秋,诚得其例。今众家记传,倍于经典,犹从此志,实为繁芜。"[②]由此可知,阮孝绪不仅找出了《七志》的不足,还把史书从经典中分出,另列为记传录。阮孝绪的这些目录学理论对于后世目录学的发展产生了很大影响,《隋书·经籍志》就是参考《七录》分类体系而编成的。

第六节　河南史学研究领域的继续扩大

魏晋南北朝时期,史学研究领域进一步扩大,除正史外,还出现了家传、方志、人物杂传、史钞、史论等各类杂史著述。

---

① 严可均辑:《全梁文》卷六十六《阮孝绪〈七录序〉》,商务印书馆,1999年版,第735页。
② 严可均辑:《全梁文》卷六十六《阮孝绪〈七录序〉》,商务印书馆,1999年版,第736页。

一、家传、杂传与方志

所谓家传,是指记载父兄及先祖事迹的传记,属于史部杂传类,最早可追溯至汉代。魏晋南北朝是门阀地主占主导地位的历史时期,当时的社会风气就是重视门第,炫耀家族。反映在史学上,就是家传撰修呈现兴盛之局面,仅《隋书·经籍志》史部杂传类著录就有27部。具体到河南地区,家传代表主要有江祚《江氏家传》、荀伯子《荀氏家传》(还有《荀颉家传》《荀彧家传》)、范汪《范氏世传》、司马无忌《司马世本》、庾斐《庾氏家传》以及《袁氏家传》《谢车骑家传》等。上述这些家传,有的是以家传命名的多人传记,如《荀氏家传》《袁氏家传》《庾氏家传》《江氏家传》等;有的是以家传命名的一人单传,如《谢车骑家传》《荀颉家传》《荀彧家传》等。其中,《谢车骑家传》主要叙及谢玄事,按《晋书·谢玄传》所载,谢玄有经国才略,死后追赠车骑将军、开府仪同三司。

从家传所记内容来看,主要有三个方面:一是记录传主的名字、官职。如《荀氏家传》曰:"荀爽,字慈明。董卓征公,公到府三日,策拜司空。爽起岩穴,九十五日而为台司。"[1]《袁氏家传》曰:"乔字彦升,陈郡人。父瑰,光禄大夫。乔历尚书郎、江夏相。从桓温平蜀,封湘西伯、益州刺史。"[2]二是记录传主的德行、才能、政绩等。如《荀氏家传》中记载荀彧"德行周备,名重天下,海内英俊咸嘉焉"[3],记载荀悦"年十二,能说《春秋》"[4],记载荀爽"幼而歧嶷,大学儒林咸叹服之"[5]。《殷氏世传》记载殷褒"为荥阳令,先多淫雨,百姓饥馑,君乃穿渠入

---

[1] 李昉:《太平御览》第三册,卷二百〇八《职官部六》,夏剑钦、劳伯林校点本,河北教育出版社,1994年版,第41页。

[2] 刘义庆:《世说新语》卷上之上《言语第二》,徐传武校点本,上海古籍出版社,2013年版,第31页。

[3] 李昉:《太平御览》第四册,卷四百〇三《人事部四十四》,夏剑钦、王巽斋校点本,河北教育出版社,1994年版,第370页。

[4] 李昉:《太平御览》第四册,卷三百八十《人事部二十一》,夏剑钦、王巽斋校点本,河北教育出版社,1994年版,第178页。

[5] 李昉:《太平御览》第四册,卷四百〇四《人事部四十五》,夏剑钦、王巽斋校点本,河北教育出版社,1994年版,第381页。

河四十余里,疏导原隰,用致丰年,民赖其利,号曰殷沟而颂之"①。三是记录传主的风韵、神貌等。如《荀氏家传》记载荀貌之受人敬重,"仰之如日月,敬之如神明,爱之如父母,乐之如时雨"②。《李氏家传》记载李膺等人风采,"膺岳峙渊清,峻貌贵重,华夏称曰:颍川李府君,颙颙如玉山。汝南陈仲举,轩轩若千里马。南阳朱公叔,飂飂如行松柏之下"③。总之,这些家传均重视对传主的德行、才能、政绩、风韵、神貌等的描述,寥寥数语,极为传神。

刘知幾曾指出家传就是"家史","高门华胄,奕世载德,才子成家,思显父母。由是纪其先烈,贻厥后来。若扬雄《家牒》、殷敬《世传》、《孙氏谱记》、《陆宗系历》。此之谓家史者也"。浦起龙释曰:"此谓门胄先烈之书,比史体为炫。"④既然家传撰写是为了"奕世载德""思显父母",也就意味着家传中难免有溢美之词,"家史人谀而善溢真",其中多为"赞宗阀、表官绩"之语。⑤ 由于魏晋南北朝战乱频仍,兵连祸结,故家传散落亡佚者较多。

所谓杂传,即是指在正史列传之外,无一定体例和名称,且单独成书的类传。杂传兴起于西汉末年,到魏晋南北朝时期达到鼎盛。就河南地区而言,杂传之类目主要有先贤、耆旧、孝子、列女、名贤、忠臣、高隐等。

先贤传或者耆旧传,所记多为乡邦先贤、耆旧节士的事迹。周斐的《汝南先贤传》、苏林的《陈留耆旧传》、陈英宗的《陈留先贤像赞》等,均属此类。先贤传或耆旧传的目的在于"矜其乡贤,美其邦族"⑥。从现存佚文来看,这类杂传记载的主要是官吏和高贤两类人物。官吏主要侧重于记载其操守或政绩,如《陈留耆旧传》载有死后仅有"简舆一乘,白马一匹"⑦的洛阳令董宣,《汝南先贤传》载有大义灭亲的黄浮。高贤主要侧重于记载其品行和个性,如《汝南先贤传》记

---

① 李昉:《太平御览》第一册,卷七十五《地部四十》,夏剑钦、王巽斋校点本,河北教育出版社,1994年版,第647页。
② 李昉:《太平御览》第三册,卷二百六十八《职官部六十六》,夏剑钦、劳伯林校点本,河北教育出版社,1994年版,第495页。
③ 刘义庆:《世说新语》卷中之下《赏誉第八上》,徐传武校点本,上海古籍出版社,2013年版,第168页。
④ 刘知幾:《史通》卷十《杂述》,浦起龙通释,王煦华整理,上海古籍出版社,2009年版,第254页。
⑤ 王世贞:《弇山堂别集》卷二十《史乘考误一》,中华书局,1985年版,第361页。
⑥ 刘知幾:《史通》卷十《杂述》,浦起龙通释,王煦华整理,上海古籍出版社,2009年版,第255页。
⑦ 李昉:《太平御览》第四册,卷四百二十六《人事部六十七》,夏剑钦、王巽斋校点本,河北教育出版社,1994年版,第545页。

载蔡顺,"奉养母,甘口之物,不敢先尝","恐中毒,乃尝其吐","母生疮出脓,以口嗽之"。①

孝子传是专门记载士人孝行事迹的传记。郑辑之《孝子传》、师觉授《孝子传》、刘虬《孝子传》等,都是这一时期河南地区孝子传的代表。《南史·解叔谦传》记载刘虬作《孝子传》的原因说:"(庾)震字彦文,新野人。丧父母,居贫无以葬,赁书以营事,至手掌穿然后葬事获济。南阳刘虬因此为撰《孝子传》。"②这些孝子传中的很多人物都有着相似的孝行情节,说明魏晋南北朝时期的河南地区已经形成了一定的行孝模式。

列女传主要介绍古代妇女事迹,代表作有赵姬的《列女传解》。《世说新语》贤媛篇刘孝标注引《列女传》曰:"赵姬者,桐乡令东郡虞韪妻,颍川赵氏女也。才敏多览。韪既没,大皇帝敬其文才,诏入宫省。上欲自征公孙渊,姬上疏以谏。作《列女传解》,号赵母注,赋数十万言。赤乌六年卒。"③此外还有荀勖的《大列女图》《小列女图》(列女图下通常有人物小传)、庾仲容的《列女传》、常景的《列女传》等。《梁书·文学下》载,庾仲容作"《列女传》三卷,文集二十卷,并行于世"④。又《北史·常景传》载:"(常)景所著述数百篇,见行于世,删正晋司空张华《博物志》及撰《儒林》《列女传》各数十篇云。"⑤这些列女传大体上记载了从上古到魏晋南北朝时期不同朝代、不同社会阶层的女性事迹,生动地反映了中国古代女性的社会生活状况。

名贤传专门记载魏晋南北朝时期名士的事迹,代表作有袁宏的《名士传》。袁宏的《名士传》包括《正始名士传》《竹林名士传》《中朝名士传》三个部分。这一时期的名贤传,多以记载名士任诞放达之行为和高洁傲俗之志节为主,如,《名士传》中记载阮籍丧亲时"散发箕踞,旁若无人"⑥,放达任情;记载夏侯玄至

---

① 李昉:《太平御览》第四册,卷四百一十四《人事部五十五》,夏剑钦、王巽斋校点本,河北教育出版社,1994年版,第450页。
② 李延寿:《南史》卷七十三《庾震传》,中华书局,1975年版,第1822页。
③ 刘义庆:《世说新语》卷下之上《贤媛第十九》,徐传武校点本,上海古籍出版社,2013年版,第280—281页。
④ 姚思廉:《梁书》卷五十《庾仲容传》,中华书局,1973年版,第724页。
⑤ 李延寿:《北史》卷四十二《常景传》,中华书局,1974年版,第1562页。
⑥ 刘义庆:《世说新语》卷下之上《任诞第二十三》,徐传武校点本,上海古籍出版社,2013年版,第305页。

死"不与之(钟毓)交";记载阮修"不喜见俗人""傲然无营,家无儋石之储"①,高洁傲俗。

此外,还有忠臣传及高隐传。忠臣传的代表作有钟岏的《良吏传》、元怿的《显忠录》等。从内容来看,忠臣传或记述传主恪勤恭俭的从政业绩,或记述传主忠烈节义的行为。高隐传则主要记载隐士的事迹,代表作有阮孝绪的《高隐传》、袁淑的《真隐传》、周弘让的《续高士传》等。

魏晋南北朝时期是中国古代方志发展史上一个特殊的繁盛阶段,各种方志层出不穷。有学者统计,当时全国计有总志51种、分省志219种(其中通志123种、府县志96种),共270种,远远超过秦汉时期,即使与隋唐、北宋相比,也毫不逊色。其中,河南共有方志19种。② 就这些方志的体例来看,主要有"记""志"等多种形式。其中,"记"类有阮籍的《宜阳记》、潘岳的《关中记》、郑辑之的《东阳记》《永嘉郡记》、王隐的《晋书地道记》等,"志"类有江敞的《陈留志》等。

其中,王隐《晋书地道记》属于全国性的地理著作,书中除记叙政区建置、疆域沿革等常规内容外,还保存了很多有参考价值的材料,如水道变迁、历史遗迹、地名更替、人物掌故、民间传说、地方物产等。而《宜阳记》《关中记》《东阳记》《永嘉郡记》则属于一地之志书,主要记载某一区域内的历史、地理、物产、民风等沿革变化。这些方志记载的主要是某一区域的历史、地理情况,有着"补史之缺,参史之错,详史之略,续史之无"③的功用。

二、史钞与史论

所谓史钞,就是把卷帙浩繁的史书删繁就简,取其精华,钞撮举要,以便于人们阅读记诵。和"浩乎不可胜记","卷帙浩繁,观者不免望洋兴叹"的原创性史书相比,史钞类史籍的部头一般来说都不大,"大略小具,可抱可持,可囊可

---

① 刘义庆:《世说新语》卷上之下《文学第四》,徐传武校点本,上海古籍出版社,2013年版,第42页。
② 王毓蔺:《魏晋南北朝方志初探》,《中国历史地理论丛》2007年第4期。
③ 章学诚:《章学诚遗书·补遗》,文物出版社,1985年版,第619页。

匣,可挈可依,轻斋远适,一夫携之,时餐与飧,时沐与休。愁,读之而舒;倦,读之而爽。亦足以广闻见,助发挥,虽不睹全书可矣"①。

史钞作为一种史书编纂形式,其起源可追溯至战国时期,中经两汉时期的发展,到了魏晋南北朝时期,钞撰之风已逐渐成为中国文化史上的一大特色。《隋书·经籍志》云:"自后汉以来,学者多钞撮旧史,自为一书。"②这一时期,还出现了专门的"抄撰学士"。《周书·庾信传》载:"信幼而俊迈,聪敏绝伦。博览群书,尤善《春秋左氏传》。身长八尺,腰带十围,容止颓然,有过人者。起家湘东国常侍,转安南府参军。时肩吾为梁太子中庶子,掌管记。东海徐摛为左卫率。摛子陵及信,并为抄撰学士。"③《南史·庾肩吾传》记载:"在雍州被命与刘孝威、江伯摇、孔敬通、申子悦、徐防、徐摛、王囿、孔铄、鲍至等十人抄撰众籍,丰其果馔,号高斋学士。"④庾于陵"与谢朓、宗夬抄撰群书"⑤。这些钞撰之士主要从事典籍的整理和钞撰工作。

就史钞的编纂形式而言,当时主要有两种形式:一是"专钞一史者",如梁员外散骑侍郎袁峻"抄《史记》《汉书》各为二十卷"⑥,晋司空从事中郎荀绰作《晋略》九卷等;二是"合钞众史者",如南朝梁阮孝绪作《正史削繁》九十四卷。《梁书·文学下》庾仲容传记载,庾仲容著述颇丰,"抄诸子书三十卷,众家地理书二十卷"⑦。因为史钞并非原创性史学著作,抄撰旧史者或以史传家,或为了教育后代,或为了存史备览,或为了传播历史知识,在这样的观念驱使下,史钞不断走向民间,推动了古代史学在更广泛意义上的普及。

所谓史论,即是人们对于客观历史所作的评论,最能体现作者的历史见识。魏晋南北朝时期,河南史家十分重视史论,如袁宏所撰《后汉纪》,有论赞五十五条,总计一万七千字左右,占全书篇幅的十二分之一,评论文字之多,为历代史书所仅见。

就其形式而言,史论在不同的史籍中有不同的名目。如王隐《晋书》称"议

---

① 陈深:《诸史品节》凡例,《四库全书存目丛书》史部第132册,齐鲁书社,1996年版,第4页。
② 魏征:《隋书》卷三十三《经籍志二》,中华书局,1973年版,第962页。
③ 令狐德棻:《周书》卷四十一《庾信传》,中华书局,1971年版,第733页。
④ 李延寿:《南史》卷五十《庾肩吾传》,中华书局,1975年版,第1264页。
⑤ 姚思廉:《梁书》卷四十九《庾于陵传》,中华书局,1973年版,第689页。
⑥ 姚思廉:《梁书》卷四十九《袁峻传》,中华书局,1973年版,第689页。
⑦ 姚思廉:《梁书》卷五十《庾仲容传》,中华书局,1973年版,第724页。

曰",袁宏《后汉纪》称"袁宏曰",干宝《晋纪》称"干宝曰",范晔《后汉书》则杂以"论""赞"。值得注意的是,干宝《晋纪》还首创"总论",即综论一代王朝之兴亡得失。江统《徙戎论》则是独立的史论专篇。就其内容而言,所论主要涉及朝代兴亡、民族关系、宗教思想等方面。

第七节　颍川荀氏经史之学

颍川荀氏是魏晋南北朝时期的世家大族之一,其家族成员,自东汉后期到隋初,见诸史籍者高达百人,在经学、史学诸领域皆有突出贡献。

一、颍川荀氏家族的兴衰演变

颍川荀氏家族从汉代荀淑时开始崛起,发展至曹魏西晋时期达到鼎盛。东晋南北朝时,因子弟多不成才,大量家族成员或死,或被杀,荀氏家族开始走向衰落。

奠基人荀淑。据《后汉书·荀淑传》记载,荀淑"少有高行","州里称其知人"。其弟子王畅、李膺是东汉时期党人的著名领袖,同属"八俊",荀淑之名声由此可见一斑。荀淑有子八人,时人谓之"八龙"。子荀缉为"天下英俊之士"[1],官至济南相。子荀靖"少有俊才,动止以礼"[2]。八子之中以荀爽最为著名,时颍川有言曰:"荀氏八龙,慈明无双。"[3]"慈明"就是荀爽。荀爽一生自本州从事,历平原相、光禄勋而至司空。从荀淑到荀爽,荀氏门户已成。汉末大乱,荀缉子荀彧、荀俭子荀悦、荀昙孙荀攸等相继归附曹操,并得到重用。荀彧

---

[1] 陈寿:《三国志》卷五十四《吴书九·周瑜传》注引谢承《后汉书》,中华书局,1982年版,第1259页。
[2] 范晔:《后汉书》卷六十二《荀淑传》注引皇甫谧《高士传》,中华书局,1965年版,第2050页。
[3] 范晔:《后汉书》卷六十二《荀淑传》,中华书局,1965年版,第2051页。

以功封万岁亭侯;荀攸官至军师、尚书令,以功封陵树亭侯。这就使得荀氏家族的地位得到了进一步的巩固和提高。

曹魏西晋,颍川荀氏发展到鼎盛期。这一时期,推动颍川荀氏达于鼎盛的关键人物是荀𫖮。《晋书·荀𫖮传》称其"性至孝,总角知名,博学洽闻,理思周密"①。由于荀𫖮忠于司马氏,在魏晋之际有"佐命弼导之勋",由最初的侍中、尚书,而一路加封至司空、司徒、太尉。荀氏家族出现这样一位元老重臣,对于荀氏门望的提升起着关键作用。另外,荀勖因在魏晋之际帮司马昭出谋划策,深得司马昭的信任,自灭蜀至太康中,任中书监,掌管机要长达二十余年,亦是当时大权在握的人物之一。以荀𫖮、荀勖为代表的荀氏成员的这一政治取向,使得荀氏家族顺利地渡过了政权更迭的难关。加之荀氏分别与魏晋皇族、陈实家族、杨骏家族、王祥家族、谢安家族等显宦之家联姻,枝繁叶茂,成才者众多,终使荀氏家族成为当时著名的世家大族之一。

东晋南北朝,颍川荀氏开始走向衰落。公元307年,司马睿移镇建邺,荀氏作为晋室戚属,渡江后仍然受到了司马睿的重用。然而,此时的荀氏已不再握有实权。加之晋中兴后不久,荀氏人物相继谢世,如荀组、荀闿、荀邃、荀崧、荀奕等,尤其是在荀奕死后,整个荀氏家族就只有荀蕤和荀羡活跃在东晋的政治舞台上。荀羡虽想有一番作为,但天不假年,突然病故,时年三十八岁。自此,荀氏家族枝叶凋零,转向衰落。荀羡之孙荀伯子,因"好为杂戏",以此失清途,后虽累官至御史中丞,但据《南齐书·王僧虔传》所载,"甲族由来多不居宪台"②,充分说明荀氏门第已不再是"甲族"。到了南朝,荀氏家族的荀松、荀丕、荀晓、荀济等先后被处死,荀氏家族彻底衰落。

二、颍川荀氏家族的经史之学及特点

颍川荀氏家族之所以能够历经多世而不衰,不能不归结于其家族文化传统。诚如钱穆所言:"一个大门第,决非全赖于外在权势与财力,而能保泰持盈

---

① 房玄龄:《晋书》卷三十九《荀𫖮传》,中华书局,1974年版,第1150页。
② 萧子显:《南齐书》卷三十三《王僧虔传》,中华书局,1972年,第592页。

达于数百年之久;更非清虚与奢汰所能使闺门雍睦,子弟循谨,维持此门户于不衰。当时极重家教门风,孝弟妇德,皆从两汉儒学传来。"①

其一,经学。颍川荀氏有着源远流长的经学研究传统,"硕儒"荀爽精通诸经。《后汉书》本传记载荀爽"幼而好学,年十二,能通《春秋》《论语》"。党锢之祸后,荀爽开始潜心著述,"著《礼》《易传》《诗传》《尚书正经》《春秋条例》,又集汉事成败可为鉴戒者,谓之《汉语》。又作《公羊问》及《辩谶》,并它所论叙,题为《新书》。凡百余篇,今多所亡缺"②。值得注意的是,荀爽还创立了著名的乾升坤降说,对于后世易学的发展产生了深远影响。到魏晋南北朝时期,颍川荀氏家族在经学研究领域比较有影响的是荀𫖮和荀粲。

荀𫖮,生年不详,卒于公元274年,字景倩,荀彧第六子。荀𫖮不仅在政治上善于钻营,更是一个深通礼学之人。"𫖮明《三礼》,知朝廷大仪",曾领命撰修《晋礼》与乐律。史载:"及蜀平,兴复五等,命𫖮定礼仪。𫖮上请羊祜、任恺、庾峻、应贞、孔颢共删改旧文,撰定晋礼……时以《正德》《大豫》雅颂未合,命𫖮定乐。"③遗憾的是,乐律还未修成,荀𫖮便去世了。在子嗣继承问题上,荀𫖮提出"无子立孙"的主张,亦即坚持"无子以从孙徽嗣"④。荀𫖮的这一观点在南朝刘宋时,受到时人的猛烈抨击,认为"𫖮无子立孙,坠礼之始"⑤,把荀𫖮立孙为嗣看成是破坏礼制的开端。事实上,魏晋南北朝时期以"从孙为后"并非个例,甚至有收养从弟与侄为后的实例。如贾充死后,"辄以外孙韩谧为黎民子,奉充后"⑥。此外,阮孚"无子,从孙广嗣"⑦,刘颂"无子,养弟和子雍早卒,更以雍弟诩子鄢为嫡孙,袭封"⑧。这样看来,荀𫖮提出"从孙为后"的观点,是有社会基础的。

荀粲(209—238),字奉倩,父荀彧,自幼聪颖,成年后,以善谈玄理而名噪一

---

① 钱穆:《国史大纲》第十九章《变相的封建势力下之社会形态(上)》,商务印书馆,2010年版,第309—310页。
② 范晔:《后汉书》卷六十二《荀爽传》,中华书局,1965年版,第2057页。
③ 房玄龄:《晋书》卷三十九《荀𫖮传》,中华书局,1974年版,第1151页。
④ 房玄龄:《晋书》卷三十九《荀𫖮传》,中华书局,1974年版,第1152页。
⑤ 萧子显:《南齐书》卷四十三《江敩传》,中华书局,1972年版,第758页。
⑥ 房玄龄:《晋书》卷四十《贾充传》,中华书局,1974年版,第1171页。
⑦ 房玄龄:《晋书》卷四十九《阮孚传》,中华书局,1974年版,第1365页。
⑧ 房玄龄:《晋书》卷四十六《刘颂传》,中华书局,1974年版,第1308页。

时。史料载:"粲诸兄并以儒术论议,而粲独好言道,常以为子贡称夫子之言性与天道不可得闻,然则六籍虽存,固圣人之糠秕。粲兄俣难曰:'《易》亦云圣人立象以尽意,系辞焉以尽言,则微言胡为不可得而闻见哉?'粲答曰:'盖理之微者,非物象之所举也。今称立象以尽意,此非通于意外者也,系辞焉以尽言,此非言乎系表者也。斯则象外之意,系表之言,固蕴而不出矣。'及当时能言者不能屈也。"①从这段话中不难看出:第一,荀粲将六经视为糠秕,在他看来,儒家经典未能留存圣人关于性与天道的言论,不过是毫无价值的糠秕而已,这一立论无疑是对经学的大胆挑战。第二,荀粲"独好言道","道"作"抽象""不切、不关实际"解。细绎荀粲所论,所谓"天道""理之微者""象外之意"等,均显示出荀粲具有玄学化的思想倾向。此外,荀粲还将其玄学思想落实在具体的日常生活中。他论父亲荀彧及兄长荀攸时"又论父彧不如从兄攸。彧立德高整,轨仪以训物,而攸不治外形,慎密自居而已。粲以此言善攸,诸兄怒而不能回也"②。其父荀彧"立德高整,轨仪以训物",可谓标准的儒家士大夫之风度,但荀粲并不欣赏这一点,反而对"不治外形"的兄长荀攸给予很高评价。荀粲的"不治外形"与后来竹林名士的放浪形骸是一脉相承的,只是程度不同而已。

其二,史学。颍川荀氏家族在史学上的最高成就当数东汉荀悦的《汉纪》。魏晋南北朝时期,在史学上颇有建树的当数荀勖和荀伯子两人。荀勖所著的《中经新簿》,是中国目录学史上的重要著作。荀伯子(378—438),汉太尉荀彧之后代,南北朝时期刘宋大臣、史学家。荀伯子博学多才,但为人自傲,常自视名门之后。事实上,荀伯子时,荀氏家族已趋衰落,但荀伯子却以出身名门望族而自得,他"常自矜荫籍之美,谓(王)弘曰:'天下膏粱,唯使君与下官耳。宣明之徒,不足数也'"③。不免贻笑大方。所著《荀氏家传》共十卷,主要记述了荀淑至荀伯子共十代颍川荀氏家族的重要人物和事迹,可以说是颍川荀氏家族的一部兴衰简史。该书虽早佚,但从现存辑文来看,其史学价值还是颇高的。

首先,该书是唐初修撰《晋书》的重要文献来源。对此,唐人刘知幾曾指出:"至于江东'五俊',始自《会稽典录》;颍川'八龙',出于《荀氏家传》。而修晋、

---

① 陈寿:《三国志》卷十《魏书十·荀彧传》注引《晋阳秋》,中华书局,1982年版,第319—320页。
② 陈寿:《三国志》卷十《魏书十·荀彧传》注引《晋阳秋》,中华书局,1982年版,第320页。
③ 沈约:《宋书》卷六十《荀伯子传》,中华书局,1974年版,第1628页。

汉史者,皆征彼虚誉,定为实录。"①如果我们将唐修《晋书》与《荀氏家传》之内容相对照,也能证明刘知幾所言不虚。如《晋书·荀羡传》载:"年十五,将尚寻阳公主,羡不欲连婚帝室,仍远遁去。监司追,不获已,乃出尚公主,拜驸马都尉。"②对比徐坚《初学记》卷十引《荀氏家传》所载:"年十五,拟国婚之选。羡不欲连姻帝室,乃远遁长沙。监司追寻不获已,遂尚浔阳公主。"③两书所记内容基本相同,只是个别字词稍有差异,类似者在《晋书》中还有不少。这就充分说明《荀氏家传》为唐修《晋书》提供了较为丰富的第一手材料。

其次,《荀氏家传》之辑文可补充正史中颍川荀氏相关人物传记的缺失。如荀衍乃荀彧三兄弟,亦是曹操麾下的得力将领,被封为列侯,然《后汉书》《三国志》中均无荀衍之传,《荀氏家传》中有关荀衍之记载可补正史之所缺。另外,《荀氏家传》还可补正史中颍川荀氏相关人物传记记述不足的问题。如荀彧第六子荀顗,仅在《荀彧传》中以"诜弟顗,咸熙中为司空"④一语记之。但据《初学记》卷十七《人部上》引录《荀氏家传》所云:"荀顗年逾耳顺,而母年九十,色养烝烝,以孝闻。当时在丧,憔悴貌不可识。蓬首环经,奉迎节使,若婴孩之号,哀恸旁人。"⑤简单数语却写出了一个丰满逼真的孝子形象。

刘知幾认为,家史大都"矜其州里,夸其氏族"⑥,《荀氏家传》亦不免"人谀"之言。如《荀氏家传》中称荀彧"德行周备,名重天下,海内英俊,咸嘉焉"⑦,对比陈寿"然机鉴先识,未能充其志也"⑧一语,《荀氏家传》显然隐去了荀彧不忠于汉室的言行。再如,荀伯子在叙及荀氏先祖时,还极为强调德行,借范康之言,把荀淑德配高阳,又借太史之口,立荀淑为道德楷模。这就充分说明家传不过是门阀士族自我标榜的颂歌而已。

---

① 刘知幾:《史通》卷五《采撰》,浦起龙通释,王煦华整理,上海古籍出版社,2009年版,第108页。
② 房玄龄:《晋书》卷七十五《荀羡传》,中华书局,1974年版,第1980页。
③ 徐坚:《初学记》卷十《帝戚部·驸马七》,中华书局,1962年版,第248页。
④ 陈寿:《三国志》卷十《魏书十·荀彧传》,中华书局,1982年版,第319页。
⑤ 徐坚:《初学记》卷十七《人部上·孝四》,中华书局,1962年版,第421页。
⑥ 刘知幾:《史通》卷五《采撰》,浦起龙通释,王煦华整理,上海古籍出版社,2009年版,第108页。
⑦ 李昉:《太平御览》第四册,卷四百〇三《人事部四十四》,夏剑钦、王巽斋校点本,河北教育出版社,1994年版,第370页。
⑧ 陈寿:《三国志》卷十《魏书十·荀彧荀攸贾诩传》,中华书局,1982年版,第332页。

第四章 隋唐时期：河南史学的继续发展

隋唐统治时期,疆域辽阔,民族融合,社会经济繁荣,国家长期统一,是我国古代社会的鼎盛时期。社会经济的发展促进了文化的发展,隋唐史学在传统史学的基础上,吸收东西南北之长,彼此融合交会,创造出这一时期特有的灿烂辉煌,对后世史学的发展产生了极为深远的影响。

第一节 隋唐时期史学发展的特点与河南史学的地位

公元589年,隋文帝杨坚灭陈,统一了中国,结束了长达三百多年的大分裂,使经济、政治、文化得以迅速发展。隋唐两代的开国君主,重视思想统治,崇尚文教,对搜求遗书、收藏文籍不遗余力。他们对历史典籍与政治的关系有较清楚的认识,因而对撰修史书十分重视。在此影响之下,隋唐史学的发展呈现出明显的特点。

一、隋唐时期史学发展的特点

隋唐时期大一统局面的确立,使得史学发展也出现了不同于魏晋南北朝时期的特点,具体表现如下。

(一)官修史书制度的确立

自西汉至隋代以前,帝王敕令修史的事虽屡见不鲜,但当时的史书大多为私家著述，多出于一二人之手，虽有官修史书，也多是个人直接受命于皇帝，与私人修史并无多大区别，如前四史的《史记》《汉书》《后汉书》《三国志》皆为私家撰写。魏晋以后，私家修史更是蔚然成风。经过南北朝的发展，史书不仅在数量上大增，在资政和教育等方面的社会作用也不断显露。到了隋唐时期，一统无外的政治局面使统治者进一步认识到掌握修史大权的重要性，于是朝廷逐步建立了官修史书的制度，史书的编纂由个人活动逐渐成为朝廷有组织的事业。

隋唐统治者对史学的重视远远胜过前代。隋文帝开皇十三年（593）曾下诏："人间有撰集国史、臧否人物者，皆令禁绝。"[①]严禁私撰史书，而将修史大权掌握在官府手中，隋代所修《魏书》《周史》《梁史》《齐史》等都是奉旨官修之作。唐开国后，高祖李渊、太宗李世民等对史学的作用有非常清醒的认识。李世民更置史馆于禁中，专修国史，由宰相监修。又调遣其他官员兼任纂修，下设修撰、司直，从事编纂，号曰史官。所修诸史，每部皆派定一人为主修，名公巨卿如魏征、房玄龄、褚遂良、令狐德棻等，皆兼领史职。设馆修史对唐代史学的发展起了巨大的促进作用，取得了丰硕的成果。二十四史中有三分之一的史书都是在这个时期撰成的。从此，官修前朝正史成为定制。

不仅官修前代正史成为定制，隋唐时期本朝国史、实录的撰修也逐步形成了完备的制度。我国古代就有记载帝王事迹的传统，所谓"君举必书"，"左史记言，右史记事"是也。汉代以后，历代都有史官专职记录皇帝言行，称为起居注。隋朝在内史省设起居舍人，唐代则建立以起居注、时政记、日历和文册档案为基础的史料储备制度，为修纂本朝实录打下了坚实的基础。实录是以皇帝及其朝政为记载对象的"编年附传"式史书，是将当时最流行的纪传和编年"二体"结合起来的一种特殊史体。实录体创始于萧梁，降至唐代，骤然兴盛，成为与皇权专制和中央集权制相适应的史学形式和史书体裁，获得了空前的发展。据《新唐书·艺文志》记载，唐代"实录"有25部之多。实录制度为后世历代王朝所继承，代代相继，成为中国传统史学的重要组成部分。

（二）正史数量激增和史学地位提高

隋、唐立国之初，就十分重视纂修前朝历史。唐武德五年（622）即采纳令狐

[①] 魏征：《隋书》卷二《高祖纪下》，中华书局，1973年版，第38页。

德棻建议,集中编修前朝国史。唐太宗贞观三年(629)又令姚思廉撰《梁书》《陈书》,李百药撰《北齐书》,令狐德棻、岑文本等撰《周书》,魏征、颜师古、孔颖达等撰《隋书》,并由魏征总监诸史。贞观十年(636)正月,五史并成。由于五代史书均没有志,贞观十五年(641)唐太宗诏修五代史志。贞观二十年(646)又下诏重撰《晋书》。由于最高统治者的重视及用人得当,正史的编撰取得了前所未有的成果。唐代完成的正史,在二十四史中占了三分之一,分别为署名唐太宗御撰并由房玄龄等监修的《晋书》、姚思廉编撰的《梁书》和《陈书》、李百药编撰的《北齐书》、令狐德棻监修的《周书》、李延寿编撰的《南史》《北史》以及魏征监修的《隋书》。由于统治者的提倡,"以史为鉴"的思想成为古代史家治史的重要准则和目的,史学成了唐代专科教育的重要内容,在科举考试中也占有一席之地。

(三)出现中国第一部史学理论专著《史通》

统治者的强力干预和官方修史制度的确立,在促进史学发展的同时,也产生了不少的弊端。有鉴于此,刘知幾对当时史学领域出现的各种问题进行了猛烈而深刻的抨击,撰写了中国也是世界上第一部系统的史学理论专著《史通》。《史通》成书于唐中宗景龙四年(710),包括内篇十卷三十九篇、外篇十卷十三篇,合五十二篇,今存四十九篇。内篇为全书的主体,着重讲史书的体裁体例、史料采集、编纂要点和作史原则,而以评论纪传体史书体例为主;外篇论述史官制度、正史源流、杂评史家、史著得失,并略申作者对历史的见解。此书对唐以前史学的发展演变进行了全面总结,对史学的起源与发展、史书的表现形式及体裁体例、史书的编纂方法和文字表述、史书的撰述原则、史学的社会功用等做了详尽的阐述。刘知幾还第一次提出了史家须兼具才、学、识三长的论点。《史通》是中国史学史上最早从理论和方法上着重阐述史书编纂体裁体例的专书,是对中国唐初以前史学编纂经验的概括和总结,对后世史学的发展影响甚大。

(四)《通典》开典制体史书之先河

"安史之乱"后,唐王朝一蹶不振,有识之士为寻求拯救危亡的良策,纷纷投入史学的探索之中。其中杜佑主张从历代典章制度的沿革中总结经验,以达到"施诸有政"的目的。在此思想影响下,杜佑撰成了我国第一部关于典章制度的史学巨著《通典》。《通典》成书于唐德宗贞元十七年(801),全书两百卷,附考证一卷,分为食货、选举、职官、礼、乐、兵、刑、州郡、边防九个门类。每一门类下,条贯古今,溯源明流,通其原委。书中以食货置于首位,表明作者认识到了经济在社会生活中的基础作用,并有着"随时立制,遇弊变通"的进步的历史观。全书上起黄帝,下迄唐玄宗天宝末年,完整展现了从传说的黄帝时代到唐朝天宝年间各类典章制度的沿革和流变,为我国史学的发展开辟了一条新的途径。

总之,隋唐时期史学的发展有自己的特点:一方面正史修纂成绩斐然,官方对修史大权的掌控越来越严;另一方面出现了总结史学发展演变的专书,探索新的史书体裁,典制体史书出现,史学依然展现了自己的生机和活力。

二、河南史学的地位

隋唐时期,河南史学的发展也取得了丰硕的成果。从整体上看,这一时期河南地区的史著虽然在数量上不是很多,但涉及的史书类型非常丰富,直接推动了中国史学的发展。最为重要的是,河南史家的每部作品都影响巨大,或具有开创意义,或为其中的代表,足以展现河南史学的领先地位。

李延寿所修《南史》《北史》,光耀千秋。隋唐时期是朝廷逐步建立和完善官修史书制度、史书的编纂由个人活动逐渐成为朝廷有组织的事业的关键时期。而恰恰是在初唐官修正史的浪潮中,李大师、李延寿父子利用各种机遇进行修史活动。经过父子两代人几十年的辛勤付出,最终撰成《南史》和《北史》,经过唐高宗的批准而公开传播,成为后世二十四史当中的两部。李延寿秉承贯通南北、客观公正的原则,纠正了南北分裂时期各方史书的种种偏见,力求实事求是地描述历史,有力地向人们展示了中国是一个多民族的政治、经济、文化共同体,而民族团结、民族大融合的趋势是不可抗拒的。他用独特眼光和勤奋劳动撰成的两部佳史,在中国史学史上占有重要地位。

吴兢所编《贞观政要》,是一部帝王教科书,影响深远。吴兢一生挚爱史学,精熟历史掌故,对政治有浓厚兴趣,对社会有满腔热情。吴兢关心现实,作为言官,他数次直言进谏;作为史官,他不仅执着于如实记载社会变迁的历史过程,更注重总结王朝兴亡、君臣得失,意欲借助史书的编纂,将治国理政的道理揭示出来。《贞观政要》正是这样一部记载唐太宗君臣治国理政言论和措施的史书，成为后代统治者的教科书，被后世帝王当作座右铭，书之屏帷，铭之几案。不仅如此，《贞观政要》还在9世纪前后传到日本，成为日本统治者的必读书，得到广泛流传。直至今日，书中所反映出来的某些思想依然具有借鉴意义。

长孙无忌编纂的《唐律疏议》，奠定了中华法系的基石。长孙无忌不仅在唐朝建立、太宗即位、高宗立储等重大历史事件中发挥了重要作用，还以其显赫的身份、崇高的威望主持了唐太宗和高宗时期法律的修订。尤其是在《贞观律》和《永徽律》基础上主持编订的《唐律疏议》，总结了以往各代立法和司法的经验，折中损益，使之系统化和周密化，成为维护君主专制制度、调整各方面社会关系的代表性法律规范。《唐律疏议》完全以儒家礼教纲常作为立法的指导思想和定罪量刑的理论依据，实现了"礼"与"法"的统一。《唐律疏议》坚持用刑持平、崇尚宽省、规范详备、科条简约，确立并完善了古代法律中系列重要原则和制度。它不但是李唐王朝三百年最具权威的国家法典，还对此后中国各朝的法制及东亚各国的法律都产生了重要的影响。正是因为有了《唐律疏议》，中华法系才得以在世界法律文明史上与其他法系鼎足而立。

玄奘《大唐西域记》成就不朽传奇。唐代僧人玄奘以其惊人的勇气和毅力，前后历时十九年，跋涉五万余里，西行求法，不仅直接沟通了唐朝与中亚、西亚、南亚的联系，还为促进中印之间的往来和文化交流发挥了重要作用。而其归国之后口述的《大唐西域记》，详细记载了玄奘西行亲身经历的110个和传闻得知的28个城邦、国家和地区的情况。《大唐西域记》是研究我国新疆地区和中亚、南亚各国历史的珍贵材料，一定程度上弥补了这些地区缺乏历史记载的缺憾，在学术上具有不朽的价值。

韩愈所修的《顺宗实录》，硕果仅存，弥足珍贵。作为文起八代之衰的唐代古文运动倡导者，韩愈以其文以载道、务反近体的主张和实践，抒意立言，自成一家，被后世尊为"文章巨公"和"百代文宗"。韩愈的史学代表作《顺宗实录》，也因其文名而得以流传至今。韩愈著史，讲求据事实录，善恶自见，不避强御，无所阿容。《顺宗实录》选取事关国家大政的历史事迹，秉笔直书，无论皇帝还是权贵，皆能实事求是，保存了顺宗一朝政治斗争与社会矛盾最原始、最珍贵的资料。《顺宗实录》作为唐代实录中唯一完整流传至今的一部，其价值难以估量。

司马贞《史记索隐》乃《史记》功臣。司马贞在梳理《史记》流传历史,研究各家音注优缺点的基础上,利用徐广《史记音义》、裴骃《史记集解》、邹诞生《史记音义》等诸家注文,参阅韦昭、贾逵、杜预、谯周等人论著,探求异闻,采撷典故,解其所未解,申其所未申者,释文演注,重为述赞,撰成名著《史记索隐》三十卷。在注释过程中,司马贞引用了大量书证,保存了丰富的佚书材料,并喜好辩驳,订正了所引诸家的诸多失误,甚至对《史记》本文进行了很有见地的考订,对《史记》的某些篇章及其体例也进行了评论。《史记索隐》音义并重,注文翔实,对疏误缺略补正颇多,在著名的《史记》三家注中,价值最高。

唐代史学发达,野史笔记蓬勃发展,与正史参行。在这方面,河南史家的作品最具代表性。刘仁轨《河洛行年记》、韩琬《御史台记》、赵璘《因话录》、郑处诲《明皇杂录》等野史笔记,皆是作者根据自己闻见进行的记述,生动真切,翔实可靠,内容丰富,从各个方面反映了唐代社会状况,保存了大量的文献资料,不仅为两《唐书》和《资治通鉴》的编纂提供了史源,有益于考订史事,还有较多的内容为他书所不载,足以补正史之不足。说部善本,当之无愧。

由此可见,隋唐时期河南史家的每一部著作,或光耀千古,或影响深远,或承前启后,或硕果仅存,无不是史坛之佳构、各类之翘楚。可以毫不夸张地说,河南史学在隋唐时期成果累累,至今千载,依然熠熠生辉。

第二节 李延寿及其《南史》《北史》

唐初曾出现了一个官修正史的高潮,唐高祖李渊与唐太宗李世民都曾诏令官修正史,大臣魏征、长孙无忌、房玄龄、令狐德棻等都曾领导或直接参与过。在这一过程中,李大师和李延寿父子致力于《南史》和《北史》的编撰,后经唐高宗批准而传播于世。

一、李延寿的家世与生平

李延寿,字遐龄,生卒年不详,其先世为陇西著姓,后迁居相州(今河南安阳)。祖父李超,字仲举,"博涉经史,不守章句业"[1],仕齐为襄城王大司马参军事,后为司州修武令,又迁晋州别驾。齐亡后,归里。入隋,召补洛州主簿,左降隆州录事参军,除冀州清江令,后以资例,授帅都督、洛阳令。虽屡次授官而常以疾辞,以琴书自娱,优游赏逸,年六十三,卒于洛阳永康里宅。其父李大师,字君威,"好学,无所不窥,善缀文。备知前代故事,若指诸掌;商较当世人物,皆得其精"[2]。弱冠时,州将贺兰宽召补主簿,以资调补左翊卫率,又除冀州司户参军。炀帝初,除信都司户书佐,大业十年(614),迁渤海郡主簿。窦建德据山东,召为尚书礼部侍郎。武德三年(620),被遣出使李唐求和好,使毕而窦建德违约,李大师被拘,后徙配西会州(今甘肃靖远)。此后李大师忽忽不乐,作《羁思赋》以寄怀,为镇守凉州的杨恭仁所赏,召至府内,深相敬重。李大师"少有著述之志,常以宋、齐、梁、陈、魏、齐、周、隋南北分隔,南书谓北为'索虏',北书指南为'岛夷'。又各以其本国周悉,书别国并不能备,亦往往失实。常欲改正,将拟《吴越春秋》,编年以备南北。至是无事,而恭仁家富于书籍,得恣意披览"[3],开始着手修撰《南北史》。武德九年(626),朝廷大赦,李大师才得以回到京师,婉拒封德彝和房玄龄的劝留,佯装东归。"家本多书,因编缉前所修书",继续著史,贞观二年(628)五月于郑州荥阳野舍去世,时年五十九,而著述尚未完成,"以为没齿之恨"[4]。

与其祖、父相比,李延寿一生仕途较为平稳。贞观初任太子典膳丞、崇贤馆学士,转御史台主簿,兼直国史。李延寿之所以走上治史的道路,与其家学渊源及父亲的影响有关。贞观三年(629),也就是其父李大师辞世的次年,李延寿得与敬播一起在秘书省内协助颜师古、孔颖达等修纂《隋书》。"既家有旧本,思欲

---

[1] 李延寿:《北史》卷一百《序传》,中华书局,1974年版,第3339页。
[2] 李延寿:《北史》卷一百《序传》,中华书局,1974年版,第3341页。
[3] 李延寿:《北史》卷一百《序传》,中华书局,1974年版,第3343页。
[4] 李延寿:《北史》卷一百《序传》,中华书局,1974年版,第3343页。

追终先志,其齐、梁、陈五代旧事所未见,因于编缉之暇,昼夜抄录之"①。借此机会,李延寿继承父志,在李大师所撰"旧本"的基础上,利用官家修史的便利,博览未见之书,搜集抄录的资料。贞观五年(631),丁忧去职,服阕后从官蜀中,开始编次所得资料,尚多缺略。贞观十五年(641),李延寿任东宫典膳丞,令狐德棻起用他参修《晋书》,使之又能勘究补充此前未能搜集的史料。贞观十七年(643),褚遂良奉敕修《隋书十志》,又召李延寿撰录,使他能够遍览前修五代诸史,"魏、齐、周、隋、宋、齐、梁、陈正史,并手自写"②,亲手抄录了丰富的资料。至此,借助参修官史的便利和自己辛苦的抄集,李延寿为南北史的编纂准备好了充足的史料,从此辛苦撰修,积十六年之功,终于撰成《南史》《北史》二书,合一百八十卷,于显庆四年(659)奏进。如果从贞观三年(629)搜集史料算起,则李延寿为《南史》《北史》的撰写付出了整整三十年的艰苦劳动,可见成书之不易。功夫不负有心人,在完成其父遗愿的同时,李延寿也终成一代史家,以《南史》《北史》两部正史光耀万代。值得称道的是,李延寿还撰有《太宗政典》三十卷,不仅受到唐高宗的赞赏,获得"艺文该洽,材兼良史"③的评价,更于史体开创政书之一类,其功不应磨灭。

二、《南史》《北史》的编纂体例

在二十四史中,《南史》《北史》有其独特的历史地位。《史记》是纪传体通史,记事上起黄帝,下迄汉武帝时期,贯穿古今;而一般的纪传体断代史,如《汉书》《后汉书》《魏书》等,都是"包举一代"。而《南史》《北史》则介于二者之间,记事跨越数代。《南史》自刘宋起,尽于陈,共记宋、齐、梁、陈四代史事,计本纪十卷,列传七十卷,共八十卷。《北史》自北魏起,尽于隋,共记北魏、北齐、北周、隋四代史事,计本纪十二卷,列传八十八卷,总一百卷。

《南史》《北史》是李延寿继承李大师遗志而修成的两部史书。李大师修

---

① 李延寿:《北史》卷一百《序传》,中华书局,1974年版,第3343页。
② 李延寿:《北史》卷一百《序传》,中华书局,1974年版,第3343页。
③ 《高宗皇帝赐李延寿家物诏》,见周绍良主编《全唐文新编》(第1部第1册),吉林文史出版社,2000年版,第172页。

史,仿效《吴越春秋》,准备采用编年体裁,结果书未成而身先死。李延寿参考父亲的未成稿,但改变了父亲旧稿的编年体例,仿效《史记》为纪传体,"依司马迁体,以次连缀之"。

唐代大规模修纂纪传体正史之时,已有《史记》《汉书》《后汉书》《三国志》《宋书》《南齐书》《魏书》七家纪传体正史。唐代设馆修史、宰相监修制度确立以后,南朝梁、陈,北朝齐、周以及晋、隋诸朝正史开始修纂。在此史学发展的背景下,李延寿要重修两部贯穿南、北历史的史书,对本朝皇帝批准的正史加以整理刊正,显示出他的勇气和责任心。他欲以南、北二史代替魏、齐、周、隋、宋、齐、梁、陈八史,气魄独大。而要完成如此繁重的编纂任务,必须要有相对完备的编纂方法。

其一,"编次别代,共为部秩"。李延寿采用纪传体通史的体例,分别对南、北朝史事做贯通的叙述。他把魏(包括东魏、西魏)、北齐、北周、隋四代史事编成《北史》,从魏道武帝拓跋珪登国元年(386)叙述至隋恭帝杨侑义宁二年(618),共232年;把南朝宋、南齐、梁、陈四代史事编成《南史》,从宋武帝刘裕永初元年(420)叙述至陈后主陈叔宝祯明三年(589),共169年。其实,隋已统一全国,本不应单列于北史,李延寿此举可能有两点考虑:一是隋承继北周,将隋列入北史在编写上较方便,否则要在南、北两通史外再编一隋史,则体例混乱;二是将隋列入《北史》,可以突出唐统一的重大意义,彰显本朝的正统地位。

正因为李延寿用通史体例叙述南、北朝史事,所以打破了朝代的断限,分别对南朝、北朝的人物、史事作归纳叙述。两史的帝纪、后妃、宗室均依照朝代先后顺序排列,诸臣列传亦大体按先后顺序叙述,对那些高门大户,则将其子孙附于父祖列传中,连缀书之。其他类传更进一步打破了朝代的断限,连类而书,上下贯通。面对魏晋南北朝时期世家大族兴盛的历史事实,《南史》叙事以王、谢二大姓为主;《北史》叙事以崔、卢二大姓为主,家族体系分明。李延寿的这些做法颇受后世学者诟病。其实这些批评者过于拘泥于正史体例,没有看到李延寿因循中的创造。首先,南北朝各代统治时间都不长,往往一人历经数朝,有时很难恰当把某人归入某朝,所以李延寿从历史实际出发,以通史之体取代断代之体,本身就是一个创新;其次,南北朝时门第之风大盛,王、谢、崔、卢等高门大族与南北朝相终始,在社会政治、经济、文化、军事等方面举足轻重,李延寿注重谱牒世系,是对历史的如实反映,将世族牵连附传,亦便于读者检寻。

其二,"鸠聚遗逸,以广异闻"。李延寿之《南史》《北史》,并非简单将旧史删节、离合而成,而是尽量充实一些新的史料。针对旧史作者重视官方资料而忽于私人记载的缺点,李延寿有意把自己补充史料的重点放在"易为湮落"的"小说短书"上,并认为这些材料具有较高的史料价值。李延寿的这种史料观丰富了《南史》《北史》的记事。如果把《南史》《北史》和《南齐书》《梁书》《北齐书》《周书》等进行比较,就会看到《南史》《北史》增加了不少重要的史实。仅就梁史来说,《南史》就比《梁书》多立了王琳等十余个传记,对原有的一些传记如《范缜传》等,也充实了不少内容。

其三,"除其冗长,捃其菁华"。宋、齐、梁、陈、魏、北齐、周、隋八史共566卷,而经李延寿改作为《南史》《北史》后,减至180卷,删掉了相当多的文字。总的来看,李延寿删《魏书》《宋书》最多,原因是此两书原本卷帙就多,《宋书》100卷,《魏书》更达130卷,李延寿欲省减南、北史篇幅,宋、魏二书必为砍削重点。此外,宋、魏二书为前朝人所修,南、北相互攻击之辞甚多,李延寿作史的目的之一即是纠正此弊,消弭南北对立,且笔削前朝之史也不会得罪本朝史官。对读"二史"和"八书",李延寿所删多为诏诰、符檄、章表,重要者则以简略语言概括之,意图简净。另一删削重点为南、北征战攻伐之事,这是因为原来各史关于战争记载多不属实,夸胜讳败已为惯例,所以多为删去。其实对原有"八书"所载的绝大部分内容,李延寿并未随意改动,只要是他认为不违背史实的内容,或全抄旧文,或离合编排,全部吸收到"二史"之中。对《陈书》《隋书》,李延寿基本上未做大的增删改动。①

三、《南史》《北史》的价值

从《南史》《北史》的内容可以看出,李延寿赞成国家统一的思想倾向非常明显,他纠正了南北分裂时期南、北史书的种种偏见,力求实事求是地描述历史,没有狭隘的地域观念,力图展示出中国作为一个多民族的政治、经济、文化

---

① 此处多参考陈崇光主编《中国通史》第六卷《中古时代·隋唐时期(下册)》相关之论述,上海人民出版社,2015年版,第1144—1152页。

共同体的整体面貌,赞成民族间的交往与融合,反对民族间的隔绝与争斗。此外,李延寿还善于选择一些细小而又富有典型性的事件来表达自己的思想。这得益于他重视"小说短书"的独特眼光和更勘杂史一千余卷的勤奋劳动,《南史》《北史》也因此增加了趣味性,给读者留下了深刻印象。两史比较,《北史》比《南史》写得更好,因李延寿与其父李大师均为北方人,故对北朝的历史、掌故、风俗、人情都较熟悉,所见到的史料也较多。另外,李唐起源于北朝,官方对北朝各代史的研究格外重视,客观上也为撰述《北史》创造了有利条件,所以《北史》的记载比《南史》详明。

整体来说,由于"二史"删去了"八书"的繁文,从而在叙事方面不仅较"八书"简净,而且文意更加明白。更为可贵的是,"二史"在叙事简洁之外,还增补了许多不见于"八书"的新的本纪、列传和史料,大大丰富了原有"八书"的内容。当然《南史》《北史》也确实存在删削欠当之处,又因李延寿喜欢参考杂史,对妖异灾祥及谣谶多有记载,故而存在荒诞不经的弊端。

总之,由于"二史"卷帙不繁,易于抄写,所以得到广泛流传,在历史知识的普及上功绩颇著。尽管当时因李延寿年少位卑,其书不甚为人称道,但后代史家却评价颇高。《旧唐书》说:"李延寿研考史学,修撰删补,克成大典,方之班、马,何代无人?"①司马光精研史学,也曾感叹:"李延寿之书,亦近世之佳史也。虽于機祥诙嘲小事,无所不载,然叙事简径,比于南北正史,无烦冗芜秽之辞。窃谓陈寿之后,惟延寿可以亚之也。"②可谓推崇备至。有趣的是,李延寿当年主要是依据"八书"来编纂《南史》《北史》的,可到北宋刊印正史时,"八书"中的《魏书》《北齐书》《周书》的残缺反而要靠《南史》《北史》来补足了。由此可见,"二史"在客观上还起到了保存史料、补全"八书"的作用。

---

① 刘昫:《旧唐书》卷七十三"史臣曰",中华书局,1975年版,第2604页。
② 司马光:《与刘道元书》,见李文泽、霞绍晖校点《司马光集》,四川大学出版社,2010年版,第1300—1301页。

第三节 《贞观政要》的编纂与吴兢的史学思想

《贞观政要》是唐代一部著名的政论性的历史著作。全书分类编录了唐太宗与魏征、房玄龄、杜如晦等君臣之间有关国家大事的问答,以及大臣所上谏疏,并旁及政治设施、刑法等,用备观戒。《贞观政要》虽记载史实,但不按时间顺序组织全书,而是从总结唐太宗治国施政经验,告诫当今皇上的意图出发,将君臣问答、奏疏、方略等材料,按照为君之道、任贤纳谏、君臣鉴戒、教诫太子、道德伦理、正身修德、崇尚儒术、固本宽刑、征伐安边、善始慎终等一系列专题内容归类排列,使这部著作既有史实,又有很强的政论色彩,既是唐太宗"贞观之治"的历史记录,又蕴含着丰富的治国安民的政治观点和成功的施政经验,对当时和后世的中国和周边的日、韩等国家都产生了深远的影响。

一、吴兢的生平及修史经历

吴兢(669 或 670—749),汴州浚仪(今河南开封)人。从小好学,为人正直,不好交游,史称"励志勤学,博通经史"①。及长,与宋州宋城(今河南商丘)人魏元忠、亳州永城(今河南永城)人朱敬则友善,人品、学识深得二人赏识。武则天圣历二年(699),魏元忠拜相,朱敬则为右补阙,吴兢因"有史才"被举荐直史馆,修国史,从此步入仕途。累月,即迁右拾遗内供奉。唐中宗神龙初年,迁右补阙,转起居郎。俄迁水部郎中,丁忧还乡。玄宗开元三年(715)服阕,诏拜谏议大夫。俄兼修文馆学士,历卫尉少卿、左庶子。开元十七年(729),因修史"书事不当"而遭贬谪,由太子左庶子出为荆州(今湖北荆州)司马。《全唐文》卷二九八录吴兢《乞典郡表》言:"臣自掌史东观,十有七年,岁序徒淹,勤劳莫著,不

---

① 刘昫:《旧唐书》卷一百〇二《吴兢传》,中华书局,1975 年版,第 3182 页。

能勒成大典,垂诫将来。"为不妨贤路,"乞罢今职,别就他官",又因"理人之政,在兢尤所详晓",所以"望令试典一郡,刺举外台,必当效绩循良,不负朝寄"。①荆州司马任满,又先后为台州(治所在今浙江临海)、洪州(治所在今江西南昌)、饶州(治所在今江西鄱阳)、舒州(治所在今安徽潜山)、蕲州(治所在今湖北蕲春)等地刺史。天宝初年调任邺郡(治所在今河南安阳)太守,不久回京,为玄宗第27子恒王李瑱师傅。总体来看,吴兢的仕途较为顺畅,没有大起大落。

从吴兢前期所任官职来看,不管是拾遗、补阙,还是谏议大夫,都是言官。从保存至今的几篇奏表可以看出吴兢比较耿直,敢于犯颜直谏。如《上中宗皇帝疏》就是对当时政治局势较有影响的一篇。武则天去世后,唐中宗李显无力驾驭全局,武三思、韦后、安乐公主皆觊觎最高权力,阴谋之事接连不断。朝中人人自危之时,吴兢不计个人安危,毅然上表中宗,直率指出把相王李旦说成是太子李重俊的同谋,是一场阴谋。劝谏中宗珍惜与相王的兄弟之情,如果信任邪佞,相王被诬治罪,必让天下人失望,中宗本人也将陷入孤立无援之境地。由于吴兢的奏表,加上御史中丞萧至忠的进谏,终于使相王平安无事。唐玄宗李隆基即位之后,独掌权柄,带来很多负面影响,群臣不敢大胆进谏。吴兢认为此种状况不利于唐室,遂上疏劝玄宗对进谏者有所区别,改变赏薄罚重的做法,如进谏者所言是,则有益于国,即使所言非,也无累于朝,不应遽加斥逐,以堵塞言路。吴兢在奏章中举出了前代皇帝虚心纳谏致胜和骄横拒谏致败的实例,还特别赞扬了唐太宗李世民虚怀若谷、导人使谏的故事。当时在选用官员时,皇帝绕开吏部而在禁中做出决定,吴兢很反对这种做法,认为朝廷各个部门应各司其职,选官事必须由吏部主之。于是上《谏十铨试人表》,强调要按既定法规行事,上自天子,下至卿士,皆要守其职分,不可侵越。从上述事例可以看出,在为官上,吴兢尽职尽责,颇有献替,直言敢谏,不失为一代诤臣。

吴兢任谏官如此,修史更是兢兢业业,忠于职守。自从被荐入史馆,直至为恒王师傅,40余年时间里,吴兢参与了朝廷的一系列著述工作。可以说,吴兢一生的大部分时间和主要精力都献给了修史事业。尽管他热爱修史,在修史期间也遇到了刘知幾、徐坚、元行冲等史学上的同道,结下了深厚的友谊,但在史馆

---

① 吴兢:《乞典郡表》,见周绍良主编《全唐文新编》(第2部第2册),吉林文史出版社,2000年版,第3371页。

的修史工作并不顺利,甚至几次请求调离史职。长安三年(703),吴兢受诏与司封郎中徐坚、左史刘知幾等共修《唐史》,"采四方之志,成一家之言,长悬楷则,以贻劝诫"①。但由于武三思等"阿贵朋佞,酿泽浮辞,事多不实","岁序徒淹,勤劳莫著,不能勒成大典",吴兢不得已自己着手别撰《唐史》《唐春秋》。唐中宗时,吴兢又与韦承庆、崔融、刘知幾受命撰《则天实录》。后以母丧去官,但就是在此期间,他也在继续著述。唐玄宗开元三年(715),丧满除服,吴兢抗疏言:"臣修史已成数十卷,自停职还家,匪忘纸札,乞终余功。"②诏依前修史。次年,吴兢与刘知幾撰成《睿宗实录》二十卷,重修《则天实录》三十卷、《中宗实录》二十卷。开元五年(717),吴兢在马怀素的主持下,与韦述等二十六人于秘阁详录四部书,进行大规模的文化典籍整理工作。此后,吴兢以父丧再次解职,丧终,为太子左庶子,未能重任史职。为此,开元十四年(726)吴兢上疏唐玄宗,提出自己的要求:"微臣私门凶衅,顷岁以丁忧去官,自此便停知史事。窃惟帝载王言,所书至重,倘有废绝,实深忧惧。于是弥纶旧纪,重加删缉,虽文则不工,而事皆从实。断自隋大业十三年,迄于开元十四年春三月,即皇家一代之典,尽在于斯矣。既将撰成此书于私家,不敢不奏;又卷轴稍广,缮写甚难,特望给臣楷书手三数人,并纸墨等。至绝笔之日,当送上史馆。"③唐玄宗令吴兢"就集贤院修成其书"。不久,又转至史馆,继续修史,并封长垣县男。可惜的是,开元十七年(729),吴兢因坐书事不当,贬荆州司马,虽然可以史草自随,但客观条件上的困难和主观精神上的苦恼,都给吴兢完成《唐史》的著述工作设置了巨大的障碍。尔后,吴兢转历多地,累迁台、洪、饶、蕲四州刺史,加银青光禄大夫,迁相州长史,封襄垣县子,又为邺郡太守,撰史工作只能迁延。回京为恒王师傅,让吴兢重新燃起希望,"虽年老衰偻甚,意犹愿还史职"。可惜李林甫嫌其衰而不用,最终也未能完成其《唐史》《唐春秋》的著述。

辗转修史,让吴兢形成了自己的史学特点和品格:一是叙事简要。吴兢写史,叙事简明而准确。如《贞观政要》一书,有对话、诏诰、奏表,有事件描写、经验总结,比较系统地反映了贞观年间的施政方针和实践效果,是历史上对"贞观

---

① 王溥:《唐会要》卷六十三"史馆上",中华书局,1955年版,第1094页。
② 刘昫:《旧唐书》卷一百〇二《吴兢传》,中华书局,1975年版,第3182页。
③ 吴兢:《请总成国史表》,见周绍良《全唐文新编》(第2册),吉林文史出版社,2000年版,第3374页。

之治"记载最为周详的著作。然而通观全书,史笔非常洗练,整部书也只有八万字左右,令人赞叹。二是直笔不讳。吴兢初入史馆,即愤然于武三思、张易之等的苟饰虚词,曲笔作史,认为国史之作,在乎善恶必书。为了不使自己与他们同流合污,吴兢以极大的毅力和奋发的精神,冒着很大的政治风险,私撰本朝国史,就是为了保留历史真相。这种对待历史的严肃态度实是难能可贵。武则天长安年间,张易之、张昌宗欲加罪于御史大夫、知政事魏元忠,乃赂以高官使张说诬证魏元忠谋反。张说始已应允,后在宋璟、张廷珪、刘知幾等人的劝阻下悔悟,证明魏元忠实未谋反。唐玄宗时,吴兢与刘知幾重修《则天实录》,乃直书其事。时值张说为相,屡请吴兢删改数字,吴兢终不许,故"世谓今董狐云"。

吴兢不仅以当今董狐闻名于时,而且笔耕不辍,著述甚丰。独著有《梁史》10卷、《齐史》10卷、《周史》10卷、《陈史》5卷、《隋史》20卷、《唐书》100卷(或作98卷)、《唐书备阙记》10卷、《唐春秋》30卷、《贞观政要》10卷、《太宗勋史》1卷、《开元升平源》1卷、《开元名臣奏》3卷、《吴氏西斋书目》1卷、《乐府古题要解》1卷(或作2卷)、《保圣长生纂要坐隅障》3卷、《五藏论应象》1卷。与人合撰有《唐书》130卷、《国史》106卷、《唐高宗实录》19卷、《睿宗实录》20卷、《则天实录》30卷、《中宗实录》20卷、《姓族系录》200卷、《群书四部录》200卷。遗憾的是,除《贞观政要》外,其余均亡佚了。

二、《贞观政要》的内容与思想

吴兢一生经历了唐高宗、则天、中宗、睿宗、玄宗五朝,此乃"贞观之治"之后,唐王朝继续兴盛发展的时期。作为精熟于近、现代史,对政治有浓厚兴趣、对社会有满腔热情的言官和史家,吴兢关心现实,希望能够辅助朝纲,避免危亡。他自觉地将个人的前途命运与朝廷联系在一起,喜好引用古今事例唤起帝王的警觉。吴兢有丰富的历史知识,善于以史为镜,积极让历史为社会现实服务。吴兢向往唐太宗的"贞观之治",其援古证今,多以唐太宗朝为主,这是他编纂《贞观政要》的内在动力。

毫无疑问,唐太宗是中国历史上的一代英主。除了他在位期间政治清明,思想活跃,经济复兴,人民富庶,中外交流频繁之外,他还能以史为鉴,认真总结历史经验和教训,对史学的社会作用有清醒的认识,勇于面对历史和现实。吴兢对唐太宗所创造的贞观盛世非常向往和怀念,他说:"太宗文武皇帝之政化,自旷古而来,未有如此之盛者也。虽唐尧、虞舜、夏禹、殷汤、周之文武、汉之文景,皆所不逮也。"①在吴兢眼里,连历史上最为圣明的君王的功业都无法与太宗的"贞观之治"媲美,可见其对唐太宗的推崇。吴兢身历多朝,肩负史臣和谏官的双重职责。这种职责促使他以贞观朝为参照,思考社会现实问题,所谓"至如用贤纳谏之美,垂代立教之规,可以弘阐大猷,增崇至道者,并焕乎国籍,作鉴来叶……望纡天鉴,择善而行,引而伸之,触类而长。《易》不云乎,'圣人久于其道而天下化成'。伏愿行之而有恒,思之而不倦,则贞观巍巍之化,可得而致矣"②。在《贞观政要序》中,他又进一步强调说:"太宗时,政化良足可观,振古而来,未之有也。至于垂世立教之美,典谟谏奏之词,可以弘阐大猷,增崇至道者……义在惩劝,人伦之纪备矣,军国之政存焉……庶乎有国有家者克遵前轨,择善而从,则可久之业益彰矣,可大之功尤著矣,岂假祖述尧舜、宪章文武而已哉!"总之,吴兢认为"贞观之治"确实为后代统治者提供了宝贵的治国经验,值得认真总结。

《贞观政要》系统而全面地总结了"贞观之治"的历史经验,集统治者"治国安邦"术之大成。全书共十卷,四十篇,每篇的篇名反映该篇的基本内容,内容相近的若干篇合为一卷,每卷围绕一个中心问题,分类编辑贞观年间唐太宗与他的大臣魏征、王珪、房玄龄、杜如晦、虞世南、褚遂良等 45 人的问答以及大臣的诤议和所上劝谏的奏疏。此书内容丰富,有唐太宗和大臣的对话,类于记言之书;有诏书和奏表的原文或节录,类于文集;有对史事过程的叙述,类于纪事本末体;有人物传记,类于纪传体;同一篇中所记内容基本依发生时间的先后顺序排列,类于编年体。尽管所记内容丰富,事项繁多,所运用的体裁也相当灵活,但目的只有一个,即彰扬唐太宗的德政与治术,总结王朝长治久安的经验和教训。

《贞观政要》第一卷即《君道》和《政体》两篇。《君道》是全书总纲,记唐太

---

① 吴兢:《请总成国史表》,见周绍良《全唐文新编》(第 2 册),吉林文史出版社,2000 年版,第 3373 页。
② 吴兢:《请总成国史表》,见周绍良《全唐文新编》(第 2 册),吉林文史出版社,2000 年版,第 3373 页。

宗与诸臣论为君之道,如"必须先存百姓""必须先正其身""兼听""慎守成"等原则。《政体》篇则对朝廷机构(中书、门下等机要之司)的运转程序和政坛规范进行载录。第二卷有《任贤》《求谏》《纳谏》三篇,反映的是君王对臣下应有的态度,提出了君臣"共相切磋,以成治道"的观点。第三卷有《君臣鉴戒》《择官》《封建》三篇,记载了君王与臣下相辅相成、荣辱与共的依存关系,指出了君与臣各自应有的责任与义务,阐述了"君为元首,臣作股肱……君虽明哲,必藉股肱以致治""任官惟贤才""致安之本,惟在得人"的道理。第四卷有《太子诸王定分》《尊敬师傅》《教戒太子诸王》《规谏太子》四篇,关注的是皇朝继承人问题,从不同侧面强调对太子、诸王要"早有定分,绝觊觎之心","尊嫡卑庶","陈君臣父子之道","授以良书,娱之嘉客。朝披经史,观成败于前踪;晚接宾游,访得失于当代","勿纵欲肆情,自陷刑戮"。第五卷有《仁义》《忠义》《孝友》《公平》《诚信》五篇,论述伦理道德在求治中的作用问题,记录了唐太宗对仁义忠孝观念的重视。第六卷有《俭约》《谦让》《仁恻》《慎所好》《慎言语》《杜谗邪》《悔过》《奢纵》《贪鄙》九篇,揭示统治者的个人修养对于致治的影响。吴兢特别称颂贞观年间"风俗简朴",记录了唐太宗改变厚葬陋俗的诏书,提出"奢侈者可以为戒,节俭者可以为师",指责厚葬陋俗使"富者越法度以相尚,贫者破资产而不逮,徒伤教义",宜为惩革。第七卷有《崇儒学》《文史》《礼乐》三篇,叙述文化建设及礼乐教化的重要性,如选拔人才"必须以德行、学识为本","人臣若无学业,不能识前言往行,岂堪大任"等等。第八卷有《务农》《刑法》《赦令》《贡赋》《辩兴亡》五篇,均涉及治国的大政方针。唐太宗坚持重农务本的基本国策,"凡事皆须务本。国以人为本,人以衣食为本。凡营衣食,以不失时为本",并指出"人君"对保证农民依时劳作负有特殊责任。关于刑法,唐太宗主张务在宽简,对于死刑判决,要建立覆奏制度。同时,必须坚持法律的严肃性,功臣犯法当与百姓同罪。量刑之轻重亦当以法为标准,不因执法者的喜怒好恶而变化。第九卷有《征伐》《安边》二篇,关注的是军事问题,也含有如何处理朝廷与周边少数民族政权的关系问题。第十卷有《行幸》《畋猎》《灾祥》《慎终》四篇,反映的是君王通常进行的巡幸活动以及正确看待灾祥、善始慎终等问题。

《贞观政要》以《君道》起始,以《慎终》终篇,形成一个以君主修身、齐家、治国、平天下为中心的思想体系。全书"按照为君之道、任贤纳谏、君臣鉴戒、教戒太子、道德伦理、正身修德、崇尚儒术、固本宽刑、征伐安边、善始慎终一系列内容归类排列……既是唐太宗贞观之治的历史记载,又蕴含了吴兢本人治国安民的政治观点和理想"①。

第一,为君之道。为君之道是《贞观政要》关注的核心问题。吴兢清楚地知道,专制帝王集所有权力于一身,无人能够制衡,因此君主的修养和作风就成了事关国家安危的关键。《贞观政要》涉及为君之道的内容很多,主要有两点:从修养角度讲,君主要"清心寡欲";从作风角度讲,君主要"求贤纳谏"。

第二,择官用人。在《贞观政要》中,吴兢非常重视对唐太宗选拔任用官吏的记述。在吴兢看来,"致安之本,惟在得人"②,"为政之要,惟在得人"③。因此,吴兢以较多篇幅记载了唐太宗知人善任的事迹。在用人方面,吴兢特别突出唐太宗重视官员品德的特点,按照儒家学说把官员的品德归纳为忠信、孝友、廉洁、公平、俭约、谦让、诚信等,凡与这些品德符合者,则任用之,反之则罢黜之。

第三,内外大政。吴兢在《贞观政要》中对贞观时期的内外大政进行了详细记载。由于吴兢有着以儒家学说治理国家的政治理想,因此他在内政上推崇唐太宗偃武修文、崇尚礼制、宽赦天下、以农为本的政策,在对外关系上,歌颂唐太宗"华夷一家"、"怀之以德"、慎用武力的方针。

第四,严教子弟。专制政权最重视"守成"和传衍的问题,明君贤臣可以确保王朝一世之兴盛,但不能保证世世之兴盛,因此,《贞观政要》对贞观君臣规谏太子,确保国祚长久、社稷永存特别关注,反映了吴兢期望"贞观之治"长期存在的美好愿望。

总之,《贞观政要》对治国的方针、原则及历代治国的经验教训,对官府的设置、法律的制定以及官员的选拔任用与培养,对君臣的作风与相互关系等问题均进行了详细记载,展现了贞观时期统治者上层的谋略。特别值得一提的是,虽然吴兢对唐太宗推崇备至,但本着"直笔"的原则,依然在书中如实记录了唐太宗的种种过失和缺点,并反复强调"战胜易,守胜难""居安思危,孜孜不怠"之理。《贞观政要》成书于开元年间,其时正是唐玄宗由励精图治渐趋安逸奢侈

---

① 滕建明:《贞观政要》,见仓修良主编《中国史学名著评介》(第一卷),山东教育出版社,2006年版,第560页。
② 吴兢:《贞观政要》卷三《择官第七》,岳麓书社,1993年版,第108页。
③ 吴兢:《贞观政要》卷七《崇儒学第二十七》,岳麓书社,1993年版,第256页。

之时,因而其现实意义格外凸显。

三、《贞观政要》的影响

　　《贞观政要》被唐朝中后期的皇帝当作座右铭,书之屏帷,铭之几案,还被当作皇家子弟的学习教材。唐宪宗李纯、唐文宗李昂、唐宣宗李忱是晚唐稍有作为的君主,他们都注重研习《贞观政要》,从中汲取施政经验。元和四年(809),唐宪宗仿《贞观政要》体例又编撰《君臣事迹》14 篇,记上古以降历代圣君贤相之事。唐宣宗曾书《贞观政要》于屏风,每正色拱手而读之。唐朝以后,历代统治者也很推崇这部书。元朝皇帝曾多次提起《贞观政要》,并请当世儒臣讲解书中内容。明朝规定,皇帝除三、六、九日上朝以外,每天中午都请侍臣教授《贞观政要》。明宪宗朱见深特别注意《贞观政要》的刊刻,亲自为之作序,以示推崇。清朝康熙、乾隆皇帝都很熟悉《贞观政要》的内容,并且十分仰慕"贞观之治"。

　　《贞观政要》面世后,柳芳、刘煦、宋祁、欧阳修、曾巩、司马光等史家二十余人曾先后为其作注,元代戈直参考各书进行校订、集注,足见后世学者也极为重视《贞观政要》。《贞观政要》中有关唐初政治的记载比《旧唐书》《新唐书》《资治通鉴》《唐六典》更为详尽,为后世研究唐太宗其人和唐代初期的历史提供了许多重要的资料。书中所反映出来的某些思想,如对人才的重视,对国君"从善如流"态度的肯定,精简机构以提高行政效率,即使在今天看来,也是具有进步性和借鉴意义的。

　　《贞观政要》在国外也很有影响。约在 9 世纪前后,这部书就传到了日本,并立即引起日本统治者的注意。镰仓时代,博士菅原为长专任讲官,为幕府讲解《贞观政要》,对当时日本政局影响很大。江户时代,德川幕府在 1615 年颁布的《禁中并公家法度》十七条中,第一条就规定天子必读《贞观政要》以明古道。由于统治者的提倡,《贞观政要》一书在日本得到了广泛流传。

第四节 长孙无忌与《唐律疏议》

长孙无忌是唐初著名的政治家、唐太宗李世民的佐命元勋、唐高宗李治的顾命大臣,在玄武门之变、李治立为太子等重大事件中都发挥了极其重要的作用,也是促成"贞观之治"和"永徽之治"局面出现的主要功臣。但他留给后世最宝贵的财富却是一部法典,即在唐高宗永徽年间主持完成的《唐律疏议》。《唐律疏议》是唐代法典的代表作,是其后历代刑律的蓝本,并对古代亚洲各国法典产生了重大影响,国际法制史学者更将其与欧洲《罗马法》相提并论,并视之为古代"中国法系"的代表著作。

一、长孙无忌的经历与事功

长孙无忌(?—659),字辅机,河南洛阳人。其先出自鲜卑拓跋氏,北魏皇族支系。祖父长孙兕仕北周,开府仪同三司,袭爵平原公。父长孙晟,为隋朝右骁卫将军。长孙无忌虽身为贵戚,但自幼"好学,该博文史"[①],通达颖悟,富有谋略。其妹十三岁嫔于唐太宗,即后来的文德皇后。隋大业十三年(617)七月,李渊起兵太原,九月进入朝邑(今陕西大荔东),长孙无忌即来谒见,授渭北道行军典签,从此常随从李世民征战,成为其心腹。后因功擢比部郎中,封上党县公。武德九年(626),太子李建成以反击突厥侵犯为名,欲乘机调出秦王府精兵猛将,并与齐王元吉谋杀秦王。长孙无忌见形势危急,极力劝说秦王先下手为强,遂设伏兵于玄武门,袭杀太子与齐王。事变后,秦王被立为太子,长孙无忌任太子左庶子。唐太宗即位后,长孙无忌迁升左武侯大将军。贞观元年(627),再迁吏部尚书。后论定佐命功臣,以长孙无忌为第一,进封齐国公,又升为尚书

---

① 刘昫:《旧唐书》卷六十五《长孙无忌列传》,中华书局,1975年版,第2446页。

右仆射,执掌朝政。贞观七年(633)十月,册拜司空,位居三公。贞观十一年(637),唐太宗分封功臣为世袭刺史,长孙无忌被封为赵州刺史,并改封赵国公。长孙无忌认为分封有害无益,遂与房玄龄联名上《请罢功臣袭封表》,以规谏太宗,遂作罢。贞观十七年(643),唐太宗为功臣绘像凌烟阁,长孙无忌身居二十四功臣之首。四月,太子李承乾被废,长孙无忌与褚遂良等支持立晋王李治为太子,他也被任命为太子太师,以辅佐太子。贞观十九年(645),唐太宗出兵讨伐高丽,召长孙无忌与褚遂良辅佐太子。唐高宗即位后,进封长孙无忌为太尉、检校中书令,知门下、尚书二省事。永徽年间,长孙无忌为顾命大臣,位在百官之首,又兼为元舅,备受尊宠。永徽三年(652),驸马都尉薛万彻遭贬不满,与房遗爱、司徒荆王李元景谋反。长孙无忌奉命审理此案,以吴王李恪名望高,诬与同谋而冤死,因平素与江夏王李道宗不和,亦株连之,流放岭南。唐高宗执意立武则天为后,遭到长孙无忌、褚遂良等人的激烈反对。武则天对此怨恨不已。显庆四年(659),许敬宗审理朋党案,乘机诬陷长孙无忌伺机谋反,下诏剥夺官爵、封邑,流放于黔州(今四川彭水),后被逼自杀身死,并籍没其家。直至上元元年(674),唐高宗才下诏追复官爵,并准许归丧,陪葬昭陵,冤案至此得以昭雪。

长孙无忌不仅是戚里贵族、佐命元勋,而且在文化典制方面也颇有建树。他博通经史,对律法、礼仪、史学都比较精通,在为唐代制定律法、礼仪及修史等方面都作出了贡献。一是唐律的修定。唐高祖时,裴寂等以隋《开皇律》撰定《武德律》,法尚严酷。唐太宗即位后,命长孙无忌、房玄龄等复定旧令,始尚宽平。唐高宗时期,又命长孙无忌等人撰定律令格式,特别是由长孙无忌主持撰定的《唐律疏议》,对律文逐条逐句进行诠解和疏释,辨异析疑,大大丰富了律文的内容,成为唐代国家的重要法典,对后世和东亚地区都产生了深远影响。二是唐礼的制定。长孙无忌熟谙儒家礼仪,贞观十一年(637),他与房玄龄主持撰成《大唐仪礼》一百卷;显庆三年(658),他又主持撰定《永徽五礼》一百三十卷,定著二百九十九篇。他时时处处以礼仪行事,辅政期间,对违背或不符合礼仪的做法提出了自己的意见。三是国史的编纂。永徽二年(651),由长孙无忌监修国史。显庆元年(656),长孙无忌与史官国子祭酒令狐德棻缀集《武德贞观二朝史》八十卷。

总的来说,长孙无忌历仕三朝,为宰相三十多年,对唐初政局产生了重要影响,有文武之才,尽智尽力,为唐朝典章制度的制定作出了自己的贡献,无愧于史书"戚里右族,英冠人杰,定立储闱,力安社稷,勋庸茂著,始终不渝"的评价。

二、《唐律疏议》的编纂

长孙无忌主持编纂的《唐律疏议》是中国古代法制史上的扛鼎之作,是迄今为止中国现存最早、最完整的一部古代法典,堪称中华法系的基石。唐朝初年,摆在君臣面前的国家法制,其实是个烂摊子。中国法制有着悠久的历史。自秦以降,历代王朝都十分重视法律的编修,汉朝虽然轻刑薄赋,但汉律的编修却从未停止。到东汉魏晋之际,诸多儒学大师如郑玄、马融、杜预等人都热衷于律学。隋朝建立后,在吸收前代法律的基础上分别颁布《开皇律》与《大业律》,可惜后期滥用刑罚,堪比暴秦,导致了隋朝迅速灭亡。唐朝君臣目睹隋代短命而亡的悲剧,深知要想国家长治久安,必须对法制做出改革。唐高祖李渊在位时沿袭《开皇律》颁布了《武德律》,只对隋律作了小幅度修改。

唐太宗即位之初,就命长孙无忌制定唐律。长孙无忌学识广博,功勋卓著,又身兼国戚,特殊的政治身份、渊博的学识和皇帝格外的恩宠使他有条件和能力主持修律。这次修律是南北朝以来最彻底的一次立法工作,耗时长达11年之久,共12篇,计500条,史称《贞观律》。从内容上讲,这部法典将儒家思想完全融入法律条文之中,真真切切贯彻了轻刑思想。它与隋代的法律相比,仅删除死刑的法条就达92条之多,将流刑改为徒刑的法条有71条,其余减轻刑罚的条款不可胜数,"凡削烦去蠹,变重为轻者,不可胜纪"[①]。此外,长孙无忌还主持修订了唐代其他的法律,比如令、格、式等等。

唐高宗永徽二年(651),颁布《永徽律》,基本上是《贞观律》的翻版,没有太大变化。两者都是优秀的法典,但在具体施行的过程中出现了一些问题:一是法条简略,艰涩难懂,不同的人对同一法条的理解可能截然不同,容易造成司法判决的不统一,不利于国家法制的正常运转;二是唐朝的科举考试有明法科,专门负责选拔法律人才,可当时国家对于唐律并没有统一的法律解释,使得明法

---

① 刘昫:《旧唐书》卷五十《刑法志》,中华书局,1975年版,第2138页。

科考试的阅卷工作非常不便。由于事关国家司法制度和抡才大典,于是永徽三年(652),唐高宗下令广招全国法律人才,对唐律条文进行逐条、逐句、逐字的解释,即撰写"律疏"。长孙无忌再次成为负责人,率领一批律学精英开始了这项艰苦的工作。立法解释不但需要深厚的律学功底,还需要扎实的儒学知识。儒家思想是当时的正统思想,唐律中的概念往往需要用儒家经典来解释。比如谋反罪和谋大逆罪,唐律只需要"诸谋反及大逆者,皆斩"几个字就可以了,但是律疏却要对这条法律逐字逐句来解释,比如为何立这条法、何谓"谋"、何谓"大逆"等。律疏的修撰是项集体工作,长孙无忌手下有一个庞大的团队,仅《进律疏表》中在列的参编人员就达19人之多。这19人中有开国元勋、各部门高官、司法机关官员、中下级官员、律学专家等,而这些人背后的助手就更多了。在长孙无忌的率领下,用了一年多的时间,修成《律疏》三十卷,史称《永徽律疏》,后又称《唐律疏议》。

《唐律疏议》全文计30卷,502条,分为12篇。第一篇《名例律》57条,相当于现代刑法的总则部分,规定刑罚制度和刑罚原则,包括"五刑"、"八议"、"十恶"、时效、责任能力、法律用语的解释等。第二篇《卫禁律》33条,主要内容为保护皇帝及国家安全。第三篇《职制律》59条,主要关于国家官员选任等行政事宜及惩治贪污的规定。第四篇《户婚律》46条,主要是关于土地、户籍、赋役、婚姻家庭关系等。第五篇《厩库律》28条,主要是关于饲养牲畜、库藏管理。第六篇《擅兴律》24条,主要关于军事制度以及军需供应、建造和徭役规定。第七篇《贼盗律》54条,主要是关于惩治侵害财产犯罪。第八篇《斗讼律》60条,主要是关于惩治侵害人身犯罪以及诉讼程序的规定。第九篇《诈伪律》27条,主要是关于惩治欺诈人的犯罪。第十篇《杂律》62条,其他篇目未规定的其他事宜。第十一篇《捕亡律》18条,主要是关于追捕逃犯和其他人员。第十二篇《断狱律》34条,主要是关于审讯、判决、执行和监狱管理。

三、《唐律疏议》的成就及影响

《唐律疏议》总结了以往各代立法和司法的经验,折中损益,使之系统化和周密化,成为维护君主专制制度、调整各方面社会关系的代表性法律规范。《唐律疏议》在编纂上有明显的特色:一是礼律合流,一准乎礼。即完全以儒家礼教纲常作为立法的指导思想和定罪量刑的理论依据,从而实现了"礼"与"法"、法律规范与道德规范的统一。具体表现为:以礼为立法根据,礼是本纲,刑不过是辅助,"三纲五常"是唐律的立法根据;以礼作为定罪量刑的标准,凡是违背礼义规定的,都要严加惩处;以礼注释律典,唐律的疏议部分往往直接引证于礼。可以看出,礼是唐律的立法灵魂,唐律是礼的法律表现,道德与法律由内容到形式完全合二为一,使法律成为推行礼教的工具,以巩固宗法等级制度,谋求君主专制统治的长治久安。二是中典治国,用刑持平。从刑罚体系看,《唐律疏议》采用笞、杖、徒、流、死五刑。笞、杖均为独立刑种,且行刑规范;徒、流均有最高刑期,不得无期服役;死刑只用绞、斩,既无秦汉立法中的具五刑、腰斩,也无明清法律中的凌迟等酷刑。因此刑制较为适中。从死刑数目看,《唐律疏议》比前朝后代均有所减省。死刑条文有 111 条,比隋律减少了 92 条,比东汉时的汉律减少了 500 条,即便是明清律也不如唐律简要,而且执行时也比较审慎,如规定死刑必须三覆奏甚至五覆奏等。从量刑幅度看,唐律比秦、汉、明、清各律相对为轻,还有疑罪从轻的明文规定,较前后各代用刑更为客观、慎重。三是规范详备,科条简约。唐律涉及社会政治、经济、军事、外交、婚姻、家庭等领域,确立并完善了古代法律中系列重要原则和制度,各种有害于专制社会秩序的言行,无不网罗其中,各种社会关系、生活细节的调整,无不周详严密。唐律科条仅 12 篇,其律文和疏注所表现出的高度概括力和文法的严密性,不仅与前期的秦律和多达数百万的汉律有天壤之别,即便是明清律例也望尘莫及。

《唐律疏议》把法典条文和律学疏议密切结合在一起,律条与疏议具有同等的法律效力,是对汉晋律学的继承和发展,其在律学上的成就主要表现在三个方面:其一,通过疏议对法典条文的阐发,立法意图完整、清晰地体现出来。自西汉中期以来,儒家"法令宽简""约法省刑"的法律思想取代了法家务求法网严密的思想。随着正统法律思想的变迁,法典编纂也发生了重大变化,法典逐渐趋于简化,条文越来越简省。至唐代,唐律仅有 500 条。《唐律疏议》在法典正条之外以较大的篇幅阐发律意,弥补了法典条文简约的不足。此外,《唐律疏议》把儒家区别亲疏嫡庶的伦理原则阐述得极为全面,补充了法典条文的不足;还引用儒家经典,系统地阐述了身份等级思想,为唐律依据身份来设定权利义务作出了学理解释。其二,通过以疏议注律,法律体系在一定程度上得以协调一致。唐代法律形式主要有律、令、格、式,不同的法律形式在内容上各有侧重,在调整方法上互有区别,但就其调整对象而言,不同形式的法律所涉及的社会关系有一些交叉和重复。疏议以律条为中心,就具体的法律关系而言,协调律、令、格、式之间的规定,建立起统一的法律适用标准。另外,作为法典的律,在制定的时候总是力求简约,《唐律疏议》以大量的篇幅援引令、格、式,把律文中概括规定的问题具体化,增强了律条的可操作性,又使法律规范整体上有了统一标准。其三,《唐律疏议》在以往的注律方法上又发展了一些新的方法。如引用大量儒家道德训诫以解释律条的立法宗旨;沿用汉代以来就开始流行的对法律术语的训诂解释,通过对字词含义的说明以及历史源流的考辨,准确把握法律术语的含义。引用典型司法判例,作为处理同类案件的参照;采用问答式的解释方法,解释律条没有直接规定而实际生活中却时有发生的法律问题。《唐律疏议》以其简约的律条、清晰的解释,全面调整着社会生活的各个方面,达到了古代立法的最高水平。

　　《唐律疏议》修成之后,取得了巨大的成功,史载"自是断狱者皆引疏分析之"[①]。也就是说,从此"律疏"具备与"唐律"一样的法律效力,可以成为法官判决的依据。《唐律疏议》不但是李唐王朝三百年最具权威的国家法典,还对此后中国各朝的法制产生了重要的影响。五代十国的国家法典与赵宋王朝的《宋刑统》,基本就是《唐律疏议》的翻版。元朝时的司法审判,也经常援引唐律。此后的明清时期,国家法律也大量保留了唐律的内容。不仅如此,长孙无忌所制定的《唐律疏议》还对当时及以后东亚各国的法律产生了重要的影响。朝鲜、日本、越南等国家都将唐律作为立法的蓝本。朝鲜史书《高丽史》记载"高丽一代之制,大抵皆仿乎唐,至于刑法,亦采唐律"。公元701年,日本颁布了日本历史上第一部成文法典《大宝律令》,这部法典即是以唐律为蓝本制定的。正是因为有了《唐律疏议》,东亚法制文明才得以在世界法律文明史上与西方法制并肩而立。尽管已经过去1000多年,但《唐律疏议》这部法典中所蕴含的许多法理仍有很强的学术和实践价值,是中华传统文化的瑰宝。长孙无忌为后人留下了这样一部法律宝藏,对中国传统法律文化的发展作出了重大贡献。

[①] 刘昫:《旧唐书》卷五十《刑法志》,中华书局,1975年版,第2141页。

第五节 玄奘与《大唐西域记》

《大唐西域记》简称《西域记》,为唐代著名高僧唐玄奘口述,门人辩机奉唐太宗之敕令笔受编集而成。《大唐西域记》共十二卷,十余万字,成书于唐贞观二十年(646),为玄奘游历印度、西域之见闻录。该书详细记述了玄奘西行取经所经历的国家、地区、城邦一百一十个,以及他从传闻得知的国家、地区、城邦二十八个。书中对这些地方的民俗风情、文化形态都有不同程度的介绍,特别是他亲身游历过的地方,介绍更是详细准确。因此,它不仅为研究亚洲史、亚洲古地理、中西交通史、佛教史提供了重要资料,也为研究西域的民俗风情提供了原始资料,同时本书还具有很高的文学价值。

一、玄奘其人

玄奘(602—664),本名陈袆,洛州缑氏(今河南偃师)人。唐代著名高僧,法相宗创始人,后被尊为"三藏法师"。玄奘出身于具有浓厚文学底蕴的儒学世家,曾祖陈钦,为后魏上党太守。祖陈康,仕齐为国子博士。父陈惠,英杰有雅操,通儒家经术。陈惠有四子,陈袆最小。时佛教盛行,陈袆兄陈素在洛阳净土寺出家,法号长捷。受其兄影响,陈袆13岁也在洛阳出家,法号玄奘。由于他天资聪颖,专心致志,不久即掌握了《涅槃论》等基本经典。隋末大乱,玄奘随兄入川受学数载,后又顺长江东下,先后在荆州、赵州、相州等地遍访名师,"博涉经论"[①]。贞观元年(627),移住长安庄严寺,从道岳学《俱舍论》,又从法常、僧辩学,被誉为"释门千里之驹"。

玄奘苦心钻研,发现当时国内佛教经论体系杂乱,各家说法颇多歧疑,部分

---

① 刘昫:《旧唐书》卷一百九十一《玄奘传》,中华书局,1975年版,第5108页。

经典翻译差错较多,听闻天竺(古印度)佛经众多,于是决心西游,求取真经。唐初西北边塞局势不稳,玄奘多次申请西行,均未被批准。同行者纷纷退出,只有玄奘初心不改。贞观三年(629)三月,长安饥荒,朝廷同意僧侣外出就食,玄奘乘机离开长安,向西进发。至凉州,都督李大亮为执行朝廷禁止私自出塞的规定,逼令玄奘返回长安,幸得当地高僧慧威相助,昼伏夜行,经张掖抵瓜州。朝廷访牒此时亦至瓜州,通令玄奘返京,州吏李昌为玄奘精神所感,毅然放行。玄奘西出玉门关之后,沿北路前进,独自一人经大沙漠,赖老马识途,经伊吾(今新疆哈密)至高昌(今新疆吐鲁番),经阿耆尼(今新疆焉耆)、屈支(今新疆库车)而进入凌山(今腾格里山穆素尔岭),转道中亚翻越大雪山(今阿富汗兴都库什山),终于进入北印度。

当时天竺分为五部。玄奘进入北印度后,瞻仰佛教圣迹并随处求学,足迹遍及北印度、中印度的四十余国。贞观五年(631),他进入中印度到达伽耶城(今印度比哈尔邦加雅城),前往著名的那烂陀寺学习。那烂陀寺是当时印度最大、最壮丽的佛教寺院和文化中心,学术思想自由活跃,经常举办各种讲学、辩论活动。年逾百岁的主持法师戒贤得知玄奘西行的目的后十分感动,给以上宾待遇。玄奘在那烂陀寺从戒贤法师求学五年,又到南印度等地考察学习。再次返回时以留学生身份主持讲席,声名远播。北印度羯若鞠阇国戒日王在曲女城(今印度北方邦坎诺吉城)召开大会,请玄奘主讲。参与的有五印度十八国国王,大小乘僧人三千余人、婆罗门等二千余人、那烂陀寺千余人及观礼人等无算。玄奘以主持身份宣讲自己所撰的《会宗论》和《制恶见论》,阐发大乘精义,后由明坚法师宣读全文,并抄写一份悬于外门,十八日无人能难倒玄奘。大会结束,玄奘乘象巡游,万众欢呼,群情悦服,博学名声传遍印度。

玄奘虽然在印度赢得了极高声誉,但并未改变学成归国的初衷。贞观十七年(643)春,带上多年搜集的佛经佛像,玄奘改走葱岭南端,越过大山,经于阗(今新疆和田)回国。贞观十九年(645)正月,终于到达长安,不久到洛阳朝见唐太宗。玄奘此次从印度带回的佛经有五百二十夹、六百五十七部。他谢绝唐太宗召用,全神贯注从事译经,唐太宗将为其母亲修建的弘福寺作为译场,并指令守卫者严加把守。后慈恩寺、西明寺、玉华宫等地也先后成为翻译场所。玄奘孜孜不倦,译出梵文经典七十五部,一千三百三十五卷,不仅数量惊人,质量也极高。玄奘兼通汉梵语,工作认真,在他主持下既建立了效率很高的翻译机构,又选拔灵润、法祥、辩机、道宣等一流高僧参与佛经翻译。为保证译著的质量,玄奘慎选版本,殷勤省覆,在具体翻译过程中,以直译配合意译,坚持既不违原意,又便于中国读者阅读的原则,达到了文从字顺和文义切合,译文语言精练,切合原著,形成了鲜明、精严、凝重的翻译文体。除将梵文译成汉文外,玄奘还将汉文《道德经》《大乘起信论》等译成梵文,为促进中印文化交流起到了积极作用。

玄奘的西行,直接沟通了唐朝与中亚、西亚、南亚的联系,特别是中国与印度的友好关系。唐朝以前中印之间虽有往来,但限于复杂的地理条件,除了佛教事务之外,交往不多。玄奘在印度时,称述中国人物为盛,引起印度僧俗的强烈兴趣。玄奘回国后,中印双方各遣使者,赍诸经宝,加强了中印之间的交往。直到今天,中印人民仍共同认为玄奘是中印友好的象征,玄奘的业绩和精神至今为人铭记。

二、《大唐西域记》的内容和体例

玄奘西行取经,自贞观三年(629)春从长安出发,到贞观十九年(645)正月回到长安,前后历时十七年,跋涉五万余里。归国之后,由玄奘口述,门人辩机奉唐太宗之敕令笔受,于贞观二十年(646)"采其山川谣俗,土地所有"[1],将整个经过编集而成《大唐西域记》十二卷,完整记述了他西行求法的所见所闻。

《大唐西域记》详细记载了玄奘西行亲身经历的城邦、国家和地区的情况,包括今中国新疆维吾尔自治区和中亚地区、阿富汗、伊朗、巴基斯坦、印度、尼泊尔、孟加拉、斯里兰卡等地的情况。书中以行程为经,地理为纬,根据玄奘西行经过,由近及远,从距离唐帝国较近的国家叙起,渐及中亚、印度各国。卷一首述出国所经的阿耆尼,然后记叙沿途所经的屈支、跋禄迦(今新疆阿克苏)、笯赤建(今塔什干东之汗阿巴德)、赭时(今塔什干西之旧古城)、窣堵利瑟那(今古肯特)等西域诸国;卷二至卷十,首为印度总述,后历述北印度、中印度、东印度、南印度和西印度各国;卷十一记述僧伽罗(今斯里兰卡)、波剌斯(今伊朗)等印

---

[1] 刘昫:《旧唐书》卷一百九十一《玄奘传》,中华书局,1975年版,第5108页。

度半岛以外各国;卷十二记述回程经过的漕矩吒(今阿富汗首都喀布尔以南)、揭盘陀(今新疆塔什库尔干塔吉克县)、佉沙(今新疆喀什)、于阗诸国。全书记述印度的内容最多,篇幅也最大。

《大唐西域记》一般先记各地或城邦面积、都城、山川、气候、交通、物产等概况,再述社会习俗及地域文化,尤为注重与佛教有关的寺庙、僧侣、宗教活动、佛教故事和佛教遗迹的记载。如"跋禄迦国,东西六百余里,南北三百余里。国大都城周五六里。土宜、气序、人性、风俗、文字、法则同屈支国,语言少异。细毡细褐,邻国所重。伽蓝数十所,僧徒千余人,习学小乘教说一切有部"[1]。这种由地理到文化的记事方法,正所谓"推表山川,考采境壤,详国俗之刚柔,系水土之风气"[2],推此及彼,举凡地理环境、山川走向、气候物产、城市关防、交通道路、种族人口、风土民情、宗教信仰、衣食住行、政治文化都有如实的记载。

渊博的学识和丰富的经历使玄奘对所历各国和地区各方面情况的记述,既多姿多彩又翔实可靠。如"千泉者,地方二百余里,南面雪山,三陲平陆。水土沃润,林树扶疏,暮春之月,杂花若绮,泉池千所,故以名焉"[3],以诗一般的语言介绍了"千泉"得名之由,使人如亲历其境。再如"西北行三百余里,度石碛,至凌山,此则葱岭北原,水多东流矣。山谷积雪,春夏合冻,虽时消泮,寻复结冰。经途险阻,寒风惨烈……山行四百余里至大清池……周千余里,东西长,南北狭。四面负山,众流交凑,色带青黑,味兼咸苦,洪涛浩汗,惊波汩㵽"[4],不仅有自然景象的描述,而且详细记述了交通路线、里程、地理位置等方面的情况,勾画出一幅古代交通图,为交通史的研究提供了可靠的资料。帕米尔高原万山重叠,高达六七千米,直到7世纪,尚无人有过详细记述,而玄奘往返达三次,进行了详细考察,并且记载下来,勾画出了它的具体地理位置。

更为重要的是,《大唐西域记》为研究我国新疆地区和中亚、南亚各国的历史提供了非常珍贵的材料,如关于于阗地区从中原输入并开始养蚕的最早记载即见于本书。有关中亚、南亚各国古代的历史、宗教,当地的文献十分匮乏,而玄奘却对西域、中亚、南亚诸国的历史沿革、政治状况、赋役状况都有客观记述,

---

[1] 玄奘述,辩机撰,董志翘译:《大唐西域记》,商务印书馆,2016年版,第13页。
[2] 玄奘述,辩机撰,董志翘译:《大唐西域记》,商务印书馆,2016年版,第415页。
[3] 玄奘述,辩机撰,董志翘译:《大唐西域记》,商务印书馆,2016年版,第16页。
[4] 玄奘述,辩机撰,董志翘译:《大唐西域记》,商务印书馆,2016年版,第14页。

尤其注意记载各国种族、王统及其建国的传说、语文的异同、它们之间的相互联系或隶属关系。以印度为例，古代印度虽然创造了辉煌灿烂的文化，但从来不注重记录自己的历史，玄奘的记载就成了不可多得的珍贵文献。对印度半岛各国（包括今印度、巴基斯坦、孟加拉国）的地理位置、山川、道路、植被、气候、物产、风俗以及古迹等，玄奘都进行了广泛的考察，作了详尽的描绘。对于印度历史上著名的毗卢择迦王、阿育王、迦腻色迦王和杰出的梵文文法学家波尼尼等，书中都有记载。玄奘对西域和南亚各国的宗教流传状况，特别是佛教传播情况，以及著名佛教人物的事迹，都作了极详细的记述。据书中所载，当时西域56国中，以信仰佛教为主的就有20余国，它们大多崇奉小乘佛教。在五印度82国中，佛教流行达73国，其中奉小乘的有54国，奉大乘的有17国，大、小乘兼奉的有两个国家。对印度佛教中的重要人物，如马鸣、龙树、提婆、无着、世亲等人的一系列传说，本书也有具体记载。佛教史迹方面，诸如与佛陀的本生、降诞、成道、说法、入灭以及分舍利、建塔、造像等有关的遗迹，阿育王、迦腻色迦王建立石柱、造塔，著名的伽蓝、胜迹等，其记载更是随处可见，极为丰富，是研究印度佛教史的难得资料。

《大唐西域记》以作者亲身所见所闻，同时参考西域和印度古籍及前代西行求法高僧的行传，所述内容大多为时人闻所未闻者。书甫撰成，就得到唐太宗的赞赏，同时代的学者更是惊为奇制，在各自著作中竞相援用。书中对所经历的各国、城邦、城池、寺院地理位置、方向距离等的明确记录，还为中亚和南亚考古提供了较为可靠的资料。如近代以来，印度重要佛教遗址那烂陀寺、王舍城、鹿野苑、阿旃陀石窟、迦毗罗卫城等的发现，得益于玄奘记述者甚多。玄奘在《大唐西域记》中的记载全面、资料准确，一向为中外学者所重视。早在清咸丰五年（1855），法国火良氏就把它译为法文，不久，英、日都先后有了译本，很快就在世界各地广泛地流传起来。时至今日，《大唐西域记》更深受历史、宗教、考古等方面学者们的重视，成为研究中世纪中亚、南亚各国历史、地理、宗教、文化、艺术以及中西交通的重要资料，在学术上具有不朽的价值。

第六节　韩愈的修史活动与史学思想

韩愈不仅以文学名世,被后世尊为"唐宋八大家"之首,有"文章巨公"和"百代文宗"之名,而且曾担任史馆修撰的工作,编有《顺宗实录》,对修史有自己独到的看法,具有深刻的史学思想。

一、韩愈的生平及文化地位

韩愈(768—824),字退之,河内河阳(今河南孟州)人。自谓郡望昌黎,故世称昌黎先生;晚年任吏部侍郎,又称韩吏部;谥号"文",故又称韩文公。父韩仲卿(？—770),历官潞州铜鞮(今山西沁县)县尉、武昌(今湖北鄂城)令、鄱阳(今属江西)令,贤明能干,颇有政绩,后迁秘书郎,曾编纂曹植文集,并为之作序。叔父韩云卿,历官监察御史、礼部郎中、鸿胪卿兼御史中丞,终礼部侍郎,有文名,善吹笛,为李白所称。长兄韩会(738—780),永泰间与名士卢东美、崔造、张正则四人寄居上元(今江苏南京),时称"四夔",后以"文学才望"为元载所青睐,任起居舍人。大历十四年(779),受元载案牵连,贬官韶州(今广东曲江)。建中元年(780),病逝于任所。韩愈三岁时,父亲便离世,由兄嫂抚养。韩会早逝后,韩愈先随寡嫂郑氏回河阳安葬兄长,又随之避居江南宣州。虽流离困顿,但有读书经世之志,"刻苦学儒,不俟奖励"[①]。

贞元二年(786),韩愈离开宣州,只身前往长安。其间赴河中府(今山西永济)投奔族兄韩弇,希望求得河中节度使浑瑊推荐,却毫无收获。贞元三年(787)秋,韩愈取得乡贡资格,再往长安,落第后生活无依,因偶然机会得以拜见北平王马燧,得其帮助解困。其后三次参加科考,均告失败。贞元八年(792),

---

① 刘昫:《旧唐书》卷一百六十《韩愈传》,中华书局,1975年版,第4195页。

第四次参加考试,终登进士第。其后三次参加吏部博学宏词科考试,均遭失败。贞元十二年(796),因受宣武节度使董晋推荐,韩愈得试秘书省校书郎,并出任宣武节度使观察推官。贞元十五年(799),韩愈应徐泗濠节度使张建封之聘,出任节度推官,试协律郎。贞元十七年(801),韩愈第四次参加考试,通过吏部铨选,次年被任命为国子监四门博士。贞元十九年(803),升监察御史,时关中大旱,京兆尹李实封锁消息,谎报丰收,韩愈怒上《论天旱人饥状》疏,反遭李实等谗害,被贬连州阳山县令。贞元二十一年(805),获授江陵法曹参军。元和元年(806),奉诏回长安,官授权知国子博士。元和四年(809),改授都官员外郎、分司东都兼判祠部。元和五年(810),降授河南县令。元和六年(811),任尚书省职方员外郎。元和七年(812),复任国子博士。元和八年(813),调为比部郎中、史馆修撰,奉命修撰《顺宗实录》。元和九年(814)十月,任考功郎中,仍史馆修撰,十二月兼知制诰。元和十一年(816),升中书舍人,赐绯鱼袋,改授为太子右庶子。元和十二年(817),宰相裴度任淮西宣慰处置使兼彰义军节度使,聘韩愈为行军司马,赐紫服佩金鱼袋。淮西平定后,因功授职刑部侍郎。元和十三年(818),尚书左仆射郑余庆因谙熟典章,被任命为详定使,对朝廷仪制、吉凶五礼加以修订,韩愈被引为副使,参与修订工作。元和十四年(819),宪宗派使者前往凤翔迎佛骨,长安掀起崇佛狂潮。韩愈不顾个人安危,毅然上《论佛骨表》极力劝谏,认为供奉佛骨实在荒唐,要求将佛骨烧毁,不能让天下人被佛骨误导。唐宪宗览奏大怒,欲用极刑处死韩愈,裴度等人极力劝谏,一时人心震惊,皇亲国戚们也为其说情,最后贬为潮州刺史。韩愈到任后上表辩白,于是宪宗移韩愈为袁州(今江西宜春)刺史。元和十五年(820),入朝任国子祭酒。长庆元年(821),转任兵部侍郎。时镇州(今河北正定)发生兵变,新任成德节度使田弘正被杀。长庆二年(822),命韩愈为宣慰使,前往镇州,韩愈不辱使命,转任吏部侍郎。长庆三年(823)升京兆尹兼御史大夫。长庆四年(824)八月,韩愈因病告假,十二月二日(12月25日),在长安靖安里的家中逝世,终年五十七岁。获赠礼部尚书,谥号"文"。次年正月,葬于河阳。

韩愈是唐代古文运动的倡导者,在文道观上,认为"道"是目的和内容,"文"是手段和形式,强调文以载道,文道合一,以道为主。韩愈提倡学习先秦两汉古文,"以为自魏、晋已还,为文者多拘偶对,而经诰之指归,迁、雄之气格,不复振起矣。故愈所为文,务反近体,抒意立言,自成一家新语。后学之士,取为师法。当时作者甚众，无以过之，故世称'韩文'焉"①。宋代苏轼称他"文起八代之衰"，明人推他为"唐宋八大家"之首，与柳宗元并称"韩柳"。他在中国思想史上还是"道统"观念的确立者，是尊儒反佛的里程碑式人物，在中国文化史上有重要的影响。

二、《顺宗实录》的编纂及韩愈的史学思想

《顺宗实录》是韩愈史学活动的结晶和史学著作的代表，也是现存实录体史书中最早的一部。魏晋时期便有实录之作，周兴嗣所撰《梁武帝实录》、谢吴所撰《梁元帝实录》，均产生较早，今皆不传。唐代各朝也有实录编纂，亦皆不传，只有《顺宗实录》流传至今。究其原因，早期实录是在帝王起居注的基础上修纂而成，涉及诸多宫廷秘闻，故不宜外泄，仅有抄本存于宫中，非入史馆预修者不得见，民间更不见流传。《顺宗实录》因被收入《昌黎全集》中，韩愈为一代文宗，文以人传，故得以保存下来，流传至今，弥足珍贵。

目前所见的《顺宗实录》载于《韩昌黎文外集》卷下，共5卷，14000余字。韩愈离世后，其作品由学生、女婿李汉收集整理，编成《昌黎先生集》，总计41卷。李汉在序中交代："《顺宗实录》五卷，列于史书，不在集中。"②可知其未将《顺宗实录》收入《昌黎先生集》。南宋初年，方崧卿校正《韩昌黎文集》时，仍未将《顺宗实录》收入。直至南宋末年，廖莹中编定的世彩堂本《昌黎先生集注》，计正集41卷，外集10卷，遗文1卷，才将《顺宗实录》编在《外集》。廖本后经明代徐世泰校正、补注，刊印成东雅堂本《昌黎先生集》，被认为是最精当、完善的版本，即今通行本。因《顺宗实录》收入《昌黎先生集》较晚，《旧唐书》记载又有歧义，故后世对其是否韩愈原作有些疑问，学者均有辨证③，在此不再赘述。

---

① 刘昫：《旧唐书》卷一百六十《韩愈传》，中华书局，1975年版，第4203—4204页。
② 李汉：《昌黎先生集序》，马其昶校注、马茂元整理《韩昌黎文集校注》，上海古籍出版社，2014年版，第3页。
③ 如瞿林东：《韩愈与〈顺宗实录〉》，《社会科学战线》1979年第3期；瞿林东：《关于〈顺宗实录〉的几个问题——兼答张国光同志》，《北京师范大学学报》1982年第1期；卞孝萱：《论〈顺宗实录〉的作者》，《南开史学》1984年第2期；刘真伦：《韩愈〈顺宗实录〉考实》，《四川师范大学学报(社会科学版)》，1996年第3期；杨友庭：《评〈顺宗实录〉》，《东南学术》1999年第1期。

据《旧唐书》本传载,元和七年(812),韩愈由都官员外郎复任国子博士,"自以才高,累被摈黜,作《进学解》以自喻"①。次年,宰相"览其文而怜之,以其有史才,改比部郎中、史馆修撰"②。元和九年(814)十月,任考功郎中,兼知制诰,仍为史馆修撰。《顺宗实录》即为这一时期奉命修纂。韩愈《进顺宗皇帝实录表状》对实录的修纂经过有较为详细的交代。元和八年(813)十一月,韩愈入史馆,宰相监修李吉甫"授臣以前史官韦处厚所撰《先帝实录》三卷,云未周悉,令臣重修"③。可知韩愈所撰《顺宗实录》是在韦处厚《先帝实录》的基础上加工刊正而成的,《旧唐书》所云"而韦处厚竟别撰《顺宗实录》三卷"④,非在韩愈之后,乃在韩愈之前。参与实录修纂的除韩愈外,尚有"修撰左拾遗沈传师、直馆京兆府咸阳县尉宇文籍等","共加采访,并寻检诏敕,修成《顺宗皇帝实录》五卷"⑤,可知韩愈所修本比韦处厚本多两卷,内容上应更加详细。宰相监修李吉甫"慎重其事,欲更研讨,比及身殁,尚未加功",所以韩愈"于吉甫宅取得旧本,自冬及夏,刊正方毕,文字鄙陋,实惧尘坫,谨随表献上"。考李吉甫卒于元和九年(814)十月,则韩愈上表及进书当在元和十年(815)夏。据《进顺宗皇帝实录表状》,韩愈二十九日进书后,次月四日即有"宰臣宣进止,其间有错误",令韩愈改毕。原因是朱泚、李希烈叛乱,德宗逃避奉天时,顺宗曾经亲执弓矢,前后导卫,备尝辛苦,而《顺宗实录》中竟没有记载。韩愈对此做出解释:"臣当修撰之时,史官沈传师等,采事得于传闻,诠次不精,致有差误。"及时进行了添改,"其奉天功烈,更加寻访,已据所闻,载于首卷",并恳请"傥所论著,尚未周详,臣所未知,乞赐宣示,庶获编录,永传无穷"⑥。可知《顺宗实录》进呈后仍有所添改,并由韩愈自己负责其事。韩愈身后,《顺宗实录》又有修改,《旧唐书·路随传》载:"初,韩愈撰《顺宗实录》,说禁中事颇切直,内官恶之,往往于上前言其不实,累朝有诏改修。及随进《宪宗实录》后,文宗复令改正永贞时事。"⑦"其《实录》中所书德宗、顺宗朝禁中事,寻访根柢,盖起谬传,谅非信史。宜令史官详正刊

---

① 刘昫:《旧唐书》卷一百六十《韩愈传》,中华书局,1975年版,第4197页。
② 刘昫:《旧唐书》卷一百六十《韩愈传》,中华书局,1975年版,第4198页。
③ 马其昶校注,马茂元整理:《韩昌黎文集校注》,上海古籍出版社,2014年版,第667页。
④ 刘昫:《旧唐书》卷一百六十《韩愈传》,中华书局,1975年版,第4204页。
⑤ 马其昶校注,马茂元整理:《韩昌黎文集校注》,上海古籍出版社,2014年版,第667、668页。
⑥ 马其昶校注,马茂元整理:《韩昌黎文集校注》,上海古籍出版社,2014年版,第668页。
⑦ 刘昫:《旧唐书》卷一百五十九《路随传》,中华书局,1975年版,第4192页。

去,其他不要更修。"①综上可知,今日所见之五卷本《顺宗实录》是在韦处厚三卷本的基础上,以韩愈为主,沈传师、宇文籍为辅,改作而成。韩愈身后,因"说禁中事颇切直",为宦官所恶,进行了修改,修改的内容主要为"德宗、顺宗朝禁中事",其余部分没有更修,基本保持了原样。

  韩愈在修纂《顺宗实录》的过程中,秉持着直书史事的态度和原则。在《答刘秀才论史书》中,韩愈曾言:"愚以为,凡史氏褒贬大法,《春秋》已备之矣。后之作者,在据事迹实录,则善恶自见;然此尚非浅陋偷惰者所能就,况褒贬邪?"②这可以看作韩愈身为史官所信守的作史态度。在《进顺宗皇帝实录表状》中,韩愈又言:"忠良奸佞,莫不备书,苟关于时,无所不录。"由此可见,韩愈在撰写《顺宗实录》时贯彻了他秉笔直书、实事求是的作史原则。首先,在史料取舍上,韩愈"削去常事,著其系于政者……苟关于时,无所不录"。也就是说,《顺宗实录》所取史料均是有关国家兴亡、国计民生的大事,而不是皇室生活、后宫秘闻之类的琐碎之事。《顺宗实录》用最大的篇幅记载王叔文革新,歌颂陆贽、阳城、张万福等忠臣义士,贬斥李实等奸佞的行为,所关注的都是"系于政者"的大事。其次,不避强御,无所阿容,善恶必书。《顺宗实录》敢于直书德宗诸多失政之处,如卷一记载:"德宗在位久,稍不假宰相权,而左右得因缘用事。外则裴延龄、李齐运、韦渠牟等以奸佞相次进用。"③卷二对德宗时宫市、五坊小儿、羡余之扰民之状也有详细的叙述和严厉的批评。《顺宗实录》中对王叔文等人革新事迹的描写,最能体现其善恶必书的原则。他既赞扬王叔文不畏藩镇、不畏宦官,贬黜墨吏、起用贤士的勇敢精神和革新运动的成绩,又批评王叔文结党营私、骄横专权的行为,"天下事皆专断于叔文,而李忠言、王伾为之内主,执谊行之于外,朋党喧哗,荣辱进退,生于造次,惟其所欲,不拘程度"④。《顺宗实录》因言禁中事切直,多次被诏令修改,也显示出韩愈在宦官横行霸道之时,敢于秉笔直书、不避强御的勇敢精神。

  《顺宗实录》保存了最原始也是最珍贵的资料,是顺宗一朝政治斗争与社会矛盾最直接可靠的记载。如对王叔文、王伾永贞革新的记载,就极具史料价值。

---

① 刘昫:《旧唐书》卷一百五十九《路随传》,中华书局,1975年版,第4193页。
② 马其昶校注,马茂元整理:《韩昌黎文集校注》,上海古籍出版社,2014年版,第743页。
③ 马其昶校注,马茂元整理:《韩昌黎文集校注》,上海古籍出版社,2014年版,第774、775页。
④ 马其昶校注,马茂元整理:《韩昌黎文集校注》,上海古籍出版社,2014年版,第801页。

贞元二十一年(805)正月,德宗病逝,顺宗即位,重用王叔文、王伾等进行改革。其时顺宗虽已中风,口不能言,但他通过"二王"发布一道道命令,力图打击宦官,削弱藩镇,革除弊政。据《顺宗实录》记载,当时的改革措施主要有:选拔重用人才,废除"宫市",禁止五坊小儿扰民;废除"羡余";出后宫并教坊女伎近千人;贬黜对百姓横征暴敛的京兆尹李实;夺宦官兵权,因诸将抵制,未能施行。这些改革措施,矛头直指宦官和藩镇,因而引起他们的极大恐慌与不满,他们伺机联手扼杀改革,《顺宗实录》对此亦有详细记载,最终王伾被贬为开州司马,死于贬所。王叔文被贬为渝州司户,次年被杀。柳宗元、刘禹锡等皆被贬为边州司马。而顺宗被迫退位,称太上皇。皇太子纯即位,是为宪宗。《顺宗实录》如实记载了永贞革新的全过程。这些资料多为新、旧《唐书》和《通鉴》所采用,成为后人研究顺宗朝社会历史的最原始、最珍贵的资料。

从《顺宗实录》可以看出,韩愈是具有才、学、识三长的良史,他继承了中国古代史学秉笔直书的优良传统,以直书精神修帝王实录,有着过人的胆魄。《顺宗实录》作为唐代完整留传至今的唯一一部实录,其价值难以估量。

第七节　司马贞的《史记索隐》

随着《史记》影响的扩大及人们对《史记》重视程度的提高,唐代《史记》注家增多,并取得重要成就。怀州河内人司马贞的《史记索隐》便是诸家《史记》注释中的佼佼者。

司马贞[①],字子正,唐怀州河内(今河南沁阳)人,生卒年不详,唐代著名史学家,世号"小司马"。开元中官至朝散大夫,弘文馆学士,主编纂、撰述和起草诏令等,终官润州别驾。司马贞家有史学渊源,自述"家传是书(《史记》),不敢

[①] 司马贞在新、旧《唐书》中无传,其他文献所涉生平行迹亦甚简略,历来考述者首推钱大昕,泷川资言《史记会注考证》、朱东润《史记考索》亦有论述。近年牛巧红撰《司马贞生平考辨》(《殷都学刊》2016年第1期),对司马贞生平进行了考证。

失坠"①,后又到长安师从崇文馆学士张嘉会学习"五经",并受《史记》。因《史记》旧注音义年远散失,乃采摭南朝宋徐广《史记音义》、裴骃《史记集解》,南朝齐邹诞生《史记音义》和唐刘伯庄《史记音义》《史记地名》等诸家注文,参阅韦昭、贾逵、杜预、谯周等人的论著,间述己见,撰成《史记索隐》30卷。

一、《史记索隐》编纂缘起与体例

司马贞最初是想补作《史记》的,对此他曾有宏大的设想,"初欲改更舛错,裨补疏遗,义有未通,兼重注述"。后因"此书残缺虽多,实为古史,忽加穿凿,难允物情",加之补作过程甚为艰难,所以改变主意,决心作一新注,对已有注解进行补充并正讹纠谬。

对于此前《史记》的注本,司马贞有详细的研究,《史记索隐序》言:"(《史记》)比于班书,微为古质,故汉、晋名贤未知见重……逮至晋末,有中散大夫东莞徐广始考异同,作《音义》13卷。宋外兵参军裴骃又取经传训释作《集解》,合为80卷。虽粗见微意,而未穷讨论。南齐轻车录事邹诞生亦作《音义》3卷,音则微殊,义乃更略。尔后其学中废。贞观中,谏议大夫崇贤馆学士刘伯庄达学宏才,钩深探赜,又作《音义》20卷,比于徐、邹,音则具矣。残文错节,异音微义,虽知独善,不见旁通,欲使后人从何准的。"②可以看出,司马贞注意到《史记》在汉魏时期不太为人所重的情况,而其所见到的前代《史记》注本,除徐广、裴骃注之外,还有南齐邹诞生《史记音义》及唐刘伯庄《史记音义》。徐广注重在比较《史记》各本异同,裴骃注已开始关注《史记》文义,邹诞生注虽在注音方面对前人有所补足,但在释义方面更为简略,而唐刘伯庄《史记音义》注音虽更为详细,但对《史记》中文字错乱的地方纠正较少,在阐释《史记》文义方面也未能深入。故司马贞"探求异闻,采摭典故,解其所未解,申其所未申者,释文演注,又重为述赞"③,撰成《史记索隐》30卷。

---

① 司马贞:《史记索隐序》,见《史记》(十)附录,中华书局,1959年版,第7页。
② 司马贞:《史记索隐序》,见《史记》(十)附录,中华书局,1959年版,第7页。
③ 司马贞:《史记索隐序》,见《史记》(十)附录,中华书局,1959年版,第8页。

在《史记索隐后序》中，司马贞又言："少从张学，晚更研寻，初以残阙处多，兼鄙褚少孙诬谬，因愤发而补《史记》，遂兼注之，然其功殆半，乃自唯曰：'千载古史，良难间然。'因退撰《音义》，重作赞述，盖欲以剖盘根之错节，遵北辕于司南也。"① 如今见到的《史记索隐》正是按照改变后的方案完成的，以注释为主，把重点放在"探求异闻，采摭典故"上，在前人《史记》注的基础上，"解其所未解，申其所未申"，对《史记》的注音、释义等各方面进行了全面的探讨和补充。

二、《史记索隐》在注释上的特点和价值

首先，在考辨《史记》文义的过程中，《史记索隐》引用了大量书证，从而保存了不少佚书材料。司马贞广引典籍，在三家注中，《史记索隐》引书是最多的，达四百二十种。以史部书为例，《史记索隐》对前代史书及史注广为征引，不仅包括前代的《史记》注释，还包括前代及唐代各《汉书》注本。这样，《史记索隐》在全面了解自汉至唐《史记》和《汉书》注本的基础上，广泛参考各家说法，用各家说法校订裴骃《史记集解》的错误。因为《史记索隐》所引诸书多已失传，人们只能根据《史记索隐》所保存的部分内容来了解各家注本的情况了。此外，《史记索隐》还采用了谢承《后汉书》、司马彪《续汉书》、干宝《晋纪》、王隐《晋书》、蔡邕《汉记十意》、延笃《战国策注》、皇甫谧《帝王世纪》以及《汲冢纪年》《汲冢书钞》等有关材料，引述全面，形成了其注音释义详备、多存异说的特色。司马贞大量征引典籍，注重辨析而非辑集，使得《史记索隐》的辩驳风格非常突出。

其次，对此前《史记》注释进行了考订和辨析。裴骃《史记集解》多征引各家之说，却很少加以辨析。司马贞《史记索隐》虽以裴骃《史记集解》作为其注释的主要依据，但对《史记集解》中所引各家说法，通常都要进行考证，在考证的基础上注音释义，深入阐发。《史记索隐》对《史记集解》进行的疏解，在数量上远远超过了张守节《史记正义》对《史记集解》的阐发。对《史记集解》未注或注解错误的地方，《史记索隐》都有详细的考证和补注，尤其注重对史实、史料的考

---

① 司马贞：《史记索隐序》，见《史记》（十）附录，中华书局，1959年版，第10页。

订和辨析。凡疑惑不解之处,《史记索隐》就征引《史记》所依据的原始文献与相关史料互相参证,对各家说法进行分析,并作出自己的判断。总之,《史记索隐》以大量的历史、地理、典章制度等材料注释《史记》,扩大了史籍注释的范围,充实了注释的内容,也纠正了前代学者的错误。这在文献学领域强调"疏不破注"的唐代,是非常难能可贵的。

再次,对《史记》文字、内容的考订注释。《史记索隐》考证《史记》异文,很有见地。如《春申君列传》有"一年之后,为帝未能,其于禁王之为帝有余矣"句,《史记索隐》曰:"言齐一年之后,未即能为帝,而能禁秦为帝有余力矣。然'禁'字作'楚'者,误也。"《史记索隐》还常常补充《史记》的内容,如《秦始皇本纪》:"秦始皇帝者,秦庄襄王子也。"《史记索隐》曰:"庄襄王者,孝文王之中子,昭襄王之孙也,名子楚。按:《战国策》本名子异,后为华阳夫人嗣,夫人楚人,因改名子楚也。"这是引用《战国策》来说明始皇父亲的身世及名字的由来。《史记索隐》注释《史记》,还常常标出句读,并阐释篇章大意。如《秦楚之际月表》:"五年之间,号令三嬗。"《史记索隐》曰:"古禅字,音市战反。三嬗,谓陈涉、项氏、汉高祖也。"《屈原贾生列传》有"人君无愚智贤不肖"句,《史记索隐》曰:"此已下太史公伤怀王之不任贤,信谗而不能反国之论也。"对《史记》改动史料之处,《史记索隐》也大多进行分析,指出其用意。如《刺客列传》:"于是襄子大义之,乃使使持衣与豫让。豫让拔剑三跃而击之,曰:'吾可以下报智伯矣!'遂伏剑自杀。"《史记索隐》曰:"《战国策》曰:'衣尽出血。襄子回车,车轮未周而亡。'此不言衣出血者,太史公恐涉怪妄,故略之耳。"认为《战国策》中关于这件事情的记载有失怪诞荒谬,所以司马迁有意作了改动,使其更符合历史的真实。对《史记》中运用史料失误的地方,《史记索隐》也能明确指出,多有发现和纠正。如《吴太伯世家》有"将舍于宿"句,《史记索隐》曰:"注引《左传》曰'将宿于戚'。按:太史公欲自为一家,事虽出《左氏》,文则随义而换。既以'舍'字替'宿',遂误下'宿'字替于'戚'。戚既是邑名,理应不易。今宜读宿为'戚'。"

除注释之外,司马贞在《史记索隐》中还对《史记》及其某些篇章和体例有不少的评论。《史记索隐序》称:"《史记》者,汉太史司马迁父子之所述也。迁自以承五百之运,继《春秋》而纂是史,其褒贬核实颇亚于丘明之书,于是上始轩辕,下讫天汉,作十二本纪,十表,八书,三十系家,七十列传,凡一百三十篇,始变《左氏》之体,而年载悠邈,简册阙遗,勒成一家,其勤至矣。又其属稿先据《左氏》《国语》《系本》《战国策》《楚汉春秋》及诸子百家之书,而后贯穿经传,驰骋古今,错综隐栝,各使成一国一家之事,故其意难究详矣。比于班书,微为古质,故汉、晋名贤未知见重,所以魏文侯听古乐则唯恐卧,良有以也。"[1]肯定《史记》"变《左氏》之体"而"勒成一家"的体例开创之功,虽然褒贬核实次于《左传》,但在当时"年载悠邈,简册阙遗"的情况下,能完成贯穿古今的纪传体通史,实属不易。之所以有疏略、抵牾之处,是因为《史记》乃贯通古今之通史,在叙述如此漫长的历史的过程中,难免有词不达意、疏舛讹误之处。这是从成书背景及史书编写的具体情况出发,对《史记》进行的客观评价。

《史记索隐》音义并重,注文翔实,对疏误缺略补正颇多,所引典籍散佚颇多,因此具有极高的史料和辑佚价值。时至今日,司马贞的《史记索隐》与南朝宋裴骃的《史记集解》、唐张守节的《史记正义》合称"史记三家注",同为《史记》功臣。

第八节 河南地区野史笔记的发展

野史笔记的出现由来已久,到唐代则蓬勃发展,走向成熟。刘知幾《史通·杂述》篇有言:"偏记小说,自成一家。而能与正史参行,其所由来尚矣。"其所谓"偏记小说"中"小录""逸事""琐言""别传""杂记"等,近于历史笔记类作品。这类作品起源甚早,《汉书·艺文志》中即有"小说家者流"。这些笔记野史,"从内容上看可以补充正史,从形式上看可以丰富史书的体裁"[2]。野史笔记发展到唐代,逐渐形成一种"以备史官之阙"的历史意识,这标志着野史笔记这一史书体裁类型的成熟。河南史家刘仁轨的《河洛行年记》、韩琬的《御史台记》、赵璘的《因话录》、郑处诲的《明皇杂录》等,是唐代野史笔记的代表作,内容涉及名人逸事、重要事件、典章制度、社会风情、时尚所好等,从一个侧面反映了当

---

[1] 司马贞:《史记索隐序》,见《史记》(十)附录,中华书局,1959年版,第8页。
[2] 瞿林东:《中国史学史纲》,北京师范大学出版社,2010年版,第214页。

时的社会生活,可补正史记载之不足。

一、刘仁轨与《河洛行年记》

刘仁轨(601或602—685),字正则,汴州尉氏(今河南尉氏)人,唐朝名将、宰相。初为息州参军,后任陈仓尉,太宗奇其刚正,擢授栎阳丞。贞观十四年(640),谏阻太宗暂缓秋季狩猎,太宗大为赞赏,特降玺书慰劳:"卿职任虽卑,竭诚奉国,所陈之事,朕甚嘉之。"[①]寻拜新安令,累迁给事中。高宗显庆四年(659),出为青州刺史。显庆五年(660),高宗征辽,令其监统水军,因误期被免官,以白衣随军效力。龙朔元年(661),百济起兵围攻唐镇守将刘仁愿,诏刘仁轨为检校带方州刺史,会合新罗兵解围。龙朔三年(663)九月,在白江口之战中,四战四捷,大破百济、倭国联军,以功加官六阶,正授带方州刺史,留镇百济。麟德二年(665),高宗封泰山,刘仁轨领新罗、百济、耽罗及倭四国酋长赴会,拜为大司宪。乾封元年(666),迁右相,累前后战功,封乐城县男。乾封三年(668),为熊津道安抚大使,兼浿江道总管。咸亨元年(670)八月,复授陇州刺史,以备吐蕃。咸亨三年(672),拜太子左庶子、同中书门下三品,监修国史。咸亨五年(674),任鸡林道大总管,东伐新罗,还朝后进爵为公。上元二年(675),拜尚书左仆射、同中书门下三品,兼太子宾客,依旧监修国史。仪凤二年(677),吐蕃入寇,命刘仁轨为洮河道行军镇守大使,抵御吐蕃。永隆二年(681),兼太子太傅,依旧知政事。永淳元年(682),高宗幸东都,太子监国,仁轨留辅。武后光宅元年(684),加授特进,复拜尚书左仆射,专知西京留守事,进封郡公。垂拱元年(685),从新令改为文昌左相、同凤阁鸾台三品,不久病卒,年八十四。册赠开府仪同三司、并州大都督,陪葬乾陵。唐中宗即位,加赠太尉。唐玄宗时,追谥"文献"。

综观刘仁轨的生平仕宦,可知其以武功显赫当世,后世也以名将视之,实际上他绝非一介武夫。《旧唐书》本传载仁轨"少恭谨好学,遇隋末丧乱,不遑专

---

① 刘昫:《旧唐书》卷八十四《刘仁轨传》,中华书局,1975年版,第2790页。

习,每行坐所在,辄书空画地,由是博涉文史"①。对于其起家为官的经过,史载"武德初,河南道大使、管国公任瓌将上表论事,仁轨见其起草,因为改定数字。瓌甚异之,遂赤牒补息州参军"②,可知也是因为文笔。百济原镇守刘仁愿回京师后,高宗曾问他:"卿在海东,前后奏请,皆合事宜,而雅有文理。卿本武将,何得然也?"仁愿对曰:"刘仁轨之词,非臣所及也。""上深叹赏之,因超加仁轨六阶,正授带方州刺史,并赐京城宅一区,厚赉其妻子,遣使降玺书劳勉之。"③可见即使在四战四捷、大破百济后,高宗也不以武将视之。刘仁轨数次出将入相,并多次监修国史,更表明其绝非赳赳武夫,而是文武兼备、忠贞劲直之良臣,其被追谥"文献"也能说明此点。

《旧唐书》传载"仁轨身经隋末之乱,辑其见闻,著《行年记》,行于代"④。除《河洛行年记》外,他还撰有《永徽留本司格后本》十一卷。可惜,两书今皆散佚。《河洛行年记》十卷,又名《行在河洛记》《刘氏行年记》,《崇文总目》《郡斋读书志》均曾著录此书,可见至宋犹行于世。《河洛行年记》记事起于隋炀帝大业十三年(617)二月各路义军起兵,止于唐高祖武德四年(621)七月间窦建德被俘获,主要为河洛间义军扰攘史事。虽然今天已看不到此书的原貌,但在《资治通鉴》注文中保留了不少只言片语,可以窥知该书大致情况。如《资治通鉴》卷一百八十四《隋纪八·恭帝义宁元年》载:"(九月)密之克洛口也,箕山府郎将张季珣固守不下……乃杀之。"《考异》引《河洛行年记》曰:"自三月至九月不下,后为粮尽水竭,乃被摧陷。生获珣于牙门,遣人宣之,以降为度。珣更张目极骂,不肯低屈,遂杀之。"卷一百八十五《唐纪一·高祖武德元年》载:"世充命诸军各造浮桥渡洛击密,桥先成者先进,前后不一……大败……独与数千人至河阳。"《考异》引《河洛行年记》曰:"其夜,遇风寒疾雨,士卒冻死,十不存一,充脱身宵遁,直向河阳。"可见其记述的内容是相当详细的,补充了较多历史细节。司马光《资治通鉴》记隋末唐初事,仅征引此书就达二十余处,足见其价值。刘仁轨以当时人记录当时历史,其可信度自然较高,因此虽散佚不全,但相关记载至今仍是研究此段历史不可或缺的重要资料。

---

① 刘昫:《旧唐书》卷八十四《刘仁轨传》,中华书局,1975年版,第2789页。
② 刘昫:《旧唐书》卷八十四《刘仁轨传》,中华书局,1975年版,第2789页。
③ 刘昫:《旧唐书》卷八十四《刘仁轨传》,中华书局,1975年版,第2792页。
④ 刘昫:《旧唐书》卷八十四《刘仁轨传》,中华书局,1975年版,第2796页。

二、韩琬与《御史台记》

韩琬,字茂贞,邓州南阳(今河南邓州)人。生卒年不详,约生活于唐高宗至玄宗间。父韩思彦,字英远。游太学,事博士谷那律。历任监察御史、山阳丞等,卒贺州司马任上。韩琬少喜交酒徒,行为落魄,"有姻劝举茂才,名动里中"①。周武后初,登进士第。万岁通天元年(696)中文艺优长科。长安中,为高邮主簿,迁亳州司户。中宗神龙三年(707),再举贤良方正科,拜监察御史,尝充判官出使莱州。裴怀古为幽州都督,韩琬以监察御史监军,兼按察使。睿宗景云二年(711)上疏陈时政,疏奏不报。玄宗朝,迁殿中侍御史、著作郎,坐事贬官。开元五年(717)在宋州司马任上,表上所著《续史记》一百三十卷、《南征记》十卷、《御史台记》十二卷。《续史记》《南征记》均已佚。

《御史台记》十二卷,《新唐书·艺文志》《崇文总目》《通志》《郡斋读书志》《直斋书录解题》《宋史·艺文志》均有著录。《郡斋读书志》云:"载唐初至开元御史台中制度故事。以大夫、中丞、侍御史、殿中监察、主簿、录事,分门载次名氏行事。著论一篇,叙御史正邪得失、进擢诛灭之状,附卷末以为世戒。"②王应麟《玉海》云:"第八卷为琬著传。九卷以后为右台。右台创于武后,废于中宗。岁月盖不久也。末有杂说五十七条。"③但《玉海》卷一百二十一《唐御史台》下引《中兴馆阁书目》云:"殿中侍御史韩琬《御史台记》十二卷。自唐初,讫开元五年。台中官属,凡十有一人。皆论建置沿革,附以名氏爵里,美恶必书。叙传一篇,自纪世家。并附杂说一十八事。"④该书南宋时即有残阙,明以后亡佚。《太平广记》引文最多,有五十七条;《类说》与《绀珠集》引文各五条。⑤

韩琬长于史学,他本人又长期担任监察官,历任监察御史、按察使、殿中侍

---

① 欧阳修:《新唐书》卷一百一十二《韩琬传》,中华书局,1975年版,第4164页。
② 孙猛:《郡斋读书志校证》,上海古籍出版社,1990年版,第314页。
③ 王应麟:《玉海》卷一百二十一《唐御史台》,广陵书社,2007年版,第2240页。
④ 陈振孙撰,徐小蛮、顾美华点校:《直斋书录解题》,上海古籍出版社,1987年版,第173、174页。
⑤ 池田温撰,黄正建译:《论韩琬〈御史台记〉》,载《唐史研究论文集》,中国社会科学出版社,1999年版,第336页。

御史等职,熟谙台院典制掌故。所以他撰写《御史台记》,所记皆亲身经历及见闻所得,切实详备,颇有可观。更难能可贵的是,书中既载有不少典章制度的文字,还有诸多官场隐情、戏笑之言。如武则天崇佛,曾有禁屠之令:"吏人弊于蔬菜。(娄)师德为御史大夫,因使至于陕。厨人进肉,师德曰:'敕禁屠杀,何为有此?'厨人曰:'豺咬杀羊。'师德曰:'大解事豺。'乃食之。又进鲙,复问:'何为有此?'厨人复曰:'豺咬杀鱼。'师德因大叱之:'智短汉,何不道是獭?'厨人即云是獭。"如此生动活泼的记载,在正史中是看不到的。新、旧《唐书》中一些任职于御史台之官员,特别是武后时期的一些酷吏,如来俊臣等的传记,大都取材于韩琬《御史台记》。《大唐新语》中许多人物的事迹,亦能与《御史台记》中的记载对应。杜佑撰《通典》、苏冕撰《会要》,有关初唐时期御史台方面的建置与人物事迹,大都参考过《御史台记》。司马光《资治通鉴考异》引《御史台记》多达十七条,由此可见韩琬此书的影响之大。

三、赵璘与《因话录》

赵璘,字泽章,邓州穰(今河南邓州)人,后徙平原(今属山东)。约生于唐德宗贞元十九年(803)。年少时居于江汉,穆宗长庆中寄住于绍兴戒珠寺,敬宗宝历中参加科举不第。文宗大和六年(832),始得选入等第。大和八年(834),知贡举吏部侍郎李汉擢进士二十五人,其中就有赵璘。开成三年(838)中书判拔萃科,后被选为秘书省校书郎。宣宗大中元年(847),由于座主纥干臮之提携,出任江西观察判官、监察御史里行。大中七年(853),任左补阙。大中十年(856),任祠部员外郎,受托采择当时多家《科目记》,编撰《登科记》十三卷,可惜流传不广,现今已无从得见。大中末,任衢州刺史、水部郎中、汉州刺史。懿宗咸通十年(869)前后,为裴坦从事。卒于僖宗乾符至中和年间[①]。

赵璘出身官宦世家,其祖考、叔伯、昆仲,屡登进士,常历台省,职掌纶诰。其叔祖赵宗儒为德宗贞元时宰相,伯父赵俢为浙东观察判官、高陵令,父为昭应县尉赵伉。其母柳氏出身关中贵族,母之叔曾祖姑为玄宗柳婕妤,生延王玢,为

[①] 史佳楠:《赵璘〈因话录〉研究》,上海师范大学硕士学位论文,2010年。

肃宗弟兄,家世显赫。另赵家与陇西李氏、京兆韦氏、范阳卢氏、兰陵萧氏均有亲戚关系。赵璘可谓皇亲贵胄,宦途绵远,娴达旧事,谙熟典册,故所作笔录,颇近事实。

《因话录》六卷,以笔记体例杂记唐玄宗至宣宗朝庙堂掌故、林野逸闻,共134条。取五音之义"宫""商""角""徵""羽"为五部,分作各卷。卷一"宫部"21则,录玄宗、肃宗、代宗、德宗、宪宗、文宗、武宗、宣宗八帝之言歌行止、宫帏逸事。卷二"商部上"20则,卷三"商部下"27则,录郭子仪、李勉、权德舆、赵宗儒、李逢吉、裴度、柳公绰、韩愈、令狐楚诸人言行。卷四"角部"18则,录道家符箓之神通、僧侣俗家之逸事、伶人歌笑之谐谑、裨将受俘之遭遇等。卷五"徵部"20则,记台省之建设布局、官署之名称仪注、文字之考证训诂等。卷六"羽部"28则,录杂技方术之奇巧、谶兆果报之异应等。全书编排颇具特色:先君后臣,先仕后庶,条修叶贯,部居类汇,正文之下常见自注,道其原本,叙其所出,避免了一般野史笔记的驳杂之感。

作为唐代笔记的杰出代表,《因话录》内容丰富,包罗万象,涵盖了政治、经济、社会生活等多个方面。全书记录了玄宗、肃宗、代宗、德宗、宪宗、文宗、武宗、宣宗共计8位唐代帝王、110余名臣仕宦的言行逸事,反映了唐代不同时期的政治状况,其内容是全面研究唐代历史不可忽视的材料。如卷一言"德宗躬亲庶政,中外除授,无不留神"[1],间接反映出德宗多疑的性格特点,而历史上关于德宗多次更换宰相的记录也恰好说明了德宗执政时的这一特点。书中对官署机构和制度规范的记述也较多,如卷五"御史台三院"条,长达1200余字,详细介绍了当时御史台各机构、官署、官吏、掌故等,且有自注。该条还记录了当时御史台进行某些日常事务的程序,多有掌故。如在举事有差错时,"若杂端失笑,则三院皆笑,谓之'烘堂',悉免罚矣"[2],这便是"哄堂大笑"一词的起源。赵璘以一个官吏的眼光,记录了御史台日常事务中引人注意的细节,刚好是《唐六典》与两《唐书》所不载的,为唐代职官制度研究提供了丰富材料。书中还有许多关于经济活动、社会风俗和思想、文化方面的相关资料。如马球风靡于唐代,受到广泛喜爱,但却有一定的危险性,卷一载:"安禄山入觐,肃宗屡言其不臣之

---

[1] 黎泽潮:《〈因话录〉校笺》,合肥工业大学出版社,2014年版,第11页。
[2] 黎泽潮:《〈因话录〉校笺》,合肥工业大学出版社,2014年版,第82页。

状,玄宗无言。一日,召太子诸王击球,太子潜欲以鞍马伤之。"①通过这条资料,可以看出马球竟然还可以用于政治斗争。《因话录》虽然文字简练,但描写生动。如卷一载:"郭暧尝与升平公主琴瑟不调,暧骂公主:'倚乃父为天子耶!我父嫌天子不作。'公主恚啼,奔车奏之。上曰:'汝不知,他父实嫌天子不作。使不嫌,社稷岂汝家有也。'因泣下,但命公主还。尚父拘暧,自诣朝堂待罪。上召而慰之曰:'谚云:不痴不聋,不作阿家阿翁。小儿女子闺帏之言,大臣安用听?'锡赉以遣之。尚父杖暧数十而已。"②写唐代宗如何解决家庭儿女之间纠纷,非常具有人情味,其中代宗、升平公主以及郭子仪、郭暧的形象均十分鲜明,文笔也很活泼有趣,所以成为脍炙人口的故事,后来演绎成传统剧目《打金枝》,影响深远。

赵璘出身显贵,为官多年,《因话录》中所记,得之于家族和亲故间的逸闻逸事,以及他本人的亲身经历或见闻,故翔实可靠,从政治、经济、思想、文化等多方面反映了唐代社会状况,保存了大量的文献资料。通过对《因话录》内容的分析和与两《唐书》、《通鉴》相关内容的比较,可以发现《因话录》为这些典籍提供了史源,有益于考订史事。也正因为史料价值颇高,《因话录》受到后世的广泛重视。《四库全书总目》评云"其书虽体近小说,而往往足与史传相参……实多可资考证者,在唐人说部之中,犹为善本焉"③,可谓公允。

四、郑处诲的《明皇杂录》

郑处诲,字延美,郑州荥阳(今河南荥阳)人。荥阳郑氏为隋唐北方著名士族,代有显宦,处诲高祖郑长裕官至国子司业,终颍川太守。曾祖郑慈,官至太子舍人。祖郑余庆(745—820),字居业,少勤学,善属文。代宗大历间进士及第。德宗贞元十四年(798)以中书侍郎拜相,授同平章事。顺宗永贞元年(805),征拜尚书左丞。宪宗嗣位,擢平章事,再次为相。后历任太子宾客、兵部

---

① 黎泽潮:《〈因话录〉校笺》,合肥工业大学出版社,2014年版,第3页。
② 黎泽潮:《〈因话录〉校笺》,合肥工业大学出版社,2014年版,第8—9页。
③ 永瑢等:《四库全书总目》卷一百四十《子部·小说家类一》,中华书局,1965年版,第1184—1185页。

尚书、太子少傅、尚书左仆射、凤翔陇节度使等官。元和十五年(820)卒,时年七十五,诏赠太保。史称郑余庆"砥名砺行,不失儒者之道,清俭率素,终始不渝。四朝居将相之任,出入垂五十年,禄赐所得,分给亲党"①。有文集、表疏、碑志、诗赋共五十卷,流传于当世。父郑瀚,贞元十年(794)进士,历官秘书省校书郎、起居舍人、考功员外郎、国子博士、史馆修撰。长庆中征为司封郎中、史馆修撰,累迁中书舍人。文宗登基,擢翰林侍讲学士,奉命撰《经史要录》二十卷。大和二年(828)起,历任礼部、兵部、吏部侍郎,出为河南尹,入为左丞,拜刑部尚书。开成四年(839)以户部尚书征,诏下之日卒,年六十四,赠右仆射。有文集、制诰共三十卷,行于世。郑处诲"于昆仲间文章拔秀,早为士友所推"②,大和八年(834)登进士第,释褐秘府,转监察、拾遗、尚书郎、给事中,累迁工部、刑部侍郎,出为越州刺史、浙东观察使、检校刑部尚书、汴州刺史、宣武军节度观察等,卒于汴州(今河南开封)。史称"处诲方雅好古,且勤于著述,撰集至多。为校书郎时,撰次《明皇杂录》三篇,行于世"③。

《明皇杂录》二卷,成书于唐宣宗大中九年(855)。《新唐书》本传载,因李德裕《次柳氏旧闻》记载玄宗朝事迹未详,郑处诲重加搜辑,撰为本书。今本《明皇杂录》中与《次柳氏旧闻》雷同者不足10条,多数为《次柳氏旧闻》所未讲及,可知所言属实。《明皇杂录》的分卷,诸书记载颇歧异。《旧唐书》称三篇,《新唐书·艺文志》《崇文总目》均作二卷。《郡斋读书志》作二卷外,又有《别录》一卷,《四库全书总目》作二卷外,又有补遗一卷。《太平广记》《事文类聚》所转引《明皇杂录》数十条,今本皆失载。由此可知,今传本已非原本,且已有佚失。

《明皇杂录》所记以唐明皇一代杂事为主,偶亦兼及肃宗、代宗两朝史迹。所记各事大致可分为五类:记宰臣间矛盾的,有姚崇算张说、李林甫妒卢绚等12条;记大臣权贵骄横跋扈的,有杨暄恃父权明经及第、虢国夫人夺韦氏宅等6条;记僧侣道士及有关佛道的,有道士张果、僧人一行等10条;记画工音乐舞蹈的,有李龟年之遭遇、冯绍正画龙、唐玄宗舞马、梨园弟子等18条;记文人逸事的,有萧颖士恃才傲物、韦诜选婿等6条。此外还有关于服饰、医术、技能及灾

---

① 刘昫:《旧唐书》卷一百五十八《郑余庆传》,中华书局,1975年版,第4166页。
② 刘昫:《旧唐书》卷一百五十八《郑处诲传》,中华书局,1975年版,第4168页。
③ 刘昫:《旧唐书》卷一百五十八《郑处诲传》,中华书局,1975年版,第4169页。

祥等的记载,约 20 余条①。

《明皇杂录》内容丰富,包括政治、文学、音乐、舞蹈、书画、科举、医学、佛道等诸多方面,是有关唐玄宗的各种杂记类撰述中最为详备的一种,具有很高的史料价值。一是为研究唐玄宗时显贵间的矛盾和诸宰相的真实面貌提供了重要的资料。唐玄宗时的宰相共有三十多位,从开元初的姚崇、宋璟到天宝时的李林甫、杨国忠,各位宰相之间矛盾重重,相互排挤倾轧。《明皇杂录》中关于唐玄宗时宰臣显贵间的矛盾记载多达 12 条,其中有的并不见于正史记载,如"姚崇算张说""李适之父子遭李林甫陷害"等条,为研究诸宰相的真实面貌补充了史料,也为研究唐玄宗的个人生活及全面评价唐玄宗提供了诸多帮助。唐玄宗后期追求炼制丹药,身边围绕诸多道士如张果等,多见于《明皇杂录》中。唐玄宗酷爱音乐,《明皇杂录》记载他不但自制乐曲,还为自己设立了一个庞大的乐舞机构梨园,杨贵妃能歌善舞,技艺精湛的乐工也多得到唐玄宗的宠幸。《明皇杂录》对唐玄宗的肯定和颂扬也很多,记录了唐玄宗求贤若渴的言行,他对姚崇、宋璟、张九龄诸人也曾从谏如流,颇得太宗遗风。更为独特的是,《明皇杂录》中保存了大量关于音乐舞蹈绘画的记载,其中有许多记载不见于或远详于正史,成为研究唐代音乐、舞蹈、绘画的独家资料。如"唐玄宗舞马""怀素书取法公孙大娘剑舞""梨园弟子"诸条均是研究唐代音乐舞蹈的宝贵资料。诸多逸事的记载对于研究唐代婚姻仕宦观念以及社会习俗也有重要的参考价值。如"韦诜选婿"条,体现了唐人婚姻观念的逐步开放,表明门第观念已有所突破。"官吏皆薄外任"条反映了当时以京官为贵的风尚。"士庶好胡服"条则反映了胡风胡俗对唐朝的影响。当然,作为杂记,书中也有失实欠严谨处,"李林甫宅怪异""冯绍正画龙""唐玄宗梦中得紫云回曲"等条,语涉神怪,荒诞不经。

《明皇杂录》文笔近于小说,叙事简洁曲折,人物形象生动鲜明,所记人事异彩纷呈。如死姚崇赚活张说之事,叙述曲折有韵致,成为后来的戏剧题材。还有名医纪明、画家吴道玄、高僧一行、诗人杜甫与王维、乐工雷海青、仙人张果老等各色人物的记录,多姿多彩。杜甫晚年流落湖湘,耒阳县宰送去白酒牛肉,因食之过量而卒,此事的记载仅见于本书,对了解杜甫的最后归宿意义重大。其记乐工雷海青死难事,歌颂了乐人"位卑未敢忘忧国"的精神,而王维因之而赋

---

① 贺金娥:《有关唐玄宗的三种杂记考述》,陕西师范大学硕士学位论文,2004 年。

的"万户伤心生野烟,百官何日再朝天"诗句,也在日后成为他"附逆"的辩解词。因郑处诲《明皇杂录》成书较晚,上距开元、天宝年间已有百余年,所以有些人和事,亦赖口口相传,并非全为实事。

整体来看,《明皇杂录》以丰富的内容、生动的文笔,从细微处记载了唐代帝王和官僚贵族的生活,是了解唐玄宗朝政治风貌和社会习尚极为有用的资料。其价值早已为后人所认识,欧阳修《新唐书》和司马光《资治通鉴》均采用了《明皇杂录》的不少内容。虽然也有失实之处,但正如《四库全书总目》所称:"小说所记,真伪相参,自古已然,不独处诲,在博考而慎取之,固不能以一二事之失实,遂废此一书也。"[①]

[①] 永瑢等:《四库全书总目》卷一百四十《子部·小说家类一》,中华书局,1965年版,第1184页。

第五章 宋元时期：河南史学繁荣中的衰落

陈寅恪曾说:"中国史学莫盛于宋。"①宋元时期,尤其是两宋时期,是中国史学发展的一个高峰。宋代在继承前代史学传统的基础上多有创新,名家辈出,名著频现,史书数量空前增多,史学思想空前活跃。这一时期,河南史学继续发展,在很多领域不断创新,成就卓著。但发展的不均衡已经显现,在群星璀璨的宋代史家群体里,以史名家的河南学者越来越少,河南史学在中国史学发展过程中的引领地位渐渐丧失。

第一节 宋代的修史机构及官修史书的成就

赵宋王朝立国于五代战乱扰攘之后,重文轻武,提倡文治,在修史制度上继承唐朝设馆修史的做法并进一步有所发展,修史机构更加完备,出现了实录院、时政记房、日历所、会要所等新的机构,各修史机构相互衔接,形成了一个完整的官方修史体系,所修史书,部帙庞大,种类甚多。

一、宋代的修史机构

宋代的修史机构多,变化也多。综观这些机构,如果从职能上看,可以分为

---

① 陈寅恪:《陈垣明季滇黔佛教考序》,《金明馆丛稿二编》,上海古籍出版社,1950年版,第240页。

记注机构和修撰机构;如果从国家体制和政府组织结构性质上看,又可以分为常设机构和临时机构。由于这些机构时兴时废,其隶属关系和职能、职责变化不定,故只能将其中主要的、存在时间较长的修史机构作一概述。

(一)史馆

宋朝立国,一切依五代旧制,昭文、史馆、集贤院合称"三馆",仍因五代旧基。三馆由三相分领,皆为藏书之所,唯史馆除藏书外,尚有修史之职责。宋太祖时期,史馆中设史馆修撰、直史馆等负责修史。除修撰中以官职高者一人判馆事外,还有孔目官、书库官、表奏官、楷书、典书、守当官等负责管理书库、守门及抄写史料、誊录书稿、装潢成书等其他杂务。《周世宗实录》《五代会要》《唐会要》《旧五代史》等均由史馆完成。当代史的修撰主要是史馆修撰和直史馆依例分季修撰的日历。

至宋太宗于雍熙四年(987)九月"诏以史馆西廊置修史院"以后,除日历以外,凡遇修史,皆移他处置局。《太宗实录》成,接着重修《太祖实录》,史馆的修史之任被临时命官置局所代替。其后"于门下省置编修院,专掌国史、实录,修纂日历"[1],史馆不再参与修史,完全成为一个储藏、编校图籍和储养人才的机构。直到元丰四年(1081)十一月罢编修院,史馆才恢复了修史功能。不过时间不长,到元丰五年(1082)五月宋神宗全面厘定官制,罢三馆,以崇文院为秘书省,以日历隶秘书省国史院,史馆不复存在。遇修前朝《实录》《国史》,令别置实录院、国史院,事毕即停。

南宋绍兴三年(1133)八月乙巳,为修建炎以来日历,"诏复置史馆,以从官兼修撰,余官兼直馆、检讨"[2]。绍兴三年十一月,又根据秘书省的建议,将秘书省的日历所与史馆合并,以"修国史日历所"为名[3],绍兴四年(1134)五月又把国史日历所改名史馆,除修日历外还肩负着重修神宗、哲宗两朝正史和实录的重任,为"增重其事"而在秘书省东"别为一所",独立于秘书省外。绍兴九年(1139)二月,史馆置实录院专修《徽宗实录》,根据监修国史秦桧的提议,停修

---

[1] 脱脱:《宋史》卷一百六十四《职官志》,中华书局,1977年版,第3877页。
[2] 李心传:《建炎以来系年要录》卷六十七,绍兴三年八月乙巳,中华书局,2013年版,第1139页。
[3] 宋立民:《宋代史官制度研究》,吉林人民出版社,1999年版,第15页。

神宗、哲宗两朝正史,并于次年二月"诏罢史馆,并为实录院"。史馆所修日历之任,由秘书省国史案接管。从此以后,史馆作为国家修史机构的正式名称,直到南宋结束未再使用。但作为对修史机构的泛称或俗称,不仅宋代,以后各朝都一直沿用。

(二)编修院

编修院又称"史院",隶属于门下省,其主要职能是掌修国史、实录、会要和日历,也兼有奉诏审阅和校正其他书籍、检索故事、为朝廷提供行政咨询的职能。编修院的前身是修史院,编修院的设立与编修《册府元龟》和太祖、太宗两朝国史有关,约在宋真宗大中祥符年间(1008—1016)独立于史馆而存在,到神宗元丰四年诏罢编修院,其存在时间70余年,编纂了大量的史书。编修院的长官称管勾编修院,由史馆修撰一人担任,负责日常事务。编修院成立之初,主要是编修国史,皆临时命官,由监修国史宰相领衔修撰,自仁宗登基将日历编修移至编修院之后,日历的修撰成了编修院的常务工作。日历所为编修院的常设机构,专掌日历的修撰和保存。而国史、实录和会要等书的修纂,皆为临时命官置局,修国史人员有修国史、同修国史、编修,修实录有修撰、同修撰、检讨等,修会要有看详官、编修官、检阅文字等,皆由宰臣监修或提举。

(三)国史院

国史院又称"史院"或"修史院",是宋代朝廷为修国史而设立的修史机构,专掌本朝正史的编修。初设于太宗雍熙四年(987),不久即罢。第二次设立于真宗景德四年(1007),为修太祖、太宗两朝国史而临时设立。编修院设立后,凡修国史,临时命官组建国史院,由宰相提举修撰,人员不定。元丰年间机构改革,罢编修院,国史修撰隶秘书省国史案。第三次设立于元祐五年(1090),为常设机构,"专掌国史、实录,编修日历,以国史院为名,隶门下省,更不隶秘书省"[①]。但由于党派之争,日历的编修仍归秘书省。哲宗亲政后,围绕着国史修撰的斗争日趋激烈,随着元祐派的下台,国史院在新派的主持下于绍圣年间复

[①] 李焘:《续资治通鉴长编》卷四百四十九,哲宗元祐五年十月癸卯,中华书局,1986年版,第4221页。

归于秘书省。南宋在绍兴二十八年(1158)七月诏置国史院,宰臣提举,置修国史、同修国史共二员,编修官若干。后修《高宗实录》,仍以国史院为修撰之所,以国史院官兼实录修撰、同修撰、检讨官等。其后修国史,重开国史院,与实录院并置。"实录院吏兼行国史院事,点检文字一人,书库官八人,楷书四人。"这里的"国史院""实录院"虽为两个机构,实为一套人马、一个印记,故国史院遂有"国史实录院"之称谓,直到南宋灭亡。

(四)实录院

唐至宋初,《实录》修撰在史馆进行。宋真宗鉴于其父太宗对史馆所修《太祖实录》不满、改修不成的经验教训,于至道三年(997)登基伊始,即命钱若水引官置局,就诸王赐食厅专修《太宗实录》。编修院成立后,实录的修撰归于其下,凡修实录临时命官置局,称"实录院",既无常设官属,亦无院印,事毕即罢。元丰废编修院后,实录修撰归史馆,史馆罢后,实录修撰归国史院。以后凡修《实录》,或置局,或不置局,皆由国史院官兼实录修撰官,直到北宋灭亡。

南宋实录院设置于绍兴九年(1139),隶史馆。史馆罢归秘书省国史案后,实录院成为官方的正式修史机构。南宋在绍兴二十八年(1158)置国史院,停罢实录院。乾道二年(1166)修《钦宗实录》,只就国史院修纂,修撰官即由国史院官兼任,行移文字以实录院为名,用国史院印记,经费由国史院钱内支出。后修实录遂成定制。其后修实录、修国史,或以实录院兼行国史院事,或以国史院兼行实录院事,实际上为一套人马。

(五)日历所与国史案

日历所之设,具体时间不详,大概自乾兴元年(1022)修《真宗日历》移入宣徽院以后,即于编修院设日历所,由史馆修撰、史馆检讨负责日历的编修。元丰四年废编修院,日历所归于史馆,次年新官制行,废史馆,于秘书省置国史案,设著作郎、著作佐郎专修日历,并于元丰六年(1083)规定:"秘书省长、贰毋得与著作郎修纂日历。"[①]此时的国史案才是一个真正的专修日历机构,秘书省长、贰亦不得插手修撰。元祐五年(1090)移国史案于门下省,并改名为国史院,不再隶

---

① 徐松:《宋会要辑稿・职官》十八之六,中华书局,1957年版,第2757页。

属于秘书省。哲宗亲政以后,日历修撰重归秘书省,此次置于秘书省的专修日历机构不再称"国史案",而是称"日历所"或"日历案"。

绍兴元年(1131),南宋重置日历所,后与史馆分分合合。绍兴十年(1140)二月二十二日诏罢史馆之后,日历归秘书省国史案,"以国史日历所为名"①,遂成定制,直到宋亡未再变更。从宋代日历所的设置和演变来看,日历所是一个常设机构。

(六)编修国朝会要所

编修国朝会要所是宋代设立的以专修国朝会要为职责的临时修史机构,简称为"会要所"。从仁宗天圣八年(1030)编修《国朝会要》开始,凡修国朝会要,即命官修撰,修毕即停。元祐之前,会要所隶属于编修院,仍以宰臣监修。元祐之后,会要所归属于秘书省。南宋孝宗乾道二年(1166),专门设置编修国朝会要所,由宰相提举。后由于国朝会要的编修连续不断,编修国朝会要所实际上成为常设机构。

(七)玉牒所

玉牒所是为专修皇家玉牒而设的机构。玉牒所掌修的玉牒、图谱分为五类,即玉牒、属籍、类谱、宗藩庆系录、仙源积庆图。唐代玉牒由宗正寺玉牒官负责撰录,宋初未设此职,太宗至道年间修撰皇属籍,始命官修撰。真宗正式设玉牒所。因宋代玉牒记载内容广泛,除记帝系外还要记载朝廷大事和政令沿革,相当于国史的帝纪,故迁玉牒所于编修院,由史官和宗正寺官员共同编修。南宋玉牒所隶属于宗正寺,由侍从官任玉牒官和宗正寺官共同修撰,宰相提举。

(八)记注机构

中国古代之史,分修撰之史和记注之史,记注之史官先秦时期已经出现,古人所谓"左史记言,右史记事",其"记言""记事"即为左、右史的职责权限。后人取其义而为之,形成了专门以记录君主言行为内容的《起居注》。《起居注》最早出现在汉代,初以宫中女官为之,后由内侍掌修。曹魏于中书省设著作郎

---

① 徐松:《宋会要辑稿·运历》一之二十二,中华书局,1957年版,第2138页。

后,由著作郎掌修起居注。而专门设置修注机构的朝代只有北齐。北齐于集书省下设起居省,专门负责起居注的修撰。到五代时,后唐、后周都曾设起居院,但其职责不在修注,而在于掌录朝廷制敕之类以报史馆,故五代起居院的设立不是为了修史,而是为了分中书、门下之记注之权,以强化皇权。宋代重视修史,不仅完善了修注制度,而且建立起了专门的记注机构。这些记注机构包括以下几种:其一,起居院。宋初承后周起居院制度,起居院隶门下省,"但关敕送史馆,而不撰集"①,并没有修撰起居注之职事,与唐代起居郎、舍人相比,仅有史官之名,而无史官之实。到太宗淳化五年(994)四月,史馆修撰张佖奏请复左、右史之职,遂迁起居院于禁内,起居院才成为名副其实的修注机构。其二,记注案。元丰五年(1082)官制改革,废起居院,增建中书省、门下后省,门下后省和中书后省专设记注案为新的修注机构,分别由起居郎和起居舍人掌管。其三,时政记房。宋代时政记由中书省、枢密院分别撰录,称中书时政记和枢密院时政记。为了保证时政记的修撰连续持久地进行,中书省和枢密院下专设时政记房为修撰机构。

(九)其他修史机构

宋代除了以上持续时间较长、影响较大的常设或临时修史机构外,还有一些专为修纂某种史书而设的较为短暂的临时性机构。其一,编修历代君臣事迹局。景德二年(1005)九月,为编修《历代君臣事迹》而设。其二,修唐书局。修唐书局是庆历五年(1045)四月为重修《唐书》而设的临时性机构。其三,编修资治通鉴所。是为专修《资治通鉴》而设置的修史机构。其四,编类圣政所。圣政,或称圣政记,是宋代统治者为美化政治、粉饰自己统治而创造的一种史书体裁,主要记载的是被统治者认为可传之后世的政令措施。宋真宗喜爱粉饰太平,编修《圣政记》,但并未专设机构。南宋绍兴三十二年(1162)九月,始专门设立编类圣政所。

除了以上机构外,北宋真宗朝曾于秘阁设局修《续通典》,徽宗朝曾于秘书省设修宋六典局、详定九域图志所等临时机构。

---

① 马端临:《文献通考》卷五十《职官四》,中华书局,1986年版,第461页。

二、宋代官方的修史成就

宋代不仅修史机构众多,并且形成了一套从史料的收集到史书修撰较为完整的环环相扣、衔接有序的修史制度和运作体系,为史书的修撰提供了制度保障和工作条件。修撰成果丰厚,其内容包含有前代史和当代史,其重心是在当代史的修撰。

(一)官修前代正史

宋代朝廷组织编修的前代史书有《唐会要》100卷、《周世宗实录》40卷、新修《五代会要》30卷、《旧五代史》150卷、《新唐书》225卷、大型类书《册府元龟》1000卷以及《资治通鉴》《续通典》等,其中《旧五代史》《新唐书》被列为正史。

《旧五代史》为薛居正领衔修撰。薛居正(912—981),字子平,浚仪(今河南开封)人,宋太祖开宝六年(973)四月诏修此书,薛居正以参知政事、宰相监修,开宝七年(974)闰十月书成,原名《梁唐晋汉周书》,总称《五代史》,后为了区别欧阳修所撰《新五代史》而加以"旧"字。全书包括帝纪61卷、志12卷、列传77卷,共150卷,另有目录2卷。记五代53年历史,兼记十国事。

五代史料,宋初仍存各朝实录360卷,范质曾据以删补成《五代通录》65卷。《旧五代史》的纂修就以此为底本,并且有实录原本供参考,故能在很短时间迅速完稿。在体例上,《旧五代史》仿《三国志》,五代各朝独自成书,分别标以《唐书》《梁书》等名,均设"纪""传","志"则通录五代典章制度,附于五书之后。薛居正为后唐进士,又曾在后晋、后汉、后周为官,同修诸臣在五代时亦多为史官,修撰时间离五代较近,人物事迹多为耳闻目睹,同时又有五代各朝实录为依据,所记史事大都较为可靠,有较高的史料价值,受到时人及后人的重视。司马光修《资治通鉴》、胡三省撰《资治通鉴注》,都从中取材,沈括、洪迈、胡应麟等人的著作也多加援引。《旧五代史》修成后约80年,欧阳修《新五代史》出。二书原本并行于世,金章宗泰和七年(1207),诏令学者专用《新五代史》,凡参加考试,有关五代历史,皆须按《新五代史》的内容来回答。从此,《旧五代史》

遂不被人重视,以致逐渐湮没无闻。明朝时,只有宫廷中尚藏有此书,并被按韵分割纳入《永乐大典》中。清乾隆时修《四库全书》,已经不见薛史原本,馆臣邵晋涵从《永乐大典》中辑出该书。辑本虽非原本,但大部分能保持原书本来面目。

《新唐书》修纂于北宋仁宗时期。庆历四年(1044),参知政事贾昌朝奏请设立史局,第二年五月命官开始纂修,嘉祐五年(1060)成书。该书编修中,宋祁主要负责修纂"列传"部分,欧阳修负责修纂"纪""志"和"表"部分。先后参与修纂的还有范镇、王畴、吕夏卿、宋敏求、梅尧臣和刘羲叟等人,前后耗时17年。全书计有本纪10卷、志50卷、表15卷、列传150卷,共225卷(以子卷计共248卷)。

此书在史料上除了采摘《旧唐书》外,还发掘出许多新的资料,如唐人的笔记、文集、私人著作等。因纂修者都是文史兼通和学有专长的史家,因此该书文笔优美,史料价值较高。在体例上,最受称道的是欧阳修所修"表"和"志"。"表"是司马迁所创立的纪传体史书体裁的重要组成部分,但至《汉书》之后一直无"表",《新唐书》恢复了"表",设立《宰相》《方镇》《宰相世系》《宗室世系》四表,对于了解有唐一代近300年间宰相的参错进退、宗室世族的升降隆替、方镇势力的消长离合有重要的参考价值;"志"共有13种,十分详细,且新创立了《选举志》和《兵志》,前者记载唐朝学校科举、官吏铨选,后者综述唐朝军事制度的沿革变化,内容都十分重要。该书"列传"所收人物较多,设立的《藩镇传》对了解当时的藩镇势力亦是极为有用的资料。

《新唐书》有明显的缺点,"本纪"部分大量删改唐朝皇帝的诏书和大臣的奏章,改之为散文的形式,失去了原貌。由于编纂者非常讲究文字的简略,因此将很多重要史料也删除了,导致"以文害史"。《新唐书》修成后,吴缜写了《新唐书纠谬》20卷,列举该书错误400多条,指摘该书观点和史实错误。

(二)官修当代史

宋代官修史书的重心是在当代史书的修纂上,故当代史书的修纂成绩斐然。

一是种类繁多。宋代官修的史书有《时政记》《起居注》《日历》《实录》《国史》《会要》《玉牒》《圣政》《宝训》《圣训》《德音》《九域志》等。还有专为记录某项事件而编录的史书,《大中祥符封禅记》《奉祀记》《祀汾阴记》《奉圣像记》《降圣记》等书专门记载真宗皇帝封禅、祀神过程,"先为记事,次列仪注、御制册祝、乐章、步虚词、御札、诏敕、德音、表、状、颂、碑铭、记赞,分门载之",内容达220卷之多;《元丰华戎鲁卫信录》专门记录与契丹(辽)的交往文字,事目加内容共234卷;《会计录》专记财政收支;《经武要略》专记古今武备;《崇文目录》专记国家图籍。除此之外,还有地域图志、《敕令》、《御集》,以及图文兼具的史书,如《庆历三朝训鉴图》《景德御寇图》《仁宗御书三十六事图》《庆历观文鉴古图》《宣和博古图》等等。总之,前代所有的史书体裁和类别,宋代官方均有修撰,并在体裁和内容上进行了创新。

二是卷帙巨大。宋代先后修成历代实录3293卷(册),北宋国史950卷(南宋所修《中兴四朝国史》《理宗国史》等卷数失载),十一种本朝《会要》3000余卷,各种《政要》《圣政》《宝训》《圣训》又达1000余卷,各帝《玉牒》340多卷(册),《玉牒祖簿》有明确记载的达552卷(帙)。[①] 另有历朝《时政记》《起居注》《日历》等。宋代所修《日历》,内容丰富,卷帙巨大,有明确记载且较为完备的高宗、孝宗、光宗三朝《日历》多达3300卷,如果把诸朝《日历》计算在一起,数量则更多。据不完全统计,官方修撰的史籍,不包括《时政记》《起居注》《日历》,总数也超过11000余卷(册)。故宁宗时期的大臣陈傅良说:"本朝国书,有《日历》,有《实录》,有《正史》,有《会要》,有《敕令》,有《御集》,又有百司专行指挥典故之类,三朝以上又有《宝训》,而百家小说私史与士大夫行状、志铭之类,不可胜纪。"[②]

[①] 《皇宋玉牒》33卷,《真宗玉牒》40卷,《仁宗玉牒》4卷,《英宗玉牒》4卷,《神宗玉牒》80卷,《徽宗玉牒》120卷,《钦宗玉牒》20册,《光宗玉牒》40卷(哲宗、高宗、孝宗、宁宗玉牒等卷数失载)。《玉牒祖簿》:太祖下99帙,太宗下269帙,魏王下184帙(以上见《玉海》卷五十一)。

[②] 陈傅良:《陈傅良文集》卷四十《嘉邸进读艺祖通鉴节略序》,浙江大学出版社,1999年版,第505页。

第二节　北宋初期河南地区私家史学的成就

就在宋代官方重视修史的同时,河南地区的私家修史也发展起来,出现了一批卓有成就的史家和影响后世的史著,是宋代史学的宝贵遗产。

一、丁度的经史之学

丁度(990—1053),字公雅,北宋开封祥符(今河南开封)人,宋朝有名的文字训诂学家。爱学问,好读《尚书》。真宗大中祥符中登服勤词学科,为大理评事、通判通州。仁宗时,历任三司磨勘司、京西转运使、知制诰、翰林学士、枢密副使、参知政事等职。留心军事,曾上《备边要览》《庆历兵录》《赡边录》等,为朝廷军事出谋划策。卒赠吏部尚书,谥"文简"。丁度学识渊博,公务之余,勤于笔耕,著作甚丰。

在经学方面,丁度参修《集韵》《礼部韵略》《类篇》等多部文字音韵学著作,颇有影响。

《集韵》十卷,是研究文字训诂和宋代语音的重要资料,丁度、宋祁、王洙、李淑等撰。据《续资治通鉴长编》卷一百一十四记载,是书修于宋仁宗景祐元年(1034),《直斋书录解题》作《景祐集韵》,"直史馆宋祁、郑戬等修定,学士丁度、李淑典领。字训皆本《说文》,余凡例详见于序"①。《四库全书总目》云:"考司马光《切韵指掌图序》,称'仁宗皇帝诏翰林学士丁公度、李公淑增崇韵学,自许叔重而降凡数十家,总为《集韵》,而以贾公昌朝、王公洙为之属。治平四年,余得旨继纂其职,书成上之,有诏颁焉。尝因讨究之暇,科别清浊为二十图'云云。

---

① 陈振孙:《直斋书录解题》卷三"小学类",上海古籍出版社,2015年版,第91页。

则此书奏于英宗时,非仁宗时。成于司马光之手,非尽出丁度等也。"①

《礼部韵略》五卷,附《贡举条式》一卷。《郡斋读书志》云:"丁度撰。元祐中,孙谔、苏轼再加详定。"②《直斋书录解题》附《条式》一卷,称:"雍熙殿中丞丘雍、景德龙图阁待制戚纶所定,景祐知制诰丁度重修,元祐太学博士增补。其曰略者,举子诗赋所常用,盖字书声韵之略也。"③

《类篇》四十五卷,《郡斋读书志》称:"景祐中,丁度受诏修《类篇》,至熙宁中,司马光始奏书。文三万一千三百一十九,重音二万一千八百四十六,以《说文》为本。"④《类篇》后记云:"宝元二年十一月,翰林学士丁度等奏:今修《集韵》,添字既多与顾野王《玉篇》不相参协,欲乞委修韵官将新韵添入,别为《类篇》,与《集韵》相副施行。时修韵官独有史馆检讨王洙在职,诏洙修纂。久之,洙卒。嘉祐二年九月,以翰林学士胡宿代之。三年四月,宿奏乞光禄卿直秘阁掌禹锡、大理寺丞张次立同加校正。六年九月,宿迁枢密副使,又以翰林学士范镇代之。治平三年二月,范镇出知陈州,又以龙图阁直学士司马光代之。时已成书,缮写未毕,至四年十二月上之。"⑤所记编修过程甚详。从这段记载看,似乎丁度只是建议修《类编》,非受诏主修者。《直斋书录解题》著录《类篇》四十五卷,云:"丁度等既修《集韵》,奏言今添字多与顾野王《玉篇》不相参协,乞委修韵官别为《类篇》,与《集韵》并行。自宝元迄治平乃成书,历王洙、胡宿、范镇、司马光始上之。熙宁中颁行。凡十五篇,各分上、中、下,以《说文》为本,而例有九云。"⑥所记较可信。

在史学方面,丁度上《备边要览》,以史论政,对历史和现实都有深刻的见解;纂《武经总要》《庆历兵录》等兵书,甚为实用。

《备边要览》为丁度针对边境防御所献出的十条策略,《宋史》本传云:"刘平、石元孙败,帝遣使问所以御边,度奏曰:'今士气伤沮,若复追穷巢穴,馈粮千

---

① 永瑢等:《四库全书总目》卷四十二"集韵"条,中华书局,1965年版,第359页。
② 晁公武著,孙猛校证:《郡斋读书志校证》卷四《小学类》,上海古籍出版社,1990年版,第160页。
③ 陈振孙:《直斋书录解题》卷三"小学类",上海古籍出版社,2015年版,第91页。
④ 晁公武著,孙猛校证:《郡斋读书志校证》卷四《小学类》,上海古籍出版社,1990年版,第162页。
⑤ 司马光撰,李之亮笺注:《司马温公集编年笺注》,巴蜀书社,2009年版,第182页。
⑥ 陈振孙:《直斋书录解题》卷三"小学类",上海古籍出版社,2015年版,第91页。

里,轻用人命以快一朝之意,非计之得也。唐都长安,天宝后,河湟覆没,泾州西门不开,京师距寇境不及五百里,屯重兵,严烽火,虽常有侵轶,然卒无事。太祖时,疆场之任,不用节将,但审擢材器,丰其廪赐,信其赏罚,方陲辑宁,几二十年。为今之策,莫若谨亭障、远斥堠、控扼要害,为制御之全计。'因条上十策,名曰《备边要览》。"①在奏疏中,丁度引经据典,从前朝历史经验出发,提出安边之策,见解深刻。惜此书后佚,无以见其完本。

《武经总要》四十卷,丁度、曾公亮等撰,《郡斋读书志》有著录。宋朝康定时期,朝廷担心军队首领抛弃古今之学,命令丁度、曾公亮等采古兵法,编《武经总要》。此书分前后集,前集二十卷,含制度十五卷八十九篇,边防五卷十三篇;后集二十卷,含故事十五卷一百九十四篇,占候五卷十九篇。该书流传至今,常见有《四库全书》本、《四库珍本初集》本及中华书局上海编辑所 1959 年标点本。

丁度撰《庆历兵录》一事,宋祁《景文集》卷四十五《庆历兵录序》有较为详细的记载:"庆历五年,今参预贰卿济阳丁公,以壮猷宿望,进使枢省。惟是本兵权,按军志,无不在焉,而丛纷几阁,非甚有纪。公乃搜次首末,钩考纤微,掇其攻守战者,为《禁兵》《民兵》《兵录》五篇,合群曹所分,摘诸条所隐,汇而联之,部分班如也。离而判之,区处戢如也。弥众而易见,愈详而不繁,虽伍符猥并,边锁曲折,岁列废置,月比耗登。披文指要,坐帷而判,盖简稽之决要,搜乘之总凡。录成,乃上于官,且俾序作者之意。谨按《军篇》之首,公各述所由。前创后因,圣继神承,既有第矣。近卫别录,示有尊也。余军不载,略所缓也。文约事明,成一王法。"题下有按云:"按《仁宗本纪》,庆历五年四月,丁度为枢副。六年七月,参知。《兵录》,度所著。"②《庆历兵录》早已散佚,世间未见流传。

除以上著作外,丁度还著有《礼部韵略释疑》五卷,傅增湘《双鉴楼善本书目》云有影元抄本,今未见。《宋史·艺文志》曾著录丁度撰《切韵》十卷、《管子要略》五篇、《土牛经》一卷等,均散佚不见。《宋史》本传还记载丁度作《赡边录》《迩英圣览》《编年总录》等,也散佚不传。

---

① 脱脱:《宋史》卷二百九十二《丁度传》,中华书局,1977 年版,第 9762 页。
② 宋祁:《庆历兵录序》,见《全宋文》第 12 册,巴蜀书社,1990 年版,第 658 页。

二、王洙的文献学贡献

王洙(997—1057),北宋应天宋城(今河南商丘)人,字原叔(源叔),北宋时期著名学者。少聪颖,博览群记,遍览方技、术数、阴阳、五行、音韵、训诂、书法等,无所不通。仁宗天圣二年(1024)进士,补庐州舒城尉,调富川县主簿,召为国子监直讲,迁史馆检讨,天章阁侍讲、同判太常寺。庆历中因预苏舜钦进奏院祠神会,贬知濠州,徙知襄、徐、亳州,召为史馆修撰、知制诰。至和元年(1054)为翰林学士。嘉祐二年(1057)卒,年六十一,谥"文"。王洙一生,著述颇丰。《集韵》《类篇》是音韵学著作,《崇文总目》是目录学著作,在中国学术史上都占有重要地位。王洙除致力于编修图书外,还整理编辑了若干典籍,是著名的校勘学家。范仲淹称赞他"文词精赡,学术通博,国朝典故,无不练达。搢绅之中,未见其比。以唐之虞世南、先朝之杜镐方之,不甚过也"[1],评价不可谓不高。

(一)校订《史记》、两《汉书》

王洙学识渊博,曾致力于《史记》《汉书》和《后汉书》的校订工作。《宋史·余靖传》云:"数上书论事,建言班固《汉书》舛谬,命与王洙并校司马迁、范晔二史。书奏,擢集贤校理。"[2]由此可知,王洙是校订工作的主要参与人之一。

对于校订《史记》、两《汉书》之事,《续资治通鉴长编》卷一百一十七中亦有记载:"前代经史,皆以纸素传写,虽有舛误,然尚可参雠。至五代,官始用墨版摹印'六经',诚欲一其文字,使学者不惑。太宗朝又摹印司马迁、班固、范蔚宗诸史,与'六经'皆传,于是世之写本悉不用。然墨版讹驳,初不是正,而后学者更无它本可以刊验。会秘书丞余靖进言,《前汉书》官本谬误,请行刊正。诏靖及国子监王洙进取秘阁古本对校。逾年乃上《汉书刊误》三十卷。"可见,此次整理两《汉书》谬误,王洙参与了其中重要的校勘工作。《崇文总目》卷三著录有

---

[1] 范仲淹:《范文正公文集》卷二十《乞召还王洙及就迁职任事札子》,《范仲淹全集》(上),四川大学出版社,2007年版,第464—465页。

[2] 脱脱:《宋史》卷三百二十《余靖传》,中华书局,1977年版,第10407页。

"《三史刊误》四十五卷",其下注曰:"靖等悉取三馆诸本及先儒注解、训传、六经、小说、《字林》、《说文》之类数百家之书,以相参校。凡所是正、增损数千言,尤为精备,逾年而上之。靖等又自录其校雠之说,别为《刊误》四十五卷。"可见,余靖等人在校勘两《汉书》过程中查阅了大量的文献,其结果是:"凡增七百四十一字,损二百一十二字,改正一千三百三十九字。"①但《三史刊误》原书并未与《史记》、两《汉书》一同刊刻流传,因此校勘整理的过程不得而知。此项工作于景祐二年(1035)完成,故余、王合作校勘完成的《汉书》版本被称为"景祐刊误本"。

(二)创造了一套文献考证校勘的方法

王洙勤于研学,在文献学方面成就最大。当时,他因藏书之多而颇负盛名,张邦基《墨庄漫录》卷四中有记载:"藏书之富,如宋宣献、毕文简、王原叔、钱穆父。"正因藏书之富,王洙勤于考证校勘文献,且形成了自己独到的见解和方法。

王洙在校勘学方面有自己的原则。《王氏谈录》"校书"条云:"校书之例,它本有语异而意通者,不取可惜。盖不可决谓非昔人之意,俱当存之,即注为一云作某。一字已上谓之一云,一字谓之一作。公自校《杜甫诗》,有'草阁临无地'之句,它本又为'荒芜'之'芜'。既两存之。它日有人曰'为无字以为无义'。公笑曰:《文选》云'飞阁下临于无地',岂为无义乎?"②这里,王洙明确地指出了校勘杜甫诗时应坚守的原则,即力求客观,不可轻改文献,而是以"一云""一作"标注出来,保持原貌,这也是王洙在文献考证方面的指导思想。王洙在参与校订《史记》、两《汉书》时,通过"进取秘阁古本对校"的方式进行参校,广占异本,精心对校,保证了校勘的准确。《王氏谈录》"修书"条记载其对《春秋繁露》十卷本的整理,将"坠简脱文,差互不可考"的旧本通过"数年寻绎文义,缀缉始成",恢复了原本十卷的面貌。

(三)崇古与维新的文献学思想

王洙治文献学,以博通为基本特征,并谨守古代经典的原本面貌,对改字解

---

① 高似孙:《史略》卷二《汉书诸家本》,辽宁教育出版社,1998年版,第23页。
② 王洙:《王氏谈录》,丛书集成初编本,中华书局,1991年版,第8页。

经的方法持否定态度。尝云"学者解经,或有改字就义者,非先儒阙疑之旨,往往自取议"①。在对经史文献的校勘考订中,王洙坚持谨守古义而又维新的原则。

王洙崇古的文献学思想,体现在他对《易经》的整理上。《王氏谈录》中记载其曾见秘阁《郑氏注易》一卷,"文言自为篇",编次与所见《易经》不同。《周易》经文、传文是否连属,成为宋人研究古本《周易》的重要突破点。王洙在校勘整理古代文献时,虽亦有因见识不广而对文献典籍编次顺序进行臆改的情况,但其最终目的则是希望恢复古经"旧次"。王洙的文献学研究有明显的"崇古"思想。王洙在《周易》经典训诂方面不唯王弼注本是从,而是广采诸家之说,择其优而为之,这体现了他文献研究维新的一面。

王洙对经史之学有独到的看法,他说:"经书养人根本,史书开人才思,此事不可一日废,而须自少年积之。"②他除了在文献学方面卓有成就外,还编有《国朝会要》《乡兵制度》《祖宗故事》《三朝经武圣略》《皇祐方域图记》等,在我国古代学术史上具有重要的地位和影响。

三、孙甫与《唐史论断》

孙甫(998—1057),字之翰,宋许州阳翟(今河南禹州)人。北宋官吏、史学家,天圣进士。少好学,日诵数千言,仰慕孙何为古文。天圣五年(1027),得同学究出身,为汝阳主簿。天圣八年(1030)再举进士及第。孙甫博学强记,尤详唐代史实。著有《唐史记》七十五卷,言治乱得失,议论宏赡,宋代韩淲将其与范祖禹并提,称其"有才术",范祖禹"有学术",③明代杨慎谓其"笔力在范祖禹之上"④。又著有文集七卷,今已佚。其著述现存《唐史论断》三卷。《唐史论断》本是《唐史记》的评论部分,因《唐史记》正本刻印不多,逐渐散佚,于是剩余的

---

① 王洙:《王氏谈录》,丛书集成初编本,中华书局,1991年版,第14页。
② 王洙:《王氏谈录》,丛书集成初编本,中华书局,1991年版,第21页。
③ 韩淲:《涧泉日记》卷中,见韩淲、陈鹄《涧泉日记·西塘集耆旧续闻》,上海古籍出版社,1993年版,第23页。
④ 杨慎:《丹铅余录》卷五,文渊阁四库全书本。

九十二首论断经过后人整理之后独立成书,便是今天的《唐史论断》。此书涉及唐代时政、军事、事件、人物、纲纪等内容,论断见解独到,为旧史所不及。

(一)《唐史论断》的编纂

《唐史论断》的编纂缘由,孙甫在《唐史论断·序》中已讲明:"因读唐之诸书,见太宗功德法制与三代圣王并。后帝英明不逮,又或不能守其法,仍有荒纵狠忌庸懦之君,故治少而乱多。然有天下三百年,由贞观功德之远也。《唐书》繁冗遗略,多失体法,诸事或大而不具,或小而悉记,或一事别出而意不相照,怪异猥俗,无所不有。治乱之迹,散于纪传中,杂而不显。此固不足以彰明贞观功德、法制之本,一代兴衰之由也。"[①]由此序可以看出,孙甫撰《唐史论断》有两个原因。其一,唐太宗的功德可与三代圣王并肩,而后代帝王多荒纵狠忌庸懦之君,治少乱多,唐太宗可作为后代帝王效法的榜样;其二,《旧唐书》繁冗遗略,治乱轨迹并不明显,不足以彰显有唐一代的盛衰更替。因此,孙甫要仿照《尚书》《春秋》的意旨,重写一部唐史。由此便有《唐史论断》的问世。

根据孙甫在《唐史论断·序》中所讲"自康定元年修是书,至皇祐四年草具,遂作序述其意"可知,《唐史论断》的编纂时间应是从北宋仁宗康定元年(1040)始,至仁宗皇祐四年(1052)终,共计十三年。

《唐史论断》是一部历史评论之作。孙甫意欲通过对唐代近三百年历史的考察,寻找治乱兴衰的根源。因此,他总是以唐论宋,从宋代问题出发论唐代史事。如对唐代朋党问题的评论,旁征博引,论证严谨,这直接与北宋时期的庆历党争相关联。孙甫希望通过这种史论相结合的方式,为统治者提供唐代治国的经验教训,使北宋王朝避免重蹈历史覆辙。《唐史论断》将唐一代二百八十九年的历史,按照时间发展的先后顺序重新编排,重人事,重治乱,史论结合,集中表达了孙甫的史学思想。

(二)孙甫的史学思想

孙甫的史学思想以"以史资治""常为世鉴"为宗旨,即史学应为现实政治服务。以史为鉴是中国史学由来已久的传统,孙甫继承这一传统,其"以史资

---

① 孙甫:《唐史论断·序》,中华书局,1985年版。

治"的思想,主要强调史家要总结历史上的成败得失,为现实政治提供借鉴。孙甫认为,史家撰史,不应该把重点放在记述细碎的历史之上,而应该着重记载有关国家治乱兴衰的大事,重视对治乱兴亡原因的探讨。他还认为,要想充分发挥史书的鉴戒作用,就必须效法《尚书》《春秋》之意,重在立法垂典,劝诫后人,明治乱之本。史书重在记述和探讨天下治乱兴亡原因,以供后世统治者资取。孙甫认为,史家只有做到这一点,所著史书才能够"常为世鉴",有效地为现实政治服务。

在对史书体裁的认识上,孙甫认为编年体胜于纪传体。《唐史论断·序》盛赞编年体"体正而文简",认为《尚书》《春秋》"二经体不同而意同",皆能起到鉴戒作用。孙甫对司马迁的《史记》进行了尖锐的批评,认为以《史记》为代表的纪传体例"不明治乱之本、劝戒之道"[1]。由此可见,孙甫反对用纪传体写史,而主张用更能体现治乱兴衰特色的编年体写史。他如此赞赏编年体,主要是因为编年体较纪传体能更好地发挥治乱之本、劝诫之道的作用,能更好、更直接地为现实提供借鉴。

孙甫为《唐史论断》的编写倾注了毕生的心血,奠定了《唐史论断》的历史地位。欧阳修高度评价孙甫,说:"博学强记,尤喜言唐事,能详其君臣行事本末,以推见当时治乱。每为人说,如其身履其间,而听者晓然如目见。故学者以谓终岁读史,不如一日闻公论也。"[2]当代学者也认为,孙甫重视史学评论,在自己的著作中大量增加史评的内容,而且直接与当时社会的政治、伦理问题相关联,这无疑对宋代史评发展产生了积极的影响。[3]

四、尹洙与《五代春秋》

尹洙(1001—1047),字师鲁,北宋河南(今河南洛阳)人,著名的文学家和史学家。宋仁宗天圣二年(1024)进士,官至起居舍人直龙图阁。历任正平县主

---

[1] 孙甫:《唐史论断·序》,中华书局,1985年版。
[2] 欧阳修:《欧阳修全集·文集》卷十《尚书刑部郎中充天章阁待制兼侍读赠右谏议大夫孙公墓志铭》,中国文史出版社,1999年版,第860页。
[3] 王盛恩:《孙甫史学发微》,《史学史研究》2003年第3期。

簿、判秦州、知泾州、知渭州兼领泾原路经略公事等职。自幼聪明好学,博学有识。文学上,尹洙曾是新古文运动的先驱,与欧阳修、梅尧臣等高举韩柳复古的大旗,开一代文学新风;军事上,尹洙曾作《叙燕》《息戍》两篇文章,全面论述西北地区的形势和防务;史学上,尹洙颇负史才,精通《春秋》,其著述《五代春秋》继承了《春秋》书法,是其史学思想的集中体现。

（一）《五代春秋》的书法义例

《五代春秋》是尹洙撰写的一部编年体著作,它记载了五代后梁太祖开平元年(907)至后周显德七年(960)数十年史事,是研究五代史的重要文献之一。在书法义例上,尹洙的《五代春秋》是宋代史学模仿《春秋》书法的代表,主要包括以王纪年、一字寓褒贬、常事不书、讳书和书义理之实五种。①

第一,《五代春秋》模仿《春秋》以王纪年。《春秋》纪年,新君即位必书"元年春,王正月",每记一年均书王。尹洙《五代春秋》明显模仿《春秋》纪年。《五代春秋》采用编年体,新君即位则书某某元年帝即位,每记一年史事也必首书帝王年号及年份。显然,尹洙深受《春秋》以王纪年观念的影响。

第二,《五代春秋》运用《春秋》一字寓褒贬之法。《春秋》经常通过用字寓褒贬。尹洙撰《五代春秋》,《四库全书总目》称其"笔削颇为不苟,多得谨严之遗意"②。一字寓褒贬是《五代春秋》笔削"多得谨严之遗意"的突出表现。如《五代春秋·梁太祖》站在后梁立场上记事,对于梁与敌国的征战,尹洙用不同的字来表达,体现出作者的褒贬立场。秦、晋攻梁,尹洙一般记为"寇""侵""攻""袭"。可见,《五代春秋》通过对同类事件的不同表述,体现出作者的褒贬立场,明显是效仿《春秋》一字寓褒贬之例。

第三,《五代春秋》效仿《春秋》"常事不书"。《春秋》有"常事不书"之例,对例行礼仪及一般性事件不予记载,如果记载则有褒贬之意,后人称这种记载为"异辞"。尹洙虽未说明自己的不书之例,但从其历史记述中我们仍可看出其"异辞"寓褒贬的端倪。如《五代春秋·后唐庄宗神闵皇帝》记曰:"四月辛亥朔日有食之……大旱。"《旧五代史》卷一百三十九《天文志》记载这次日食称:"唐

---

① 邓锐:《尹洙〈五代春秋〉对〈春秋〉书法的继承》,《淮北煤炭师范学院学报》2009年第6期。
② 永瑢等:《四库全书总目》卷四十八"五代春秋"条,中华书局,1965年版,第432页。

庄宗同光三年,四月癸亥朔,时有司奏:'日食在卯,主岁大旱。'"可见,尹洙以日食与大旱相应,应该有指责天子李存勖的意味。

第四,《五代春秋》继承了《春秋》的讳书笔法。《春秋》多为尊、亲、贤者讳。尹洙继承了《春秋》的讳书。后唐时,李从珂举兵反对闵帝,闵帝出逃并在卫州被杀。《五代春秋》对此事讳书称:"戊辰,帝逊于卫州。四月,壬申,从珂入京师。戊寅,帝崩于卫州。"①《五代春秋》又记宋太祖"陈桥兵变"夺取帝位,只书:"七年正月甲辰,帝逊位于我宋。"②为宋太祖隐讳兵变之事。

第五,《五代春秋》模仿《春秋》书义理之实的书法。《春秋·定公八年》书:"盗窃宝玉、大弓。"可见,《春秋》从义理角度认为阳虎取鲁定公宫中宝玉、大弓是强盗之举,因此书其人为"盗",书其行为"窃",取义理之实而舍史实。《五代春秋》继承了《春秋》的这一书法。《后唐庄宗神闵皇帝》书:"盗据潞州。"据《资治通鉴》对这一事件的记载可知,《五代春秋》所书据潞州之盗实为后唐叛将杨立,此处尹洙采用了《春秋》"盗窃宝玉、大弓"的书法。

(二)尹洙的史学思想

尹洙虽为宋初有名的古文家,却尤精于《春秋》。曾巩曾云:"(洙)通六经,尤深于春秋。"③《东都事略》称"洙博学有识度,通六经,尤深于春秋,为文章简而有法"④。《四库全书总目》亦曰:"穆修春秋之学称受之于洙。然洙无说春秋之书,惟此一编(《五代春秋》),笔削颇为不苟,多得谨严之遗意,知其春秋之学深矣已!"⑤尹洙对《春秋》虽有深入研究,但并没有关于《春秋》的专门著作。而《五代春秋》中有尹洙对《春秋》学的看法和理解,其中蕴含着尹洙尊王攘夷和正统的史学思想。⑥

其一,尊王攘夷的思想。关于"尊王"思想,尹洙在其著述《五代春秋》中有直接的表现。一方面尹洙效仿《春秋》"天王狩于河阳"之例为五代帝王隐讳。

---

① 尹洙:《五代春秋》卷上《闵皇帝》,中华书局,1985年版,第6页。
② 尹洙:《五代春秋》卷下《恭帝》,中华书局,1985年版,第11页。
③ 曾巩:《隆平集·卷十五·儒学行义》,文渊阁四库全书本。
④ 王称:《东都事略》卷六十四,文渊阁四库全书本。
⑤ 永瑢等:《四库全书总目》卷四十八"五代春秋"条,中华书局,1965年版,第432页。
⑥ 参见仇媛:《一花一世界,一叶一菩提——从〈河南集〉和〈五代春秋〉等细微处探讨尹洙的〈春秋〉观》,《广播电视大学学报》2012年第3期。

《五代春秋》记契丹攻破后晋都城开封,晋出帝出城投降,只书:"(开运)四年正月,帝逊于北郊。"又记晋出帝被迁往契丹境内,称:"癸卯,帝逊于辽阳。"另一方面,尹洙记事用字也注意区别帝王与其他人。《五代春秋》只有帝王出兵作战使用"征"字,如(开平二年)三月壬申"帝幸西都,征潞州",(开平二年)九月丁丑帝西征。而其他人出兵作战则用"伐""讨"等字,如(开平三年)"幽州刘守光伐沧州",(开平四年)"王景仁帅师北讨,次于柏乡"①。可见《五代春秋》在历史记述方面贯穿着尊王之旨。关于"攘夷"思想,《五代春秋》将契丹视作夷狄,不记其君主称号,只称为"主"或直书其名。契丹攻打中原政权,《五代春秋》一律书为"寇""来寇""入寇"。对于向契丹自称"儿皇帝"而登上帝位的后晋高祖石敬瑭,《五代春秋》也予以贬斥。《五代春秋》书新君即位之例,记曰"帝即位",所记十三帝中,只有石敬瑭即位书为"帝在太原宫降制改元"。因此,尹洙的"攘夷"之"夷"指宋初侵扰中原王朝边境的夷狄,即辽和西夏。

其二,正统思想。尹洙往往站在正统政权立场上记事,如《五代春秋·后唐庄宗神闵皇帝》站在后唐立场上记事,对于后唐与敌国的征战,尹洙用不同的字来表达,契丹、叛贼攻后唐,尹洙一般记为"寇""攻",如"正月,契丹来,寇幽州";后唐攻敌人,尹洙一般则记为"伐""讨""克",如"九月皇子继岌、郭崇韬伐蜀""李嗣源帅师讨邺都""三月,任圜帅师克汉州"②等等,意在维护正统政权。总而言之,尹洙认为北方中原政权魏、周、隋、唐、后梁、后唐、后晋、后汉、后周符合其重德行和功业的标准,是"正统",指责前代史书把僭号政权当作"正统"记入正史的做法。

尹洙以《春秋》书法修史的史学实践,直接影响了欧阳修著《新五代史》,同时也对宋代史学探讨、运用《春秋》书法起到了一定的示范作用,是宋代史学效仿《春秋》书法的代表。

---

① 饶宗颐:《中国史学上之正统论》,远东出版社,1996年版,第2页。
② 尹洙:《五代春秋》卷上《后唐庄宗神闵皇帝》,中华书局,1985年版,第4页。

第三节　北宋初期河南政治家的历史见解

中国史学历来与政治密不可分,中国古代政治家出将入相,历史经验常常是他们处理政务的依据。北宋定都开封,河南地区涌现出一大批卓有才识的政治家,他们在协助帝王治国安邦的同时,深研史学,总结历史经验,将历史经验与现实治理结合起来,以史辅政,值得称道。

一、富弼的史学成就

富弼(1004—1083),生活于宋真宗、仁宗、英宗、神宗四朝,字彦国,洛阳(今属河南)人。少笃学,有大度。北宋仁宗、神宗时曾任宰相。仁宗庆历年间,两次出使辽国,在仁宗的授意下担任枢密副使一职。仁宗至和二年(1055)拜相,任户部侍郎、同平章事、集贤殿大学士。仁宗嘉祐三年(1058)任礼部尚书、同平章事、昭文馆大学士、监修国史兼译经史。嘉祐四年(1059)与韩琦为相,共主朝政。嘉祐六年(1061)因母丧而罢相。嘉祐八年(1063),英宗即位,召为枢密使。两年后,因腿有疾病而罢去任职,后拜镇海军节度使、同中书门下平章事、判扬州,封祁国公。神宗熙宁二年(1069)再次拜相,任左仆射兼门下侍郎、同平章事、昭文馆大学士、监修国史。因与王安石不和,反对变法,并拒不执行青苗法而于同年罢相,以仆射判汝州。后以韩国公致仕。富弼为人好善疾恶,对西夏主张归还收复的河湟之地,休兵息民;任相期间,百官各司其职,国家太平无事,称贤相。神宗元丰六年(1083)卒于洛阳,享年八十,赠太尉,谥号"文忠"。

富弼一生,著述丰富,尤以史学方面的著述为最多。富弼的史学著作基本上可以分为三类:一是出使记录,二是奏疏奏议,三是撰述之作。

作为北宋大臣,富弼频繁出使周边地区,均有"出使记"记载相关情况。《奉使别录》一卷,《直斋书录解题》著录,其中言:"庆历使契丹,归为语录以进。机宜事节,则具于此录。"富弼出使契丹的重要事件,皆记载于此录中。《奉使语录》二卷,又名《富公语录》《富文忠公入国语录》,《郡斋读书志》著录,作一卷,称"富弼使虏时所撰",所记也是富弼出使之事。《庐陵周益国文忠公集》卷四十八《跋司马文正公手钞富文忠公〈使北录〉》称:"富文忠《使北语录》,首尾万有余字。"又说富弼出使契丹,"朝廷以为快祖宗累世之愤,则富公奏牍所谓影带下策,盖用之矣"。《契丹议盟别录》五卷,《宋史·艺文志》著录。据《宋史》本传记载,富弼出使契丹,代表宋朝反复与契丹辩难,最终拒绝契丹索要"关南地"的要求,仅以宋朝增加岁币的条件成盟,此书就是有关宋朝与契丹结盟的相关事实的记录。

富弼一生,建言献策,所上奏疏奏议均有结集。《富弼奏议》十三卷,简称《奏议》,苏轼《富郑公神道碑》、晁说之《韩文忠富公奏议集序》均提及此书。《富弼奏议》内容丰富,所论涉及宋代政治、军事、经济、文化等各个方面。《富文忠札子集》六卷,又名《富弼札子》,《郡斋读书志》《直斋书录解题》《宋史·艺文志》均有著录,书中所收乃富弼平生历官、辞免及陈情之文。

富弼勤于著述,撰有《三朝政要》二十卷,又名《太平故事》,《直斋书录解题》著录。庆历三年(1043),富弼为枢密副使时,上言选拔官吏、设置机构之事,将太祖、太宗、真宗三朝的正典故事分门类聚编成一书,作为后代取法的范例。王洙、余靖、孙甫、欧阳修共同参与编纂。此书共分九十六门,每条记事之后,各附解释说明。到南宋绍兴八年(1138),右朝请大夫吕源得到该书的旧印本,又刊正增广,名《政要释明策备》,上于朝廷。另外,富弼还有《前汉书纲目》《富文忠集》《富弼文集》《天圣应诏集》《谏垣集》《救济流民经画事件》《辞起复表》《青社赈济录》《河北安边策》《制草》《表章》等等。

非常可惜的是,富弼的绝大多数著述均已亡佚,只有《富弼奏议》中的一部分及一些零散的篇章流传至今,得以窥见其思想。

二、张方平的史论

张方平(1007—1091),字安道,号乐全居士,应天府南京(今河南商丘)人,北宋重臣。先后担任昆山县(今属江苏)知县、睦州(今浙江建德东)通判、知谏院、知制诰、知开封府、翰林学士、御史中丞以及滁州(今属安徽)、江宁府(今江苏南京)、滑州、益州(今四川成都)等地的官员。宋神宗时期,担任参知政事。在位期间,反对王安石变法。宋哲宗元祐六年(1091)卒。赠司空,谥"文定"。代表作有《乐全集》四十卷。

张方平论史,勇于质疑前人结论,发表自己的见解。如他对司马迁《史记·五帝本纪》提出质疑,作《史记五帝本纪论》,讨论司马迁的"五帝"观念。他说:"太史公缀缉天下放失旧闻,录秦、汉,上记轩辕,下至太初,成一家之言,事迹条贯,信该详而周悉矣,然而为史之法,系在本纪。纪者,统也。"①他认为作史的关键在本纪,本纪是正统,如果本纪排列错误,就有可能造成历史的混乱和王朝地位的动摇。张方平以《周易》为依据,提出了自己的五帝观:"《易》曰:'古者伏羲氏之王天下也,仰观象于天,俯观法于地,于是始作八卦,以通神明之德,以类万物之情。'盖三极之道,九畴之本,书契所纪,君德最盛,伏羲氏为历代帝王之首也。孔安国曰:'伏羲、神农、黄帝谓之三皇,少昊、颛顼、高辛、唐、虞谓之五帝。'今迁叙三皇而遗羲、农,纪五帝而黜少昊,何哉?"②由此可知,张方平认同孔安国提出的三皇五帝,即以伏羲、神农、黄帝为三皇,少昊、颛顼、高辛、唐、虞为五帝,司马迁未将伏羲、神农记入三皇,少昊也不在五帝的行列,作者对此提出质疑,认为司马迁的"三皇五帝"失之偏颇。

张方平通过总结历史经验,认为治理国家的根本方法应该是原则性与灵活性相统一,即所谓"夫为邦之道,有制有权。制为之本,权为之势"③。礼、刑、信、义这些是治理国家的根本原则,是不能变的。所谓"节之以礼,行之以信,齐之以刑,断之以义:此不可易之法,故为之制"④。但是,在具体实践中,如何有效运用"礼、刑、信、义",则需要具体情况具体分析,这就是所谓的"权"。

张方平认为任何事物、任何成法,时间久了就必然会向不合时宜的方向发展,在这种情况下就必须进行改革。"在汉孝武,引拔俊乂,文艺隆起,武功震耀,雄材大略,为汉盛主,又岂咸践文景之教哉!"⑤他以汉武帝果断改变"文景

---

① 张方平撰,郑涵点校:《张方平集》,中州古籍出版社,1992年版,第212页。
② 张方平撰,郑涵点校:《张方平集》,中州古籍出版社,1992年版,第212页。
③ 张方平撰,郑涵点校:《张方平集》,中州古籍出版社,1992年版,第85页。
④ 张方平撰,郑涵点校:《张方平集》,中州古籍出版社,1992年版,第85页。
⑤ 张方平撰,郑涵点校:《张方平集》,中州古籍出版社,1992年版,第86页。

之治"的成法,从而成为一代圣主为例,强调"圣人执权,盍即回革,使天下之耳目常新"的观点。

张方平的史论有着非常强烈的现实关怀,他强调学校在培养人才和国家治理中的重要作用,认为教育是"立政之基"。张方平说:"臣闻古之王者,建国君民,教学为先。古之教者,家有塾,党有庠,术有序,国有学。夫其造育俊选,以成官材,是立政之基也。"①与重视学校人才培养相联系,张方平通过研究历史,讨论了"选贤任能"的重要性,他说:"按历代之典刑,观先王之治道,莫不简贤授任,论才赋政,劳于图择,佚于任使。尧之'克明俊德',舜之'时亮天功',分职用人,犹咨四岳,故尧曰:'畴咨若予采?汤汤洪水方割,有能俾乂。'舜曰:'有能奋庸熙帝之载,畴若予工?畴若予上下草木鸟兽?'则是播种必稷,击拊必夔,各用所长,故善其事。"②选贤任能,各任所长,是先王的成功经验,必须吸取。

在用人上,张方平主张"亲疏杂用,轻重相权",建议统治者在用人的时候,应该坚持"亲人"与"外人"杂用的方式。张方平讨论这一问题时,是和对"封建""郡县"的讨论联系在一起的。所谓"分封建",就是任用"亲人";所谓"置郡县",就是任用"外人"。两类人必须杂用。如果全部"置郡县",只用"外人",就可能出现"及乎孤秦,郡县天下,专自封大,不复建侯,子弟单微,势同匹庶,及山东寇起,孑立无救,四方瓦解,遽至颠覆"的情况;③如果全部"封邦建国",只用"亲人",就可能出现"司马氏近鉴当途,谋安后世,配兵诸子,分据要地,永嘉之后,祸变九作,自相屠刈,过于血仇"的教训。④ 所以,只有采取"亲疏杂用,轻重相权"的用人方式,才能够像汉朝那样"基祚摇而更安,国命绝而复续"。张方平通过总结历史的经验教训说明用人的重要性,实际上是要警醒宋朝统治者不要重蹈历史的覆辙。

---

① 张方平撰,郑涵点校:《张方平集》,中州古籍出版社,1992年版,第138页。
② 张方平撰,郑涵点校:《张方平集》,中州古籍出版社,1992年版,第117页。
③ 张方平撰,郑涵点校:《张方平集》,中州古籍出版社,1992年版,第129页。
④ 张方平撰,郑涵点校:《张方平集》,中州古籍出版社,1992年版,第129页。

三、韩琦的史论

韩琦(1008—1075),字稚圭,相州安阳(今河南安阳)人。北宋政治家、词人,宋仁宗天圣五年(1027)进士,先后担任将作监丞、开封府推官、右司谏等官职。曾经奉命救济四川饥民。宋夏战争爆发以后,他和范仲淹率军防御西夏,在军中颇有声望,人称"韩范"。此后又和范仲淹等人共同主持"庆历新政"。韩琦为相十载,辅佐三朝,为北宋的繁荣发展、社会安定做出了卓越的贡献。在朝中,他运筹帷幄,决策千里,使得海清河晏、天下安乐;在地方,他爱民如子、忠于职守。代表作有《安阳集》五十卷。

韩琦非常重视历史文化发展的连续性和继承性。韩琦在《五贤赞》中将孟子、荀子、扬雄、王通、韩愈这五个人比作孔子之后儒家学派先后出现的"五贤","夫五贤者,圣人之亚,学者之师"①,认为这五位贤人是孔子之后可以称为"学者之师"的代表性人物。《五贤赞》进一步完善了韩愈的"道统论",认为孟子"孔子之后,一人而已"②,认为荀子"轲、雄之间,在我无愧"③,认为扬雄"故嗣孔、孟,曰荀曰扬"④,认为王通"文公不言,是非孰别"⑤,认为韩愈"肩孟其谁?不曰吾祖!"⑥韩琦把这五位贤人当作孔子之后儒家学说发展不同时期的代表性人物,认为在儒家学说"吾道日昏,斯文将坠"的危机时期,正是由于这五位贤人"述数万言,以见其志"⑦,才"力攘众伪",让"周、孔之法,弛而再张"⑧。

韩琦论史,能够独立思考,有历史批判精神,而不人云亦云。司马迁和班固都曾经批评扬雄。《史记·司马相如列传》记载:"扬雄以为靡丽之赋,劝百风

---

① 韩琦撰,李之亮、徐正英笺注:《安阳集编年笺注》,巴蜀书社,2000年版,第760页。
② 韩琦撰,李之亮、徐正英笺注:《安阳集编年笺注》,巴蜀书社,2000年版,第762页。
③ 韩琦撰,李之亮、徐正英笺注:《安阳集编年笺注》,巴蜀书社,2000年版,第763页。
④ 韩琦撰,李之亮、徐正英笺注:《安阳集编年笺注》,巴蜀书社,2000年版,第764页。
⑤ 韩琦撰,李之亮、徐正英笺注:《安阳集编年笺注》,巴蜀书社,2000年版,第766页。
⑥ 韩琦撰,李之亮、徐正英笺注:《安阳集编年笺注》,巴蜀书社,2000年版,第768页。
⑦ 韩琦撰,李之亮、徐正英笺注:《安阳集编年笺注》,巴蜀书社,2000年版,第763页。
⑧ 韩琦撰,李之亮、徐正英笺注:《安阳集编年笺注》,巴蜀书社,2000年版,第764页。

一,犹驰骋郑卫之声,曲终而奏雅,不已亏乎?"①《汉书·扬雄传》记载:"其意欲求文章成名于后世,以为经莫大于《易》,故作《太玄》;传莫大于《论语》,作《法言》;史篇莫善于《仓颉》,作《训纂》;箴莫善于《虞箴》,作《州箴》;赋莫深于《离骚》,反而广之;辞莫丽于相如,作四赋;皆斟酌其本,相与放依而驰骋云。用心于内,不求于外,于时人皆曶之。"②韩琦却不同意司马迁和班固对于扬雄的批评,在《五贤赞》中,韩琦写道:"鄙哉史、坚,而不自量,非圣作经,引为谤伤。"③他甚至认为扬雄受到的批评是"一时之訾,万世之长。故嗣孔、孟,曰荀曰扬"④,认为扬雄所受到的批评只是一时之谤,而扬雄的盛名能够千秋万代,流传长久。孔、孟之后,便是荀子和扬雄。

韩琦很重视道统的传授,认为统治者应该将"治统"与"道统"相结合。为了国家苟安而斩断文化,是韩琦所不允许的。他说:"斯昔师荀,实相秦孽。叛师之言,儒坑书爇。"⑤韩琦认为李斯作为秦朝丞相居然背叛了老师荀子的教导,主张焚书坑儒,斩断文化,欺师灭祖,"实相秦孽"。他还说:"胡为房、魏,佐唐称杰。达不称师,惟德之劣。"⑥韩琦认为房玄龄和魏征辅佐唐太宗有大功,是一时之人杰,但是他们却不能弘扬师传的学说,这是他们有所不足的方面。韩琦对于那些能够捍卫儒家学说的"卫道之士"称赞不已。他赞赏韩愈为了捍卫儒家学说,敢于和其他学说做斗争,而且不怕因此而得罪统治者。"炽哉佛老,乱我中土。驱彼世人,日陷邪蛊。作蠹千祀,其孰敢侮? 独吾文公,既攻且拒。以身捍之,帝亦云忤。流离炎荒,道行躬苦。否则诸夏,化为夷虏。"⑦

韩琦欣赏具有"仁义之心""忠义之德"的历史人物,对他们颇多赞誉。他在《五贤赞》中称赞子产:"猗欤国氏,惟郑卿臣。屈佐列国,道尊四邻。"⑧子产是治国之能臣,"昔吾夫子,事若天伦。曰古遗爱,畴云不仁"⑨,就连孔子都称

---

① 司马迁:《史记》卷一百一十七《司马相如列传》,中华书局,1959年版,第3073页。
② 班固:《汉书》卷八十七下《扬雄传》,中华书局,1962年版,第3583页。
③ 韩琦撰,李之亮、徐正英笺注:《安阳集编年笺注》,巴蜀书社,2000年版,第764页。
④ 韩琦撰,李之亮、徐正英笺注:《安阳集编年笺注》,巴蜀书社,2000年版,第764页。
⑤ 韩琦撰,李之亮、徐正英笺注:《安阳集编年笺注》,巴蜀书社,2000年版,第766页。
⑥ 韩琦撰,李之亮、徐正英笺注:《安阳集编年笺注》,巴蜀书社,2000年版,第766页。
⑦ 韩琦撰,李之亮、徐正英笺注:《安阳集编年笺注》,巴蜀书社,2000年版,第767页。
⑧ 韩琦撰,李之亮、徐正英笺注:《安阳集编年笺注》,巴蜀书社,2000年版,第770页。
⑨ 韩琦撰,李之亮、徐正英笺注:《安阳集编年笺注》,巴蜀书社,2000年版,第770页。

赞子产。子产去世后，百姓"及其亡也，如丧所亲"①。可见子产确实具有"仁义之心"。最后，韩琦表示自己要向子产学习，"九原可作，吾从惠人"②。他称赞裴度"猗欤裴公，唐相之贤。忠义独出，诚贯于天"③。唐相裴度具有"忠义之德"。"胡哉章武，言行计然"，"身系安危，凡二十年。江左王谢，胡能比旃"？④裴度是治世之能臣，认为前朝的王导、谢安都不能与裴度相比。更难能可贵的是，裴度为唐朝建立了巨大功勋，后来却没有居功自傲，而是"晚留东都，放怀林泉"⑤，并且佩服裴度"进退之节，公无少愆"⑥。最终，"使公而在，吾其执鞭"⑦，充分表达了对裴度"忠义之德"的敬仰之情。

第四节 《资治通鉴》：编年史的巨著

研究宋代河南史学，不能不提到司马光的《资治通鉴》。司马光(1019—1086)，初字公实，更字君实，号迂夫，晚号迂叟，陕州夏县(今山西夏县)涑水乡人，世称涑水先生。司马光本为河东人士，为什么要把他的著述算作河南史学呢？这是因为司马光出生在河南，在河南做官，师友大半在河洛，《资治通鉴》又是在河南洛阳修成。将司马光《资治通鉴》看作河南史学的代表作，乃是有根有据，绝非邀誉。

---

① 韩琦撰，李之亮、徐正英笺注：《安阳集编年笺注》，巴蜀书社，2000年版，第770页。
② 韩琦撰，李之亮、徐正英笺注：《安阳集编年笺注》，巴蜀书社，2000年版，第770页。
③ 韩琦撰，李之亮、徐正英笺注：《安阳集编年笺注》，巴蜀书社，2000年版，第771页。
④ 韩琦撰，李之亮、徐正英笺注：《安阳集编年笺注》，巴蜀书社，2000年版，第771页。
⑤ 韩琦撰，李之亮、徐正英笺注：《安阳集编年笺注》，巴蜀书社，2000年版，第771页。
⑥ 韩琦撰，李之亮、徐正英笺注：《安阳集编年笺注》，巴蜀书社，2000年版，第771页。
⑦ 韩琦撰，李之亮、徐正英笺注：《安阳集编年笺注》，巴蜀书社，2000年版，第771页。

一、司马光与《资治通鉴》的编修

司马光的父亲司马池,仕真宗、仁宗两朝,"以清直仁厚,号为名臣"①。宋真宗天禧三年(1019),司马光出生于光州光山(今河南光山),当时他的父亲司马池正在光山县令任上,于是便给他取名"光"。根据《司马温公年谱》记载,司马光在光山长到六岁。宝元元年(1038)举进士甲第,在华州(今河南新郑)担任地方官。起初任奉礼郎、大理评事一类小官,后经枢密副使庞籍的推荐,入京为馆阁校勘,同知礼院。至和元年(1054),随庞籍到并州(今山西太原)为官,后改并州通判。嘉祐二年(1057),庞籍因事获罪,司马光引咎离开并州。嘉祐六年(1061)迁起居舍人同知谏院。嘉祐七年(1062),改天章阁待制兼侍讲,仍知谏院。英宗朝进龙图阁直学士,判吏部流内铨。神宗时,王安石行新政,搞变法,司马光竭力反对,与王安石在帝前争论,强调祖宗之法不可变。神宗命他为枢密副使,坚辞不就。熙宁三年(1070),自请离京,以端明殿学士知永兴军(治今陕西西安),次年退居洛阳,任西京留守御史台,以书局自随,编撰《资治通鉴》,元丰七年(1084)成书。书成后,司马光升为资政殿学士。元丰八年(1085)宋哲宗即位,高太皇太后听政,召他入京主国政,次年任尚书左仆射兼门下侍郎,数月间罢黜新党,尽废新法,史称"元祐更化"。司马光执政一年半,即与世长辞。司马光历仕仁宗、英宗、神宗、哲宗四朝,政治上起起伏伏,并无巨大建树,他一生最大的贡献是主持编写了《资治通鉴》这部千古名著。

司马光从小就爱好历史,自云"自幼至老,嗜之不厌"②。这是其编修《资治通鉴》的原始动力。司马光在研究史学的过程中,发现当时的史学存在一个很大的问题,就是没有一部适合人们阅读的简明完整的通史,所谓"《春秋》之后,迄今千余年,《史记》至《五代史》,一千五百卷,诸生历年不能竟其篇第,毕世不

---

① 顾栋高:《司马温公年谱》卷一,中州古籍出版社,1987年版,第1页。
② 司马光撰,李之亮笺注:《司马温公集编年笺注(六)》附录卷二《进资治通鉴表》,巴蜀书社,2009年版,第86页。

暇举其大略,厌烦趋易,行将泯绝"①。为了改变这种史学危机的局面,司马光决心另造一部新的通史,以取代文字繁复的十七史,于是就有了《资治通鉴》的编写。

司马光编《资治通鉴》,经过了一个长期酝酿的过程。宋仁宗嘉祐年间(1056—1063),他已经着手修史的准备工作。他首先编写了一部与后来《资治通鉴》断限相通的大事年表,简要地记载了历代的治乱兴衰,名为《历年图》5卷。然后在这个基础上,仿照《左传》的体裁,写成了编年体《通志》8卷进呈英宗。《通志》起自周威烈王二十三年(前403),止于秦二世三年(前207),"于七国兴亡之迹,大略可见"②。这实际上是他计划中的一部通史的样书,也就是今本《资治通鉴》的周、秦二纪。英宗读后,赞赏有加,命其自选官吏设立史局续修,书名暂定为"历代君臣事迹"。治平三年(1066)四月,"编次历代君臣事迹所"在崇文院设立,《资治通鉴》正式开始编修。自此以后,司马光个人的修史工作变成了一项官府的任务。治平四年(1067),宋神宗即位,司马光奉旨进读其书,神宗以其"鉴于往事,有资于治道",赐其书名为《资治通鉴》,并为他预先写了一篇序文。由此,司马光得以安心地从事此项艰巨的工作,直到他长期贬居洛阳期间,始终得以书局自随,官职虽屡有变迁,但修史工作始终没有停辍。一直到神宗元丰七年(1084)十一月,全书修成奏上,这时上距英宗治平三年设局修史历时已达19年之久。后来,司马光又将其书缩编成80卷的《通鉴举要例》一书。

《资治通鉴》是一部集体编写的历史巨著,主编是司马光,其主要助手刘恕、刘攽和范祖禹都是当时一流的史学家,有很高的史学造诣。他们对《资治通鉴》的修撰成功做出了卓越的贡献。其中刘恕贡献最大,不仅先后负责魏晋南北朝部分和五代部分的起草工作,还同司马光一道,对全书的义例、编次、断限及修书中的疑难问题进行了专门的讨论,实际上是全局副手。刘攽是著名的汉史专家,置局之初就参与修撰,主要负责两汉部分的起草工作,后又负责魏晋南北朝部分。范祖禹于熙宁三年(1070)六月入局,主要负责唐代部分,元丰元年

---

① 刘恕:《资治通鉴外纪·后序》,见曾枣庄、曾涛编《宋代史论分类全编》,巴蜀书社,2018年版,第1404页。
② 司马光撰,李之亮笺注:《司马温公集编年笺注(四)》卷五十七《进通志表》,巴蜀书社,2009年版,第467页。

(1078)九月,刘恕卒后,五代史由其续成。

《资治通鉴》有一套较为严密的编纂工序和行之有效的编纂方法。第一步,编写丛目。就是将应编入《资治通鉴》的史事标出题目,按年月日编次成一个详细的事目,类似提纲,并将所有关于此事的史料所在书籍附注于有关的事目之下。第二步,组织长编。长编就是《资治通鉴》的草稿,内容分两部分:一部分为正文,一部分为注文。正文按照丛目的顺序,将同一个事目下所列出的材料全部检出,甄别比较,选择其准确、可靠的史料进行编排。注文则记史料的不同及取舍的理由,也就是作出"考异"。长编的编写要求是"宁失于繁,毋失于略"。第三步,笔削定稿。即根据长编所载,考其异同,删繁就简,统一体制,锤炼文字,杀青定稿。这一步主要由司马光负责。他为此付出了大量的心血。如唐纪部分的长编草卷,总共 600 余卷,司马光每三日删一卷,共用四五年时间,始删定为 81 卷,可谓呕心沥血。因此,全书虽然由集体编成,但义例一贯、文风统一,浑然如出一手,成的是司马光的一家之言。

《资治通鉴》严密的编纂工序、科学的编纂方法,为后人树立了光辉的典范。特别是其中的考异法,不仅提高了《资治通鉴》的史料价值,也为历史编纂学开拓了新的领域,影响深远,在中国古代历史编纂学上有着崇高的地位,也是对史料学的重大贡献。

二、《资治通鉴》的内容、特点及影响

《资治通鉴》上起战国时期韩、赵、魏三家分晋(周威烈王二十三年,前403),下止五代后周世宗显德六年(959),记载了 1362 年的史事,是《史记》之后记述年代最长的通史之一。其中正文 294 卷,同时修成《通鉴目录》和《通鉴考异》各 30 卷,合计 354 卷,300 余万字,规模空前。

司马光编《资治通鉴》,是为了巩固当时的专制政权。北宋中期,社会矛盾日趋严重,外有辽、夏侵扰,内而民怨沸腾,朝野上下"求治"呼声日趋高涨。面对国势阽危的局面,司马光通过编纂《资治通鉴》,有选择地叙述史事,为专制统治者提供历史借鉴。这就决定了《资治通鉴》的内容主要是政治史,较少涉及经济史,鲜有文化史的内容。司马光自述本书的内容及主旨云:"每患迁、固以来,

文字繁多，自布衣之士，读之不遍，况于人主，日有万机，何暇周览！臣常不自揆，欲删削冗长，举撮机要，专取关国家兴衰，系生民休戚，善可为法、恶可为戒者，为编年一书，使先后有伦，精粗不杂"，从而达到"鉴前世之兴衰，考当今之得失，嘉善矜恶，取是舍非，足以懋稽古之盛德，跻无前之至治"的目的。[①] 可见，司马光把国家盛衰、政治得失、统治人物的作为以及生民休戚等政治大事，作为《资治通鉴》的主要内容。兵力的强弱、用兵的韬略、战事的成败，都与国家的盛衰相关，这也是该书着力记载的。对各个时期错综复杂的民族关系，该书也有丰富的记述。

《资治通鉴》有丰富的史论，纵论古今变化、历史盛衰、礼法典制、君臣修养、治国之道、用人之法等等。该书的史论，一类属于司马光自己所写，每篇以"臣光曰"开头；还有一类是选录前人的评论，开头都写明作者名氏。但不论是引用前人的评论，还是自己因事发论，实际上都代表着司马光个人的历史观点和价值取向。

《资治通鉴》体大思精，一是材料丰富，考证细致，可信程度很高。据统计，该书参考引用了 359 种史籍，数千万字的材料，其中有半数左右的书现已失传。作者对这么多的材料进行了严谨的考异鉴别，往往一件事要根据三四种资料写成，纠正了许多史书中的记载错误，故所述史事多翔实可靠。二是条理清晰。该书将千余年的历史融会贯通，集于一书，年经事纬，条分缕析，如十六国时期的史事非常混乱，可司马光却叙述得有条有理。在记事方面吸收了纪传体写作上的一些优点，每遇重大事件，必交代其前因后果，同一史事的材料，不再分见多处，避免了一般编年史书材料零散不相连贯的弊病，开辟了编年史体的新纪元。三是文笔高超。《通鉴》虽为集体编修，但经司马光的精心剪裁，风格如出一辙。书中行文生动优美，结构严谨，长于叙事，是历史文学的楷模。尤其是该书对一些重大战役的描述，气势磅礴，周详完备，绘声绘色，脍炙人口。

《资治通鉴》编成后，在历史上享有极高的声誉，成为专制社会后期最有影响力的史著。朱熹认为"司马温公受诏纂述《资治通鉴》……伟哉，书乎！自汉以来，未始有也"，王应麟认为"自有书契以来，未有如《通鉴》者"，胡应麟认为

---

① 司马光撰，李之亮笺注：《司马温公集编年笺注（六）》附录卷二《进资治通鉴表》，巴蜀书社，2009 年版，第 88 页。

"编年之史,备于司马氏。司马氏出,而宋以前之为编年者废矣",王鸣盛认为"此天地间不可无之书,亦学者不可不读之书也"。评价之高,在中国史学史上,几乎无出其右者。更为重要的是,《资治通鉴》问世以来,注释、补订、续作、改作者连续不断,形成了"通鉴学"。就注释补订而言,有胡三省的《资治通鉴注》、严衍的《资治通鉴补》等;就续作而言,有李焘的《续资治通鉴长编》、薛应旂的《宋元资治通鉴》、王宗沐的《宋元资治通鉴》、徐乾学的《资治通鉴后编》、毕沅的《续资治通鉴》、夏燮的《明通鉴》等。就改作而言,由《资治通鉴》派生出来的袁枢的《通鉴纪事本末》和朱熹的《资治通鉴纲目》,开创了纪事本末体和纲目体的新体裁,为中国史学独创一格,形成了纪事本末体系列和纲目体系列著作。由此可以看出,司马光对中国专制社会后期史学的发展有着不可磨灭的功绩,享有崇高的地位。

三、司马光的史学思想

其一,主张据事直书,慎言"正统"。《春秋》笔法一直是封建正统史家恪遵的大法,而司马光则公开声称,他所编修的《资治通鉴》,要如实地反映历史,使之善恶自见,让读者从中"自择其善恶得失,以为劝戒,非若《春秋》立褒贬之法,拨乱世反诸正"①。对于宋代讨论最多的正统问题,司马光也有意淡化,他通过总结历史指出:"是以正闰之论,自古及今,未有能通其义,确然使人不可移夺者也。"由于正统理论不能自圆其说,故而他作《资治通鉴》,"正闰之际,非所敢知,但据其功业之实而言之",虽然书中在记述南北朝历史时以南朝宋、齐、梁、陈年号纪年,但那纯粹是因为叙事方便,"非尊此而卑彼,有正闰之辨也"。② 司马光一不仿效《春秋》"立褒贬之法",二不斤斤于正统之辨,而是按照历史的实际情况来撰写历史,这纯然是历史学家的眼光。当然,司马光的这一做法,南宋时就开始不断受到批评。

---

① 司马光:《资治通鉴》卷六十九《魏纪一》,文帝黄初二年,中华书局,2011年版,第2187页。
② 司马光:《资治通鉴》卷六十九《魏纪一》,文帝黄初二年,中华书局,2011年版,第2185—2187页。

其二,关注治乱盛衰,强调史为今用。《资治通鉴》编撰的指导思想就是"资治"二字,就是希望人主从历史往事中看到历史治乱兴衰的道理,以为借鉴,以便更好地治理国家。司马光通过考察历史,看到"自古以来,治世至寡,乱世至多;得之甚难,失之甚易也"①。因此,《资治通鉴》一书不仅关注"兴",更关注"衰"。叙述历史,均是乱世篇幅超过治世篇幅,希望人主能够"鉴前世之兴衰,考当今之得失"。正是因为强调史为今用,司马光在《资治通鉴》中"专取关国家兴衰,系生民休戚"的内容,宣扬仁政爱民的思想。司马光深刻认识到与"国家兴衰"紧密相关的是"生民休戚",对历史上残酷暴虐百姓的君王一律给以指责。

其三,强调"以礼为纪纲",重视"君心"和"用人"。在探讨历史治乱兴衰时,司马光特别重视纲常礼分,认为礼是纪纲,分是君臣。礼是维系天下等级秩序的根本。《资治通鉴》以三家分晋为开端,就是因为自此以后,礼崩乐坏,天下失去秩序。他认为礼的功用甚大,"礼之为物大矣,用之于身则动静有法而百行备焉,用之于家则内外有别而九族睦焉,用之于乡则长幼有伦而俗化美焉,用之于国则君臣有叙而政治成焉,用之于天下则诸侯顺服而纪纲正焉"②。礼成了《资治通鉴》评价历史人物的标准。除礼外,司马光还特别强调"君心"和"用人"在历史发展、国家治理中的作用,认为人君应该修心,修心有三项内容,"一曰仁,二曰明,三曰武","三者兼备则国强,阙一焉则衰,阙二焉则危,三者无一焉则亡。自生民以来未之或改也"。③ 仁爱、明察、果决,是人君的基本修养,人君的人品、素质和能力决定历史兴衰。司马光认识到人君的重要性,同时又认识到人才的重要性,"为治之要,莫先于用人"④。在用人上,司马光有很多精辟的见解,他认为应该根据不同的位置选人用人,用人不能讲门第,要论贤不论亲疏,要用人所长,要用人不疑。凡此等等,说明司马光充分看到人在历史发展中的作用。

---

① 司马光:《稽古录》卷十六《上历年图序》,北京师范大学出版社,1988年版,第178—181页。
② 司马光:《资治通鉴》卷十一,太祖高皇帝七年,中华书局,2011年版,第375页。
③ 司马光撰,李之亮笺注:《司马温公集编年笺注(四)》卷四十六《进修心治国之要札子状》,巴蜀书社,2009年版,第138—145页。
④ 司马光:《资治通鉴》卷七十三《魏纪五》,明帝景初元年,中华书局,2011年版,第2329页。

第五节　纪传体正史编纂的成就

有宋一代，共编纂了三部纪传体正史，分别是薛居正的《旧五代史》、欧阳修的《新五代史》和宋祁、欧阳修等人的《新唐书》。三部纪传体正史中，两部出于河南史家之手，即薛居正的《旧五代史》和宋祁等人的《新唐书》。

一、薛居正与《旧五代史》

薛居正(912—981)，开封浚仪(今河南开封)人，字子平，北宋史学家。少好学，有大志。后唐清泰初举进士。历仕后晋、后汉、后周。入宋迁户部侍郎。宋太祖建隆三年(962)，入为枢密直学士，权知贡举。乾德二年(964)，以兵部侍郎拜参知政事。太祖开宝六年(973)拜相，任门下侍郎、同平章事、监修国史。太平兴国初又迁尚书左仆射兼门下侍郎、昭文馆大学士。薛居正为官，以正直宽简而被人称赞。太平兴国六年(981)卒于相位，赠太尉、中书令，谥号"文惠"。

(一)监修《旧五代史》

《旧五代史》的修撰始于公元973年，薛居正监修。《修五代史诏》云："唐季以来，兴亡相继，非青编之所纪，使后世以何观！近属乱离，未遑纂集。将使垂楷模于百代，必须正褒贬于一时。宜委近臣，俾专厥职。其梁氏及后唐、晋、汉、周五代史，宜令参知政事薛居正监修。"[①]卢多逊、扈蒙、张澹、李昉、刘兼、李穆、李九龄等人都曾参与修纂。

从修史人员来看，以薛居正为首的五代史编撰人员都有着丰富的修史经

[①]《宋大诏令集》卷一百五十《修五代史诏》，中华书局，1962年版，第555页。

验。卢多逊为后周进士,熟悉五代典籍,又在宋时多年知贡举;扈蒙为后晋进士,宋初曾任翰林学士、知制诰;张澹为后晋进士,早年即为史馆修撰,宋初曾知制诰;李昉为后汉进士,入宋任中书舍人,数知贡举;刘兼、李穆和李九龄亦有一定从政经验,熟悉典籍。且以上修纂人员大多都曾在五代生活过,对那段历史较为熟悉。从资料来源看,《旧五代史》编撰初期,"五代十国"的局面刚刚结束不久,各朝都有实录可供参考,另有范质据此整理出的实录简编《五代通录》做蓝本,特别是还保留了很多后来失传的五代十国的诏令公文和时人所写的"行状"、墓志铭等,一手资料充足。再加上是史馆官修,其编纂得到了统治者的高度重视。这些都为修史提供了便利条件,因此全书只用了短短一年半的时间就完成了。成书后的《旧五代史》共 150 卷,包括本纪 61 卷、志 12 卷、传 77 卷。按照五代的断代,分为《梁书》《唐书》《晋书》《汉书》和《周书》五部分。《旧五代史》行于两宋,元代以后逐渐散佚。

宋仁宗时,欧阳修又私撰一部《五代史记》。后人为区别两书,将薛居正监修之书称为《旧五代史》,欧阳修所修之书称为《新五代史》,两者皆列入二十四史。因《新五代史》仿照"春秋笔法",重在"褒贬"和"义例",并且强调纲常伦理对治理国家的重要性,因此得到统治者的重视。且《新五代史》的成书在《旧五代史》之后,在资料方面补充了《旧五代史》的不足。所以,到金章宗泰和七年(1207)时,诏令学者专用《新五代史》,薛居正《旧五代史》地位下降,元、明以后,薛史的传本几至湮没。

(二)《旧五代史》的编纂特点

内容上,《旧五代史》多取材实录。实录是编修国史的原始材料,较能反映历史实际。尤其是对典章制度的记载,更为可靠。实录还提供了重要历史人物与重大历史事件的详情,对于编修国史极有用处。《旧五代史》叙事之详与多采实录有密切关系。如帝王本纪,五代共为 61 卷,记事之详在正史中是不多见的。《旧五代史》的志比《新五代史》也要完备,从现有篇目看,有天文志、历志、五行志、礼志、乐志、食货志、刑法志、选举志、职官志、郡县志,全面详细地叙述了五代的政治、经济制度,为后人了解该时代的典章制度提供了方便。赵翼在论及《旧五代史》与《新五代史》各自之优缺点时指出:"(薛史)虽文笔迥不逮欧史,然事实较详。盖欧史专重书法,薛史专重叙事。"[1]当然,采用实录编修的史书,也不可能是绝对的信史,亦有许多失实地方。因《旧五代史》为五代人编修,讳饰之事例颇多。如《旧五代史》对朱全忠为唐昭宗系鞋之事耻而不书,把朱温的始祖硬说成是舜臣朱虎,把本无姓氏的沙陀部之后石敬瑭写成春秋时期卫国大夫石碏之后裔。尽管存在这些问题,《旧五代史》仍然是以实录为本、叙事翔实的正史。

在编写体例上,《旧五代史》既是五代每一朝代的断代史,又是五代完整的断代史。全书分纪、传、志三个部分。按时间顺序,五代各自断代为书,以本纪为核心,系之列传,分别写出梁、唐、晋、汉、周各代情况。这样,一朝历史,以本纪为经,以传为纬,综合完整地反映出来。与此同时,在"志"的编纂过程中,又贯通五代,把"志"写成通史。所以,《旧五代史》不仅是以五代为中心的一个历史时期的断代史,更是五个前后衔接的王朝的断代史。当然,《旧五代史》的人物归类和史事叙述也不尽完善。如关于官职除授,"薛史凡除官,自宰相至于刺史,皆书于本纪,几同腐烂朝报"[2]。此外,《旧五代史》将契丹、吐蕃等少数民族政权与高丽、新罗一起列为外国列传,也是一大缺陷。

人们普遍认为,在史料价值上,薛居正的《旧五代史》远高于欧阳修的《新五代史》。《旧五代史》中所保留的珍贵史料,得到后世史家的重视。司马光在编撰《资治通鉴》时,便从中援引了很多资料,沈括等人的著作也多参考其中的资料。尽管《新五代史》自金以后备受重视,但由于《旧五代史》记事内容丰富、人物传记众多,故其史学地位无法替代,依然是我们了解五代十国历史的重要资料。

二、宋祁与《新唐书》

宋祁(998—1061),字子京,开封雍丘(今河南开封杞县)人,北宋文学家、史学家。谥"景文"。宋仁宗天圣二年(1024)进士,授复州军事推官。宝元二年

---

[1] 赵翼:《廿二史札记》卷二十一"薛居正五代史",凤凰出版社,2008年版,第299页。
[2] 赵翼:《廿二史札记》卷二十一"薛欧二史体例不同",凤凰出版社,2008年版,第305页。

(1039),累擢至天章阁待制、判太常礼院。后累任知制诰、翰林学士、翰林学士承旨等职,进龙图阁学士。数次外任寿州、陈州、杭州、亳州、定州等地方官。长于文,善议兵,撰有《御戎论》《上三冗三费疏》《上便宜札子》等策论。在仕宦生涯中,无论沉浮,他始终密切关注国家的兴衰治乱。临终,自为墓志铭及《治戒》以授其子,戒其子勿请谥、勿乞遗恩、勿为铭志、勿修佛事。《新唐书》是其主要代表作。

《新唐书》共225卷,包括本纪10卷、志50卷、表15卷、列传150卷,记载整个唐朝史事,由宋祁、欧阳修等人历时17年编纂而成。为编撰这部《新唐书》,宋祁"精思十余年,尽见前世诸著"①。

与《旧唐书》相比,《新唐书》内容更充实,文笔更精练,其中"志""表""列传"的价值都超过了《旧唐书》。

就"志"而言,《新唐书》与《旧唐书》相比,新增了《旧唐书》所没有的《仪卫志》《选举志》和《兵志》。其中《兵志》是该书的首创,《选举志》和《兵志》系统地整理了唐朝科举制度和兵制的演变资料。《食货志》增加为五卷,较《旧唐书》记载更系统、全面和有条理。《地理志》系统著录全国郡县沿革、屯防军镇、水路交通等情况,补充了不少《旧唐书》中所没有的资料,内容缜密博赡。《天文志》和《历志》在篇幅上超过《旧唐书》三倍以上,记载了唐代流行的七种历法,特别是保存了历法史上占有重要地位的《大衍历》的《历议》,反映了唐代历法理论的水平和发展高度。《五行志》只记自然灾害而不附会人事。《艺文志》比《旧唐书》著录的文献有明显增加,特别是补充了唐玄宗开元以后的著作,如李白、柳宗元的作品。总的来看,《新唐书》诸志普遍扩大了记述的内容和范围。

就"表"而言,《新唐书》设立了《方镇表》《宰相表》《宗室世系表》和《宰相世系表》。《方镇表》记载唐代各方镇的建置沿革。《宰相表》和《宗室世系表》将事迹不彰之人表列其中,简明扼要,省去了大量的篇幅。《宰相世系表》尤有特色,记述宰相369人,世系98族,十分详备。虽然"四表"采用各家谱牒资料,多有谬误与遗漏,但是,要了解唐代宰相进退、方镇消长、宗室世族隆替等情况,《新唐书》的"四表"有重要参考价值。

据有关资料记载,《新唐书》的列传部分由宋祁负责编撰,他前后用了十余

---

① 宋祁:《宋景文笔记》卷上,文渊阁四库全书本。

年的时间完成了列传部分,出入在外随身携带文稿,撰史态度极其认真。宋祁所撰《新唐书》列传,比之《旧唐书》列传内容更加丰富。分类上,《新唐书》列传种类更多。宋祁根据唐代的社会状况,增加了《公主传》和《藩镇传》,详细地介绍了当时唐与周边少数民族的关系,以及唐代藩镇割据的社会状况。数量上,《新唐书》删去了《旧唐书》列传中六十多人的传记,同时增补了三百多人的传记,整体上看丰富了唐史的内容。但亦有删减不当者,如著名医学家孙思邈,高僧玄奘、神秀、慧能、一行等人。材料上,唐穆宗长庆之后,由于唐代实录、国史多不具备,无可依据,所以《旧唐书》该部分列传大多是历叙官资,没有事实,或仅记宠遇之事,首尾不续。宋祁则采用了大量小说、笔记、表状、碑志、家谱、野史等资料,对旧史所未能详记者,悉加辑缀,补旧史之缺。宋祁采撰的史料,都经过审慎甄别,剔除了怪诞虚美的成分。最后,关于少数民族的记载,也比《旧唐书》多而且详。以上这些方面,都是宋祁修史的可贵之处。所以自《新唐书》问世后,《旧唐书》几乎废弃,直到清乾隆时才将两书同列于正史。《新唐书》在史学史上占有重要的地位,作为主撰者的宋祁功不可没。宋祁一贯主张文章贵在应用。所以,在编纂列传部分时,宋祁抛弃骈体之文,而改为古文,行文博丽典雅。

在编纂《新唐书》的过程中,宋祁等人秉承宋仁宗"据古鉴今,以时立志"的旨意,深入总结唐代历史的经验教训,为当世政治服务。《新唐书》有明显的思想倾向,一是"暴其恶以动人耳目",也就是要揭露那些动摇唐代统治根基者的恶行。列传中新增藩镇、奸臣、叛臣、逆臣四个类传,就是要揭露这些人的恶行。二是"扬善以垂劝戒"。列传中以"忠义传"居首,后跟"卓行传""孝友传",就是要宣扬忠孝节义。三是尊奉《春秋》,推崇道统。宋祁和欧阳修均尊奉《春秋》义旨,在为历史人物立传时处处体现这一思想。四是力排佛老,以明王道。宋祁和欧阳修都有排佛的思想倾向,在为历史人物立传时,凡佛中之人,均不为之立传。如《旧唐书·方伎传》中已经立传的玄奘、神秀、慧能、一行等,《新唐书》统统删去,不再为之立传。总之,"《新唐书》在重新改写唐代历史时,主导思想非常清楚,即一切从'卫道'出发,不论'暴恶''扬善',还是'排佛''尊韩',都是在'卫道'"[①]。

---

① 谢保成:《关于〈新唐书〉思想倾向的考察》,《社会科学战线》1993年第4期。

需要指出的是,欧阳修、宋祁等人喜爱古文,对于传记后附录的那些不是古文的诏表,随意删改,以至于不能体现出原文的精华,选录的文章不以实际情况而根据个人喜好决定,埋没了许多有价值的文章。

除《新唐书》外,宋祁还有《益部方物略记》《宋景文笔记》《宋景文集》《西州猥稿》等著述传世。另外,宋祁还著有《景祐广乐记》《三圣乐书》《明堂通仪》《刀笔集》《濡削》《宋景文家书》等,后世均散佚。

第六节　二程和邵雍:理学影响下的历史观

宋元时期,理学兴盛,史学受理学影响,表现出理学化的思想倾向。二程、邵雍是宋代理学的代表人物,他们的历史观和历史哲学有着深深的理学的印痕。换言之,他们通过对历史的阐述,"借助历史的说明,构建理学体系大厦"①。

一、二程的历史观

二程,即程颢和程颐。程颢(1032—1085),字伯淳,世称明道先生;程颐(1033—1107),字正叔,世称伊川先生。程颢、程颐为同胞兄弟,合称二程。因居住洛阳、讲学洛阳,故他们创立的学派为洛学。

程颢、程颐是宋代理学的奠基者,他们的理学思想中包含有对历史的哲理的认识。在他们看来,社会秩序和历史盛衰变化是天理的体现,因此,二程在中国史学史上也占有重要的地位,是宋代河南地区理学化史学的代表。

---

① 吴怀祺:《中国史学思想通史·宋辽金卷》,黄山书社,2002年版,第18页。

（一）史学在二程理学中的地位

在二程的理学体系中，史学处在一个紧要的位置上。二程有"理一分殊"的思想，认为"理"是世界的本原。"天下只有一个理"，但同时万事万物各有其特殊情形，各有其理。程颐说："天下之理一也，涂虽殊而其归则同，虑虽百而其致则一。虽物有万殊，事有万变，统之以一，则无能违也。"① 物有万殊，事有万变，是具体事物的特殊性。"天下之理一也"是存在于特殊性中的普遍性和一般性。"理一分殊"的观点包含对一般和个别、普遍和特殊的辩证关系的认识。以此为理论依据，二程认为天理是"一"，是一般，而史学是"殊"，是个别。史学是穷理的途径，因此不可忽视。基于此，二程说明了史学在理学中的地位："或问：'学必穷理。物散万殊，何由而尽穷其理？'子曰：'诵《诗》《书》，考古今，察物情，揆人事，反覆研究而思索之，求止于至善，盖非一端而已也。'"② 可以看出，二程把史学作为穷理的一条途径，"考古今"和"察物情""揆人事"是获得"理"的重要渠道。史学是"格物穷理"的手段之一。程颐还说："读史须见圣贤所存治乱之机，贤人君子出处进退，便是格物。"③ 很明显，程颐认为研究历史、考察"圣贤所存治乱之机，贤人君子出处进退"便是"格物"，而"格物"是为了"穷理"。由此可见史学的重要价值。

二程认为史学的根本任务是识"理"，为了达到识"理"的要求，读史书必须从历史的盛衰治乱、兴废存亡之处思考历史变动的理，不能只是记诵历史故事。程颐说："凡读史，不徒要记事迹，须要识治乱安危兴废存亡之理。且如读《高帝》一纪，便须识得汉家四百年终始治乱当如何，是亦学也。"④ 很显然，程颐是要求人们通过读史，搞清楚历史治乱兴衰的"所以然"，知其然而不知其所以然，是二程所不能同意的。正因为此，程颢曾批评谢良佐能"举史文成诵"是"玩物丧志"，原因就是谢良佐读史只知道"记诵博识"，"而不理会道理"。⑤ 在二程看来，读史的重点不是记住历史上的人和事，而是"理会道理"。程颐读史，总是不

---

① 《周易程氏传》卷三《咸·九四》，《二程集》第三册，中华书局，1981年版，第858页。
② 《河南程氏粹言》卷一《论学篇》，《二程集》第四册，中华书局，1981年版，第1191页。
③ 《河南程氏遗书》卷十九，《二程集》第一册，中华书局，1981年版，第258页。
④ 《河南程氏遗书》卷十八，《二程集》第一册，中华书局，1981年版，第232页。
⑤ 《上蔡先生语录》卷之中，文渊阁四库全书本。

断思考历史的变化,并用自己的标准去判断历史的得失成败。史载:"先生每读史到一半,便掩卷思量,料其成败,然后却看有不合处,又更精思,其间多有幸而成,不幸而败。今人只见成者便以为是,败者便以为非。不知成者煞有不是,败者煞有是底。"①从这些材料可以看出二程对史学的看法以及二程读史明理的方法。首先,二程总是在历史盛衰兴亡的转折处思考历史。大凡历史上的大变动时期,便是各类社会矛盾、政治矛盾激化的时期,也是由乱而治的时期,从这些矛盾处切入,更容易看清历史发展的大势和方向。其次,读史是为了搞清历史盛衰变动的根由。所谓"看史,必观治乱之由"。所谓"治乱之由",就是造成治乱兴衰的缘由,思考和探究历史因何而治,因何而乱,怎样兴盛,怎样衰落。而要搞清这些原因,就必须从较长时段考察历史发展的过程。如要搞清汉代兴亡的原因,必须从汉朝四百年历史发展中考察。最后,不以事功的成败论英雄。这反映了二程侧重以道德伦理论历史兴亡的思想,体现了他们浓重的理学观念。以事功为第一的学者总是以事业成败论英雄,以成功者为是,失败者为非。二程不这样看,他们认为很多成功者"煞有不是",很多失败者"煞有是底",原因就在于是否遵循了礼法。如在二程看来,唐初是盛世,但以"三纲五常"的标准来衡量唐太宗父子的所有作为,又有许多"非"。程颐说:"唐有天下,如贞观、开元间,虽号治平,然亦有夷狄之风,三纲不正,无父子、君臣、夫妇,其原始于太宗也,故其后世子弟,皆不可使。"②二程这种道德至上论的历史观,并没有多少新意。

  二程以"理一分殊"为理论基点,指出了史学地位的重要,强调从历史盛衰兴废中思考支配历史的"理",其核心点还在于构建自己的理学体系。在思考历史盛衰的原因时,二程的历史观陷入了一个误区,他们把纲常名教作为万古不变的终极真理,不是从历史自身出发去考察历史运动的规律,而是从道德的角度考察历史运动。在这种情况下,"考古今"以求"理",不过是以历史事实验证"天理"的永恒性,借以说明维系纲常名分是社会长治久安的关键。纲常名分成为评价历史事件、历史人物的准尺,历史的善恶是非全以这把尺子来衡量。所以在二程这里,史学无论如何重要,都只能是证明天理永恒的工具,永远处在从

---

① 《河南程氏遗书》卷十九,《二程集》第一册,中华书局,1981年版,第258页。
② 《河南程氏遗书》卷十八,《二程集》第一册,中华书局,1981年版,第236页。

属于理学的地位上。

二程关于史学地位的认识,在宋代影响很大。朱熹继承二程的理学而集其大成,把史学当作理学的有机组成部分,使之"会归一理之纯粹",构建了庞大的理学体系。实际上,二程把历史研究的任务归结为探求历史盛衰之理,并用天理的纲常名分评价历史的做法,是宋代史学的重要思潮之一,欧阳修、司马光、范祖禹等人在探讨历史盛衰之理上,几乎都秉持这样的看法。风气使然,难以撼动。

(二)二程的历史盛衰论

二程对历史的盛衰有较为深刻的思考,对历史盛衰变动的过程、支配历史盛衰变动的原因等问题都提出了自己的看法。

二程认为,自然和社会都存在着盛衰变动,"有天地之盛衰,有一时之盛衰,有一月之盛衰,有一辰之盛衰。一国有几家,一家有几人,其荣枯休戚未有同者,阴阳消长,气之不齐,理之常也"[1]。从天地到国家到社会到家庭,都处在盛衰变动之中,这种变动是天理之常,"阴阳消长,气之不齐"是造成自然、社会盛衰变动的根据。二程以"理气"解释历史盛衰,把前人关于"盛衰论"的认识提到了哲理的高度。

二程还指出,历史的盛衰变动,既有长时段的变化,也有短时期的变化。程颐说:"且以历代言之,二帝三王为盛,后世为衰。一代言之,文、武、成、康为盛,幽、厉、平、桓为衰。以一君言之,开元为盛,天宝为衰。"[2]程颐从宏观到微观,从长时段到短时段,反复论述历史盛衰问题,认为有大时代的盛衰转折,也有一个朝代的盛衰的变化,还有一个帝王统治时期内的盛衰变动,大大丰富了人们对历史盛衰的认识。

二程认为造成历史治乱盛衰的原因是"君子"与"小人"。"君子"是"治"的因素,"小人"是"乱"的因素。"自古治乱相承,亦常事,君子多而小人少,则治;小人多而君子少,则乱。"[3]对此,程颐还作了具体说明,他说:"天地之间皆有

---

[1] 《河南程氏粹言》卷二《圣贤篇》,《二程集》第四册,中华书局,1981年版,第1241页。
[2] 《河南程氏遗书》卷十八,《二程集》第一册,中华书局,1981年版,第199页。
[3] 《河南程氏遗书》卷二下,《二程集》第一册,中华书局,1981年版,第51页。

对,有阴则有阳,有善则有恶。君子、小人之气常停,不可都生君子,但六分君子则治,六分小人则乱。七分君子则大治,七分小人则大乱。如是,则尧舜之世不能无小人。"①二程认为,是君子与小人决定了历史的治乱盛衰,君子多则治,小人多则乱。但现实是,任何时代都是既有"君子",又有"小人",有阴则有阳,有善则有恶,"天地之间皆有对",这是一种矛盾的统一。这就意味着,任何时代都不可能永远是治世,也不可能永远是乱世,治与乱、盛与衰都是相对的,又是相互包含的,其间的转化随时都可能发生。

二程把中国历史的变动过程分成三个不同的时期:第一个时期是尧舜以前,或称五帝时期;第二个时期是王道时期,或称二帝、三王时期,或称先王或三代时期,主要指尧、舜和夏、商、周的历史阶段;第三个时期是霸道时期,或称后王时期,是指三代以后的历史。

二程从天理出发,认为三个历史时期的演进,总体呈现衰退的趋向:"然有衰而复盛者,有衰而不复反者,若举大运而言,则三王不如五帝之盛,两汉不如三王之盛,又其下不如汉之盛。至其中间,又有多少盛衰。如三代衰而汉盛,汉衰而魏盛。此是衰而复盛之理。譬如月既晦则再生,四时往复来也。若论天地之大运,举其大体而言,则有日衰削之理,如人生百年,虽赤子才生一日,便是减一日。"②二程不否认就某一时期历史会出现"衰而复盛"的情况,但从整个历史发展的趋势看,是"三王不如五帝之盛,两汉不如三王之盛,又其下不如汉之盛"。二程之所以这样认为,无非是认为三代以上乃王道,三代以后是霸道。二程依照"忠质文"的学说,再次阐发了他们的历史衰退观:"二帝而上,圣贤世出,随时有作,顺乎风气之宜,不先天以开人,各因时而立政。暨乎三王迭兴,三重既备,子丑寅之建正,忠质文之更尚,人道备矣,天运周矣。圣王既不复作,有天下者,虽欲仿古之迹,亦私意妄为而已。事之谬,秦至以建亥为正;道之悖,汉专以智力持世。"③三代之时,"人道备矣,天运周矣",三代以后的历史非"谬"即"悖"。

二程以天理衡量历史,历史自然呈退化趋向。在他们眼里,三代是天理纯

---

① 《河南程氏遗书》卷十五,《二程集》第一册,中华书局,1981年版,第161—162页。
② 《河南程氏遗书》卷十八,《二程集》第一册,中华书局,1981年版,第200页。
③ 《河南程氏经说》卷四《春秋传序》,《二程集》第四册,中华书局,1981年版,第1124—1125页。

正的阶段,三代以后则是霸道的时期。二程比较三代以前与三代以后的历史说:"先王之世,以道治天下;后世只是以法把持天下。"①"三代之治,顺理者也。两汉以下,皆把持天下者也。"②"王者奉若天道,其命曰天命,其讨曰天讨,尽此道者,王道也。后世以智力把持天下者,霸道也。"③非常清楚,所谓三代为盛,后世为衰,其衡量的标准就是"天理"。三代用"理"和"王道"治天下,秦汉以后用"法"和"智力"控制天下。一是王道,一是霸道,二程评价历史时的道德至上论又浮出水面。

可见,二程的历史观有致命的缺陷。一是认为历史是衰退的,完全忽视历史的进步。二是认为二帝三王之世最符合"理",是"天理"的标杆。他们关于历史盛衰变动的辩证法因素,最终被天理论窒息了。

(三)"顺理而治"的治国论

二程重视"理",一再强调"理"是决定历史盛衰的根本原因,顺理而治则盛,逆理而治则乱。所谓"顺理而治",一是顺尊卑名分而治。程颐说:"夫治乱者,苟能使尊卑上下之义正,在下者巽顺,在上者能止齐安定之,事皆止于顺,则何蛊之不治也? 其道大善而亨也,如此则天下治矣。"④把维护专制社会的等级秩序作为治理的手段和目标。二是顺人心而治。程颐说:"上说而下顺,为上以说道使民,而顺于人心;下说上之政令,而顺从于上。既上下顺说,又阳刚处中正之位,而下有应助,如此故能聚也。"⑤"尧舜之圣,天下所莫及也,尚曰清问下民,取人为善也。"⑥顺人心而治提升了"顺理而治"的境界。

二程还提出人在国家治理中的作用,认为"治乱之在国,不可归之命","治则有为治之因,乱必有致乱之因,在人而已矣"。⑦ 二程重视人的作用,首先重视的是帝王的作用,强调人君的品质、行为在历史兴衰中有至关重要的作用。程

---

① 《河南程氏遗书》卷一,《二程集》第一册,中华书局,1981年版,第4页。
② 《河南程氏遗书》卷十一,《二程集》第一册,中华书局,1981年版,第127页。
③ 《河南程氏经说》卷四《春秋传》,《二程集》第四册,中华书局,1981年版,第1087—1088页。
④ 《周易程氏传》卷二《蛊·彖》,《二程集》第三册,中华书局,1981年版,第789页。
⑤ 《周易程氏传》卷三《萃·彖》,《二程集》第三册,中华书局,1981年版,第930页。
⑥ 《周易程氏传》卷一《蒙·九二》,《二程集》第三册,中华书局,1981年版,第721页。
⑦ 《河南程氏粹言》卷一《论政篇》,《二程集》第四册,中华书局,1981年版,第1214页。

颐说:"九五居人君之位,时之治乱,俗之美恶,系乎己而已。"①"时之治乱"系乎人君,有圣贤之君,则天下安宁。有昏聩之君,则天下纷争。从人君的作为谈历史盛衰,是两宋理学家、史学家通行的看法。②

二、《皇极经世》和邵雍的历史哲学

邵雍(1011—1077),字尧夫,谥"康节"。祖籍为河北范阳。其父邵古徙衡漳(今属河北),又徙共城(今河南辉县),居苏门山。父死,邵雍葬其父于伊水上,晚年定居在洛阳,遂为河南人。晚年邵雍隐居洛阳,生活条件艰苦,司马光及富弼、吕公著等为他买了一套园宅,邵雍题名为"安乐窝",自号"安乐先生"。邵雍交往广泛,与司马光、富弼、吕公著、张载、程颐、程颢、王安国等都有交往。

(一)《皇极经世》的特点及影响

邵雍的主要著作有《皇极经世》《渔樵问对》和诗集《伊川击壤集》。其代表作《皇极经世》是理学史上的重要著作,也是史学史上有影响的著作。朱熹说:"康节之学,其骨髓在《皇极经世》。"③魏了翁也说:"邵子生平之书,其心术之精微在《皇极经世》。"④足见该书对于邵雍的意义。

《皇极经世》是重要的理学著作,但从史学的角度看,这部书的价值在于:第一,这部书贯通天人古今思考中国历史的行程和兴衰问题;第二,邵雍在《皇极经世》中对历史的兴衰认识,具有哲理的意义;第三,《皇极经世》的体裁别具一格,表谱、记事系年与史论三者组成一个整体。以元、会、运、世经纬错综以制表,表见盛衰古今。年表与记事系年相表里。该书卷一至卷四基本上是表谱,邵雍变通地吸取《史记》中的世表、年表的内容,续编三国魏晋南北朝及唐末五代的史事。卷五至卷六是尧至五代的大事编年,是编年史。卷十一至卷十二是

---

① 《周易程氏传》卷二《观·九五》,《二程集》第三册,中华书局,1981年版,第801页。
② 本节内容参考了吴怀祺先生《中国史学思想通史·宋辽金卷》的相关论述,黄山书社,2002年版。
③ 朱熹:《朱子语类》卷一百"邵子之书",中华书局,1986年版,第2553页。
④ 邵雍:《邵子全书》卷二十四《附录》,万历二十四年刻本。

史论,论天人古今,系统阐发对天人之际、古今之变的认识。①

《皇极经世》对宋代史书编写产生一定的影响。胡宏的《皇王大纪》、张栻的《经世纪年》、马廷鸾的《读史旬编》、吕祖谦的《大事记》、朱熹的《资治通鉴纲目》等,都或多或少受到《皇极经世》的影响。

(二)皇帝王霸说

邵雍对古和今有自己的思考,他说:"夫古今者,在天地间犹旦暮也。以今观今,则谓之今矣;以后观今,则今亦谓之古矣。以今观古,则谓之古矣;以古自观,则古亦谓之今矣。是知古亦未必为古,今亦未必为今,皆自我而观之也。"②在邵雍眼里,古今相对,古今转化,古今一道,这是邵雍看待历史的着眼点,也是他思考历史变化的依据。

邵雍把中国历史概括为皇、帝、王、霸的变化过程,他说:"三皇,春也;五帝,夏也;三王,秋也;五伯,冬也。七国,冬之余冽也。汉,王而不足;晋,伯而有余;三国,伯之雄者也。十六国,伯之丛者也;南五代,伯之借乘也;北五朝,伯之传舍也。隋,晋之子也。唐,汉之弟也。隋季诸郡之伯,江汉之余波也。唐季诸镇之伯,日月之余光也。后五代之伯,日未出之星也。"③中国历史就是在这种皇、帝、王、伯的循环过程中发展变化的。邵雍还试图总结出皇、帝、王、霸的更替与治乱兴衰的关系,他说:"法始乎伏牺,成乎尧,革于三王,极于五霸,绝于秦。万世治乱之迹,无以逃此矣。"④他又说:"自极乱至于极治,必三变矣。三皇之法无杀,五伯之法无生。伯一变至于王矣,王一变至于帝矣,帝一变至于皇矣。其于生也,非百年而何?是知三皇之世如春,五帝之世如夏,三王之世如秋,五伯之世如冬。如春,温如也。如夏,燠如也。如秋,凄如也。如冬,冽如也。"⑤邵雍的皇帝王霸说,是他对中国历史独特的理解,他把历史作为整个宇宙变化的一部分来看待,并根据自己的理学观念构建的历史变化过程,蕴含着三代为王道、

---

① 本节内容参考了吴怀祺先生《中国史学思想通史·宋辽金卷》的相关论述,黄山书社,2002年版。
② 邵雍:《皇极经世》卷十一《观物篇五十五》,上海古籍出版社,2017年版,第1156页。
③ 邵雍:《皇极经世》卷十一《观物篇六十》,上海古籍出版社,2017年版,第1170—1171页。
④ 邵雍:《皇极经世》卷十二《观物外篇下》,上海古籍出版社,2017年版,第1235页。
⑤ 邵雍:《皇极经世》卷十一《观物篇五十九》,上海古籍出版社,2017年版,第1167页。

后世为霸道的历史退化论色彩,这从邵雍对皇帝王霸的解释可以看出来:"所谓皇、帝、王、伯者,非独谓三皇、五帝、三王、五伯而已。但用'无为'则为'皇'也,用'恩信'则'帝'也,用'公正'则王也,用'智力'则'霸'也。"①邵雍以政治治理的特征来概括皇帝王霸,赋予这一理论以历史的内涵。

(三)历史治乱盛衰论

在邵雍看来,决定历史兴衰的根本东西是道,即父子君臣之道。他以三代以下的历史为例说明这一道理:"自三代而下,汉唐为盛,未始不由治而兴、乱而亡,况其不盛于汉、唐者乎?其兴也,又未始不由君道盛、父道盛、君子之道盛、中国之道盛。其亡也,又未始不由臣道盛、子道盛、妻道盛、小人之道盛、夷狄之道盛。"②这里强调君臣父子之道支配历史的盛衰,与二程的观点有相似之处。

邵雍认识到历史治乱盛衰与社会风气密切相关,或者说,邵雍已经认识到社会风气是历史治乱盛衰的晴雨表。他说:"天下将治则人必尚行也,天下将乱则人必尚言也。尚行则笃实之风行焉,尚言则诡谲之风行焉。天下将治,则人必尚义也;天下将乱,则人必尚利也。尚义则谦让之风行焉,尚利则攘夺之风行焉。三王尚行者也,五伯尚言者也。尚行者必入于义也,尚言者必入于利也。义利之相去,一何远之如是邪!"③

邵雍还考察了"人心"与兴亡的关系,认为"民心"决定兴亡。他说:"秦二世,万乘也,求为黔首而不能得;汉刘季,匹夫也,免为元首而不能已。万乘与匹夫相去有间矣,然而有时而代之者,谓其天下之利害有所悬之耳。天之道,非祸万乘而福匹夫也,谓其祸无道而福有道也。人之情非去万乘而就匹夫也,谓其去无道而就有道也。万乘与匹夫相去有间矣,然而有时而代之者,谓其直以天下之利害有所悬之耳。"④邵雍把"民心""民情"作为"道"的体现。社稷的更代,不是天道有意"祸万乘而福匹夫""去万乘而就匹夫",是因为"天下之利害相悬"。邵雍从民心、人情解释天道,自有其合理处。

---

① 张行成:《皇极经世观物外篇衍义》卷八,《皇极经世》附录,上海古籍出版社,2017年版,第1419页。
② 邵雍:《皇极经世》卷十一《观物篇五十九》,上海古籍出版社,2017年版,第1168页。
③ 邵雍:《皇极经世》卷十一《观物篇五十七》,上海古籍出版社,2017年版,第1164页。
④ 邵雍:《皇极经世》卷十一《观物篇五十八》,上海古籍出版社,2017年版,第1166页。

邵雍还认识到社会的治与乱,是"君"与"臣"两个方面的因素造成的。邵雍说:"天与人相为表里。天有阴阳,人有邪正。邪正之由系乎上之所好也。上好德,则民用正;上好佞,则民用邪。邪正之由,有自来矣。虽圣君在上,不能无小人,是难其为小人。虽庸君在上,不能无君子,是难其为君子……是知君择臣、臣择君者,系乎人也。君得臣、臣得君者,是非系乎人也,系乎天者也。"①在邵雍看来,君臣相得则治,君臣不相得则乱。

第七节　元代河南思想家的历史思想

元朝是少数民族建立的政权,蒙古族上层进入中原地区以后,深深为中原儒家文化的博大精深所折服,遂学习儒家文化,习行汉人礼仪。在这种情况下,河南学者许衡、王恽、姚燧、许有壬等人以自己的博学多识,深深影响了元代统治者的思想,也影响了元代儒学和史学的发展。

一、许衡的治乱兴衰论

许衡(1209—1281),字仲平,号鲁斋,河内(今河南沁阳)人,元代著名的理学家、政治家和教育家。纵观许衡的一生,可以分为三个阶段:中统元年(1260)以前为第一阶段,搜集经史典籍,保护文化载体;中统元年到至元八年(1271)是许衡人生的第二个阶段,参与朝政,促使中原文化的恢复发展;至元八年以后,是许衡一生的第三个阶段,讲学授徒,传播中原传统文化。许衡在传播理学、为元世祖忽必烈规划治国方略的过程中,从历史中吸取营养、总结经验,有着丰富的历史思想。

---

① 邵雍:《皇极经世》卷十一《观物篇五十七》,上海古籍出版社,2017年版,第1163页。

(一)对历史盛衰变化之理的思考

许衡看到历史过程中运动变化的必然性。他说:"尝谓天下古今,一治一乱,治无常治,乱无常乱,乱中有治焉,治中有乱焉。乱极而入于治,治极而入于乱。乱之终,治之始也;治之终,乱之始也。"①这种一治一乱、治极而乱、乱极而治的历史观包含了相互对立、相互转化的辩证法因素,而这样的辩证法因素又与他论阴阳消长,"消之中复有长焉,长之中复有消焉"②的思想密切相关。因此,许衡观察社会历史运动时,就能注意到治乱双方是对立统一、相互依存,"乱中有治,治中有乱"的关系。许衡看待历史过程中运动变化的眼光是辩证的,但是他未能说明社会历史一治一乱的运动结果究竟是前进了还是后退了,因此像古代许多具有辩证思想的思想家一样,他没有跳出历史循环论的窠臼。

对于历史治乱交替的原因,许衡曾试图进行解释,他说:"治乱相寻,天人交胜。天之胜,质掩文也;人之胜,文胜质也。天胜不已则复而至于平,平则文著而行矣……人胜不已则积而至于偏,偏则文没不用矣……析而言之,有天焉,有人焉。究而言之,莫非命也。命之所在,时也;时之所向,势也。势不可为,时不可犯,顺而处之,则进退出处、穷达得失莫非义也。古之所谓聪明睿智者,唯能识此也。所谓神武而不杀者,唯能体此也。"③在这里,许衡以一套"天人交胜"的道理来解释治乱相寻之"所当然",他继承司马迁"一质一文,终始之变"的说法,把尚质、尚文作为不同的社会特征。他认为,天是尚质的,人是尚文的;天胜则质掩文,乱世渐"平"而转为治世;治世尚文,于是文胜质、人胜天,治世渐"偏"而转为乱世。这便是一治一乱的变化规律。应该说,许衡对于治乱相因的分析是具有辩证因素的,但是他将治世乱世"所以然"的探究归结为"莫非命也",从而把人的主观能动作用看成无用甚至有害,则是明显的缺陷。

(二)王道德治与治乱兴衰

许衡历史观所折射出来的理学色彩还有很突出的一面,就是以是否实行王

---

① 许衡:《鲁斋遗书》卷九《与窦先生》,《许衡集》,吉林文史出版社,2010年版,第126页。
② 许衡:《鲁斋遗书》卷六《阴阳消长》,《许衡集》,吉林文史出版社,2010年版,第109页。
③ 许衡:《鲁斋遗书》卷九《与窦先生》,《许衡集》,吉林文史出版社,2010年版,第126页。

道德治作为治乱盛衰的历史标准。他的王道德治的历史盛衰观包含若干内容。

第一,从历史的角度誉"王"毁"霸",强调王道德治为治世之坦途,霸道是乱世的祸端。他曾纵论春秋五霸相争的历史,极言王道式微、霸道横行之弊端,然后总结说:"世之诋霸者,犹以尚功利为言,殊不知霸者之所为,横斜曲直莫非祸端。先儒谓王道之外无坦途,举皆荆棘;仁义之外无功利,举皆祸殃。"①只有王道德治才是达到盛世的唯一坦途,他誉"王"毁"霸"、以王道为治世标准的态度是非常明确的。他一面深责霸道,另一面则将王道德治抬高到至理至善的地位,他说:"唯仁者宜在高位,为政必以德,仁者心之德,谓此理得之于心也。"②"诚敬之德足以感人,不用赏赐人而人自然相劝为善,亦不用嗔怒人而人自然畏惧不敢为恶。"③按照他的说法,王道德治从感化入手,自可人心咸服,无往不胜了。许衡的这些思想成为元代史学从王道德治出发总结历史盛衰经验的基调。

第二,突出"仁政"这一王道德治的核心。元代史臣、儒士为帮助元朝统治者从征战杀掠的武功转移到施行德治、巩固封建统治秩序的轨道上来,在总结历史上王道德治的经验时,突出了以"仁政"为核心的思想。比如,许衡就借用《易大传》的内容,提出了"元"即"仁"的观点。《周易·乾卦·文言》在解释卦辞"元亨利贞"四字时曰:"元者,善之长也。亨者,嘉之会也。利者,义之和也。贞者,事之干也。君子体仁足以长人,嘉会足以合礼,利物足以合义,贞固足以干事。君子行此四德者,故曰:乾,元亨利贞。"这段文字的主要意思是说"元亨利贞"代表着"仁礼义正"四德,君子能行四德便可大吉。许衡巧妙地抓住了"元"与"仁"相配并称的关节点,用以阐述行"仁政"便得治世的思想。他说:"仁为四德之长,元者善之长。前人训元为广大,直是有理。心胸不广大,安能爱敬?安能教思无穷,容保民无疆?仁与元俱包四德,而俱列并称,所谓合之不浑,离之不散。……元者四德之长,故兼亨、利、贞;仁者五常之长,故兼义、礼、智、信。"④应该看到,许衡煞费苦心地寻绎经典、反反复复强调"仁"与"元"的密切关系,绝非一般的解经说义,而是意在暗喻:元朝仁政,是早在圣贤经典中就有了定数的。当然,许衡没有停留于引经据典的说教,他又从历史总结的角度,

---

① 许衡:《鲁斋遗书》卷八《子玉请复曹卫》,《许衡集》,吉林文史出版社,2010年版,第120页。
② 许衡:《鲁斋遗书》卷二《语录下》,《许衡集》,吉林文史出版社,2010年版,第30页。
③ 许衡:《鲁斋遗书》卷五《中庸直解》,《许衡集》,吉林文史出版社,2010年版,第91页。
④ 许衡:《鲁斋遗书》卷一《语录上》,《许衡集》,吉林文史出版社,2010年版,第2页。

多方阐明了为君治国推行"仁政"的重要性。他说:"孔子道:'一家仁,一国兴仁。'如尧帝、舜帝行仁,天下皆行仁;桀王、纣王不行仁德,政事暴虐,待教天下行仁,百姓每怎生行得仁?"①不仅五帝三代时如此,秦汉的历史亦然,"秦楚残暴,故天下叛之;汉政宽仁,故天下归之"②。许衡从历史盛衰的正反结果立论,提倡以"仁政"为治国之本,这对于元朝稳定统治秩序、推动多民族统一国家向前发展,是具有重要意义的。

第三,正君心是达到德治的途径。许衡强调人君担天下重任,要正身心,不可贪图享乐,务必勤勉谨慎。许衡说:"盖天以至难任之,非予之可安之地而娱之也。尧舜以来,圣帝明王莫不兢兢业业,小心畏慎,日中不暇,未明求衣,诚知天之所畀,至难之任。"③君王不仅要勤勉,还要"小心畏慎",畏慎的理由一方面是因为天下大事乃"至难之任",须小心对付。人君的身心言行关系到国家的成败,关系到天下风气的好坏。那么,人君"正心"的基本内容又是什么呢?许衡认为就是"爱"与"公":"古今立国规模虽各不同,然其大要在得天下心。得天下心无他,爱与公而已矣。爱则民心顺,公则民心服,既顺且服,于为治也何有。"④许衡的治国方略简要明确,说到底就是以爱心和公心得天下心,他认为这个"爱"和"公"就是君心所应具有的基本内容。所谓"爱",便是爱民。许衡还把"爱"和"仁"联系在一起,说:"仁者性之至而爱之理也,爱者情之发而仁之用也。"⑤这么说,爱就是仁,就是仁爱之心。所谓"公",许衡说:"公者,人之所以为仁之道也……仁者,人之心所固有,而私或蔽之以陷于不仁。故仁者必克己,克己而公,公则仁,仁则爱。"⑥"公"就是要克己之私欲以行仁,因此"公"也即仁。许衡将爱心和公心都归结于仁,这就正如他所说过的,"为人君止于仁,天地之心仁而已矣"。爱心、公心归于仁,说明"正君心"的目的是要人君行仁政。人君有爱心和公心,便能施行仁政,仁政得以实施,自可臻于盛世。

第四,强调伦理纲常是决定历史盛衰的基础。儒家的纲常名分思想是王道

---

① 许衡:《鲁斋遗书》卷三《大学要略》,《许衡集》,吉林文史出版社,2010年版,第37页。
② 许衡:《鲁斋遗书》卷七《时务五事》,《许衡集》,吉林文史出版社,2010年版,第114页。
③ 许衡:《鲁斋遗书》卷七《时务五事》,《许衡集》,吉林文史出版社,2010年版,第113页。
④ 许衡:《鲁斋遗书》卷七《时务五事》,《许衡集》,吉林文史出版社,2010年版,第111页。
⑤ 许衡:《鲁斋遗书》卷一《语录上》,《许衡集》,吉林文史出版社,2010年版,第2页。
⑥ 许衡:《鲁斋遗书》卷一《语录上》,《许衡集》,吉林文史出版社,2010年版,第2页。

德治理论的根基,宋元理学把这种纲常名分的等级秩序上升为天定的自然秩序,是"不易之理"。许衡说:"天尊地卑,乾坤定矣,贵贱位矣。在上者必尊之,然后事可得而理。为君长,敬天地、祖宗、鬼神;为百执事,敬事君长;此不易之理也。舍此便逆,便不顺。"①他强调上尊下卑的关系是一种不可改变的理的规定,违反这种规定就会出现逆乱。

为了更详尽地说明纲常名分对历史盛衰的决定作用,他还说:"自古及今,天下国家,惟有三纲五常,君知君道,臣知臣道,则君臣各得其所矣。父知父道,子知子道,则父子各得其所矣。夫知夫道,妇知妇道,则夫妇各得其所矣。三者既正,则他事皆可为之。此或未正,则其变故有不可测知者,又奚暇他为也。"②许衡总括古今历史,论证只有三纲五常正才可为国为政,否则"其变故有不可测知者",更何谈治世安邦。

许衡在总结王道德治历史盛衰标准时,一方面肯定了历史上施行仁政的积极作用,揭露了专制制度不仁的弊端;一方面结合历史事实,讲"正君心"而"得民心"之要,发挥了儒家的重民思想。然而,许衡在强调王道德治历史意义的同时,仍然未能走出理学社会观中"三代胜于汉唐"的思想误区;在强调德治仁政和人的历史作用的同时,又常常偏离历史实际,陷入理学以道德标准衡量一切社会问题的错误逻辑,最终得出天理纲常支配历史盛衰的唯心结论,这也是他积极的历史思想中存在的某些局限。

二、王恽诗文中的历史观念

王恽(1227—1304),字仲谋,号秋涧,卫州汲县(今河南卫辉)人。元朝著名政治家、学者、诗人。为官刚正不阿,一身正气,两袖清风,好学善文,是元世祖忽必烈和元成宗铁穆耳时期的著名谏臣。代表作有《秋涧先生大全集》。

王恽认为作史应该坚持"秉笔直书"的原则。中国传统史学要求史学家们要有"秉笔直书"的精神。东汉史学家班固在《汉书》中评价司马迁和他的《史

---

① 许衡:《鲁斋遗书》卷二《语录下》,《许衡集》,吉林文史出版社,2010年版,第27页。
② 许衡:《鲁斋遗书》卷一《语录上》,《许衡集》,吉林文史出版社,2010年版,第6—7页。

记》时,曾经提出"实录"一词,"皆称迁有良史之材……其文直,其事核;不虚美,不隐恶,故谓之实录"①。所谓"实录",就是要求史学家能够坚持"秉笔直书"的原则,对历史事件进行如实的记录,真实地反映历史发展的本来面目,不虚美、不隐恶。王恽精通史学、博闻强识,在史学创作中也继承了这一优良的传统,能够客观、全面地看待和评价历史发展中的事件和人物。

在评价汉武帝时,王恽既肯定汉武帝是一个非常有作为的皇帝,但也毫不留情地批评汉武帝妄图成仙、好大喜功的缺点。班固在《汉书》中认为汉武帝具有雄才大略,王恽同意班固的观点,但更多地批评了汉武帝的求仙活动:"太一蓬仙杳不闻,龙舆三驾海东云。明知求访终无验,才悟文成又少君。嬴杰而颠武黩兵,较来遗迹不多争。内园甘分秋风里,流血争教到市氓。鹢舰龙旗照水开,昆明都试想雄才。眼中不惜肌膏尽,博得西南拘阙来。"②对于汉武帝迷信方术、穷奢极欲和穷兵黩武,王恽均进行了批评。

唐玄宗在历史上是一个颇具争议的帝王,或赞扬他年少有为,英姿勃发,或批评他耽美误国,宠信奸佞,以致最终酿成"安史之乱"。王恽对唐玄宗的评论则一分为二。他在《羽林万骑歌》中,讲述了青年李隆基的一番作为,称他是"虬髯英姿真太宗",将国家治理得井井有条。在王恽的笔下,年轻的唐玄宗锐意进取。但在《读明皇杂事》等篇中,他又对唐玄宗后期政治进行了严厉批判。对于晚年唐玄宗悲惨的生活,王恽还表示同情和怜悯。综观王恽描写唐玄宗的诗文可以看出,王恽并没有简单地将人物固定化,而是给我们呈现了一个有血有肉、真实完整的唐玄宗。王恽评述历代帝王,在尊重历史事实的基础上提出自己的独到见解,表达自己的褒贬态度,这本身就是一种"实录"精神。

宋末元初之际,民族矛盾非常尖锐,一大批文人士大夫高举儒家道德旗帜,宣扬忠义观念,王恽也不例外。他对孤忠高节之士极为推崇,《陪总管陈公肇祀商少师比干庙》中记载了商纣王时代不畏强暴、视死如归、苦劝君王的比干,《跋苏武持节图》中记载了汉代北海牧羊、坚守民族气节的苏武,《谒梁太师王彦章祠》中记载了后梁时期骁勇善战、宁死不降的王彦章,《双庙怀古》中记载了唐代"安史之乱"时誓死守城、忠肝义胆的张巡、许远,等等,均体现出王恽对"义士"

---

① 班固:《汉书》卷六十二《司马迁传》,中华书局,1962年版,第2738页。
② 王恽著,杨亮、钟彦飞点校:《王恽全集汇校》,中华书局,2013年版,第1675页。

的向往。王恽对历代忠臣良将予以高度的褒扬和赞颂,显示出他的政治寄托。

三、姚燧的史学见解

姚燧(1238—1313),字端甫,号牧庵,河南洛阳人,元代著名文学家,官至翰林学士承旨、集贤大学士。姚燧以文名世,文采斐然、力透纸背,与虞集并称。他所作的碑志较多,大都是歌颂应酬之作。原有集,已散失,清人辑有《牧庵集》。

姚燧是元代的文章家,他的文集中保留了很多宋末元初时期重要历史人物的碑铭墓志,在保存文献上功不可没。姚燧作为元朝政府的臣子,在所作墓志中,多次如实记录了蒙古军队在攻灭宋朝的战争过程中所进行的惨无人道的屠城行为。如《中书左丞姚文献公神道碑》中记载,姚枢向忽必烈谈到元朝军队的惨无人道,"军将惟利剽杀,子女玉帛悉归其家。城无居民,野皆榛莽"[1],"由陛下降不杀虏之诏,巴延济江,兵不逾时,西起蜀川,东薄海隅,降城三十,户逾百万。自古平南,未有若此之神捷者。然自夏徂秋,一城不降,皆由军官不思国之大计,不体陛下之深仁,利财剽杀是致。降城四壁之外,县邑丘虚,旷土无民,国将安用?"[2]"四壁之外,县邑丘虚,旷土无民",这十二字的描写,就是蒙古灭宋战争的真实写照。对于元朝军队在渡江中的荒诞行为,姚燧都进行了揭露。"今中书省右丞相巴延……尝语人曰:诸将渡江,无有不荒贪,独予与国宝清慎自持。"[3]"他道为使,惟知徼宠专利,贼下罔上以自私,盈路怨咨,莫之省恤。独公轸岁旱荒,发廪下估,市粟以济其饥。"[4]对于元朝官员在执政过程中的残酷,姚燧也进行了揭露,"榜掠百至。或关夫三木,责妻市酒以偿。民不堪命,自经裁与痪死者已数百人"[5]。

从蒙古灭金到元灭南宋统一全国,是中国历史上一个非常特别的时期。无

---

[1] 姚燧撰,查洪德点校:《姚燧集》,人民文学出版社,2011年版,第218页。
[2] 姚燧撰,查洪德点校:《姚燧集》,人民文学出版社,2011年版,第222页。
[3] 姚燧撰,查洪德点校:《姚燧集》,人民文学出版社,2011年版,第427页。
[4] 姚燧撰,查洪德点校:《姚燧集》,人民文学出版社,2011年版,第362页。
[5] 姚燧撰,查洪德点校:《姚燧集》,人民文学出版社,2011年版,第207页。

论是蒙古灭金时期的中国北方,还是元灭南宋时期的江南地区,朝代更迭的残酷让人触目惊心。对于这些,姚燧均以他的如椽巨笔将其记载下来,显示出他"秉笔直书"的治史精神。

四、许有壬的史学思想

许有壬(1287—1364),字可用,彰德汤阴(今河南汤阴)人。许有壬从小跟随父亲在两湖一带生活学习,受的是南方文化的熏陶,得到当地名师的教诲,博览群书,少有才名。延祐二年(1315)进士及第,授同知辽州事。从此正式步入元朝政坛,从政近五十年,后来官至翰林学士承旨、集贤大学士兼太子左谕德。代表作有《至正集》。

许有壬对历史上的忠义之士非常崇拜,在《文丞相传序》中对文天祥精忠报国的"忠义之志"大加赞赏。许有壬认为宋朝国祚三百多年,出现过许多仁人志士,远远超过唐朝。极盛之时谋臣如云,武将如雨,但是,宋朝灭亡之时,上下离心,国中无人,朝中无将,实在令人遗憾。而文天祥能够在这种"大事去矣"的危险局面下,依然"以兵入援也","其往而议和也,冀万一有济尔"[1]。许有壬认为文天祥这种明知不可为而为之的精神让后人"洞知君臣大义之不可废、人心天理之未尝泯,其有功于名教者何如哉"[2],有利于"君臣大义""人心天理"等名教学说的发展。他称赞文天祥"宋之亡,守节不屈者有之,而未有有为若公者,事固不可以成败论也,然则收宋三百年养士之功者,公一人而已"[3],将文天祥的历史地位提升到无以复加的高度。

许有壬认为作史应该使用"春秋笔法",使人们"皆凛乎斧钺其笔,而君臣之大义明矣"。他在《纲目书法序》中指出,周天子以韩、赵、魏三家为诸侯,乱了纲纪,从此,"则其纲不复可振矣"[4]。而对于"《晋史》帝魏""《唐书》纪武则",许有壬均表示反对。对于朱熹的《通鉴纲目》,许有壬极力赞扬:"其文则犹史也,

---

[1] 许有壬撰,傅瑛、雷近芳点校:《许有壬集》,中州古籍出版社,1998年版,第385页。
[2] 许有壬撰,傅瑛、雷近芳点校:《许有壬集》,中州古籍出版社,1998年版,第385页。
[3] 许有壬撰,傅瑛、雷近芳点校:《许有壬集》,中州古籍出版社,1998年版,第385页。
[4] 许有壬撰,傅瑛、雷近芳点校:《许有壬集》,中州古籍出版社,1998年版,第386页。

朱子慨然本春秋之旨,任笔削之重,主正统以明君臣之分,严书法以诛乱贼之心,其取义大矣!"①对于《通鉴纲目》中的"春秋笔法",许有壬极为欣赏,认为能够"明君臣之分","取义大矣"!许有壬还指出,朱熹编写《通鉴纲目》的目的和司马光并不矛盾,诸侯僭越称王,反而贬低君主,如果没有正统观念,编写史书的时候就没有主次。许有壬认为《通鉴纲目》写成后,人们借助《纲目》去读《通鉴》会对历史有更深的认识,并且那些乱臣贼子也无处可逃了。所谓"帝昭烈以明正统,书在房陵以合乾侯。死扬雄之仕莽,卒陶潜而系晋,皆凛乎斧钺其笔,而君臣之大义明矣"②。

许有壬非常重视当代史的编写。元朝"混破裂而一之",疆域广阔,自古未有。而能做到这一前所未有的功绩,实在是许许多多"卓绝之才"辅佐才能完成的。但是元建立多年来,元勋的丰功伟绩世间很少有人知道,需要笔之于史。苏天爵编写《国朝名臣事略》十五卷,许有壬为之作序云:"条有征据,略而悉,丰而核,其四方之争先快睹者乎!"③这是一部记述本朝历史的人物传记,许有壬极为喜爱,当发现《国朝名臣事略》这本书仅仅记载四十七人时,许有壬感觉意犹未尽,希望能够有续作:"窃惟国朝真才云集,是编才四十七人,有齐民知名而未录者,盖朱子例,嗣有所得,当续书之也。"④

许有壬坚持"大一统"的历史观。他认为《春秋》所谓大一统者,"万类可以执一御,而六合同风,九州共贯之机括系焉"⑤。许有壬认为,自从三代之后,"大一统"的国家模式虽然开始出现,但都没有真正实现"大一统"。汉朝拓疆万里,但是很多攻取的地方叛服不定。文化上虽然施行"罢黜百家,独尊儒术"的政策,但是依然存在很多不同的学派,各行其是,诸子百家,指意不同,不能够从思想上进行统一。唐朝腹心之地经常被少数民族所攻取,或者动乱数十年。宋朝版图狭小,并没有完成真正的"大一统",金朝也只是局促在长江以北的地区,都远远没有达到古圣贤所说的"大一统"。一直到了元朝,"横扫六合、混一海内,自古之所未属者,莫不涣其群而混于一,四极之远,载籍之所未闻也"!相

---

① 许有壬撰,傅瑛、雷近芳点校:《许有壬集》,中州古籍出版社,1998年版,第386页。
② 许有壬撰,傅瑛、雷近芳点校:《许有壬集》,中州古籍出版社,1998年版,第386页。
③ 许有壬撰,傅瑛、雷近芳点校:《许有壬集》,中州古籍出版社,1998年版,第387页。
④ 许有壬撰,傅瑛、雷近芳点校:《许有壬集》,中州古籍出版社,1998年版,第387页。
⑤ 许有壬撰,傅瑛、雷近芳点校:《许有壬集》,中州古籍出版社,1998年版,第436页。

比于元朝,自古以来的那些朝代所谓的"大一统",根本都是名不副实的,而只有元朝才是真真正正的"大一统"王朝。①

第八节　宋元时期河南地区方志与杂史笔记的发展

有宋一代,文化繁盛,除了规制宏大的史书编纂之外,方志、杂史、笔记也得到较快发展。河南史学在该领域也成就颇丰,很多著述成为相关领域的代表作。

一、方志的编修

宋代是方志编修兴盛的时代,出现了很多影响后世的名志。河南学者卢多逊主持编纂的《开宝诸道图经》和张淏编纂的《宝庆会稽续志》就是其中较为重要的两种。

(一)卢多逊与《开宝诸道图经》的编修

卢多逊(934—985),五代宋初怀州河内(今河南沁阳)人,其曾祖卢得一、祖父卢真启都曾任县令,其父卢亿,自幼好学,为人孝悌,为乡里称道。卢多逊幼读诗书,博涉经史,文辞敏给。后周显德中进士,历任秘书郎、集贤校理、左拾遗、集贤殿修撰等。建隆三年(962),拜知制诰。好权术,有谋略,为宋太祖所喜。卢多逊与宰相赵普矛盾较重,屡于太祖前攻赵普之短。开宝六年(973),赵普罢相,遂拜为中书舍人、参知政事。太宗即位,拜中书侍郎、平章事。太平兴国六年(981),赵普复相,遂向太宗告发卢多逊与秦王赵廷美暗中往来之事。秦王得罪,卢多逊亦被追削官爵,流放崖州以终。

---

① 许有壬撰,傅瑛、雷近芳点校:《许有壬集》,中州古籍出版社,1998年版,第435页。

宋王朝十分注意编纂方志,朝廷下令编修了数部卷帙浩繁的全国性方志。开宝四年(971),宋太祖命卢多逊、扈蒙主持重修天下图经,是为《开宝诸道图经》,但无果而终,主要原因是当时全国尚未完全统一,宋朝只占据了中原地区,无法获取更多的资料。开宝六年,卢多逊奉诏出使南唐,对南唐后主李煜说:"朝廷重修天下图经,史馆独缺江南诸州,愿各求一本以归。"卢多逊此举属一箭双雕,一方面通过收集江南诸州的图经,刺探南唐的地理军事情况,另一方面又为《开宝诸道图经》的修纂准备了资料。李煜一心想讨好宋朝,答应了卢多逊的要求,命徐锴通宵达旦缮写校对后送与卢多逊,"于是江南十九州之形势,屯戍远近,户口多寡,多逊尽得之矣"①。卢多逊得南唐诸州情况,为《开宝诸道图经》的编修准备了资料。但卢多逊最终也没有修成《开宝诸道图经》。到了开宝八年(975),朝廷又诏宋准继续修定《开宝诸道图经》。② 卢多逊等人多年的修纂和资料收集为宋准修书创造了条件,最后终于在卢多逊"图经"的基础上修纂而成。只可惜此书今不存。这是宋朝第一部全国性图经总集。

(二)张淏《宝庆会稽续志》的价值

张淏,生卒年不详,字清源,号云谷,河南开封人,后侨居浙江。绍兴二十七年(1157)进士,绍定元年(1228)致仕。《宝庆会稽续志》为《嘉泰会稽志》之续修,主要载嘉泰以后事,故称《续志》。该志成于南宋宝庆元年(1225),为张淏一人独力修纂完成,成为历来私修志书的标志性成果,屡为后人称道。

《宝庆会稽续志》共八卷,前有张淏自序,各卷以细目标题:卷一为越、会稽、风俗、城郭、学校、贡院、教场、军营、仓库、场务、馆驿、坊巷、园圃、府廨、街衢,卷二为提刑司、提举司、安抚题名、提刑题名、提举提名,卷三为安抚司签厅、通判厅、签厅、乡、镇、市、和买、陵寝、宫观、寺院祠庙,卷四为山、水、桥梁、堤塘、花果、蔬、草木、茶、竹、药石、纸、禽兽、虫鱼,卷五为人物,卷六为进士、仙释、诗文,卷七为杂记、拾遗,卷八为越问。其中卷八题越民孙因撰,凡序一篇,赋十五篇(即篇引、封疆、金锡、竹箭、鱼盐、舟楫、越酿、越茶、越纸、神仙、隐逸、勾践、舜禹、驻跸、良牧),全为韵文,体例略与方志同。

---

① 李焘:《续资治通鉴长编》卷十四,开宝六年四月辛丑,中华书局,2004年第二版,第299页。
② 脱脱:《宋史》卷四百四十《宋准传》,中华书局,1977年版,第13023页。

此志补前志之讹误与疏漏,简赅有法,历来多有好评,如钱大昕云:"其提刑、提举、进士题名,皆前志所未有,而人物一门,亦多补前志缺漏。"①又《四库全书总目》卷六十八称,张淏"汇次嘉泰辛酉后事,作为续编,复于前志内补其遗逸,广其疏略,正其讹误……所分门类,不用以纲统目之例,但各以细目标题,前志为目一百十七,续志为目五十,不漏不支,叙次有法,如姓氏、送迎、古第宅、古器物、求遗书、藏书诸条,皆他志所弗详,宿独能搜采辑比,使条理秩然,淏所续亦简核不苟,皆地志中之有体要者"。

二、杂史笔记的成就

宋代杂史众多,河南学者所编纂的杂史成就较高,出现了《东京梦华录》《蜀汉本末》这样的名作,值得称道。

(一)张齐贤与《洛阳搢绅旧闻记》

张齐贤(942—1014),本宋曹州冤句(今山东菏泽市西南)人,字师亮。幼时,值五代后晋之乱,遂徙家洛阳,为洛阳人。孤贫力学,有远志。宋太宗时,中进士,以大理评事通判衡州。雍熙初,迁左谏议大夫。雍熙三年(986),宋大举北伐,代州杨业战没。张齐贤被授给事中,知代州,与部署潘美同领缘边兵马,设计大败辽兵。端拱元年(988),拜工部侍郎。端拱二年,领河东制置方田都部署,入拜刑部侍郎、枢密副使。淳化二年(991),任参知政事,数月,拜吏部侍郎、同中书门下平章事。淳化四年(993),因替参政李沆担责,罢为尚书左丞。后又转为礼部尚书、知河南府。后历官各地,死后赠司徒,谥"文定"。

《洛阳搢绅旧闻记》5卷,记事21条。所记内容乃作者晚年追忆洛阳搢绅故旧,陈述五代时逸闻逸事。张齐贤在应举前,家住洛阳,常听搢绅讲述五代时轶闻旧事,便记录下来,但无暇整理,并曾散失。至晚年,遂整理编次。正如他在书前《序》中所说:"余未应举前十数年中,多与洛城搢绅旧老善,为余说及唐、

---

① 钱大昕:《十驾斋养新录》卷十四《会稽续志》,《嘉定钱大昕全集》(七),江苏古籍出版社,1997年版,第367页。

梁以还五代间事,往往褒贬陈迹,理甚明白,使人终日听之忘倦。退而记之,旋失其本。数十年来,无暇著述,今眼昏足重,率多忘失。迩来营丘,事有条贯,足病累月,终朝宴坐,无所用心,追思曩昔搢绅所说及余亲所见闻,得二十余事,因编次之。"成书在宋真宗景德二年(1005)。虽然该书多为耳闻,但作者引证文献,加以考证,比较严谨。所谓"撼旧老之所说必稽事实,约前史之类例动求劝诫,乡曲小辩略而不书,与正史差异者并存而录之,则别传、外传比也"①。书中内容在一定程度上反映了五代时期的社会现实,即战乱频仍、人口减少、田地荒芜、城镇破败、民生凋敝、社会混乱、诈骗盛行等状况。

《洛阳搢绅旧闻记》记事多征实,很多内容为正史所不载,可补正史之缺漏。即便是正史所载的内容,如《少师佯狂》《陶副车求荐见忌》《李少师贤妻》《白中令徙义》《安中令大度》《宋太师彦筠奉佛》等篇所涉及的人物,虽正史有传,但张齐贤所述均在传外,且首尾完具,颇具情节,内容具体,也可补正史之不足。

(二)石延年与《五胡十六国考镜》

石延年(994—1041),字曼卿,一字安仁,原籍幽州(今北京市一带),后晋时幽州割让给契丹,其祖举族南迁,家于宋城(今河南商丘),遂为河南人。以文学知名于世。石延年为人跌宕任气节。累举进士不中。宋真宗选录三举不中进士者以为三班奉职,延年起先耻不就,后经张知白劝说而就职。后以右班殿直改任太常寺太祝,知金乡县,有政绩。又被荐举为乾宁军通判,徙永静军,为大理评事、馆阁校勘、历光禄、大理寺丞。曾上书章献太后,请还政天子(仁宗),后因事落职,通判海州又迁秘阁校理、太子中允。

石延年对契丹和西夏的威胁非常关心,曾建言"二边之备",要求加强国防,但不为朝廷接受。当西夏元昊进犯时,所论才被朝廷重视。石延年为人以气自豪,读书通大略,不专治章句,特别钦慕古人的奇节伟行和非常之功。他能文工诗,其文笔力劲健,受柳开影响,宗法韩、柳,诗也享有盛名。石介曾以欧阳修文、石延年诗、杜默歌为"三豪"。

石延年所著《五胡十六国考镜》仅一卷,以问答体的形式对五胡十六国的历史进行简单梳理,如第一条即"客有问五胡所自始及十六国所自终者",石子(即

---

① 《洛阳搢绅旧闻记·序》,《笔记小说大观》第一册,广陵书社,2007年版,第288页。

石延年)曰:"详在《晋史》载记及列传,今请略言之。刘渊,匈奴也,据离石,称汉;石勒,羯也,据襄国,称赵;慕容,鲜卑也,据辽东,称燕;苻秦,氐也,据长安,称秦;姚氏,羌也,灭苻秦,仍都长安,称后秦。是则五胡之始,皆起两晋之间。然何以为十六国?曰五凉四燕三秦二赵并成夏,为十六。"①后根据《晋书·载记》——梳理十六国各国始末、传世情况及立国时间长短,极为简略。《四库全书总目》认为该书是伪托,可备一说。

(三)邵伯温与《邵氏闻见录》

邵伯温(1056—1134),字子文,河南洛阳人,邵雍之子。邵伯温一生经历了王安石变法、元祐党争和靖康之祸等历史大事件。邵伯温见闻广博,对北宋年间的朝政之事非常了解,晚年将平生见闻辑录成书,即《邵氏闻见录》。

《邵氏闻见录》成书于绍兴二年(1132),共20卷,属于未分门类的杂记体笔记。关于该书的编纂,邵伯温这样说:"伯温蚤以先君子之故,亲接前辈,与夫侍家庭,居乡党,游宦学,得前言往行为多。以畜其德则不敢当,而老景侵寻,偶负后死者之责,类之为书,曰《闻见录》,尚庶几焉。"②可见此书多为与前辈交往时的见闻。

该书只简单地分卷,内容博杂,不分顺序,所记多为当朝帝王文臣的逸闻逸事,其间杂录典章制度、名胜风景、人物趣事、文学思潮、文化习俗、诗词文章以及考订辩误等。其中对北宋帝王、官员治国理政的事迹记载尤多,特别是对王安石变法,着墨很多,比如变法派人员王安石、章惇、吕惠卿等,反变法派人物司马光、韩琦、文彦博等人的政治活动、思想观点以及人格品德、日常生活,等等,都有记载,反映了邵伯温特别关注政治。另外,《邵氏闻见录》中关于服饰、佛教、科举、文人结社、谶纬等的记载,也有助于加深我们对宋代社会文化的认识。

《邵氏闻见录》蕴含着丰富的史料知识,它为后人编订史书、补充史书的不足及纠正史书中的讹误提供了材料和佐证。元代编纂《宋史》由于资料短缺,编修官们参考了许多极具史料价值的宋代笔记,其中就包含《邵氏闻见录》。《宋

---

① 石延年:《五胡十六国考镜》,《四库全书存目丛书》史部第159册,齐鲁书社,1996年版,第1页。
② 邵伯温:《邵氏闻见录》序言,中华书局,1983年版。

史·范质传》的有关记载就来源于《邵氏闻见录》,李焘《续资治通鉴长编》引用参考的目录中也有《邵氏闻见录》,可见《邵氏闻见录》有很高的史料价值。

(四)赵令畤与《侯鲭录》

赵令畤(1061—1134),初字景贶,苏轼为之改字德麟,宋太祖次子赵德昭玄孙。元祐六年(1091),苏轼知颍州,赵令畤为颍州签判,与苏轼交好,多有唱和。元祐八年(1093),迁光禄寺丞。后为襄阳从事。苏轼被贬,他亦受株连罚金。崇宁元年(1102),因上书得罪,羁管蔡州。崇宁三年(1104),入元祐党籍。绍兴二年,以右朝请大夫为右监门卫大将军、荣州防御使,不久袭封安定郡王,累官至宁远军承宣使、同知行在大宗正事。卒赠开府仪同三司。

赵令畤喜好文辞,能诗文,擅长作词,风格凄婉,近似于秦观。所著《侯鲭录》,所谓"侯鲭",乃精美肉食之意。该书约完成于南宋初年,共八卷,三百七十四则,每则内容短小精悍,所记内容大约分三部分:其一,记述宋代文坛掌故,评论本朝诗、词、文,亦论及多种诗文体裁,所论皆有独到之处。所评宋代诗文大家涉及苏轼、黄庭坚、欧阳修、张耒、王安石、晁补之、梅尧臣、释道潜、秦观、宋庠、宋序、刘攽、王安国、张舜民、晏殊、晏几道、沈括、司马光、杨亿等。赵令畤所记录的宋代诗词,很多都没有收入作者本人的集子及《全宋诗》,赖《侯鲭录》得以保存,具有很高的文学史料价值。其二,记述唐、五代诗文词及有关逸事,涉及的人物有李商隐、李白、杜牧。这部分内容有很多是从不常见的材料中录出,或钩沉索隐,或考证作者和作品,或进行评论,很多诗文不见于《全唐文》和《全唐诗》,亦赖此以传。其三,记述唐、五代及宋朝各种逸事和掌故,内容庞杂,有典章制度、社会生活、风土民情、时令节日、语言文字、历史变迁等内容,对于研究相关问题,具有重要的参考价值。该书虽是笔记,但每条资料都切实可靠,非杜撰虚构,因此"在宋人说部中,堪称佳作"[①]。

(五)徐度与《却扫编》

徐度,生卒年不详,字敦立,一说字惇立、仲立、端立等。他是宋钦宗朝宰相徐处仁之子,应天府谷熟(今河南商丘)人,一说睢阳(今河南商丘)人。

---

① 赵令畤:《侯鲭录》,孔凡礼《点校说明》,中华书局,2002年版。

徐度所生活的时代大抵为北宋末年至南宋初年间,特赐进士出身。历左宣教郎、尚书司封员外郎、右承奉郎、太府寺丞、秘书省正字、校书郎、都官员外郎、吏部员外郎、知台州等。徐度为人清廉正直,与秦桧不和。他极具才华,刻意为学,长于典故,邵康在为《却扫编》所作题跋中说徐度因"不能苟合于时,故得以家食之日读书山中……尝闻习于徐氏之门者,言其襟韵萧散,论议英发,有晋、宋简远之趣,而考订根据,辨析精敏,不竟不止"[1]。他的著作现仅存《国纪》《却扫编》等。

《却扫编》是徐度的代表作。全书共分为上、中、下三卷,总计三万余字,共201条,成书于绍兴十年(1140)。《却扫编》自序云:"予闲居吴兴卞山之阳,曰吕家步,地僻且陋,旁无士子之庐。杜门终日,莫与晤言。间思平日闻见可纪者,辄书之,未几盈编,不忍弃去,则离为三卷。时方杜门却扫,因题曰《却扫编》。虽不足继前人之述作,补史事之阙遗,聊以备遗忘、示儿童焉。"[2]可见这是一部记"平日闻见"之作,可以"补史事之阙遗"。

该书内容主要以见闻为主,但又不拘泥于本人见闻,有很多他人的见闻以及典籍记载。该书内容主要有两大类:一是记载典章制度。徐度与其父都曾在朝为官,对于一些典章制度较为熟悉,故宋代典章制度成为《却扫编》的主要内容,特别是关于元丰改制前后的典制和官制变化,成为研究元丰改制前后官制变化的重要史料,很多内容为正史记载较少者,足以弥补正史的不足。书中的记载大多翔实可信,考辨精审,错讹较少,史料价值极高。二是人物逸事。书中除了典制之外,另一大类就是人物逸事。该书所涉及的人物种类繁多,包括政客、文人、前贤、名人以及一些与他或他父亲有过交往的人,其中以宰相、前贤、文人的逸事为多,如王安石、欧阳修等。总之,该书可补唐宋制度史记载之缺,是研究宋朝典章制度、官员仕宦经历、北宋名臣贤士、北宋社会文化以及北宋历史事件的重要参考。《四库全书总目》曾将《却扫编》与王明清的《挥麈录》、叶梦得的《石林燕语》并立,并认为该书"文简于王,事核于叶,则似较二家为胜"[3]。

---

[1] 曾枣庄:《宋代序跋全编》卷一百六十六,齐鲁书社,2015年版,第4732页。
[2] 徐度:《却扫编》,《全宋笔记》第三编第十册,大象出版社,2008年版,第112页。
[3] 永瑢等:《四库全书总目》卷一百二十一"却扫编"条,中华书局,1965年版,第1041页。

(六)孟元老与《东京梦华录》

孟元老,生于北宋末年,崇宁二年(1103)随其父到东京开封,至建炎元年(1127)北宋覆亡后南逃,在东京共生活了 24 年。晚年写成《东京梦华录》。关于他的更多的情况,已湮没无闻。

《东京梦华录》凡十卷,约三万言,撰成于南宋绍兴十七年(1147),刊布于孝宗淳熙四年(1177)。所记大多是宋徽宗崇宁到宣和年间(1102—1125)北宋都城东京开封的情况。该书全面描写了北宋都城东京开封的城市风貌,记载了东京的城池、河道、宫阙、衙署、寺观、桥巷、瓦市、勾栏以及朝廷典礼、岁时节令、风土习俗、物产时好、诸街夜市等,从城市布局、大内官府、街道商店、酒楼茶肆到游娱池苑、京瓦奏技、晓贩夜市,都有详而不杂、质而不俚的记述,描绘了这一历史时期居住在东京的上至王公贵族、下及庶民百姓的日常生活情景,是研究北宋都市社会生活、经济文化的一部极其重要的历史文献,自刊行以来,颇为世人所重,凡涉及东京掌故,莫不征引此书。如赵甡之的《中兴遗史》、陈元靓的《岁时广记》、陶宗仪的《说郛》等,对此书的资料都有选录。到了近代,由于其所反映的内容具有很高的社会经济文化史的价值,尤其引起了中外许多从事各种专史研究的学者们的高度重视,交相征引利用。人们把该书与张择端的《清明上河图》视为姊妹篇,一用文字,一用图画,真实地反映了北宋东京开封的繁盛情况。

北宋的首都东京开封,是当时世界上人口最多、经济最为发达、最为繁荣的城市之一。这在宋代的史书志乘及众多的文人笔记、著述中,都有大量生动的记载。然而,最为完整、全面地反映北宋京城社会生活的,当首推《东京梦华录》。

从《东京梦华录》的记载可以看出,北宋东京开封商品经济发达,彻底打破了坊市的限制,商店可以随意开设,不再采取集中的方式,坊与坊之间的墙壁也被拆除,形成了"坊巷"聚居制。东京市场的种类,已经有了批发市场与零售市场之别,有日市、夜市、早市、季节市与定期市。东京城已有初步的公共事业,如防火,以确保城市生活的正常运行。书中对官民服饰、婚嫁礼俗以及交通运输等也有记述。当然,东京城内最为煊赫的莫过于商业与消费活动,孟元老不无夸张地说:"举目则青楼画阁,绣户珠帘;雕车竞驻于天衢,宝马争驰于御路。金翠耀目,罗绮飘香。新声巧笑于柳陌花街,按管调弦于茶坊酒肆。八荒争凑,万国咸通。集四海之珍奇,皆归市易。会寰区之异味,悉在庖厨。"①在该书各卷中,处处列举了东京城内上层社会的种种纸醉金迷的奢侈之风,反映出当时的汴京民物康阜、市井骈集的盛况,对今天的北宋社会史与经济史研究,都有相当大的影响和作用,是一份十分可贵的资料。

《东京梦华录》开创了以笔记描述城市风土人情、掌故名物的新体裁,为以后反映南宋都城临安的同类著作《都城纪胜》《梦粱录》《武林旧事》《如梦录》《续东京梦华录》等书所沿用。

(七)曹勋与《北狩见闻录》

曹勋(1098—1174),字公显,阳翟(今河南禹州)人。曹勋历事四朝,效力于徽、钦、高、孝四朝皇帝,一生主要在南宋度过,经历颇为坎坷。曹勋生活的时代正是中国历史上一个风云变幻的大动乱时代,南北宋交替,朝廷屈辱,百姓离乱,社会呈现衰败景象。曹勋一生创作颇丰,主要有《松隐集》《北狩见闻录》等。《宋史》有传。

靖康国难,曹勋与徽、钦二宗等人一起被掳掠北方。途中,徽宗听闻赵构称帝,命曹勋携带衣领御书,面见高宗,曹勋得以回还。《北狩见闻录》主要记载了宋徽宗于靖康二年(1127)二月初七日被金兵胁迫出郊,四月初一开始北狩,曹勋与徽宗一路,直到五月,曹勋因"后生健步"受命携带徽宗衣领御书南逃,七月回到南京的过程。文后还附徽宗逸事四条。由于《北狩见闻录》是曹勋追随徽宗北狩之时亲身经历之作,史料记载多真实可靠。作为最早记录靖康之变的史料之一,《北狩见闻录》在历代史书编写中多被整书引用或零散征引。《四库全书总目》对该书评价颇高:"勋身自奉使,较他书得自传闻者节次最详。""虽寥寥数页,实可资史家之考证也。"②实际上,徽宗一行在北掳途中,除了生活条件艰苦、缺衣少食外,更受到金人百般侮辱。宗室、宫廷妇女遭受强暴和蹂躏,遭遇万分悲惨。《北狩见闻录》并没有过多描写赵氏受辱的内容,只用"春秋笔法",稍作记载。这是因为成书之时,宋高宗采取文化高压措施,禁止私人修史,

---

① 孟元老:《东京梦华录》序,山东友谊出版社,2001年版。
② 永瑢等:《四库全书总目》卷五十一"北狩见闻录"条,中华书局,1965年版,第464页。

掩盖"靖康之变"的屈辱历史,而传统史书又为尊者讳,故曹勋为了赵宋王朝的颜面,对金军残酷对待宋室的事情着墨不是很多,很多内容点到为止,反而不断树立徽宗的高大形象,且有杜撰的内容。这是我们应该看到的。

(八)赵居信的《蜀汉本末》

赵居信,字季明,生卒年不详,许州(今河南许昌)人。元英宗时曾官翰林学士承旨。该书成于元世祖至元十二年(1275),全书共三卷,遵朱熹《通鉴纲目》义例,以蜀汉为正统。起东汉桓帝延熹四年(161)刘备出生,终西晋武帝泰始七年(271)刘禅之亡。事迹简略,仅从《纲目》中抽取数卷,稍加润饰,略为点窜字句而成。末附有总论一篇。

《蜀汉本末》主要表达了赵居信以蜀汉为正统的史学思想。该书对曹操极尽诋毁,称曹操为"篡贼""仇贼",对刘备、诸葛亮等人极尽赞美,称刘备是"宽仁大度,是以得众;沉雄远略,是以有为"的"间世之英",称"诸葛孔明以岿然三代之佐而为相,关羽、张飞毅然万人之敌而为将"。他对陈寿《三国志》以曹魏为正统极为不满,认为"晋之史臣挟私宿憾,不以顺逆为心而以强弱论事,进曹魏为正统,抑昭烈为僭国,视之与孙权同科,盖亦未之思也。夫昭烈扶统继绝之规,曹氏篡君杀后之迹,厚诬曲讳,眩惑方来,疑若可变白黑矣"[①]。他对朱熹《通鉴纲目》极为推崇,"一旦《通鉴纲目》之书出,于千载之下褒贬笔削,善恶俨然,向之诬讳之说,洗涤无遗;千载不平,一时净尽;理之在天下根诸人心未尝泯灭者,于斯而著矣"[②]。明人方孝孺对赵居信《蜀汉本末》评价很高,认为该书继承朱熹以蜀汉为正统的思想并加以发挥,值得赞扬,"参其(即《通鉴纲目》)至当之论,别为一书,曰《蜀汉本末》,而朱子《纲目》之旨,至是愈白于后世"[③]。实际上,该书议论鲜有创新,只是一尊朱熹而已。可为研究三国史者参考。

[①] 赵居信:《蜀汉本末》总论,王瑞功主编《诸葛亮研究集成》(上册),齐鲁书社,1997年版,第491—492页。

[②] 赵居信:《蜀汉本末》总论,王瑞功主编《诸葛亮研究集成》(上册),齐鲁书社,1997年版,第491—492页。

[③] 方孝孺:《蜀汉本末》序,王瑞功主编《诸葛亮研究集成》(上册),齐鲁书社,1997年版,第761页。

(九)乃贤与《河朔访古记》

乃贤(1309—1368),本突厥葛逻禄氏,《四库全书》中作纳新,字易之,号河朔外史,汉姓马,在元代属色目人。世居金山(今新疆北部阿尔泰山)之西,祖上内迁南阳(今属河南)。自幼接受汉族文化教育,精通汉文,早年曾到过大都,受到揭傒斯、欧阳玄等人的赏识。至正年间,游历中原,历经郑、卫、赵、魏、中山之郊,足迹遍及大河南北、古今帝王之都邑,对当地的宫室陵墓、寺庙断碑、遗迹残址都进行了详细的考察。

《河朔访古记》本有十六卷,但多已散佚,今所见《河朔访古记》已非完帙,只残存三卷,系四库馆臣从《永乐大典》中辑录重编而成,并收入《四库全书》。该书属笔记体游记,四库馆臣"核其道里疆界,各以类从",根据作者的所游区域编为上、中、下三卷,分别记载了真定路(今河北正定)、彰德路(今河南安阳)、河南路(今河南洛阳)等地的州县沿革、名胜古迹和风土人情。据乃贤自述,至正五年(1345),"乃绝淮入颍,经陈、蔡,以抵南阳。由南阳浮临汝而西,至于洛阳,由洛阳过龙门还许昌而至于大梁,历郑、卫、赵、魏、中山之郊,而北达于幽燕。于是大河南北,古今帝王之都邑,足迹几遍……至于抚时触物,悲喜感慨之意,则一皆形之于咏歌。既乃衷其所纪载及咏歌之什,以成此书"①。

《河朔访古记》中关于古川寺庙、城郭宫室以及历史人物的内容,多为他书所不载,具有很高的史料价值,正如《四库全书总目》所言:"今所存诸条,其山川古迹多向来地志所未详,而金石遗文言之尤悉,皆可以为考证之助。"与其他游记类笔记有所不同,乃贤有着严谨考证的精神,所闻所见均经过仔细考辨,保证了历史资料的准确性,使该书具有较高的可信度和史料价值。事实也证明了这一点,清人施国祁的《金史详校》、王昶的《金石萃编》、吴卓信的《汉书地理志补注》、武亿的《安阳县金石录》、徐松的《登科考记》、杨守敬的《隋书地理志考证》、张金吾的《金文最》、叶昌炽的《语石》等史地、金石著作都曾征引《河朔访古记》的文献材料,或考订史实,或注解史书,或探明历史遗迹,或辑佚文献,或著录铭文,其影响之大可见一斑。

---

① 王祎:《河朔访古记序》,李修生主编:《全元文》第55册,凤凰出版社,2004年版,第274页。

第九节 宋元时期河南地区文献学的发展

宋元时期是中国文献学的蓬勃发展时期,在目录、校勘、注释、辨伪、辑佚、版本、考证、金石、图谱等诸领域,都取得了丰硕的成果,甚至开拓了文献学的新领域。就河南地区文献学的发展而言,目录学、金石图谱学独领风骚,迈越诸家。

一、王尧臣与《崇文总目》的编修

王尧臣(1003—1058),字伯庸,应天府虞城(今河南虞城)人。宋仁宗天圣五年(1027)丁卯科状元。授将作监丞,通判湖州。召试后改秘书省著作郎,直集贤院。因从父王冲坐事,出知光州。光州饥荒,百姓群起为盗,朝廷欲从重处罚,王尧臣上疏以为此乃宋廷荒政所致,不可苛重于民,被仁宗嘉纳。父亲病逝,服丧期满,王尧臣为三司度支判官,迁右司谏。郭皇后暴毙,王尧臣奏请仁宗调查左右侍医者,并请停上元灯节,以示哀悼。景祐四年(1037),擢知制诰、翰林学士、权三司使等职,后迁翰林学士承旨兼端明殿学士,为群牧使。皇祐三年(1051)充枢密副使,深得仁宗信任。至和三年(1056)拜参知政事,仁宗欲提为枢密使,为胡宿所抑。嘉祐三年(1058)迁吏部侍郎,八月卒,赠尚书左仆射,谥"文安",改谥"文忠"。《宋史》有传。

《崇文总目》始修于仁宗景祐元年(1034),由王尧臣、欧阳修等人领衔编修,成书于庆历元年(1041),历时七载。《崇文总目》共著录图书3445部,30669卷。由于该书原本没有流传下来,现今存世者为清人辑本,而辑本记载的数量与实际数量有些出入,这是应该指出的。

《崇文总目》在体例上仿效《群书四部录》,在类目设置上吸收了《古今书录》和《旧唐书·经籍志》的分类成果,调整类目、优化结构,按四部分类法设置类目,具体情况是:经部九类(易、书、诗、礼、乐、春秋、孝经、论语、小学)、史部十三类(正史、编年、实录、杂史、伪史、职官、仪注、刑法、地理、氏族、岁时、传记、目录)、子部二十类(儒家、道家、法家、名家、墨家、纵横家、杂家、农家、小说、兵家、类书、算术、艺术、医书、卜筮、天文占书、历数、五行、道书、释书)、集部三类(总集、别集、文史)。

作为宋代第一部官修目录,《崇文总目》发扬了自《别录》《七略》以来将目录编撰与学术思想史相结合的优良传统,不仅系统地著录、展示并评论了宋仁宗以前尚存的重要文化典籍,真实地反映出当时的学术思想体系和流派,还对其后几百年中国图书目录事业和学术思想的发展产生了积极的影响。和前代目录相比,《崇文总目》在类目设置上多有调整,增设、删除、合并、变更了不少类目,反映了王尧臣等人对学术发展的认识。

就增设类目而言,《崇文总目》顺应时代发展,在史部增加"岁时",子部增加"杂艺""类书""算术""卜筮""道书""释书",在集部增加"文史"。这些类目的增加,反映了王尧臣等人敏锐的学术眼光,其增加"道书类""释书类",使道教、佛教典籍有了归属,结束了以前书目中佛道典籍处于从属地位的局面,反映了道教、佛教发展的实际情况。其增设"文史类",将有关文学理论、技巧、批评等方面的著作从总集中分离出来,为文学理论找到了归宿,是一大贡献。其增加"类书类",反映了宋代类书的发达,扭转了《隋书·经籍志》把类书列于子部"杂家"的尴尬局面。"岁时类"在《隋书·经籍志》《旧唐书·经籍志》和《新唐书·艺文志》中置于子部,没有独立列类,《崇文总目》将其从子部划出,归入史部,并设置专门的类目,以反映农业状况,是非常值得肯定的。《崇文总目》将《旧唐书·经籍志》中的天文历算类中的"算术"分成一类,明确地划清了天文历书与算术之间的界限,使学术分类的界限更加严格。

就删除类目而言,《崇文总目》删除了经部的"谶纬""经解""诂训"、史部的"旧事"、集部的"楚辞"。谶纬是流行于两汉时期的一种学说,魏晋后日渐衰落,谶纬之书大量散失,《隋书·经籍志》《古今书录》皆在经部中将谶纬设为独立一类。因谶纬充斥着浓重的神学迷信色彩,注定不能与儒家经典长期并行。《崇文总目》删去"谶纬类",有独到的眼光。"经解"和"诂训"是由《群书四部录》所创,此后又被《古今书录》和《旧唐书·经籍志》沿用的两个类目,《崇文总目》删去了这两类,将"经解类"书籍并入"论语类","诂训类"书籍并入"小学类",更加恰切。

就变更类名而言,《崇文总目》亦将个别不合时宜的类名加以调整,其中有的改得比较合理,如改"起居注"为"实录",改"古史"为"编年";有的改得不尽合理,如改"霸史"为"伪史";有的改不改并没有多大差别,如改"谱系"为"谱牒",改"簿录"为"目录"。

《崇文总目》所处的时代是四部分类法发展的重要阶段,该书既吸收前代目录著作的优秀成果,又大胆创新,进一步优化分类结构,调整图书类属,推动了四部分类法在类目的设置和图书的归类上更加科学合理。其中不少类目,如"文史""道书""释书""实录"等,为后世目录所效仿。毋庸讳言,该书在小类的设置与图书的归类上仍然存在着缺陷和不足,也有分类不够严谨的地方。但不管怎样,它的分类方法被后世晁公武的《郡斋读书志》、陈振孙的《直斋书录解题》等目录学著作仿效,直到《四库全书总目》还沿用此法,对后世的图书目录事业和学术思想的发展,产生了深刻的影响。

二、《宣和博古图》的编纂

《宣和博古图》是北宋末年编纂的一部金石学著作,是继吕大临的《考古图》之后较有影响力的一部古铜器著录书籍。关于此书的作者,历来存在争议。据张富祥考证,该书的作者是王黼[①],另据李娜考证,该书应该是宋徽宗御撰[②]。不管作者是宋徽宗还是王黼,都是中原士人的著述。事实上,王黼是奉敕编撰《宣和博古图》,所谓御撰,只是宋徽宗较为重视罢了。

王黼(1079—1126),字将明,祥符(今河南开封)人。原名甫,显贵后,宋徽宗以与东汉宦官同姓名,遂赐名黼。崇宁二年(1103)进士,以司理参军入仕,大观末与左相何执中子何志同修《九域图志》,遂擢升校书郎,历符宝郎、左司谏等。政和中,曾依附蔡京,任翰林学士,随后又升为翰林学士承旨。后又依附"六贼"之一的大宦官梁师成。王黼为人贪残阴险,曾独相政局三年,位高权重。

---

① 张富祥:《〈宣和博古图〉编纂与流传考》,《淮阴师范学院学报》2017 年第 3 期。
② 李娜:《〈宣和博古图〉作者及成书时代之辨析》,《宋史研究论丛》2018 年第 1 期。

靖康元年（1126），金军南下，被开封府尹聂山遣人追杀于雍丘（今河南杞县）南。

宋徽宗赵佶组织编纂古器皿著录书籍《宣和博古图》，一则源于自己喜爱古器物，二则是为维护社会文化秩序的需要。《宣和博古图》将祭祀器皿录入，皆是践行礼制之表现。

《宣和博古图》著录古器物有自己的特点：一是完备、准确地描摹古器物的图像和铭文，非常详尽地记录每一器物的尺寸，精细描绘器物的外观，细致到图文、铭文释读，并对铭文进行考证。二是对器皿的分类，不同于《考古图》以朝代分类，而是以器物类型进行总分，继而再以朝代顺序分其小类。该书将器物分为鼎、尊罍、彝和舟、卣、瓶壶、爵、斝觚斗卮觯角、敦、簠簋豆铺、甗锭、鬲鍑、盉、盦镳斗瓿罂冰鉴冰斗、匜匡盘洗盆铜杆、钟、磬、錞、铎钲铙戚、弩机镞奁钱砚滴托辕承辕舆辂饰表座刀笔杖头、鉴等大类，对所录器物的外观、用途都进行了研究。因鼎是国之重器，所以该书收录鼎最多，研究也最详尽。对此，《四库全书总目》曾评价说："然其书考证虽疏而形模未失，音释虽谬而字画俱存，读者尚可因其所绘以识三代鼎彝之制、款识之文，以重为之核订，当时裒集之功，亦不可没。"①

《宣和博古图》在古器物学及经史研究领域有着很高的价值。该书著录三朝器物既多且精，超过了所有图录类书籍，对古器物学研究有重大影响。该书分类方式较为科学而完善，著录体系更是被历代金石学家所沿用。"依元样制""减小样制"等录制方式成为金石著录范式。该书为经史考证提供了依据，人们可以借此考证经史。

正因为此，《宣和博古图》是宋朝金石学的高峰，与吕大临、黄伯思、赵明诚等人的金石学著作交相辉映，引领一代风尚。

---

① 永瑢等：《四库全书总目》卷一百一十五"宣和博古图"条，中华书局，1965年版，第983页。

第六章 明代:河南史学的拓展

明代河南史学的发展,在两个方面表现突出:一是史学的义理化现象比较严重,除王惟俭、陈耀文之外,纯粹意义上的史学家不多,曹端、王廷相、高拱、吕坤等人皆以理学名家,他们有丰富的史学思想,但都被打上了理学的印记;二是走向社会深层,一大批反映基层民众生活的史著出现,所反映的历史内容更加丰富。到了明代中晚期,河南史学迎潮流而动,出现了崇实避虚、求实考证的学风,与东南学术界相呼应,影响很大。

第一节 明代河南史学的特点

从学术发展的大趋势来看,明代河南史学表现为官方史学逐渐衰落和私家史学逐渐兴起的趋向。嘉靖、万历以降,史学思潮出现了较大转向,首先是程朱理学的话语逐渐被阳明心学和其他思想潮流替代;其次是对经史关系的认识发生了变化,认同"史学经世"之说的人士增多,史学在反对理学空疏无用的思维驱使下走向实学考证的方向。

一、河南史学的义理化倾向

从整个明代史学的发展来看,明朝学者绝少有对本朝史学存在佳评者。他们对国史普遍有近乎偏激的批评态度,"纂修实录,六科取故奏,部院咨陈牍而已,其于左、右史记言动,阙如也","国史之失职,未有甚于我朝者也"①。张岱甚至有"第见有明一代,国史失诬,家史失谀,野史失臆,故以二百八十二年总成一诬妄之世界"②的感慨。清朝建立后,清人从其新朝立场出发,对明代史学极尽贬低,批评的言辞更加激烈。

何以晚明以至于清代学者对明代史学抱有如此大的偏见?有学者指出其症结有三:首先,明代学者有感于国史失录而野史大盛的现实,产生了官方史学本应确立其权威却晦而不彰的心理落差,这是明代学者难以接受并痛陈"本朝无史"的重要原因。其次,许多身处明清之际天崩地解环境下的明代遗民,不可避免地对明代史学投注了太多破国亡家之后的深切反思,他们以极大热情编写明朝史的心理动机就在于此。如此一来,面对此前疏谬甚多的明朝史学著作,批评不免有失激烈。最后,清代学者基于新朝立场的批评本身就带有特定的历史背景,加之清人受考据学风影响较大,自然对明代学风有所贬低③。

实际上,明代史学有不少值得关注的方面。考察一下河南史学的发展,便可管中窥豹,有所发现。明代私修本朝史成为中国古代史学史上引人注目的现象,河南士人融合自身学术旨趣而撰述的史学著作,显示出明代河南史学与时代发展之间的互动关系。明代众多河南学者的史学见解长期以来没有得到应有的重视,不仅学界少有论及,即便是针对明代河南史学的总体论述也多付阙如。这与明代河南学者辈出的历史实情不相符合。此外,明代河南史学的许多现象也没有得到应有的研究,比如明代河南史学的义理化,明代河南的乡贤传记与贴合俚俗、便于传播的劝世类文献,明代河南众多影响后世颇深的军事史著,等等,都是时至今日史学界少有论述分析的史学问题。

由此而言,深化明代河南史学的研究,不仅是丰富明代史学研究的必要准备,还能在准确把握明代河南史学特点的基础上,继续深化对明代史学发展的共性问题的研究。有明一代立国近三百年,河南地区史著纷呈,史家辈出,具有鲜明个人特色的史学思想也竞相呈现。讨论明代河南史学的发展特点,发掘其深刻的学术史内涵,是一件颇有意义的事情。

---

① 王世贞:《弇山堂别集》卷二十《史乘考误》,中华书局,1985年版,第361页。
② 张岱:《琅嬛文集》卷一《石匮书自序》,岳麓书社,2016年版,第1页。
③ 杨艳秋:《明代史学探研》,人民出版社,2005年版,第3页。

明初,受文化专制主义的影响,传统史学逐渐僵化,走向衰落。但这并不意味着明初河南地区史学活动停滞不前。终明一代,河南地区史书编纂活动前后相继,著史写史、以史经世者代不乏人。官方史书一般由国家组织人员编修,因而带有强烈的政治色彩,并且侧重史鉴和资政,出现了一大批史学价值不甚高超的史鉴类书籍。这些书籍,意在联系社会现实,扩大训诫对象,以达到社会教化的目的。经由官方倡导而出现的史鉴类史书盛极一时,风气所及,私修史书的修纂也不免本着教化目的而进行。这些史书的作者具有浓厚的理学背景,致使部分私修史书有着明显的理学化倾向。明代河南私家史学的兴起与官方倡导的文化风气产生共振,史鉴资政的编纂意识终明一代未见落潮。

明代科举鼎盛,士人如果不经科举入仕,则难以登上仕途高位。明初朱元璋在擘画国家意识形态时,承继了元朝经验,"一宗朱子之学",学者也"非五经、孔孟之书不读,非濂洛关闽之学不讲"①。在严密的文化政策下,"明初诸儒,皆朱子门人之支流余裔,师承有自,矩矱秩然"②。朱学的独尊,令史学也受到深刻影响。史学结合理学的结果之一是著史过程中存在强烈的纲常名教观念。史学的话语口径只能沿袭程朱理学的脉络进行,明前期传统史学的面目也因此趋于僵化。此一弊端,在明代河南史学的发展中也有明显的表现。

二、走向社会深层:河南史学的光彩

尽管明前期史学有所"废失",但经过武宗一朝的转型,私家著史的风气渐兴。顾炎武曾这样总结明前期至中期私家著史的时代转型:"国初人朴厚,不敢言朝廷事,史学因以废失。正德以后,始有纂为一书,附于野史者。"③

我们注意到,明前期河南士人在史著方面有其自身特色,注重社会伦理教化乃至社会救济的史学经世观念表现突出。明初理学家曹端关心世教,注重社会教化,其史学思想包含了义理化的因素,但其中也蕴含了鲜明的个人色彩。

---

① 陈鼎:《东林列传》卷二《高攀龙传》,广陵古籍刊印社影印本。
② 张廷玉:《明史》卷二百八十二《儒林一》,中华书局,1974年版,第7223页。
③ 顾炎武:《亭林文集》卷五《书吴、潘二子事》,《顾亭林诗文集》,中华书局,1983年第二版,第114页。

曹端的理气一体之说在理学后期发展中别开生面,颇具影响。他在史学思想方面的贡献是从理学的角度论述社会教化的伦理意义,体现了义理化史学的思想倾向。明初周王朱橚《救荒本草》一书的刊布,突破了前代本草类书籍侧重药用的局限,将活民生计作为编辑此书的目的,经世观念强烈,开后世此类撰述之先河,丰富了明代河南撰史活动的内容。

弘治、正德以后,河南私家撰史活动非常活跃,以记事性笔记为主的史学撰述层出不穷,马文升的《马端肃三记》、许进与许论父子的《平番始末》和《九边图论》、李化龙的《平播全书》等均是此类著作的代表。大量人物传记的编写也为河南私家史学的发展增色,王廷相、何景明、吕坤、王惟俭、陈耀文、何瑭、李濂等人的著作中都保存了相当数量的人物传记。传记书写数量的增多,其背景是明代文学思潮的变化,前后七子倡导所谓"文必秦汉,诗必盛唐"的文学复古口号,打破了明初受政治钳制而表现沉闷的文坛格局,史学由此而获得发展,明代河南史学的地域文化特色也得以彰显。李濂的《祥符文献志》《祥符乡贤传》《汴京遗迹志》充分反映了河南史家著述的地域文化特色,成为河南史学引人注目的一个面向。

随着明朝中晚期社会危机的加剧,河南私家史学与时代需求相呼应,有意识地针对时代问题提出个人看法,回应社会问题的历史撰述越来越多。如河南史家特别重视对边境军事的记述,好言军事且在兵部出任要职的马文升、许进、许论、李化龙等人都有相关著述。他们身居高位,又有实际的领兵作战经验。他们所记载的边境与军事情况,不单是实际经验的总结,还能为后来的军事斗争提供有益思考。另外,河南地区不少史家在明代官场饱受政治倾轧之苦,多年的宦海沉浮让他们对时代危局抱有常人不具备的警惕与清醒。他们通过自己的方式将官场险恶和政治经验记载下来,为我们了解明代社会提供了极大帮助。

明代河南史学强调社会教化,其中不仅有贴合国家一以贯之的社会文化政策的一面,还有对儒学本位的身份认知。河南史家多数是自小读诵儒家经典、参加科举考试获得成功的科举精英,他们关心朝政自不必言。如果从儒家学者的角度观察,他们对生养之地的关心和关注,也从另外一个方面说明了科举精英群体历史撰述的倾向性。吕坤、李濂、杨东明、何瑭等人都将史书撰写的眼光投向社会底层。他们或撰述训诫类文章,规范社会伦理;或详细考察地方先贤,梳理地方文脉与文化传统;或讲学乡梓,助力地方教育;或对灾后流民画影图形,以期唤醒统治阶层赈济灾民。这些都是河南史家与时代互动留下的文化特质。

明代河南地区方志编纂也有突出之处。嘉靖、万历以来,社会上形成了一种重史风气。祁承㸁在《澹生堂藏书约》中说:"古人经济之易见者,莫备于史……得史之益,代实多人。故尊经尚矣,就三部而权之,则子与集缓,而史为急。"史学在社会上得到普遍重视,关心和编修地方史志也成为一时风气。河南史家李濂、李贤、王崇庆、崔铣、何瑭、曹金等人,多有组织编纂地方史志著作的经验。李濂编纂了系列开封地方史著作,李贤主持编修了《大明一统志》,王崇庆应地方官员之请编纂了嘉靖《开州志》和嘉靖《长垣县志》这两部志书,崔铣也曾参与纂修《彰德府志》,何瑭在《怀庆府志》的编修中受托"为校正","乃订其讹谬一二,间有损益",体现致仕官员在地方史志编修中的作用。①

明人有强烈的入世进取和积极经世的心理取向。尤其在嘉靖、万历以后,众多史家试图通过编修史书,给出现种种社会危机的国家提供解决问题的方案。明代河南史家中,不少是身居高位的官僚,如曾主持隆庆改革的内阁首辅高拱,进行过边疆保卫战役的马文升、李化龙、许进等人,都直接参与了明代的政治事务。其他如吕坤、王惟俭、王廷相等人,也都有务实致用的史学思想,他们认为史著应该关切世务、经世致用,为国家治理提供有用的经验。河南史家对水利、治河、漕运、盐法、荒政、农政等关涉地方民生的事情多有记载,军事史、兵书史、边疆史地等也是河南史家最感兴趣的撰述内容。

受明中叶以来"崇实避虚"的实学思潮影响,明代河南史家强调历史考证的重要性,陈耀文所著《天中记》为此类翘楚。《天中记》作为明代类书中的佼佼者,不仅内容广泛,类目众多,还有明显的特色。明代类书"大都没其出处,至于凭臆增损,无可征信",而《天中记》则不然,"此书援引繁复,而皆能一一著所由来,体裁较善"②。此书的出现,是明代考据学日趋严谨的反映。林庆彰曾说:"自杨慎开创博雅炫奇之考据学风,直至晚明方以智集其大成。其间陈耀文、王

---

① 乾隆《怀庆府志》,中州古籍出版社,2013年版,第1页。
② 永瑢等:《四库全书总目》卷一百三十六"天中记"条,中华书局,1965年版,第1155页。

世贞、胡应麟、焦竑、周婴等人,皆能纠前人之讹误,使学风渐趋严谨。"①陈耀文的史学考证也是在这样的考据学风的影响下形成的。注重考核,严辨史料,客观公正地描述历史,也是明代河南史学的一大特点。

总之,明代河南史学的发展与明代史学的整体发展既相一致,又有自己的特点。明代史学思潮的变化影响了河南史学的发展趋向,而河南史学的某些特征也为明代史学的发展提供了思想上的支撑,二者之间是一种互动关系。

第二节　曹端的理学与史学思想

曹端(1376—1434),字正夫,号月川,河南渑池人,学宗程朱,号为明初大儒,学者尊称月川先生。史称"其学务躬行实践,而以静存为要"。其事迹见《明史》卷二百八十二《曹端传》。曹端生活于"洪武、永(乐)宣(德)之际",自幼聪颖,"少负奇质,知读书"。曾有"座下着足处两砖皆穿"的苦读经历,"师事宜阳马子才、太原彭宗古",儒学功底深厚。永乐六年(1408),33岁的曹端参加河南乡试,高中第二名;次年,参加京城会试,以副榜第一的身份得授山西霍州学正。

步入仕途的曹端,在日常行政之余,潜心理学,有"倡明绝学"的美誉。②曹端的理学思想,服膺程朱,其上溯宋儒周敦颐,有意标举理气一体之说,与朱熹的观点有别。曹端主张的理气一体说,在理学后期的发展中别开生面,颇具影响。明初理学家薛瑄便是"闻先生(即曹端)之风而起者",甚至其他对曹端之学有异议之人,如罗钦顺、王廷相等辈,也因曹氏所言而竞相提出个人见解,或是陷朱学于悃愊无华之境,或是颠倒朱学理气观,将朱学理本气末之说阐发为气本理末,使程朱理学在明朝中后期濒于支离破碎,从侧面给王学势力的抬头提供了机会。

---

① 林庆彰:《明代考据学研究》,学生书局,1986年版,第590页。
② 张廷玉:《明史》卷二百八十二《曹端传》,中华书局,1974年版,第7240页。

一、曹端的理学贡献

　　理气一体之说，是曹端借阐发周敦颐《太极图说》之机提出的新思想。《太极图说》在曹端的理学表述中具有根源性的思想价值，"周子《太极图说》为宋理学之宗"，其图"有纲有目，有本有源"，甚至周敦颐的《通书》也被曹端视为"近世道之源"。曹端所着意阐发的理学之思的新发源，是他将周敦颐这位理学宗师的"太极论"作为周氏的"千载不传之秘"，"微周子启千载不传之秘，则孰知太极之为理而非气也哉？"① 曹端不同意《朱子语类》中关于理乘气的观点，强调理气一体，认为理同于太极，其本身自能动静。这点为后世儒者所认识。孙奇逢便留意到曹端在理气问题上不同于朱熹的看法，"平情定气而商订之"便是异于朱说之处。②

　　朱熹为阐释理乘气之说，曾有一段形象的譬喻："太极，理也；动静，气也。气行则理亦行，二者常相依而未尝相离也。太极犹人，动静犹马，马所以载人，人所以乘马，马之一出一入，人亦与之一出一入。盖一动一静，而太极之妙未尝不在焉。"③ 朱熹强调太极、理、气之间的相即不离，但彼此并不相杂，太极动静与理气之间呈现摩荡相济而不夹杂的情势。曹端则认为理气是"无彼此"的一体之物，"理气未尝有异"，理与气是为一体，从而有别于朱熹言理必言气，言气必言理的理气相对待的"二物"之说。

　　受曹端影响，后学如薛瑄更进一步认为"太极能为动静"，"太极无动静，则为枯寂无用之物"④，而理气也是"无缝隙"的，"理气密匝匝地，真无毫发之缝隙"⑤，"理只在气中，决不可分先后"⑥，正是接续曹端理气一体之说而进行的发挥，但他的发挥却使朱学陷入悃愊无华的枯淡境地。薛瑄既然认为理气之间

---

① 曹端：《曹端集》卷一《太极图说述解序》，中华书局，2003年版，第2页。
② 孙奇逢：《夏峰先生集》卷四《曹月川太极图书铭述解序》，中华书局，2004年版，第129页。
③ 朱熹：《朱子语类》卷九十四《周子之书》，中华书局，1986年版，第2376页。
④ 薛瑄：《薛文清公读书录》卷九，明嘉靖四年刊本，美国国会图书馆藏，第10页。
⑤ 薛瑄：《薛文清公读书录》卷八，明嘉靖四年刊本，美国国会图书馆藏，第8页。
⑥ 薛瑄：《薛文清公读书录》卷四，明嘉靖四年刊本，美国国会图书馆藏，第14页。

"无缝隙",则可推知即物便可求理,物理一致的结果是求物便代替了求理。物在理学的语境中指代"日用事为""言行酬酢"等形之于外的"下学"。既然薛瑄强调求物即是求理,下学工夫的达成便等同于明理复性的上达工夫,那么在薛瑄这里,理学所谓下学而上达的、由日用言行而推乎心悟思辨的思想进程被割裂了,变成仅仅强调下学而忽视上达的"偏枯"之学,致使朱学在他的话语中变得仅限于日常言行。后世黄宗羲评价薛瑄之学,只是"兢兢检点言行","多困于流俗"①。推诸薛瑄思想根源及理路,曹端理气论的学术影响可以想见。

其他如罗钦顺、湛若水、王廷相等人皆在一定程度上受到曹端理学观点的影响。罗钦顺上接曹端之学,有所得之后疑及朱熹,"自有月川'死人骑活马'之疑,遂启罗整庵'天地无非一气,初非别有一物曰理'之论"②。罗氏不承认气之外还有一理。罗氏晚年撰成《困知记》,其中言及薛瑄体认到"理气无缝隙,故曰器亦道、道亦器,其言当矣",但对薛瑄反复论证"气有聚散,理无聚散"之说"不能无疑",看到薛瑄认为理气仍为二物的体认"未免时有窒碍",指出"气之聚便是理之聚,气之散便是理之散,惟其有聚有散,是乃所谓理也",突破了以理为绝对的限制,接续了自曹端、薛瑄以来的理气一体之说。

曹端的学术观点在明初预示了理学发展的新趋向,为薛瑄、罗钦顺、王廷相等人提供了有益的思想资源,还为理学内部讨论有补于世的实学提供了可供思维的别样路径。③

二、曹端的义理化史观

曹端义理化思维下的史学观念也值得深入探讨。它是史学义理化背景下的特定产物,其主要特征是史书编纂要打破前代"实录"存史的旧有模式,转而以理学"明义"观念指导史书撰述,史论之风大行于世,史家重议论、重发挥义理,士人社会价值观念在义理化观念背景下发生深刻变动。④ 曹端史学义理化思

---

① 黄宗羲:《明儒学案·师说》,中华书局,2008年版,第3页。
② 钱穆:《朱子新学案》第一册《朱子论无极太极》,九州出版社,2011年版,第305页。
③ 唐宇元:《论明初曹端的理学及其历史意义》,《河北学刊》1987年第2期。
④ 刘连开:《宋代史学义理化的表现及其实质》,《广西大学学报》1997年第4期。

维较多地体现在他的两部家训著作上,即《家规辑略》和《夜行烛》。

曹端一生推崇族居浙江金华浦江的郑氏义门家法,录其家法中的主要内容,参以己见,撰成《家规辑略》。他在该书自序中说:"且国有国法,家有家法,人事之常也。治国无法,则不能治其国;治家无法,则不能治其家。譬则为方圆者,不可无规矩;为平直者,不可以无准绳。是故善治国、治家者,必先立法,以垂其后。自今观之,江南第一家义门郑氏,合千余口而一家,历千余岁而一日,以其贤祖宗立法之严,贤子孙守法之谨而致然也。其法一百六十有八则,端悉录而宝之,今姑择其切要者九十有四则,因其类聚群分,定为一十四篇,名曰《家规辑略》,敬奉严君,祈令子孙习读而世世守行之。期底于郑氏之美,而又妄述数十余则,以附其后,虽不能如郑氏之家规妙合圣贤之心法,扶世道,正人心,敦教化,厚风俗,上以光其先,下以裕其后,亦庶乎治家垂训之一小补云。"①在曹端看来,治家与治国一样,必须有规矩,所谓国有国法,家有家规。那么,家规的核心价值观是什么呢?那就是"合圣贤之心法,扶世道,正人心,敦教化,厚风俗",以达到"光先裕后"的目的。显然,在曹端眼里,儒家伦理价值标准是家训、家规中最主要的内容。

理学家曹端笔下的家训条目,蕴含了丰富的社会伦理内涵,所产生的文本自身带有义理化的内容指向。《家规辑略》一书中分列祠堂、家长、宗子、诸子、诸妇、男女、旦朔、劝惩、习学、冠笄、婚姻、丧礼、推仁、治蚕等十四篇,详细规定了家人日常生活中应遵守的规范与礼仪。义理化的表述在书中相当突出,如曹端要求家族子弟要有仁爱之心,不做戕害生灵而有失仁心之事,"牛之耕田,狗之防寇,有功于人,深所当念。吾家所畜牛、狗,有三年以上之功者,死则埋之。其调良异常者,不拘三年之例"。又说:"子弟切不可于山野放火,延烧林木,伤害虫鸟,有失仁心。违者天必不佑。"②

《家规辑略》因受时代思潮影响,不可避免地对社会伦理有严格要求,其表现之一是强调家长正身率下,对顽固不化之人施以严惩。③"古人治家之道,惟以身教为先。为家长者,必先躬行仁义,谨守礼法,以率其下。下有不从化者,

---

① 曹端:《曹端集》卷五《家规辑略序》,中华书局,2003年版,第181页。
② 曹端:《曹端集》卷五《家规辑略·推仁第十三》,中华书局,2003年版,第207页。
③ 赵振:《中国历代家训文献叙录》,齐鲁书社,2014年版,第149页。

不可遽生暴怒,恐伤和气,但当反躬自责……如果愚顽,终化不省,然后责罚之;责罚不从,度不容,陈之于官而放绝之,仍于宗图上削其名,死生不许入祠堂,三年能改者,复之。"①其二是对女性节烈的严格要求,"诸妇夫死,有能持节守义而终身不愿再嫁者,主父、主母当厚恤养,以全其志,毋使失所","诸妇夫死,有愿与夫同归而自死者,当闻于官而厚葬之,所有遗嗣,主父、主母亦厚恤养,毋使失所"。曹端对妇女之中有改嫁、不守妇道之人,严惩之外,甚至有剥夺其生命的苛求,反映了他思想的局限性。"诸妇夫死,而忘恩背义愿适他人者,终身不许来往。如果有子,死后当依《文公家礼》降服杖期而已","女子有作非为犯淫狎者,与之刀绳,闭于牛驴房,听其自死。其母不容者,出之。其父不容者,陈于官而放绝之,仍告于祠堂,于宗图上削其名,死生不许入祠堂。既放而悔改,容死其女者,复之"②。

曹端专为其父所作、意在劝诫家人的《夜行烛》一书,则从儒释关系的角度,张扬儒家义理,辟除佛老思想,以达到切于人伦日用的教化目的。明人张信民曾评价该书说:"书凡十有五篇,首陈善恶祸福之由,继以保身正家之要,其间明礼却俗,阐道辟邪,训子孙,友兄弟,睦宗族,和邻里,嘉言善行,无所不备,其所以闲先圣之道,破愚俗之见,正人心以息邪说者,诚大有所关也。"③清人孙奇逢则评价说:"《夜行烛》一编……于圣人之道,按理指事,振聩发蒙,无人不在其烛照之中。而其旨规,更有独注……日夕诵说于父侧,久而其父悟,遂不事佛。文靖可谓谕亲于道矣!"④透过明清儒者的评价,该书的撰述旨趣昭然若揭。

曹端撰述《夜行烛》的本意不单在劝诫其父曹敬祖不事佛老,提出"圣门之教,敬鬼神而远之,彼佛、老以清净而废天地生生之理,致令绝祀覆宗,祸且不免,福何有焉"的观点,认为崇事佛老并不能邀福免祸,更主要的目的是借儒家经传格言破除佛老之说的暗昧。此外,从书中的篇目设置亦可见曹端理学家的严正立场。全书分为明孝保身、明礼保身、明礼正家、明礼却俗、明伦保家、明哲保身、保身全家、保亲全家、兄弟之亲、睦族和乡、训诫子孙、祸福因由、阴德保后、善恶分辨、明道息邪等十五篇,每篇所录皆为儒家经典和历代儒者关于人伦

---

① 曹端:《曹端集》卷五《家规辑略·家长第二》,中华书局,2003年版,第186页。
② 曹端:《曹端集》卷五《家规辑略·诸妇第五》,中华书局,2003年版,第193—194页。
③ 张信民:《曹月川先生年谱》,载《曹端集》附录二,中华书局,2003年版,第270页。
④ 孙奇逢:《笺夜行烛》,载《曹端集》附录六,中华书局,2003年版,第363页。

日用的表述，目的是对佛老超越社会伦理的立场予以严厉批判："佛、老以不夫妇为清净，则天地不如佛、老之清净矣！然使天地如佛老之清净，则阳自阳而阴自阴，上下萧然，常如隆寒之时矣，万物何自而生哉？万物不生，则吾族固无矣，彼佛老之徒亦能自有乎？……是故圣人顺天地之理，制夫妇之义，使生生而不穷，此所谓参天地而赞化育也……佛老只是一个不夫妇，把父子、君臣、天地、上下之理殄灭尽矣。区区慈悲不杀，清净不扰，夫何补哉？"[①]曹端所论并无新意，与历代辟佛辟道者的言论也无多大出入，但其对佛老的激愤之情却超过他人。

三、曹端义理化史学思想的特点

明清两朝作为帝制时代的尾声，社会矛盾表现得尖锐而复杂，统治阶层为稳固统治和整合社会，大多借力于理学，将理学视为钳制思想、管控文化的工具。理学家们倡导维护国家稳定的社会伦理观念，尤其在官方文化一统而民间文化尚未充分发展的王朝初期，义理化的礼乐教化观念是士大夫治世理想的典型表现。明初理学阵营继承程朱思想的结果之一就是一味仿效，自身的思想创新明显不足，但曹端作为特例，尤其是他关于理学的表述和义理化史学思想的认识，应该得到重视。

曹端义理化史学的思想来源是儒家的礼乐教化传统。礼乐教化作为一种教育方式和价值取向，能为当时政权存在和社会发展提供合理性支撑。儒家强调礼乐教化，认为通过个人修身并予以扩大教化影响，可使社会成员实现内圣成德的道德价值。理学家把礼乐教化作为人的外在他律的规制，还赋予它以内在心性涵养的新内涵，对浸淫理学之道的学者更是要求自觉践行礼乐制度。曹端之所以撰写两部家训，目的不外乎将这种外在伦理规范自觉自愿地转化为内在自律的规制，从而指向礼乐教化以及达到化民成俗的社会理想。

曹端义理化史学思维的起点来自对天道性命的探索。曹端提出："礼者，天理节文。天理无形影，礼文画出一个天理与人看，有规矩可凭，有君臣便有事君底节文，有父子便有事父底节文，他莫不然。节者，限制等级之名。文者，仪章

[①] 曹端：《曹端集》卷四《夜行烛·明道息邪第十五》，中华书局，2003年版，第179—180页。

脉理也……复于礼,则事皆天理而本心之全德也……能克己则礼自复,能复礼则自为仁。"①曹端之所以写出两部家训,其撰述动力即在于此。天道性命没有具体形象,日常生活中的人们难以把握,圣人有鉴于此而制定"节文",以详细的规章制度方便人们在日常生活中有迹可循。礼乐观念乃至天理贯穿于具体的"节文",理为体、礼为用的关系在曹端那里获得了来自本体性的向度。

曹端义理化史学思维的最终指向是实现家庭与社会整体的和谐。曹端强调社会教化的原则是礼乐并存,内外兼修。"礼,阴也,故理焉。乐,阳也,故和焉。合而言之,则阴阳各得其理而后二气和也。"②曹端用理学的话语解释礼乐的功能与价值,礼等同于理,乐等同于和,天理所在之处,礼乐随之存在,所以有"人伦之道,各尽其道,各安其分,无不理且和焉。天高地下,万物散殊,而无不各得其理,然后流而不息,合同而化,而无不和也。以其先理而后和,所以不曰乐礼而曰礼乐云"。礼乐对应的"理"与"和"因而具有了普遍性,同时因为理所具备的秩序意义,具备外在约束特征的礼乐天然地有了内在转化的合理性解释。人若通体接受儒家礼乐教化的浸润,一个和谐有序的理想社会自然能由此展开。

第三节 王廷相的历史观

王廷相是明代中叶著名思想家,对社会历史的盛衰变化有深刻的见解。在本体论方面,王廷相继承、发挥了张载的气一元论思想,坚持气本论,对二程、朱熹的"理在气先"进行了批判。在认识论方面,王廷相有着明显的唯物论思想倾向,对唯心主义的先验论多所批判。在历史观方面,王廷相重视对"时""势""变"的考察,其历史哲学是中国史学史上的宝贵思想财富。

---

① 曹端:《曹端集》卷六《语录》,中华书局,2003年版,第211页。
② 曹端:《曹端集》卷六《语录》,中华书局,2003年版,第211页。

一、王廷相的生平与著作

王廷相,字子衡,号浚川,又号平厓,河南仪封(今河南兰考)人,生于明宪宗成化十年(1474),卒于明世宗嘉靖二十三年(1544),享年七十一岁。葛荣晋曾编辑王廷相年谱,对其生平和著作也有考察。① 王廷相的先世是山西潞州人,祖上并不显赫,也不是豪门望族。天顺年间,其父王增始家徙仪封。他幼年即显露出"聪慧奇敏"、"好为文赋诗",对经史文章颇为留心。十三岁便补邑庠弟子员,以能古文诗赋闻名。二十二岁中举。次年赴京参加会试,因"会试不第",回潞州展墓,聚友讲学。

明孝宗弘治十五年(1502),登进士第,选为翰林庶吉士。王廷相关心边事,曾上书孝宗《经略边关事宜疏》,陈述"权宜振刷之策",令朝中上下莫不以"大用相期"。弘治十七年(1504)便被授予兵科给事中的官职,王廷相"条陈时政,靡所顾忌"。王廷相是明代中期一位敢于同权奸和宦官进行斗争、锐意社会改革的政治家,其间也曾因触犯宦官,于正德三年(1508)、正德八年(1513)两次被贬官。

嘉靖时,官至南京兵部尚书,兼都察院左都御史掌院事。嘉靖二十年(1541),因勋臣郭勋事牵连,以"徇私慢上"罪名,"罢归乡里"。三年后,病卒于家。明穆宗隆庆初年,"诏台谏举先朝应得恤典诸臣,舆论皆以公为最",诏复原官,赠少保,谥"肃敏"。他的文学和哲学思想也为后世所推崇,在中国学术史上占有一席重要的位置。王廷相在思想上具备不可多得的批判精神,他的历史观也具有特殊价值,值得深入探讨。

王廷相一生勤于著述,在不同的人生阶段都有文集存世。这些著作大多保存在《王氏家藏集》和《王浚川所著书》之中。两部书所收内容互有重复。《王氏家藏集》包括诗文四十一卷、《慎言》十三卷、《雅述》二卷、《内台集》七卷、《丧

---

① 葛荣晋:《王廷相》,《中国古代著名哲学家评传》续编第 4 册,齐鲁书社,1982 年版,第 145 页。他还有两篇文章,分别考察了王廷相的年谱和存世著作情况,两篇文章分别是《王廷相著作考》(《吉林大学社会科学学报》1983 年第 4 期)、《王廷相年谱》(《文献》1987 年第 4 期)。

礼备纂》二卷,共六十五卷。《王浚川所著书》中也包括《慎言》十三卷、《雅述》二卷、《内台集》七卷、《丧礼备纂》二卷,但有《王氏家藏集》所未收的《浚川奏议集》十卷、《浚川公移集》三卷、《浚川驳稿集》二卷等内容,共四十二卷。两个本子在内容的编排和顺序上各有不同。有些内容是王廷相生前手定的,有些则是王氏死后经他人增补刊刻的,所以有部分内容的重复。这两个本子是我们研究王廷相历史观的基本资料。

王廷相的思想在当时并不受人重视。明末清初,一代大儒黄宗羲撰写《明儒学案》,为王廷相立学案,赞扬他"理在气中"的思想。但是,有清一代,王廷相似乎被人们遗忘了,很少有人提起,其思想湮没不彰。直到 20 世纪 50 年代,侯外庐在《中国思想通史》第四卷中专门设立章节讨论王廷相的思想,作为思想家的王廷相才引起学界的关注,相关论述逐渐多了起来。

二、王廷相的历史观

学界研究王廷相,较多地关注他的哲学思想,考察他的历史观的文章并不多见。有学者曾就王廷相的历史思想进行了分析,指出王廷相历史观中关于"势""人之理"以及人类之起源和进化等问题的论述极有价值,值得重视。①

王廷相生活的明中期,即明宪宗、孝宗、武宗、世宗四朝,正是明朝内忧外患较为集中的时期。这一时期,国内土地兼并和赋役加重的问题日渐突出,社会生产遭到严重破坏,失地农民纷纷揭竿而起,社会有陷于动荡的危机,而朝廷内部的统治阶层却大都主张墨守成规,反对社会改革。王廷相作为头脑比较清醒的士大夫中的一员,深感历史发展必然是朝着改革时弊、振兴政治、挽救社会危亡的方向发展,即他所言的"势"。

当然,表明历史发展趋势的"势"是中性的,历史事件本身所固有的矛盾可以在适当的条件下转化。王廷相说:"有边鄙必有争,承平久必有逆贼,生齿繁必有妖民。鬼方之役,边也;淮西之役,逆也;黄巾之役,妖也。三者势之所必至

---

① 王培华:《关于王廷相历史思想的几个问题》,《史学史研究》1995 年第 1 期。

者乎!"①他又说:"法久必弊,弊必变,变所以救弊也。"制度的设置有其历史的合理性,但随着具体时空环境的变化,原有的制度设置会走向它的反面,也就是说,长久实施的"法"如果不随时势作相应调整的话,就会生出弊端。解决弊端的方式在于"变","变"就体现出时空环境的具体需要。王廷相注意到有人会质疑"法无不弊,变亦弊"的问题。既然是存在于世的、有形的"法",那就不可能没有弊端,即便进行调整,弊端也不会消失。这是典型的墨守成规者的论调。王廷相深知随着时势变化对事物进行调整是历史发展的大趋势,但他强调不可墨守成规、坐以待毙,而是要"权其利害多寡,变其太甚可也",还要注重方法上的"渐",如"春不见其生而日长,秋不见其杀而日枯,渐之义也至矣哉"②。

王廷相在讨论"势"这个历史发展命题时,某些认识超越了前代学者。如他认为,国家治理的立场应以民众有没有获益为标准,因为"图民之安而治之易"。像郡县制的产生给社会带来的意义,王廷相就认为比分封制更适合社会发展需要。在分封制下,"王纪弛而争雄,民日涂炭",战国七国之间的征战给民众带来深重苦难,因而从民众苦乐之多寡的角度分析,"郡县之民得什之七",较之分封制,郡县制下的民众更能获得喘息之机。从民众苦乐角度分析分封制与郡县制的优劣,就远比那些从皇朝治乱兴衰角度产生的认识要高明得多。

王廷相在柳宗元《封建论》的命题下,发展了"秦郡县……势也,非秦也"的论点,指出新统治形式是伴随着社会实际需要而出现的,是社会历史发展的必然结果,并不一定受制于杰出人物或者王朝的意志。当然,在杰出人物和王朝行政意志的作用下,新的统治形式会或早或晚地出现,但归结到一点,社会历史的实际需要才是新统治形式出现的基础作用力。

基于对"时"的认识,王廷相指出"时势"在历史人物行动中的作用:"天下有不可返之势,故有不可为之时。机在人也,圣人且奈何哉?孟子之道不得行于战国,岂皆齐梁之君之罪哉?亦其势然尔。当是时,秦为富强之国,其民勇于战斗,视山东之国,不啻什之二矣。"在秦国向东方六国进攻之际,"秦人一出,而六国之人皆动。当是时也,民求免于死亡困苦,不可得矣",即便有"圣人不忍人之心,仁义之政,安所从而施之"?在这种历史背景下,王廷相总结为"势之不可

---

① 王廷相:《王廷相集》第四册《慎言》卷七《御民篇》,中华书局,1989年版,第782页。
② 王廷相:《王廷相集》第四册《慎言》卷七《御民篇》,中华书局,1989年版,第781页。

为也"①。这种对"势""时势""不可迫之势"的考察,符合当时社会历史发展的客观趋势,认识也就更加深刻。

王廷相一生好言军事,这与他曾担任过兵科给事中和兵部左、右侍郎的经历有关。他生活的时代是明朝历史上社会矛盾较为尖锐的时期,其本人也经历了多次农民战争,好言军事就成为他撰述的一大特色。王廷相认为,在具体的战争环境中,"势"在其中所发挥的作用主要体现在四个方面:一是地理形势与地理条件,二是经济条件和军事优势,三是政治条件和政治优势,四是个人力量的发展壮大。② 具体政治、经济、军事、地理等条件的作用,产生了影响事物发展趋势的决定性力量。这些因素构成了王廷相所言的"势",也成为历史发展的具体条件。

王廷相在哲学思想上独树一帜的地方,是他关于气本论的讨论,由此产生的历史观念也不可避免地带有唯物论的气质。气本论的基本观点是论证理和气的关系,王廷相认为"气载乎理,理出乎气","气为理之本,理乃气之载;所谓有元气则有动静,有天地则有化育,有父子则有慈孝,有耳目则有聪明是也"。从这一哲学立场出发,王廷相的历史认识论比较注重探讨历史本体的问题。如他从气本论出发,考察人类社会的发生机制:"有太虚之气而后有天地,有天地而后有气化,有气化而后有牝牡,有牝牡而后有夫妇,有夫妇而后有父子,有父子而后有君臣,有君臣而后名教立焉。"③王廷相从物质性的"太虚之气"出发,讨论"气化"这一物质运动形式,从而论证了从自然界到人类社会不同发展阶段存在的问题。

此外,王廷相针对人类婚姻发展阶段的认识也颇有新意。他说:"洪荒之世,犹夫禽兽也。唐虞之际,男女有别,而礼制尚阔也。殷人五世之外许婚,周人娶妇而侄娣从媵。以今观之,犯礼伤教甚矣!"三代以前,婚俗与禽兽无异,处于一种蒙昧混乱的状态。随着时代演进,唐虞时期已经进入父系氏族部落联盟时代,男女之间的性别差异在习俗中得以体现,但此时的礼制仍然疏阔,并不严谨。从明朝礼制发展至严格、细致的阶段,反观殷商、西周时期的婚俗,依然被

---

① 王廷相:《王廷相集》第四册《慎言》卷七《保傅篇》,中华书局,1989年版,第797页。
② 王培华:《关于王廷相历史思想的几个问题》,《史学史研究》1995年第1期。
③ 王廷相:《王廷相集》第四册《慎言》卷一《道体篇》,中华书局,1989年版,第752页。

视为"犯礼伤教"之甚。王廷相解释说，之所以出现这种情况，并不是当时制礼作乐之人没有意识到这种问题，而是"当时圣人不以为非"的原因是"安于时制之常故耳"。为此，王廷相总结道："是故男女之道，在古尚疏，于今为密，礼缘仁义以渐而美者也。"王氏充分认识到古人的婚姻礼俗从疏到密的历史发展大势，符合历史发展的客观实际。当时复古思潮背景下，他的这些涉及历史进化论的观点，确实属于相当大胆的离经叛道的言论。这些论说启发了后世如王夫之的历史进化观，具有进步意义。

总而言之，王廷相的历史观以他的哲学思想为基础，承认社会历史发展过程中存在"事理之常"和"事势之变"，尤为强调历史发展过程中"势"的作用，主张渐变，反对突变，"善继政者因之，故有所损益而民心不骇，有所变革而民信然。突然大变，掎挈于势而为之者，昧道也，乱道也，儒之迫者乎"①。王廷相从民众能否适应政策变动的角度出发，要求统治阶层顺势而为，不可做激烈的突变，从而实现社会"礼缘仁义以渐而美者"的渐变。

第四节　高拱的史学成就

高拱（1512—1578），字肃卿，明代河南开封府新郑县人。先后任翰林院编修、侍读、侍讲学士、太常寺卿掌国子监祭酒事、礼部左侍郎、吏部左侍郎兼翰林院学士，继以吏部左侍郎兼翰林院学士掌詹事府事。嘉靖三十一年至三十九年（1552—1560），高拱还担任裕王（即明穆宗）讲官长达九年。嘉靖四十四年（1565）六月，升任礼部尚书兼翰林院学士，次年，以礼部尚书兼文渊阁大学士入阁参与机务。时任首辅的徐阶，因与高拱意见不合而发生冲突。② 在徐阶的政治强压下，高拱无奈求退。隆庆元年（1567）五月二十三日，称病乞休。蛰居两年半后，隆庆三年（1569）腊月，穆宗召其还阁，任吏部尚书。到隆庆六年

---

① 王廷相：《王廷相集》第四册《慎言》卷七《御民篇》，中华书局，1989年版，第785页。
② 王世贞：《嘉靖以来首辅传》卷六《高拱传》，文渊阁四库全书本。

(1572),在与司礼监太监冯保及大学士张居正的斗争中失利,被逐离朝,居家六年而卒,年六十七岁。

高拱在为期不长的隆庆改革中施展了自己的政治抱负和才华,为万历改革铺垫了基础,对明代政治发展的历程施加了深刻影响。[1] 高拱性格强势,"任气使才,敢于有为"[2]。但他的性格中包含了忠君庇民、求真务实、勇于创新、勇毅担当等品格,为其政治改革得以实施奠定了基础。

一、高拱的经史著述

高拱在隆庆六年离朝回家后,专心治学,有数部有价值的著作存世,包括万历二年(1574)成书的《春秋正旨》,万历三年(1575)成书的《问辨录》和万历四年(1576)的《本语》,加上此前嘉靖三十九年辑成的《日进直讲》。这些著作集中反映了高拱的学术和政治见解,是了解他的思想与史学成就的重要资料。

嘉靖年间辑成的《日进直讲》是高拱为裕王准备的讲学材料。高拱试图透过阐释和演绎儒家经典向穆宗灌输政治思想。这种努力是颇见成效的。穆宗登基后,高拱渐获重用,他的人生履历充分说明了这一点。《明史·高拱传》说:"穆宗居裕邸,出阁讲读,拱与检讨陈以勤并为侍讲。世宗讳言立太子,而景王未之国,中外危疑。拱侍裕邸九年,启王益敦孝谨,敷陈剀切。王甚重之,手书'怀贤忠贞'字赐焉。"[3]高拱在穆宗讲筵上的讲读表现和办事能力获得了穆宗的肯定。

高拱在《日进直讲序》中提到,与他一起承担讲读任务的还有检讨陈以勤。高拱和陈以勤是同年进士和庶吉士,讲读的内容是"四书"及经书或史书。史书指的应是弘治年间孝宗命人编纂的《通鉴节要》。高拱在《日进直讲》中,训释经文字句和演绎儒家义理之余,适当表述自己对人君所应留意的问题和所宜采取的治国之法的见解,以便裕王采择。《日进直讲》较多的内容是儒家经典,收

---

[1] 牛建强、高林华编:《高拱、明代政治及其他》,河南大学出版社,2010年版,第36页。
[2] 支大纶:《皇明昭陵编年信史》卷二,隆庆五年六月二十五日,四库全书存目丛书补编本。
[3] 张廷玉:《明史》卷二百一十三《高拱传》,中华书局,1974年版,第5639页。

录了高拱《大学》《中庸》全部讲稿和《论语》部分章节讲稿。是书可视为高拱早期传统的学术思想,"拱乃于所说书中,凡有关乎君德、治道、风俗、人才、邪正、是非、得失之际,必多衍数言,仰图感悟"。他的讲述方法,"先训字义,后敷大义而止"①。

《春秋正旨》作为反映高拱经史观念的首部学术著作,写于他首次入阁失利后回归故里之时。高拱延续春秋尊王的传统,强调孔子作《春秋》意"以植天地,以扶人纪,正所以尊王也"。高拱深诋宋儒对《春秋》经义的曲解,意在通过政治家视角的诠释,以正"万古纲常"②。《四库全书总目》言及是书,"是编之作,盖以宋以来说《春秋》者穿凿附会,欲尊圣人而不知所以尊,欲明书法而不知所以明,乃推原经义,以订其谬"。尽管高拱此作篇幅短小,但在清儒看来,"其言皆明白正大,足破说《春秋》者之痼疾。卷帙虽少,要其大义凛然,多得经意,固迥出诸儒之上矣"③。

《问辨录》一书主要针对朱熹《四书章句集注》中一些"臆说",提出质疑,对朱熹《集注》中那些"成心未化"之说"返溯本原,屏黜偏陂",以期开显出"四书"经义的真正内涵。④ 清人评价高拱此书持之有故,"皆确有所见",可以"备参考而广见闻"⑤。通观此书,可知高拱对"四书"经义确有心得。这是他学术上较为成熟的一部作品。

《本语》是高拱晚年学术水准最高的作品。该书不但从经学角度讨论先儒之失,辩驳传注之误,还注意到从史学角度分析治乱兴衰之迹。儒学经典中的史实典故被重新予以讨论,意在从中寻求切于时事的实学思想。高拱坚持在国家实际治理当中贯彻"实学"与"实政",以二者的互补互动为经世实学的旨归。蕴含于书中的实学思想,直接服务于他在隆庆时代的改革活动,也突出反映了他的史学认识与成就。

---

① 高拱:《高拱全集》(下)《日进直讲序》,中州古籍出版社,2006年版,第837页。
② 高拱:《高拱全集》(下)《春秋正旨序》,中州古籍出版社,2006年版,第1069页。
③ 永瑢:《四库全书总目》卷二十八"春秋正旨"条,中华书局,1965年版,第231页。
④ 高拱:《高拱全集》(下)《问辨录序》,中州古籍出版社,2006年版,第1087页。
⑤ 永瑢:《四库全书总目》卷三十六"问辨录"条,中华书局,1965年版,第302页。

二、高拱的史学认知

高拱从政治实际操作者的角度看待古今学术,经世致用的实学思想在他的几部著作中一再得以强调。高拱意识到,自明世宗以来,一方面皇帝疏于向皇位继承者传授实际治国经验,导致皇位继承者缺乏帝王治国之术;另一方面,当时的经筵和日讲所讲的内容不切实际。高拱主张皇帝应该在经筵中较多地了解"祖训"和历朝史事,便于年轻皇帝取法借鉴。

高拱史学认知的一个观点是强调国家治理在于"法祖","帝王创业垂统,必有典则贻诸子孙,以为一代精神命脉"。但是明穆宗却没有机会获得来自世宗的当面教导,神宗在10岁登基之时也未能获得穆宗的指授,所以祖宗大法不得耳闻,"迨我穆皇,未获有所面授;我皇上甫十龄,穆皇上宾,其于祖宗大法,盖未得于耳闻也"。从穆宗到神宗,一开始便没有得到这种精神命脉的传授,那么来自前代的治国经验将无从获得,"精神命脉既所未悉,将何以鉴成宪,绳祖武乎?"高拱对此提出解决的办法,"臣愚谓宜先知祖宗家法,以为主本,而后可证以异代之事,不然徒说他人,何切于用"。高拱基于现实讲读实践,结合自己对经史之学的理解,得出穆宗在藩邸时所学缺乏实用性的结论。加之世宗也没有直接传授治国经验,导致后来穆宗在治理朝政方面不得要领。为扭转皇帝经验缺乏的局面,高拱提出在经筵和日讲的内容中增加讲读祖训的主张。这一办法为后来的张居正在神宗的经筵上付诸实施。[1]

此外,高拱不满于讲读官员出身翰林,短于庶务,不仅对治国理政缺乏实际经验,而且只知讲解高头讲章,讲解过程中缺乏教学技巧,"流于迂腐","狃于曲学"。高拱指出,内阁辅臣和经筵讲官出身翰林,作为侍从之官,备顾问即可,让他们的平日诗文训练与实际工作相协调,不免出现"所用非所养,所养非所用"的情况。有鉴于此,高拱主张给予阁臣和讲官以特殊而有实用性的训练,使他们具备办实事的能力。高拱这种经世思想不同于保守道学家的传统见解,应是在鉴古知今的史学讲读中获得的历史经验,其目的是训练讲官的讲读技巧,从

---

[1] 朱鸿林:《明神宗经筵进讲书考》,《华学》2008年第9辑。

而使皇帝或储君具备应有的个人道德和治国能力。

高拱是一个在政治上和学术上都有特别表现力的人。他自觉地把实政与实学相结合,体现了他一生的事功都是建立在深厚的学术根基之上的历史事实。高拱志不尽舒,才不尽酬,尤其在其晚年,两次入阁,两次被迫离去,受到的打击自然是极为沉重的。高拱罢官家居,鉴于不能与朝臣交接的政治环境,不屈其志,闭门自励,发愤著书,为后世留下数种学术著作。高拱有意将这些著作分类整理,目的是便于后人查考相关政事,提供借鉴。

高拱在学术上的地位,得到学界认可。有学者曾指出高拱在经权问题上的看法,"使中国的历史哲学、道德哲学进入辩证思维的殿堂"[1]。高拱研究历史问题,特别关注朝廷政争、政治观点、学术思想,并有着鲜明的现实主义特征。透过存世的高拱著作,嵇文甫曾将高拱的学术特质概括为"尚通"和"尚实",亦即平正通达、实用贵今。嵇文甫还曾以《本语》《问辨录》和《春秋正旨》为史料剖析高拱的学术思想,深入探讨了他在理气、心性、经权、义利等问题上的观点,指出继任者张居正的学术和事功在许多地方都渊源于高拱,从思想上找出了张居正改革与高拱隆庆改革之间存在的继承关系,进而肯定了高拱是一位站在时代前面开风气的人物。[2]

高拱是明朝中后期著名的政治家、改革家和思想家,还是隆庆、万历年间改革运动的奠基者和推动者。他将学术研究与现实政治相结合,获得了"社稷名臣、救时良相"的赞誉。明代实录评价高拱"才气英迈,遇事能断"[3],"实有忧国家之心,兼负济天下之具"[4]。这些都可从其学术理路与情怀之中觅得端倪。

---

[1] 张立文:《中国哲学范畴发展史》,中国人民大学出版社,1995年版,第735页。
[2] 嵇文甫:《张居正的学侣和政敌——高拱的学术》,《河南民报》1946年10月25日至11月1日。
[3] 《明神宗实录》卷八十四,万历七年二月乙巳,"中央研究院"历史语言研究所校印本。
[4] 《明神宗实录》卷三百七十,万历三十年三月丁卯,"中央研究院"历史语言研究所校印本。

第五节　吕坤的史学思想

明代中期以后,学术思想比较活跃,有力挺程朱理学者,有批评程朱理学者,也有修正程朱理学者。在这种相对活跃的思想氛围中,河南地区产生了王廷相、吕坤这样的大思想家。对于吕坤的思想,学界认识颇不一致,有人认为吕坤是反理学的思想家,也有人认为吕坤仍属理学中人。这种认识的歧异恰恰反映了吕坤自身思想的复杂。至于吕坤的史学思想,学界较少探讨,为我们深入认识吕坤留下了空间。

一、吕坤的著述活动

吕坤(1536—1618),字叔简,号新吾,又号近溪隐君、抱独居士等,归德府宁陵(今河南宁陵)人。其事迹见《明史》本传。吕坤一生经历了嘉靖、隆庆、万历三朝,大致可分为三个阶段:早年从学时期(1536—1573)、中年仕宦生涯(1574—1597)、晚年致仕乡居时期(1597—1618)。[1] 吕坤分别在陕西、山西、山东及朝廷做官二十余年,历任知县、户部主事、参政、按察使、布政使、巡抚、右金都御史、刑部左右侍郎等官职,后因上疏遭谗,辞官回乡,83 岁卒于故里。

嘉靖四十年(1561)秋,26 岁的吕坤高中河南乡试第三名。次年春,赴京参加礼部会试,不第。隆庆五年(1571),36 岁的吕坤赴京会试,虽然得中,但因为母亲李氏病故,在籍守制,没有参加廷试。守制三年过后,万历二年(1574)春,入京参加殿试,以三甲第五十名赐同进士出身,授命为山西潞安府襄垣县知县,后官至刑部侍郎。吕坤一生功名学问,后世有"刚介峭直,留意正学"之评价。[2]

---

[1] 马涛:《吕坤评传》,南京大学出版社,2000 年版,第 2 页。
[2] 张廷玉:《明史》卷二百二十六《吕坤传》,中华书局,1974 年版,第 5944 页。

吕坤早年在经史著作之外，主要研习性理之书。吕坤自少颖悟超群，年十五，读史书及儒家性理诸书，欣然有会，作《夜气钞》《招良心诗》。吕坤博览群书，对医学书籍与佛经内典也有涉猎。20岁时，吕坤协助其父撰成《小儿语》上下卷，又受父命续作《小儿语》上中下三卷，广为刊刻，流布甚广。

中年时期的吕坤，虽历经宦海沉浮，但不改其"刚介峭直"的处世风格。他留意"治心"之术，严格约束自身道德修养。所作《四礼翼》以及后来的《闺范》《闺戒》《宗约歌》等著作，都是吕坤为便于普通民众理解儒家伦理，"以民间之日用常行，浅近鄙俗，可以家喻而户晓者，析为条目，俾童而习之，白首而安之，毙而后已"之作[1]。吕坤试图通过此类理学背景浓厚的社会教化性质的著作，有意识地对社会转型背景下危机四伏的明代社会提出个人的救世改革方案。

明中期以后，社会思潮围绕救世和启蒙两个维度展开。一些具备革新意识的学者针对时弊，从不同角度提出解决方案。吕坤从儒家伦理实践层面展开的论述，反映了他的某种救世观念。其中，吕坤的史学意识在这些具体的实践活动中起到了支撑作用。《闺范》一书是吕坤为山西按察使时所作。吕坤有感于当时社会女性大多不守礼法，而且能够规范妇女行为的女教书又有种种缺陷，不适合多数知识水平不高的女性学习，就仿照刘向《列女传》的体例编撰此书，"辑先哲嘉言、诸贤善行"，采用"绘之图像"的方法，对其中的"奇文奥义，则间为音释"。"是书也，首列四书五经，旁及诸子百家，上溯唐虞三代，下迄汉宋我朝，贤后哲妃，贞妇烈女，不一而足。嘉言善行，照耀简编，清风高节，争光日月，真所谓扶持纲常，砥砺名节，羽翼王化者是已"，而且采用"一人绘一图，一图叙一事、附一赞"的方法，做到"事核言直，理明词约"，获得了"真闺壶之箴鉴也"的评价。[2] 吕坤在书中将个人的史学思想隐藏于具体文本之后，借助"前列嘉言，后载善行，复绘之为图，系之以赞"的形式，目的"无非欲儿女子见之，喜于观览，转相论说，因事垂训，实具苦心"[3]。吕坤在每段事例之后附上"吕氏曰"，发表看法，在宣扬其社会教化观念的同时，也蕴含了丰富的史学思想。

---

[1] 吕坤：《四礼翼序》，《吕坤全集》，中华书局，2008年版，第1342页。
[2] 沈德符：《万历野获编补遗》卷三《戊戌谤书》，《万历野获编》下，中华书局，1959年版，第874—875页。
[3] 陈宏谋：《教女遗规》卷中，《五种遗规》，中国华侨出版社，2012年版，第117页。

晚年时期的吕坤,"以少司寇予告归里,杜门日著书数百言"①。学术上和孙立亭、孙月峰、顾宪成诸人往来较多。吕坤对程朱理学和王学持批判态度,崇尚实学,敢于打破传统,不迷信权威,力图突破经学藩篱。这可以从他和孙立亭往来的书信中得知一二。与孙月峰论学时,吕坤讨论了时政得失,并从历史和实际的角度提出应对之道,对学风变化也有深刻认识。吕坤还支持顾宪成等人领导的东林学派,强调经世致用,反对只重空谈、不务实际的空疏学风。他主张:"而今学问,正要扩一体之义,大无我之公,将天地万物收之肚中,将四肢百体公诸天下,消尽自私自利之心,浓敦公己公人之念。这才是真实有用之学。"②

吕坤的学术论著,大多完成于晚年,并将《交泰韵》《疹科》《阴符经注》《家乐解》《四礼疑》等著作汇集刊刻了《去伪斋文集》。从其著述类别而言,吕坤精研音韵、医科、子学、音律、伦理等学,治学领域宽广,兴趣广泛,将其实学致用的学术理念彰显无遗。同邑人王胤序《去伪斋文集》云:"先生学务实践,耻自欺欺人,故以去伪名斋。"解释了文集题名的由来。③ 朱国祯也在其文集序言中总结了吕坤晚年的行止和文集的旨归:"既居林下凡二十年,时不能用,则有《去伪》集若干卷。盖抉世俗病根,直指出示人。一生得力处全在于此,所谓质鬼神而无疑,俟百世圣人而不惑者。"强调吕坤一生学问的宗旨在于"以性命为堂奥,德义为藩篱,诵读为饮食,神气清宴,心宇高明"。朱氏阐发了吕坤实学的意旨,指出吕坤对虚浮学风极为不满,"慨然于世之炫耀夸张,尽丧本实,相习为伪,以自误并误天下者",鉴于学界以己昏昏,使人昭昭的现实,吕坤治学坚持"平实简约,树骨于训典之区,取材于旷衍之路,而归根于平淡精实","登堂入室,凑泊古儒先之辙"④。

吕坤一生,"所著述多出新意"⑤,在明中期学术思想一体多元背景下,开出一条属于他自己的思想新路,也为后人探究其人其学留下一片新天地。

---

① 吕坤:《吕坤全集》,中华书局,2008年版,第1728页。
② 吕坤:《吕坤全集》,中华书局,2008年版,第211页。
③ 吕坤:《吕坤全集》,中华书局,2008年版,第1698页。
④ 吕坤:《吕坤全集》,中华书局,2008年版,第1697页。
⑤ 吕坤:《吕坤全集》,中华书局,2008年版,第1727页。

二、吕坤的史学思想

吕坤曾一度担任《宁陵县志》的执笔。他在县志的跋文中,明确表达了个人的撰史立场:"直是事实,据之古今闻见,褒贬公之国人。"反对"借是非之权以市恩怨","慊慊畏人言以诎公义",秉笔直书的史学思想在他身上体现无疑。这一史学思想的出现,并非无源之水,而是有着深厚的文化传统。

吕坤一生倡导实学,求真务实、秉笔直书的史学思想便是其实学观念的直接反映。在思想领域,吕坤身处王学已然取代朱学占据主导地位的时代。在吕坤的思想世界中,延续宋学一脉下来的理学,无论朱陆之间谁胜谁负,都不过是给故纸陈卷中增添故纸而已,而且理学所讨论的问题和理论原则无一不是极其烦琐和难以遵循的,所以他从实用的角度,提出只需理会自家身心性命之理即可。吕坤还批评宋儒"泥古","是古非今","局促迂腐",还对当时空疏的学风提出批评,"近日学问,不归陆则归朱,不攻陆则攻朱。假设推尊两家,是于陈卷中多添故纸;驳正两家,是于聚讼中起灭官词"[1]。吕坤的思想特点是强调实心实做,要以博综百家、贯通融汇诸家学问为旨归。汪永瑞概括吕坤思想特征时说:"吕先生之学,以自得为宗,不切切训诂,而于古六艺之旨博综贯通,驰骋上下,皆有以穷其旨趣而通其大意,至于天地鬼神阴阳之变,山川风土之宜,兵谋权术,浮图老子之所记载,靡不抉择而取衷焉,盖合内外之道也。"[2]可谓抓住了吕坤思想的核心。

吕坤既然有合内外之道的思想取向,那么就需要从这一角度认识他的史学思想,才能得见其史学思想的具体面貌。在晚明救世启蒙思潮的影响下,吕坤注重从历史连续性角度深入批判总结宋明理学,还在严肃的思想批判活动中开发出具有启蒙意义的历史思维。有鉴于历代治乱兴衰的历史事实和现实社会政治的晦暗不明,吕坤倡导一种具有社会改革意义的救世主义,他撰写种种切合社会需要的、反映伦理教化的通俗化训诫性著作,其目的正在于改革时弊、淳

---

[1] 吕坤:《吕坤全集》,中华书局,2008年版,第218页。
[2] 吕坤:《吕坤全集》,中华书局,2008年版,第1731页。

化社会风俗。吕坤的史学思想正是这场救世启蒙思潮的现实反映。

"春秋学"的观念贯穿于吕坤思想的各个层面。《春秋》本属史书,因为儒学国家意识形态的奠定,具备了权威化的经典面貌。吕坤承袭了前代的春秋学思想,但又有超越前代之处。吕坤认为《春秋》是"代天讨罪之书"。既然卑贱者有罪,尊贵者可以讨罪,那么尊贵者如果有罪,将由谁来讨罪呢?那就是《春秋》。《春秋》被拿来讨罪的价值基点在于定是非,"立成案,定罪名,讨以万世之是非,虽斧钺不及,诃诟不及,万世之是非在"。吕坤重视史学的道德褒贬价值,认为能定万世之是非的《春秋》可"使既往之凶魂奸魄闻之寒心,犹为悔祸之鬼;后世之贼子乱臣读之夺气,不为稔恶之人"。从这个意义上说,《春秋》"权之重,重于天与君","是非之权,大于天与君"。吕坤还认为:"天之祸福未必当于善恶,而《春秋》之褒贬不敢爽其是非",因为"天有定,有未定。《春秋》者,既定之天也,故曰天之天矣"。天与君,犹能因徇私而有所避忌,但是《春秋》定下了是非的一贯标准,某种意义上说便具有客观标准的价值,所以吕坤认为"孔子之《春秋》所以为万世史臣之准也"①。价值标准一旦确立,一定时空范围内就有了超越天与君的存在价值,儒家因此拥有了约束天与君的理论武器。

吕坤史学思想超越别人之处,还可结合他的重民思想进行综合考察。吕坤曾说:"盈天地间只靠二种人为命,曰:农夫、织妇。"②劳动者成为吕坤心中的天下根本。民的地位和尊严,在吕坤那里得到重视。相应地,身为人君则要清醒地认识到民众的力量,"无事时唯有丘民好蹂躏,自吏卒以上,人人得而鱼肉之。有事时唯有丘民难收拾,虽天子亦无躲避处,何况衣冠?此难与诵《诗》读《书》者道也"③。平常无事时,甚至走卒都可以压榨蹂躏人民,可一旦人民奋起反抗,即便是君主也无法抵御,更不用说官僚士大夫之家了。吕坤这种历史性的眼光相当深刻,尤其在晚明社会动荡之际,更显示出其预见性和现实性。

吕坤生活的年代,明王朝已经进入中后期,政治腐败,财政屡屡陷入绝境。吕坤在这种形势下踏入仕途,但他并没有因为吏治腐败而丧失改革社会的勇气。吕坤一生为官清廉,持法公允,压制豪强,同情民众,为治下的民众做了不

---

① 吕坤:《吕坤全集》,中华书局,2008年版,第85页。
② 吕坤:《吕坤全集·前言》,中华书局,2008年版,第15页。
③ 吕坤:《吕坤全集》,中华书局,2008年版,第857页。

少实事。宦海沉浮,加深了吕坤之于社会与历史的深刻认知,他基于实学思想而发展出的史学思想,在明中后期救世与启蒙的社会思潮中尤为重要,其价值值得深入探讨。

第六节　王惟俭的史学成就

王惟俭,字损仲,明末河南祥符(今河南开封)人,是一位刚直的官吏,也是一位很有成就的史学家。《明史》及《明史稿》均有传。万历二十三年(1595),王惟俭中进士,授潍县知县,迁兵部职方主事。万历三十年(1602),因卷入一场政治事件,被削职为民,家居二十年。"终神宗之世,二十年不起,以其间尽读经史百家之书,修辞汲古,于斯世泊如也"①。明光宗即位后,复起为光禄寺丞,升为大理少卿。天启三年(1623)擢为右佥都御史,山东巡抚。天启五年(1625)擢南京兵部右侍郎,还未赴任,改任工部右侍郎。又因受到魏忠贤党羽御史田景新弹劾,回乡闲住,以读书著述自遣,"自忤旨罢归,十年闭门却扫,隐几读书,尽发二酉之藏,正三史之误,他年著述,必有可观"②。王惟俭学识渊博,亦有很高的文物鉴赏能力,其于史学一道颇有成就。《明史·王惟俭传》称:"惟俭资敏嗜学,初被废,肆力经史百家。苦《宋史》繁芜,手删定,自为一书。好书画古玩。万历、天启间,世所称博物君子,惟俭与董其昌并,而嘉兴李日华亚之。"③

钱谦益曾盛赞王惟俭的名士风度:"余所交学士大夫,读书通解,议论有根据者,损仲而外,不可多得也。"称其"风流儒雅,竟日谈笑,无一俗语,可谓名士矣"④。王士禛也称:"钱牧斋于万历后文士,独许祥符王损仲为博雅。"⑤王惟俭

---

① 钱谦益:《列朝诗集小传》丁集下《王侍郎惟俭》,上海古籍出版社,2009年版,第639页。
② 王惟俭:《史通训故》,张民表《史通训故序》,郭孔延、王惟俭、黄叔琳《史通释评·史通训故·史通训故补》,上海古籍出版社,2006年版,第246页。
③ 张廷玉:《明史》卷二百八十八《王惟俭传》,中华书局,1974年版,第7401页。
④ 钱谦益:《牧斋初学集》卷八十四《书王损仲诗文》,《钱牧斋全集》三,上海古籍出版社,2003年版,第1769页。
⑤ 王士禛:《池北偶谈》卷十四《王损仲》,中华书局,1997年版,第323页。

一生治学勤奋,史学著作有《宋史记》250卷、《史通训故》20卷、《王损仲史钞》13卷,诗文集有《王损仲文》2卷25篇、《王损仲诗》甲乙稿(甲稿2卷,乙稿1卷,总180篇)。

一、《宋史记》《史通训故》与《王损仲史钞》

王惟俭的名山事业主要在其史学著作。有学者对他的《宋史记》进行过详细考述。① 王惟俭之所以改编《宋史》,是苦于《宋史》繁芜,又指斥《宋史新编》之陈腐。钱谦益曾提及此事,"余与损仲商榷史事,横襟相推……损仲扬眉抵掌,时扪腹自叹,挥斥柯维骐《新编》陈俗腐烂,徒乱人意"②。王惟俭所作《宋史记》计纪十五、表五、传二百、志三十,总二百五十卷,比之《宋史》之四百九十六卷,仅有半数。与《宋史》相校,王氏《宋史记》少天文、五行、仪卫、艺文诸志,其他志表均大为删减,但增入了宋初诸国年表、辽金二年表及辽金二国之传。③
有学者分析了王惟俭删减《宋史》的几个着眼点,如其增加、删除、调整修改了《宋史》之中某些篇目和内容,还针对《宋史》自身存在的各种弊病,从体例、内容、文字等多方面进行了上述工作,一改《宋史》"繁芜"之弊。《宋史记》是王惟俭一生用心的著作,是书问世后,向以钞本流传。钱谦益称:"吴兴潘昭度抄得副本。今损仲家图籍,尽沉于汴京之水。未知吴兴抄本云何?"④王士禛引钱谦益所言,可知钱谦益曾亲见潘氏抄本:"庚午石门吕无党游太学至京师,予见其行笈中有此书。盖即潘本涂乙宛然二百五十卷。首纪,次表,次传,次志。纪十五,表五,列传二百,志三十,通为《宋史记》。"⑤潘氏抄本后来辗转藏于太仓闻少谷家。藏书家瞿秉渊曾说:"汴梁水灾,王氏原稿已亡,幸苕上潘昭度录得其本,展转藏于太仓闻氏,历二百余年而完善无阙。"⑥据《中国古籍总目》,国家

---

① 杨绪敏:《王惟俭与〈宋史记〉考述》,《史学月刊》2014年第2期。
② 钱谦益:《牧斋有学集》卷四十六《跋东都事略》,《钱牧斋全集》六,上海古籍出版社,2003年版,第1515页。
③ 吴丰培:《旧钞本明王惟俭〈宋史记〉二百五十卷》,《文献》1982年第2期。
④ 宋继郊:《东京志略》卷十一《宫邸宅第》附明代堂,河南大学出版社,1999年版,第412页。
⑤ 王阮亭:《跋宋史记凡例》,南京图书馆藏清刊潜德堂丛书本。
⑥ 瞿秉渊:《宋史记凡例》识语,南京图书馆藏清刊潜德堂丛书本。

图书馆与北京大学图书馆各有一部清抄本。南京图书馆还保存有八千卷楼振绮堂旧藏之小方堂抄本。①

王惟俭的另一部史学名著是《史通训故》二十卷。唐人刘知幾的《史通》旧刻,到了明代已经传世甚少。传世的本子也都文句脱落,各自不同。到了万历年间就有人从事《史通》的校理和注释工作。万历初有张之象本,增入七百三十余字,删去六十余字,查漏补缺,号称善本。但不知所据何本增删,所以也不能认为是善本。随后又有郭孔延注释本,也有不注明出处的问题。王惟俭根据张、郭二本参校《史通》,自谓校正了一千一百四十二字。引证详细,超越前人。②

有学者认为王惟俭编纂《史通训故》,并非仅仅是为了注释《史通》而作,而是为了编撰一部明代纪传体史书,需要从《史通》中寻求理论借鉴。所以他在整个编纂过程中始终坚持避繁从简、速成其书的写作原则。③ 二十卷《史通训故》,逐篇对《史通》全书进行注释和文字校勘。按照王惟俭自己的说法,"乃以向注《文心》(即《文心雕龙》)之例注焉",用自己以前注释《文心雕龙》的体例来注释《史通》,所以《文心雕龙训故·凡例》也就是《史通训故》的体例。王惟俭注释《史通》的总原则是避繁从简,以此处理书中的具体内容,所以能在八个月的时间内完成手稿,"历八月讫功"④。

《史通训故》的学术价值主要体现在校勘和注释两个方面。清代四库馆臣将王惟俭《史通训故》与郭孔延《史通评释》相比较,发现二书增补内容相同。蒙文通也曾指出这一问题,还说:"损仲之说不审,《提要》之语亦失于检核。"⑤ 仅从校勘成果来看,这些言论似乎指向王惟俭掠他人成果为己用,但考察二者校勘的史源,郭、王二人是各自独立进行校勘工作,所依据的底本一致,所以出现了校勘成果一致的现象。二人之间不存在抄袭关系,只能说王书暗合了先前的郭书。⑥ 注释方面,王惟俭较为突出的一个问题是伤于太简。郭孔延所作注

---

① 杨绪敏:《王惟俭与〈宋史记〉考述》,《史学月刊》2014 年第 2 期。
② 刘乾:《王惟俭及其著作》,《河南图书馆季刊》1983 年第 1 期。
③ 王嘉川:《王惟俭〈史通训故〉编纂考》,《廊坊师范学院学报》2014 年第 1 期。
④ 王惟俭:《史通训故序》,郭孔延、王惟俭、黄叔琳《史通评释·史通训故·史通训故补》,上海古籍出版社,2006 年版,第 247 页。
⑤ 蒙文通:《蒙文通文集》第三卷《馆藏明蜀刻本〈史通〉初校记》,巴蜀书社,1995 年版,第 425 页。
⑥ 王嘉川:《王惟俭〈史通训故〉编纂考》,《廊坊师范学院学报》2014 年第 1 期。

释则内容丰富,尽管有过于繁细和出处不明之处,但这种内容详细的注释方式在清代以后受到欢迎。清代以来的《史通》注释者,如浦起龙《史通通释》、赵吕甫《史通新校注》、张振珮《史通笺注》等著作基本采取了郭孔延式的详细注释方式,而没有选择王惟俭的简注方式。毕竟详细注释对《史通》的阅读者们而言,能提供更多的便利。

王惟俭在史学方面的著述,还有一部《王损仲史钞》,十三卷,内容是对历史上具体事件、具体问题的评论和考证,从《史记》到《元史》为十二卷,最后一卷写的是当代明史,名为《吾学编》。此书有明末精刻本,序跋与校阅姓名皆无,半页九行,行十八字,字大板阔,品相较佳。王惟俭在书中的史评和考证较有价值,如其关于《宋史》中"洪迈使金"一节的评论,就反映了王氏重气节、重直笔的史学风格。①

二、王惟俭的史学旨趣

王惟俭号称博雅君子,精于鉴赏,在晚明颇受推崇。钱谦益知王氏颇深,曾评价他的诗文:"损仲诗清婉,而近于弱,为文求归简质,未脱谿径,意不可一世,沾沾自喜。尝以近诗数百篇示余,余为绳削,存什之二三。损仲喜,持以告人曰:'知我者,虞山也。'"②王惟俭的文章多是经过友人们的选定,可知其人自律甚严,不为世俗所动。

王惟俭重视在史著中体现史学的劝世功能,强调春秋笔法的劝诫作用。《宋史记》凡例云:"宣尼作经,左丘立例,然后世学者亦恐过为揣摩之词。今既不诸事立凡,亦须稍为区别。如侯王曰薨,宰执而封公王者亦曰薨。卿辅曰卒,官卑而直谏、理学者亦曰卒。其奸邪者削官曰死,滥刑者备官曰杀,刑当而有罪者曰伏诛。金、辽、夏、元争战,云掠得其地曰取,而复陷曰入。宰执免罢,原无低昂,而奸回退位,方书罪免。朱紫略分,用存体例。"以春秋笔法著史,未免显得迂腐。但是,他对《续资治通鉴纲目》一类的史书提及辽、金用兵便说"入寇"

---

① 刘乾:《王惟俭及其著作》,《河南图书馆季刊》1983年第1期。
② 钱谦益:《列朝诗集小传》丁集下《王侍郎惟俭》,上海古籍出版社,2009年版,第640页。

的做法非常不满,并予以纠正。他在《宋史记》凡例中说:"如此之称,施之于楚昌、齐豫逆命之臣可也。势均敌国,岂宜尔乎？今悉曰犯、曰侵,以示与国之义。"王惟俭一改以往将宋视为正统,而将辽、金看作夷狄的做法,平等对待"势均敌国"的宋、辽、金三国。①

王惟俭的史学著作和个人诗文集都有着较深的社会关怀意识。他不遗余力地揭示明代社会中的矿监税使等弊政,关心辽东战事。他从民众的基本需求出发,关心在战事中受害最深的黎民百姓,而且对明与后金之间尖锐的矛盾和频繁的战事有所反思。王惟俭对边境上其他少数民族并不一概仇视,强调"羌戎亦赤子,休使塞烟惊",要把羌戎也视为赤子,不要人为地割裂与他们的联系,劝人不要轻开边衅。② 这些观点经常出现在他的历史著作中,值得研究者予以重视。

第七节 陈耀文与《天中记》

明代晚期,随着专制统治基础的动摇,一大批在史学上具有重要地位的史学家涌现出来,编修了大量的历史著作,王世贞、李贽、王圻、陈耀文、焦竑、谈迁等人都是其中的佼佼者。这种现象在史学史上被称为"晚明史学的崛起"。陈耀文作为这一史家群体中的一员,在心学盛行的嘉靖、隆庆年间,以重视文献著称,其在史学上的成就别具一格。

一、陈耀文生平及其著作

陈耀文(1524—1605),字晦伯,号笔山,明代朗陵(今河南确山)人。明后期

---

① 杨绪敏:《王惟俭与〈宋史记〉考述》,《史学月刊》2014年第2期。
② 刘乾:《王惟俭及其著作》,《河南图书馆季刊》1983年第1期。

著名文献学家。少年时代即以聪明好学著称,"生而颖异,日记千言,目数行俱下,乡里号为神童"①。12岁时,补邑庠生员。嘉靖二十二年(1543)中举,嘉靖二十九年(1550)举进士,授中书舍人,后累官至陕西行太仆卿。据《嘉靖二十九年进士登科录》的记载,可知陈耀文生平家世的大致轮廓:"贯河南汝宁府确山县,军籍。国子生。治《易经》。字晦伯,行一,年二十七,正月初六日生。曾祖仁,岁贡生。祖万言,卫经历。父惟精。母张氏。重庆下。弟耀武、耀勋、耀儒、耀德。娶李氏。河南乡试第十五名,会试第一百三十二名。"②这是陈耀文参加科考,填写于官方《登科录》中的个人信息,可信度应无疑问。陈耀文的家庭成员及其生卒年可以从中得知。陈耀文27岁时登嘉靖二十九年进士第,推知其生于嘉靖三年(1524),又根据《本朝分省人物考》、乾隆《确山县志》等资料,陈耀文卒年82岁,推知他卒于万历三十三年(1605)。③

陈耀文入仕后的大致履历如下:嘉靖三十三年(1554)由中书舍人选刑科给事中,以假归。三十四年,复除。三十五年,升工科右给事中。同年六月,被派督造帝真殿。三十六年,升工科左给事中。同年,因谏言忤首辅严嵩,被贬任魏县丞。三十八年,量移淮安推官。四十一年,任宁波、苏州同知,后迁南京户部贵州司郎中。隆庆四年九月,升江西布政司左参议。隆庆五年五月,升浙江按察司副使。隆庆六年八月,升陕西行太仆寺卿。万历二年,在陕西行太仆寺卿任上两年多的陈耀文,因不乐边塞,遂请辞官告归。直至万历三十三年去世,其间杜门谢客,专心著述,是为其学术上的收获期。④

陈耀文擅长吏事,著述也称不凡,"明敏果断,以文学著,一时知名士多出其门"⑤。其著述除《天中记》六十卷以外,见于《明史·艺文志》和《四库全书总目》者,还有考证诸经古义的《经典稽疑》二卷,订正杨慎《丹铅录》的《正杨》四卷,杂录诸书新异之语的《学圃萱苏》六卷,还有采掇唐宋歌词而成的《花草粹编》十二卷。此外,还有《学林就正》四卷、嘉靖《确山县志》二卷。四库馆臣在《经典稽疑》《学林就正》《天中记》《花草粹编》等书的提要中,对陈耀文的这四

---

① 乾隆《确山县志》卷十八《人物上》,乾隆十一年刊本。
② 龚延明主编:《天一阁藏明代科举录选刊·登科录下》,宁波出版社,2016年版,第76页。
③ 朱仙林:《陈耀文生平事迹及其交游考》,《古籍整理研究学刊》2017年第2期。
④ 张宁修、陆君弼纂:《江都县志》卷十六《秩官名臣传第三·文职》,万历二十七年刻本。
⑤ 洪家禄:《大名县志》卷十三《职官志》,民国二十三年铅印本。

部书给予了较高评价。《四库全书总目》云:"有明一代称博洽者推杨慎,后起而与之争者则惟耀文,所学虽驳杂不纯,而见闻终富。"①若以陈耀文的《天中记》观之,评论应属确当。当代学者亦称,陈耀文在心学盛行的嘉靖、隆庆年间,不同于流俗,博览群书,潜心搜辑考证,有志于实学的研究,确属难能可贵。②

二、《天中记》的编撰、类目与评价

《天中记》是陈耀文编撰的一部体量较大的类书,因其内容丰富,引用的古书较多,为后世所重。清代四库馆臣最早对此书进行过详尽的考订,有《考异》一卷。有学者曾就《天中记》的版本源流进行过考察,指出是书从隆庆三年李袭撰序时初具规模,至万历二十三年屠隆校五十卷本成型,其间历时二十六年。陈耀文在隆庆三年纂成《天中记》手稿,未分卷。万历二十三年前后,请屠隆进行校订。屠氏在厘定出前四十卷、末十卷共五十卷后离去,陈耀文先将这五十卷付之剞劂。陈耀文之子陈龙光增补本至少增补了五卷,并对屠隆校本中的一些错讹和缺失进行了补充完善。加上陈龙光后续刊刻的内容,六十卷《天中记》成型。③

至于《天中记》一书名称的来历,有学者指出,陈耀文籍贯确山县,汉置朗陵县,以朗陵山为名。后魏改安昌县,隋改朗山,宋改确山。明代确山属河南汝宁府辖下。《天中记》一书序文作者陈文烛与四库馆臣都认为,陈耀文因其所居近天中山,以此为名。但学者们认为陈氏所居汝宁府多山,名山不仅只有天中,陈氏如此命名具有深意。援引宋刘敞之语,或能解释书名的来由:"豫州天地之中,而汝南又为豫州之中,故汝宁北三里有山名天中,一名天台,云古测影植圭,莫准于此。"如此看来,《天中记》一书的命名,大致原因有三:陈氏所居地近天中山;天中山有地处天地之中的传说;书中所记又有所谓天地之事,也符合陈氏藏之名山的意愿。④

---

① 永瑢等:《四库全书总目》卷一百三十六"天中记"条,中华书局,1965年版,第1155页。
② 冯惠民:《陈耀文和他的〈天中记〉》,《文献》1991年第1期。
③ 沈秋燕:《〈天中记〉版本源流新考》,《图书馆杂志》2019年第6期。
④ 冯惠民:《陈耀文和他的〈天中记〉》,《文献》1991年第1期。

陈耀文编纂《天中记》所付出的心力,在李蓘笔下有这样的描述:"陈君晦伯夙负奇资,长多逸思,手不停披于六艺之书,目不辍视于百家之说;事有所闻,虽远道其必致,意有所属,虽蔀屋其必详。伺晓忘曛,燃膏继晷,盖自登第迄今,历二十年而乃成此书。其力诚强,而其心诚专且恒也。"①今人冯惠民认为,陈耀文编撰此书应开始于嘉靖二十九年,经过了约二十年的编撰,《天中记》虽初具规模,却并未完稿。即便是后来屠隆校订过后刊出了五十卷,陈氏父子也还在增益补正。王重民《中国善本书提要》云:"今行本皆为六十卷本,当是最后定本。惟初印者,卷五十以后未编卷数,卷数作墨钉,后印本始统次第为六十卷……此本六十卷皆编卷数,为后印,且有补版,复有增益,如卷一之末补刻张衡《周天大象赋》是也。"②

《天中记》的类目编排,屠隆在序中曾言:"晦伯所为记,悉罗古今之所恒有,而又能广搜耳目之所不及见闻,琅函云笈,奥书秘典,往往而在。"此书还有一个名称,叫《寰海类编》,"寰海"就是极言其大。在这本"类编"中,陈氏将自己所能看到的典籍,包括历史、小说、科技、艺术等等,以事为目,按其性质分类编纂,使古往今来相同之事,尽归于一编之中。分门别类地将各类书中的有关材料编纂起来,以备检索考察之用,能够省去很多苦思冥想的工夫。书中包含天文、地理、奇闻逸事……事无巨细,尽收编中。是书六十卷的体量,分类详尽,有二百余万言,着实称得上"寰海"二字。③

《天中记》作为明代类书中的佼佼者,不仅内容广泛,类目众多,还有一个明代类书所不及的特色。明代类书"大都没其出处,至于凭臆增损,无可征信",而《天中记》则不然,"此书援引繁复,而皆能一一著所由来,体裁较善"。尽管四库馆臣也提到此书在体例与编次上的疏失,如"所标书名,或在条首,或在条末,为例殊不画一","第一卷内篇目已毕,复缀以张衡《灵宪》一篇,编次亦无条理"。但他们从考据学立场出发,肯定了陈耀文的工作:"尤能于隶事之中,兼资考据,为诸家之所未及。"还说:"有明一代称博洽者推杨慎,后起而与之争者则惟耀文。"《天中记》也并非尽善尽美,四库馆臣的评价较为符合实际,"夫天下

---

① 陈耀文:《天中记》,李蓘序,文渊阁四库全书本。
② 王重民:《中国善本书提要》,上海古籍出版社,1982年版,第375页。
③ 孙顺霖:《陈耀文和他的〈天中记〉》,《天中学刊》1995年第2期。

事物无穷,一书卷帙有限,自有类书以来,未有兼括无遗者"。就连"《太平御览》卷帙盈千,所未录者尚不知凡几,况此五六十卷之书乎?是固不足为耀文病也"①。

河南学者孙顺霖对《天中记》在校勘、辑佚方面的价值给予了中肯的评价。他认为《天中记》在校勘学上有不容忽视的价值。它的优点不仅在于标明所引古书的出处,还在于书中所引古书,在今天有些已经亡佚,即便是有些书存世,但已非陈氏所见古本。所幸《天中记》为后人保存了不少珍稀资料,其中某些内容还能补正史之阙。如《天中记》卷十三城部"统万"条,就保存了《晋书·载记》所未录的内容。《晋书》中提到赫连勃勃以叱干阿利筑统万城,城筑好之后,"锥入一寸,即杀作者而并筑之"。"筑之"下遗漏了"不入,即杀行锥者"七字。这七个字在《天中记》中保存下来。

《天中记》还保存了不少佚文,为历代辑佚者所疏忽。许多后世亡佚的古书在明代还能看到,《天中记》中或多或少地保存了这些古书内容的片段,如阳固《北都赋》,《魏书·阳固传》就说"辞多不载",《全上古三代秦汉三国六朝文》也只是有目无文,但《天中记》卷四山部"大翮"条下就保存了这段文字,足见此书的辑佚价值。

《天中记》最主要的价值还是用以校正古籍。传世文献中不少令人费解乃至错误的内容,《天中记》或多或少都可以拿来进行校勘,其中一个主要原因是此书的引文较存世今本为优。举凡古籍中的错字、脱字,《天中记》如果涉及,大多可以从中得到解决。陈耀文看到的古老版本,不少是宋人以前的钞本,如其多次引用的《齐人要术》,就有可能是唐本,唐朝避李世民的讳,改"民"为"人"。

陈耀文在编纂《天中记》时,有意识地对各类摘抄的资料进行校勘,考校其得失,还能提出个人见解。《四库全书总目》就说:"自九流忐纬,以逮僻典遗文,搜罗颇广,实可为多识之资。每条间附案语。如《玉篇》《广韵》之解诞字为生,《水经注》之以苗茨堂为茅茨堂,《世说注》以钱唐为钱塘,唐《逸史》之记孙思邈年代舛错,《新唐书》之载安禄山死日乖互,皆为抉摘其失。又向来类书之沿讹者,如《合璧事类》以狄兼谟为魏谟,《锦绣万花谷》以浮图泓为一行,《事文类聚》以刘溉为到溉,《万卷菁华》以晋建元元年为汉武帝,孔氏《续六帖》以三阳

---

① 永瑢等:《四库全书总目》卷一百三十六"天中记"条,中华书局,1965年版,第1155页。

宫为逭暑宫,皆一一辨证。"①可见其价值非同一般。

《天中记》作为一部重要的类书,也并非全无缺陷。是书暴露出援引文字却不忠实于原作,按照个人意见改动文句等问题。不过这都属于旧时类书的通病。还有前文提到的内容体例、目录编次,缺乏严谨的安排,条目分属显得混乱,不便于读者检寻。

尽管《天中记》有这样那样的问题,但我们注意到此书是经陈耀文一力经营,其中甘苦,非资讯发达的现代可比,对作者经营之不易应报以同情之理解。《天中记》一书卷帙浩繁,征引事例,偶有疏忽,在所难免。在明代,陈耀文向以博学著称,其博洽多闻与考据严谨在其著作中多有精彩之笔。相比于众多明代著作,陈氏能得到以严苛著称的四库馆臣的赞誉,固然有陈氏考据学立场与乾嘉学风相合的因素,也同样与其本人著述之严谨和论证之精辟密不可分。陈氏以严谨著称,他在书中的史实考证与名物训诂,在明代实无几人可堪比拟,其学术开拓精神和对后世学风之引领,足令后世敬对其人、称扬其学。

第八节 多姿多彩的撰史活动:河南史学走向社会深层

在中国史学发展史上,明代史学具有自己的特点,那就是撰述内容丰富多彩,稗官野史空前增多,经济史著述极为繁富。在这样的史学发展的大背景下,河南史家率先将史学的触角探伸到社会生活的每一个角落,所撰史书涉及荒政、边防、军事、地方史等各个领域,开拓了历史撰述的范围,丰富了历史撰述的内容。

---

① 永瑢等:《四库全书总目》卷一百三十六"天中记"条,中华书局,1965年版,第1155页。

一、荒政史著述及其思想

(一)朱橚与《救荒本草》

《救荒本草》一书的作者,自明中期以后即存在分歧。一般认为,该书是周定王朱橚所作或由他主持编纂。还有一种看法,认为该书系周宪王朱有燉所作。周定王朱橚,系朱元璋第五子。洪武三年(1370)四月,朱橚封为吴王,后于洪武十一年正月初一改为周王,以开封为藩国。洪武十四年十月抵达开封,成为首代周王,死后谥号为"定",故称周定王。其子朱有燉,洪熙元年(1425)闰七月二十日继嗣王位,是第二代周王,死后谥号为"宪",史称周宪王。

河南史家牛建强从史源学的角度,认定该书系周定王朱橚所作或由他组织编纂。① 之所以能够确定此书的作者,是结合了卷首周王左长史卞同的序文以及序文下标注的"永乐四年岁次丙戌秋八月"的作序日期而得出的结论。卞同在序中提到:"周王殿下体仁遵义,孳孳为善,凡可以济人利物之事无不留意。尝读孟子书,至于'五谷不熟,不如荑稗',因念林林总总之民不幸罹于旱涝,五谷不熟,则可以疗饥者恐不止荑稗而已也。苟能知悉而载诸方册,俾不得已而求食者不惑甘苦于荼荠,取昌阳,弃乌喙,因得以裨五谷之缺,则岂不为救荒之一助哉?于是购田夫野老,得甲坼、勾萌者四百余种,植于一圃,躬自阅视,俟其滋长成熟,乃召画工绘之为图,仍疏其花、实、根、干、皮、叶之可食者,汇次为书一帙,名曰《救荒本草》。"卞同的序详细说明了《救荒本草》一书得以编撰的缘起。根据史料记载,朱橚生于元至正二十一年(1361)七月,卒于洪熙元年(1425)闰七月。永乐四年(1406),朱橚45岁,卞同序中所言"周王殿下"非朱橚莫属。《救荒本草》一书的作者或主持编纂者也可确定为周定王朱橚。至于说为什么明中期以后把周王认为是朱有燉,牛建强分析原因有三:一是此书在传刻过程中,卞同序文被删,如李时珍就说:"近人翻刻,削其大半,虽其浅见,亦书之一厄也。"②卞同序文被删,直接影响后人对此书作者的判断。二是史称周

---

① 牛建强:《〈救荒本草〉三题》,《南都学坛》1995年第5期。
② 李时珍:《本草纲目》卷一《序例上·历代诸家本草·救荒本草》,文渊阁四库全书本。

宪王朱有燉"恭谨好文辞,兼工书画,著《诚斋录》《乐府传奇》若干卷。又集古名迹十卷,手自摹临勒石,名东书堂,集古法帖,遒丽可观,所制乐府新声,大梁人至今歌舞之"①。朱有燉文名颇盛,明中期后,周王几乎成为朱有燉的专属称谓,其他周王的形象因此被刻意忽视。牛建强还提到,如果考虑朱有燉生于洪武十二年(1379),到永乐四年已经 28 岁,有可能参与到此书的编纂之中,但也不能因此将此书的著作权冠名到朱有燉身上。综合考虑,首代周王朱橚才是此书的作者或主持编撰之人。

《救荒本草》之成书有着深刻的社会背景。朱元璋颇为重视荒政,"明政恤灾救荒,旷古未有"②。洪武一朝,多次发布备荒防灾的诏令,命令官府引导民众提高抗拒自然灾害的能力。发生灾荒,又会采用诸如折征、减征、蠲免赋税、借贷、赈济等手段减轻民众负担,意在减轻灾荒烈度,早日恢复正常生产、生活秩序。朱元璋重视荒政的行动自然对社会上下产生影响,周定王身处中原,有鉴于中原旱涝不定、土地盐碱化减产等自然问题,有意通过考察野蔬,绘影图形,方便分辨可食用野菜的种类,补充青黄不接时期粮食的匮乏。

《救荒本草》参考了《图经本草》一书。卞同序称:"是编之作,盖欲辨载嘉植,不没其用,期与《图经本草》并传于后世,庶几萍实有征。而凡可以亨芼者,得不蹢藉于牛羊鹿豕。苟或见用于荒岁,其及人之功利又非药石所可拟也。"《救荒本草》一书共收草本植物和木本植物多达 414 种,分作上下两卷,每卷又分前后,实际应为四卷。采自《图经本草》者 138 种,新增 276 种,由此可知此书是根据中原地区野生植物的分布情况调查得来。两书区别在于,《图经本草》指向疗疾,而《救荒本草》重在备荒。

《救荒本草》根据植物性质与外形特征分为草、木、米谷、果、菜五大门类,每一门类又根据植物的可食部位如叶、实、根、笋、花、皮、茎等分为十五类。还将每种植物分作植物概述、疗饥、治病(新增植物无此项)三个栏目。植物概述主要对植物的释名、产地、特征、性味等进行细致描述,便于辨识和采集。疗饥主要记述某种植物的食用部位和炮制加工方法。治病则非此书关注的重点,内容多省略,仅标注"文具本草某部"字样,表示治病类植物可以参考侧重药物类本

---

① 焦竑:《国朝献征录》卷一《周宪王朱有燉》,学生书局,1965 年版,第 22 页。
② 《古今图书集成·经济汇编·食货典》卷九十三,荒政部总类七,中华书局,1934 年影印本。

草书《图经本草》。

《救荒本草》的问世,表明本草学进入了新的发展阶段。此书扩展了本草类著作的适用范围和内容构成,是一部极具特色和极富应用价值的不朽之作。该书目的明确,直指救荒,实用性高。这对补充明代北方旱作农业生产力低下之不足,保证民众生产生活秩序颇具意义。该书立足现实需要,分门别类地处理植物信息,具备近代实证科学的因素,还开同类书籍撰述之先河。明代一大批荒政类本草书籍就是在它的基础上陆续刊刻出版的。该书图文并茂,文字洗练准确,颇便实际操作,也为后世植物学著作的撰写提供了范本。[1]

(二)杨东明的《饥民图说》

杨东明(1548—1624),字启昧,又作起修,号晋庵,别号惜阴居士。杨东明出生于河南虞城,1576年中举,1580年进士及第,授中书舍人。九年后,升任给事中。明神宗长期怠政的结果之一是行政官员递交的大量奏折无法得到皇帝的回应,杨东明别出心裁,为了上报1594年南直隶、河南、山东等地发生的严重水灾,有意采用图画的方式引起皇帝重视。《饥民图说》(一卷)就是在这个背景下产生的。书中凡十四图,前十三图将灾后流民的困苦之状细致描绘,再配合俚俗话语说明实情,令人心生恻隐,最后一图是杨东明拜疏之像。神宗被这份特殊的奏折深深打动,发动两宫出内帑、百官捐俸禄以救灾。书首冠以奏疏批答以及户部议赈疏,以示文件的权威。卷末有男春育、春融刊及六世孙榴重刊字样。

杨东明后来因为卷入党争而被迫致仕,但他辞官归乡后积极参与基层社会建设,修建社仓用以平抑谷价,设立义庄以帮助穷苦民众耕种自活。还曾与乡民一道参与修筑被大水冲垮的河堤,对地方教育也颇多用心,创办义学供穷苦子弟读书求学。杨东明建设家乡的事迹经由地方官员上奏,明光宗将他召回京师,后来的明熹宗最后任命他为刑部右侍郎。[2]

杨东明作为北方王学的代表之一,与阳明后学一道积极阐扬心学,使阳明心学一度在北方得以迅速传播。根据《虞城县志》记载,杨东明有十部著作,多

---

[1] 牛建强:《〈救荒本草〉三题》,《南都学坛》1995年第5期。
[2] 富路特:《明代名人传》,北京时代华文书局,2015年版,第2130页。

不存于世,《四库全书总目》和清初北方学者如孙奇逢等人在序文中提及杨氏的一些著作。尽管杨氏著作大多亡佚,但通过孙奇逢或其自序可大概了解这些著作的内容。杨东明享寿七十六岁,死后四年被追赠为刑部尚书,入虞城当地官方祠堂得到祭祀。

二、边防史和军事史著述及其价值

(一)马文升的《马端肃三记》

马文升,字负图,别号约斋,晚更号友松道人,生于宣德元年(1426),卒于正德五年(1510),世为河南钧州(今禹州)人,明中期重要历史人物。景泰二年(1451)进士,受吏部尚书王直赏识,次年授御史。先后于1454年、1456年按察山西、湖广两地。天顺三年(1459)母卒,返乡守制。三年期满后,于1463年出任福建按察司按察使,两年后,升为南京大理寺卿,不久丁父忧离职。

马文升颇负军事才能。固原西北石城在1468年被土达满四占据。当地明军进讨不利,马文升被授以右副都御史,巡抚陕西,与总督项忠一道前往征讨。马文升运筹有术,破城之日,叛军死伤无数。凭借此功,马文升升任左副都御史,巡抚陕西。马文升任职西北长达八年,其间多次击退蒙古的侵扰,战功显赫。成化十一年(1475)擢升兵部右侍郎,同年八月赴辽东清查当地巡抚陈钺贪墨一事,却因此得罪权阉汪直。陈、汪二人密谋诬陷,马文升因此于1479年被调离辽东,谪戍重庆卫。数年后,汪、陈二人失势,马文升于1484年被授以左副都御史巡抚辽东。一年后,升任右都御史,总督漕运。

1485年年末,马文升入京担任兵部尚书,不久遭谗臣李孜省诬陷,次年十月调任南京。孝宗即位后,马文升被召还京师,短暂担任都察院左都御史,弘治二年(1489)三月,再次出任兵部尚书。马文升着力整顿军纪,他的军纪整顿措施损害了一些利益相关群体,为此招来仇视,人身安全一度受到严重威胁,孝宗为此特地安排护卫保护他的安全。

马文升在处理边境事务中表现出非凡的军事才能。吐鲁番阿黑马于1488年入侵哈密,诱杀明廷册封的忠顺王、回鹘部落首领罕慎。次年明军在马文升率领下夺回哈密,促成双方暂时停战。马文升意识到蒙古在哈密的影响力,由他建议,明廷册封脱脱从孙陕巴为忠顺王。1493年,阿黑马再次攻占哈密。马文升派兵夜袭哈密,阿黑马军队败退。孝宗对马文升的意见相当重视。如马文升建议太子的教育应该走上儒学正轨,佛道应予以排除。1501年,马文升出任吏部尚书。三年之后,孝宗加封马文升少师兼太子太师。1510年,马文升去世,享年85岁。

马文升有着卓越的政治和军事才能,他的传世著作《马端肃三记》(三卷)首次刊印于1520年。此书记载了他引以为傲的三大功绩。《西征石城记》记录了他平定满四等人的叛乱。《抚安东夷记》详细记载了他在辽东进行的种种改革措施。《兴复哈密记》记录了他收复哈密的过程。《四库全书总目》对他的这些著作仅作存目处理,原文则没有收录,原因是其中不少内容涉及女真而被清人刻意忽略。是书作为马文升事功方面的实录,对考察明中期边疆问题有重要的研究价值。

(二)许进、许论父子的《平番始末》和《九边图论》

许进(1437—1510),字季升,号东崖,河南灵宝人。许进出身官宦家庭,他的第八世祖曾为蒙古人征战,大约13世纪中期定居河南灵宝。天顺六年(1462),许进高中陕西解元。成化二年(1466)中进士。同年,其父亡故,返乡丁忧。成化五年(1469),许进回京,出任御史,但其母不幸于次年过世,许进再次返乡守制。

成化九年(1473),许进复职都察院。在都察院的九年时间里,许进以监察御史的身份两次前往甘肃和山东。成化十八年(1482),许进被举荐担任山东按察司按察副使,主管教育事务。弘治元年(1488),许进升任广西按察司按察使,一月以后,受命前往大同担任巡抚,负责北边防御。因与宦官石岩不和,许进被贬为山东兖州知府。弘治七年(1494),许进重新以按察使的身份返回陕西,一月后被举荐为都察院右佥都御史,巡抚甘肃。吐鲁番阿黑马攻陷哈密后,掠走忠顺王陕巴。许进身为甘肃巡抚,受命领军收复哈密。阿黑马势力获悉许进兵临城下的计划,弃城而逃。1495年12月,许进率军兵不血刃进入哈密。不过,许进并未在哈密长期停留,军队一撤,阿黑马势力又重新占领哈密。[1]

---

[1] 富路特:《明代名人传》,北京时代华文书局,2015年版,第577页。

许进在事后记录了这次平定哈密的军事行动,写成《平番始末》(一卷)一书,《明史·艺文志》著录。《明史》中关于吐鲁番、哈密等传的撰述参考了这本著作。马文升的《兴复哈密记》也是这次平定哈密事件的重要参考。许进关于边疆防务的经验得到朝廷重视,1505年,许进出任兵部左侍郎,第二年升任兵部尚书,半年后转任吏部。因与权阉刘瑾发生龃龉,许进被迫致仕,两年后去世,享年73岁。明世宗嘉靖五年(1526)追封许进为太子太保,赐谥"襄毅"。

许进诸子当中以许诰、许赞、许论、许诗、许词等较为著名,均有传记。其中,许论有《九边图论》一书传世。许论(1495—1566),字廷议,是许进第八子,官至兵部尚书。许论幼年时期,其父许进为兵部侍郎,后担任兵部尚书,受其父影响,在此期间许论开始对边务产生兴趣。许论在正德十四年(1519)中举,嘉靖五年(1526)考中进士,次年任北直隶顺德府推官。嘉靖十年(1531),任户部主事,因病返家。嘉靖十二年(1533)重返京师,复原职。次年,丁母忧。1537年至1550年,许论辗转南北直隶,先后任职于礼部、南京光禄寺、南京大理寺,进右副都御史、山西巡抚。嘉靖二十九年(1550)以后,任兵部侍郎,参与边务。

当时明朝北边深受俺答汗所率蒙古军队的侵扰,嘉靖三十三年(1554),许论担任宣府、大同、山西等处总督,管理军务,负责阻挡敌军。两年后,他接替杨博担任兵部尚书。但与严嵩父子的政治联系,导致他在此后面对来自北部边疆和沿海倭寇侵扰的形势下,被迫于嘉靖三十七年(1558)离任。尽管他在次年官复原职,管理蓟、辽、保定等地军务,但面对北方严峻的边疆形势和来自御史群体的弹劾,许论被再次免职,全部的职衔也遭剥夺。直至隆庆初年,朝廷才恢复他的职衔,谥"恭襄"。

许论的《九边图论》(三卷)是其最著名的作品。这部著作著录了明朝北方边境地区的地图,以及关于这些地图的详细描述。这是同类著作中较早的一部,它的重要性由此得以体现。书中记载了大量边防史事,清代将此书列为《四库全书》存目,谓载于《修攘通考》之内,与伪苏轼之《地理指掌图》、桂萼之《明舆地图》三书合刊,分为四卷。书中内容分为九边图略、九边总论、九边全图、辽东论、蓟州论、宣府论、大同论、榆林论、宁夏论、甘肃论、固原论。每论前有小引,举凡封疆延袤、山川险易、道里迂直、城堞疏密,据形审势,计利制胜,尽可能地采用地图形式予以展示,作九边图的同时,利用史料并结合时事进行叙述,写出了九边论。① 此书虽然在清代被纳入禁毁书目，但也有不少刊本流传于世。国家图书馆藏有嘉靖十七年谢少南、宋宜刻本，不分卷。美国国会图书馆、法国国家图书馆和日本内阁文库都藏有此书。

（三）李化龙的《平播全书》

李化龙（1554—1612），字于田，号霖寰，出生于北直隶南端长垣（今河南长垣），是明代的军事战略家，曾平定播州土司之乱。李化龙天资聪颖且勤奋好学，1574 年通过会试，年仅 20 岁便被任命为河南嵩县知县，任职六年期间，有效抑制了地方吏员的懈怠，严肃官场纪律，获得了官民拥护。

1580 年，李化龙升任南京工部主事，监管芜湖当地税收。1582 年至 1586 年任南京吏部郎中。随后被任命为河南和山东学政、河南布政司参议、太仆寺少卿及通政使等，并出任辽东巡抚。在辽东的三年间，李化龙为配合明朝援朝抗倭，有效阻击了蒙古人的劫掠，被授以兵部侍郎，世袭锦衣卫千户。1596 年，因表达对明神宗到处派遣宦官担任矿监税使的不满，被迫致仕。1599 年，为应对播州苗族土司杨应龙叛乱局势，致仕在家的李化龙受命总督四川、湖广及贵州三省军务，兼任四川巡抚。播州世袭土司所辖区域自 9 世纪以来便是杨氏一族的独立王国。13 世纪中期，元朝授予杨氏世袭宣慰使一职。明朝也于 1372 年承认播州杨家的地位。杨应龙为明代播州第十一任土司，俨然播州帝王。李化龙以高超的军事智慧，包围并成功迫使杨应龙畏罪自杀，终结了一个延续了八百余年的地方政权。②

《平播全书》为李化龙主持编写，汇集了平定播州叛乱前后的文告、檄文、奏疏、咨文、书札等，共十五卷，目的是"鸣主上中兴之盛，录平蛮将士之功"。《四库全书总目》介绍该书云："因衷军中前后文牍，编为是书。前五卷为进军时奏疏，六卷为善后事宜奏疏，七卷为咨文，八卷至十一卷为牌票，十二卷至十四卷为书札，十五卷为评批、为祭文。明代用兵，大抵十出而九败，不过苟且以求息事，而粉饰以奏功。惟平播一役，自出师至灭贼，凡百有十四日，成功颇速。史称化龙是役，可与韩雍、项宗垲。其出师次第，虽载其大纲，而情形曲折，则不及

---

① 吕友仁：《中州文献总录》，中州古籍出版社，2002 年版，第 739 页。
② 富路特：《明代名人传》，北京时代华文书局，2015 年版，第 1123 页。

此书之详具。""其文全为平定播州而作,实具斯一事之始末"①,为后人了解平播战役的真实情况提供了珍贵的资料。更为重要的是,李化龙在"善后事宜奏疏"中提出了废除播地土司制度,按内地府、州、县建制;招抚流亡的各族民众,发放社会救济;清丈土地、按人分给田亩;鼓励发展生产;建立学校;逐步改革当地落后习俗等系列建议,对于正确处理民族关系极具参考价值。

三、何瑭的史学评论

何瑭(1474—1543),字粹夫,号虚舟,又号柏斋,世称柏斋先生。何氏一族原籍扬州,明初以军户的身份迁居河南怀庆府武陟县。何瑭出生于武陟县头铺营(今武陟何营),幼年随家迁入怀庆府城。弘治十四年(1501),28岁的何瑭中河南乡试第一名解元,次年进士及第,入翰林院为庶吉士,散馆后为编修,参与《孝宗实录》的编纂。武宗登基不久,何瑭上奏敦促恢复起居注制度,但没有得到回应。正德四年(1509)五月,《孝宗实录》编撰完毕,何瑭升任翰林院修撰,为宫中宦官授课。但当时的权阉刘瑾窃夺朝廷大权,众多官员趋炎附势,而何瑭不仅没有跪拜刘瑾,还鄙视那些谄媚刘瑾的翰林。何瑭深知不为刘瑾所容,果断上疏称病,辞官回乡。

何瑭敢于触犯权阉,他的骨气与勇气为世人称赞。正德五年(1510),刘瑾以谋反罪被处死,权阉倒台,此前受到迫害的朝臣得以昭雪,何瑭也在正德六年官复原职。在此后两年间,何瑭积极上书言政,提出整顿吏治、严肃军纪、固本理财等有助于改善国家事务管理的建议,但都没有得到认真采纳。正德八年,何瑭因为经筵进讲时直言规谏而触犯武宗,被贬开州(今河南濮阳)同知。任职期间,何瑭政绩显著,正德十年(1515)闰四月调任东昌府(今山东聊城)同知,当年九月上疏致仕,次年才得允许。其后八年在家孝养双亲,读书作文,其间他的父亲何森过世。

在家守制结束后,何瑭于嘉靖二年(1523)任浙江提学副使,主管教育事务。嘉靖五年起,何瑭先后任南京太常寺少卿、太常寺卿、南京工部右侍郎,后调任

---

① 永瑢等:《四库全书总目》卷五十四"平播全书"条,中华书局,1965年版,第485页。

北京,先后在工部、户部和礼部任职。在南京右都御史任上,何瑭上书辞官。明世宗并不欣赏何瑭,对他也不作刻意挽留,允许他告老还乡。

致仕之后的何瑭,大部分时间用于著书立说和设馆教学,过着安闲的田园生活,直至终老。嘉靖二十二年(1543)九月逝于家,享年70岁。隆庆二年(1568),穆宗敕命追赠何瑭礼部尚书,谥号"文定",世称何文定公。

何瑭思想世界的主体是儒家,他对儒家的思想原则和道德规范作切身的实践,以"不言而躬行"作为他立身处世的原则。但现实情况是明朝上下对待儒学的态度是实用主义的,这就使其理想化的行事原则在面对现实时必然会遭遇挫折,所以何瑭一生大部分时间只能选择回乡隐居。何瑭的哲学思想是独树一帜的,他重视现实存在,对阳明心学刻意夸大"心"的作用并不赞同。"躬行"实践是何瑭一生的思想体现,他关于历史的评论也都是从这一角度展开的。何瑭在《史职议》一文中认为,史职的存在就是为了"备国典事",而且明朝设置修撰、编修、检讨等职务,都可"谓之史官",目的是"俾司记录,法古意也"。明初尚能存续史官一职的内涵,但是到了何瑭所处时代,历代沿袭的史职已经因循废坠,"未克修举"。何瑭考虑到史官要针对"陛下之起居,臣工之论列,大政事之因革弛张,大臣僚之升降拜罢"等关乎国家的要事予以"即时记录",方法上"止用据事直书,不须立论褒贬",只需要在文末写上"某官某人记",然后"藏之椟柜,以待纂述"。如此一来,"史职既修,国典斯备"。何瑭还从中推论出"养才之道",史馆养才在于"使之周知天下之务,方可以备他日之用",还要在"纪录之间得练习政事之体,他日任用,不致疏脱"。[①] 史学训练的价值指向是为国家培育政事干练的后备人才,在讲求实际效用的何瑭看来,心性哲学的训练反倒没有重视实效的史学训练来得实际。

何瑭对于史书编纂也有独特见解。他认为"考订史籍之讹,曲尽事物之变,使往古之迹洞见于笔削之间,是非之实不谬于予夺之际",如果不是"学问精博、识见平正者",是不可能实践"据事直书"的历史编纂原则的。史书编纂多由"穷居困厄"之辈完成,而非"得位行道"之人,因为这些人是无暇著书的。而"穷居困厄之士","学问识见既足以经济天下,而目前之事又有以感触其心,欲起而治之不可得,故不得已而寓于著述之间,使后世有能信而行之者,则施设之

---

① 何瑭:《何瑭集》,中州古籍出版社,1999年版,第4页。

权虽不自我出,而道固已行矣",何瑭认为这是孔子作《春秋》、朱子作《纲目》的宗旨。

何瑭"敦本尚实","里居十余年,教子姓以孝弟忠信,一介必严"①。他基于儒学实践得来的历史认识,固然不出于传统儒学驾驭史学的义理老路,但在当时众多"务为高论,以争相凌驾"的讲学家当中,何瑭"不言而躬行"的实践作风确乎给史学领域带来了尚实的新风。②

四、李濂的开封地方史研究

李濂(1488—1566),字川父,号嵩渚山人,是开封历史上的著名学者,在中国文化史上也颇负盛名。《明史·李濂传》云:"李濂,字川父,祥符人。举正德八年乡试第一,明年成进士。授沔阳知州,稍迁宁波同知,擢山西佥事。嘉靖五年以大计免归,年才三十有八。濂少负俊才,时从侠少年联骑出城,搏兽射雉,酒酣悲歌,慨然慕信陵君、侯生之为人。一日作《理情赋》,友人左国玑持以示李梦阳,梦阳大嗟赏。访之吹台,濂自此声驰河、洛间。既罢归,益肆力于学,遂以古文名于时。初受知梦阳,后不屑附和,里居四十余年,著述甚富。"《明史》大致勾勒了这位才华横溢的学者的一生。李濂一生经历弘治、正德、嘉靖三朝,正是明王朝持续衰败的时期,内忧外患重重,国力日益凋敝,民生问题层出不穷。李濂在政治上难以求得出路,只好转而以著述自遣。李濂潜心治学,著述颇丰,在文学、史学、医学、数学、文献学等诸多领域颇有建树,向以博洽淹贯闻名。

明代中后期,社会文化环境宽松,出版业发展迅速,大量知识分子刻书出版,文化出现繁荣景象。李濂的刻书活动经历了半个世纪之久,从他28岁知沔阳开始,直至晚年。他出任地方官的十年间,刊刻历代名著和本朝人著作。罢归还乡后,力学不息,自55岁至65岁十年间,所刻以个人著作为主。李濂一生著述达四十余种,著名者有《嵩渚文集》100卷、《汴京遗迹志》24卷、《医史》10卷、《国朝祥符乡贤传》8卷、《祥符文献志》17卷、《嵩渚外集、续集》若干卷、《朱

---

① 张廷玉:《明史》卷二百八十二《何瑭传》,中华书局,1974年版,第7258页。
② 何瑭:《何瑭集》,中州古籍出版社,1999年版,第458页。

仙镇岳庙集》12 卷附录 1 卷、《乙巳游春稿》5 卷、《观政集》1 卷,并参加了明嘉靖《河南通志》的编撰。这些著作充分反映了李濂的学术成就。①

李濂在明嘉靖三十四年(1555)完成《河南通志》一书,尽管此书署名邹守愚修,但邹氏官高,仅具名而已。据李濂《河南通志序》,明天顺年间,河南按察提学副使刘昌倡导修志,因调任他处而未果,但有稿本留存。成化十五年(1479)河南按察副使胡谧得刘本整理出成化本《河南通志》。至嘉靖三十三年(1554)冬十一月,时任河南巡抚都御史的邹守愚聘请李濂主持重修《河南通志》,于次年完工。李濂对成化十九卷本《河南通志》进行了大幅度的修改补充,形成四十五卷以类系事的嘉靖本,大量历史传记和史志文献的内容被充实到这部新志当中,"据诸史传及寰宇一统诸志,与夫郦氏之水经、杜氏之通典、马氏之通考、王氏之玉海、郑氏之通志、罗氏之路史等编所载,冗者裁焉,讹者正焉,遗者增焉,疑者析焉。于旧志仅存十之一耳,其体要去取,余悉受之"。经由李濂大幅度扩增史事,嘉靖本《河南通志》在全国史志中卓然特立,颇具研究价值。

李濂晚年自订百卷《嵩渚文集》,收录其自 18 岁至 65 岁近半个世纪间所作诗文,是他一生勤力为之的成果总汇,其中包含了丰富的人物生平资料。李濂交游广泛,一生又以"一邑之文献为己任",书中涉及人物三四百位,如开封本地医家郑镒、书家左国玑、画家张路等人皆以此书得传其事,而且这些多是作者亲见亲闻的一手资料。《嵩渚文集》在开封地方史的研究中尤具文献价值。

李濂关心乡梓,努力保存乡土文献,编纂有多部反映开封地方史的著作,如《汴京遗迹志》《祥符文献志》《祥符乡贤传》以及《汴京诡异记》等。以《汴京遗迹志》为例,是书自嘉靖二十五年刊刻后,收入清代《四库全书》,迭经翻刻,在地志中颇负盛名。

李濂在《汴京遗迹志》的自序中提到自己写作该书的经过:"余未第时,读书吹台(今开封古吹台),尝辑宋艺祖而下九帝,起庚申至丁未,凡一百六十有七年之事,为《汴宋春秋》,垂完而辍……丙戌免归,始得肆力纂述,乃于箧笥中检寻前稿,散逸罔存。于是追忆旧闻,著《汴京遗迹志》二十四卷。"李濂有感于长安、洛阳、建业、临安等古都皆有地志,独汴京无之,有意补此缺憾,故前后历时数十年,始成该书。《汴京遗迹志》是现存研究北宋都城开封的扛鼎之作,详细记载

---

① 袁喜生:《杰出的学者型出版家李濂》,《河南大学学报(社会科学版)》2003 年第 5 期。

了当时开封的宫室、官署、内外诸司、山岳、河渠、寺观、庵院、园林等建筑的沿革兴废,还重新从史传及笔记、文集中辑录、筛选、编排艺文资料加以佐证,弥补了独汴京无志的缺憾。后世对此书评价极高,称其"援引周详、考据精核,使一代文物信而有征,诚可以列诸著作之林,与正史并传不朽"①。

作为一位博学多才的著作家和学问家,李濂为后世留存的大量著作是我国文化宝库的重要文化遗产,也使他成为明代学者中的典型代表。②

五、范守己的《肃皇外史》

范守己(1544—1611),字介儒,号岫云,又号御龙子、九二闲人,洧川固贤(今河南长葛)人。出身农耕之家,祖父范本曾捐纳过县主簿或典史一类的吏员,父亲范九恩为县生员,早逝。范守己经历过三次乡试失败,直到隆庆四年(1570)才考中举人,四年后考中进士。任南直隶松江县司理,后升任南京刑部主事、侍郎。还曾任山西提学、兵部侍郎。

范守己著作颇丰,有《御龙子集》七十七卷传世,其中涉及史学的有《春秋传》二十五卷,今佚。《明史提纲》四十三卷,朱彝尊《曝书亭集》有《明史提纲跋》,指出此书成于万历三十六年夏,所记史事起洪武,迄隆庆。

《肃皇外史》四十六卷,是一部世宗朝的编年史,记录了明世宗嘉靖一代朝政,起自正德十六年四月,止于嘉靖四十五年,编年系月,立纲分目,内容详备。③该书首列条目,各条之下低格记载大事,摘引诸书,颇有条理。范守己认为实录内容繁富,难以阅读,乃兼采诸家之长而撰本书,万历十年(1582)成书。《肃皇外史》引据诸书颇多,其中一些著作如《钦天记颂》《双溪杂记》《孤树裒谈》等今已亡佚,其中的很多珍贵资料赖此书以存。后人曾将此书编入《皇明大政记》,压缩为四卷,但内容与原稿一致。范守己还纂修了《洧川县志》。

四库馆臣曾指出范守己曾出于个人原因反对张居正改革,对张居正也颇多

---

① 胡昊庆:《书汴京遗迹志后》,《汴京遗迹志》,中华书局,1999年版,第504页。
② 周宝珠:《李濂和他的〈汴京遗迹志〉》,《河南大学学报(社会科学版)》1998年第1期。
③ 吕友仁:《中州文献总录》,中州古籍出版社,2002年版,第792页。

褊狭之辞,这种评论较为公允。范守己学识渊博,在易学、天文、春秋学、史学方面皆有著作存世。①

第九节　河南地区方志编纂的成就

地方志是我国传统文化遗产中的重要组成部分,历史上,河南史家就编纂了种类丰富的方志。及至明代,方志编修走向兴盛,有着广泛的社会性,各种一统志、通志、府志、州志、县志以及卫志、关志等纷纷出现。河南史家亦致力于方志编修,为我们留下了宝贵的方志文献,对了解中原传统文化具有重要意义。

一、河南地区方志源流

河南地区有悠久的方志编纂的历史,《左传·文公二年》云:"瞫曰:周志有之。"《左传·襄公二十五年》云:"仲尼曰:志有之。"这里的志,指的应是周天子王畿与郑国的志书。春秋时期,周王畿与郑均在河南,如此而言,河南早在周朝时期就已经有了志书。实际上,这一时期的"志书",与鲁《春秋》、晋《乘》、楚《梼杌》性质一致,都属于"邦国之志"。它们无论是体例与内容都与后世的地方志大异其趣。

一般认为,真正意义上的地方志定型于宋朝。唐以前也有一些类似方志性质的地理书,如陆机《洛阳记》、杨衒之《洛阳伽蓝记》和圈称《陈留风俗记》一类,所记侧重于地理风俗,尽管属于地方文献,但它们并不能全面反映一个地区政治、经济、文化、历史、人物、艺文等全貌,也就不能称作地方志,或者仅能说它们属于具备比拟方志编纂的某些性质的史书而已。我们说宋朝出现了真正意义上的志书,主要是基于志书体例而言。宋代的志书体例已经较为完备,举凡

---

① 富路特:《明代名人传》,北京时代华文书局,2015年版,第580页。

区域内的星野、城池、山水、风俗、物产,乃至人物、艺文等类目,皆有专门记述,体例灿然大备,即便如方志编纂的指导思想和操作凡例,也都斑斑可见。后世地方志编纂即便在某些类目上有所调整,但大体上不出宋人所定类目范围,所以说,地方志编纂体例至宋始得完备。

河南方志的编纂也就在此背景下展开。宋代河南志书的编纂,首先应以宋敏求的《河南志》为典型。尽管这部书已经亡佚,但较之河南其他方志为最早,而且在体例上为后续志书提供了参考。存世最早的河南志书,当数元朝的《河南志》。这部书是清代嘉庆年间由徐松从《永乐大典》中辑出,并非以原刻原印流传。

现存明代河南地区的方志,早在永乐年间就有刻印,如永乐十一年初刻、宣德四年补刻的《颍川郡志》。至于说存世量较大的河南方志,多数是隆庆、万历以后的晚明刻本。相比于清刻本的河南方志,明代河南志书数量较少,粗略统计约有九十余种。许多都已残缺不全,多数还都是孤本。不过,现代古籍影印整理技术日趋先进,大量明版方志借由现代技术广泛传播,已经缺失不虞。当然,这些明代河南方志刻本的原版既有承载文脉的价值,也有珍贵的文物价值,值得精心宝藏。

清代朝野上下都把方志编纂视为重要任务,可以说是纂修地方志最为丰富的时代。根据《中国地方志联合目录》统计,清代河南方志数量多达459种,一些没有收录的方志想必还有不少。河南各府、州、县、厅都曾纂修过方志,有的重要县份甚至在有清一代纂修过五六次以上,可见清代河南地区的方志纂修曾盛极一时。

晚清民国以来,西学东渐,方志纂修也在一定程度上吸收了西方书籍编撰的体例,呈现融汇中西体例的态势,如增加了教育、实业、民政、交通、军制等内容,但总体上仍然延续了传统方志的编纂体例。民国时期,河南行政区域内有一百一十个县,纂修了九十余种县志,余下十余县或因军阀混战、日寇侵略,或是因为天灾人祸频仍而不得修志。

张万钧曾总结河南方志编纂的演变概况,指出河南方志源于先秦,定型于宋,盛于明清。[1] 历代河南方志编纂过程中,涌现了一批志书编纂方面的学者,

---

[1] 张万钧:《河南地方志概述》,见张万钧编《河南地方志论丛》,1985年内部印行,第3页。

他们在编纂河南方志过程中所取得的成就值得深入探讨。

二、李贤与《大明一统志》

李贤(1408—1467),字原德,河南邓州人。一生历仕宣宗、英宗、代宗、英宗、宪宗五朝,为官清廉正直,政绩卓著,是明朝前期难得的治世良臣。宣德七年(1432),二十四岁的李贤通过乡试,并于次年高中进士,授吏部验封司主事之职,步入京官之列。李贤入仕后,获得了良好的政治声誉。历任兵部右侍郎、户部右侍郎、内阁大学士等。李贤为官,勤于政事,在制度上制定新政策,保证朝廷上下言路畅通,还对吏部选官制度进行改革。宪宗时,李贤进少保,华盖殿大学士,知经筵事,并获得内阁首辅之位。去世后赠太师,谥"文达"。《明史》有传。

李贤一生著述丰硕,有笔记体的《天顺日录》,曾采古时二十二位君王行事可法者编成《鉴古录》,还有《古穰集》《古穰续集》《古穰杂录》《古穰杂录摘抄》等,皆可备史乘参核。李贤还曾担任《英宗实录》总裁官,主修《英宗实录》。

《大明一统志》一书,《明史·艺文志》著录,注云:"天顺中李贤等修。"《四库全书》也收录该书。《四库全书总目》谓:"明吏部尚书兼翰林院学士李贤等奉敕撰。"体例"一仍《元志》之旧,故书名亦沿用之"。李贤主修之《大明一统志》,以明行政区划为纲,分卷立目。卷一至五京师,卷六至一八南京,卷一九至二一山西布政司,卷二二至二五山东布政司,卷二六至三一河南布政司,卷三二至三七陕西布政司,卷三八至四八浙江布政司,卷四九至五八江西布政司,卷五九至七二湖广布政司,卷七三天全六番招讨使司,卷七四至七八福建布政司,卷七九至八二广东布政司,卷八三至八五广西布政司,卷八六至八七云南布政司,卷八八贵州布政司,卷八九至九十"外夷"各国。

清代四库馆臣基于宣扬清朝所修《一统志》的立场,贬斥是书"其时纂修诸臣,既不出一手,舛讹抵牾,疏谬尤甚",不免失于严苛。官修之书历来都难免有粗疏之失,从"此本内多及嘉靖、隆庆时所建置,盖后人已有所续入,亦不尽出天顺之旧"的记载来看,该书确乎存在后人篡入的现象。但从官方角度而言,是书作为"职方图籍,为国之常经,历朝俱有成编,不容至明而独阙"①。清初顾炎武在《日知录》中提到该志,指出其在叙述古代历史方面往往有差错。对比《明史·地理志》就会发现,李贤修《大明一统志》记述明代建置时过于简略,不如《地理志》详细。

但瑕不掩瑜,《大明一统志》比之万历《地理志》仍有不少优点,如其叙述政区建置以天顺为准,联系万历《地理志》可知明朝前后政区建置的沿革变迁。铺排洪武、弘治和万历时期的户口情况,也可从中了解户口增损的趋势。《大明一统志》统计户口,基于州县,比之《地理志》按府统计来得更精细。把《大明一统志》置于整个明朝地志发展脉络中考察,举凡山川湖泊、津梁、驿馆、土特物产、寺观祠庙、学校书院均有记载,甚至著录了可补正史之阙的诗文碑刻,这些都可说明是书的宝贵价值。②

三、王崇庆的方志学

王崇庆(1484—1565),字德征,号端溪子,开州(今河南濮阳)人。王崇庆家世官宦,其父王渐斋为沁州知州,其母亦出身开州名门。正德三年(1508)进士,授户部主事。不久以论事下锦衣卫狱,降广东肇庆寿康驿丞。稍迁沁州通判、登州同知,升江西按察司佥事、山西布政司参议,再升按察司副使。嘉靖四年(1525)疏归,起河南按察司副使,迁辽东苑马寺卿,终官南京吏部尚书。

王崇庆为官清正,敢于直言。一生好学不倦,经史兼通,著述颇丰。《千顷堂书目》著录有他的著作,虽有不少著作已经亡佚,但从存目可知其学术志趣。亡佚书目中,有《周易议卦》一卷、《书经说略》一卷、《诗经衍义》七卷、《礼记约蒙》、《春秋析义》二卷、《五经心义》五卷及《南京户部志》二十卷等,足见其经史兼通。

王崇庆编纂有多部志书,其方志学成就主要体现在嘉靖《开州志》和嘉靖《长垣县志》这两部志书上。《开州志》十卷,《千顷堂书目》著录为十六卷。志

---

① 永瑢等:《四库全书总目》卷六十八"明一统志"条,中华书局,1965年版,第597页。
② 李贤等撰:《大明一统志·前言》,三秦出版社,1990年版,第3页。

书凡十纲,志例六则,从中可以看出《开州志》的编纂原则:一曰寺观淫祀不书;二曰宦贤之存,不书政行;三曰官师详古略今,限于所考;四曰每事立论;五曰大书启纲,分注竟目;六曰文无关系不录。该志内容丰富,每卷内容各有侧重。卷一为地理志,类目有星野、沿革、疆域、属邑、里甲、山川、镇屯、风俗、方物、古迹、陵墓、城丘、台亭、废治。卷二为建置志,类目有城池、州署、儒学、行署、仓库、桥梁、坊等。卷三为田赋志,类目有公田、正赋、杂赋、新田、新粮、旧革、新革、驿传、学田、户口、丁赋、课赋、马政等。卷四为祠祀志,有祠庙、坛壝之分。卷五为官师志,历代古圣君师皆名列其中,其中明朝部分又有知州、同知、判官、吏目、学官之分。卷六为人物志。卷七为选举志,记载自唐以来地方人物的选举情况,明朝细分为进士、举人、贡士和武举。卷八为祥异志。卷九为艺文志,类目有御书、制书、记、序、赋、铭、诗等。卷十为杂志,类目有冠礼、昏礼、丧礼、祭礼、兵政、食政、教政、荒政、乡约等。①

嘉靖《长垣县志》九卷,杜纬修,王崇庆纂。嘉靖二十年,蒲坂杜纬任长垣知县,组织邑庠生刘芳、王琪等人编次县志目录,延请王崇庆总纂志书。此书首凡例七条,其次为图,又有九志,分为地理、田赋、祠祀、建置、官师、人物、选举、古迹与文章等类目。凡长垣一县基本情况,可由此书了解大概。

四、崔铣、曹金等人的修志成就

崔铣(1478—1551),字仲凫,一字后渠,安阳(今河南安阳)人。弘治十八年(1505)进士,选庶吉士,授编修,曾参与修撰《孝宗实录》。后因惹怒权阉刘瑾,贬为南京吏部主事。后刘瑾被处死,官复原职,进侍读,后称病辞官回乡。嘉靖初年,擢升为南京国子监祭酒,但在嘉靖三年(1524)大礼议之争中,因弹劾张璁、桂萼等人而被责令致仕。居家十五年,起为少詹事兼侍读学士,擢升为南京礼部右侍郎。卒赠礼部尚书,谥号"文敏"。

崔铣的修志成就主要体现在他参与纂修的《彰德府志》上,是书八卷,成书于嘉靖元年(1522),《明史·艺文志》著录。崔铣在自序中说,此志是在宋《相

---

① 吕友仁:《中州文献总录》,中州古籍出版社,2002年版,第697页。

台志》、元《相台续志》的基础上,增加和补充了明代彰德府辖下各县的舆记材料后编修而成,其内容较同类志书丰富,体例较同类志书严谨。存世有嘉靖元年刻本,国家图书馆藏有此书。美国国会图书馆藏有此书的明刻清印本。[1]

曹金,字汝砺,号传川,又号少川,祥符(今河南开封)人。嘉靖二十六年(1547)进士,官至兵部右侍郎兼佥都御史巡抚陕西。曹金曾参与纂修《开封府志》三十四卷。《四库全书总目》云:"是书与他志体例略同。惟以《仙释》居前,《宦迹》居后。而《仙释》《宦迹》之间又介以《艺文》,编次殊为无法。"[2]尽管此书编次上存在问题,但作为万历以前开封府州县等地资料的结集,不但有保存文献之功,从中也可概见明代志书编修的个性化特征。四库馆臣所倡导的志书体例严格化主张并不是一定之规,不同地区也可根据实际需要进行损益,这在存世的大量志书文献中是常见的现象。曹金还有《传川集》,《千顷堂书目》曾著录,但已亡佚。

---

[1] 吕友仁:《中州文献总录》,中州古籍出版社,2002年版,第705页。
[2] 永瑢等:《四库全书总目》卷七十四"万历开封府志"条,中华书局,1965年版,第643页。

第七章 清代：河南史学的衰落

1644年,朱明王朝灭亡,清军入关,清王朝建立,历史又翻开了新的一页。王朝的变更引起学术的变化,史学也不例外。如果把这一时期河南史学的发展放到整个中国史学发展的大背景下进行考察,我们就会发现河南史学逐渐偏离中国史学的主流,慢慢走向衰落。清初,由于北学领袖孙奇逢主张融通程朱陆王之学,与黄宗羲、李颙等人相呼应,彰扬力行、慎独、讲求实际、学在躬行的学风,河南史学出现了短暂的繁荣,汤斌、耿介、窦克勤、张伯行等人均有学术史著作的编纂,总结和反思程朱陆王的得失。但是,到了乾嘉时期,在中国史学崇尚考据的潮流下,河南史学几乎处在寂寂无声的状态,除了武亿之外,没有一个以考证著称的学者。晚清的民族危机刺激了思想先进的中国知识分子,传统学术处在不断调整之中,以应对所面临的内外挑战和民族危机。同样,中国史学也相应做出了自己的抉择,出现了史学研究的新气象,边疆史地、外国史地的研究成为热点,传统史学开始蜕变。但是,此时的河南史学没有呼应这一潮流,依然在传统的路子上前进,似乎留在了传统史学的壳子里,无法化茧成蝶。

第一节　夏峰北学的崛起与孙奇逢的学术史观

　　清初学术,有三大学者影响深远,他们分别是北学孙奇逢、关学李颙和浙东之学黄宗羲,当时号称清初"三大儒"。而三大儒在当时影响最大者,就是北学泰斗孙奇逢。

一、孙奇逢的学行与夏峰北学的崛起

自明末肇始,天下时局动乱、战端频起,理学颓势骤显,虽受官方尊奉,却渐无社会根基。几可取理学而代之的心学,自阳明亡故之后,一分为七,渐无扛鼎之人。东林党虽有兴"实学"之意,奈何却遭阉党迫害,虽广为社会同情,但也渐成散沙。后有复社承东林之主张,虽顺应崇祯朝初期的政治而起,但最终也折戟于朝争之中。自此之后,全国范围的学术中心抑或学术领袖不复存在,各种思想呈现出地域性的特征。及至清初,诸派思想中,影响较大者不外乎北学、南学、关学三脉。全祖望曾评论道:"当是时,北方则孙先生夏峰,南方则黄先生梨洲,西方则先生(李颙),时论以为三大儒。"①

孙奇逢(1584—1675),河北容城人,字启泰,号钟元,因晚年于河南辉县苏门山讲学,居住在夏峰村,后学称其为"夏峰先生"。夏峰北学的崛起,与当时的时局环境及学术氛围有着莫大的关系,但也离不开孙奇逢自身的高尚品德。方苞在《孙征君传》中称其为"少倜傥,好奇节,而内行笃修"②。天启年间,阉党极力迫害东林党人,"任侠好义"的孙奇逢置自己安危于不顾,竭力营救左光斗、魏大忠、周顺昌等人。营救失利,左、魏等人亡故后,孙奇逢等募资为之归葬,并保住了他们的家人免受屠戮,"一时义声动天下"。崇祯年间,清军入关劫掠,孙奇逢亲率弟子家人坚守容城,后又因流寇袭扰,入五峰山武备自保。清军定鼎中原后,由于土地被满洲贵族圈占,孙奇逢被迫率领族人及部分门人弟子南迁河南辉县之夏峰村。顺治九年(1652),卫河使马光裕奉以田庐,遂率众弟子躬耕,四方来学者也授以田地,使之耕读合一。其后居夏峰二十四年,直到终老。孙奇逢在夏峰讲学之时,清廷曾先后 11 次征召其入仕,均被拒绝,故又号"征君"。如此英雄气概,自然不乏弟子追随,加之其讲学于大河南北,风格独特,气魄独大,弟子数百,著述等身,"北方学者,奉为泰山北斗……其传衍甚远"③,在当时

---

① 全祖望:《鲒埼亭集》卷十二《二曲先生窆石文》,《全祖望集汇校集注》,上海古籍出版社,2000年版,第 237 页。
② 方苞著,刘季高注:《方苞文选》,黄山书社,1987 年版,第 21—22 页。
③ 徐世昌等:《清儒学案》卷一《夏峰学案》,中华书局,2008 年版,第 1 页。

学界影响甚大。

孙奇逢之学,以阳明心学为发端,对此,他直言不讳:"阳明崛起,揭良知为宗,博约、知行合而为一。盖仲尼殁至是且二千年,斯道为之大光,而全体大用,立德、立言、立功随感而应,无处非道,无处非学,腐儒面目得阳明一洗之。"①但他同时又打出"一理为二气"的理学旗帜,以调和理学与心学之争为己任,力图将二者折中。

孙奇逢对待理学、心学几无偏颇,并且终其一生想要将两者合二为一,也就是学者常说的"调和朱王"。其在论述理学、心学之时,提出"同而异者,一本散万殊也;异而同者,万殊归一本也",他认为程朱、陆王两派之间虽有学术见解中的差异,对孔孟经典的解读有所区别,但其目标却是一致的,并无根本之冲突。程朱、陆王两者之间的差异,体现的是先儒对儒家包容性的诠释,正所谓"圣道之大,各人入门不同"②。孙奇逢融合两者的表现在于,一方面用理学的"躬行实践"来弥补心学后期出现的"浮于空谈"之风,另一方面将心学的"知行合一"取代理学中的"知行分离"。孙奇逢以"会通"之意看待程朱陆王,于是乎其学说便有超然于理学、心学门户之上的更高境界。这不啻于在明末清初纷乱的学术纠纷中,找出一条大道,点亮一盏明灯。

有学者认为:"孙奇逢不仅是明代儒学之殿军,更是清代儒学之开山。作为屈指可数的深入参与明清大变局的学术大师,他兼明儒、清儒两个个性于一身,是明清儒学转向中最关键的人物之一。他不仅经历了一个时代的终结,而且通过自身的努力,又为另一个时代开辟了道路。"③所谓"为另一个时代开辟了道路",其中一项就是开创了"夏峰北学"。据研究,孙奇逢在河北、河南讲学,弟子众多,仅可考的名儒就多达200余人,弟子总数达千人之众,"清初北方学者,殆无一不被夏峰之泽,著籍弟子千数"④,"北方之学者,大概出于其(孙奇峰)门"⑤。其中的佼佼者,如汤斌、耿介、张沐、王五修、赵御众、王余佑、申涵光、李来章、崔蔚林等,皆出其门。冉觐祖、窦克勤、田兰芳、马平泉、李棠阶、李敏修

---

① 孙奇逢:《夏峰先生集》,中华书局,2004年版,第343页。
② 孙奇逢:《日谱》卷六,《孙奇逢集》,中州古籍出版社,2003年版,第232页。
③ 王坚:《无声的北方:清代夏峰北学研究》,商务印书馆,2018年版,第134页。
④ 梁启超:《近代学风之地理的分布》,《梁启超全集》,北京出版社,1999年版,第4260页。
⑤ 黄宗羲:《明儒学案》,中华书局,2008年版,第1371页。

等,皆其后学。即便是颜李学派,也渊源于此。一源众流,既出现了以王余佑为代表的侠儒兼收的河北夏峰北学,也出现了以中州十先生为代表的热衷于理学的中州夏峰北学;既产生了如汤斌这样的理学名臣,也有不名一文的下层儒士;既有崇尚心学的赵御众,也有程朱派的耿介;既有走向考据学的费密,也有走向西学的薛凤祚,甚至影响到魏裔介、魏象枢、方苞等人。[1] 由于孙奇逢的努力,清初夏峰北学不仅崛起,而且达于极盛。正因为此,当时及后世学者皆为之倾倒,顾炎武、张尔岐尊之为耆宿老师,黄宗羲称他"别出手眼"[2],李颙称他"卓哉!钟元可谓独具只眼,超出门户拘曲之见万万矣"[3],施闰章称他为"今代典型"[4],申涵光称他"始以豪杰,终以圣贤"[5],全祖望将他与李颙、黄宗羲并称"三大儒"[6]。一直到晚清陈康祺,依然将他称为清初三大家之一,指出:"国初,孙征君讲学苏门,号为北学。余姚黄梨洲先生宗羲,教授其乡,数往来明越间,开塾讲肄,为南学。关中之士,则群奉西安李二曲先生颙为人伦楷模,世称关学。二百年来,讲堂茂草,弦诵阒如,词章俭陋之夫,挟科举速化之术,俨然坐皋比,称大师矣。"[7]其影响之大,于此可见一斑。

二、《理学宗传》的编纂与思想

《理学宗传》乃孙奇逢一生心力所萃、心得所在。该书编纂历时三十余年,三易其稿,康熙五年(1666)最终成书,共26卷,收录历代诸儒近170人。"是编有主有辅,有内有外"[8]。也就是说,该书将历代诸儒按"主""辅""内""外"分

---

[1] 王坚:《无声的北方:清代夏峰北学研究》,商务印书馆,2018年版,第134—135页。
[2] 黄宗羲:《明儒学案》卷五十七《诸儒学案下》,中华书局,2008年版,第1372页。
[3] 李颙:《二曲集》卷十八《答范彪西征君(三)》,中华书局,1996年版,第200页。
[4] 施闰章:《学余堂集》卷二十七《复汤孔伯书》,文渊阁四库全书本。
[5] 申涵光:《聪山集》卷三《征君孙钟元先生诔词》,商务印书馆,1936年版,第53页。
[6] 全祖望:《鲒埼亭集》卷十二《二曲先生窆石文》,《全祖望集汇校集注》,上海古籍出版社,2000年版,第237页。
[7] 陈康祺:《郎潜纪闻初笔》卷八《北学南学关学》,《郎潜纪闻初笔二笔三笔》,中华书局,1984年版,第169页。
[8] 孙奇逢:《理学宗传》,义例,凤凰出版社,2015年版。

类立传,以展示他们与道统传承的亲疏远近。所谓"主",只有十一人,"十一子其主也"①。这十一人是周敦颐、程颢、程颐、张载、邵雍、朱熹、陆九渊、薛瑄、王守仁、罗洪先、顾宪成,列于卷一至卷十一,包括了程朱陆王四大家、两大派。这十一人"直接道统之传",为理学宗主。所谓"辅","儒之考其辅也"②。自卷十二至卷二十五,分别为"汉儒考""隋儒考""唐儒考""宋儒考""元儒考""明儒考",所列均为传承儒学、辅翼道统有功的历代诸儒。其中在"宋儒考"中专列"程门弟子""朱门弟子""陆门弟子",在"明儒考"中专列"王门弟子",特别表彰了程朱陆王的门人。所谓"内","十一子与诸子其内也"③,即"主""辅"诸儒,处道学之内。所谓"外","补遗诸子其外也"④。《理学宗传》专门设立《补遗》一卷,收录张九成、杨简、王畿、罗汝芳、杨起元、周汝登六人。这六人"与圣人端绪,微有不同,不得不严毫厘千里之辨"⑤,故被置于道学之外。

由此可见,《理学宗传》之作,主要是基于孙奇逢面对"悯理学真传,后世不得其统宗,而是非同异罔所折中"的现实⑥,有为而发,笔之于书。"乃取古今醇儒可历代俎豆不祧者,得十一人,人各一传,又裒集其著述,条缕训断,成十一卷。其余自汉迄元以来名儒以理学著称,或功存于笺注,或附见于师传者,凡数十人,合十四传,为十四卷。又有学行精醇,见解超别,在诸儒品评微有水乳之未合,而不得不以俟后人论定者,因补遗六人为一卷,共二十六卷,名曰《理学宗传》"⑦。

《理学宗传》的体裁为类传体,按人物分类立传,然后节取诸儒著述言论,并加以孙奇逢案断,"构成了传记、学术资料选编、评笺三位一体的编纂新格局"⑧,意在明理学道统,"《理学宗传》叙列从古名儒修德讲学之事,明道统也"⑨。要之,《理学宗传》的使命就是要重构儒学道统。正如他本人所说:"学

---

① 孙奇逢:《理学宗传》,义例,凤凰出版社,2015年版。
② 孙奇逢:《理学宗传》,义例,凤凰出版社,2015年版。
③ 孙奇逢:《理学宗传》,义例,凤凰出版社,2015年版。
④ 孙奇逢:《理学宗传》,义例,凤凰出版社,2015年版。
⑤ 孙奇逢:《理学宗传》,自叙,凤凰出版社,2015年版。
⑥ 孙奇逢:《理学宗传》,程启朱《跋后》,凤凰出版社,2015年版。
⑦ 孙奇逢:《理学宗传》,程启朱《跋后》,凤凰出版社,2015年版。
⑧ 陈祖武:《中国学案史》,东方出版中心,2008年版,第93页。
⑨ 孙奇逢:《日谱》卷十二,《孙奇逢集》(下),中州古籍出版社,2003年版,第462页。

之有宗,犹国之有统,家之有系也。系之宗有大有小,国之统有正有闰,而学之宗有天有心。今欲稽国之运数,当必分正统焉;溯家之本原,当先定大宗焉;论学之宗传而不本诸天者,其非善学者也。"①孙奇逢认为,论学之宗传(道统)犹稽国之运数、溯家之本原,非等闲之事。正因为此,有人指出他"当明季世,身任道统,既辑《理学宗传》,以明道之会归,并成《中州人物考》,以见道之散殊"②。由此可见,《理学宗传》是一部以道统重构为旨趣的有为之作,集中表达了孙奇逢对儒家道统的新见解。

首先,孙奇逢确立了程朱陆王在道统传承中共同的正统地位,尊程朱而不薄陆王。他在《理学宗传》自叙中以《周易》元、亨、利、贞相况,比喻道统的发展,非常明确地指出王阳明学派是直接周敦颐、朱子道统的儒学正宗:"近古之统,元其周子,亨其程、张,利其朱子,孰为今日之贞乎?明洪永表章宋喆,纳天下人士于理。熙、宣、成、弘之世,风俗笃醇,其时有学有师有传有习,即博即约即知即行,盖仲尼殁至是且二千年,由濂、洛而来且五百有余岁矣,则姚江岂非紫阳之贞乎!余谓元公接孔子生知之统,而孟子自负为见知。静言思之,接周子之统者,非姚江,其谁与归?"③

其次,视汉唐经学诸儒与宋明理学诸儒为一脉相承,为汉唐"传经之儒"立传。学术的发展总是前有所承、后有所继。但是,程朱学派的道统论秉持"道丧千载"的观念,全然不顾道统发展流变的历史事实,拒不承认汉唐诸儒在传经翼道中的作用。孙奇逢对此深为不满,他从道统传承的历史实际出发,在《理学宗传》中为董仲舒(附申公、倪公、毛公)、郑玄、王通(附门人董常、程元、薛收、仇璋、姚义)、韩愈(附门人李翱、赵德)立传,虽然人数不多,却"给汉唐诸儒在道统谱系中安置了一个合法的位置"④。孙奇逢说:"尝思之,颜子死而圣学不传,孟氏殁而闻知有待。汉、隋、唐三子衍其端,濂、洛、关、闽五子大其统。"⑤在孙奇逢看来,儒学道统由孔子及其以上诸圣王创立后,汉唐传经诸儒董仲舒、王通、

---

① 孙奇逢:《理学宗传》,自叙,凤凰出版社,2015年版。
② 郑元善:《畿辅人物考序四》,《孙奇逢集》(中),中州古籍出版社,2003年版,第1305页。
③ 孙奇逢:《理学宗传》,自叙,凤凰出版社,2015年版。
④ 孔定芳:《孙奇逢〈理学宗传〉的道统建构》,《清史论丛》2016年第一辑,社会科学文献出版社,2016年版,第80页。
⑤ 孙奇逢:《理学宗传》,自叙,凤凰出版社,2015年版。

韩愈等"衍其端",宋代理学大家周敦颐、二程、张载、朱熹等"大其统",这是一个一脉相承的连续的发展演变过程,不能割裂。

其三,"明天人之归,严儒释之辨"。孙奇逢撰《理学宗传》,还试图严分儒释,以保持道统的纯洁性。孙奇逢在《理学宗传》中设立《补遗》,将那些为学"腐而少达""伪而多惑""以顿悟为得道之捷"的儒者收入其中,指出"儒释未清,学术日晦,究不知何所底极也"①,目的之一就是通过学术史的梳理,分清儒释。对于孙奇逢以《理学宗传》"明天人之归,严儒释之辨"的撰述意图,其弟子汤斌有很好的说明:"容城孙先生集《理学宗传》一书自濂溪以下十一子为正宗,后列《汉隋唐儒考》《宋元儒考》《明儒考》,端绪稍异者为《补遗》,其大意在明天人之归,严儒释之辨,盖'五经''四书'之后,吾儒传心之要典也。"②那些因"端绪稍异"而收入《补遗》者,实际上都是"近于禅"者。孙奇逢以"明天人之归,严儒释之辨"自任,指出"儒释之界,其流虽远,其源却近",对于儒者"借佛教以明道"的现象,孙奇逢指出这是"毫厘之差,千里之谬","所关非细",必须毫不留情地"辟之",因为"其流弊将至儒释同归而不可解","吾辈不能辞而辟之,而以助其波,扬其焰,宁不得罪于圣人"?③

总之,《理学宗传》破除学界门户,平衡程朱陆王,沟通经学理学,为儒学梳理学脉,重新构建了道统传承谱系,在清初学术史编纂中独具一格。

另外,孙奇逢还撰有《中州人物考》一书,《四库全书总目》这样评价该书:"中州人物分为七科,一理学、二经济、三忠节、四清直、五方正、六武功、七隐逸,而文士不与焉,盖意在黜华藻,励实行也。"由此可知,孙奇逢所选之人,均是在各领域抑或品德上有着出色表现之人,并且舍弃了之前"文苑"这一分类,将文士剔除在外。可见,在孙奇逢看来,时局动乱之时,朝代鼎革之际,文士对此于事无补。再者,孙奇逢将"经济"这一类别置于理学之后、忠节之前,排在第二位,所选之人均是有明一代在治国方面有经济之才之臣,此举更彰显了孙奇逢重视实学之意图。

孙奇逢对儒家心、理两派的折中、兼容之举,撰史时重实学轻文苑之法,也

---

① 孙奇逢:《理学宗传》,自叙,凤凰出版社,2015年版。
② 孙奇逢:《理学宗传》,汤斌序,凤凰出版社,2015年版。
③ 孙奇逢:《理学宗传》卷二十六《补遗·周海门汝登》,凤凰出版社,2015年版,第533页。

是对自宋以来中原学术的一种反思、一种主见,更是一种美好的希望。耿介称颂其师"中原文献在夏峰,天下模范亦在夏峰"①。

第二节　汤斌的史学成就和史学思想

夏峰门下,有专注于学问而隐世不出者,有辞官归乡转向讲学者,也有身居高位而影响朝廷思想走向者。如此多姿多彩的景象,正是得益于孙奇逢的兼容并蓄。三类弟子中,汤斌便是那个影响朝廷思想走向者。

汤斌(1627—1687),字孔伯,号荆岘,晚号潜庵,河南睢州(今河南睢县)人。康熙五年(1666)求学于夏峰,拜师问道,学问精进,还建绘川书院,广授门徒。其《学言》《洛学编》《睢州志》等书便成于这一时期。康熙十七年(1678),汤斌再次入仕,官至礼部尚书,被称为康熙朝"理学重臣"。汤斌为政期间,不仅多施惠政,还大力宣讲理学:在朝廷,多次在经筵日讲中向康熙进讲《易经》《春秋》等儒家经典;在地方,鼓励办学,邀请大儒讲学,不忘教化。

汤斌受其师夏峰影响颇深,虽出身于陆王之学,却不喜争论理学、心学之是非,而赞同躬行实践。黄宗羲曾这样评价汤斌:"先生之学本之孙钟元先生,以笃实而生光辉。谓良知救穷理之弊,性善救良知之弊。学者身体力行,久之徐有见焉,未尝不殊途同归。若学力不实,此心无主,徒从言语文字之末,妄分畛域,根底未立,枝叶皆伪。"②汤斌身为显宦,但为政不忘治学,留下洋洋百万言著述,均被今人收录于《汤斌集》中,主要有《洛学编》《汤子语录》《嵩谈录》《困学录》《睢州志》《潜庵先生拟明史稿》《汤子遗书》等。

---

① 耿介:《中州道学编》卷二《孙征君夏峰传》,清康熙三十年嵩阳书院刻补修本。
② 黄宗羲:《皇清经筵讲官工部尚书潜庵先生神道碑铭》,《汤斌集》(下),中州古籍出版社,2003年版,第1789页。

一、《洛学编》的学术史观

《洛学编》是继朱熹《伊洛渊源录》和冯从吾《关学编》等之后又一部重要的学术史性质的著作。这部著作通过传记的形式,清晰地记录了洛学在中州的承续脉络及发展轨迹,在中国学术史上占有重要的地位。①

《洛学编》的编纂带有浓厚的夏峰北学色彩,是在孙奇逢的授意下编纂而成的。《征君孙先生年谱》云:"康熙十二年正月,先生(孙奇逢)命魏一鳌辑《北学编》成……十一月,先生命汤斌辑《洛学编》成。"②在编纂过程中,汤斌多次询问其师孙奇逢的意见:"承谕《洛学编》……今奉先生命,欲暂辍经书,从事洛学,但敝州书籍甚少,恐有遗漏……且义例体裁未奉明示……如有稿本,乞发下参酌,庶可早竣事也。"③虽受夏峰影响颇深,但也有着明确的编纂原则及体例。

在人物选择上,汤斌立有三条标准。其一,不选虽为儒者,但行为不检点或崇老庄之人。"删定礼经"的戴圣"治行不检","注疏《大易》"的王弼"祖尚老庄",邢恕"天资反覆",耿南仲坚持政治上的投降主义,高拱批评宋儒和孔孟,虽均为中州学人,但均不入《洛学编》。其二,不选与学术无关之人。《洛学编》"为论学而作",所取人物均与学术有关,意在探寻、梳理洛学的脉络,因而有些人虽出生于中原,但与儒学无关,即使"勋业炳著""节义凛烈""功绩繁重"④,也不在《洛学编》中立传。其三,不选与洛学关系疏远之人。如宋代的张载,虽追其籍贯,"世家大梁",但其为关学之祖,故不立传。再如吕大防、吕大临,"原籍汲郡",因"久列关学",亦不录于《洛学编》中。但明代的薛瑄,虽籍贯山西,但"发解中州,平生师友半在河洛,实中州明儒之宗,故详列其传"⑤。在给立传人物论赞之时,只评论所立人物的学术思想和学术地位,与此无关者,不作评价。

---

① 王记录、许二凤:《〈洛学编〉探析》,《历史文献研究》(第32辑),华东师范大学出版社,2013年版,第77页。
② 汤斌:《征君孙先生年谱》,《汤斌集》(下),中州古籍出版社,2003年版,第1678—1681页。
③ 汤斌:《汤子遗书》卷四《三上孙征君先生书》,《汤斌集》(上),中州古籍出版社,2003年版,第161页。
④ 汤斌:《洛学编》凡例,《汤斌集》(下),中州古籍出版社,2003年版,第1495页。
⑤ 汤斌:《洛学编》凡例,《汤斌集》(下),中州古籍出版社,2003年版,第1495页。

《洛学编》一书记述中州学术自汉迄明的渊源流变,由"前编""正编"两部分组成,共四卷,结构简单,内容简略,眉目清楚。前编收录了汉代的杜子春、钟兴、郑众、服虔,唐代的韩愈和宋初的穆修,共 6 人。正编在书中分量最重,意在表彰宋明理学家的言行,收录的人物有宋代的程颢、程颐、邵雍、吕希哲、尹焞等,共 48 人。《洛学编》以人系史,较为系统地再现了自汉至明末洛学的发展授受源流。该书有两个鲜明特点:

第一,熔汉唐经学家与宋明理学家于一炉,"经道合一"。从《洛学编》的体例结构可以看出,它以汉唐诸儒为前编,而以宋明诸儒为正编,也就是以宋明理学家为中心,但不弃汉唐经学家,主次分明,既突出了洛学的地位,又揭示了经学与理学之间的关系,即经学是理学发展之前导,而理学则是由经学发展起来的。正如清人所说,该书"虽以宋儒为主,而不废汉唐儒者之所长"①。所谓"不废汉唐儒者之所长",从立传的对象看,主要就是指汉唐经学,故在此书前编为之立传的 6 人中,杜子春、钟兴、郑众、服虔等都是汉代经学大师,他们治学注重家法师承,以经义训诂为特点。例如,杜子春治《周礼》,钟兴治《春秋》,郑众治《春秋》又"兼通《易》《诗》",服虔治《春秋左氏传》。唐代则为韩愈立传,韩愈因为复兴"古文",倡导"文以载道",推崇"言之有物"等一系列举措,思想文风一直影响到宋代,具有积极维护儒家"道统"的作用。穆修虽为宋儒,因其长于《易》学和《春秋》学,独倡古文经学,也列入前编。不仅如此,该书还特别重视经学家的授受源流,"《洛学编》通过对经学家授受原委的辨析,为我们提供了有关汉唐时期中州经学源流演变的大致情况"②。可见,汤斌的《洛学编》不仅为中州理学辨源流,而且为中州经学清学脉。这种将理学家入正编、经学家入前编的编纂方式,表明了经学与理学二者间的承续和依存关系。《洛学编》就是通过梳理学术史,将理学与经学联系在一起,考察其中的渊源流变。

第二,重视程朱,兼顾陆王,调和程朱陆王,主张"朱王合一,返归本旨"。宋代,整个中州实为二程洛学的天下,因此,《洛学编》在收录人物时,以二程及其门人为主,是符合实际情况的。是书正编首述二程,以为中州理学之开端;次述邵雍、吕希哲,以为中州理学之分支;后述尹焞、谢良佐、张绎等二程的及门弟

---

① 永瑢等:《四库全书总目》卷六十三"洛学编"条,中华书局,1965 年版,第 566 页。
② 卢钟锋:《中国传统学术史》,河南人民出版社,1998 年版,第 288 页。

子,以明中州理学的传衍。入元,理学北传,入《洛学编》正编者有两人:一是姚枢,二是许衡。及明,薛瑄、曹端为理学重要人物。薛、曹二子以下,如阎禹锡、何瑭、崔铣、鲁邦彦等,或为薛瑄门人,或为薛瑄私淑弟子,《洛学编》均一一为之立传,以明其授受原委。

然而,自明中叶以来,随着王学的兴起,其影响也波及中州,出现了"阐明阳明之学"的王学传人,从而一改宋、元、明初程朱理学一统中州的局面。对于中州理学发展中出现的这一新情况,《洛学编》通过专门为中州的王学传人立传的形式积极予以回应,充分显示了作者"程朱陆王合一"的折中态度。《洛学编》为这一时期的中州王学传人立传者有三,即尤时熙、孟化鲤和徐养相。《洛学编》揭示了他们的学术渊源及特点,给予了很高的评价。可以说,《洛学编》对王学传人给以充分注意,"笃守程、朱,亦不薄陆、王"[1],既反映了当时学术发展的实际,又体现出汤斌调和程朱陆王的思想。

总之,汤斌为洛学修史立传,既注意到理学与经学的联系,又能够突破程朱陆王的学术界限,历史地再现中州理学发展的全貌,力图将经学、理学、程朱、陆王合为一史,总结理学空谈的教训,反映了清初学术史编纂以及学术思想的新特点,是清初学人针对这一时期批判、总结理学思潮所作出的一种回应,目的在于重构理学,挽救理学的颓势,有着鲜明的时代印记。

二、《明史稿》的史学价值与汤斌的史学思想

除《洛学编》外,汤斌的《明史稿》也在史学史上占有一席之地。顺康时期,汤斌曾三入明史馆,两任明史馆总裁,《明史稿》就是汤斌奉命入馆纂修的成果,现存共计二十卷,分别为《太祖本纪》三卷、《历志》三卷、《后妃传》二卷、《列传》十二卷。

作为明史馆总裁,汤斌为《明史》纂修耗尽心力,他曾说:"滥竽史局,昼夜编摩,衰病侵寻,心血枯槁,头白汗青,只堪浩叹。"[2]又说:"某才本庸非,承乏史

---

[1] 徐世昌等:《清儒学案》卷九《潜庵学案》,《清儒学案》(一),中华书局,2008年版,第435页。
[2] 汤斌:《汤子遗书》卷四《与杨树滋书》,《汤斌集》(上),中州古籍出版社,2003年版,第204页。

局,昼夜编摩,心血耗尽……每日五更入朝,昧爽进讲,无论学术疏浅,不能仰助高深,且年力衰惫,史事方急,形神交瘁,枝梧无术,虽一切应酬,尽行谢绝,恐终不能无负主恩"①。康熙二十二年(1683)五月,汤斌"始日值讲筵,纂修两朝圣训,五鼓入朝,讲毕,侍起居。归则裁定《明史》,成历法、天文志及英、景、宪、孝四朝列传,考订期于确核。时方酷暑,汗流浃背不懈也。每日暮,正襟端坐,潜思经义以备诘"②。可以说汤斌为了纂修《明史》几乎是竭尽了全力。

  汤斌的《明史稿》有较高的史料价值。有学者将汤斌撰写的《明史稿·太祖本纪》与今本《明史·太祖本纪》进行比较,发现汤斌《明史稿·太祖本纪》有较高的价值。一是今本《太祖本纪》记事简略而汤本《太祖本纪》记事详尽,可为研究《明史》提供丰富的史料;二是很多史事今本《太祖本纪》不载而汤本《太祖本纪》却记载,可补《明史》之缺。③ 今本《明史·太祖本纪》洪武十三年十月条下没有记载任何事情,而汤斌却在此条之下载事8条有余。④ 汤斌著史,旁征博引,对史料的选择极为认真,对不同说法逐一进行辨析。如正统年间的刑部尚书金濂,时人因其执法过严,污蔑其与大太监王振沆瀣一气,汤斌据实写道:"在刑部,值王振用事,数以私怨兴狱。而濂执法又颇深刻,士大夫以是少之,至谓承望振意,未必然也。"⑤可见汤斌并非人云亦云,对史料的剪裁非常认真。

  在明史修纂过程中,汤斌还表达了丰富的史学思想。

  对于史学的社会作用,汤斌有深刻的认识。他反对重经轻史的言论,认为经史同条共贯,史学不仅"备事辞",而且"明道法",所谓"经史之法,同条共贯。《尚书》备帝王之业,经也而通史;《春秋》定万世之宪,史也而为经。修史者盖未有不祖此者也。故道法明而事辞备,此史之上也"⑥。明史馆初开之时,汤斌就上疏顺治皇帝,提出自己对修史的见解,强调指出"臣窃惟史者,所以昭是非,助赏罚也。赏罚之权行于一时,是非之衡定于万世"⑦,以彰扬史学昭明是非的

---

① 汤斌:《汤子遗书》卷四《答闽抚金悚存书》,《汤斌集》(上),中州古籍出版社,2003年版,第193页。
② 汤溥等:《(汤斌)行略》,《汤斌集》(下),中州古籍出版社,2003年版,第1729页。
③ 杜书冠:《汤斌〈明史稿〉研究》,河南师范大学硕士学位论文,2011年。
④ 请参考王兴亚:《汤斌〈明史稿〉述论》,《河南图书馆学刊》1992年第1期。
⑤ 汤斌:《明史稿》卷十四《金濂传》,《汤斌集》(下),中州古籍出版社,2003年版,第1223页。
⑥ 汤斌:《汤子遗书》卷五《二十一史论》,《汤斌集》(上),中州古籍出版社,2003年版,第242页。
⑦ 汤斌:《汤子遗书》卷二《敬陈史法疏》,《汤斌集》(上),中州古籍出版社,2003年版,第31页。

作用。

在作史的原则上，汤斌提出了"克己无我，幽明不愧"的修史态度，①即要求史家修史时排除自我，以达直道。汤斌在明史馆曾向皇帝上书，希望皇上"以万世之心为心，焕发纶音，概从宽宥，俾史臣纂修，俱免瞻顾"。一方面这是汤斌希望朝廷在修史方面放宽政策，使史官在修史时能够秉笔直书，免于顾忌；另一方面也是他在坚持自己的修史原则，"在史言史，不识忌讳"。其敢于直笔之胆量跃然纸上，令人肃然起敬。

在史书的取材上，汤斌提出"取材贵备"的原则，即尽可能多地收集史料。他以《明史》编修为例，指出："取材贵备。实录所记，恐有不详……况天启以后实录无存，将何所依据焉？一也。二百七十余年，英贤辈出。有身未登朝而懿行堪著，或名仅闾巷而至性可风，万一辒轩未采，金匮失登，则姓字无传，何以发潜德之光？前代史书如隐逸、独行、孝友、列女诸传，多实录所未备者，二也……臣谓今日时代不远，故老犹存，遗书未烬，当及此时开献书之赏，下购求之令，凡先儒记载有关史事者，择其可信并许参考，庶几道法明而事辞备矣。"②汤斌以史家的高度责任感，提出广泛采集明朝遗书以修《明史》，其见解得到众多学者响应。

由此可见，汤斌不仅史学成果丰硕，还有着丰富的史学思想，在清初史学领域，汤斌应该占有重要的地位。

第三节　顺康雍时期河南地区的学术史研究

由于受程朱理学和夏峰北学的影响，顺康雍时期，河南学者编纂学术史著作蔚然成风，耿介、张沐、窦克勤、张伯行等人都是其中的佼佼者。这些学术史

---

① 汤斌：《汤子遗书》卷五《二十一史论》，《汤斌集》（上），中州古籍出版社，2003年版，第244页。
② 汤斌：《汤子遗书》卷二《敬陈史法疏》，《汤斌集》（上），中州古籍出版社，2003年版，第31—32页。

著作虽编纂宗旨各异,但都在后世产生了很大影响,其中精义,需要深入研究和发掘。

一、耿介、张沐的学术思想与学术史研究

清朝初年,学术界已经出现"夏峰诚不愧当时北学之冠冕"的盛况,①夏峰北学达到全盛时期,门下弟子出众者也不在少数,耿介、张沐两人就是其中之翘楚。

(一)耿介

耿介(1622—1693),字介石,号逸庵,河南登封人。因其主持重修嵩阳书院而名噪天下。耿介40岁时,丁忧在家,听闻孙奇逢大才,亲赴夏峰,执弟子礼,夏峰门下无门户之争,于理学、心学兼容并蓄。耿介在夏峰门下就属程朱理学的坚定捍卫者及传承者。其后亲自制定嵩阳书院章程并执教于此,为理学之传播奉献其一生。

耿介的学术思想深受理学的影响。《理学要旨》一书就是其介绍传播理学的入门之作。该书集两宋五位理学大家周敦颐、二程、张载、朱熹的语录于一编,所谓"千圣道脉,自有正宗,溯流洛闽,究源洙泗,此吾辈今日阶级也。乃辑《理学要旨》一编,使有志者皆从此入"②,目的在于便于人们阅读、传播程朱理学。

如果说《理学要旨》是一本理学的入门书籍,那么他的《中州道学编》就是一部系统而又全面地介绍理学学脉的学术史著作了。

耿介的《中州道学编》专门考察理学在中原地区的发展演变,以突显二程在中州道统传承中的地位。耿介梳理中州道学源流曰:"秦火以还,历汉唐以及五季,或骛于记诵词章,或流于异端曲学,支离破裂,圣道湮晦,千五百余年于兹

---

① 钱穆:《〈清儒学案〉序》,《中国学术思想史论丛》第八卷,安徽教育出版社,2004年版,第365页。
② 耿介:《敬恕堂文集》,中州古籍出版社,2005年版,第5页。

矣。有宋濂溪以《太极图》授两程子，而洛学兴焉。表章《大学》《中庸》《语》《孟》，述孔门教人之法，识仁、存诚、主敬，要归于致知力行。由是洛伊统宗直上接孔孟不传之绪，是斯道之一大关键也。迨龟山载道而南，历豫章、延平以传之朱子，独取程子之书荟萃折衷，益之以《集注》《章句》《或问》，复编辑《小学》，使人知入德之门，造道之关。此闽学所以继洛学也。元许文正得朱子《小学》《四书》，敬之如神明，教人无大小，咸从《小学》入。明曹靖修、薛文清皆谨守程朱，体认精深，践履笃实，纯粹中正，俾异端邪说不得逞其虚无高远之习，从此文献之传，仍归中原矣。三百年来，在朝在野，亲炙私淑，代有传人。"[1]二程洛学发祥中州，《中州道学编》考察理学在中州的授受源流，便以二程开其端，至清初钟尔知止，入传者59人，以反映二程在中州的学脉传衍。所谓"取程门以下诸儒之有裨正学者，汇次成编"[2]。对此，李来章指出："开列圣之统不能不始于伏羲，开诸儒之统不能不始于二程。""开有宋元明诸儒之统者，二程也。"因此《中州道学编》首列二程，是"天下之公论"，"今编道学而必以二程为首，犹之述列圣之统必以伏羲为首，盖天下之公论"。[3] 窦克勤亦云："先生首列二程，示所宗也。其次诸儒显者详之，隐者显之，人从其代，传统于人。其有行事可见、语录可考者，节取其大凡，不则亦存数行，表其姓字。缊缊洋洋，遂使中州儒宗括于卷帙罗森之内。噫！先生之于道学，其阐明而推尊之者，可谓至矣。"[4]以阐明、推尊"道学"为己任的耿介在《中州道学编》中只著录中州洛学传人，摒弃中州陆王传人，尊程朱辟陆王的理学宗派意识极其浓厚。窦克勤心知其意，从书法义例的角度揭示了耿介突显程朱理学在中州道统传承中的地位的良苦用心："要之，先生之编是书也，存道脉也。存道脉则专录道学，非道学不得旁及，例也。先生之编是书也，为中州存道脉也，为中州存道脉，则专录中州道学，非中州道学亦自不得旁及，例也。"[5]

（二）张沐

张沐（1630—1712），字仲诚，号起庵，河南上蔡人。夏峰学派的又一翘楚。

---

[1] 耿介：《中州道学编》，自序，康熙三十年嵩阳书院刻补修本。
[2] 耿介：《中州道学编》，自序，康熙三十年嵩阳书院刻补修本。
[3] 耿介：《中州道学编》，李来章序，康熙三十年嵩阳书院刻补修本。
[4] 耿介：《中州道学编》，窦克勤序，康熙三十年嵩阳书院刻补修本。
[5] 耿介：《中州道学编》，窦克勤序，康熙三十年嵩阳书院刻补修本。

刘师培说："孙奇逢讲学百泉，持朱陆之平，弟子尤重，以耿介、张沐为最著。"①张沐任内黄知县时，孙奇逢正在夏峰讲学，张沐久闻其大名，先修书向其请教，被其回信所折服，后又遣二子拜其为师。次年，邀请孙奇逢至内黄讲学，最终拜入夏峰门下。

张沐由心学入儒，后又兼采理学，一如其师孙奇逢，欲以一己之力，融心学、理学为一家。张沐作《道一录》，试图论证无论心学、理学，其最终的目的是一致的，虽在理解上有所分歧，但终会大道归一。其师孙奇逢在此书序中讲道："《道一录》者何？录朱子《晚年定论》，并阳明王子《传习录》也。何以录二子也？谓朱学自明永乐尊显以来，天下士守之如金科玉律，不敢稍牴牾。而王子时有争论，天下士多疑之，又若疑朱、陆之有异同也。故合刻之，以证夫道之一。"可见，师徒二人都是要超脱于心学、理学之争，追溯圣人言论之根源。

如果说《道一录》为张沐对儒学认知的枝干，那他之后为"四书""五经"重作疏略则是系统地重塑儒学之本源。其先后撰有《诗经疏略》《书经疏略》《周易疏略》《四书疏略》《春秋疏略》《礼记疏略》等。张沐为内黄县令之时，深感前人注疏混乱，多有臆断，遂"发愿重注六经"②。这些注疏，旨在回归孔子，从而摆脱心学、理学之争。正如其在《书经疏略》中所言："考诸儒注疏，略训诂之，使学者展卷，犹识孔子之故也云耳。"③在作"疏略"之时，张沐还将知行合一融入其中。其在《四书疏略》中指出前人之不足："朱子于《学》《庸》疑义颇多，率主程子居敬之说。其与胡广仲诸人书及《语录》所载及《或问》一编，皆言穷理之前，尚有存养一层功夫，谓向来格致之论，犹为未安。"④这种认识正是源自张沐重躬行实践的思想，正因为此，在张沐所作的这些注疏之中，贯穿了其格物致知的认知。为改变以往儒者重《春秋》"经"而忽视"传"的积习，张沐作《春秋疏略》，《自序》中批评了前人重"经"而轻"传"的思想："后人薄传，以其辞肤也，其义谲也。焉知后人之谓肤谲，非即圣人之谓深醇乎？传之旨在敬，不敬则死；其制在礼，无礼则亡。深醇至矣，反以肤谲弃而不论，恶能辨此中之浅深、是

---

① 刘师培：《近儒学术统系论》，上海古籍出版社，2006年版，第397页。
② 张艳：《张沐著述考》，《古籍整理研究学刊》2019年第3期。
③ 李时灿辑，申畅校补：《中州艺文录校补》，中州古籍出版社，1995年版，第560页。
④ 李时灿辑，申畅校补：《中州艺文录校补》，中州古籍出版社，1995年版，第564页。

非哉?"①

张沐还重视地方志的编纂,一生共修撰了三部地方志,分别为《上蔡县志》《开封府志》《河南通志》。三部地方志均体现了张沐的方志学思想。张沐认为,无论是历史还是方志,都必须关注"人心、风俗、国家治乱之机"②,这是关乎国家治乱的根本。有鉴于此,方志的修撰自然不能浮于表面,潦草完事。除要记叙地方的地理沿革、风土人情、杰出人物等外,还要坚持圣人的理想,突出教化,"遵孔圣人教训的意思"③。

耿介、张沐二人为孙奇逢之高徒,虽两人所持理念略有不同,耿介以理学为中心,张沐则要超于心学、理学之上,但不管怎样,都对中州儒学乃至史学做出了不可磨灭的贡献。两人除自己著书立说之外,还都致力于讲学,传播学术。耿介曾主持"复兴"嵩阳书院,并常年于此讲学。张沐先后在嵩阳书院、天中书院、凤凰台书院、上蔡县塾讲学。张沐更被后人认作是起庵学派的创始人,是夏峰学派承前启后的重要人物。此二人都是清代理学发展、传播的有功之人。

二、窦克勤的学术思想与《理学正宗》

窦克勤(1653—1708),字敏修,一字艮斋,号静庵,河南柘城人。窦克勤出身于书香门第,其祖父窦如珠出生于明朝末年,当时国事日非,窦如珠无心仕途,遂隐居故里,开坛讲学。其以程朱为本,广授门徒。惜英年早逝,年仅40岁。窦如珠的学风深深地影响着窦氏后学。耿介称赞窦如珠道:"中庸脉络,传之最真。宏廓远大,吾道常尊。"④窦大任,窦如珠之子,窦克勤之父。其志如同其父,无心于仕途,与窦克勤一起创建了朱阳书院。窦大任"为学以不欺为本,喜成就后学"⑤。耿介崇其为"当世醇儒"⑥。窦克勤自幼学习"五经",后问学于

---

① 张沐:《春秋疏略》,自序,《四库全书存目丛书》经部第132册,齐鲁书社,1997年版,第292页。
② 张沐:《溯流史学钞·日录》,康熙敦临堂刻本。
③ 张沐:《溯流史学钞·日录》,康熙敦临堂刻本。
④ 柘城县志编纂委员会:《柘城县志》,中州古籍出版社,1989年版,第257页。
⑤ 王钟翰点校:《清史列传》,中华书局,1987年版,第5310页。
⑥ 柘城县志编纂委员会:《柘城县志》,中州古籍出版社,1989年版,第229页。

孙奇逢、耿介、汤斌等人,学问大为精进。观窦克勤的学术渊源,其学宗程朱,但也不排斥陆王,但对王学之末流甚为抵触,这正是"学术渊源考亭,于金溪、姚江辨析必求至当,不为附和之词"①。

窦克勤的学术思想,一是蕴含在各书院讲学之理念中,一是体现于其编纂的《理学正宗》中。窦克勤于早年听闻耿介重修嵩阳书院,传夏峰之学,遂去嵩阳求学问道,学成后于嵩阳书院任主讲。窦克勤虽师从孙奇逢,但其受耿介的影响更为明显,"其契于耿先生为最深,耿先生亦虚席让登"②。窦克勤与耿介是亦师亦友的关系,两人终成忘年之交。窦克勤中进士之后,曾拜访汤斌,汤斌"劝克勤就教职,选泌阳教谕"③。窦克勤到任之后,即整顿学风,以朱熹创办的白鹿书院为蓝本,"立五社学",又设立了童学,授《教学》、《小学》、《四书》、《五经》。④ 窦克勤任教职之时,无论是书院的规章制度还是教授的课本,无一不遵朱子之遗意。康熙二十九年(1690),窦克勤因母丧丁忧在家。在丁忧期间,与其父窦大任创办朱阳书院,以"倡洛闽之学"为宗旨,为学生讲授"性理、《孝经》、小学,以楮笔奖其能者,于是正学蔚兴"⑤。在窦克勤的苦心经营之下,朱阳书院成为中州大地上仅次于百泉书院、嵩阳书院的第三大书院。无论窦克勤在泌阳任教职还是执掌朱阳书院,均是以传播理学为己任,中州道学的兴盛,窦克勤之功不可谓小。

窦克勤编纂的《理学正宗》,受到了孙奇逢及耿介的影响。何为理学之正宗?就是要抛弃无谓的门派之争、不理会细枝末节,直追原典,以探寻先贤之正解。窦克勤在《理学正宗·自叙》中云:"孔门言仁言孝,一以贯之。后世去圣人既远,学者各以意见为师承,是以传流乖舛。高者沦于虚无,卑者泥于辞章,甚至权谋、术数、功利、技艺之徒,竞相炫耀,而世道人心浸淫邪说,莫可究极矣。王道荡而学术裂,圣路榛芜。自孟子而后,历汉唐之世,卒不闻有登圣人之堂奥者。此后世溯道统正传必以宋儒为断,而宋儒称孔孟嫡派必以周、程、朱子为归。……余于诸儒之书悉心读之,盖不敢忽。潜玩既久,始知精要之所在。虽

---

① 王钟翰点校:《清史列传》,中华书局,1987年版,第5311页。
② 柘城县志编纂委员会:《柘城县志》,中州古籍出版社,1989年版,第234页。
③ 江藩:《国朝汉学师承记》,中华书局,1987年版,第161页。
④ 江藩:《国朝汉学师承记》,中华书局,1987年版,第161页。
⑤ 《重刻归德府志》第25卷《人物略》,光绪十九年重刊本。

圣圣相承,莫有外焉者。因取篇章之最切者,汇而辑之,间亦妄附己意为发明。虽于全书不能尽录,然知者观此,思过半矣。由门户以寻阶级,由阶级以达堂奥,要在乎人之能自得焉尔。"①在这里,窦克勤梳理了儒学道统散裂的状况,基于后世学术"王道荡而学术裂,圣路榛芜"的状况,作《理学正宗》,目的就是"溯道统正传"。

《理学正宗》为自宋至明的理学宗师立传。起于宋代的周敦颐,后列张载、程颐、程颢、杨时、胡安国、罗从彦、李侗、朱熹、张栻、吕祖谦、蔡沈、黄干以及元代的许衡、明代的薛瑄,共计十五人。每人一传,除生平外,还收录这些人的部分语录及著作。

由所立传的人物可以看出,窦克勤所认为的理学正宗,包含了濂、洛、关、闽四派的理学大家,而陆、王等人并不在其列。虽然窦克勤并不排斥陆王之学,但显而易见,其所认为的正宗,是站在程朱的立场上而言的。耿介也云:"一部《正宗》,于宋、元、明诸儒品评悉当,斥金谿、姚江之非,使邪说不至害正,一归于廓清。"②且所列人物,重宋而轻元、明,窦克勤这样解释:"夫宋儒之有功于斯道者,录之从其详,而独略于元、明者,取其最也。鲁斋遭乱世,学无师授,得朱程书读之,始知进学有序。于小学、四书深信笃好,即以其学为教,脉络甚正,学统赖以不坠。敬轩践履笃实,告人以居敬穷理为要,发挥六经、四书,周、程、张、朱之奥,备载于《读书录》中,至纯粹中正。明儒虽盛,求其可继程朱之统者,无逾于此。此元、明两代必以许、薛为正宗也。"③窦克勤认为自孔、孟之后,儒学几于丧失殆尽,在宋代,经过几代理学家的努力,儒学才得以重见天日,发扬光大。儒学的脉络,也正是因宋儒而清晰。后世对理学的发展,都不过是基于宋儒的奠基。所以《理学正宗》中选取了13位宋儒。元、明两代,虽然理学也有着长足的发展,但是能称为正宗的,也只能是"取其最也",故只为许衡、薛瑄立传。许衡、薛瑄均为洛学一脉,由此可见,窦克勤对洛学是何等的推崇。

窦克勤为夏峰后学者中尊程朱一脉,无论其开设书院,还是编纂《理学正宗》,均为溯本求源,探寻儒道之本源,追求孔孟之原本。后人称其为"窦柘城

---

① 窦克勤:《理学正宗·自叙》,《理学正宗》卷首,清康熙刻窦静庵先生遗书本。
② 窦克勤:《理学正宗·耿介序》,《理学正宗》卷首,清康熙刻窦静庵先生遗书本。
③ 窦克勤:《理学正宗·自叙》,《理学正宗》卷首,清康熙刻窦静庵先生遗书本。

云"①,可谓实至名归。

三、张伯行的理学思想与学术史编纂

有清一代,与政治相互纠葛是学术的一大特色。清朝统治者在入关之后,愈发感觉到仅仅使用武力是无法彻底征服九州大地的,若想名正言顺地取代明朝成为正统,必须要用怀柔之策。而理学要想在这满目疮痍的大地上重新成为正统思想,就必须要借助政治手腕推行下去。在这样的政治背景下,政权和理学自然会各取所需。且理学的发展,只靠民间书院的力量自然是不够的,必须要有身居高位之人摇旗呐喊,方能一呼百应。汤斌是如此之人,身居部阁高位,且为帝师,自然能在统治阶层传播理学;张伯行亦是,身为封疆大吏,其在地方的影响力也非同小可。

张伯行(1652—1725),字孝先,号恕斋,河南仪封(今河南兰考)人。张伯行祖上源自上蔡,是书香门第。其7岁之时便随开蒙老师秦明弼学习程朱,"宋朝周、张、程、朱五子乃上接孔、曾、思、孟之传者也,他日务读其书"②。在这样的启蒙影响之下,张伯行一生独崇程朱,而排斥陆王,与孙奇逢等人被誉为"中州理学八先生"。

在宋儒中,张伯行最崇二程,对二程"主敬"之说尤为信服。"仁者,天地生物之心,敬者,圣学之所以成始而成终者也,万善之理,统于一仁,千圣之学,括于一敬,故道莫大于体仁,学莫先于主敬。"③可见,张伯行对二程之学有着发自内心的认同感。故其力主"初学以学伊川为正"④。既尊程朱,张伯行对陆王则彻底排斥,认为陆王学说为蛊惑人心之说,"阳明非圣贤之正学,断不可惑于其说"⑤。在张伯行看来,王阳明之心学,是将圣贤之路转向歧途,若听信阳明之学,将与圣贤之意背道而驰。"王阳明谓心之良知是谓圣,皆是以知觉言心,欲

---

① 李时灿辑,申畅校补:《中州艺文录校补》,中州古籍出版社,1995年版,第262页。
② 张师栻、张师载:《张清恪公年谱》,"顺治十四年",民国二十四年丽泽书社石印本。
③ 张伯行:《困学录集粹》,中华书局,1985年版,第1页。
④ 张伯行:《困学录集粹》,中华书局,1985年版,第24页。
⑤ 张伯行:《困学录集粹》,中华书局,1985年版,第1页。

守此虚灵,以任其所为,流毒迄今,靡有底止"①。如若追寻圣贤的脚步,必须要抵制阳明之学。张伯行坚守理学门户,要彻底肃清阳明学的遗毒。

除反对阳明心学外,张伯行还极力反对佛、道。张伯行评论佛僧时云:"世多一僧食,即少一民食,多一僧衣,则少一民衣,我故曰:僧者,民之贼也。"②张伯行从民本的角度批评佛僧占用了大量的资源,致使民本不复。在其看来,佛教就是士民的对立面,有一便不能有二。张伯行还认为,佛、道会扰乱纲常,颠倒人伦。"吾儒之所以自立于天地者,以其有人伦之教也,为二氏之学者必曰:弃尔君臣、父子、夫妇、昆弟、朋友,以从事于清净之域。独不思人人尽入于清净,则人道绝矣,天下尚复有人类乎?"③人若信了佛、道,则君臣父子之伦理就会混乱,虽天下皆人,亦不能称之为"人类"。儒家务实,而道家务虚,故老学亦不可取,"义理至实,而老氏以虚无空之,是道其所道,非吾儒之道也"④。可见,张伯行是以"卫道者"身份去批判佛、道之学,虽有偏颇,但甚合程朱之意。

性理之说,早在《中庸》之中就有提及。此后孟子、二程、朱熹等人先后都对性理进行过阐释。康熙时期为维护自身统治,开始尝试用理学来掌控士林,重新讨论性理也应运而起。张伯行对于性理的认识有一个渐进而又有改变的过程。在初期,张伯行认为:"天以气生人,即命人以理,理不在气之外。人人得气以成形,即得理以成性,性亦即在气之中。"⑤人的诞生是因天地之中的气,理也是蕴含于气之中的。人之命源自气,人之性则源于理,气、性、理三者是一个完整的统一体。这样的认识,与程朱的"性理之学"几乎一致。张伯行在任福建巡抚时,曾在鳌峰书院讲学,在这期间,其对性理之说又有了更进一步的认识,认为"性之外无道,道之外无性"⑥,将"道"这个概念引入了"性理"的讨论之中,认为道和性是等同的。那怎样才能达于"道"或"性"呢?他说:"曾子在圣门,资最迟钝,如何反能闻道?曰:只为他事事向自家身心上体贴,所以能闻道。观他说'吾日三省吾身',是何等样功夫?若子张务外,子贡货殖,心都用在别处去

---

① 张伯行:《正谊堂文集》,中华书局,1985年版,第77页。
② 张伯行:《困学录集粹》,中华书局,1985年版,第34—35页。
③ 张伯行:《正谊堂文集》,中华书局,1985年版,第75页。
④ 张伯行:《困学录集粹》,中华书局,1985年版,第65页。
⑤ 张伯行:《困学录集粹》,中华书局,1985年版,第4页。
⑥ 张伯行:《困学录集粹》,中华书局,1985年版,第80页。

了,如何能及？可见资质钝的,用心于正,亦自会好；资质敏的,不用心于正,亦不济事。"①张伯行把曾子和子张、子贡作对比,子张、子贡聪慧远超曾子,但心用到旁处,自然无法得道,而曾子虽资质愚钝,却事事用心去体贴,自然能闻道。康熙五十年(1711),江南因科考舞弊发生了一桩震惊朝野的督抚互参案。最终康熙以革职两江总督噶礼、革职留任江苏巡抚张伯行了结此案。因此案的刺激,张伯行对性理之说又有了新的认识。他认为："性属理,心属气,理无形影,而气有清浊,心又是气之最精爽处,故能具众理而应万事。"人之心是属先天之气的,若想保持本心,就要区分气之清浊。只有如此,才能应万事。至此,张伯行的性理之说终为大成。张伯行的性理之说源自程朱,又根据自身的经历,终得自己的"性理"。

　　正是基于以上的理学思想,张伯行认为必须要正本溯源,重建道统,才能使理学的真正脉络显现出来,使后学不至误入歧途而不自知。据此,张伯行编纂了三部学术史著作,分别为《道统录》《道南源委》《伊洛渊源续录》。

　　《道统录》正文分上卷、下卷及附录三部分。上卷载伏羲、神农、黄帝、唐尧、虞舜、夏禹、商汤、文王、武王、周公、孔子、颜子、曾子、子思、孟子共计15人之传,下卷录周濂溪、程明道、程伊川、张横渠、朱晦庵共计5人之传,附录为皋陶、稷、契、伯益、伊尹、莱朱、傅说、太公、召公、散宜生、杨龟山、罗豫章、李延平、谢上蔡、尹和靖共计15人之传。观此书所录35人,可以清晰知晓张伯行所理解的道统完全排除陆王,全是程朱一系的传人,而且上溯伏羲、神农。张伯行对"道统"之"道"陈义甚高,"是道也,正纲维,立人极,端风化,开泰运,曲学杂霸不得假,百家邪说莫能乱,昭著流布于两间,真如日月之经天,江河之行地者矣"②。其备极推崇,前无古人。

　　《道南源委》是张伯行在明儒朱衡《道南源委录》的基础上重加考订而成,是对闽学传承的记载,全书6卷。首卷自杨时至江杞36人,次卷自罗从彦至陈绍叔81人,三卷自朱子至陈总龟84人,四卷自李东至刘季裴96人,外附朱子弟子张显甫等19人,又著述可考者李琪等59人,五卷自欧阳佹至黄三阳59人,六卷自林希元至李逢期45人,另外有张书绅等51人。全书共录530人,全部是洛

---

① 张伯行：《困学录集粹》,中华书局,1985年版,第54—55页。
② 张伯行：《道统录序》,《圣学宗传·道统录》,凤凰出版社,2015年版,第399页。

学、理学、闽学的代表人物。在改订朱衡原书的过程中,张伯行"意未备者补之,涉于异学者删之"①,梳理530位儒者的学派渊源,理清了闽学一脉的学术源流。

张伯行在阅读明人谢铎《伊洛渊源续录》及薛应旂《考亭渊源录》时发现,两书或所录之人不完备,或选择之人不严谨,因此重新考订,以正伊洛渊源,于是作《伊洛渊源续录》,收录罗从彦、李侗、朱熹、张载等252人事迹,比较完备地记载了程朱一脉的传承。

这三部学术史著作,均是张伯行为溯理学之源而作,他奉濂洛关闽为正学,尤尊程朱一脉为正统,斥荀子、董仲舒和陆王为异端,将汉唐诸儒排除于其道统之外,陆王之学更不许有容身之所,甚至提出"陆王之学不熄,程朱之学不明"②。张伯行尊程朱、贬陆王的思想于此可见一斑。

张伯行身为封疆大吏,积极推行程朱而排斥陆王及佛老,这种思想配合了当时的官方意识形态,使得程朱理学进一步发扬光大。其坚持躬行实践,不仅被雍正称为"礼乐名臣",且在地方上官声极佳,可谓一生都在"以身正学"。

四、李来章的学术史观

清初,以孙奇逢为首的夏峰学派日益壮大,夏峰及其门下多位杰出弟子,被时人称为"中州理学八先生"。这八位先生,或尊程朱,或尊陆王,或兼采两派,都为梳理清初的理学脉络做出了巨大的贡献。李来章就是这八先生之一。同时,他还与耿介、冉觐祖共称"中州三君子",对于理学的传播及夏峰北学的发展贡献颇巨。

李来章(1654—1721),名灼然,字来章,号礼山,河南襄城人。李来章出身于书香门第,其先祖李敏,在明弘治朝被称为"理学重臣",官至户部尚书。李敏因母去世,丁忧在家之时,一手创办紫云书院,"以讲明圣贤之道,严理欲之分,与斯世辨人禽之界,析义利之别,与天下立性命之宗。凡有裨于国计民生者靡

---

① 李时灿辑,申畅校补:《中州艺文录校补》,中州古籍出版社,1995年版,第101页。
② 张师栻、张师载:《张清恪公年谱》,"康熙五十二年",民国二十四年丽泽书社石印本。

不究悉本末"①。一时,紫云书院成为中州理学重镇,李敏与中州大儒及学生相互讨论,"中州道学之传,二程夫子启之,鲁斋、河东继之。公复以正学善教引掖后进,媲美先贤"②。李来章的曾伯祖父李继业辞官归乡后,举家搬迁至紫云书院,并重修书院,尊崇理学,"以程、朱、许、薛五子书训迪后进,期于躬行实践。四方来学,负笈者众,识者以为有洛学之风"③。李来章父祖虽声名不显,但也自幼学习程朱。生于这样家学深厚的环境之中,李来章自幼对理学耳濡目染,立志要"以圣贤为己任"④,并以家学传统砥砺自己,"吾李氏子孙,固宜恪守祖父之训,兢兢焉以忠孝之道自检束其身,宁为拘谨,勿为豪放。宁为醇厚,勿为浮薄。宁为木讷,勿为机械。使百世根本益深而固"⑤。李来章继承了先祖的学风,加之其刻苦学习,打下了扎实的理学功底。

随着年岁的增长,居家研读已经满足不了李来章对学问的渴求。听闻孙奇逢在夏峰讲学,遂拜师于孙门。孙奇逢的"慎独"思想,极大地影响着李来章,"以慎独为宗,以体认天理为要,以日用伦常为实际"。出师以后,李来章又求学于魏象枢门下,"尝学于魏象枢。其持论以不背先儒、有益世用为主"⑥。家学的传承、理学名师的教诲,使李来章对理学有着深刻的认识,遂先后在嵩阳书院、南阳书院讲学,常与友人及学生相互印证学问,并于南阳书院讲学之时编成《达天录》一书。这是一部集李来章学术思想之大成的著述,集中阐述了李来章的理学思想。

首先,"心"为人之本源。李来章所言的"心"即立志存心。李来章自幼就有着远大的志向,"以圣贤为己任",自然对立志有着更深的认识。其云:"心为一身之主,酬酢事物,皆由于此。……堂堂七尺,甘为妄念私意,驱差不停,岂不可惜。今日入手为学,须于行住坐卧,时时提撕警觉,唤醒主人翁,精神收敛,内有主宰,然后百凡可为。"⑦在他看来,无心无志则万事皆不可为。那么为什么要

---

① 许子尊:《读紫云书院记书后》,《礼山园全集》,清康熙年间刻本。
② 《乾隆襄城县志》卷六《人物志》,清乾隆十一年刻本。
③ 耿介:《中州道学编》卷二《李肖云继业》,康熙三十年嵩阳书院刻补修本。
④ 路仍起:《奉饯礼山先生荣任连山序》,《礼山园文集》,清康熙年间刻本。
⑤ 李来章:《礼山园文集》卷四《李氏赐书堂记》,清康熙年间刻本。
⑥ 赵尔巽:《清史稿》卷四百八十《儒林一》,中华书局,1977年版,第13136页。
⑦ 李来章:《南阳书院学规》卷一《为学次序》,《礼山园全集》,清康熙年间刻本。

从心呢？是因为圣人也是先存心立志的，"圣人千言万语只为身心，礼、乐、兵、农皆原本身心以推广之耳"①。圣人的所作所为，均是围绕着其心、其志而作的，大道至简，无论作礼乐抑或行兵农，皆是由"心"的志向而发散的。讲学授徒，为圣人传道的首要目的也是"以正人心为主最为吃紧"②，如不正人心，得来的也是无用之学。可见，在李来章看来，无论是自身的学习或教授他人，"心"均为本源。

其次，心为人之本，气则为天地之源。天地之间充满着气，无气，天地则不复存在。"天地间是实的，不是虚的，一气充塞，无处不到。日月常明，江河常流，人物常生，何非此气。若有欠缺，则有止息，譬之囊橐，有气则饱，无气则欤，明眼人当自辨之"③。这充满天地之间的气又是怎么运行的呢？李来章云："天地间无一处非气，即无一处非理，无气则其形不存，无理则其性不存。"④简而言之，气的运行法则是"理"，即"天理"。只有"理"才能让充斥着天地之间的"气"完美运行。气、理、天的三位一体，即李来章对宇宙的认识。

其三，摒弃佛道之学。李来章认为，佛道之学可使人混淆认识之本源，会将人引入歧途。"讲学功夫，无论精粗，先要不杂佛老，若杂于佛老，则源头已失，其它皆不足问矣。佛氏灭天，老氏违天，皆不仁之甚者也"⑤。在李来章看来，天地运行的法则为理，如若弃理而从佛道，那就是南辕北辙。源头即是错的，何来探寻本源呢？除此之外，虽理学、佛家均讲静心，但理学是动静结合，"若一向贪静，则空虚寂灭之中玩弄光景，势必流于禅"⑥，一味如佛家一般"贪静"，那如何能立德、立功、立言呢？

最后，重视日用人伦，强调躬行实践。在李来章看来，日用伦常，断不可违。圣人之道，不是体现在求学、为官、为师之中，而是体现在日常生活之中。每个人所做的每件事，都体现着是否符合圣人之道，这就是所谓的"窃惟夫子之道，践履之实，见于人伦"⑦。那如何"见于人伦"呢？李来章云："果能担荷吾道，躬

---

① 李来章：《达天录》卷一，《礼山园全集》，清康熙年间刻本。
② 李来章：《达天录》卷一，《礼山园全集》，清康熙年间刻本。
③ 李来章：《达天录》卷一，《礼山园全集》，清康熙年间刻本。
④ 李来章：《达天录》卷一，《礼山园全集》，清康熙年间刻本。
⑤ 李来章：《达天录》卷一，《礼山园全集》，清康熙年间刻本。
⑥ 李来章：《达天录》卷一，《礼山园全集》，清康熙年间刻本。
⑦ 李来章：《初入南阳书院告先师文》，《礼山园全集》，清康熙年间刻本。

行实践,久之,人自有信从之者,凡学不足以感人,皆是功未至耳。"①凡事必须躬行实践。只有当身体力行、躬行实践之时,学问才能臻于完美。否则,只能流于表面,做无用之功而已。

《达天录》虽仅二卷,但蕴含着李来章对天地及理学的深刻认识。贾子策在为《达天录》作序时,夸赞其书曰:"得读《达天录》,其言近,其旨远。判天人之辩,严理欲之防,了若指掌。辄不禁慨然曰,历圣相传之统,两程、许、薛发明之旨,其在斯书乎?"②由此可见,《达天录》在一定程度上是可直追先哲之理的。

除《达天录》外,李来章还编纂有《圣谕图像衍义》《圣谕宣讲条约》《圣谕衍义三字歌俗解》《御制训饬士子文衍义》等书。这些书是李来章根据朝廷的上谕,加之自己的理解编纂而成,其目的是教化乡民及童生、士子等。

李来章虽在夏峰学派中声名不显,于官场之中也无高位,但其为理学所作的贡献却是不能小觑的。其位列"中州理学八先生",并非虚誉。

五、刘青莲、刘青芝兄弟的经史之学

刘青莲、刘青芝为同胞兄弟,河南襄城人。刘青莲(1670—1739),字华岳,号藕船,刘青芝之兄。刘青芝(1676—1750),字芳草,号实天。刘氏兄弟出身于书香门第,其父刘宗泗,康熙二十九年(1690)中举,自幼好读程朱之书。刘氏兄弟在其父的熏陶之下,自幼熟读经史。兄弟二人感情尤深。雍正年间,青芝在京师为庶吉士,青莲与之近一年未见,遂寻至京师。青芝随即辞官归乡。青莲晚年筑"七一轩",与青芝日吟啸其中,自云"比欧阳修六一外,又多一弟,故曰七一。"③

刘青莲在家居丧之时,着手编纂《学礼阙疑》,全书八卷,最后一卷未完而亡故,由青芝续作。刘青莲观元人陈浩所注《礼记集说》,认为其有舛误,遂作《学礼阙疑》以为更正。全书只载有所辩订者,无所疑者则不著录。比如陈浩在《礼

---

① 李来章:《达天录》卷一,《礼山园全集》,清康熙年间刻本。
② 李时灿辑,申畅校补:《中州艺文录校补》,中州古籍出版社,1995年版,第324页。
③ 李时灿辑,申畅校补:《中州艺文录校补》,中州古籍出版社,1995年版,第346页。

记集说》中认为"入临不翔"的"临"指的是哭的意思,青莲引《周礼》注而驳斥之。青莲云:"'临'当解作'莅','礼不下大夫'。《集说》从黄氏之误,续'大夫抚式,士下之'之下,此谓先儒俱合下'刑不上大夫'为一节。"①《四库全书总目》称青莲"辞句对属,皆颇有所据。其拾陈氏之遗者,如黄冠草服及好田好女者亡其国,《集说》俱云未详。此引《周礼》注及先儒旧说补之,亦多可取"②。由此可见青莲经学功底之扎实。青莲之功,在于对《礼记集说》中发现的舛误进行更改并加以解释,此举"有关风教,有裨典礼"③。

刘青莲极其重视孝道,撰有《古今孝友传》十五卷。《古今孝友传》共记载历史上因孝而闻名之人932人。所立传之人,均约举其孝行,用史传法,条举件系,意欲大举孝行,为天下人观之。王心敬称赞此书曰:"行见孝友一传,直与朱文公《小学》一书异事同功,为宇宙重增一不刊之典。"④正因为刘青莲在生活中重孝悌,才能发明本心,写出这"不刊之典"。

刘青芝考据的经书有三种,分别为《学诗阙疑》《尚书辨疑》《周礼质疑》。青芝作此三书的缘由,均是日常读书中,发现前人舛误,则采旧注及前人之经训,相互参证,以期还原原书之真相。此三书篇幅均不大,《学诗阙疑》二卷,《尚书辨疑》一卷,《周礼质疑》五卷,却是刘青芝一生之所得。刘青芝说:"吾老矣,世有愿为伊吕事业者乎?吾将此册赠之。"⑤不过,青芝此三书,也有一大弊端,"然臆断多,考证少"⑥。此不能为其讳言。不过其书也大有可取之处,其引前人经训,互相参证,为后学考据奠定了一定的基础。

除对经书的考据之外,刘青芝还著有《史记纪疑》《史汉异同是非》两书,同前三书一样,均为平日读书所记而汇集成书。刘氏兄弟虽非考据之大家,但开中原考据之风,其功不可没。

---

① 李时灿辑,申畅校补:《中州艺文录校补》,中州古籍出版社,1995年版,第346页。
② 李时灿辑,申畅校补:《中州艺文录校补》,中州古籍出版社,1995年版,第346页。
③ 李时灿辑,申畅校补:《中州艺文录校补》,中州古籍出版社,1995年版,第346页。
④ 李时灿辑,申畅校补:《中州艺文录校补》,中州古籍出版社,1995年版,第347页。
⑤ 李时灿辑,申畅校补:《中州艺文录校补》,中州古籍出版社,1995年版,第341页。
⑥ 李时灿辑,申畅校补:《中州艺文录校补》,中州古籍出版社,1995年版,第341页。

第四节 彭而述与韩程愈的历史评论

明亡清兴,神州荡覆,很多史学家开始反思明亡的历史教训,清初的历史评论之作相当发达,顾炎武、黄宗羲、王夫之、唐甄等都撰写史论,察盛衰,辨兴亡,思想深刻而犀利。这一时期,河南史家彭而述、韩程愈也撰述相关论著,评史论人,发表自己对历史兴亡得失的看法,在清初历史评论思潮中独具风采。

一、彭而述的历史评论

彭而述(1605—1665),字子籛,号禹峰,河南邓县(今河南邓州)人。崇祯年间中进士,曾任山西阳曲县令,后由英王举荐,投降仕清。为官多在云贵、两广地区,且多任军职。彭而述饱读经史,阅历广泛,政务之余,不辍笔耕。主要著述有《读史外篇》《续读史外篇》《宋史外篇》《明史断略》《读史序诗集》等。其中多有历史评论,见解均有独到之处。

彭而述出生于明末清初,久经战乱,且其仕清之后,多任军职,因此,其渴望军功之心,远超同时期的文人。彭而述崇拜的是那些文可提笔安天下、武可上马定乾坤的历史人物,对那些单纯的笔墨文人似有不屑之意。其友人称赞其诗《白水行》文笔了得,但彭而述却感慨友人不识其心中之志,又作诗反驳之。彭而述借评论古人,以明自己心中之志:"呜呼,伯建亦何痴,我诗何能万古垂?只今圣人汉武帝,远略开拓西南彝。笑我随人徒碌碌,仅能百日醉昆池。昔者陆贾好诗书,赵佗一言九郡归。司马相如善为文,中郎持节开滇云。世知二子能文士,岂知二子所长殊不在此。我何人斯,所游之地乃与古人期。君不见鸡狗之血饮铜盘,纵罗千人不能救邯郸。丈夫有权能救世,文章无命工徒然。周绛侯,霍子孟,一朝将相功业天地间,李杜万丈光芒知何用!"①由此诗可知,彭而述认为李白、杜甫这种流芳千古的文人,虽光芒万丈,但对于社会却是没有用的。能称为"大丈夫"的只能是有军功于社稷之人,要像周勃、霍光一样,以武定乾坤。能发出如此感慨,与彭而述所处的时代、所遭遇的经历有着不可分割的关系。

彭而述对于明朝的灭亡有精彩的评论,并对明亡的原因进行了分析,见解独到。

其一,明朝之亡,亡于权奸。彭而述在《辨亡论一》中开篇说道:"明朝之亡,亡于流寇。"②但这仅是表面现象。流寇为何一直剿而不净?是因为朝中权奸温体仁、杨嗣昌等作祟,将剿贼得力的洪承畴、卢象升二人从前线调离,只因害怕洪、卢二人功劳过大,影响温、杨二人在中枢的地位,此为一。温、杨二人,只懂党争,而不知军事。在战略上放弃潼关,致使张献忠攻入潼关,祸乱三秦大地。彭而述认为"潼关可保,三秦无恙"③,此为二。温、杨二人,裁撤驿站,导致贫民"无所依"④,自然起兵造反,李自成所以坐大,以致攻入京师,明朝败亡,此为三。彭而述总结道:"崇祯非亡国之君,而有亡国之臣,体仁、嗣昌其大者也。"⑤国虽有将亡之兆,但君为贤君,将为良将,若中枢无此二贼,也许还能中兴。但温、杨二人将崇祯朝中兴的最后一丝希望联手破灭,且官逼民反,不识大局,明朝若不亡,则无天理可言。

其二,南明之亡,亡于监国。彭而述在《辨亡论二》中论及弘光"亦非顽劣,无似如盆子、昌邑之比,犹是中材之流耳"⑥,那为何没收复中原呢?其主因在于弘光虽被拥立为监国,但此时明朝已亡,监国又有何益?要收复失土,只有登基为帝,才能拢聚人心。而弘光、马士英等人,均有自己的算盘,至死都不称帝,自然没有了"千古之大义"⑦,何谈复国?偏安一隅而无破釜沉舟之心,只想苟延残喘,计较个人之生死,国家之亡,必在眼前。

---

① 彭而述:《读史亭诗文集》卷八《白水行》,康熙四十七年彭始搏刻本。
② 彭而述:《明史断略》卷四《辨亡论一》,清康熙刻本。
③ 彭而述:《明史断略》卷四《辨亡论一》,清康熙刻本。
④ 彭而述:《明史断略》卷四《辨亡论一》,清康熙刻本。
⑤ 彭而述:《明史断略》卷四《辨亡论一》,清康熙刻本。
⑥ 彭而述:《明史断略》卷四《辨亡论二》,清康熙刻本。
⑦ 彭而述:《明史断略》卷四《辨亡论二》,清康熙刻本。

其三,南明之亡,亡于分权。明朝南渡之后,除弘光为首的小朝廷之外,还有隆武、鲁王、永历、绍武、靖江王等五个分立的小朝廷,各自都有扶持之人,且都各自打算。"立君实同儿戏"①,若想复国,必须上下同心,才有复国之可能。大半江山已经沦丧,尚不知团结一心,依旧沉醉于争权夺利,最终只能被各个击破,最后一丝复国之望,荡然无存。

彭而述对于明朝灭亡的评论,虽不全面,但对于当时局势的分析,已属中肯。正是由于彭而述对南明的深刻认识,深知南明难成大器,因此他没有在南明出仕。也正是如此,彭而述虽为文人出身,但一直征战疆场,从不以文人自居,而渴望战场立功。他深刻剖析明何以亡,目的是要奉劝后人不要重蹈历史的覆辙。正是因为生于漂泊零落的政权之中,长于明清交替之际,对历史兴亡感同身受,才能作出此种较为中肯的评论。

二、韩程愈与历史人物研究

韩程愈(1615—1698),字幼平,号智度,鄢陵(今河南鄢陵)人。少年之时,就声名显露,十三岁时就被补为诸生,后因文学而出名。其在顺治中期为琼山知县,随即辞官归隐。韩程愈一生足迹遍布大江南北,每到一处,必和当地大儒进行学术交流。且有太白之风,好饮酒,却不嗜酒,时人称其"有古人之风焉"②。韩程愈著述颇丰,但大都散佚,保存至今的并不多,甚为可惜。

韩程愈的史学著述,多为评述历史人物,所评以明代人居多。其《古今人物汇考》中所涉及者,上至帝王,下至众生。每人的评论甚为精简,多者二三百言,少则数十言。其人物的排列顺序,按照五声,即宫、商、角、徵、羽的顺序排列,"可谓粗得古人著书之意矣"③。不过,该书因历时较短,三年而成,舛误较多,"有复见者,有时代倒置者"④,但瑕不掩瑜,该书仍有一定的史学价值。《古今人物汇考》中所选人物,虽地位、时代不同,但都是一时德高望重之人,也可看出

---

① 彭而述:《明史断略》卷四《辨亡论三》,清康熙刻本。
② 李时灿辑,申畅校补:《中州艺文录校补》,中州古籍出版社,1995年版,第63页。
③ 李时灿辑,申畅校补:《中州艺文录校补》,中州古籍出版社,1995年版,第63页。
④ 李时灿辑,申畅校补:《中州艺文录校补》,中州古籍出版社,1995年版,第63页。

韩程愈为人物立传,首重品行,再论事迹。

如果说《古今人物汇考》所载之人均是品德高尚之人,是韩程愈想要学习之人,那《明高士录》所录之人,当为韩程愈内心想要成为的人。所谓"高士",韩程愈把他们定义为身居山林,永不出仕之人。这些人的所作所为,是身居鼎革之际的韩程愈内心十分向往并为之敬佩的。《明高士录》共记载明代隐逸之士337人。所录之人,大多为明晚期的隐士,这自然和明末清初的政治格局有着紧密的关系,但更能体现出韩程愈对这些隐士以及他们的举动由衷的羡慕、敬佩之情。这种思想,也成为韩程愈辞官之后,虽非隐士,却足迹遍布天下,喜与当地饱学之士交往的主要动力。

除《古今人物汇考》《明高士录》外,韩程愈的《先世小传》也是记录明末历史人物活动的传记。虽所载均为寂寂无名之人,但保留历史资料之初衷,应予表彰。他在该书序中说:"诸子既无赫赫之功、洋洋之名,则非国史之所宜载。苟不为之传焉,则后之征隐逸、考节侠者,其将何以取资乎?"[①]《先世小传》今已亡佚,可见者,则是这篇《序》,由序中可知,《先世小传》所载之人均非国史所能立传之人。此书所选之人,均有"节侠"之气。在明末清初,何为节侠?隐居山林之人、不仕两朝之人。由此可知,此书应为韩程愈为游历天下之时所结交的隐士好友所立之传。

第五节　郑廉与宋荦的历史研究

清朝初年,国基未稳,统治者还没有完全腾出手整饬思想,压制言论,于是私家史学发达,人们根据自身所见所闻,纷纷撰述私史,记载明清之际各种历史现象,成果丰硕。在这些私史之中,河南地区学者郑廉的《豫变纪略》、宋荦的《商丘宋氏家乘》较有代表性。

---

① 李时灿辑,申畅校补:《中州艺文录校补》,中州古籍出版社,1995年版,第63页。

一、郑廉与《豫变纪略》

明朝末年,狼烟骤起,不光有满族人的入侵,同时还有各地的农民起义,崇祯皇帝即便有贤相良将,也难敌此艰难局面,最后不得不吊死煤山,为大明王朝画上了一个句号。郑廉的《豫变纪略》就是一部反映明末农民起义的著作。

郑廉(1628—1710),字介夫,又作戒得,号石廊,河南归德府(今河南商丘)人。郑廉先祖曾因功授归德卫百户,但至郑廉祖、父之时,家道已经中落。但家学以及时代的影响,使郑廉立志要遍读圣人之书,以求取功名,他在《立志》一诗中云:"遵彼圣贤路,俯焉相追随。升堂而入室,庶几未可期。"①但随着时局的动荡,郑廉的志向自然落空。十五岁那年,他被罗汝才的农民起义军俘虏,后趁看管松懈,寻机而逃。后因清军占领归德府,恢复学校,于是又以科举为业,无奈时运不济,郑廉先后十三次参加乡试,均以失败告终。自此,郑廉看淡了科举之路,开始在家著书。

清朝初年,无论站在何种立场的史学工作者,都开始关注或探讨明朝灭亡的原因。郑廉因家乡深受农民起义之苦,又曾深陷于农民起义军的狂潮之中,故对这一段历史非常感兴趣。他认为前人关于这段历史的记载均有所缺失甚至不符史实,"海内文人之有笔者,或受欺于传闻之失实,或滋伪于佞史而乱真,或甘心卖国者而惭德蒙褒,或呕血亡躯者而丧失受过,是非颠倒,杂乱无章"②。因此,郑廉决定写出一部著作,传信于后世,所谓"缀辑闻见,为《豫变纪略》,以信其传"③。他用亲身之经历,考证前人之书籍,为后世留下了《豫变纪略》这部真实反映农民起义的专著。

郑廉的《豫变纪略》在选择史料时有着非常明确的标准,不相信传闻,只信任白纸黑字。其在《凡例》中称,前人的记载,多有抵牾,究其根本原因,在于"诸

---

① 郑廉:《柳下堂集·诗集》卷二,清康熙五十四年陈尧策刻本。
② 郑廉:《柳下堂集·文集》卷一《与李子金求序书》,清康熙五十四年陈尧策刻本。
③ 郑廉:《豫变纪略·序二》,乾隆八年彭家屏刻本。

书率得之传闻者也。传闻者,多信耳"①,所以他坚持"余则不信耳而信目"②。在这样的原则下,《豫变纪略》的取材大致有以下三个方面。

其一,当时已经有的官私著述。大致有《绥寇纪略》《流寇志》《樵史》《明季遗闻》《汴围湿襟录》《守汴日志》《大梁宫人行》及康熙《杞县志》《郏县志》《许州志》等共计40余种。③ 由此可知,郑廉为编撰《豫变纪略》,参考了大量的书籍。除此之外,他还针对这些书籍中相抵牾的部分一一考辨,采其信者,著录于《豫变纪略》之中。

其二,官员的奏疏。《豫变纪略》中引用了大量的奏疏,其多为河南官员在任时向朝廷所上奏章。其奏疏内容多为上请朝廷免除河南的赋税及求朝廷派军镇压农民起义。因农民起义军多在中原地区尤其是河南地界肆虐,河南官民不堪其扰。引用这样的奏疏,充分说明郑廉是在追求"信史"。

其三,郑廉自身的见闻。为了使叙事更丰满可信,郑廉也会用到一些见闻。但他对所用见闻也有着明确的标准:"即或不能全任目而间任耳,亦非若世之竟以耳食者也。耳目之际,盖甚严矣。"④因郑廉十五岁时,被农民起义军所俘虏,其自身与农民起义军有着直接的接触。这些经历和记忆自然成为郑廉编撰《豫变纪略》的第一手资料。其在《序》中云:"二十年间,上下千里,吾耳所闻,吾目所见,吾身所经。"⑤这一部分自然成为此书材料来源的一部分,而且不是"耳闻",而是亲身经历。这就使得《豫变纪略》有着其他有关明末农民起义的史书所难以拥有的第一手史料。

正是由于郑廉坚持"信史",对于史料的选择有着明确的标准,并严格把关,使得《豫变纪略》比同时期其他相关著述的可信度更高。所以后人称赞该书"有功于世道,非仅以博旧闻也"⑥。

《豫变纪略》记载了明天启六年(1626)至清顺治二年(1645)前后共19年

---

① 郑廉:《豫变纪略·凡例》,乾隆八年彭家屏刻本。
② 郑廉:《豫变纪略·凡例》,乾隆八年彭家屏刻本。
③ 详细论述参考王兴亚《郑廉和他的〈豫变纪略〉》,《郑州大学学报(哲学社会科学版)》,1982年第3期。
④ 郑廉:《豫变纪略·凡例》,乾隆八年彭家屏刻本。
⑤ 郑廉:《豫变纪略·序二》,乾隆八年彭家屏刻本。
⑥ 李时灿辑,申畅校补:《中州艺文录校补》,中州古籍出版社,1995年版,第190页。

的河南历史。这段时间内,河南面临着三次政权更迭,由明朝统治到农民起义军控制,再到清朝统治。《豫变纪略》全面地将这19年间河南的变迁详尽地记录在册。全书以农民起义为主线,辅之以天文地理、人事变动、百姓避难等内容。正如郑廉在序中所云:"上而天日星文之灾异,下而山川人物之凋伤;内则朝廷之命将出师,外则盗贼之抗军破阵;大则青犊、黄巾屠城而略地,小则狗盗鼠窃逐地而成群,一时之仗钺专征者,率求马革不可得,而分符守土者,往往抱头于草间而求活也,石廊则一一纪之。"① 由郑廉的序文及其文中所载可知,他对这19年间河南发生的历史事件,用十万余字进行了全面的梳理,大致包括政治、军事、地理、灾荒、各阶层的活动等诸多方面,不可谓不全。

《豫变纪略》全书共八卷,卷首序两篇、自序四篇、凡例一篇。卷一为年表,将天启六年冬至顺治二年夏四月所发生的事情汇为一表,分年表、灾异、大事记、寇败犯乱四部分。卷二至卷八按照纪事本末体书写,条陈其事,使人一目了然。② 该书不仅很好地保留了当时的史料,更难能可贵的是对当时涉及农民起义的史书一一作了辨析,订讹规过,以利使用。清人彭倚华评价此书云:"柳下先生身罹锋镝,万死一生,喘定著书时事之兀臬,狂贼之惨酷,皆以独毫写之。且深辨诸纪之传讹,为解后生之迷罔,虽古良史不是过也。"③ 可谓定评。

二、宋荦与《商丘宋氏家乘》

归德府(今河南商丘)宋氏,明清时期累世为官,是一个颇具影响力的世家大族。④ 这么庞大的一个家族,修家谱自然是头等大事。自明末,宋氏族人宋沾、宋权等就开始编修家谱,直到宋荦时,《商丘宋氏家乘》才算基本编修完成。

宋荦(1634—1714),字牧仲,河南归德府人,出身于官宦世家,其父宋权,历仕明、大顺、清三朝,后官至太子太保兼内国史院大学士,在顺治朝颇受器重。宋荦十四岁时,就以大臣之子的身份为侍卫。第二年,即试授通判,可谓少年得

---

① 郑廉:《豫变纪略·序一》,乾隆八年彭家屏刻本。
② 王兴亚:《郑廉和他的〈豫变纪略〉》,《郑州大学学报(哲学社会科学版)》,1982年第3期。
③ 李时灿辑,申畅校补:《中州艺文录校补》,中州古籍出版社,1995年版,第190页。
④ 刘万华:《〈商丘宋氏家乘〉编纂流传考》,《殷都学刊》2013年第2期。

志。后历任江西巡抚、江苏巡抚、吏部尚书等职,并加太子少师衔。宋氏家族至宋荦时,可谓达到顶峰,家谱的编修自然也日趋完善。

宋荦纂修家谱之时,宋氏家谱已经有了一定的基础。宋荦祖父宋沾时,开始进行家谱的纂修。宋沾深感若无完整的谱牒,则"尊卑长幼紊焉弗序,本支同气涣焉弗统,五服之内面和而心离,吉不庆,丧不讣"①,故宋沾将其高祖为一世"仿《史记》表图,以生卒等项入表内"②。继宋沾之后,宋荦之父宋权继续纂修家谱,于顺治五年(1648),广采先祖之嘉言懿行入谱,并定名为《商丘宋氏家乘》。宋权称宋氏是商代微子之后裔,但因先人记载不全,并未附会至微子,而是以有文字可考的宋贵为其始祖,下至其父宋沾。此举将宋氏的世系脉络清晰地梳理了一遍。宋权如此审慎的态度奠定了《商丘宋氏家乘》纂修的基调。但后因宋权丁忧期间主持会试,加之其触犯圣讳,辞官归里,郁郁而卒,家谱的纂修不得已而搁浅。

宋权死后,家谱纂修的重任自然被宋荦接过。宋荦一生,先后三次纂修家谱。第一次是康熙三年(1664)被授黄州通判之时。这一次的纂修主要是依靠其父祖的纂修成果,对《商丘宋氏家乘》进行完善,并对其体例进行了一定的改变。宋荦云:"旧谱仿《史记》表,图以生卒等项入表内,前后相间,阅者难之。今仿欧阳公式,每五世画一图,以生卒等项循次书其后,各为一条,既便批阅,仍不失福山公遗意云尔。"可见,这次宋荦主要是对谱系图进行体例上的更改。其先是仿照《史记》的表图,宋荦将其改为仿照欧阳修的"五世一图"例。这样一来,不仅可以使宋家后人览先祖全貌,且五世以后,各分支可再修谱,使得《商丘宋氏家乘》全而不赘。自这一次改动之后,宋氏家谱的谱系就固定下来。

第二次纂修是在康熙十六年(1677),宋荦为理藩院院判时。宋荦用处理公务之外的空暇时期,对《商丘宋氏家乘》进行完善。此次纂修的目的是"故忻兄若弟拮据搜辑,补旧益新"③,所以在整体上没有较大的改动。宋荦依然尊其祖父宋沾之意,并没有附会微子为其始祖,其云:"吾家相传自殷恪肇封,而其后以国为氏,《家乘》仅系数世,概不敢远为援述者,志慎也。"可见,这种审慎的态度

---

① 宋荦:《族谱序》,《商丘宋氏三世遗集》,康熙五十年宋氏家刻本。
② 宋荦:《商丘宋氏家乘》卷三,康熙四十四年刻本。
③ 宋荦:《商丘宋氏家乘》,卷首,康熙四十四年刻本。

一直贯穿于家谱的纂修过程。朱彝尊称赞道:"不书远祖而书近代,先王言而后国史,终以文翰。"①

第三次纂修是在第二次后的二十余年。此次纂修的原因是宋氏家族发展得愈来愈大,随着后人的增多,之前的家谱显得不够完备,加之宋荦蒙受天恩,"于是随时纂辑,踵事而增华之"②。此次纂修,同第二次一样,均是补充内容,于体例上并无较大的更改。"凡遗文轶事散见于学士大夫之记籍者,旁搜博考,靡不摭录。又不揣固陋,纂为家传九篇、外传六篇。至于发凡起例,向时多所未安,则更易审定列为九条,而排缵其文为一十四卷。"③此次纂修后,宋荦请朱彝尊为之作序,于康熙四十四年(1705)刊印。

《商丘宋氏家乘》共十四卷,第一、二卷为"宸章",收录了康熙御书三种及明清时期有关宋家的诰命、敕文、祭文等共40篇。第三、四卷为"谱系",清晰地记载了整个宋家的脉络。第五卷为"家传",主要记载宋家亡逝的男丁事迹。第六卷为"外传",为宋氏有德行的女性传记。第七、八卷为"载籍",收录了国史、地方志等有关宋家的记载。第九卷为"奏疏",收录先人的奏章。第十、十一、十二卷为"文翰",收录了当代公卿的手笔以及宋氏族人之作。第十三卷为"杂录",收录了有关宋氏的诗文。第十四卷为"享祀",是有关家族祭祀的规定。整书观之,叙事完备而无赘言,脉络清晰而不附会,朱彝尊称此家谱:"辞简而事详,合乎古传纪之体。"④

宋荦纂修的《商丘宋氏家乘》承前启后,不仅完善了其父、祖纂修的内容,还为之后的纂修奠定了基础。宋荦审慎的纂修思想,不仅影响着宋氏一脉,还影响了其他家族谱牒的编修。当时,虞城县叶氏、田氏,商丘县侯氏等家族的族谱,都受到了宋荦的影响。⑤《商丘宋氏家乘》对后人研究清代家谱有着重要的价值,还保存了大量的原始史料。

---

① 宋荦:《商丘宋氏家乘》,朱彝尊序,康熙四十四年刻本。
② 刘万华:《〈商丘宋氏家乘〉编纂流传考》,《殷都学刊》2013年第2期。
③ 宋荦:《西陂类稿》卷二十四《三订家乘序》,文渊阁四库全书本。
④ 宋荦:《商丘宋氏家乘》,朱彝尊序,康熙四十四年刻本。
⑤ 刘万华:《〈商丘宋氏家乘〉编纂流传考》,《殷都学刊》2013年第2期。

第六节 乾嘉中州汉学第一人:武亿的经学与史学

清代乾嘉时期,理学的衰退已是不争的事实,取理学而代之的便是汉学,即考据之学。随着乾嘉考据学的崛起,学界大师云集,名家辈出,学术重镇逐渐向南移动。以考据著称者,鲜有中州士人,中州学术颓势骤显。就在此时,武亿应运而生,填补了中州学术寡于考据的空白。武亿是乾嘉时期中州汉学的重要人物,其在经学、金石学、方志学等领域造诣极高,可称乾嘉时期中州汉学第一人。

一、武亿的生平及与汉学结缘

武亿(1745—1799),字虚谷,号小石,又号半石山人,河南偃师人。武亿出身于书香门第,其父武绍周"益精诵弗辍,通《毛诗》《左氏春秋》"[1]。武绍周致仕后,回到偃师,被聘为两程书院院长。武亿随学问渊博的父亲学习至十七岁,直至父亡。武亿虽勤奋研习经书,但"乡居讲学,力求博通,鲜所师承"[2],一直没有形成有自身特点的治学风格。直至乾隆四十一年(1776),武亿游学京师,经其座师曹锡宝介绍,入"乾嘉朴学的领袖"[3]朱筠门下学习。朱筠时充任四库馆纂修官,精通金石考据之学,"天下奇俊咸集其门"[4],如章学诚、邵晋涵、王念孙、汪中、洪亮吉、黄景仁、钱坫等,[5]均曾汇集其门下。武亿同这些硕学俊彦交游,相互论学,开阔了眼界。且其深受朱筠影响,形成了自己的学术风格。武亿

---

[1] 朱筠:《奉政大夫吏部验封司郎中偃师武君绍周神道碑铭》,《笥河文集》卷十一,嘉庆二十年椒华吟舫刻本。
[2] 武穆淳:《虚谷府君行述》,《授堂遗书》第四册《附录》,北京图书馆出版社,2007年版,第600页。
[3] 姚名达:《朱筠年谱·序》,商务印书馆,1934年版。
[4] 余鹏年:《武虚谷哀辞》,《授堂遗书》第四册《附录》,北京图书馆出版社,2007年版,第584页。
[5] 王记录:《武亿学术成就述论》,《河南师范大学学报(哲学社会科学版)》,2004年第4期。

极其推崇其师朱筠,"凡得先生所指授者,惟日孜孜研习不懈"①。在朱筠门下,武亿奠定了其汉学基础,也形成了其治学风格,即"通贯经籍,讲学依据汉儒师授,不蹈宋明人空虚臆说之习"②。其后,武亿又入毕沅幕下。毕沅是当时提倡汉学的领军人物,这使武亿进一步形成"尊汉薄宋、重考据而黜虚言的治学风格"③。

武亿一生著述丰厚,据其子武穆淳编定、其孙武耒于道光二十三年重刻之《授堂遗书》所载,就有《经读考异》八卷、《句读叙述》二卷、《群经义证》八卷、《三礼义证》十二卷、《金石三跋》十卷、《金石文字续跋》十四卷、《授堂文钞》十卷、《授堂诗钞》八卷。武亿还纂修多种地方志书,如《鲁山县志》《宝丰县志》《安阳县志》等。此外,武亿尊崇汉儒郑玄,还校订郑学之书五种,即《发墨守》《起废疾》《箴膏肓》《驳五经异议》《郑志》。这些著作彰显了武亿在金石学、经学、方志学领域的成就。

二、武亿的金石学成就

清代金石学发达,以金石文字证经史成为时尚,武亿于此贡献尤大。近人支伟成撰《清代朴学大师列传》,就把武亿划在"金石学家"之列,足以说明他在金石学研究方面的成就和影响。

武亿尤重金石考经史,除受当时学术风气影响外,还和其生长环境有着天然的联系。其家偃师与洛阳接壤,自古为京畿之地。其间宫观寺宇、陵墓寝地众多,碑铭墓志、各类石刻充斥其间。自青少年起,武亿就嗜好金石,"游历所至,如嵩山、泰岳,遇有石刻,扪苔剔藓,尽心摸拓,或不能施毡椎者,必手录一本"④。正因如此,武亿依欧阳修《集古录》、赵明诚《金石录》之例,编成《金石三跋》《金石文字续跋》等金石学著作,收录自先秦至元代的各种碑刻近800通。

---

① 《国史儒林列传·武虚谷传》,《授堂遗书》第四册《附录》,北京图书馆出版社,2007年版,第543页。
② 孙星衍:《武亿传》,《授堂遗书》第四册《附录》,北京图书馆出版社,2007年版,第565页。
③ 王记录:《武亿学术成就述论》,《河南师范大学学报(哲学社会科学版)》,2004年第4期。
④ 江藩:《汉学师承记》,上海书店,1983年版,第71页。

武亿研究金石，是因为看到金石可以"与群史传记互为推稽"①，"碑铭墓志，推显古人之功绩，上与史传相纠正，次与此方利病相考见"②，有不可低估的史料价值。

武亿用金石考经史，主要在两个方面：一是以金石证经史之舛误，二是以金石补经史之缺失。武亿用《魏封孔羨碑》考证出孔羨为孔子第二十一世孙，于黄初元年封崇圣侯，而非《史记正义》中所载二十二世，也非《通鉴音注》中所载黄初二年封侯。诸如此类的考证，在武亿的著作中比比皆是。以金石考经史，武亿颇为自信，认为自己的金石学研究"补前人疏舛者颇为不少"③。以金石补经史之缺，也是武亿极为关注的。他认为，金石碑刻可在官职、年月、事迹等三方面弥补史书记载之缺失。如在《唐少林寺赐田牒》中，赵冬曦曾任判官殿中侍御史，徐坚曾任国子祭酒，但新、旧《唐书》二人本传均无此记载。武亿说："史有阙也，非是牒后世其谁知之。"④

武亿虽重金石，但也不偏信金石。他认为，金石碑刻虽然可靠，但也会有舛误和谀词。如，宋代的《汧阳县普济禅院碑铭》，叙人官职，却袭用唐代官名，真是"不通古今，谬以唐制假号尔"⑤。在乾嘉时期人们盲信金石的风气下，武亿对金石的价值能一分为二来看待，是难能可贵的。

三、武亿的经学疏证

武亿"生平深入经史，七经注疏、三史、涑水《通鉴》，皆能诵"⑥。其在经学上的贡献，尤其应该引起我们注意。

武亿重视经学研究，认为"君子之学，以经务也。韩子云：士不通经，果不足

---

① 武亿：《授堂诗文钞》卷七《答王兰泉先生书》，清道光授堂遗书本。
② 武亿：《授堂诗文钞》卷三《偃师金石遗文补录序》，清道光授堂遗书本。
③ 武亿：《授堂诗文钞·续集》卷九《与朱少白书》，清道光授堂遗书本。
④ 武亿：《金石二跋》卷二《唐少林寺赐田牒》，见《金石三跋》，清道光二十三年授堂重刊本。
⑤ 武亿：《授堂金石文字续跋》卷八《汧阳县普济禅院碑铭》，清道光二十三年授堂重刊本。
⑥ 江藩：《汉学师承记》，上海书店，1983年版，第71页。

用"①。其治经,主要成就在两个方面:一是考证经书句读,二是疏解经书含义。前者的代表作是《经读考异》,后者的代表作是《三礼义证》《群经义证》。

武亿治经之所以要从句读入手,是因为在他看来,经义纷淆,关键在于句读不明,句读不明,遂使经义歧解百出。他说:"经之义起于析句不明,而俗学依文曲附,使上下牵缀,强为属词,于是凿说纷纷,浸致古训沉没。类如是者,宜急以订正其误,此愚之不揣而妄为有述也。"②武亿看到,经书在长期的流传过程中,"某字属句,世已口习,不可复破;及塾师坚执一读,不能兼通他读","俗流未能离经辨义,而牵缀乖隔纷扰,不复成文,然后以曲解传之,以凿说锢之"③。句读不明,导致后学以己之意,附会经书原本之意。此种注经之法,流传下来,遗毒颇深。故其著《经读考异》,综览群书,以正句读,"求其致确"。其《经读考异》对《易》《书》《诗》《周礼》《仪礼》《礼记》《春秋》《尔雅》《论语》《孟子》等 10 部经书的句读进行辨析,以求正解,多能得其实。④

在经义疏解方面,武亿受朱筠、毕沅影响,一尊汉儒,尤崇郑玄。其作《三礼义证》时,自称:"扶翼郑学,而更以易疏家之繁酿。"⑤其推崇郑学之意溢于言表。有关经义疏解,武亿还作《群经义正》一书,对前人疏经之不当、句读之不确、传刻之错讹,均有论析。⑥ 武亿除作疏以正经义外,晚年还先后在东昌、亳州、临清、鲁山、安阳、邓州等地书院讲学,宣扬其经学主张。

总之,武亿通过自己的研究,在经书原意阐明和纠正注家谬误方面做出了很大贡献。他根据各种古代典籍、金石文字等,运用声音训诂等方法解经疏义,纠正宋、明人注疏的错误,虽过分拘泥郑学,且有烦琐的一面,但他注重实事求是,从具体问题做起,其价值不言而喻。他的经学研究在当时的河南学术界产生了一定影响,赵希璜称他"洛下无双士,超然第一流;疏经扶贾郑,成化拟阳秋"⑦。孙星衍则说:"今中州士知读古书,崇汉学,搜访碑刻,备一方掌故,多自

---

① 武亿:《授堂诗文钞》卷八《潭西精舍送桂君入都序》,清道光授堂遗书本。
② 武亿:《授堂诗文钞·续集》卷十《与孙渊如一》,清道光授堂遗书本。
③ 武亿:《经读考异后序》,《授堂遗书》第一册,北京图书馆出版社,2007 年版。
④ 王记录:《武亿学术成就述论》,《河南师范大学学报(哲学社会科学版)》,2004 年第 4 期。
⑤ 武亿:《授堂诗文钞·续集》卷九《程侍御三礼郑注考序》,清道光授堂遗书本。
⑥ 王记录:《武亿学术成就述论》,《河南师范大学学报(哲学社会科学版)》,2004 年第 4 期。
⑦ 赵希璜:《吊挽》,《授堂遗书》第四册《附录》,北京图书馆出版社,2007 年版,第 567 页。

亿为倡始。"①均充分肯定武亿的学术地位和影响。

四、武亿的方志学成就

武亿以一己之力，在中州道学衰败之际，扛起中州汉学的大旗，可谓异军突起。武亿除在经学、金石学上有很深的造诣外，还于中原方志学上有着突出的贡献。武亿于乾隆年间参与纂修《偃师县志》，在嘉庆年间主持纂修《鲁山县志》《宝丰县志》《郏县志》《安阳县志》。除《郏县志》无存本外，其余四志均保留至今，为中原佳志。武亿在修县志时，将自己的历史思想融入其中。

其一，重视金石。乾隆《偃师县志》虽非武亿主持编修，但其《金石志》部分则是偃师县令汤毓倬委托武亿所作。《金石志》虽仅有两卷，但录武亿所见及家中所藏金石材料80余种，纂成《偃师金石录》。今人陈鸿森评论此志云："此书之例，其碑见存者，具录其文，注其字体、见存处所，其书撰人、年月可考者，并详记之；佚者记其出处。各附案跋，考证极为详悉，足存一方之文献。"②除此之外，《鲁山县志》《宝丰县志》均有《金石志》。《安阳县志》因出土金石众多，武亿另编《安阳县金石录》十二卷以作补充。

其二，注重实用。在武亿看来，"方志乃一方之文献，可以裨一方之实用"③。故其修志之时，总是尤为关注有关国计民生之事。其主持修纂的三部地方志均将《地理志》置于诸卷之首，且尤为详细。在《地理志》中设置子目，记载有关沿革、疆域、山川、建置等类。其修《鲁山县志》与《宝丰县志》时，还将有关鲁山名胜古迹的诗文从《艺文志》中抽取出来，放于《地理志》下，不可不谓重实学。

其三，注重考证。武亿修县志时，对山川、古迹、物产乃至衙署、书院等均旁征博引，考证精良，不因考证之烦琐、文字之繁多而舍之。纪昀称赞其《安阳县志》说："其目井井有条，多合古法……先以图、次以表，挈其纲矣，次以志、次以

---

① 孙星衍：《武亿传》，《授堂遗书》第四册《附录》，北京图书馆出版社，2007年版，第568页。
② 陈鸿森：《武亿年谱》，台湾"中央研究院"《历史语言研究所集刊》，第85本，2014年版，第3分册，第514页。
③ 王记录：《武亿学术成就述论》，《河南师范大学学报（哲学社会科学版）》，2004年第4期。

传、次以记,析其目矣。殿以《艺文》,乃仿古人之目录,不似近人之附载诗文,其体例不亦善乎?而每条必有考证,不徒杂袭乎旧文,其叙述不亦确乎?"①

其四,体例简明扼要。《鲁山县志》《宝丰县志》由纪、图、表、志、传、记6种体裁编纂而成,《安阳县志》由图、表、志、传、记5种体裁编纂而成,类例分明、纲举目张。其在编纂《安阳县志》时主张,凡安阳历代名人,既不照录史传,又不节录数事,而是"凡史有传者,唯书名字,注某史有传"②。这就避免了以往县志的芜杂之弊。

武亿在河南汉学后继乏人的境况下,挺身而出,扛起河南汉学之大旗,遏制了河南学术的颓败之气,其务实严谨之学风,实为后学敬仰。

第七节　张宗泰、苏源生的文献学成就

总体而言,有清一代的河南学术,主要受洛学,也就是程朱理学的影响,治学追随程朱,好言义理,而与发展于江、浙、皖的考据学风大异其趣。但是,凡事都有例外,在理学氛围浓厚的河南地区,依然出现了武亿、张宗泰、苏源生等以整理文献著称的学者。

一、张宗泰的目录学成就

自刘歆编《七略》后,我国古代目录学开始登上历史舞台,之后数千年的发展,其成果蔚为大观。及至乾隆年间修《四库全书总目》,目录学发展已达鼎盛。在这样的背景下,张宗泰的目录学似大海遗珠,几不为人所知矣。

---

① 纪昀:《安阳县志·序》,《纪文达公遗集》卷八,《续修四库全书》,上海古籍出版社,2002年版,第1435册,第347页。
② 赵希璜、武亿:《安阳县志·凡例》,嘉庆四年刊本。

张宗泰(1776—1852),字鲁岩,鲁山(今河南鲁山)人。张宗泰一生嗜书如命,除读书外,似无其他喜好。他说:"余于凡百玩好,无所动心,顾独喜读书如啖蜜然,中边皆甜。只觉有不尽之意味,浸淫于胸臆间,而莫能自已也。"①但因其"苦于授徒,不获专致其功"②,一直没有闲暇时间披阅经史,直至道光二年(1822)任修武县儒学教谕,方得空闲。从此以后,每天读一卷书,二十年如一日,几无间断。且"每读一书已,辄旁通交推,而以他所读书,为之证佐"③。积二十年之功,终成《鲁岩所学集》一书。

《鲁岩所学集》共十五卷,全为张宗泰评鉴他人之书而作,涉及典籍广泛:编年体有《资治通鉴》《续资治通鉴》《宋元通鉴》等,纪事本末有《通鉴纪事本末》《宋史纪事本末》《元史纪事本末》等,纪传体有《史记》《汉书》《后汉书》《三国志》《唐书》《新五代史》《宋史》等,目录学著作有《郡斋读书志》《直斋书录解题》《孙氏祠堂书目》等。除此之外,还涉及笔记、别集、总集、传记等。《鲁岩所学集》集中体现了张宗泰的目录学思想。

其一,体例以《四库全书总目》为宗。《鲁岩所学集》在体例上模仿《四库全书总目》,张宗泰说:"又平日尝究心《四库全书提要》。窃仿其义例,或品评其得失,或纠正其讹舛,或增补其所未备,约得文字若干篇,藏之箧笥,未及细为铨次也。"④光绪年间,孙葆田读《鲁岩所学集》后,也云:"(张宗泰)于四部书目手披目览,昕夕不厌,每读一书,必钩稽其得失,校正其异同,字栉而句剔之,而一以《四库全书提要》为宗主,可谓好学者矣。"⑤张宗泰认为,《四库全书总目提要》所用四分法是最为恰当之法,"盖编录书目,惟经史子集分类为无可增易,或欲别矜新裁,自起义例,其牵率不合,固事理所必至"⑥。

其二,著书要有所议论,不能人云亦云。顾炎武曾认为《资治通鉴》不载文人事迹,张宗泰遍读《资治通鉴》后,发现并非如此。"近代通儒如顾亭林先生,谓《通鉴》不载文人,余逐卷检阅,所载文学之士,殆不下数十人,疑其亦未暇逐

---

① 张宗泰:《鲁岩所学集·自序》,《近代中国史料续编》第十七辑,文海出版社,1975年版。
② 张宗泰:《鲁岩所学集·自序》,《近代中国史料续编》第十七辑,文海出版社,1975年版。
③ 张宗泰:《鲁岩所学集·自序》,《近代中国史料续编》第十七辑,文海出版社,1975年版。
④ 张宗泰:《鲁岩所学集·自序》,《近代中国史料续编》第十七辑,文海出版社,1975年版。
⑤ 张宗泰:《鲁岩所学集》孙葆田后序,《近代中国史料续编》第十七辑,文海出版社,1975年版。
⑥ 张宗泰:《鲁岩所学集》卷六《跋孙氏祠堂书目外编》,《近代中国史料续编》第十七辑,文海出版社,1975年版,第357页。

卷细读也"①。有关司马光《资治通鉴》奉曹魏为正统与朱熹《资治通鉴纲目》奉季汉为正统的区别,前人有云,"北宋建邦中土,其国势类乎魏",所以"以魏为正统",而朱熹作《纲目》,因其为南宋臣子,而"南宋建邦江左,其国势类乎蜀",所以"以蜀为正统"。张宗泰对此却不以为然,其云:"其实亦未尽然也。魏受汉禅,晋受魏禅,世代相承,此而以正统归之,谁曰不宜?……以蜀为正统,亦天理人心之不容泯没者,而何可厚非也。"②张宗泰从大势及人心两方面来论述司马光与朱熹正统论之区别,认为两者不存在孰对孰错,均有自己的理论依据,"不必右朱子而左温公也"③。张宗泰认为,读书求学,不能只为接受知识,还要能理解其深意,做出自己的判断,方为善读书者。

其三,以题跋形式为提要。题跋是能起到目录作用的另一种目录学编写形式。④ 张宗泰作提要之方式,即在书后以题跋的形式为提要。如其在读荀悦《汉纪》后写道:"荀悦易《汉书》纪传而为编年,论者谓其书辞约事丰,论辨多美,是则然矣,然亦有叙次不明之失","荀氏《汉纪》,以《汉书》纪传为根据,而《十志》《八表》,各择取其切要者,依世代编入,所附论断,亦洞达政体,昭晰物情,非苟作也"⑤。以题跋之形式作提要,既不会破坏整书之原貌,还可清晰表达自身之见解。

其四,以书评人。《鲁岩所学集》虽为目录学著作,但张宗泰常通过著者之书来品评著者之人。对司马光、朱熹、顾炎武、朱彝尊、阎若璩、龚自珍等人,张宗泰均有评论。如张宗泰在《读〈顾亭林先生文集〉》中评论顾炎武道:"国朝诸儒,有讲性理之学,有讲地理之学,有讲律算之学,又有贪多务得,好以博辨纵横见长者。亭林先生挺生其间,独喜讲开物成务之学。文集六卷,其论学宗旨则始之博学于文以植其基,继之行己有耻以严其范,举凡文之不关于六经之旨、当

---

① 张宗泰:《鲁岩所学集》卷一《读司马温公资治通鉴》,《近代中国史料续编》第十七辑,文海出版社,1975年版,第2页。
② 张宗泰:《鲁岩所学集》卷一《通鉴论正统闰统》,《近代中国史料续编》第十七辑,文海出版社,1975年版,第2—3页。
③ 张宗泰:《鲁岩所学集》卷一《通鉴论正统闰统》,《近代中国史料续编》第十七辑,文海出版社,1975年版,第3页。
④ 来新夏:《清张宗泰古典目录学成就初探》,《南开学报》1996年第4期。
⑤ 张宗泰:《鲁岩所学集》卷四《再读〈汉纪〉》,《近代中国史料续编》第十七辑,文海出版社,1975年版,第221—222页。

世之务者,则一切不为。"①张宗泰借《顾亭林先生文集》,把顾炎武"始之博学于文以植其基,继之行己有耻以严其范,举凡文之不关于六经之旨、当世之务者,则一切不为"的治学宗旨揭示出来,可谓目光独到。

《鲁岩所学集》是一部以"会通"之意贯穿其中的古典目录学著作。除著录论列图书外,作者还探究著书之人、著者之心,虽继轨于《四库全书总目提要》,但也有张宗泰独特的目录学思想贯穿其中。张宗泰二十年如一日读经史,且能独立思考,汲取其他目录学著作之长,加以自己的思想,成为河南地区著名的学问家,在中国学术史上占有一席之地。

二、苏源生与《鄢陵文献志》《国朝中州文征》

苏源生(1808—1870),字泉沂,号菊村,鄢陵(今河南鄢陵)人。苏源生不到周岁时,父亲苏立诚亡故,全靠母亲抚养。母亲遵照其父遗嘱,送其读书。苏源生少时,求学于王秀儒,年岁稍长,入钱星湖门下研读经学,后又求学于大梁书院。自幼好经史,博览群书。苏源生有买书、藏书之习惯,家藏数万卷。因其出生于鄢陵,对有关鄢陵之人、之书有着天然的兴趣,遂著录《鄢陵文献志》,以录有关鄢陵或鄢陵人所著之文献。

《鄢陵文献志》四十卷,由图、表、志三目构成。苏源生在该书凡例中说:"志名文献,所以存吾邑之掌故也。余自弱冠以后,流览古今载籍,穷搜金石遗文,凡有关鄢事者,莫不汇辑,参互考订,期于无讹、无漏。三十余年始成此编,以为他日纂修邑志之助,非欲博著书之名也。"②显然,苏源生编纂《鄢陵文献志》是为后人纂修志书作资料积累的工作。苏源生为作《鄢陵文献志》,前后耗时三十余年,不为博取功名,而为日后修《鄢陵志》保存文献和史料,此务实之举,实令人感佩。《鄢陵文献志》有以下特点:

其一,体例博采众长。在《鄢陵文献志》中,苏源生并未新创体例,而是综合

---

① 张宗泰:《鲁岩所学集》卷十二《读〈顾亭林先生文集〉》,《近代中国史料续编》第十七辑,文海出版社,1975年版,第726—727页。
② 苏源生:《鄢陵文献志·凡例》,同治二年刻本。

前人之体，选取最为合适者采之。其所设各目，"或仿列朝正史，或仿诸名家地志，核实定名，惟求其当。故沿革、乡镇、河渠、冈阜、遗迹、冢墓、风俗，他志或别为目者，今悉编次于土地志中。余仿类此"①。以如此之原则设目，使苏源生没有太多的掣肘，能更为完备地保存文献及史料。

其二，内容旁征博引。《鄢陵文献志》所载，上起先秦，下迄同治元年(1862)。《鄢陵文献志》以历代旧本《鄢陵志》为基础，广采正史、私修、文集、丛书、年谱、金石碑刻等材料。据今人王兴亚考证，其所引仅书籍就多达 72 种。②其所引文献，皆注明出处，"凡所引书，其名即冠于本条之首。其有参以己意者，则以蒙按二字别之。或汇萃众书纂辑成文者，或旧志所未载者，则以新纂二字别之。而书名及采访姓氏，仍注于本文之下。所以见言之有本也"③。

其三，注重鄢陵的社会习俗。苏源生重视鄢陵的社会习俗，在《风俗志》中设立 9 个子目记载鄢陵的风俗变化，在"礼仪"条下载鄢陵婚嫁丧娶之风，在"服食"条下载鄢陵人一日三餐所食为何、饮酒为何、茶点为何，在"室器"条下载家用之物源自何地，在"集会"条下将鄢陵所有集市都载于书中。对于风俗变化的原因，多引先贤时人之论予以阐释。

《鄢陵文献志》得到人们高度评价。路璜赞曰："是书出，他日为家乘、为志邑，等而上之，备国史之参稽，补列传之散失，皆于是乎。"④此书不仅对修纂家乘、志邑有极大帮助，而且还能够"备国史之参稽，补列传之散失"，价值之大，可见一斑。

除《鄢陵文献志》外，苏源生还著有《国朝中州文征》。该书始撰于道光十五年(1835)，历时十年，方行梓问世。《国朝中州文征》，顾名思义，所收录均为中州士人学者的文章，通过这些文章，"可以辨学术，可以明政治，可以多识前言往行，非敢云前哲"⑤。《国朝中州文征》所录文章，上始于顺治初年，下迄于道光年间，共收录 200 余年间 770 余篇中州士人的文章。该书特点如下：

---

① 苏源生：《鄢陵文献志·凡例》，同治二年刻本。
② 王兴亚：《苏源生及其〈鄢陵文献志〉》，《河南师范大学学报(哲学社会科学版)》1995 年第 6 期。
③ 苏源生：《鄢陵文献志·凡例》，同治二年刻本。
④ 苏源生：《鄢陵文献志·路璜序》，同治二年刻本。
⑤ 苏源生：《国朝中州文征·序》，道光二十五年刻本。

其一,考订精细。《国朝中州文征》写完后,苏源生恐有文字脱衍之误,除自己审阅外,还请22位学者帮忙校勘文字,此等仔细,实令人敬佩。在刊刻之后,苏源生唯恐还有错误,另请人校对。"遂捐俸倡始开雕。嗣后,诸先生及同人辈亦各以赀来助刊刻,三年始克竣事。复邮寄张鲁岩先生细为雠校"①。

其二,集中反映清初至道光年间中州学术概貌。清朝初年,中州大地理学盛行,名家辈出,其开宗立派、著书立作、开坛收徒者比肩接踵,成为清代学术之重镇。然当乾嘉朴学兴起,中州道学地位一落千丈,声名不彰。苏源生作《国朝中州文征》,将清代200余年中州学者的文章收于其内,正能保存先贤的学术著作和思想,将这一时期学术思想的延承完整地记录于其中。晚清重臣、著名理学家倭仁称赞《国朝中州文征》曰:"撷河洛之菁英,极人文之渊薮,文章经济灿烂大备。"②

其三,保存了大量的地方史料。《国朝中州文征》所采史料,大多源自地方志、文集、奏疏等。其间有许多资料抄录的时候还是稿本或抄本,且录其原稿,未有删改。这些稿本或抄本有不少今天已不复存在,如田兰芳的《逸德轩文集》、张远览的《桐冈文存》等,原稿已佚,反而仰赖此书得以保存至今。

第八节 嘉道年间河南地区的史地学

王国维在讨论清代学术发展时,曾有清初之学大、乾嘉之学精、道咸之学新的论断。嘉道之后,学术转新,表现在各个方面。就史学而言,"提倡公羊变易观,以谋变法;研究当代史,以谋振兴;研究边疆史,以谋筹边;研究域外史,以谋御侮"③,成为时代的主题。但是,反观这一时期的河南史学,我们看到,河南史家虽然也在从事史地学的研究,但从内容到方法,走的都是传统历史地理学的

---

① 苏源生:《国朝中州文征·凡例》,道光二十五年刻本。
② 高云周主编:《鄢陵县教育志》,中州古籍出版社,1991年版,第256页。
③ 王记录:《中国史学思想通史·清代卷》,黄山书社,2002年版,第418页。

老路,而没能"预流",从事边疆或域外史地的研究。这也从一个侧面反映了河南史学的衰落。

一、段长基的历史地理学

我国历来以历史悠久、地大物博而著称。禹分九州,中原初成;秦统中国,而改郡县;南宋偏安,辽金骤起;元之一统,又设行省。其间变化,难以计数。此所以后人观前人之书,往往不知此地于何处,由何演变而来。故唐李吉甫作《元和郡县志》、北宋乐史作《太平寰宇记》、南宋王象之作《舆地纪胜》、清顾祖禹作《读史方舆纪要》,为览地理沿革之全貌。此四书虽系历史地理学的皇皇巨著,但至清代中期,或已不完备,或有舛误于其中,故对地理沿革的再次总结,已迫在眉睫。

段长基(1780—?),偃师(今河南偃师)人。编有《廿四史三表》,即《历代统纪表》十三卷、《历代疆域表》三卷图一卷、《历代沿革表》三卷,在一定程度上完善了清代的地理历史学。

段长基有感于古之史家作史之时"每徇所好恶,或例义不严、间有倒乱其统者"①。如陈寿作《三国志》时,天下并未一统,而尊曹魏为正统。又如司马光《资治通鉴》以汉高祖元年继秦、唐武德元年继隋。诸如此类,尚未得九鼎,却已为正统,在段长基看来,"所谓统者,均未得其正也"②。段长基认为,唯有朱子的《资治通鉴纲目》才能称得上"笔直旨深,义正例严"③。故段长基作《历代统纪表》,仿《史记》十表的格式,重塑正统:"分为数格,以正统者正书于上,编年以纪其事,无统及篡统者低一格而横书之,至列国、建国及割据诸国起于某正统某年某月,终于某正统某年某月,俱横列于各正统之下,而以正统之年月纪之。则分观焉,各成各国之史,合观之,共成一代之书。此所以大一统也。统一则纲立,纲立则义正矣。至其间所纪之书与人及祥瑞灾异之见,必其有关于统之所

---

① 段长基:《历代统纪表·自识》,《四部备要》,中华书局,1936年版。
② 段长基:《历代统纪表·自识》,《四部备要》,中华书局,1936年版。
③ 段长基:《历代统纪表·自识》,《四部备要》,中华书局,1936年版。

以盛与所以衰者,乃摘录之。"①

段长基将历史上各个朝代或政权分为正统、无统、列国、建国、篡贼、割据、不成君等七类。段长基的大一统观念,在此书中彰显得淋漓尽致。正统为周、秦、汉、晋、隋、唐、宋、元、明,其得正统的年限以掌握全国政权时间为始。无统为朝代鼎革之际的政权,如晋隋之间的宋、齐、梁、陈。列国为正统所封之国,如春秋战国时期周分封的国家。建国为战国时期自立为王或相王的国家。篡贼为因篡位而得政权且无继承者,如汉之吕后、王莽,唐之武后等。割据为有正统而割据者,如蜀、魏、吴、北朝、辽、金、西夏等。不成君是为仗义成统而未成功者。

《历代统纪表》只承认九个政权为正统,且以汉族政权为主,显然是受到了朱熹的影响。此分虽有待商榷,但却体现了段长基的正统观念。以表之形式,将数千年之事囊括其中,且形式整齐,记事完备,随时代的演变而增减,以求变通,可见其深厚的史学功底。其体例的创新,可为后学所借鉴。

《历代沿革表》《历代疆域表》是为配合《历代统纪表》而作。《历代沿革表》详于政治地理的沿革。段长基深感随着朝代的更替地理疆域变化之大,如不察其由来,人们将对疆域变化毫无头绪:"今之州县,求于汉则为郡。以汉之郡国,求于三代则为州。三代之九州,散而为汉之十三部,晋之十九州,唐之十五道,宋之二十三路,又分而为今之十八省。或沿或革,或沿而复革,革而复故,按代区分,无不了然。至我朝(清)之开疆拓土……如外藩蒙古、西域新疆诸部,亦皆考其建置,察其由来,合为一书。"②

《历代沿革表》三卷,分为盛京一章、内地十八省各一章、外藩蒙古统部一章、西域新疆统部一章,共计二十一章。每章之冠,有文字总结,说明每一地域的位置、形势以及历代政治区划的沿革、所属下级地方行政区划的数目。其具体内容,以表的形式横列府及所属州县。每一地区的沿革分为十三个时期,分别为初置、春秋战国、秦、汉、晋、南北朝、隋、唐、五代、宋、金、元、明。如此列表,可以清晰地知晓每一地在不同时代地理区位的沿革以及名称的改变,对于各代的拆迁分合尤为清楚。

---

① 段长基:《历代统纪表·自识》,《四部备要》,中华书局,1936年版。
② 段长基:《历代沿革表·序》,《四部备要》,中华书局,1936年版。

《历代疆域表》则重历朝的疆域演化,以顾祖禹《读史方舆纪要》为底本,纠其舛误,简其篇幅而成。"常熟顾处士祖禹著《方舆纪要》,自上古迄有明,建置沿革,详赡分明,即侨置羁縻,以及省废等州县,亦俱考核时代……然卷帙浩繁,考释颇略。且系前代形势,与今尚有不合者。是编循其旧文,而增减之,另为编次。"①

《历代疆域表》三卷,另有图一卷十二幅。十二幅图为上自黄帝、下迄明代的《国都地理图》,简要画出都邑的轮廓,每幅图后都附有说明,虽较为简略,但可使人一目了然。《历代疆域表》分述十四个时期的疆域沿革,分别为盘古至唐虞、夏、商、周、秦、西汉、东汉、季汉、晋、隋、唐、宋、元、明等十四个时期。其所载疆域变化的朝代,是段长基奉为正统的朝代,其余政权如五胡十六国、南北朝、辽、金等疆域均附在正统朝代之后,按时代排列。

《历代疆域表》的体例分为三栏,第一栏为各个王朝的都城,且附有《考》,详细叙述都城的沿革和当时的状况。第二栏为疆域,依照当时的行政区划,或郡或郡国或州或路或府,详叙其建置的沿革和所领下级行政区划的数目。第三栏无固定的标题,主要是第二栏中所属县的演变。这三栏之中,如有需要,则附有考证,以证其变化。

《历代疆域表》将"中国疆域沿革史"以表的形式罗列出来,并附以说明,虽以《读史方舆纪要》为底本,但无前书之浩繁,查阅起来更为方便。

清朝虽有官方修纂的历史地理巨著《大清一统志》,但其卷帙浩繁,一般人难以见到,而段长基一改之前历史地理著作的繁杂,而用表的体例,重新梳理,可谓有功于当代,使人们能更为清晰地了解历代地理的变革。其所持正统论,虽有所偏颇,但受制于时代,情有可原。

二、蒋湘南的方志学

遍览中国四部,其中不乏有关少数民族的记载,同样也不乏少数民族史家的载籍,它们同样是中华数千年连绵不绝的史学的重要组成部分。

---

① 段长基:《历代疆域表·序》,《四部备要》,中华书局,1936年版。

蒋湘南(1795—1854),字子潇,回族,固始(今河南固始)人。蒋湘南幼年丧父,家境贫寒。幼时,全靠母亲支撑家庭,才能阅读到一些书籍。其叔父怜惜他,为其购置书籍,延请先生,讲授经史,后又入同郡马春圃门下,研读经史。中州大地,本就是理学重镇,即到乾嘉之后,中州学术衰落,但理学之底蕴依然深厚。中州学术风气的熏染加上自幼所学,为蒋湘南打下了扎实的经史基础。道光六年(1826),蒋湘南进京赶考,这次进京,使其学术造诣又上了一层楼。在京师,蒋湘南讨教于阮元、江藩、陈用光等,并与吴嵩、龚自珍、俞正燮等相互印证学问,受益匪浅。此后,他先后入吴慈鹤、周之祯幕府,游历了山东、甘肃、宁夏、内蒙古等地区,眼界大开。在此期间,蒋湘南屡试不第,后虽经友人相帮,谋得虞城教谕之职,但其看透官场黑暗,认为教谕之职难以施展其才华,实现其抱负,毅然辞职,开始独自游学。这个决定,使官场少了一个官僚,学界多了一位先生。

蒋湘南治学,涉猎颇广,尤重经史,"吾师子潇先生以五十之年成书百卷,解经者十之四,辨史者十之三,衍算者十之二,述刑名、钱谷、河盐诸大政者十之一"①。《七经楼文钞》是蒋湘南的文章合集,集中体现了蒋湘南的经史及文学思想。该书六卷,共收录蒋文九十三篇。

蒋湘南对汉、宋学之争颇不以为然,其弟子刘元培论其思想时云:"汉儒去孔子二百余年,朱儒去孔子一千余年乎。汉学、宋学之争皆无与周学者也。吾为周学而已,此先生论学之大旨也。"②蒋湘南反对将"六经"神秘化,"(六经)为官司典守,本诸人伦日用之道"③。"六经"之所以被称为经,并非因其神秘,而是"因革损益即为经"④。蒋湘南特别重视"六经"的史学价值,其在论经时指出"儒术之尊,尊以六经。六经之尊,尊以孔子。孔子则固自居于史,而未尝自名为经,其系之、定之、弦歌之、笔削之者,皆史职也。后之为儒者尊经而绌史,是

---

① 蒋湘南著,李叔毅、龚佩琏、张大新点校:《七经楼文钞·刘序》,中州古籍出版社,1991年版。
② 蒋湘南著,李叔毅、龚佩琏、张大新点校:《七经楼文钞·刘序》,中州古籍出版社,1991年版。
③ 蒋湘南著,李叔毅、龚佩琏、张大新点校:《七经楼文钞》卷一《六经原始一》,中州古籍出版社,1991年版,第4页。
④ 蒋湘南著,李叔毅、龚佩琏、张大新点校:《七经楼文钞》卷一《六经原始一》,中州古籍出版社,1991年版,第5页。

亦数典忘祖之一端"①。其认为,"六经"原为孔子以史家自居而作,而后人附会为经,这可以说是数典忘祖之言,违背孔子原作之意。"六经者,先王之器也。道家者,六经之祖……道家者,古史官也。"②这就彻底地将"六经"从神坛上扯了下来,而回归到史的层面上。

蒋湘南作《七经楼文钞》时,中国已经面临严重的内忧外患。当此之际,蒋湘南认为,作史者,不是要埋头于故纸堆中,而是要疏通知远,将史学的研究眼光投放于现实。其与友人谈论学问时云:"通古而不通今者,古人谓之俗儒。"③如何通今呢?就是要知变化,"迂儒不知时变也"④。因此,评论历史,眼光不能仅局限于当代,而要着眼于今后。他评论秦时说:"秦人之毒天下,不得不为罪魁,其利后世不得不为功首。功有二大端,一曰华夷皆读诗书,一曰匹夫得为天子,二者皆封建之世所无也。"⑤他对秦的评价实为中肯,不仅论其对当世之害,还言其对后世之利,可谓"通古今之变"。

除对经、史有着深入研究外,蒋湘南还编纂多部地方志,其大多都与陕西有关。在游学生涯中,蒋湘南曾多次游历陕西,与陕西结下了不解之缘。其于陕西纂修的有《陕西通志》《同州府志》《蓝田县志》《泾阳县志》《留坝厅志》,于河南编纂的有《夏邑县志》《鲁山县志》等。

道光十九年(1839),蓝田知县胡元焜聘请蒋湘南纂修《蓝田县志》。道光二十一年(1841),胡元焜移任泾阳县,延请蒋湘南修《泾阳县志》。留坝厅同知贺仲瑊因留坝厅无志,遂于道光二十二年(1842)请蒋湘南修《留坝厅志》。道光三十年(1850),主修《同州府志》。

蒋湘南所修上述地方志体例大体一样,所秉修志原则如一,大致有如下几

---

① 蒋湘南著,李叔毅、龚佩琎、张大新点校:《七经楼文钞》卷一《六经原始二》,中州古籍出版社,1991年版,第7页。
② 蒋湘南著,李叔毅、龚佩琎、张大新点校:《七经楼文钞》卷一《六经原始一》,中州古籍出版社,1991年版,第3页。
③ 蒋湘南著,李叔毅、龚佩琎、张大新点校:《七经楼文钞》卷四《与田叔子论古文第三书》,中州古籍出版社,1991年版,第137页。
④ 蒋湘南著,李叔毅、龚佩琎、张大新点校:《七经楼文钞》卷三《再书史记六国表后》,中州古籍出版社,1991年版,第76页。
⑤ 蒋湘南著,李叔毅、龚佩琎、张大新点校:《七经楼文钞》卷三《再书史记六国表后》,中州古籍出版社,1991年版,第76页。

方面:

其一,以地方志"四体"为宗。清章学诚创立了地方志的四体,即纪、谱(表)、考(志、略、书)、传。蒋湘南继轨于此,其所主修地方志,大体都依"四体"之体例。其中三部方志为图、表、志、传四目,一部方志分为纪、图、谱、考、略、传六目,且四部地方志都附有《文征录》抑或《足征录》,保留了大量的地方原始文献及档案。其《蓝田县志》和《同州府志》被视为清代"撰著派"方志的代表作。①

其二,重图而辅之以表、志、传,蒋湘南所修的地方志中,图是首要的组成部分,无图便不能称为志。他认为:"方志古名图经,自宜以图为主。"②然则,仅图一目,无法包含方志所有内容,这就需要辅之以表、志、传,"然在官之朝章国故,在民之畸行纯修,非图经之法所能尽,不能不参合志传之体,其沿革事迹、职官选举等各按朝代年月,科分为序,不能不用表体,兹故定为图、表、志、传四目,而各以门类分载"③。

其三,保留前志的序跋。蒋湘南所修的地方志,除《留坝厅志》为留坝厅首次修志,自然无法保留前人修志之序跋外,其余三志,均辟《叙传》以存前人修志之序跋,这样就可以避免出现"新志成而旧志废"的情况。

三、宋继郊与《东京志略》

宋继郊(1818—1893),字述之,也作树芝,号梅花道人,开封府祥符县(今河南开封)人。宋继郊幼时就推崇中州大儒武亿,"幼慕武虚谷征君之为学"④,其治学风格与思想颇与武亿相似。之后,宋继郊入大梁学院,随钱仪吉学习。钱仪吉重考据,宋继郊受其影响颇深。其后,宋继郊屡试不第,遂留京师以治学。宋氏著作颇多,但均未刊刻流行,今日所能见者仅《东京志略》与《武虚谷年

---

① 王雪玲:《清末学者蒋湘南与陕西地方文献》,《西安石油大学学报(社会科学版)》2012年第3期。
② 李恩继、文廉修、蒋湘南:《中国地方志集成·陕西府县志辑本》,《咸丰同州府志》,凤凰出版社,2007年版,第3页。
③ 李恩继、文廉修、蒋湘南:《中国地方志集成·陕西府县志辑本》,《咸丰同州府志》,凤凰出版社,2007年版,第3页。
④ 光绪《祥符县志》卷十六《人物·儒林》,光绪二十四年刊本。

谱》。

《东京志略》全书分为十八帙,约 120 万字。宋继郊历时二十年,旁征博引前人 500 余种著作而成,借助这些文字,可通览宋代东京开封之全貌。《东京志略》今已由王晟、李景文、刘璞玉点校,于 1999 年由河南大学出版社出版。宋继郊《东京志略》稿本现存放于河南大学图书馆。稿本第一帙封页上有宋继郊的"题识",可让我们知其作此书之缘由及过程:"余读宋人说部,慨然想见东京之盛。及访求《东京记》《遗迹志》诸书又不可得,暇日阅书遇汴遗事,辄签记之。辛亥八月上旬,连雨数日,因检旧书,见签记多增封尘,恐久而易忘也,受录于是。树芝随笔……是书初录,仅据宋人说部数种,后阅《玉海》,见宋之故实遗迹多载其中,因逐卷检出,撮抄于是。"可见,宋继郊作《东京志略》,是欲以文字记载之方式重现当日汴京之盛况。初作之时,仅仅只参考数种宋人之书,后翻阅《玉海》之时,发现其中有关汴京事甚多,又再次编录。

《东京志略》有以下几个编纂特点:

其一,以地名为主线,辅之以他事。《东京志略》以宋代汴京的城池、宫殿、官署、庙宇、陵墓等建筑为中心,考其沿革,叙其有关此建筑的人、事、典故等。

其二,旁征博引,以求全貌。《东京志略》除引宋人之著作外,还有明清时人著述。此种做法不仅能更完备地在文字记载上恢复宋时汴京之全貌,且其所录文章几无删改,还保留了大量明清人的作品。

其三,对前人之书籍有大量的考证。其在行文之时,常遇前人所说相互矛盾者,或考其源流,择出正确者,或保留几种说法,以待后人选择。

《东京志略》只是一部初稿,不知何因,宋继郊没有继续完善该书。

第八章 民国时期：河南史学的发展

民国时期,时局不稳,社会动荡。在如此不利的条件下,中国史学却呈现出难得的繁荣景象。在新思想的影响下,新理论、新方法层出不穷,史学流派竞相出现、异彩纷呈。此时期河南史学也获得了较大发展,不仅为"新史学"的崛起提供了新史料,而且紧跟时代潮流,出现一批经典著作。尤其是在马克思主义史学的发展进程中,河南史学家参与其间,开辟了新的研究领域,形成推进马克思主义史学发展的重要力量。而民国时期河南文献的收集整理和方志的编修,保存了丰富的历史文献,促进了地方文化的发展,也成为推动中国史学发展和中华文明传承的重要资源。

第一节 民国时期史学的发展与河南史学的特点

民国时期,史学领域新旧中西观念杂糅,流派众多,思想活跃。在这样的背景下,河南史家紧跟潮流,积极吸纳新观念,运用新方法,产生了一大批影响深远的史学大师,为新史学和马克思主义史学的发展作出了重要贡献。

一、民国时期史学的基本状况

民国时期是中国史学由传统向现代转型并生成的重要阶段。在清末"史界革命"大旗的激发和"新史学"理论的推进之下,民国史学显现出思潮涌动、学派纷呈的特点。此时期,随着中西学术文化频繁交流,西方新思想、新理论、新方法不断东来,在学术界泛起朵朵涟漪,以至掀起波浪。中国史学受此影响,走出传统史学的桎梏,形成各种史学流派互动互竞、此消彼长的局面,如古史辨派、史料学派、科学史派、学衡派、食货派、生物史观派、战国策派、马克思主义学派等等。

古史辨派是民国时期中国史学界最有影响的史学流派之一,其学术研究以疑古辨伪为特征,也被称为"疑古派"。该派在五四新文化运动之后出现并逐步发展壮大,在20世纪20年代至40年代期间最为活跃,以编辑出版的七册《古史辨》成果最为著名。古史辨派的主要研究对象集中在中国古代历史和典籍方面,在研究中提倡大胆疑古的精神和历史演进的观念,反对"唯古是信",主张把经典古书作为历史文献来进行研究,通过系统地考证辨伪,推翻了传统的所谓"盘古开天地""三皇五帝"等概念构成的中国古史系统。其中,顾颉刚提出的"层累地造成的中国古史"的观点,在学术界的影响最为广泛。

学衡派以《学衡》杂志而得名。1922年,梅光迪、吴宓、柳诒徵、胡先骕等人在南京东南大学创办《学衡》杂志,以"论究学术,阐求真理,昌明国萃,融化新知,以中正之眼光,行批评之职事,无偏无党,不激不随"为宗旨,以学术文章为主题内容,宣扬国学,反对废除文言文。除发起人之外,其撰稿人还有缪凤林、刘朴、张其钧、胡梦华、赵万里、陆维钊、汤用彤等,1925年吴宓到清华大学任教后,王国维、陈寅恪、梁启超、张荫麟等清华师生也开始为《学衡》杂志撰稿。学衡派代表人物大部分接受的是新式教育,并且多曾留学海外,对西学了解较深。然而学衡派在吸收西学之时,对传统文化却异常挚爱,尤其尊崇孔子,主张保存国粹、融通中西文化,使中国传统能与西方文明相得益彰。

民国时期,史学流派既有共存的一面,也有合流的趋向。其中,古史辨派、史料学派、科学史派、古史新证派等学派在继承、发扬乾嘉考据史学"实事求是"原则的基础上形成新历史考证学。新历史考证学继承乾嘉学者的考证方法,同时借鉴西方科学的史学观念,从史料入手,以客观、求实的态度,将历史考证推向一种全新的境界。他们共同的特点是以求真为史学的最高目的,以考据为治史的主要手段,以史料的搜集和考证为主要工作对象,主要代表人物有王国维、胡适、陈垣、陈寅恪、顾颉刚、傅斯年等人。他们继承乾嘉学者无征不信的优良传统,又吸收了近代西方实证主义的理论和方法,秉承"科学主义"的治学精神,以深厚的史学根底、精湛的史学方法、丰富的史学观念、厚重的史学成果,将历史学发展成为一门具有现代意义的独立学科。他们具有渊博的学识和精深的造诣,以其出色的业绩和旨趣引导着学术界,由此构成20世纪中国史学发展的第一个高峰。①

相比传统史学,民国时期中国史学最显著的进步是历史观的进步。与循环的、退落的历史观相比,进化史观是一大进步;与进化史观相较,唯物史观则是又一大进步。以唯物史观为指导的马克思主义史学是对中国史学转向影响最大的史学理论,奠定了新中国史学理论发展的基础。马克思主义史学的根本观念是把历史作为一个整体,看成有联系的进步的过程;认为物质生产是历史变化发展的根本动因,历史的运动具有一定的客观规律性,进而把认识历史规律作为历史研究的最高层次。中国马克思主义史学是在中国民族民主革命和中国史学近代化的过程中形成和发展起来的。五四运动以后,马克思主义得到了进一步传播和发展。以李大钊、郭沫若、范文澜等为代表的马克思主义者在唯物史观的指导下,重新审视中国历史,把中国史学带进了科学的殿堂。

民国史学的不断演化以及产生的蔚为大观的史学成就,实际上是诸多学术流派切磋磨勘、相互争鸣的结果。受新思想引领的各学派在继承、发扬传统史学的基础上,力图用科学的理论与方法去改造已经落后于时代的史学,他们的每一次努力都产生了别辟新境的著述,都是一次前所未有的"史学革命"。他们通过广泛而独特的学术实践,揭示了中国史学传统与现代学术的种种关联,凸显了传统史学的现代价值。这期间,各学派之间有冲突也有相互影响。在历经过滤、排异、吸收等"新陈代谢"之后,中国史学实现了从传统史学向现代史学的转变。在这一转变过程中,无论是发挥历史学的社会功能,还是实现历史学的科学价值,马克思主义史学都作出了骄人的成绩,最终以其独特的面貌逐渐占据主流地位。马克思主义史学主流地位之确立,是中国史学发展的必然趋势。

在中国史学发展进程中,清晰地显现出许多河南学人的身影,他们也在中国史学史上留下了不朽之作,如徐旭生、姚从吾、董作宾、谢国桢、尹焕章、刘盼遂、郭宝钧、郭廷以、冯友兰、嵇文甫、尹达、赵纪彬、韩儒林、尚钺、白寿彝、蒋藩、李时灿、张嘉谋等。他们几乎都跨越两个时代,既是中国史学走出传统的参与者,也是中国史学走向现代的推动者,还是推动中国史学发展的中坚力量,在中

---

① 王记录:《中国史学史》,大象出版社,2012年版,第314页。

国史学发展进程中起到中流砥柱的作用。因之,他们不仅是支撑中国史学的重要力量,而且描绘出河南史学的亮丽风景,在河南学术文化发展史上留下了浓墨重彩的一笔。

二、民国时期河南史学的特点

大致来看,民国时期河南史学的发展呈现出以下特点。

首先,河南史学紧跟时代潮流,引领学术风向。民国时期,新史学思潮兴盛不衰,新史家批判旧史学的研究拘于"帝王将相",转而眼光向下大力建设"民众"真正的历史。北京大学创刊的《歌谣周刊》成了新史学家眼中扩充史学研究战场的重要阵地。董作宾参与此刊编校工作,致力于推进"新史学"研究,并与顾颉刚结识。20世纪20年代,以顾颉刚为代表的"疑古派"在学术界产生极大影响,徐旭生撰著《中国古史的传说时代》对"疑古派"的治学思想进行了回应。而在中国马克思主义史学兴起和发展过程中,嵇文甫、尹达、赵纪彬、尚钺、白寿彝等人都起到了重要推动作用,写出了马克思主义史学的经典名作。

其次,河南史学形成了相互影响的学者群体。河南学者的成长既是自身努力的结果,也不能忽略人生际遇,其中同乡的交谊和提携极为重要。如徐旭生、董作宾、郭宝钧、冯友兰等人都曾受到张嘉谋的影响。徐旭生在赴日本求学前,曾专程求教张嘉谋。张嘉谋不同意他去日本,认为东洋的科学来自欧美诸国,想要深造最好选择报考京师译学馆专习西洋文学,毕业后去欧洲或美国留学。徐旭生听从了张嘉谋的指导,专心在京师译学馆习法文,毕业后到法国留学。徐旭生曾回忆说,张嘉谋与他是忘年之交,三十年如一日,过从频繁。张嘉谋奖掖后进,热忱关怀,使其终身不忘。董作宾求学之时也受到张嘉谋的很大帮助,1947年董作宾应邀到美国芝加哥大学任客座教授前,参加开封宛属同乡为他举行的欢送会,他提议首先为已作古的恩师张嘉谋默哀,称张嘉谋是他一生最敬仰的老师。而同辈之间,董作宾与郭宝钧有同学之谊,在参加安阳殷墟考古发掘时期相互提携。尹达和同学石璋如、冯进贤等人参与殷墟考古发掘工作也与董作宾、郭宝钧等人有关。此外,徐旭生与董作宾、冯友兰与白寿彝都有师生之谊。嵇文甫曾与冯友兰、徐旭生等共同创办《新生》杂志,宣传新思想。因为地缘关系而形成的学缘和同乡之谊，使河南学者形成紧密联系、交流频繁的学术群体，展现出相互提携、相互激励、助益成长、增进学术的交谊。

最后，河南地区是新史料的重要发现地，众多学者立足河南考古发掘资料，推进中国古史研究。民国新史家的主要成就之一是新史料的发现，而安阳殷墟是最具代表性的新史料的发掘地。殷墟考古发掘整理的甲骨文及古器物对推进中国史学尤其是中国古史研究起到了巨大作用，如罗振玉、王国维、郭沫若、董作宾等"甲骨四堂"的学术研究都与殷墟考古新史料的发现相关。殷墟考古发掘促进了以考古为基础的上古史研究，有利于中国史学科学化水平的提高。而且围绕数次殷墟考古发掘，一批历史学家和考古学家得以成长起来，包括马克思主义史学家尹达的早期历史研究也是在殷墟考古基础上进行的。这些都为中国史学的发展起到了奠基作用。

第二节　河南地区"新史学"的崛起

进入20世纪，中国史学从传统向近代转型，开辟了一个新时代。20世纪伊始，梁启超举起"史界革命"的大旗，开创了史学近代化的新局面。1901年，梁启超在《中国史叙论》中，提出了撰述新史的理论；1902年发表的《新史学》，明确树立起"新史学"的旗帜。"这两篇著作实际上是梁氏创制新的中国通史的导论，也是近代资产阶级史学家批判封建史学，为'新史学'开辟道路的标志，是早期新史学最有代表性的史学理论著作，在20世纪的前半期，特别是前20年中，产生了巨大的影响"[①]。梁启超通过这两部著作掀起"史界革命"，并对"新史学"的指导思想、内容、体例等理论问题作出了初步系统的阐述，建构起"新史学"的理论体系，标志着"新史学"的形成。"新史学"融入社会思潮之中成为历史潮流，中国的"新史学"时代以不可阻挡之势到来，推动着民国史学的发展。在"新史学"发展过程中，河南籍史学家积极参与，在新理论、新思想、新史料、新

---

① 周文玖：《史学史导论》，学苑出版社，2006年版，第354页。

方法等方面均创获良多,为推动中国史学的发展做出了贡献。

一、徐旭生的古史研究

徐旭生是响应"新史学"、回应"疑古派"的知名河南学者。徐旭生(1888—1976),原名炳昶,字旭生,河南唐河人。1906年徐旭生到北京就读于河南同乡会在京开办的豫学堂,不久考入京师译学馆学习法文。1911年徐旭生从京师译学馆顺利毕业,到河南彰德中学任数学兼法文教员。1912年以优异成绩取得公费留学生资格,1913年春赴法国巴黎大学专攻哲学。1919年学成归国,先后任教于开封第一师范学校和河南留学欧美预备学校。1920年秋"珲春事件"发生后,河南教育界反对军阀赵倜,徐旭生作为代表赴京请愿,全力援助河南学界。后返豫任教屡遭阻挠,即留居北京。1921年秋,徐旭生任北京大学哲学系教授。1926年任北京大学教务长。1927年5月,中国学术团体协会与瑞典探险家斯文·海定合作组织西北科学考察团,对西北地区进行科学考察,徐旭生担任中方团长。其将考察期间的经历写成《徐旭生西游日记》,被学术界誉为"中国考古界的拓荒之作"。1929年起任北平大学女子师范学院院长、北平师范大学校长等职务。1932年任北平研究院史学研究会研究员。1933年,北平研究院与陕西省政府合作组建陕西考古会,徐旭生任委员及工作主任,到宝鸡斗鸡台做发掘工作数年。1937年任北平研究院史学研究会改名的史学研究所所长,抗日战争时期辗转西南,1946年秋回北京。1949年新中国成立后,徐旭生任中国科学院考古研究所研究员,直到1976年逝世。

徐旭生史学研究方面的主要代表作是《中国古史的传说时代》。该书出版于抗日战争时期,作者从1939年开始着手,搜集探讨大约一年,次年春开始写作,到1941年冬完成初稿,前后近三年。不过作者有意从事这项工作却相当早。20世纪20年代,以顾颉刚为代表的"疑古派"怀疑古史,考辨伪书,对传统史学特别是古史资料的质疑,在学术界产生了极大影响。徐旭生当时在北京大学教哲学,对此问题虽然很感兴趣,但因为没有工夫搜集资料,所以未能参加讨论。徐旭生个人虽对顾颉刚等人的工作有较高的评价,"却总以为他走得太远,又复失真,所以颇不以他的结论为是"①。直到抗战时期到昆明附近的黑龙潭定居,徐旭生遂对我国古史上的材料在毫无成见的基础上进行通盘整理,开始撰写专著。② 其抱定的观念是,我国历史的起源也同其他民族的历史相类,是复杂的、合成的、非单一的,或者说非一元的而为多元的。传说时代的范围限定在商朝盘庚以前。此后即有明确的材料,进入了真正历史的范围。他认为:"无论如何很古时代的传说总有它历史方面的质素,绝不是完全向壁虚造的。古代的人不惟没有许多闲空,来臆造许多事实以欺骗后人,并且保存沿袭传说的人对于他们所应承先传后的东西,总是认为神圣;传说的时候不敢任意加减。换句话说,他们的传说即使有一部分的失真,也是由于无意中的演变,并不是他们敢在那里任意造谣。所以古代传说,虽不能说是历史经过的自身,可是他是有根据的,从那里面仔细钻研和整理就可以得到历史真相的,是万不能一笔抹杀的。"③

在徐旭生看来,世界上各民族初期的历史,都是用口耳相传的方式流传,直到文字发明之后才将这些传说记录下来。古代文明形成时期留下的丰富的"传说历史",代代相续的"口传"尽管有"不科学"的地方,但保留了人类文明形成时期历史的重要信息。传说史料大都有历史事实为核心,并非子虚乌有;对于掺杂神话的传说与纯粹神话的界限应当分辨清楚,不能把传说一股脑归入神话;古人并不作伪,《尚书》《史记》等书所记载的靠不住的材料,是因为古人在做综合工作时所使用的方法不够精密。徐旭生反对流行的疑古的态度,而揭橥"信古"的大旗,这是他的方法论的基础。④ 他将古文献记载与最新的考古发现相结合,并参考借鉴天文学、气象学的相关成果,将传说时代的下限定在盘庚迁殷之前,提出汉族来源于古代华夏、东夷、南蛮三个部族的同化过程中等新的学术观点。徐旭生认为:"只敢求其可知者,不敢求其不可知者。所采用的材料,甄选西周、春秋、战国人的早期传说,不敢轻易离析这些传说。"绝不能称与我意相合者为真实,斥与己意不合者为作伪。只有从具体材料出发,经过具体分析,才能从中引出正确结论。也只有这样论证历史,才能把论断建立在真实历史资料的牢固基础上,才可成为"不易之论"。这部著作资料丰富可信,结构清晰,观

---

① 徐旭生:《中国古史的传说时代》,文物出版社,1985年版,第1页。
② 徐旭生:《中国古史的传说时代》,文物出版社,1985年版,第3页。
③ 徐旭生:《中国古史的传说时代》,文物出版社,1985年版,第23页。
④ 赵光贤:《古史考辨》,北京师范大学出版社,1987年版,第21页。

点明确,在构建古史传说研究体系方面具有领先作用,从而受到各界好评。

徐旭生与董作宾有很深的学术交往。徐旭生在民国时期出版《中国古史的传说时代》时,书中收入了"友人董作宾先生"的《仲康日食》一文。董作宾与徐旭生是河南同乡,董当时正在研究古代历法,把草成的《仲康日食》拿给徐旭生看,徐觉得这篇研究与他的研究意趣颇为符合,并且可以补他的缺漏,于是商得董的同意,把该文放在了《中国古史的传说时代》一书中出版。[①]

二、董作宾的甲骨学研究

董作宾在民国新史料的发掘方面有很大贡献。董作宾(1895—1963),原名作仁,字彦堂,号平庐,河南南阳人。出身于小店主家庭。幼年入私塾,稍长曾短暂入县高等小学堂就读,后退学在家,一边读书一边帮父亲料理店务。1915年,董作宾在张嘉谋先生的催促下,考取县立师范学校。在校期间成绩优异,毕业后留校任教。1917年,董作宾跟随张嘉谋去开封,经张引荐考入"育才馆"深造,初步接触到甲骨文。后张嘉谋被选举为国会议员,全家移居北京。董作宾前往北京,在张嘉谋家结识了时任北京大学教授的南阳同乡徐旭生。后应邀为徐旭生创办的《猛进》杂志做校对,并进入北京大学旁听课程。1923年北京大学研究所招生,董作宾在徐旭生引荐下,考取该所国学专业研究生。1925年,董作宾从北京大学研究所毕业获硕士学位,先后任教于福州协和大学和河南中州大学。1927年赴广州中山大学任教,并同文学院代院长傅斯年结为知交。之后,入傅斯年创办的中央研究院历史语言研究所工作。任职历史语言研究所期间,多次参与主持安阳殷墟发掘。1932年任历史语言研究所研究员。1948年当选为中央研究院第一届院士。同年年底,董作宾随中央研究院到台湾,先后在台湾大学、香港大学等校任教。

董作宾在学术方面涉猎广泛,于民史建设、甲骨学、考古学等领域均卓有建树。董作宾在北京大学读书时,正逢五四以后史界革命风潮。新史学家批判旧史学的研究拘于"帝王将相",而眼光向下大力建设"民众"真正的历史,因而以

---

① 徐旭生:《中国古史的传说时代·序言》,中国文化服务社,1943年版,第6页。

往未受重视的歌谣、民俗、风物等均得以进入史学研究的范围。在此环境中，1923年北京大学《歌谣周刊》创刊，成了新史学家眼中扩充史学研究战场的重要阵地。[①] 董作宾参与此刊编校工作，以此得"每月津贴十二元"，来"维持膳宿"[②]，并与回京任北京大学研究所国学门助教的顾颉刚结识。此后二人往来频繁，关系愈加密切，合力编辑了《歌谣周刊》中的"婚姻""看见她""孟姜女"等诸多专号，在方言方音、歌谣传说的地方性等方面两人多有交流，共同致力于民俗研究。

自20世纪初梁启超等人发出"史界革命"呼声以后，形塑一种区别于传统正史的新史学遂成民国学人的共同期盼。而对新史学之新字的精神体会不一，造成了民国各学派的取径各异，进而极大扩充了史学研究的战场。顾颉刚与董作宾所探讨的民史建设，亦是诸多新观点中的一家。二人的合作主要集中在新史学建设时期的歌谣研究和民俗调查活动中。[③] 1924年夏，在整理孟姜女故事转变时，顾氏曾与董作宾长谈，采问孟姜女故事在董作宾家乡河南的版本。董氏遂把在歌谣征集中得到的有关孟姜女故事唱本悉数赠予顾颉刚。[④] 至董作宾开始系统梳理"看见她"故事之转变时，亦与顾颉刚交流商讨。顾氏的歌谣研究和民俗调查，实际上是以历史学家的眼光寻求扩大史学研究战场的尝试。顾颉刚倡言："我们要把几千年埋没着的民间艺术、民间信仰、民间习惯，一层一层地发掘出来！我们要打破以圣贤为中心的历史，建设全民众的历史！"这些理念反映在顾氏的实践上，便形成了在民俗调查、歌谣研究中凸显以史学为中心的倾向。

董作宾受顾颉刚的观念影响颇深，在顾颉刚编校《古史辨》第三册期间，董作宾曾在信中大力称赞他的疑古辨伪的古史研究观点，并期望顾氏的古史研究可以形成"一部有系统的伟大著作"。1928年董氏在《民俗》发表《南阳歌谣》编后："我们都不是什么研究民俗学的专家，我们只是爱好者的资格……我们大家

---

① 苏晓涵：《"史界革命"中史家的因应——顾颉刚与董作宾的学术交谊》，《南阳师范学院学报（社会科学版）》2017年第2期。
② 董作宾：《平庐影谱》，《走近甲骨学大师董作宾》，上海大学出版社，2007年版，第39页。
③ 苏晓涵：《"史界革命"中史家的因应——顾颉刚与董作宾的学术交谊》，《南阳师范学院学报（社会科学版）》2017年第2期。
④ 顾颉刚：《孟姜女故事研究的第二次开头》，《北京大学研究所国学门周刊》1925年第1卷第1期，第7—10页。

差不多都要有别的要努力的学问和任务……我们对于这个学问是基于一种心理的兼爱与余力的发展。"①在董氏的研究中,始终是"史"重于"俗"。在他眼中,故事、传说的重要不下于正史、通鉴。他曾指出:"从歌谣中得来的各地风俗,才是真确的材料,因为他是一点点从民众的口中供献出来的。"②董作宾取歌谣方言之题材,作为史事考证之资。如在《一首歌谣整理研究的尝试》中,用不同地域的"看见她"歌谣中对地方女子衣饰容貌描写,对比考证清代以前南北方女子妆束之特色,所取题材出自北京、南京、河北、山东、山西、陕西、成都、湖北、湖南、南阳及绩溪等十二处。其言"全首的精采处也就在此",并称"若想知道彼时的情形,舍此无由"。董作宾在《民族文学中的"鸦片烟"》中,广集劝诫鸦片俗文资料,除指明"负有辅翼,指导或针砭,警劝现社会的责任"外,更以此"考见当时鸦片烟的市价"③。这些都说明,董作宾的民俗调查与研究有着浓厚的史学倾向。

1928年任职历史语言研究所,特别是参与主持安阳殷墟发掘后,董作宾治学重点转向甲骨文字考订、用考古资料研究历史的领域,担负起傅斯年倡导的"古史重建"的学术使命。董作宾对甲骨文研究的最大贡献,是关于甲骨卜辞的分期断代研究,这正是将甲骨学建立在科学基础上的必要条件。1928—1937年间,董氏亲身参与由中央研究院历史语言研究所领导的数次殷墟考古发掘,得以对甲骨文进行全面系统的研究,完成一系列重要论著,如《甲骨文研究的扩大》《大龟四版考释》《甲骨文断代研究例》《殷墟文字甲编》《卜辞中所见之殷历》等等。写于1930年的《甲骨文研究的扩大》,是董氏针对殷墟发掘中新获的不同材料,为古史研究规划一系列新课题的"宣言",认为用近世考古学的方法治甲骨文,同时再向各方面作精密观察,是"契学"唯一的新生命。④《大龟四版考释》一文中提出由"贞人"可以推断甲骨文的年代。《甲骨文断代研究例》全面论述了其甲骨文断代学说,提出了甲骨片上殷代文字断代分期的十项标准,即世系、称谓、贞人、坑位、方国、人物、事类、文法、字形、书体,并据此把殷墟出

---

① 董作宾:《南阳歌谣(续)》,《民俗》1928年第6期,第31—34页。
② 董作宾:《一首歌谣整理研究的尝试(未完)》,《歌谣周刊》1924年第63期。
③ 苏晓涵:《董作宾与20世纪中国古史重建》,华东师范大学硕士论文,2018年,第13页。
④ 董作宾:《甲骨文研究的扩大》,《安阳发掘报告》第2期,台湾南天书局有限公司,1980年版,第422页。

土的甲骨文划分为五个时期:第一期,武丁及其以前(盘庚、小辛、小乙);第二期,祖庚、祖甲;第三期,廪辛、康丁;第四期,武乙、文丁;第五期,帝乙、帝辛。董氏研究古史的基本思路,重点在于断代分期和引入近代天文知识。他把原本掺杂错乱的甲骨文字按不同时期归类断代,统摄荟萃,其后再详细确定不同代际间的年数。同时在古史研究中引入西方现代天文学的方法,以佐证实物资料,建设一套有确切纪年的古史系统。董氏由甲骨文字扩大范围,来从事上古史研究,既打开了甲骨研究的新路,又拓展了古史研究的视野。① 在此基础上,董作宾积数年之功编著出版的《殷历谱》,可以看作其将"科学"等理念融入"新史学"在研究层面做的一次综合性尝试。该著集文献之总汇,用新法则厥尽精微,历日与刻辞鲜不合,历法与古文若符契。其划时代价值,不仅使中国上古信史向上增益了三百年,且使得以往研究殷周史的人摆脱了无真实史料可用之困窘。② 是书一经出版,立即在国内外获得强烈的反响,为中国学术界争得了世界性的荣誉。学界评论称:"帝辛征人方事甚至可以按日排比,故厥功至伟素为学术界所称道。"③董作宾的这些成果,对甲骨文研究起到了极大的推动作用,使甲骨学走上了一个新的阶段,也奠定了董作宾的学术地位。

　　董作宾主持安阳殷墟第一次考古发掘时,得到同乡学友郭宝钧的很大帮助。郭宝钧(1893—1971),字子衡,河南南阳人,少时曾与董作宾同学。1922年郭宝钧从北京高等师范学校国文系毕业后,回故乡南阳任教,曾任南阳中学校长,后至开封任职于河南省教育厅。1928 年,中央研究院派董作宾到安阳做殷墟考古发掘时,郭宝钧以河南代表的身份,参加并协助董考古发掘。郭宝钧出面协调地方官员,除了为董氏在安阳的考察提供住宿等便利外,更是动用自身在河南教育厅的资源,为董氏引荐了河南建设厅长张钫等要员。董作宾曾言道:"由汴同行者为郭宝钧(子衡),教育厅委员,为弟帮忙者。昨日一面迁居彰德高中,一面由弟与郭子衡君同赴小屯调查。高中校长赵志臣因公赴沪,其教务主任梁枢庭君亦郭君同学,招待甚备,为弟等安置住室五间,与该校教员住宅

---

① 苏晓涵:《董作宾与20世纪中国古史重建》,华东师范大学硕士论文,2018 年,第 50 页。
② 傅斯年:《殷历谱序》,董作宾:《董作宾先生全集》乙编第 1 册,艺文印书馆,1977 年版,第 1—3 页。
③ 许倬云:《〈殷历谱〉气朔新证举例》,《先秦史研究论集》上册,大陆杂志社,1967 年版,第 120 页。

在一起,即在一起打伙,甚为方便。"董作宾也对郭宝钧多有提携。其在殷墟发掘工作展开之后,致专函于傅斯年,力荐郭宝钧为中央研究院历史语言研究所助理研究员,称郭宝钧被河南省教育厅派往协助,于接洽地方、办理交际及计划发掘,襄助之处甚多。而郭喜研究考古及文字学,著有新法检字书及河南故都考,于田野工作亦极有兴趣。希望由本所聘为助理员,于发掘前途,当有不少裨益。① 正是有了董作宾的推荐,1930 年郭宝钧调入中央研究院历史语言研究所,专职从事考古发掘和商周时代考古研究,新中国成立后,一直任中国科学院考古研究所研究员,成为我国著名的考古学家。

三、郭宝钧、尹焕章的考古学成就

郭宝钧在史学方面的贡献体现在考古发掘基础上推进古史研究。在参加和主持安阳殷墟考古发掘时,郭宝钧写出两个考古发掘报告,初步肯定了殷墟夯土建筑遗迹,修正了以往所谓殷墟"漂没说"等错误认识。1930 年和 1932 年,郭宝钧又两次参加山东历城县龙山镇城子崖的古文化遗址发掘工作,与梁思永等编写发掘报告《城子崖》,首次提出了在中国考古学上占有重要地位的"龙山文化"的命名。1932 年和 1933 年,他先后四次主持了河南浚县辛村卫国墓葬的发掘,写出《浚县古残墓之清理》《浚县辛村》等考古报告。这是我国首次科学发掘的周代墓葬,不仅为研究卫国的历史和墓葬制度提供了重要实物资料,也为中国田野考古学的创立奠定了基础。1935 年至 1937 年,他又两次主持了河南辉县琉璃阁和汲县山彪镇等地的考古发掘,撰写完成《山彪镇与琉璃阁》。郭宝钧的论著还有《古器释名》《戈戟余论》《古玉新铨》《殷周的青铜武器》《中国青铜器时代》等。他较早注意从考古资料出发,结合历史文献,深入考察两周时期的埋葬制度,特别是礼器制度的发展变化,并提出"列鼎"问题,对商周铜器群、青铜武器、车制和玉器的综合研究有重要贡献。

参与安阳殷墟考古发掘的河南学者还有尹焕章。尹焕章(1909—1969),字

---

① 《董作宾函傅孟真》,转引自苏晓涵:《董作宾与 20 世纪中国古史重建》,华东师范大学硕士论文,2018 年,第 33 页。

子文,河南南阳人,1924年在南阳五中读书,1928年入河南大学预科。1929年经由董作宾先生介绍来到北平,进入中央研究院历史语言研究所史学组,在徐中舒先生指导下参与明清内阁大库档案的整理工作,同时在北京大学旁听。1933年他从史学组调到考古组,参与河南安阳殷墟发掘。他先后在河南小屯、后冈、侯家庄及浚县辛村等地,参加了多次的考古发掘。① 尤其是对安阳侯家庄西北冈的发掘,是抗日战争全面爆发前中央研究院进行的殷墟第十、十一、十二次发掘。这三次发掘,代表了一个最活跃旺盛的阶段,考古组的主力几乎全部调到"这一推进历史知识最前线的发掘行列",在中国田野考古中做出极大的开拓性的功绩,尹焕章参与其中,也是功不可没的。②

四、谢国桢的文献学成就

董作宾、郭宝钧等学者主要从安阳殷墟考古入手推动学术发展,是新史料发掘的代表。而史料整理和文献编目方面不得不提的则是谢国桢。谢国桢(1901—1982),字刚主,河南安阳人。1919年春偕弟由安阳至北京求学,入汇文学校大学预科,其后报考北京大学预科未中,于是做家庭教师,半工半读。1925年夏,谢国桢以优异成绩考取清华大学国学研究院,从梁启超、王国维、陈寅恪诸师研究历史,对明清史、目录学尤有心得。结业后随梁启超到天津"饮冰室"做家庭教师,并参与《中国图书大辞典》的编纂工作。受梁启超的影响,开始对明末清初的历史发生兴趣。1927年,经梁启超介绍到南开中学教书。1929年,谢国桢到北平图书馆担任编纂,并兼金石部收掌。他翻阅了北平图书馆大量的明末清初的史籍,并赴江浙、沈阳等地,走访公私藏书处所,四处搜求,于1931年编成《晚明史籍考》。后来还完成《明清之际党社运动考》《清开国史料考》等文献学著作。

谢国桢十分重视文献的搜集、整理和研究。他嗜书成癖,爱书如命,为了搜集史料,他不惜远渡日本访求遗籍。其《晚明史籍考》是一部文献目录学名著,

---

① 罗宗真:《缅怀尹焕章同志》,《考古》1982年第2期。
② 李光谟:《从清华园到史语所:李济治学生涯琐记》,商务印书馆,2016年版,第200页。

柳亚子称之为"研究南明史料的一个钥匙"①。《晚明史籍考》搜辑有关明末清初史事之书一千多种,其中有不少冷书、僻书、残本。谢国桢将它们做一系统的整理,对保存这些文献是极其有意义的。《晚明史籍考》的编撰正处在中国内外交困、战乱动荡的时期。谢国桢为写此书奔走南北,曾亲历战乱,感触颇深。他自称本书的编纂是要"搜辑史事,以淬励民族气节;撮拾旧闻,以存一代之文献"②。《晚明史籍考》选题独具匠心,收书众多,受到学者好评,朱希祖称这部书"既自开辟门径,亦以灌溉朋侪"③。姚名达说:"断代考录而有良好成绩者,允推吾友谢国桢君之《晚明史籍考》及《清开国史料考》《晚明流寇史籍考》《清初三藩史籍考》。"④

五、姚从吾的边疆史研究与郭廷以的近代史研究

在新史观、新方法方面响应新史学、推动历史研究的要以姚从吾、冯友兰、郭廷以等人为代表。姚从吾(1894—1970),河南襄城人。原名士鳌,字占卿,号从吾,中年以后以号行。1914年毕业于河南省立第二中学,后考入北京中华大学预科。1917年毕业后又考入北京大学史学科学习。1920年本科毕业,曾在教育部任职,复入北京大学国学研究所深造。1922年被北京大学选送到德国柏林大学进修,留德期间,曾从汉学家傅朗克、蒙古学家海尼士等学习,并钻研史家兰克等人的著作,深受兰克治史方法的影响。姚从吾曾说,在北京大学念书时,颇得名师指导,如屠敬山、柯凤荪、张相文先生,都是大学时代的导师……崔适、陈汉章、朱希祖等都是上课的老师。所谓乾嘉朴学,是朝夕挂在嘴上的。到德国后,情形大变了,始而惊异,继而佩服。三年之后渐有创获,觉得兰克及斑汉穆的治史,实高出乾嘉一等。他们有比较客观的标准,不为传统所囿,有各种社会科学自然科学的启示、指导,可以推陈出新,他们很有系统的、切实的、客观

---

① 谢国桢:《增订晚明史籍考·前言》,上海古籍出版社,1981年版。
② 谢国桢:《增订晚明史籍考》,上海古籍出版社,1981年版,第19页。
③ 谢国桢:《增订晚明史籍考》,上海古籍出版社,1981年版,第1100页。
④ 姚名达:《中国目录学史》,上海古籍出版社,2002年版,第316页。

的治学方法。① 姚从吾吸收德国史学思想和方法,专注于蒙元史研究,将柯劳斯的著作《蒙古史发凡》译成中文,将《元典章》译为德文,撰写《金元两代史源的研究》,并发表论文《中国造纸术流传欧洲考》《金元全真教的民族思想和救世思想》等,声誉渐著。留德期间,结交傅斯年、陈寅恪、罗志希、俞大维等知名学者,先后被波恩大学、柏林大学聘为讲师。直到1934年,回国任北京大学史学系教授,主讲匈奴史及蒙古史,成为研究边疆史的专家,也是中国现代辽宋金元史学的奠基人之一。

姚从吾善于吸收西方史学思想和方法,学贯中西,促进了中国传统史学向现代史学的转变。他对兰克的治史方法十分推崇,认为其"批评史料的方法对于近代史学的贡献,异常伟大,不愧是当年应用科学方法研究历史的开创人"②。姚从吾重视史料的整理,完成《蒙古秘史》第一部全译本。他提出着眼于民族融合的"国史扩大绵延观",认为在各民族文化不断融合的基础上,中华民族的历史才得以广大绵延,形成一个屹立于世界东方的文明古国;而辽金元时期则是一个重要的融合时期,在国史中具有重要地位。姚氏就是以这样的观点,深入研究辽金元史,建立起辽金元史体系。相关著作主要有《汉字蒙音蒙古秘史新译校注》《耶律楚材西游录校注》《张德辉岭北纪行校注》《邱处机年谱》《余玠评传》《匈奴史研究》等。他先后在北京大学、西南联合大学、河南大学等校执教,桃李满天下。国内研究辽宋金元史的著名学者,多为他的弟子。

郭廷以主要从事中国近代史研究。郭廷以(1903—1975),字量宇,河南舞阳人。1926年毕业于东南大学历史系,先后执教于清华大学、河南大学、中央政治学校,并任中央大学历史系教授等。1949年到台湾后曾任台湾大学教授、台湾师范大学教授、台湾"中央研究院"近代史研究所所长等,并当选"中央研究院"院士。郭廷以注重从最基础的史料工作入手,做编年整理。1926年起编撰《太平天国史事日志》,将太平军(包括捻军)的产生、发展及其败亡依公历逐日编排,阴历及天历一并注明。在编撰过程中,他参考中西书刊200余种,花了大量功夫考证排比。后来简又文撰《太平天国全史》《太平天国典制通考》时多所

---

① 李长林:《辛勤耕耘在史学教学与研究园地的姚从吾先生》,《中国史研究动态》1999年第6期。
② 姚从吾:《近代欧洲历史方法论的起源》,杜维运、黄俊杰:《史学方法论文选集》,华世出版社,1979年版,第182页。

征引,奉为权威之作。该志是其拟编《近代中国大事志》的一部分,后因分量过大,单独成书,先行出版。郭廷以的第一部著作《太平天国历法考订》,驳正了日本学者田中萃一郎所撰《天历与阴阳历对照表》的差错,奠立了在太平天国史研究领域与简又文、罗尔纲鼎足而三的地位。

抗战时期郭廷以还出版了以《近代中国史》为标题的大部头著作,共分两册,不是一般意义上的近代通史,而是分别以早期中外关系、鸦片战争为主题,着力于"史料之整辑排比"的文献集成,为当时研究"限定范围",其实秉承了罗家伦1931年发表的《研究中国近代史的意义和方法》一文中所说"科学的近代史"研究宗旨、"历史研究应自史料入手"的研究方法。在史料取舍上,也按照罗家伦所论以"原料"为尚,必不得已"始用副料"。在史观方面,郭廷以一直倡导运用近代化史观研究近代史,在他写的《近代中国的变局》中就出现了中国的近代化这样的标题,在此标题之下收录了关于中国近代化实践方面的论文,反映了他的近代化思想。

六、冯友兰的中国思想史研究

冯友兰的成就是用新的思想理念研究中国思想史。冯友兰(1895—1990),字芝生,河南唐河人。1915年入北京大学文科,主修中国哲学。1919年赴美留学,在哥伦比亚大学研究院师从杜威等人学习西方哲学。1923年回国后历任中州大学、中山大学、燕京大学、清华大学教授。抗日战争全面爆发后,离京赴云南,任西南联大教授、文学院院长。新中国成立后长期任北京大学哲学系教授。

冯友兰的学术研究成果,主要由三部分组成:一是20世纪二三十年代对中国哲学史的研究,代表作是《中国哲学史》。二是他创立于抗战时期的新理学,代表作是在颠沛流离中完成的被称为"贞元六书"的《新理学》《新世训》《新事论》《新原人》《新原道》《新知言》。其利用近代逻辑学的成就,对宋明理学中的一些重要问题加以说明,推进了中国哲学的近代化。三是新中国成立后他对中国哲学史的重新论述和哲学思想的阐释,代表作是七册本的《中国哲学史新编》。①

1920年代冯友兰从美国求学归来后完成的《人生哲学》,已经显现出新实在主义的哲学信仰,并开始把新实在主义同程朱理学结合起来。1934年,冯友兰的成名之作《中国哲学史》两卷本问世,用"释古"的方法对上起周秦、下至清季的中国传统哲学思想钩玄提要、条分缕析,第一次系统性和完整性呈现出该学科的全貌。在此之前,胡适的《中国哲学史大纲》作为开创新体系之作,为学术界主流所认可。不过胡适的《中国哲学史大纲》只有上卷,先秦以后的中国思想如何书写,尚没有现成的思想史研究路向。面对来自史学家的挑战,冯友兰撰写《中国哲学史》强调哲学性原则,古代的历史不只是考据的世界,也是诠释世界,哲学叙述对于中国古代文明形态来讲,不但是可能的也是必需的。相对于史学家在实证精神激发下勇于疑古辨伪来说,哲学家的使命在于不断重构古代文化遗产的意义解释系统。② 他将民国以前整个中国哲学史的发展分为"子学时代"和"经学时代"这两个阶段。"子学"标新立异,"经学"统一僵化。用"子学"和"经学"概括中国哲学史的两个时代,反映了冯友兰的独具匠心。陈寅恪在《冯友兰〈中国哲学史〉审查报告》中评价该著"取材谨严,持论精确"。冯友兰的两卷本《中国哲学史》堪称民国时期中国哲学史研究的典范之作,也是我国现代意义上的中国哲学史学科奠基之作,在学术界产生巨大影响。

抗战期间,冯友兰在极其艰苦的条件下连续出版了"贞元六书",形成新理学思想体系,展现了新理学的历史观。冯友兰认为,历史不可改变,历史是有力量的,在很大程度上决定着事物的现在与将来;历史是向前发展的,而且是变化的,是在变化中的继续。他还认为,社会的变化,不是个人造成的,而是历史、时势使然。冯友兰在阐释中国哲学史基础上创立了富有思辨性的独特思想体系,使他成为民国时期建立自身学术体系的哲学家。

---

① 王桧林、郭大钧等:《中国通史》第十二卷《近代后编(1919—1949)》(下册),上海人民出版社,2015年版,第1215页。
② 景海峰:《当代儒学的新开展:景海峰说儒》,孔学堂书局,2015年版,第35页。

第三节　河南地区马克思主义史学的发展

民国时期中国史学最显著的进步是历史观的进步,历史观进步的最重要体现是马克思主义史学的出现和发展。随着马克思主义在我国传播,中国的马克思主义史学应运而生。李大钊是中国马克思主义史学的第一个奠基人。他的《史学要论》是第一部系统地阐述唯物史观并把它跟一些具体史学工作相结合的著作,为中国的马克思主义史学开辟了道路。在李大钊之后,郭沫若、范文澜、吕振羽、翦伯赞、侯外庐等史家,以唯物史观为指导,撰写了一大批面貌一新的历史著作,使马克思主义史学有了重大的发展,在齐流并进中显示出强大的生命力。中国马克思主义史学的产生揭开了中国史学发展的新篇章,在马克思主义史学的发展过程中,河南籍史家也作出了很多创造性的贡献。

一、嵇文甫对马克思主义史学的贡献

嵇文甫是民国时期运用马克思主义理论研究中国学术思想史的著名学者。嵇文甫(1895—1963),本名明,字文甫,河南汲县(今卫辉)人。1910年入卫辉中学读书,开始接受新思想的影响。1915年考入北京大学哲学门,1919年毕业后到开封河南第一师范任教。嵇文甫曾与冯友兰、徐旭生等共同创办《新生》杂志,宣传新思想,并开始学习马列主义书籍,运用历史唯物论进行教学和研究。1926年到苏联莫斯科中山大学学习,1928年回国后,先后在清华大学、北京大学、燕京大学、北平女子师范大学等校任教,讲授先秦思想史、宋代哲学、明清思想史及中国社会经济史等课程。九一八事变后回河南大学任教授,后兼文史系主任、文学院院长等。1948年进入解放区,参与创办中原大学。新中国成立后历任河南大学校长、河南省政府副主席、郑州大学校长及河南省历史研究所所长、河南省文史研究馆馆长等。

嵇文甫对先秦诸子哲学、宋明理学以及明清思想史有比较深入的研究,著有《先秦诸子政治社会思想述要》《左派王学》《船山哲学》等论著,在哲学思想、历史评论、政治理论等方面的研究上成果累累,被认为是我国较早用马克思主义观点研究中国学术思想的学者之一。他在运用马克思主义的观点和方法,依据历史文献资料对中国古代学术思想进行分析、整理和评介方面,具有开拓性贡献。1932年出版的《先秦诸子政治社会思想述要》,对孔子、墨子、老子、庄子、韩非子等人的社会思想作了论述,是国内较早的比较系统地以马克思主义观点为指导来研究先秦哲学思想的专著。《左派王学》一书,用马列主义研究王学左派诸人思想极为深刻,为开先河的稀世之作。他主张以社会史为基础去研究中国思想史,明确提出研究思想史的方法论,即"一切思想学说,都是当时社会实际的反映;各种伟大的学说在未被几个学者造成体系以前,早已在群众中自然地孕育着;思想上的各宗派各有自己所代表的社会集团,各有它自己的社会基础"[1],在学术界有很大影响。

嵇文甫是有名的研究王船山学术的专家,在船山学研究方面起步早、成就高、影响大。民国时期先后发表《王船山的人道主义》《王船山的民族思想》《王船山的政术论》《王船山的史学方法论》等论著,1935年写就《船山哲学》一书,对王夫之的性理哲学、历史哲学作了论述,在王船山博大精深、自成体系的思想框架内,努力寻绎其学术渊源和谱系所在。嵇文甫用唯物辩证法分析船山哲学观点的根本属性,认为王船山思想体系博大精深,其唯物主义思想是当时中国唯物论辩证法的高峰。在肯定王夫之为唯物主义者的同时,嵇文甫敏锐地指出其体系里还充满着唯心主义杂质,并强调,王夫之唯物论中含有"唯心主义的尾巴",这固然有当时科学发展水平低下的原因,更主要的是王夫之的阶级立场极大地限制了其思想的进步性,为以后运用马克思主义研究中国古代学术思想开辟了道路。

---

[1] 嵇文甫:《"中国时报"发刊词》,《中国时报》1945年12月1日第2版。

二、赵纪彬的中国哲学史研究

嵇文甫之外,民国时期河南省思想史研究领域成绩卓著的学者还有赵纪彬。赵纪彬(1905—1982),原名济焱,字象离,河南内黄人。1922年,赵纪彬考入大名十一中学,翌年入大名省立第七师范学校。1926年加入中国共产党,负责中共大名特别支部。1927年担任中共濮阳中心县委宣传部长,从此走上了革命的道路。1934年后,投身文化教育事业,先后在东北大学、东吴大学、山东大学等多所大学任教,讲授哲学概论、中国哲学史、逻辑学等课程。新中国成立后,历任山东大学文学院院长、平原师范学院院长、开封师范学院院长、中国科学院河南分院副院长、河南省历史研究所所长等职。

赵纪彬投身文化教育事业后,主要从事中国哲学、中国哲学史、逻辑学和逻辑史等方面的教学和研究工作。抗战期间,他以马克思主义为指导,批判当时蔓延的哲学无用论和哲学消灭论,先后撰写了《中国哲学史纲要》《古代儒家哲学批判》《中国哲学思想》《中国知行学说史》等著作,对中国哲学及逻辑史研究作出了重要贡献。1939年出版的《中国哲学史纲要》对先秦诸子时代的哲学、汉唐经学时代的哲学、宋明时代的新儒教哲学、清代经学最高发展阶段的哲学,用唯物主义观点作了系统论述。该书突破当时流行的正统观念,注意发掘封建社会中"异端人物"思想的价值,如唐代的刘禹锡、柳宗元,宋代的王安石等,断定中国哲学的发展是"唯物论和唯心论的斗争"。这部著作站在中国文化运动的变革立场上,明确提出"建立中国的哲学史"的目的,运用唯物史观和辩证法相结合研究和书写中国哲学史,是第一部将马克思主义哲学的立场和观点贯彻于中国哲学史的论著,为中国哲学史构造了新的范式。1942年出版的《中国知行学说史》一书,对先秦诸子至清代各家的知行学说作了概略叙述。1948年出版的《古代儒家哲学批判》一书,对于春秋社会性质及孔门哲学思想有所探索,《中国哲学思想》是在唯物论指导下概论中国古代哲学思想的开创之作,在学术界均有一定影响。

三、"从考古到史学研究":尹达的史学成就

尹达(1906—1983),原名刘燿,字照林,又名刘虚谷,河南滑县人。1925年考入河南中州大学预科。1928年入河南大学本科,先修哲学,后转国学系。求学期间,适逢中央研究院历史语言研究所在安阳殷墟进行考古发掘,当时董作宾、郭宝钧等人都曾被邀请到河南大学讲学。1931年,学校从文史系选出成绩优异的学生,作为第一批实习生前往安阳进行古迹调查,尹达和同学石璋如、冯进贤等人直接参与了殷墟考古发掘工作。1932年尹达从河南大学毕业后,正式成为中央研究院历史语言研究所考古组的研究生,他一边攻读研究生课程,一边继续参加安阳殷墟发掘以及河南、山东等地的田野考古活动。1934年完成研究生学业后,留在中央研究院历史语言研究所工作。抗日战争全面爆发后,殷墟发掘工作被迫中断,尹达随中央研究院历史语言研究所撤离到长沙。后奔赴延安参加革命,到延安后改用母姓,始称尹达。1938年加入中国共产党,进马列学院学习。1939年2月,调任马列学院历史研究室研究员,参加范文澜主编的《中国通史》的编写工作。后来历任中央出版局出版科科长、华北大学教务长等职。新中国成立后,先后在中国人民大学和中国科学院历史研究所、考古研究所工作。

抗战前,尹达主要从事考古学工作。他通过大量的考古实践和研究,发现瑞典人安特生在中国新石器时代分期问题上的错误,于1937年写成《龙山文化与仰韶文化之分析》一文,批驳了被考古学者视为权威的安特生关于中国新石器时代分期的错误理论。后来完成的《中国新石器时代》一书,提出中国新石器时代分期标准,为建立中国新石器时代的分期体系作出了突出贡献。

尹达在学术上重视将考古工作同历史研究有机地结合起来。1943年,尹达在延安出版了专著《中国原始社会》,通过大量可靠的考古材料,具体论述了我国原始社会各阶段的社会结构和生产生活状况,阐述了原始社会发生、发展和逐渐崩溃的过程,开创了研究中国古代史的新途径。该书不仅是尹达运用马克思主义唯物史观理论来探索中国古代社会的比较有益的尝试,也是尹达沟通近代考古与用新的史学观点探索古代社会的标志,又是尹达把考古与史学研究紧

密结合,迈出"从考古到史学研究"的非常重要的一步。尹达通过科学系统地研究中国原始社会,把中国新石器时代研究向纵深推进,"材料非常翔实"[1]。夏鼐评价称:"郭沫若是结合古文字学和古铭刻学的资料运用马克思主义来研究中国古代史的第一人,尹达是结合考古实物资料运用马克思主义来研究中国古代史的第一人。像一切开创性的著作一样,他们的最初著作中会有一些未成熟的或甚至错误的判断,但是他们开辟了一个正确的新路子,为马克思主义占领中国史学阵地打下了基础,立下了影响深远的功劳。"[2]

四、韩儒林的蒙元史研究

20世纪的中国史学有两大流派,即实证主义史学和马克思主义史学。韩儒林先生是一位掌握实证史学方法、努力用马克思主义观点解释历史现象的史学家。他在元史和边疆史地研究方面取得了丰硕成就,成为一代学术大师。

韩儒林(1903—1983),字鸿庵,河南舞阳人。1919年考入河南留学欧美预备学校。1923年转入上海中法通惠工商学校。1925年考入北京大学哲学系本科,1930年北大本科毕业后,应徐旭生校长之邀,到北京女子师范大学任教。1933年,因翻译出版法国学者色诺博斯的名著《西洋文明史》获得资助,开始赴欧洲留学,先后就读于比利时鲁汶大学、法国巴黎大学、德国柏林大学,师从著名东方学家伯希和等人。1936年回国后执教于燕京大学、辅仁大学、中央大学等高校。新中国成立后,任南京大学法学院院长、历史系主任,内蒙古大学副校长。同时兼任中国史学会常务理事、中国元史研究会会长、中国蒙古史学会副理事长等,是我国著名的蒙元史专家。

韩儒林在北京大学哲学系读书期间,受陈垣、陈寅恪等史家的影响,逐渐对史学产生了浓厚的兴趣。他了解到我国西北边疆史地研究已陷入停滞落后的状态,立志从事这个领域的研究,推进西北舆地学的发展。欲求学术向前推进,必须能直接利用新材料,采用新方法。自1935年起,先后发表了《突厥文厥特

---

[1] 谢保成:《尹达先生的治学道路——"从考古到史学研究"》,《中国史研究》2007年第1期。
[2] 夏鼐:《悼念尹达同志(1906—1983)》,《考古》1983年第11期。

勤碑译注》《突厥文毗伽可汗碑译注》和《突厥文暾欲谷碑译文》。这是三碑最早的汉文译释，准确的译文和精到的注译引起了史学界的瞩目。以后他又发表了多篇研究突厥诸部族史的论文，为北方民族史的研究作出了贡献。韩儒林深得时任燕京大学教授的顾颉刚先生的器重。是时，顾颉刚创建爱国学术团体"禹贡学会"，获中英庚款资助一年，韩儒林为研究员，兼任"禹贡学会"理事。韩儒林还作为学会组织的绥北考察团成员，实地考察了大青山南北的古代遗迹，著有《绥北的几个地名》，结合文献资料对匈奴单于庭、白道、武川、突厥思沙碛和金长城等作了精密考证。[①]

从 1940 年起，韩儒林开始发表蒙元史方面的论文，如《成吉思汗十三翼考》《蒙古氏族札记》《蒙古答剌罕考》《蒙古的名称》《元代阔端赤考》等共 20 多篇，其中以名物制度考证者居多。《成吉思汗十三翼考》与《蒙古氏族札记》采用《史集》波斯文原文与汉文、蒙文史料互相参证的方法，从历史学与语言学的角度加以综合考释，订正了中外史料和前人研究中的许多错误。《蒙古答剌罕考》指出在蒙古兴起初期，答剌罕大体授予对可汗本人或其子孙有救命之恩者，所享受之特权，在中原为月脱、宿卫等礼仪，在回教则为免除赋税等实惠。到明代，答剌罕之授予，仍以报恩为主，降至清代，则成为奖赏有功人员的空衔而已。《蒙古的名称》将唐代以来此名的二十多种异译分为五组，分析了不同译写的音值及其语言来源，指出"蒙古"一名是根据女真语译写来的。[②] 这些论文的最大特点就是采用中外文字的史料进行直接比勘，解通了许多蒙元史上专有的人名、地名、部族名，使许多混乱不清的问题得到了澄清，纠正了洪钧以来元史著述中的许多错误。这一时期，他还发表了《吐蕃之五族与宦族》《青海佑宁寺及其名僧》《〈明史〉乌斯藏大宝法王考》等文章，运用汉藏文史资料研究了唐代至清代的西藏史和蒙藏佛教史。

韩儒林治学非常严谨，考证翔实，分析精辟。他认为，研究历史，须先搜集丰富的史料，经考证、分析、综合，始能写成历史。韩儒林是一位掌握实证史学方法、努力用马克思主义观点解释历史现象的史学家。他继承了乾嘉以来我国考据学的传统，并善于借鉴外国东方学的成就，把我国边疆史地，特别是蒙元史

---

① 韩文宁:《蒙元史研究专家——韩儒林》，《南京史志》1997 年第 2 期。
② 刘晓:《元史研究》，福建人民出版社，2006 年版，第 33 页。

的研究推到一个新的阶段。他把毕生精力贡献于我国边疆史地之学,成为我国现代史学中这一领域的学术大师。

五、尚钺的学术个性与史学成就

民国时期的历史研究也为尚钺成长为马克思主义史学家奠定了基础。尚钺(1902—1982),原名仲吾、忠武,字健庵,河南罗山人。1917年进入开封省立第二中学读书。1921年考入北京大学预科,后转入英国文学系本科读书。在北京大学读书期间受到李大钊、鲁迅、陈独秀等人的影响,接受新文化,并积极宣传新思想。尚钺早年主要从事文学创作和革命活动,抗战全面爆发后根据革命的需要和党组织的决定才开始从事历史教学与研究工作。1940年开始先后在云南大学、山东大学、华北大学等校任教,新中国成立后任中国人民大学历史系教授。他一边阅读马列著作,学习甲骨文和考古学,一边研究历史典籍和史学著作,发现大量枯燥史料掩盖下历史研究的无穷趣味,为后来编撰《中国历史纲要》《中国通史讲义》等著作奠定了基础。

尚钺是在熟悉马克思主义理论基础上进行历史研究的,在数十年的历史研究与教学工作中,他十分强调马克思主义理论对历史研究的指导作用。"没有马克思主义,历史是躺着的;有了马克思主义,历史就站起来了。"这是马克思主义史学家尚钺非常精辟而形象的论述。

六、白寿彝在民族史、史学史和中国通史领域的开拓

著名历史学家白寿彝也是民国时期河南籍马克思主义史学家的代表。白寿彝(1909—2000),字肇伦,河南开封人,出身于回族家庭,从小受到良好的传统教育。早年在外国教会在开封办的圣安德烈中学读书,后入上海文治大学、河南中州大学(今河南大学)学习,受时任文科主任的著名哲学家冯友兰的直接教诲。1929年考取燕京大学国学研究所研究生,在黄子通指导下研究两宋哲

学,发表多篇关于朱熹的论文。① 1932 年毕业后被聘为北平研究院及禹贡学会编辑。抗战全面爆发后,白寿彝先后任教于广西桂林成达师范学校、云南大学、重庆中央大学、南京中央大学等学校,讲授中国上古史、中外交通史、中国史学史、春秋战国史和伊斯兰文化等课程。新中国成立后,白寿彝调入北京师范大学任教,直至去世。

民国时期,白寿彝的主要学术重心是回族史和伊斯兰教史。他热爱自己的民族,也关心回族的历史和前途。这种真诚的热爱之情,是他进行回族史研究的基础。1935 年,26 岁的白寿彝创办《伊斯兰》半月刊等杂志,并发表《中国回教史料之辑录》,申论回教史研究的重要性及收集史料应采取的步骤,开始了他研究回族史和中国伊斯兰教史的学术生涯。民国时期白寿彝发表的回族史和中国伊斯兰教史研究方面的论文和著作主要有《回教的文化运动》(1937 年)、《中国回教小史》(1942 年)、《元代回教人与回教》(1942 年)、《中国伊斯兰史纲要》(1946 年),同时编有《咸同滇变见闻录》(1942 年)、《中国伊斯兰史纲要参考资料》(1948 年)等。② 在这些论著中,白寿彝对回族的来源、回族的形成、回族与伊斯兰教的关系这些前人未曾提出或未曾解决的问题,皆给予富有说服力的回答。他在回族史和伊斯兰教史的许多研究成果,都具有开拓性意义。

与回族史研究并驾齐驱的是他的中国通史研究,民国时期的代表性著作是《中国交通史》。《中国交通史》撰写于 1936 年,是近代第一部交通通史专著。作者从夏朝写到 20 世纪 30 年代,内分先秦、秦汉、隋唐宋、元明清、通商以后五期,并分别指出各期的特点,目的是把"这样长的历史写出个头绪来"。通过这本书的撰写,作者既获得了治史的趣味,又在治史方法上进行了探讨和实践。《中国交通史》出版后得到较高的评价,顾颉刚在《当代中国史学》中曾说到它,认为该书是王云五、傅纬平主编的"中国文化史丛书"中"精善的"一种。

《中国交通史》作为当时商务印书馆出版的"中国文化史丛书"中的一种,是在日本全面侵华、中国人民全面抗战即将爆发的背景下完成的,蕴藏着作者强烈的爱国主义感情。白寿彝在本书的第五篇第六章中,扼要地论述了"中国

---

① 刘雪英:《白寿彝先生学谱(简编)》,《回族研究》1999 年第 3 期。
② 周文玖、王记录:《白寿彝的治学经历及其史学史研究》,《河南大学学报(社会科学版)》2002 年第 2 期。

交通事业之前途"。他从六个方面分析了中国交通事业发展的艰难,其中,关于前两个方面,作者尖锐地指出:第一,中国政府之力尚不能完全控制国境内的一切交通事业,它管不了水上走的外国轮船,管不了地上走的外力控制下的火车铁路,管不了出没无常的外国飞机,管不了外国人在各地设置的电台和沿海的水线。第二,中国自办的交通机关尚不能充分发挥其效能,因循、浮惰、营私的情形尚不能真正地铲除,对于各种行政上及事务上之合理化与经济化,尚未能真正地向前迈进。作者最后写道:这六点,都是中国交通事业前途之很大的障碍。在这个时候,国难严重到了极点,这种关系国家兴亡的大事业是需要政府和人民拼命去做的。我们的一部中国交通史,究竟是一部失败史,或是一部胜利史,在最近的数年中就要决定。这个时代已不是再容我们悠游岁月的时候了。① 从中可以看出,作者的忧患意识与爱国思想,已非常强烈地反映出来了。时年28岁的白寿彝既是一位满怀爱国激情的热血青年,也是一位具有深刻的思想境界的史学工作者。②

白寿彝早年所著《中国交通史》对他后来治中国通史有相当大的影响。五十年后白寿彝仍认为:"从我个人治学的进程上看,本书的写作,有它积极的意义。我对于通史的兴趣,对于划分历史时期的兴趣,对于寻找时代特点的兴趣,都是从写这本书开始的。"③正是由此出发,白寿彝开始专注于中国通史的教学和研究,在多年讲台生涯中,中国历史始终是他担任的重要课程之一。1940年在云南大学,他讲授中国上古史;1942年,在重庆中央大学开设春秋战国史;1948年,在南京中央大学讲授中国通史,始用缪凤林的《中国史要略》为教材,后改用自己编写的讲稿。④ 新中国成立后亦一直坚持开设中国通史课程。在这个领域的长期耕耘,使得白寿彝在中国通史方面有着深厚的积累,为新中国成立后编纂大部头中国通史著作奠定了基础。

新中国成立后,白寿彝在民族史、中国通史、中国史学史三个领域继续开拓。在民族史研究方面,白寿彝通过对少数民族历史的研究,为统一的多民族国家的民族理论建设作出了重大贡献。在中国通史领域,白寿彝主持完成了前

---

① 白寿彝:《中国交通史》,河南人民出版社,1987年版,第210—211页。
② 瞿林东:《白寿彝先生和20世纪中国史学》,《史学史研究》2002年第3期。
③ 白寿彝:《重印〈中国交通史〉题记》,《中国交通史》,河南人民出版社,1987年版,第3页。
④ 刘雪英:《白寿彝先生学谱(简编)》,《回族研究》1999年第3期。

所未有的部帙庞大的多卷本《中国通史》,该书从内容到体例都有创新,是中国通史编选的一座高峰。在史学史研究领域,白寿彝厘定了中国史学史研究的规制,完善了中国史学史的体系,迄今尚未有人能够突破。

第四节 李时灿与中州文献的收集整理

讨论民国时期中原文献的收集整理,不能不讨论李时灿在其中所做出的贡献。李时灿出于对中原桑梓文献的热爱,利用自己的影响,征集到数量众多的珍贵的明清中州文献,成为民国时期文献学领域的佳话。

一、李时灿与中州文献征辑处

李时灿(1866—1943),字敏修,号暗斋,河南汲县(今卫辉市)人。出身于书香门第,幼年严受教训,熟读儒家经典。光绪十八年(1892)中进士,开始仕宦生涯。清末时期曾任刑部比部曹、河南教育总会会长、河南学务公所议长、河南救灾总会会长、资政院议员等。进入民国后,历任河南省教育司司长、北洋政府参议院议员等。

李时灿是清末民初著名的教育家,毕生专注于教育文化事业。青年时期就开始在家乡发起组织汲县读书学社,顺应时代潮流,大力提倡新学。1900年李时灿在学社基础上创办经正书舍,广收河南学子入舍学习,邀请各地著名学者讲学,培养"学通中外、体用兼赅"的实用人才。1906年任河南学务公所议长兼河南教育总会会长后,拟订《学务管见十六条》,对教育改革、课程设置、教法变更、经费筹措等方面提出建设性的意见,主张设立优级师范、法政、实业、蚕桑、工艺等各类专业学校。经李时灿的多方努力,后来在开封相继创立河南优级师范学堂、河南法政学堂(河南大学法科前身)、中州公学(河南大学预科前身)、河南留学欧美预备学校(河南大学前身)等,李时灿还担任优级师范学堂监督、中州公学的总办。正如嵇文甫所说:清季末年以倡导新学驰名中国文坛的有三人:江南是张季直,河北是严范孙,河南是李时灿。① 从中可见李时灿的影响。民国时期李时灿担任河南省教育司司长,主持制定河南教育大计,推动河南教育事业的发展,1918年又创办《河南教育月刊》,并出任杂志社社长,提倡教育,振兴学术,加强教育问题的研究,为河南文化教育事业的发展做出了不可磨灭的贡献。

在办教育的同时,李时灿十分注意收藏图书,清末集资筹建经正书舍时,藏书达三十多万册。尤其是民国时期任清史馆名誉协修和中州文献征辑处处长期间,李时灿访得大量文献,对中州文献的收集与整理做出重要贡献。

中州文献征辑处于民国北洋政府编纂清史的背景下成立。1914年秋,北洋政府设立清史馆,并聘任前清东三省总督赵尔巽为馆长,准备纂修清史。赵尔巽到任后,聘清朝遗老、著名学者柯劭忞、缪荃荪等百余人,工作人员二百余人,名誉职位三百余人,组成纂修班子,开始编修清史。赵尔巽注重有关文献的征集工作,函告全国各省"列传志表,诸道并进,惟思编纂之业,首以征访为先",要求各地设立文献征辑处。李时灿在当时知识界有较高声望,多才博学,酷爱古籍。清史馆馆长赵尔巽对李时灿的学识能力十分认可,称赞其"澄观时变,洽熟旧闻,有斯文必任之心,膺大雅至群之誉"②。因此,清史馆一成立,他就聘请李时灿为名誉协修,并委任其为中州文献总编辑,负责对中州文献进行征辑和整理。中州文献征集得到袁世凯、徐世昌、张镇芳等人支持,时任国务卿徐世昌曾致信李时灿说:"中原文物,为洛嵩精英之所托附,裒举发挥,固知非公莫属。"③在此背景下,中州文献征辑处顺利成立,由时任河南省教育司司长的李时灿主持,主要是为编修清史征集资料,也为纂修地方志服务。

为保障文献收集工作顺利进行,中州文献征辑处建立了相应的组织机构。总处设在北京骡马市大街嵩阳别署,分处设在开封,在河南教育总会办公,由井俊起、张嘉谋、杨凌阁、许士衡负责。另外,在洛阳和各县还设有分点。同时,李时灿曾聘请席书锦、刘海涵、陈嘉桓、李馥等人担任编辑,参与文献征集与整理。

---

① 王日新、蒋笃运主编:《河南教育通史》(中),大象出版社,2004年版,第76页。
② 任克礼:《中州名人传略》,中州古籍出版社,1999年版,第414页。
③ 耿玉儒:《宁作大事不作大官的李敏修》,《新乡文史资料》1990年第4期。

当时河南从省到县的各级政府都比较重视这一工作,更有热心者亲自过问和参与。省长田文烈批准办公费用从财政厅教育经费中开支。督军刘振华还为征辑到的《巩洛偃登暨新渑各县遗献录》撰写序言。有的县长还亲自参与采访与抄写。组织机构的建立和相关人员的积极热心极大地优化了中州文献的征集效果。

为了扩大宣传,广征博采,中州文献征辑处曾在《国权报》上刊登征辑启事,发布征辑范围:凡所采辑以备清史取材,故时代以有清一代为限,地域以河南一省为限;凡史例所有,名在海内,皆所必采;谱牒家传、碑状表志也在采辑之列;名臣循吏,史馆有传者,轶事遗文皆应甄录;凡著述有以自见于世,不论说经之编、诗文各集、骈体散文、记事之录,或说部杂俎、方书评注,皆应征求。总体来看,凡与中州有关的文献均在征集之列。不过,偶尔也有一些非豫籍者的著作和清人收辑文献,出于保持文献的目的也有所搜集整理。当然,主体还是中州文献。

中州文献征辑处设立后,工作进展顺利,效果突出。李时灿等人倾力多年,积极搜求,征辑了大量相关文献,总计有1500余部之多。从各地征辑来的文献,有些比较杂乱,为了便于典藏和利用,李时灿等人对征辑而来的文献进行了较为细致的整理。首先组织人力,从内容、使用、版本上加以鉴定,并分门别类,编辑整理,装订成册。其次,为将价值较高的文献刊刻行世,就用"中州文献征辑处稿纸"统一誊写清楚,然后按照传统的习惯,把所有文献均整理、装订成册,按经、史、子、集分类,并编次成目,共编印《中州文献征辑处现存书目》3期,著录文献1597部。对内容、版本比较好的本子,积极刊印行世,计付梓108种,著名的有《中州艺文录》42卷、《中州文征续编》38卷、《中州先哲传》37卷、《中州诗征》30卷、《河南人物小乐府》12卷、《中州人物名籍录》等,为后世保存了大批有价值的地方文献。李时灿在辑录、编纂中州文献上花了毕生精力,为中州文献的征辑和整理作出了巨大贡献。由于时局不稳,社会动荡,整理工作不久便被迫中断。所以,中州文献大部分手稿和抄本当时并未能整理问世。尤其在民国时期,华北地区战火不断,为保护这批文献不被战火损毁,李时灿等人不辞劳苦,冒着巨大的危险,将其从北京运到家乡河南汲县,与经正书舍藏书合为一处。新中国成立后,李时灿之子李季和将经正书舍藏书与中州文献一并捐献给平原省文管会,平原省撤销后,这部分文献转归新乡市图书馆收藏,成为新乡市图书馆的特藏。

由于战乱和几经周转,当时收集的1597部中州文献有很大折损。目前尚存的中州文献抄本、稿本共有738部1682册,为未经刊刻的手稿和抄本,经、史、子、集四部皆有,以史部、集部数量居多。其中稿本67种274册,抄本671种1408册,总计7万多页,3000多万字。这些宝贵文献成为研究清代河南政治、经济、文化、社会、教育等内容的重要史料。中州文献里不乏珍本,尤其是抄本,在社会上流传甚少,有的已成稀世孤本,其中被收入《全国古籍善本书目》的有37种125册之多。

二、中州文献的价值

中州文献的数量巨大,种类繁多。从类别上看,有奏稿、函牍、文集、诗集等种类,也有年谱、传记、日记、墓志等题材,涉及经、史、子、集诸多方面。奏稿方面,有蒋艮的《蒋仲仁奏稿》,专奏宦官李莲英弄权误国,要求皇帝不可器重。《贾铎张之洞吴可读等奏稿摘抄》也记有太监擅权和太子继皇位诸事。王安澜等选编的《国朝名臣奏议》,共辑奏折四十篇,多为各部院兴办各种实业的报告,其中《农工商部奏整顿棉业折》《杨士琦南洋商业情形折》《度支部奏印花税办法折》《赵炳麟奏统一财权折》《财政处户部奏整顿银币折》是奏折中关于经济建设的名篇,特别是《农工商部奏整顿棉业折》反映了棉花种植业和纺织业由旧变新的发展概貌。[①] 单一的文集在征辑的文献中所占分量不大,但学术价值很高,如宋清光《生平集》一卷,内容包括修书院、兴义学、筑路、修渠、修寨等,[②]是研究豫南地方社会的第一手资料。孙夏峰撰写、汤斌批阅的《夏峰集补遗》和《诸儒评》,孙用桢所著《缄斋集》等,在学术上有很高的价值。高得善的《荒徼漫游录》,是作者于光绪初年归乡后所写游记,记载了戍守新疆期间所历,对研究新疆近代社会很有助益。王纫如的《宫闱文钞》六卷抄本,辑录自汉至明宫闱散文68篇,骈文12篇,韵文13篇,为我国女性文学史研究的重要资料。而郭云升的《滑台文集》中的名篇《安边十五策》,反映了爱国志士郭云升目睹沙俄在

[①] 崔永斌:《李敏修与"中州文献"》,《图书馆工作与研究》2006年第4期。
[②] 王惠敏:《牧野珍藏——〈中州文献〉书目》,内蒙古人民出版社,2005年版,第48页。

边疆制造事端,侵占伊犁,威胁中国的情形后怀着极大的爱国热忱,基于高度的民族责任感,愤然赴京和李鸿章进行辩议,要求抗击外侮的主张。

相比而言,诗集在中州文献中占很大比重,诗歌也为研究社会政治经济提供重要材料。如《灾难实录诗》中有"漫道官兵不杀人,官兵肥似贼兵身。腰囊已满心犹未,但值一钱也认真"的诗句,反映了当时社会生活的艰难。王紫绶、王廉等人关于潞王坟的诗,对考察潞王坟的历史风貌、了解潞王坟的伟观壮势、研究当时文人对明朝的怀念都很有助益。如冯树萱作诗《书愤》:"世局撄心感慨多,引怀看剑起长歌。朝中洛蜀终分党,塞外金元屡议和。亳客欲投班氏笔,群公谁挽鲁侯戈?上书未遇英雄老,破房空怀马伏波。"①从诗中可感触到时人的心态和身处内地的河南地方士人的情怀。

以个人为主体的年谱、传记、日记等题材,是中州文献极为重要的一部分。如康熙朝尚书汤潜庵的《孙夏峰年谱》,是难得一见的珍本。而《李文清公年谱》不仅记载了李棠阶的治学业绩,也记载了李的为人和政治生涯。王兰广的《王香圃先生自著年谱摘录》,则记述了咸丰八年、九年军民防守天津海口,同英船交战的情况,以及望海楼天主教堂残害中国人民的恶行。刘瑞林辑的《郑县先贤事略》,记述了罗志仲、李常华抗击德国人横行青岛、美国人称霸镇江的英勇事迹。日记有咸丰朝军机大臣、著名理学家、河内(今河南温县)人李棠阶的手稿《强斋日记》(起于咸丰元年辛亥十一月二十七日,止于壬子四月二十三日),经与民国初年李时灿集众资影印的《李文清公日记》相较,正是影印本未收入的部分。②

如此丰富的中州文献涉及内容极为广泛。在政治方面,有反映施政方略、兴革建议、六部法令、人事任免与更替、民族关系、国际交往、防守边疆、反抗外寇、禁烟运动、农民起义等内容的众多文献。如内府抄本《科场条例》《吏部铨选汉官品级考》《吏部铨选满洲官员品级考》等。而倭文端公的《帝王盛轨》,以及孙奇峰的《孙征君文稿》,也系不可多得的善本。尹耕云的《豫军纪略》、郑廉的《豫变纪略》、文鹤岭的《孝友堂文集》、王兰书的《方隅记闻》、窦镇山的《记修武白莲教匪事》、刘家模的《刘楷堂卷稿》等,记载了李自成、张献忠、罗汝才等部以

---

① 崔永斌:《李敏修与"中州文献"》,《图书馆工作与研究》2006年第4期。
② 申畅:《李敏修和清代中州文献》,《史学月刊》1982年第3期。

及太平天国、义和团、捻军、白莲教在河南的发生、发展情况。郑廉在《豫变纪略》中谈到李自成起义经过时说:"是夜,遂乘势袭城,奋袂一呼,饥民群附,一夜得千余人,出而走,转掠远近。旬日间,其势益盛。又与盗相通为声援,往来奔窜,号曰闯将,俨然自为一部矣。"记录了李自成在米脂县起义后便被称"闯将"的准确时间。余本初的《上李中堂夷务八策》《津门形势战守事宜书》和《上文园尚书书》则是研究当时国际交往和抗击外患不可多得的资料。

另外,在社会经济方面,有反映赋课、盐运、河患、两宫兴建及宫廷奢侈浮华、水旱蝗情、地震实况、各种自然灾害、索租逼债、冤狱错案等文献。在文化教育方面,有反映科举制度、学规学制、治学劝学、六经源流、学派争鸣、文风盛况、体育运动、婚丧礼俗等方面的文献。另外还有农耕林业、医药症论、锦方验方、防疾保健、地理概况、名胜古迹等等,内容极为宏阔。除了著名理学大师孙奇逢的《读易大旨》《书经近旨》《四书近旨》等,还有苌乃周所著多本武学著作《养练全书》《中气论》《三十六枪谱》《棒谱》《剑谱》《青龙出海谱》《猴势谱》等清抄本。[①] 也有一些非豫籍者的著作和搜辑文献,如郭亦琴搜集的二十二国来华商船兵舰旗式等。另外一些别传、家传、村史、县志等等,为后人研究清代乃至明代历史提供了丰富的资料。

总之,以李时灿为代表的河南学者,历时数载,尽心搜求,不负众望,完成众多文献的征辑目标,汇集成中州文献的宝库,并编印出版了《中州先哲传》《中州艺文录》《中州文征》《中州诗钞》等阶段性成果,为保存中州历史文献、推动文化传承和学术研究做出了巨大贡献。

第五节 河南方志的编修与方志学理论的发展

国有史,邑有志,方志乃一方之全史。中国自古就有编修方志的传统,编修方志与史书活动绵延不绝,为中华文明代代相继发挥了重要作用。河南是中国

---

① 王惠敏:《牧野珍藏——〈中州文献〉书目》,内蒙古人民出版社,2005年版,第48页。

地方志的发源地之一,方志编纂的历史非常悠久,历代出了很多名志名家。民国时期,虽然社会动荡,时局不稳,但河南仍然纂修了一批方志,其中有不少优秀作品,而且方志学理论方面有所发展,出现许多有代表性的方志学名家,成为河南史学发展与文献发达的重要体现。

民国时期编修的河南方志有 80 余种,这些方志种类较为丰富。根据记载的地域范围,可分为省志(通志)、县志、镇志等几类,其中县志最多,有 70 余种,包括《郑县志》《洛宁县志》《河阴县志》《密县志》《考城县志》《陕县志》等等。省志其次,以河南省为记述范围,有《河南地志》《大中华河南省地理志》《河南省志》《河南新志》《河南方舆人文志略》《河南》及未完全刊印的《河南通志稿》等。此外,也有乡镇志书,如《西平县权寨镇风土志》等。

从记载内容上来讲,这些方志又分成地理志、风土志等专门志书。《河南地志》《大中华河南地理志》是以记述全省地理内容为主的志书。《河南地志》是河南督军兼省长赵倜在民国八年筹办育才馆时,专门聘请当时学术界重要人物时经训撰写的地理教材,时经训在《大中华河南省地理志》初稿基础上完成。此外,风土志或乡土志也在这个时期出现,如《西平县权寨镇风土志》《叶县乡土志》《偃师县风土志略》《淮阳乡村风土记》等,对地方风土人情做了较为客观、真实的记述。

从编修主体上来说,民国时期河南方志可谓官修与私修并存。当时除由政府组织、政府首长或方志馆长等政界人员编修志书外,还有一些地方学者私人编纂的方志。如白眉初编写的《河南省志》、吴世勋撰著的《河南》、王幼侨辑录的《河南方舆人文志略》等,以及地方学者编著的《淮阳乡村风土记》和《林县小志》等。①

值得注意的是,民国时期河南方志编修在分类、版本、目录等理论和实践方面推陈出新,不断融入先进科学思想。在体例上,章节体被广泛运用;思想上,民主与科学性增强;内容上,既有继承传统方志学的一面,又有求实创新反映新时代地域特色的一面。可以说,民国时期河南方志不仅在数量和规模上超过前代,而且在方志学理论方面也获得长足的进步。河南方志能取得这些进步,除

---

① 王丽歌:《转型期的方志书写——民国河南方志编纂特点与成就分析》,《中国地方志》2017 年第 5 期。

了政府的作用以外,也与一批人物的努力密不可分,尤以蒋藩、张嘉谋、陈铭鉴、刘盼遂等人为代表。

一、张凤台与河南地方志的修纂

官方的倡导和组织对修志活动作用极大,注重志书的官员更是中坚,张凤台即是一例。张凤台(1857—1925),字鸣岐,河南安阳人。清光绪十一年(1885)中举,光绪二十一年(1895)考中进士,以"即用知县"分发直隶,步入仕途。历任直隶元城、吴桥、束鹿知县,长春府、长白府、兴京府知府。民国初年回豫后任河南省财政司司长、河南省民政长等。1915年入京为参政院参议,1920年任河南省省长等职。任职期内,颇致力于志书修纂。任职长白府时,他对长白山川地理、经济物产、军事外交等甚为留心,耳目所接,随笔记录。他广征博采,不辞艰辛,编著《长白汇征录》八卷七十二篇,翔实地记载了长白府的疆域、山川、兵事、风俗、物产、药类、内政外交、名胜古迹等。该书体例严整,史料翔实,内容丰富,记述得当,是一部考证翔实的地方信史,丰富和发展了一般志书的传统体例,对今天编修新志亦有参考价值。

张凤台在河南省长任内,筹设河南通志局,同时拟定续修县志调查凡例,令各县设县志局。1922年颁河南通志局组织简章八条和重修河南省通志简目,河南通志局正式成立,张自任总裁,聘肖惠清为总纂,并派采访员分赴各地进行调查采访,令各机关、单位派员接洽,为查资料提供方便。在其积极倡导下,续修的《河南通志》为门十九,每门之下又设细目,共九十六类。河南通志局设立后,不仅网罗了一批人才,纂成了一批志书,更培养出一批方志学专家。像张嘉谋、刘海涵、陈善同、井俊起等,均为有影响的人物,特别还出现了在理论上有建树的方志学家蒋藩。① 由于政府方面的着力倡导,孟津、登封、安阳、长葛、开封、唐河、新安、河阴等县也先后设立县志局,续修县志。张凤台还亲自督修《林县志》。张凤台卸任河南省长后,在开封一边养病,一边续理省志工作。他曾将搜求来的民国年间乡邦史料编纂成书,共17种175卷。他还纂有《万国公法提

---

① 申畅:《民国中州方志学浅识》,《地域研究与开发》1990年第2期。

要》《鹿岩乡土志》,校勘《中州杂俎》等书。

二、蒋藩的修志活动与方志学理论

蒋藩(1871—1944),字恢吾,河南杞县人。他聪敏好学,博览群书,平生潜研经史,造诣颇深,尤擅长史志,精于金石考证,文学诗词修养亦甚为深厚,光绪二十八年(1902)中举。蒋藩生平雅好志事,其居室"梧荫楼"藏书数千卷,是近代河南致力于地方文化的著名学者,与李时灿、张嘉谋等人齐名。

民国初年,蒋藩受聘纂修《河阴县志》,仿章学诚"三书"的体例,分为宏纲图、疆域考、山川考、建置考、古迹考、民赋考、风俗物产考、兵事考、艺文考、职官表、选举表、宦绩传、人物传、列女传、杂记等十七卷,另附金石考二卷、文征三卷,有纲有目,内容十分丰富。[①] 他在纂修《河阴县志》过程中还纠正了《河南通志》《开封府志》有关河阴记载的谬误。另外,蒋藩曾任《杞县志》总纂,著有《杞县志稿》等。

蒋藩在从事修志工作的同时,又费尽心血先后收集珍藏河南方志达170余种。1922年,他应时任河南省长张凤台之聘,任河南通志局纂修。在纂修河南通志期间,他总结修志经验,钻研方志理论,所撰《河南通志修校日程》,将多年修志工作实况逐日记录,计20余万字,积累了有关志书篇目、体例、编纂、校注及资料搜集、整理、鉴定等方面的实际经验,记述了纂修过程,是一部难得的珍贵资料,对发展方志理论和纂修志书作出了很大贡献。他重视资料的搜集,提出搜集资料要广读博览,强调"采访之要,心思、耳目、手足皆到,方能称职,盖考索之精确,阅见之详审,手书足履之频繁劳苦,举无可少者,大忌以耳代目,以目代足"。谈到采访与编纂时他又指出:"采编之与编纂,文字虽有繁简,记录虽有先后,而责任实无轻重。"特别强调了采访作为编纂基础的重要性。蒋藩撰写的《河南通志修校日程》及其后所著《方志研究》《方志浅说》等文章,对方志特点、修志方法、编纂原则进行了系统性总结与论述,被认为是蒋氏方志学理论结构之作。[②]

---

① 高廷璋、蒋藩:《民国河阴县志》,中州古籍出版社,2006年版。
② 申畅:《河南方志研究》,中州古籍出版社,1991年版,第37页。

1932年他撰成《方志浅说》，阐述了方志之原始与其变迁，方志与国史之异同，通志与通史之异同，省志与一统志、郡县志之异同，修志三要，修志三长，修志二纲，采访四术，编纂四则，成书三期等十个方面的问题。蒋藩指出："方志与国史，虽同属史学，而分际略殊。国史疆宇虽广，要皆断代为书；方志地域虽狭，莫不稽古远绍。国史宜横看，方志宜纵看，义本相须，体难偏废。国史视方志，乃取材之渊薮，方志对国史，为祭海之先河。故方志之体，与国史同，而修志之责，亦与修史并重。"他说修志必须具备"三要"，即："一曰'才'，无专门之人才，则不能任；二曰'财'，无宽裕之经济，则不能进行；三曰'材'，无丰富之材料，则不能征实而充其分量。三者有密切之联系，相互因果，如鼎之足，缺一不可。"蒋藩又指出：编纂要有四则，即体例宜精，修志必先定义例，而后从事编纂，不明体例，则不能著书，体例不精，亦难称名著。材料宜丰，要广泛收集旧志、档册、正史、杂史，古今书未遍，尤不可轻言著述。去取宜当，凡事出附会，迹近传疑，或涉迷信之嫌，或有琐屑之失，都要考证，去伪存真。他认为编志要分三期，第一期为校理旧志，第二期为开纂长编，第三期为刊定成本。该作根据他的实践经验进行阐述，实为修志指南，独到的见解对今日编修新地方志仍富有借鉴价值。

抗日战争期间，蒋藩回杞县整理旧志，潜心研究学问，或以文会友，或指导门生习作，晚年仍为登门求教的青年答疑解惑，诲人不倦。他一生著作颇丰，已刊行的有《梧荫楼诗钞》《梧荫楼文钞》《蓼庵笔记》等，未刊行的有《梧荫楼诗话》《杞县金石考》《河阴金石考跋》《隋唐金石考跋》《笃雅堂文集》《四书求心录》《梧荫楼家书》《梧荫楼日记》等。方志理论文章除《方志浅说》外，还有《河阴修志意见书》《河阴志稿编纂细则》《河阴文征序》《河阴县志凡例》《杞县商例》《通志首列圣制议》等。[①]

三、张嘉谋的修志活动与成就

民国时期，很多河南名士都积极参与修志，张嘉谋比较典型。张嘉谋（1874—1941），字中孚，河南南阳人。幼年勤于读书，刻苦求学，17岁即举为府

---

① 高洪宪、刘慧敏：《杞县人物大典》，杞县地方史志办公室2013年印行，第115页。

学廪生。1897 年考中举人。受新思想影响,不遗余力在开封、南阳各地创办新式学堂 10 余所,其中著名的有宛南中学、河南育才馆、北仓女中等校。作为近代河南著名教育家,张嘉谋桃李满天下,像徐旭生、冯友兰、董作宾、郭宝钧等学者,均曾在他的门下就读聆听教诲。1915 年,冯友兰赴北京深造,张嘉谋对其关怀备至,做冯友兰的监护人,填写了保证书,亲自送冯到北京大学读书。1918 年张嘉谋在开封"河南育才馆"执教时,董作宾、郭宝钧是他的得意门生。后来张嘉谋约董作宾到北京大学学习,亲自指导董作宾的功课,对董作宾日后成为蜚声中外的甲骨文专家帮助很大。1922 年由新任河南督军冯玉祥提名,张嘉谋出任中州大学筹备委员会委员,与王敬芳、张鸿烈等委员以河南留学欧美预备学校为基础,遴选师资,草拟组织大纲,积极进行大学筹备事宜,为建立河南省第一所本科高等学校中州大学做出了贡献。①

张嘉谋在方志编修方面也有较大贡献。清末重修南阳县志时,张嘉谋曾不辞劳苦,更定凡例,博采资料,详加考实,历时六年,四易其稿,终成《南阳县志》十二卷首一卷。该志保存了春秋战国以来社会生活各个领域,以及地理、物产、资源、田亩、赋税诸方面翔实可靠的资料。就编制体例而言,以十二纲提挈全书内容,以图、记、表、传四体网罗一县之历史、地理、风情、民俗。每卷冠以小序,概述一卷之旨趣,然后转入正文,夹叙夹议,杂以考证、诠释、引申,甚为得法。在此志的基础上,他于 1926 年纂成《南阳县志稿本》十二卷。② 1934 年河南大学设立"河南省通志馆",张嘉谋被聘为通志馆纂修。他兢兢业业从事方志编纂,取得了一系列成果。在兼河南通志馆纂修期间,主修《河南疆域沿革考》部分。他纂志重视实地调查,与普查文物古迹结合起来,跋山涉水,踏遍中州,实地考究山川脉络、疆域境界,并博稽简籍,旁征碑碣,正讹补缺,撰成完稿。同时还完成《河南第六行政区疆域沿革考》,全书叙述简略,案语极详。

民国时期,张嘉谋除主纂《南阳县志》《西华县续志》《方城县志》《孟津县志》外,还参与新修《涡阳县志》《西华县志》《安阳县志》《巩县县志》,编辑《中州诗钞》,撰修《南阳先民集》,辑录《常秋崖家训》,此后校注明朝嘉靖年间版本《南阳府志》等书。尤其是校注明嘉靖《南阳府志》,他旁征博引、纠误钩玄,穷

---

① 刘卫东:《河南大学百年人物志》,河南大学出版社,2012 年版,第 6 页。
② 申畅:《民国中州方志学浅识》,《地域研究与开发》1990 年第 2 期。

源究委、取证精赅、绘区图冠于卷首,制勘误表殿于每册之后,校本比原本增加十分之七,条条精审,价值很高,可作校志范本。总之,这些志书资料翔实,考订有据,显示了张嘉谋在方志编纂方面的深厚功力。

四、陈铭鉴、刘盼遂等人的方志学成就

除以上代表性人物以外,其他还有陈铭鉴、刘盼遂、李时灿、刘海涵、王幼侨、陈善同、井俊起、韩嘉会以及女修志家魏青铿等,都对民国时期河南方志编修作出了重要贡献。需要说明的是,很多参与修志者并非专业于修志,常常是在宦途不畅、教书之余或问学之间从事方志的搜集、整理、校注或编修等活动。

陈铭鉴(1877—1945),字子衡,号莲友,河南西平人,早年以风流名士自命。光绪二十九年(1903)中举,后赴北京游学,投考保定陆军学校不果,回豫南师范学堂学习。1907年任汲县官立高等小学校长,旋任西平劝学所总督兼县视学及师范传习所所长。是年九月任省视学,同时兼任河南教育总会与洛潼铁路公所评议。1909年改任汝宁府官立中学监督,六月,任汝宁府官立初级师范学堂及第二中学监督,兼汝宁府禁烟会会长。民国后,倾心政途,到开封与李时杰、杨源懋等人组织临时省议会。后历任河南省参议院议员、山东行政公署调查委员、总统府政事堂政治咨议、内务部办理选举事务局评议等。之后因政界失意,宦途不通,遂寓居北京,取西平旧志,精选删补,旁征博稽,又泛览典籍,考订文献,汇编成集。1922年西平县官绅议修《西平县志》,公推陈铭鉴为总纂。他欣然应允,夙夜经营,从不懈怠。其间虽筹款受阻,但仍不气馁,1934年终于完成。所纂志书体例恢宏、内容宏富、考证精当,堪为中州名志。

刘盼遂(1896—1966),河南淮滨县人,早年考入清华大学,为国学研究院首届研究生,师从梁启超、王国维、赵元任、陈寅恪、黄侃等著名学者。毕业后执教于清华大学、河南大学、燕京大学、辅仁大学、北京师范大学等校,是民国时期著名的古典文学家、语言学家。在教书问学之余,他曾兼任河南通志馆编纂,对地方志颇有研究。曾编纂或参与编修《长葛县志》《太康县志》《汲县新志》以及《河南通志》等书。这既说明地方志对传承文化的重要性,也显示出其内容宏阔,各界人士、众多学者参与编修的特点。

结 语

当我们把河南区域内自先秦至民国时期史学发展演变的历程梳理完毕以后,有些问题呈现在我们的脑海里:作为区域性史学的河南史学,其基本的特征是什么？与中国史学的整体发展有什么关联？河南史学在自身的发展演变过程中,有没有一个内在的连续性？换言之,有没有一条贯穿始终的主线,使之带有与其他区域性史学不同的特点？这是一些颇难回答的问题,但不管怎样,我们还是尝试作一些分析,以期深化对河南史学的认识。

一

由于地理条件、文化传承、人文渊薮、时代际遇等方面的原因,在中国史学史上,确实出现了很多区域性(或称地域性)史学。就清代而言,举其荦荦大者,区域性史学就有浙西史学、浙东史学、苏州史学、嘉定史学、扬州史学、常州史学、徽州史学以及直隶史学等。每一个区域性史学都汇集了一批学有所成的学者,他们相互唱和,相互影响,有着大致相同的治史宗旨和治史方法。这些区域性史学,有的产生时间较早,存在的时间也长,如浙东史学,宋代就已形成,清代因黄宗羲的引领而达于鼎盛;有的产生时间较晚,存在的时间较短,如嘉定史学、徽州史学等,都是清代才出现,嘉定史学的代表是钱大昕、王鸣盛,徽州史学的代表是戴震。这些区域性史学,多数都因学风转移而兴起,也因学风转移而消亡,并没有一个是自古及今始终存在的。这也印证了"学术盛衰,当于百年前后论升降"这句话的正确性。

这里还涉及另外一个问题,即区域性史学与学派的关系。区域性史学与学派既有联系,又有区别。有些区域性史学,学者们有大致相同的思想宗旨、治史方法、研究重点和学术风格,有基本可以追寻的统系,可以看作是一种史学流派,而有些则未必。比如浙东史学,实际上既是区域性史学,又是史学流派。因为浙东史学有自己的宗旨和特点,浙东史家以"言性命者必究于史"相标榜,提倡经世致用,反对空谈心性,治史贵在创新,反对门户,兼取诸家之长,治学尚博,严核是非,因此在学界独树一帜。

基于上面的讨论,我们要回头观照河南史学的特征问题了。从中国史学发展史来看,河南史学属于区域性史学。但是,河南史学又与其他区域性史学不同,最明显的表现就是河南史学与中国传统史学的关系太过密切,与中国传统史学具有表意的重叠性,以至于难以找出其不同于中国整体史学发展的特性。这是因为河南长期是中国政治、经济、文化的中心,这种地理条件和文化传承的优越性,反而泯灭了河南区域史学的特性。或者说,河南史学的特性就是中国史学的特性,河南史学一直是正统史学的代表,其作为国家史学的代表性特征模糊了它的地域性。一个毋庸置疑的事实是,河南史学的发展与专制王朝官方史学的发展基本同步,较少有史学思想上的"叛逆"和"异端"出现。所以作为区域性史学的河南史学,其基本特征就是正统性、政治化和伦理化,无论什么时期,在史学思想上都与专制王朝的主流意识形态保持一致,或者自觉地将政治和教化的用意熔铸于史著之中,成为专制王朝主流意识形态的坚强支撑。比如,西汉初年贾谊、贾山、晁错的"过秦"之论,汉晋间荀悦作《汉纪》、袁宏作《后汉纪》、司马彪作《续汉书》、范晔作《后汉书》、王隐作《晋书》、干宝作《晋纪》,都主动迎合主流意识形态,通过评史论史、著书立说,为统治者建言献策,极力维护当朝的利益和今上的地位,为专制王朝谋求长治久安。再比如,清代乾嘉时期,考据学风靡学界且达于极盛,考据学者打出"实事求是"的大旗,以客观求实的态度治史,从事文献考证和经史研究,充满了怀疑精神和批判精神,阙疑存信以求真成为学术发展的主流。然而,河南经史之学却不为这种主流学风所动,除武亿外,河南史家几乎无人从事文献考据的工作,而是继续沿着程朱理学的老路,从事"性理"的阐发。造成这种局面的原因也不复杂,一方面是学术传承使然。自宋代二程讲学洛阳以来,理学在河南地区影响巨大,传衍不绝。另一方面则是国家意识形态使然。自宋以后,程朱理学得到统治者大力提倡,取得了政治和学术双重的正统地位。到了清代,程朱理学更是统治者提倡的官方哲学。在这样的学术与政治背景下,河南经史学家自然要与主流意识形态保持一致,从而排斥考据。可以这样说,河南史学在长期的发展过程中,从未摆脱过主流意识形态的重负。

无论是从理论层面还是从实践层面来看,区域史学都是中国整体史学的组成部分,不同的区域史学共同构成了中国史学的全貌。但是,就河南史学而言,它给中国史学奉献更多的可能不是"特点",而是"共性"。在河南史学发展演变的过程中,隐隐有一条主线贯穿始终,那就是与专制社会官方正统史学的一致性。宋代以前,河南史学一直引领中国史学的发展,无论是史学思想、历史编纂还是治史方法,都是中国史学的主干和正脉,也是专制王朝官方史学观念的代表。宋代以后,区域史学发展迅速,新的学风、学派出现,尤其是江、浙、皖等地区,人才辈出,学术繁荣,史学虽未冲破专制文化的圈子,但总有新的因素产生,引领学风的变化。可是,这一阶段的河南史学却一直坚持以程朱理学为指导,故步自封,日趋僵化,依然与专制王朝的官方史学保持一致,极力维护王朝正统,史学思想、治史方法几乎没有创新。

尽管如此,河南史学在发展演化的过程中,依然形成了极具特色的流派,闪现出自己的光辉。比如清初,以孙奇逢为核心,形成了夏峰北学这样的学术和史学流派,产生了一大批学者,著名的就有汤斌、汤准、耿介、魏一鳌、窦克勤、田兰芳、徐邻唐、侯方域、刘体仁、郑廉、张伯行、冉觐祖、李经世、李来章、刘宗泗、殷元福、刘榛、周在浚等等。他们秉持孙奇逢的学术理念,折中调和程朱陆王,从事学术史和地方人物传记的编纂,蔚然形成风气,与黄宗羲的浙东学派、李颙的关学学派鼎足而三,学术景象蔚为大观。再如民国时期,由于风气渐开,河南史家冲破禁锢,主动"预流",在新史学、马克思主义史学诸领域做出了巨大成绩,显示了河南史学极大的学术创造力。由此可见,河南史学在发展演化的过程中,常中有变,变中有通,既有固守正统和正宗的一面,又有创新发展的一面。以今日眼光观之,唯有不断求新求变,方能推动河南史学不断发展。

二

中国历史,基本可以看作是围绕河南逐步展开的历史,中国传统史学也可看作是以河南史学为中心而逐步发展起来的史学。在中国史学发展史上,河南史学既具有作为区域史学的一般性特点,又有其特殊性。所谓特殊性,是说河南史学的地域性特征与其他区域史学不同。河南史学率先塑造了中华民族共同的文化记忆——作为中华儿女的文化记忆。从远古的传说、殷商时期的甲骨记事、春秋战国各国国史的出现到诸子以史论政,再到两汉对历史的反思,河南史家不断对中华文化的起源与发展、王朝的兴盛与衰亡进行回溯和追忆。这些回溯与追忆一次次地过滤出中国文化的精华,对中华民族精神的形成具有本源和主导的意义,增强了作为一个共同体的中华文化的凝聚力。

就史学本身来讲,由河南史学所衍生出来的思想观念,成为中国史学的主流价值观念,为历代史家所秉持。换言之,中国史学的特点、核心思想和优良传统的形成,都与河南史学关系密切,是河南史学奠定了中国史学的重要基础。在中国史学发展演化过程中,历代史家都会不断回望、追溯河南史学最初形成的史学观念,这些史学观念在这种不断的追望中被重温、被提炼,从而使其成为中国史学的优良传统。

众所周知,世界史学有两大系统,即东方史学和西方史学。西方史学的核心是古希腊史学,经过罗马、中世纪、文艺复兴而至近代,发展成为一门灿烂的学科。德、意、英、法、美等国的史学都属于这一史学系统。东方史学的核心是中国史学,经过两千余年不断发展,日本、韩国、越南等国史学无一不受中国史学影响。与西方史学相比,中国史学有自己的基本特点,这些特点贯穿中国史学的始终,也贯穿河南史学的始终,甚至可以说,中国史学的特点主要是在河南史学的影响下形成的。

中国有连续不断的历史记载。自殷商甲骨文字产生以来,中国的历史记载就从没有间断过。二十四史更是把每一个朝代的历史都记载了下来,代代相续,连续不断。此外,尚有各种专史、地方史志、传记等,数量众多,形成了有系统、多层面的历史记述。在中国史学所有的著述类型中,河南史学都是其中的骨干力量。中国史书的内容丰富多彩。中国古代的史著,反映了自然与社会的方方面面,所记内容异常丰富,涉及政治、经济、军事、民族、制度、地理、天文、风俗等内容。同样,凡与人类社会相关的事物,也无不在河南史学的记述范围内。中国史书的体裁多种多样。为了适应对各种不同历史内容叙述的需要,中国古代出现了很多史书体裁,诸如编年体、纪传体、纪事本末体、典制体、学案体、史评体等。这其中的诸多体裁,都是河南史家创立的。中国史学具有政治化、伦理化的特征。中国传统史学注重治史经世,研究历史的目的就是总结历史经验和进行道德教育,即鉴戒和垂训。因重视以史为鉴和以史教化,传统史学有着明显的政治化和伦理化的倾向,甚至可以说,传统史学就是政治化史学和伦理化史学。而这一点,在河南史学身上表现得最为充分,范晔的"正一代之得失",司马光的"鉴前代之兴衰,考当今之得失"等,都突出了这一点。中国古代官方修史制度化。中国古代的史官制度起源于河南,其后河南地区的各王朝都设史官组织史书修纂,官方修史制度化是河南史学的一大特征,也是中国史学的一大特征。

中国史学在自身的发展过程中,形成了许多优良的传统,诸如秉笔直书、传信存疑、以史经世、及时记载社会现实、准确反映历史特点、文史结合、注重历史理论和史学理论的探讨和总结、重视史家修养等等。这些中国传统史学的优良传统,有些是河南史家奠定的,有些是河南史家完善的,其核心作用是无可替代的。这些发源于河南史学的史学优良传统,在一代又一代史家的强化之下,成为中国史家治史共同遵守的原则。可以这样说,中国史学在发展过程中所形成的优良传统,得益于河南史学的巨大贡献。河南史学是中国史学之根,中国史学的优劣得失,都打上了河南史学深深的烙印。

参考资料

一、古籍

1. 王世舜:《尚书译注》,四川人民出版社,1982年版。
2. 程俊英:《诗经译注》,上海古籍出版社,2004年版。
3. 黄寿祺、张善文:《周易译注》,上海古籍出版社,2004年版。
4. 高亨:《商君书注译》,中华书局,1974年版。
5. 王先慎:《韩非子集解》,诸子集成本,上海书店,1986年版。
6. 张松如:《老子说解》,齐鲁书社,1998年版。
7. 郭庆藩撰,王孝鱼点校:《庄子集释》,中华书局,2016年版。
8. 杨伯峻:《孟子译注》,中华书局,1960年版。
9. 孙诒让:《墨子间诂》,诸子集成本,上海书店,1986年版。
10. 高诱:《淮南子注》,诸子集成本,上海书店,1986年版。
11. 许维遹:《吕氏春秋集释》,中华书局,2009年版。
12. 邬国义译注:《国语译注》,上海古籍出版社,1994年版。
13. 李润英等注译:《山海经》,岳麓书社,2006年版。
14. 王利器:《新语校注》,中华书局,1986年版。
15. 贾谊:《贾谊集》,上海人民出版社,1976年版。
16. 司马迁:《史记》,中华书局,1959年版。
17. 班固:《汉书》,中华书局,1962年版。
18. 刘义庆著,徐传武校点:《世说新语》,上海古籍出版社,2013年版。

19. 余嘉锡:《世说新语笺疏》,中华书局,1983年版。
20. 荀悦、袁宏撰,张烈点校:《两汉纪》,中华书局,1982年版。
21. 荀悦:《汉纪》,中华书局,1965年版。
22. 袁宏:《后汉纪》,中华书局,2005年版。
23. 王运熙、周锋:《文心雕龙译注》,上海古籍出版社,1998年版。
24. 黄侃著,吴方点校:《文心雕龙札记》,中国人民大学出版社,2004年版。
25. 王利器:《风俗通义校注》,中华书局,1981年版。
26. 杜预:《春秋经传集解》,上海古籍出版社,1988年版。
27. 范晔:《后汉书》,中华书局,1965年版。
28. 吴树平:《东观汉记校注》,中州古籍出版社,1987年版。
29. 陈寿:《三国志》,中华书局,1959年版。
30. 干宝:《周易干氏注》,光绪九年琅嬛仙馆本。
31. 干宝:《晋纪》,玉函山房辑佚书馆刊本。
32. 孙冯翼辑:《司马彪庄子注》,中华书局,1991年版。
33. 萧统:《文选》,上海古籍出版社,1998年版。
34. 郦道元:《水经注》,上海书店,1989年版。
35. 魏收:《魏书》,中华书局,1974年版。
36. 房玄龄:《晋书》,中华书局,1974年版。
37. 郑处诲:《明皇杂录》,中华书局,1994年版。
38. 沈约:《宋书》,中华书局,1974年版。
39. 萧子显:《南齐书》,中华书局,1972年版。
40. 姚思廉:《梁书》,中华书局,1973年版。
41. 魏征:《隋书》,中华书局,1973年版。
42. 令狐德棻:《周书》,中华书局,1971年版。
43. 李延寿:《北史》,中华书局,1974年版。
44. 李延寿:《南史》,中华书局,1975年版。
45. 虞世南:《北堂书钞》,学苑出版社,2015年版。
46. 欧阳询:《艺文类聚》,文渊阁四库全书本。
47. 周绍良:《全唐文新编》,吉林文史出版社,2000年版。
48. 刘昫:《旧唐书》,中华书局,1975年版。

49. 阮元等:《全唐文》,中华书局,1983年版。

50. 吴兢:《贞观政要》,岳麓书社,1993年版。

51. 玄奘述、辩机原著,董志翘译:《大唐西域记》,商务印书馆,2016年版。

52. 刘俊文:《唐律疏议笺解》,中华书局,1996年版。

53. 陶敏:《全唐五代笔记》,三秦出版社,2012年版。

54. 李林甫:《唐六典》,中华书局,1992年版。

55. 徐坚:《初学记》,中华书局,1962年版。

56. 黎泽潮:《〈因话录〉校笺》,合肥工业大学出版社,2014年版。

57. 韩愈著,马其昶校注:《韩昌黎文集校注》,上海古籍出版社,2014年版。

58. 杜佑:《通典》,岳麓书社,1995年版。

59. 刘知幾著,浦起龙校释:《史通通释》,上海古籍出版社,2009年版。

60. 刘知幾著,赵吕甫校注:《史通新校注》,重庆出版社,1990年版。

61. 范仲淹:《范仲淹全集》,四川大学出版社,2007年版。

62. 脱脱:《宋史》,中华书局,2000年版。

63. 高似孙:《史略》,书目文献出版社,1987年版。

64. 王洙:《王氏谈录》,中华书局,1991年版。

65. 孙甫:《唐史论断》,中华书局,1985年版。

66. 赵翼:《廿二史札记》,上海古籍出版社,2011年版。

67. 尹洙:《五代春秋》,中华书局,1985年版。

68. 曾巩:《隆平集》,文渊阁四库全书本。

69. 王称:《东都事略》,文渊阁四库全书本。

70. 薛居正:《旧五代史》,中华书局,1976年版。

71. 晁公武著,孙猛校证:《郡斋读书志校证》,上海古籍出版社,1990年版。

72. 陈振孙撰,徐小蛮、顾美华点校:《直斋书录解题》,上海古籍出版社,1987年版。

73. 司马光撰,李之亮笺注:《司马温公集编年笺注》,巴蜀书社,2009年版。

74. 司马光:《资治通鉴》,中华书局,2011年版。

75. 李文泽、霞绍晖校点:《司马光集》,四川大学出版社,2010年版。

76. 司马光:《稽古录》,北京师范大学出版社,1988年版。

77. 乐史:《太平寰宇记》,中华书局,2007年版。

78. 李昉:《太平御览》,河北教育出版社,1994年版。

79. 苏颂:《苏魏公文集》,中华书局,1988年版。

80. 韩淲:《涧泉日记》,上海古籍出版社,1993年版。

81. 王应麟著,武秀成等校证:《玉海艺文校证》,凤凰出版社,2017年版。

82. 王应麟:《玉海》,广陵书社,2007年版。

83. 张方平著,郑涵点校:《张方平集》,中州古籍出版社,1992年版。

84. 韩琦著,李之亮、徐正英笺注:《安阳集编年笺注》,巴蜀书社,2000年版。

85. 郑樵:《通志》,中华书局,1995年版。

86. 徐度:《却扫编》,大象出版社,2008年版。

87. 宋祁等:《新唐书》,中华书局,1975年版。

88. 宋祁:《宋景文公笔记》,文渊阁四库全书本。

89. 欧阳修:《欧阳修全集》,中国文史出版社,1999年版。

90. 《宋大诏令集》,中华书局,1962年版。

91. 王溥:《唐会要》,中华书局,1955年版。

92. 李心传:《建炎以来系年要录》,中华书局,2013年版。

93. 李焘:《续资治通鉴长编》,中华书局,1986年版。

94. 陈傅良:《陈傅良文集》,浙江大学出版社,1999年版。

95. 程颢、程颐:《二程集》,中华书局,1981年版。

96. 朱熹:《朱子语类》,中华书局,1986年版。

97. 马端临:《文献通考》,中华书局,1986年版。

98. 邵雍:《皇极经世书》,上海古籍出版社,2017年版。

99. 张齐贤:《洛阳搢绅旧闻录》,广陵书社,2007年版。

100. 石延年:《五胡十六国考镜》,四库全书存目丛书,齐鲁书社,1996年版。

101. 邵伯温:《邵氏闻见录》,中华书局,1983年版。

102. 赵令畤:《侯鲭录》,中华书局,2002年版。

103. 孟元老:《东京梦华录》,山东友谊出版社,2001年版。

104. 王恽著,杨亮、钟彦飞点校:《王恽全集汇校》,中华书局,2013年版。

105. 姚燧著,查洪德点校:《姚燧集》,人民文学出版社,2011年版。

106. 许有壬著,傅瑛、雷近芳点校:《许有壬集》,中州古籍出版社,1998年版。

107. 许衡:《许衡集》,吉林文史出版社,2010年版。

108. 张廷玉等:《明史》,中华书局,1974年版。

109. 陈鼎:《东林列传》,广陵古籍刊印社影印本。

110. 高拱:《高拱全集》,中州古籍出版社,2006年版。

111. 曹端:《曹端集》,中华书局,2003年版。

112. 薛瑄:《薛文清公读书录》,明嘉靖四年刊本。

113. 王廷相:《王廷相集》,中华书局,1989年版。

114. 陈深:《诸史品节》,四库全书存目丛书本,齐鲁书社,1996年版。

115. 王世贞:《弇山堂别集》,中华书局,1985年版。

116. 张岱:《琅嬛文集》,岳麓书社,2016年版。

117. 李贤等:《大明一统志》,三秦出版社,1990年版。

118. 吕坤:《吕坤全集》,中华书局,2008年版。

119. 《明神宗实录》,台湾"中央研究院"历史语言研究所校印本。

120. 乾隆《怀庆府志》,中州古籍出版社,2013年版。

121. 王惟俭:《史通训故》,上海古籍出版社,2006年版。

122. 沈德符:《万历野获编》,中华书局,1959年版。

123. 陈宏谋:《五种遗规》,中国华侨出版社,2012年版。

124. 范理:《读史备志》,四库全书存目丛书本,齐鲁书社,2005年版。

125. 陈耀文:《天中记》,文渊阁四库全书本。

126. 李时珍:《本草纲目》,文渊阁四库全书本。

127. 刘宗周:《刘蕺山集》,文渊阁四库全书本。

128. 王世贞:《嘉靖以来首辅传》,文渊阁四库全书本。

129. 王阮亭:《跋宋史记凡例》,南京图书馆藏清刊潜德堂丛书本。

130. 瞿秉渊:《宋史记凡例》,南京图书馆藏清刊潜德堂丛书本。

131. 陈梦雷:《古今图书集成》,中华书局、巴蜀书社,1985年版。

132. 王士祯:《池北偶谈》,中华书局,1997年版。

133. 何瑭:《何瑭集》,中州古籍出版社,1999年版。

134. 焦竑:《国朝献征录》,学生书局,1965年版。

135. 李濂:《汴京遗迹志》,中华书局,1999年版。

136. 朱彝尊:《明诗综》,中华书局,2007年版。

137. 钱谦益:《列朝诗集小传》,上海古籍出版社,2009年版。

138. 钱谦益:《钱牧斋全集》,上海古籍出版社,2003 年版。
139. 全祖望著,朱铸禹集注:《全祖望集汇校集注》,上海古籍出版社,2000 年版。
140. 李颙:《二曲集》,中华书局,1996 年版。
141. 施闰章:《学余堂集》,文渊阁四库全书本。
142. 申涵光:《聪山集》,商务印书馆,1936 年版。
143. 陈康祺:《郎潜纪闻初笔二笔三笔》,中华书局,1984 年版。
144. 耿介:《敬恕堂文集》,中州古籍出版社,2005 年版。
145. 江藩:《国朝汉学师承记》,中华书局,1987 年版。
146. 纪昀:《纪文达公遗集》,上海古籍出版社,2002 年版。
147. 钱大昕:《十驾斋养新录》,江苏古籍出版社,1997 年版。
148. 赵翼:《廿二史札记》,凤凰出版社,2008 年版。
149. 顾栋高:《司马温公年谱》,中州古籍出版社,1987 年版。
150. 孙奇逢:《夏峰先生集》,中华书局,2004 年版。
151. 黄宗羲:《明儒学案》,中华书局,2008 年版。
152. 王鸣盛:《十七史商榷》,上海古籍出版社,2013 年版。
153. 顾炎武:《顾亭林诗文集》,中华书局,1983 年版。
154. 汤斌:《汤斌集》,中州古籍出版社,2003 年版。
155. 耿介:《中州道学编》,清康熙三十年嵩阳书院刻补修本。
156. 宋荦:《商丘宋氏家乘》,康熙四十四年刻本。
157. 宋荦:《商丘宋氏三世遗集》,康熙五十年宋氏家刻本。
158. 窦克勤:《理学正宗》,康熙刻窦静庵先生遗书本。
159. 张沐:《春秋疏略》,四库全书存目丛书,齐鲁书社,1997 年版。
160. 张沐:《溯流史学钞》,康熙敦临堂刻本。
161. 李来章:《礼山园文集》,清康熙年间刻本。
162. 张师栻、张师载:《张清恪公年谱》,民国二十四年丽泽书社石印本。
163. 郑廉:《豫变纪略》,乾隆八年彭家屏刻本。
164. 郑廉:《柳下堂集》,清康熙五十四年陈尧策刻本。
165. 汪运正:《乾隆襄城县志》,清乾隆十一年刻本。
166. 宋荦:《西陂类稿》,文渊阁四库全书本。

167. 赵希璜、武亿:《安阳县志》,嘉庆四年刊本。

168. 朱筠:《笥河文集》,嘉庆二十年椒华吟舫刻本。

169. 武亿:《授堂遗书》,北京图书馆出版社,2007年版。

170. 苏源生:《国朝中州文征》,道光二十五年刻本。

171. 武亿:《授堂诗文钞》,道光授堂遗书本。

172. 武亿:《金石三跋》,道光二十三年授堂重刊本。

173. 武亿:《授堂金石文字续跋》,道光二十三年授堂重刊本。

174. 苏源生:《鄢陵文献志》,同治二年刻本。

175. 孙奇逢:《理学宗传》,凤凰出版社,2015年版。

176. 彭而述:《明史断略》,清康熙刻本。

177. 李来章:《礼山园全集》,清康熙年间刻本。

178. 段长基:《历代疆域表》,中华书局,1936年版。

179. 段长基:《历代统纪表》,中华书局,1936年版。

180. 段长基:《历代沿革表》,中华书局,1936年版。

181. 张宗泰:《鲁岩所学集》,文海出版社,1975年版。

182. 张伯行:《困学录集粹》,中华书局,1985年版。

183. 张伯行:《正谊堂文集》,中华书局,1985年版。

184. 张伯行:《道统录》,凤凰出版社,2015年版。

185. 方苞著,刘季高注:《方苞文选》,黄山书社,1987年版。

186. 蒋湘南:《七经楼文钞》,中州古籍出版社,1991年版。

187. 孙奇逢:《孙奇逢集》,中州古籍出版社,2003年版。

188. 章学诚:《章学诚遗书》,文物出版社,1985年版。

189. 李恩继、文廉修、蒋湘南:《咸丰同州府志》,凤凰出版社,2007年版。

190. 光绪《祥符县志》,光绪二十四年刊本。

191. 汪文台辑:《七家后汉书》,河北人民出版社,1987年版。

192. 徐松:《宋会要辑稿》,中华书局,1957年版。

193. 永瑢等:《四库全书总目》,中华书局,1965年版。

194. 王鸣盛:《十七史商榷》,上海古籍出版社,2013年版。

195.《清史列传》,中华书局,1987年版。

二、近人、今人著述

1. 罗振玉：《殷虚书契前编》，珂罗版 1913 年影印本。
2. 姚名达：《朱筠年谱》，商务印书馆，1934 年版。
3. 嵇文甫：《左派王学》，开明书店，1934 年版。
4. 嵇文甫：《船山哲学》，开明书店，1936 年版。
5. 尹达：《中国原始社会》，作者出版社，1943 年版。
6. 郭廷以：《近代中国史》，商务印书馆，1947 年版。
7. 陈寅恪：《金明馆丛稿二编》，上海古籍出版社，1950 年版。
8. 赵纪彬：《中国哲学思想》，中华书局，1948 年版。
9. 侯外庐：《中国思想通史》，人民出版社，1957 年版。
10. 冯友兰：《中国哲学史》，中华书局，1961 年版。
11. 郭宝钧：《中国青铜器时代》，三联书店，1963 年版。
12. 悉尼·胡克：《历史中的英雄》，上海人民出版社，1964 年版。
13. 张凤台：《长白汇征录》，台湾成文出版社，1974 年版。
14. 赵尔巽：《清史稿》，中华书局，1977 年版。
15. 陈直：《汉书新证》，天津人民出版社，1979 年版。
16. 董作宾：《董作宾学术论著》，世界书局，1979 年版。
17. 尚钺：《中国历史纲要》，人民出版社，1980 年版。
18. 董作宾：《殷历谱十四卷》，中国书店，1981 年版。
19. 谢国桢：《增订晚明史籍考》，上海古籍出版社，1981 年版。
20. 王重民：《中国善本书提要》，上海古籍出版社，1983 年版。
21. 李元度：《国朝先正事略》，文明书局，1985 年版。
22. 张大可：《史记研究》，甘肃人民出版社，1985 年版。
23. 张万钧：《河南地方志论丛》，吉林省地方志编纂委员会，1985 年内部印行本。
24. 徐旭生：《中国古史的传说时代》，文物出版社，1985 年版。
25. 陈清泉等：《中国史学家评传》，中州古籍出版社，1985 年版。
26. 林庆彰：《明代考据学研究》，学生书局，1986 年版。
27. 白寿彝：《中国史学史》，上海人民出版社，1986 年版。

28. 王钟翰点校:《清史列传》,中华书局,1987年版。
29. 白寿彝:《中国交通史》,河南人民出版社,1987年版。
30. 赵光贤:《古史考辨》,北京师范大学出版社,1987年版。
31. 吴树平:《秦汉文献研究》,齐鲁书社,1988年版。
32. 任继愈主编:《中国哲学发展史》,人民出版社,1988年版。
33. 汪荣祖:《史传通说》,中华书局,1989年版。
34. 柘城县志编纂委员会:《柘城县志》,中州古籍出版社,1989年版。
35. 黄德馨、傅登舟:《中国方志学家研究》,武汉出版社,1989年版。
36. 高云周:《鄢陵县教育志》,中州古籍出版社,1991年版。
37. 申畅:《河南方志研究》,中州古籍出版社,1991年版。
38. 桂遵义:《马克思主义史学在中国》,山东人民出版社,1992年版。
39. 河南省商丘地区地方志编纂委员会:《归德府志》,中州古籍出版社,1994年版。
40. 陈其泰:《中国近代史学的历程》,河南人民出版社,1994年版。
41. 李时灿辑,申畅校补:《中州艺文录校补》,中州古籍出版社,1995年版。
42. 蒙文通:《蒙文通文集》,巴蜀书社,1995年版。
43. 张立文:《中国哲学范畴发展史》,中国人民大学出版社,1995年版。
44. 白寿彝:《中国通史》,上海人民出版社,2015年版。
45. 梁启超:《新史学》,中华书局,1996年版。
46. 钱穆:《国史大纲》,商务印书馆,1996年版。
47. 饶宗颐:《中国史学上之正统论》,远东出版社,1996年版。
48. 陈晋:《毛泽东读书笔记解析》,广东人民出版社,1996年版。
49. 车吉心:《中国宰相全传》,山东教育出版社,1997年版。
50. 刘师培:《中古文学论著三种》,辽宁教育出版社,1997年版。
51. 袁珂:《中国古代神话传说》,人民文学出版社,1998年版。
52. 管雄:《魏晋南北朝文学史论》,南京大学出版社,1998年版。
53. 卢钟锋:《中国传统学术史》,河南人民出版社,1998年版。
54. 梁启超:《梁启超全集》,北京出版社,1999年版。
55. 任克礼:《中州名人传略》,中州古籍出版社,1999年版。
56. 宋立民:《宋代史官制度研究》,吉林人民出版社,1999年版。

57. 马涛:《吕坤评传》,南京大学出版社,2000年版。
58. 陈得芝等:《朔漠情思——历史学家韩儒林》,南京大学出版社,2000年版。
59. 孙家洲:《两汉政治文化窥要》,泰山出版社,2001年版。
60. 吕友仁:《中州文献总录》,中州古籍出版社,2002年版。
61. 姚名达:《中国目录学史》,上海古籍出版社,2002年版。
62. 黄永年:《唐史史料学》,上海书店出版社,2002年版。
63. 王记录:《中国史学思想通史·清代卷》,黄山书社,2002年版。
64. 王日新、蒋笃运:《河南教育通史》,大象出版社,2004年版。
65. 杨艳秋:《明代史学探研》,人民出版社,2005年版。
66. 王惠敏:《牧野珍藏——〈中州文献〉书目》,内蒙古人民出版社,2005年版。
67. 吴怀祺、林晓平:《中国史学思想通史·总论 先秦卷》,黄山书社,2002年版。
68. 吴怀祺:《中国史学思想通史·宋辽金卷》,黄山书社,2002年版。
69. 瞿林东:《中国史学史纲》,北京出版社,2005年版。
70. 仓修良主编:《中国史学名著评介》,山东教育出版社,2006年版。
71. 周文玖:《史学史导论》,学苑出版社,2006年版。
72. 高廷璋、蒋藩:《民国河阴县志》,中州古籍出版社,2006年版。
73. 许兆昌:《先秦史官的制度与文化》,黑龙江人民出版社,2006年版。
74. 刘师培:《近儒学术统系论》,上海古籍出版社,2006年版。
75. 谢保成:《中国史学史》,商务印书馆,2006年版。
76. 刘晓:《元史研究》,福建人民出版社,2006年版。
77. 顾颉刚:《当代中国史学》,上海古籍出版社,2006年版。
78. 曲辉:《宋代春秋学研究——以孙复程颐胡安国朱熹为中心》,华东师范大学出版社,2007年版。
79. 蔡静波:《唐五代笔记小说研究》,陕西人民出版社,2007年版。
80. 陈祖武:《中国学案史》,东方出版社,2008年版。
81. 钱茂伟:《浙东史学研究述评》,海军出版社,2009年版。
82. 严杰:《唐五代笔记考论》,中华书局,2009年版。

83. 朱东润:《史记考索》,武汉大学出版社,2009 年版。

84. 仓修良:《中国古代史学史》,人民出版社,2009 年版。

85. 牛建强、高林华:《高拱、明代政治及其他》,河南大学出版社,2010 年版。

86. 李守常:《史学要论》,商务印书馆,2010 年版。

87. 王国维:《古史新证》,湖南人民出版社,2010 年版。

88. 瞿林东:《中国史学史纲》,北京师范大学出版社,2010 年版。

89. 钱穆:《朱子新学案》,九州出版社,2011 年版。

90. 岳洋:《宋代名人传》,山东教育出版社,2012 年版。

91. 瞿林东:《白寿彝与 20 世纪中国史学》,高等教育出版社,2012 年版。

92. 刘卫东:《河南大学百年人物志》,河南大学出版社,2012 年版。

93. 王记录:《中国史学史》,大象出版社,2012 年版。

94. 韩儒林:《蒙元史与内陆亚洲史研究》,兰州大学出版社,2012 年版。

95. 嵇文甫:《晚明思想史论》,东方出版社,2013 年版。

96. 谢国桢:《清开国史料考》,北京出版社,2014 年版。

97. 赵振:《中国历代家训文献叙录》,齐鲁书社,2014 年版。

98. 刘泽华:《中国政治思想通史》,中国人民大学出版社,2014 年版。

99. 梁启超:《中国历史研究法》,上海人民出版社,2014 年版。

100. 富路特:《明代名人传》,北京时代华文书局,2015 年版。

101. 王桧林、郭大钧等:《中国通史》,上海人民出版社,2015 年版。

102. 李光谟:《从清华园到史语所:李济治学生涯琐记》,商务印书馆,2016 年版。

103. 王坚:《无声的北方:清代夏峰北学研究》,商务印书馆,2018 年版。

三、相关论文

1. 嵇文甫:《张居正的学侣和政敌——高拱的学术》,《河南民报》1946 年 10 月 25 日至 11 月 1 日。

2. 申畅:《李敏修和清代中州文献》,《史学月刊》1982 年第 3 期。

3. 王兴亚:《郑廉和他的〈豫变纪略〉》,《郑州大学学报(哲学社会科学版)》1982 年第 3 期。

4. 吴丰培:《旧抄本明王惟俭〈宋史记〉二百五十卷》,《文献》1982 年第 2 期。

5. 王兴亚:《汤斌〈明史稿〉述论》,《河南图书馆学刊》1992年第1期。

6. 刘乾:《王惟俭及其著作》,《河南图书馆学刊》1983年第1期。

7. 葛荣晋:《王廷相著作考》,《吉林大学社会科学学报》1983年第4期。

8. 谢德雄:《魏晋南北朝目录学的新起点》,《学术月刊》1983年第10期。

9. 刘隆有:《试论范晔的史学思想》,《求是学刊》1984年第2期。

10. 罗秉英:《关于王隐〈晋书〉的评价问题》,《思想战线》1985年第1期。

11. 卫广来:《袁宏与〈后汉纪〉》,《山西大学学报(哲学社会科学版)》1985年第3期。

12. 刘隆有:《士族门阀制度与魏晋南北朝史学》,《齐鲁学刊》1986年第2期。

13. 唐宇元:《论明初曹端的理学及其历史意义》,《河北学刊》1987年第2期。

14. 李颖科:《论干宝的史学思想》,《史学史研究》1987年第3期。

15. 葛荣晋:《王廷相年谱》,《文献》1987年第4期。

16. 施丁:《谈谈范晔的史论》,《学术月刊》1988年第8期。

17. 曾贻芬、崔文印:《魏晋南北朝时期历史文献学的成长》,《史学史研究》1988年第3期。

18. 黄复超:《阮孝绪及其对目录学的贡献》,《郑州大学学报(哲学社会科学版)》1988年第2期。

19. 单远慕:《薛居正和他的〈旧五代史〉》,《河南师范大学学报(哲学社会科学版)》1990第2期。

20. 冯惠民:《陈耀文和他的〈天中记〉》,《文献》1991年第1期。

21. 刘桓:《殷代史官及其相关问题》,《殷都学刊》1993年第3期。

22. 孙顺霖:《陈耀文和他的〈天中记〉》,《天中学刊》1995年第2期。

23. 曹书杰:《王隐家世及其〈晋书〉》,《史学史研究》1995年第2期。

24. 王兴亚:《苏源生及其〈鄢陵文献志〉》,《河南师范大学学报(哲学社会科学版)》1995年第6期。

25. 牛建强:《〈救荒本草〉三题》,《南都学坛》1995年第5期。

26. 王培华:《关于王廷相历史思想的几个问题》,《史学史研究》1995年第1期。

27. 杨钰侠:《论李彪的历史功绩》,《安徽史学》1995年第2期。

28. 崔曙庭:《范晔在历史编纂学方面的成就》,《天中学刊》1996年第1期。

29. 来新夏:《清张宗泰古典目录学成就初探》,《南开学报》1996年第4期。
30. 韩文宁:《蒙元史研究专家——韩儒林》,《南京史志》1997年第2期。
31. 刘连开:《宋代史学义理化的表现及其实质》,《广西大学学报》1997年第4期。
32. 牛润珍、杜英:《十六国史官制度述论》,《齐鲁学刊》1998年第4期。
33. 周宝珠:《李濂和他的〈汴京遗迹志〉》,《河南大学学报(社会科学版)》1998年第1期。
34. 李长林:《辛勤耕耘在史学教学与研究园地的姚从吾先生》,《中国史研究动态》1999年第6期。
35. 闫崇东:《应劭之〈汉书〉注》,《文献》1999年第1期。
36. 董文武:《〈后汉纪〉的编撰特色及其史学地位》,《安徽教育学院学报》2001年第2期。
37. 董文武:《袁宏〈后汉纪〉的史学价值》,《中州学刊》2001年第3期。
38. 庞天佑:《论范晔的史学思想》,《史学史研究》2001年第4期。
39. 瞿林东:《关于范晔史学思想的两个问题》,《东岳论丛》2001年第4期。
40. 李峰:《干宝史学思想钩沉》,《殷都学刊》2002年第1期。
41. 宋志英:《王隐〈晋书〉初探》,《文献》2002年第3期。
42. 周文玖、王记录:《白寿彝的治学经历及其史学史研究》,《河南大学学报》2002年第2期。
43. 袁喜生:《杰出的学者型出版家李濂》,《河南大学学报(社会科学版)》2003年第5期。
44. 庞天佑:《论范晔的历史认识论》,《中州学刊》2003年第4期。
45. 王盛恩:《孙甫史学发微》,《史学史研究》2003年第3期。
46. 王记录:《武亿学术成就述论》,《河南师范大学学报(哲学社会科学版)》2004年第4期。
47. 汪高鑫:《论袁宏史学思想的玄学倾向》,《史学史研究》2005年第1期。
48. 宋志英:《司马彪〈续汉书〉考辨》,《史学史研究》2005年第2期。
49. 刘湘兰:《两晋史官制度与杂传的兴盛》,《史学史研究》2005年第2期。
50. 崔永斌:《李敏修与中州文献》,《图书馆工作与研究》2006年第4期。
51. 梁玉玮:《河南理学家耿介简述》,《中州学刊》2006年第5期。

52. 唐明元:《殷淳〈大四部目〉考辨》,《图书馆杂志》2006 年第 3 期。
53. 谢保成:《尹达先生的治学道路——"从考古到史学研究"》,《中国史研究》2007 年第 1 期。
54. 王毓蔺:《魏晋南北朝方志初探》,《中国历史地理论丛》2007 年第 4 期。
55. 王志刚:《十六国北朝的史官制度与史学发展》,《史学史研究》2008 年第 1 期。
56. 史革新:《"廉吏"汤斌理学思想略议》,《郑州大学学报(哲学社会科学版)》2008 年第 6 期。
57. 朱鸿林:《明神宗经筵进讲书考》,《华学》2008 年第 9 辑。
58. 苑全亮:《魏晋南北朝时期的史官制度》,青海师范大学硕士学位论文,2009 年。
59. 石象婷:《"四部"确立:目录学上的一个里程碑》,《安庆师范学院学报(社会科学版)》2009 年第 10 期。
60. 董恩林:《郑默〈中经〉首创四部分类法考辨》,《文献》2009 年第 1 期。
61. 邓锐:《尹洙〈五代春秋〉对〈春秋〉书法的继承》,《淮北煤炭师范学院学报(哲学社会科学版)》2009 年第 6 期。
62. 李婉婷:《富弼与北宋中后期政治》,山西大学硕士学位论文,2010 年。
63. 史卉:《魏晋南北朝杂传研究》,山东大学博士学位论文,2011 年。
64. 刘全波:《魏晋南北朝时期的抄撮、抄撰之风》,《山西师大学报(社会科学版)》2011 年第 1 期。
65. 亢杰:《王洙学术初探》,北京大学硕士学位论文,2011 年。
66. 傅荣贤:《浅论阮孝绪〈七录·序〉的目录学思想及其影响》,《图书馆理论与实践》2011 年第 5 期。
67. 牛润珍:《东魏北齐史官制度与官修史书——再论史馆修史始于北齐》,《史学史研究》2011 年第 2 期。
68. 仇媛:《一花一世界 一叶一菩提——从〈河南集〉和〈五代春秋〉等细微处探讨尹洙的〈春秋〉观》,《广播电视大学学报(哲学社会科学版)》2012 年第 3 期。
69. 黄静:《〈后汉书〉史论:对"成败兴坏之理"的总结》,《史学理论与史学史学刊》2012 年辑刊。

70. 王雪玲:《清末学者蒋湘南与陕西地方文献》,《西安石油大学学报(社会科学版)》2012年第3期。

71. 李传印:《门阀士族与魏晋南北朝时期家传的撰修》,《史学理论与史学史学刊》2012年辑刊。

72. 曹鹏程:《北宋史学家孙甫史学思想试析》,《信阳师范学院学报(哲学社会科学版)》2012年第6期。

73. 李毅婷:《西晋前期政治思想的玄学化——以司马彪为中心》,《东岳论丛》2012年第2期。

74. 马艳辉:《魏晋南北朝史论的发展及其时代特点》,《东北师大学报(哲学社会科学版)》2012年第2期。

75. 石静:《干宝〈易〉史互证思想研究》,《周易研究》2012年第4期。

76. 王莉娜:《荀勖在目录学上的成就》,《山西大同大学学报(社会科学版)》2012年第4期。

77. 王记录、许二凤:《〈洛学编〉探析》,《历史文献研究》(第32辑)华中师范大学出版社,2013年版。

78. 王坚:《中州夏峰北学浅论》,《中原文化研究》2013年第6期。

79. 梁宗华:《略论范晔对〈后汉书〉体例的创新》,《齐鲁文化研究》2013年辑刊。

80. 王莉娜:《汉晋时期颍川荀氏研究》,上海师范大学博士学位论文,2013年。

81. 孙颖涛:《宋祁政治思想研究》,华东师范大学硕士学位论文,2014年。

82. 陈洁:《〈明史〉前期传记(卷122—212)修纂研究》,南开大学博士学位论文,2014年。

83. 陈鸿森:《武亿年谱》,《台湾"中央研究院"历史语言研究所集刊》第85本,2014年。

84. 杨绪敏:《王惟俭与〈宋史记〉考述》,《史学月刊》2014年第2期。

85. 王嘉川:《王惟俭〈史通训故〉编纂考》,《廊坊师范学院学报》2014年第1期。

86. 汪高鑫:《论题:魏晋南北朝隋唐时期的民族忧患意识与史学经世情结》,《历史教学问题》2014年第3期。

87. 金仁义:《门阀士族与东晋南朝杂传和谱系撰述的发展》,《史学史研究》2014 年第 3 期。

88. 汪高鑫:《玄学与魏晋南北朝史学的玄化倾向》,《学习与探索》2014 年第 2 期。

89. 杨继承:《司马彪著述考辨》,《南都学坛(人文社会科学学报)》2014 年第 6 期。

90. 孙振田:《〈隋志序〉"梁有五部目录"再考释——兼释"任昉、殷钧〈四部目录〉"》,《文史哲》2015 年第 1 期。

91. 王记录:《论"史钞"》,《史学史研究》2016 年第 3 期。

92. 王记录:《百余年来孙奇峰及夏峰北学研究的回顾与前瞻》,《清史论丛》2016 年第 1 期。

93. 陈得媛、李传印:《〈荀氏家传〉的史学价值探微》,《史学史研究》2016 年第 3 期。

94. 牛巧红:《司马贞生平考辨》,《殷都学刊》2016 年第 1 期。

95. 刘森垚:《四分与六分:中国早期书目分野新探》,《图书馆理论与实践》2016 年第 12 期。

96. 苏晓涵:《"史界革命"中史家的因应——顾颉刚与董作宾的学术交谊》,《南阳师范学院学报》2017 年第 2 期。

97. 朱露川:《"言行趣舍,各以类书"——袁宏〈后汉纪〉历史叙事的方法和特点》,《史学月刊》2017 年第 8 期。

98. 朱仙林:《陈耀文生平事迹及其交游考》,《古籍整理研究学刊》2017 年第 2 期。

99. 王丽歌:《转型期的方志书写——民国河南方志编纂特点与成就分析》,《中国地方志》2017 年第 5 期。

100. 张艳:《清代中州理学家张沐生平考》,《天中学刊》2018 年第 6 期。

101. 刘芷新:《荀勖〈中经新簿〉辨》,《图书馆杂志》2018 年第 11 期。

102. 苏晓涵:《董作宾与 20 世纪中国古史重建》,华东师范大学硕士论文,2018 年。

103. 张艳:《张沐著述考》,《古籍整理研究学刊》2019 年第 3 期。

104. 沈秋燕:《〈天中记〉版本源流新考》,《图书馆杂志》2019 年第 6 期。

105. 吴凌杰、刘佳:《坠礼之始?———荀𫖮"从孙为后"之事发微》,《史志学刊》2019 年第 2 期。

后　记

　　《河南史学史》主要反映自先秦至近代河南地区史学发展的情况。在撰写中,我们恪守以下原则:其一,把河南史学置于中国史学发展的大背景下进行论述,以见河南史学之特征及对中国史学之贡献;其二,深入挖掘河南史学的丰富内容和内涵,力争呈现出河南史学发展的全貌;其三,重视对史学思想的发掘,考察河南史学思想的发展对中国思想史的贡献。

　　这是一部共同完成的作品,具体分工是:王记录拟定撰写提纲,并撰写绪论,第一章,第五章的第六节、第八节、第九节,第七章的第一节、第二节,结语;吕亚非撰写第二章、第四章;马小能撰写第三章;王盛恩撰写第五章的第一节、第四节;程洋洋撰写第五章的第二节、第五节;张志霖撰写第五章的第三节、第七节;李小白撰写第六章;冀震宇撰写第七章的第三—八节;葛凤涛撰写第八章。最后由王记录统一修改定稿。

　　本书是河南省社会科学院主持的"河南专门史大型学术文化工程丛书"中的一部,书稿的撰写自始至终得到河南省社会科学院领导的支持,河南省社会科学院历史与考古研究所张新斌、唐金培等学者更是对本书的撰写倾尽了巨大心力,在此要向他们表示由衷的感谢。在书稿撰写的过程中,我们不仅研读原著,而且参考了学界的相关研究,在文中或参考资料中已一一列出。由于这是一部集体作品,每位著者的学术修养和功力不同,书中定会存在这样那样的问题,还祈望读者诸君批评指正。

王记录

2020 年 5 月于河南师范大学